国家社科基金重点项目最终成果

犯罪构成论体系比较研究

Comparative Study on the System of Crime Constitution Theory

主　编　赵秉志

副主编　王志祥

撰稿人（以撰写章节顺序为序）

彭文华　马荣春　张心向　王安异

陈家林　王志祥　孙　平　刘　霜

庞冬梅　袁　彬　赵秉志　左坚卫

法律出版社 LAW PRESS · CHINA

图书在版编目(CIP)数据

犯罪构成论体系比较研究 / 赵秉志主编. -- 北京 : 法律出版社, 2021
ISBN 978-7-5197-5802-8

Ⅰ. ①犯… Ⅱ. ①赵… Ⅲ. ①犯罪构成－法的理论－对比研究－世界 Ⅳ. ①D914.04

中国版本图书馆 CIP 数据核字(2021)第 152937 号

犯罪构成论体系比较研究
FANZUI GOUCHENG LUN TIXI
BIJIAO YANJIU

赵秉志 主编

策划编辑 张 岩
责任编辑 张 岩
装帧设计 汪奇峰

出版发行 法律出版社
编辑统筹 重大项目办公室
责任校对 王晓萍 王语童
责任印制 张建伟
经　　销 新华书店

开本 710 毫米×1000 毫米 1/16
印张 38.75 **字数** 579 千
版本 2021 年 9 月第 1 版
印次 2021 年 9 月第 1 次印刷
印刷 三河市兴达印务有限公司

地址:北京市丰台区莲花池西里 7 号(100073)
网址:www.lawpress.com.cn
投稿邮箱:info@lawpress.com.cn
举报盗版邮箱:jbwq@lawpress.com.cn

销售电话:010-83938349
客服电话:010-83938350
咨询电话:010-63939796

书号:ISBN 978-7-5197-5802-8
定价:168.00 元
凡购买本社图书,如有印装错误,我社负责退换。电话:010-83938349

前　　言

犯罪构成理论是现代刑法理论的核心和基石，刑法理论中几乎所有的重大问题都与犯罪构成理论密切相关。对我国传统犯罪构成理论是维持并完善还是在彻底抛弃后进行重构，可谓牵一发而动全身之抉择，绝不仅仅是关于犯罪成立条件体系取舍的学术之争，而是关乎中国刑法学和刑事司法实践未来走向的重大课题。有鉴于此，本人在2010年申报了国家社科基金重点项目《犯罪构成论体系比较研究》，并在当年获准立项（项目编号10AFX007）。本书即是在该项目结项成果的基础上，经沉淀后又加以推敲和修订而成。

本书通过对以德日为代表的大陆法系阶层递进式犯罪成立条件体系、以英美为代表的英美法系双层次控辩式犯罪成立条件体系以及我国传统四要件犯罪构成理论进行对比分析，综合研究上述三大犯罪成立条件体系的相关理论，剖析三大犯罪成立条件体系在处理相关问题方面的利弊得失，并结合我国传统法律文化、司法实践等实际情况，对我国犯罪构成论体系的前景加以展望，试图为我国犯罪成立条件体系探索合理的发展路径。希冀本书对于我国犯罪构成论体系理论和实践的发展完善，具有学术意义和实践参考价值。

本书分为上、中、下三编。上编为“犯罪构成论体系本体论”，首先对犯罪构成论体系的概念、特征、属性、功能、要素、结构、类型等基本问题进行了研究，接着探讨了犯罪构成论体系与若干重要范畴（刑法典、罪刑法定、犯罪概念、刑事违法性、正当行为、犯罪形态、刑事诉讼法）之间的关系、犯罪构成的评判标准、犯罪构成论的刑事裁判考量；中编为“外国犯罪构成论体系考察与比较”，对代表性国家（德、日、英、美、法、意、俄）的犯罪构成论体系分别进行了考察，并在此基础上对外国犯罪构成论体系进行了比较和反思；下编为“中国犯罪构成论体系考察与完善”，对我国传统犯罪构成论体系进行了考察和研讨，并提出了完善性建议。在本人的主持下，本书邀约了我国刑法学界十余位知名中青年刑法学者通力合作完成，其中各位作者在其所承担的部分各有其研究专长和优势，从而对本书相关部分的内容特色和整体质量有所助益。

本书由本人担任主编统筹负责，由本人邀请王志祥教授担任副主编协助主编工作。在本人的主持下由全体作者参加讨论拟定编写大纲和相关要求，根据作者研究专长和学术兴趣分工撰写，具体写作分工如下：彭文华（上海政法学院教授、法学博士、博士生导师）撰写第一、三、七章；马荣春（南京航空航天大学人文与社会科学学院教授、法学博士）撰写第二章；张心向（南开大学法学院教授、法学博士、博士生导师）撰写第四章；王安异（中南财经政法大学教授、法学博士）撰写第五章；陈家林［武汉大学法学院教授、法学博士（中日联合培养）、博士生导师］撰写第六章；王志祥（北京师范大学刑事法律科学研究院教授、法学博士、博士生导师）撰写第八章；孙平（北京师范大学刑事法律科学研究院副教授、法国法学博士）撰写第九章；刘霜（天津大学法学院教授、意大利法学博士暨中国法学博士、博士生导师）撰写第十章；庞冬梅（河南大学法学院教授、俄罗斯法学博士、博士生导师）撰写第十一章；袁彬（北京师范大学刑事法律科学研究院教授、法学博士、博士生导师）撰写第十二章；赵秉志（北京师范大学刑事法律科学研究院教授、法学博士、博士生导师）和王志祥教授撰写第十三章；左坚卫（北京师范大学法学院教授、法学博士、博士生导师）撰写第十四章。本书初稿完成后，由主编、副主编审改定稿，袁彬教授协助主编作了一些组织和协调工作。

需要说明的是，本书的成稿时间较早，而送交出版的时间又有所延迟，虽在送交出版之前又有所修订但并不充分。因此，本书对我国近年来刑事立法的最新动向（如入罪门槛的下降）对犯罪构成论体系的影响尚未予以足够的关注和研究，对犯罪构成理论晚近发展的反映尚不够充分。我们希望能在今后进一步深化这一重大课题的相关研究。在此，诚望广大读者批评指正。

最后，我们要衷心感谢国家社会科学基金对本项目的立项支持，诚挚感谢法律出版社有关领导对本书出版的鼎力玉成，我本人还要深深地感谢参与本项目和本书撰著的各位合作者的学术贡献和学术友谊。

赵秉志

2021 年 6 月

目　　录

上编　犯罪构成论体系本体论

上　编

犯罪构成论体系本体论

第一章　犯罪构成论体系的基本问题

第一节　犯罪构成论体系的概念之界定

一、构成要件、犯罪构成与犯罪成立

说到犯罪构成，需要从德语中的“tatbestand”一词说起。“tatbestand”具有构成要件与构成事实（构成要件事实）双重含义，故贝林使用“degrifflicher tatbestand”一词来表述构成要件，其实质是犯罪成立的一个要件。日本学者在引进这一概念时注意到这一点，只是难以找到更合适的词予以代替。于是，对 tatbestand 意指“构成要件”，人们便习以为然。“我们来观察一下犯罪类型就可以发现，它的多种多样的要素都由一个指导形态（leitbild）给统一起来了。‘指导形态’这个词，用德语说是 tatbestand，翻译成‘构成要件’还不能认为是十分恰切的译语，可是因为已经被广泛地使用，所以只好按这个译语来了。”① 可见，在德国和日本，“tatbestand”均指犯罪成立的一个要件，而并非指犯罪成立。

我国学者曾一度认为，“犯罪构成”一词最早源自意大利文“constare de delicto”。该词几经演变，成为德语中的“tatbestand”，即犯罪构成。当时，犯罪构成只是诉讼上的概念。直到 19 世纪初，古典学派代表、德国著名刑法学者费尔巴哈才明确地把犯罪构成作为刑法上的概念加以使用。② 这里其实存在误解，其根源在于苏联学者特拉伊宁的偷梁换

① ［日］泷川幸辰：《犯罪论序说》，王泰译，法律出版社 2005 年版，第 4 ~ 5 页。

② 参见樊凤林、曹子丹主编：《犯罪构成论》，法律出版社 1987 年版，第 370 页。这种称呼为传统观点所肯定，但近些年来已有学者注意到措辞的不当，后文对此有述，在此从略。

柱。关于德语“tatbestand”的含义，特拉伊宁实际上非常清楚。“A. 费尔巴哈给犯罪构成下了如下的定义：‘犯罪构成乃是违法的（从法律上看来）行为中所包含的各个行为的或事实的诸要件的总和……’可见，A. 费尔巴哈在这里十分肯定地列入犯罪构成的只是表明行为的特征。”① 但是，基于当时苏俄与德国的意识形态不同等因素，特拉伊宁将“tatbestand”引入苏联时作了变通，即以俄语“сосмавпресмупленμя”替代德语“tatbestand”，并赋予其不同的内涵——犯罪构成。② 特拉伊宁认为：“犯罪构成乃是苏维埃法律认为决定具体的、危害社会主义国家的作为（或不作为）为犯罪的一切客观要件和主观要件（因素）的总和。”③ 特拉伊宁所谓的“犯罪构成”，无疑与犯罪成立具有同等含义。作为犯罪成立意义上的“犯罪构成”，经苏联传至我国后，一直沿用至今。

即使是作为犯罪成立的一个要件，德、日刑法理论中的构成要件与我国刑法理论中的犯罪构成要件，在功能与地位方面也是不尽相同的。德、日刑法理论中的构成要件符合性（该当性）乃犯罪的观念形象，如果不存在违法阻却事由或者责任阻却事由，犯罪便成立，此时的构成要件符合性就等同于犯罪；如果存在违法阻却事由或者责任阻却事由，则将阻却犯罪的成立，此时的构成要件符合性就是犯罪成立的条件之一。正是从这个角度出发，有学者认为，“所谓犯罪构成，就是表示犯罪轮廓的观念形象，如杀人罪的构成要件就是‘杀人’，盗窃罪的构成要件就是‘窃取他人财物’”。④ 在我国刑法理论中，无论是犯罪客体和犯罪客观方面，还是犯罪主体和犯罪主观方面，没有哪一个要件具有如此功能与作用，能够作为犯罪轮廓的观念形象。在德、日等国的刑法理论中，犯罪成立只有在例外情形下要求该当构成要件的行为需要具备违法性和有责性，而在一般情形下只需行为该当构成

---

① ［苏联］A. H. 特拉伊宁：《犯罪构成的一般学说》，薛秉忠等译，中国人民大学出版社 1958 年版，第 15 页。

② 参见马克昌：《比较刑法原理——外国刑法学总论》，武汉大学出版社 2002 年版，第 110 页。

③ ［苏联］A. H. 特拉伊宁：《犯罪构成的一般学说》，薛秉忠等译，中国人民大学出版社 1958 年版，第 48 ~ 49 页。

④ ［日］曾根威彦：《刑法学基础》，黎宏译，法律出版社 2005 年版，第 185 页。

要件即可，这无疑使得构成要件在犯罪成立中处于核心地位，构成要件理论也就往往成为犯罪成立理论的代名词。

需要指出的是，关于德文中的“tatbestand”一词，我国学者通常认为其系大陆法系国家刑法犯罪论中使用的核心词汇，是大陆法系认定犯罪成立之基础（客观）要件。这存在以偏概全之嫌。严格地说，在德、日刑法理论中，是以 tatbestand 作为犯罪成立要件之一的，但这并不等于所有大陆法系国家都以 tatbestand 作为犯罪成立要件之一。例如，在法国和意大利刑法理论中，犯罪成立之基础（客观）要件分别是典型事实和事实要件，而不是构成要件符合性。“在所有著名的刑法典中，事实上只有《德国刑法典》含有关于犯罪构成概念的规范。二十世纪通过的刑法典——1992 年《法国刑法典》、1995 年《西班牙刑法典》、1975 年《奥地利刑法典》、1937 年《瑞士刑法典》都没有使用‘犯罪构成’这个术语。”① 因此，确切地说，“构成要件符合性”是以德、日为代表的大陆法系部分国家通常使用的概念，将其称为大陆法系犯罪论中使用的术语，并不准确。

二、犯罪论与犯罪构成论

近年来，我国犯罪构成理论研究可谓硕果累累：一方面，许多在国外留学的学者翻译、引进了大量国外学者（主要是以德、日为首的大陆法系国家学者）的论著；另一方面，国内学者也陆续出版了不少有关犯罪构成理论的专著。这些有关犯罪构成理论的著作，使人们对国内外犯罪成立理论有了更深入、透彻的理解。但是，这些著作的内容虽然主要是研究犯罪构成或犯罪的相关形态的，名称却并不统一。如在译著方面，对大陆法系国家学者有关犯罪构成及犯罪形态的著作，有的学者译为《构成要件理论》，② 有的学者译为《犯罪构成要件理论》，③ 有的

---

① ［俄］Н. Ф. 库兹涅佐娃、И. М. 佳日科娃主编：《俄罗斯刑法教程（总论）》（上卷·犯罪论），黄道秀译，中国法制出版社 2002 年版，第 172 页。

② 参见［德］恩斯特·贝林：《构成要件理论》，王安异译，中国人民公安大学出版社 2006 年版。

③ 参见［日］小野清一郎：《犯罪构成要件理论》，王泰译，中国人民公安大学出版社 2004 年版。

学者译为《犯罪论的基本问题》,[①] 等等。就国内学者的专著以及论文而言，在涉及内容为犯罪构成及其要件时，称谓也不尽相同：有的学者谓之犯罪论体系,[②] 有的学者谓之犯罪构成、犯罪构成理论或者体系,[③] 还有的学者谓之犯罪成立理论。[④] 在涉及内容为犯罪构成及犯罪形态时，则有《犯罪构成系统论》《犯罪构成原理》《犯罪构成及其关系论》《犯罪构成原论》《犯罪构成范畴论》等不同称谓。[⑤] 由此不难看出，人们对犯罪构成及犯罪形态的称谓是比较混乱的，这其中既有避免书名雷同之因，亦有理解分歧之由。

在国外，学者对犯罪论的理解不尽相同。一般认为，犯罪论是指研究犯罪成立一般要件的理论。如有学者认为，犯罪论研究的是一行为可罚性的一般之法律要件。[⑥] 也有学者认为，“所谓犯罪论，是成立犯罪的一般理论。犯罪是由行为、构成要件、违法性以及责任这四个方面的要素所组成的，将这些犯罪要素按照一定的原理进行系统化之后的东西，就是犯罪论的体系”。[⑦] 还有学者指出，犯罪论以刑法总则的规定为基础，探讨犯罪成立的一般要件。[⑧] 由此不难看出，犯罪成立一般要件的内涵是相对宽泛的。从广义上讲，犯罪成立不仅指一行为

---

① 参见［日］大塚仁：《犯罪论的基本问题》，冯军译，中国政法大学出版社 2003 年版。

② 参见陈兴良主编：《犯罪论体系研究》，清华大学出版社 2005 年版；梁根林主编：《犯罪论体系》，北京大学出版社 2007 年版；周光权：《犯罪论体系的改造》，中国法制出版社 2009 年版；等等。

③ 参见冯亚东等：《中国犯罪构成体系完善研究》，法律出版社 2010 年版；李洁等：《犯罪构成的解构与结构》，法律出版社 2010 年版；付立庆：《犯罪构成理论：比较研究与路径选择》，法律出版社 2010 年版；等等。

④ 参见李立众：《犯罪成立理论研究——一个域外方向的尝试》，法律出版社 2006 年版；王志远：《犯罪成立理论原理——前序性研究》，中国方正出版社 2005 年版；等等。

⑤ 参见何秉松：《犯罪构成系统论》，中国法制出版社 1995 年版；刘生荣：《犯罪构成原理》，法律出版社 1997 年版；肖中华：《犯罪构成及其关系论》，中国人民大学出版社 2000 年版；杨兴培：《犯罪构成原论》，中国检察出版社 2004 年版；彭文华：《犯罪构成范畴论》，中国人民公安大学出版社 2009 年版。

⑥ ［德］汉斯·海因里希·耶赛克、托马斯·魏根特：《德国刑法教科书》，徐久生译，中国法制出版社 2001 年版，第 247 页。

⑦ ［日］大谷实：《刑法讲义总论》，黎宏译，中国人民大学出版社 2008 年版，第 85 页。

⑧ ［日］西田典之：《日本刑法总论》，刘明祥、王昭武译，中国人民大学出版社 2007 年版，第 44 页。

成立犯罪的情况，也包括数行为成立何种犯罪、数行为人实施犯罪以及一行为成立不同的犯罪停止形态等各种犯罪形态在内。从狭义上讲，犯罪成立仅指行为单纯成立犯罪的情形，不包括各种类型的犯罪形态的成立也是说得通的，毕竟各种犯罪形态是在犯罪成立基础上呈现出来的不同犯罪样态。为了避免混淆，本书将广义的犯罪成立一般要件的理论称为犯罪论，将狭义的犯罪成立一般要件的理论称为犯罪构成论。

三、犯罪构成论体系的概念和特征

就体系的概念而言，学者间存在不同的认识。德国学者克劳斯·罗克辛认为，一个“体系”，用康德的表述方法来说，是“各式各样的知识在一个个思想下的统一”，是一个“根据各种原则组织起来的知识整体”。刑法信条学并不满足于把各种理论原理简单地合并在一起，并且一个一个地对它们加以讨论，而是努力要把在犯罪行为的理论中产生的全部知识，有条理地放在一个“有组织的整体”之中，通过这种方法，使人们够清楚地认识各个信条之间的内在联系。[①] 日本学者大谷实认为，所谓体系，就是按照一定原理所组织起来的有关知识的统一体，在刑法学上，以刑法的目的、机能为基准，将对于实现该机能来说互相协调的知识进行统一化、组织化，这就是体系构成的任务。因此，犯罪论的体系就是服务于一定目的的体系，即目的论的体系。[②] 我国台湾地区学者陈子平也认为，犯罪论体系是为了达成一定目的，因而谓之目的论体系。[③] 克劳斯·罗克辛则主张，犯罪论体系，其实也是为了达成一定的目的，即实现刑事政策的需要。“只有允许刑事政策的价值选择进入刑法体系中去，才是正确之道，因为只有这样，该价值选择的法律基础、明确性和可预见性、与体系之间的和谐、对细节的

---

① 参见［德］克劳斯·罗克辛：《德国刑法学总论》（第1卷），王世洲译，法律出版社2005年版，第118页。

② 参见［日］大谷实：《刑法讲义总论》，黎宏译，中国人民大学出版社2008年版，第85页。

③ 陈子平：《刑法总论》，中国人民大学出版社2009年版，第77页。

影响，才不会倒退到肇始于李斯特的形式——实证主义体系的结论那里。”① 可见，构建理论体系是为了实现一定的目的，这是大陆法系国家或地区许多学者的主张。

笔者认为，将体系理解成“根据一定的原理组织起来的知识整体”，并无不可。但是，将其中的“原则或者原理”理解成一种目的，则有所不妥：一方面，将体系理解成一种目的，忽视知识的内在机理，是一种将知识当作手段的功利考量，并不符合事物的本质。任何事物都有自己的独特性，违背其特性将难以达到一定的目的。例如，我们通常用玻璃制作容器，主要原因在于玻璃是透明而不透气的物料，且强度及硬度颇高，在日常环境中呈化学惰性，不容易与其他物体发生化学反应，且价格便宜，用来制作容器比较适宜。但是，我们不能因为玻璃容器具有上述优点而用来盛开水，因为玻璃不耐高温，用来盛开水就达不到目的。因此，要建立某种知识体系，就必须遵循某种知识内在机理，不能纯粹追求某种目的，否则反而达不到特定目的。另一方面，不同的国家、不同的群体甚至不同的人，均有各自不同的目的，因而目的本身具有多样化、复杂化特征。如果将知识体系理解成一种目的，会导致体系本身出现多样化与不确定性，不利于知识体系的建立。

根据《辞海》的解释，体系是指“若干有关事物相互联系相互制约而构成的一个整体。如理论体系；语法体系；工业体系”。② 可见，事物内部要素的联系与制约才是组织知识体系的原则或者原理。犯罪构成论体系同样亦是如此。犯罪构成的内部要素，无疑是犯罪构成要件或要素。因此，犯罪构成论体系是指由犯罪构成要件或要素组成的、评判某一行为成立犯罪的相互联系、相互制约的知识统一体。犯罪构成论体系具有如下特征：

其一，犯罪构成论体系是评价一行为成立犯罪的体系。犯罪概念只能在宏观上区分罪与非罪，对于具体犯罪是不能通过犯罪概念来加以区分的。要区分具体犯罪，明确不同犯罪之间的界限，就必须通过

---

① ［德］克劳斯·罗克辛：《刑事政策与刑法体系》，蔡桂生译，中国人民大学出版社2011年版，第15页。

② 夏征农主编：《辞海》，上海辞书出版社1990年版，第257页。

犯罪构成论体系来加以实现。犯罪构成论体系是评价一行为成立犯罪的体系，其主要意义在于在微观上区分具体犯罪，弥补犯罪概念的不足。

其二，犯罪构成论体系是由犯罪构成要件或要素组成的。就一行为成立犯罪而言，相关的因素是很多的，而只有决定该行为构成犯罪的因素，才能成为犯罪构成要件或要素。“任何一种犯罪都可以由许多事实特征来说明，但并非每一个事实特征都是犯罪构成的要件；只有对行为的社会危害性及其程度具有决定意义而为该行为成立犯罪所必需的那些事实特征，才是犯罪构成的要件。”① 影响犯罪的因素可以分为定罪因素与量刑因素，而犯罪构成要件或要素显然属于定罪因素。

其三，犯罪构成要件或要素是相互联系、相互制约的。犯罪构成论体系的诸犯罪构成要件或要素之间是相互联系的。例如，在认定某一危害行为是否成立犯罪时，只有作为行为实施的主体才能纳入评价要素之列；当评价某一行为是否成立犯罪时，只能将行为时的主观心理态度纳入评价要素之列。没有任何联系的犯罪构成要件或者要素，不能成为犯罪构成论体系中的评价因素。例如，行为前后的主观心理态度，就不能成为犯罪成立的判断依据。犯罪构成要件或要素之间的相互联系，表明所谓的原则与例外的关系在理论上是难以自圆其说的。也就是说，如果认为犯罪成立原则上需要某些犯罪构成要件或要素，例外情况下则需要其他犯罪构成要件或要素，则恰恰说明原则上的犯罪构成要件或要素与例外情况下的犯罪构成要件或要素之间并不存在相互联系的关系，是割裂犯罪构成要件或要素联系的表现，因而不能称其为一个完整的体系中的“成员”。同时，犯罪构成论体系的诸犯罪构成要件或要素是相互制约的。例如，如果行为人只具有伤害的故意，那么其行为也只能是与伤害的心理态度相匹配的；假若行为人开枪射向他人的心脏，则无论如何也难以说明其主观心理态度只是出于纯粹的伤害。

其四，犯罪构成论体系是由犯罪构成要件或要素组成的相互联系、

---

① 高铭暄、马克昌主编：《刑法学》（第3版），北京大学出版社、高等教育出版社2007年版，第56~57页。

相互制约的统一体。每一个犯罪构成要件或者要素都具有自己独特的地位和作用，只能发挥评价犯罪成立的某方面的功能。缺少任何犯罪构成要件或者要素，都不能有效地完成对犯罪成立的评价。只有在犯罪构成要件或要素相互联系、相互制约并组成有机统一的整体时，才能形成具有强大评价功能的犯罪构成论体系，对犯罪成立作出有效评价。因此，犯罪构成论体系是由一系列犯罪构成要件或要素组成的知识统一体。

第二节　犯罪构成论体系的属性和功能

一、犯罪构成论体系的属性

关于犯罪构成论体系的属性，站在不同角度有不同的理解。例如，有学者从三个方面来论述犯罪构成的具体属性，即法律与理论、规范与事实和模型与原型。[①] 事实上，除了这三对范畴外，诸如阶层性与平面性、形式性与实质性等，都可以成为犯罪构成论体系的属性。对于犯罪构成的某些属性如阶层性、平面性等，学界并无争议。但是，对于犯罪构成的某些属性，学界还是存在不同见解的。下面以这些具有争议的属性为主展开探讨。

（一）犯罪构成的属性之争

关于犯罪构成属于事实的、法律的还是理论的范畴的问题，在学界存在很大分歧。代表性观点如下：

一是法定说。该说认为，犯罪构成只能是规范的，不存在现实的、事实的犯罪构成。如有学者认为，对于犯罪构成概念，只能从一个角度来赋予，即只有规范性质的犯罪构成，而不存在什么概念或范畴的犯罪构成、现实或事实的犯罪构成。这种规范性质的犯罪构成，是由成立犯罪所必需的、彼此之间相互联系和相互作用的各种主客观要件的有机统一体。理由在于，犯罪构成的法定性是罪刑法定原则的必然

---

① 参见冯亚东等：《中国犯罪构成体系完善研究》，法律出版社2010年版，第35～46页。

要求和归宿之一；由学者有关犯罪构成概念的分歧在逻辑上不能推断出犯罪构成缺乏法定性；法律工作者对犯罪构成诸含义的不同理解不能成为否定犯罪构成法定性的合理理由；主张概念或范畴的犯罪构成不利于司法实践操作与理论研究。[①] 这种观点还进一步区分了犯罪构成作为法律概念而非事实的、理论的概念的原因。“犯罪构成与犯罪构成事实的密切关系，恰恰说明了两者应当相互区别的必要性与重要性。无论是视犯罪构成仅为事实而否定它是法律规定的观点，还是主张犯罪构成既是法律规定又是事实本身的观点，都是忽视犯罪构成与犯罪事实之间存在区别（相应也就谈不上什么联系）。否则，既无法弄清法律规定是如何在现实中得到体现、相对抽象的法律规定与相对具体的犯罪事实之间存在什么样的关系，在对于法律之间与现实之间的界限如何把握的问题上也变得模糊不清甚至可以忽略不计了。……犯罪构成与犯罪构成理论的关系，犹如刑法与刑法学或刑法理论的关系一样，是有密切联系而又应当予以区别开来的两个范畴。……犯罪构成与犯罪构成理论的区别，可以归结为：犯罪构成是规范性的东西，是法律规定犯罪成立所必须具备的一切客观和主观要件的总和；犯罪构成理论则是范畴性的东西，是对犯罪构成本体及相关问题（如刑事责任的根据、一罪与数罪的区分标准等）的体系性研究理论。犯罪构成理论来源于犯罪构成本体，但高于犯罪构成本体。”[②] 还有学者从犯罪成立意义上论述犯罪构成只能是法定的，而不能是事实的。“犯罪构成是犯罪成立的条件。作为实定法的领域以及法解释的领域，犯罪成立的条件是刑法规定的，而不是理论上主张的。因而犯罪构成作为法律形态，应该是犯罪的规定本身，包括总则的规定与分则对个罪的规定。”[③] 法定说在当前学界处于主导地位，为许多学者所推崇。

二是理论说。该说认为，犯罪构成是根据刑法规定并结合司法实践，对法律条文所作的学理性解释。根据这一观点，犯罪构成是一种

---

① 肖中华：《我国刑法中犯罪构成概念的再探讨——为犯罪构成“法定说”所作的论证》，载《法学评论》1999 年第 5 期。

② 肖中华：《犯罪构成及其关系论》，中国人民大学出版社 2000 年版，第 83、89 页。

③ 李洁：《犯罪构成理论体系设定需要厘清的基本问题》，载《湖北警官学院学报》2007 年第 1 期。

理论。有些学者明确指出，犯罪构成不是刑法条文中规定的概念，而是一个较系统、较详尽地研究刑法条文中规定的构成犯罪的各种条件的理论概念。犯罪构成理论虽然来源于刑法，但并非刑法概念，而是有自己独特的理论体系，故理论的犯罪构成是主导的。①

三是事实说。该说从犯罪构成是刑事责任的依据出发，认为作为刑事责任根据的“犯罪构成”，其重要特点是具有事实性，只有一定的犯罪事实才能作为刑事责任的根据。“有些文献认为，判定刑事责任的唯一根据应是认定犯罪分子行为里有犯罪构成。持这种观点的人认为，这样的措辞，‘就是指出确有犯罪事实’。由于犯罪构成被理解为法律认定的犯罪行为特征的总和，所以在这些人看来，判定应负刑事责任的依据就是认定有犯罪构成，而且认为，这样判定才能在使用刑法准则时确保社会主义法制。”② 甚至有学者主张构建犯罪构成的事实论体系。论者认为，无论是四要件体系还是三要件体系，由于介入了“人们对犯罪构成的某一事实的社会性质的认识”，从而导致内容上具有不确定性。“遗憾的是，现行犯罪构成理论，不论是‘四要件’体系，还是‘三阶层’理论，都包含了很多不是将事实，而是将人们对犯罪的认识作为构成犯罪要件的情况”。“为什么‘违法性’和‘犯罪客体’会成为各国犯罪构成理论中人们分歧最大，因而内容最不确定的因素？从认识论的角度考察，这两个概念的内容都不是直接可以用客观事实作为证据证明的事实，而是一种人们对构成犯罪的某一事实的社会性质的认识，这可以说是最根本的原因。犯罪现象的复杂性，决定了人们对犯罪行为性质认识的多样性，任何一种只要不是以概括构成犯罪的事实本身为内容的构成理论，其内容必然是不确定的。”③

四是“法律+理论说”。该说认为，犯罪构成是刑法所规定的、决定某一具体行为的社会危害性及其程度而为该行为构成犯罪所必需的一切客观和主观要件的总和。根据这一观点，犯罪构成是法律概念，

---

① 参见高铭暄主编：《新中国刑法科学简史》，中国人民公安大学出版社 1993 年版，第 84 页。

② ［苏联］H. 扎戈罗德尼科夫、H. 斯特鲁奇科夫：《苏联刑法的研究方向》，王长国译，载《国外法学》1982 年第 1 期。

③ 陈忠林：《现行犯罪构成理论共性比较》，载《现代法学》2010 年第 1 期。

是犯罪规格，它是由法律加以明文规定的。这种观点并不反对犯罪构成是一种理论，并且认为犯罪构成理论在整个刑法理论体系中处于中心地位，是认定犯罪的理论基础。如有学者认为，“首先应肯定构成的内容是刑法明文规定的，绝不是我们可以随意取舍的。在此前提下我们探讨有关构成要件，构成要件具有法律性，但至于这些要件的有机统一，作为成立犯罪的标准或规格叫什么，法律本身并没有直接规定，就像刑法对故意犯罪的规定并没有明确直接故意和间接故意一样，二者的区分只是刑法理论上的事情”。① 有学者还进一步提出，犯罪构成具有法律与理论双重特征，是刑法与刑法理论工作者在各自的工作领域所建构的模型。在罪刑法定原则前提下，犯罪构成基本框架和内容都是由法律明文规定的，刑法理论的解说不得超出法律条文所可能包含的最大意义。于是，犯罪构成就变成由立法者和刑法理论家在各自的工作领域分别就同一事物所建构的模型说明。模型的粗疏轮廓由立法者完成，而对模型作精细补充和完善，使之能够清晰辨认的工作是相应时期注释刑法理论的历史重任。② 按照该学者的观点，犯罪构成具有两重性，既是法律模型又是理论模型。还有学者从犯罪构成起源上，论述犯罪构成既是法定的也是理论的。“从大陆法系刑法理论中犯罪构成的起源看，构成要件是在罪刑法定主义的基础上建立的一个观念，具有无可辩驳的法定性。从犯罪构成理论的演变来看，犯罪构成之所谓构成要件最初是对刑法分则规定的具体犯罪的各种行为特征加以概括的结果，是一种特殊的构成条件。只是随着刑法总则与分则的分体例的形成，才从特殊的构成条件发展为一般构成条件。当然，也不可否认，在犯罪构成的发展过程中，刑法理论起了相当大的推动作用。可以说，没有刑法学家的努力，就不会有犯罪构成理论，更不会有以犯罪构成为基础的犯罪论体系。由此，我们首先应当把犯罪构成当作一种法律规定，充分肯定犯罪构成的法定性。在此基础上，我们还可以把犯罪构成当作是刑法规定的构成要件的一种理论概括。那种将犯罪构成的法定性与理论性割裂的认识，显然是不可取的。”③

---

① 孙燕山：《犯罪构成问题再探讨》，载《法律科学》1997 年第 6 期。

② 参见冯亚东、胡东飞：《犯罪构成模型论》，载《法学研究》2004 年第 1 期。

③ 陈兴良：《犯罪构成的体系性思考》，载《法制与社会发展》2000 年第 3 期。

五是折中说。该说认为，犯罪构成既是由法律规定的一系列事实要件的总和，又是一种理论，因而犯罪构成既是事实的、法律的，又是理论的。例如，有些学者指出，犯罪构成是依照刑法应受刑罚制裁的危害社会行为的主客观条件的总和，是刑法理论的重要组成部分，是定罪量刑的基本理论依据，这是犯罪构成的法律属性。同时，犯罪构成理论是关于制定、说明和运用构成犯罪规格的理论，它以犯罪构成为研究对象，是对刑法规定的构成犯罪的要件进行理论概括与说明。①

（二）对犯罪构成属性之争的评析

笔者认为，上述观点从某种立场出发，认为犯罪构成是法律的、事实的或理论的，并不存在错误。但是，如果认为犯罪构成纯粹属于法律的、事实的或理论的，则未免过于绝对。

法定说站在以德、日为首的大陆法系国家的立场，从规范角度理解犯罪构成。如德国学者贝林认为："犯罪构成是一个没有独立意义的纯粹的概念。违法的有罪过的行为在形成犯罪构成后，就成了犯罪行为。犯罪构成本身存在于时间、空间和生活范围之外。犯罪构成只是法律方面的东西，而不是现实。"② 根据法定说，犯罪构成必然是法律规定的、认定犯罪的一种纯粹模型和规格，是一种客观的、记叙的、价值中立的观念形象，与事实和理论无任何关联。"犯罪构成的功能表现为它是一种刑事立法设定犯罪的模型，是一种犯罪的规格、标准，在现实生活中的违法事实与此相等同时，通过刑事司法活动的评价，就可以宣告现实生活中的具有社会危害性的违法事实就构成犯罪。一个犯罪构成的模具，可以'生产'出无数相同类型的犯罪。犯罪事实被处理掉了，犯罪构成的模具犹在。因此，犯罪构成的模具并不等于犯罪构成的事实。犯罪构成的事实具有社会危害性，并不等于犯罪构成的模具也具有社会危害性。"③ 在法定说看来，犯罪构成完全是刑法预先设定的一种机械、刻板的观念形象，一个纯粹的法律外套和轮廓，一个故步自封的、静态的模型。这种模型化的犯罪构成，丝毫不理会

① 参见樊凤林等编：《犯罪构成论》，法律出版社 1987 年版，第 7 页。

② 转引自［苏联］A. H. 特拉伊宁：《犯罪构成的一般学说》，薛秉忠等译，中国人民大学出版社 1958 年版，第 16 页。

③ 杨兴培：《犯罪构成的立法依据》，载《法学》2002 年第 5 期。

作为构成犯罪的一系列行为、结果、责任能力等事实情况，更不允许犯罪构成理论脱离乃至超出法律规定范畴。果真如此，人们不仅要问：这种模具型的犯罪构成究竟具有何种现实意义？能充分体现刑法的维护秩序机能还是彰显刑法的人权保护机能？人们通常会认为，承认犯罪构成的法定性，能够充分保障国民的预测可能性，有利于保障人权。问题在于，这种法定的犯罪构成在适用时，会因自身弊端（所谓的恶法）导致与公平、正义的价值观念完全背离，这样虽然维护了国民的预测可能性，但保障人权的目标恐怕会落空。有学者对此不以为然，认为犯罪构成的现实规定永远是有效的、正确的，法官包括社会上的各种人群都丝毫不能批判刑法，不能批判刑法中的任何一个犯罪构成，只能在已有构成规范的基础上遵守它、执行它。“恶法”当须改，但“恶法”被修改之前依然是法。[①] 这种见解单纯从司法角度、针对一名法官来说，也许具有一定道理，但从普遍意义上讲则有失偏颇。当存在有违公平、正义的“恶法”时，不但社会上的各种人群可以批判刑法及其中属于“恶法”的犯罪构成，就是作为法官，当他没有披上法官袍依“恶法”审判案件时，同样可以批评“恶法”的不公和悖理。早在两千多年前，亚里士多德就指出：“法治应包含两重意义：已成立的法律获得普遍的服从，而大家所服从的法律又应该本身是制定良好的法律。”[②] 法定说显然侧重于“法律获得普遍的服从”，但却忽视法律“本身是制定良好的法律”这一前提。而且，就“恶法”而言，如果不被社会批评，又如何能够得到有效修改呢？修改“恶法”不是自发的，而是在接受社会普遍正义感检验的基础上，通过对客观事实的适用效果加以推动的。客观事实永远是考验法律规定的犯罪构成生命力的源泉。离开了一定的事实，作为法律模具的犯罪构成再完美，也难以实现自身价值。

另外，将事实犯罪构成等同为犯罪构成事实，也显然存在误解。其实，这是两个不同的概念。事实的犯罪构成是指涵盖行为、结果、具备责任能力、排除行为正当性等一切成立犯罪所必需的事实的有机

① 参见杨兴培：《犯罪构成的三个层面分析》，载《法学》2005 年第 5 期。

② ［古希腊］亚里士多德：《政府论》，吴寿彭译，商务印书馆 1981 年版，第 199 页。

统一体，缺少任何一个犯罪构成要件事实，事实的犯罪构成将不复存在，故将之认为是犯罪构成是符合逻辑的。犯罪构成事实则不然，其既可以是行为、结果、具备责任能力、排除行为正当性等某个犯罪构成要件事实，也可以是全部犯罪构成要件事实的整体。当犯罪构成事实指行为等某个要件事实时，当然不能认为是犯罪构成，这也是事实说为法定说所诟病的主要理由。因此，犯罪构成不应该是纯粹法律的，亦可归属于事实。脱离客观事实谈论犯罪构成，既不能有效实现刑法的维护秩序机能，也难以实现刑法的人权保护机能。

此外，即使是立足于社会现实需要的良好法律，也并不能保证犯罪构成的应用精确无误。如果刑法创设犯罪构成只是为了让人们一味地屈从乃至按部就班，那么，有限的刑法规范资源将肯定难以适应千变万化的司法实践需要，如此模具显然不能胜任现实需要。这一点，在绝对罪刑法定主义时期已经得到很好的证明。例如，1791 年法国制定的刑法草案（通称 1791 年《法国刑法典》）采取绝对罪刑法定主义，但该法并没有得到实施，这使得犯罪构成这一法律模具胎死腹中。相反，享誉世界的 1810 年《法国刑法典》在确立罪刑法定原则的同时，赋予法官一定的裁量权，为法官解释刑法规范打下基础，从而给犯罪构成理论诞生准备了铺垫。可以说，相对罪刑法定主义必然促成犯罪构成理论的滋生。从这一角度讲，犯罪构成不应该仅限于法律的范畴，理论的犯罪构成也是必需的。

理论说忽视犯罪构成乃一个法律概念的实质，将犯罪构成理解成一种理论现象，容易得出理论优于规范的结论，乃至游离刑法规范研究犯罪理论，使犯罪构成理论成为无源之水、无本之木，走向另一个极端。“我国的学者习惯于批判刑法，以为理论优于刑法规定，于是在建构犯罪构成体系时，不愿意受刑法的拘束。但果真如此，则会出现完全摆脱现行刑法的犯罪构成体系，进而要求立法机关制定一部完全符合该犯罪构成体系的刑法典。显然，这种要求过高，成本过高，不具有现实性。”① 刑法理念的建立虽然不依赖于刑法的具体规定，但完全脱离一国的刑法规定建立犯罪构成体系，是不可能实现的。否则，

① 张明楷：《犯罪构成理论的课题》，载《环球法律评论》2003 年秋季号。

容易滋生罪刑专断主义，造成法官不以法律而是以社会观念、伦理道德、个人爱好等为基准，使某些恶俗、不公正的伦理、观念混入神圣的法律殿堂，并使当罚行为类型化。这种“构成要件”不但背离刑法目的，也与罪刑法定原则脱节。目前，认为犯罪构成乃单纯的理论概念的主张已不多见。

事实说以法律规范的实用性为依据，认为一切法律规范是针对客观事实的一种价值评判；没有一定的犯罪事实，则犯罪构成与刑事责任将无从谈起。这本来没有什么不妥。问题在于，如果坚持以客观犯罪事实为犯罪构成的唯一内涵，将导致脱离法律评判犯罪，容易走上罪刑擅断之路。“人不对人进行裁判而产生的非正义，与人对人进行裁判而产生的非正义，两者相比较，显然是前者要严重得多。所以，人类自古以来就心甘情愿地忍受、容许并肯定人对人进行裁判而产生的非正义，直至今日。”[①] 对于封建社会的罪刑擅断弊端，孟德斯鸠就曾一针见血地指出，在专制国家里，人们畏惧死亡甚于爱惜生活，人们的生命无保障，统治者则极端残酷，刑罚少到只要剥夺生命就可以了。[②] 正是出于对罪刑擅断主义的无比憎恨，古典学派坚决主张犯罪法定化，反对司法自由裁量。贝卡利亚就认为，只有法律才能为犯罪规定刑罚，只有代表根据社会契约而联合起来的整个社会的立法者才拥有这一权威，任何司法官员都不能自命公正地对该社会的另一成员科处刑罚，超越法律限度的刑罚就不再是一种正义的刑罚。[③] 因此，任何时候我们都不应该脱离刑法规范枉谈犯罪构成理论；脱离法律的犯罪构成，犯罪构成理论就会成为无源之水、无本之木。

至于“法律＋理论说”，由于其不承认犯罪构成的事实特征，如前所述也是有失偏颇的。

（三）小结

通过上述分析，不难看出，单一属性论并没有揭示出犯罪构成的

---

① ［日］西原春夫：《刑法的根基与哲学》，顾肖荣等译，法律出版社 2004 年版，第 3 页。

② 参见马克昌主编：《近代西方刑法学说史略》，中国检察出版社 1996 年版，第 18 页。

③ 参见［意］贝卡利亚：《论犯罪与刑罚》，黄风译，中国大百科全书出版社 1993 年版，第 9 页。

实质，犯罪构成的事实性、法律性与理论性并不是分割的、彼此相互排斥的，而是一个相互统一的有机整体，共同服务于刑法规制犯罪、认定犯罪、惩治犯罪以维护社会秩序、保障人权的需要。其实，我国学者已经注意到了事实（设罪）的犯罪构成、法定（定罪）的犯罪构成与理论的犯罪构成以及它们之间的关系与区别。如有学者认为，从立法设罪的角度看，犯罪构成要件与排除社会危害性的行为是作为两种性质相反的事物互相排斥的。对设罪犯罪构成任何一个要件的符合性都不会同时存在排除社会危害性的可能。作为立法者的理念及其法律表现形式，设罪犯罪构成永远都是确定无疑的犯罪，其每个要件都具有犯罪的性质，具有犯罪性质的要件根本不涉及排除社会危害性的问题，排除社会危害性的行为就谈不上是犯罪构成的任何一个要件。从司法定罪角度看，犯罪构成要件与排除社会危害性的行为是作为两种相反的可能性而同时存在的，对定罪犯罪构成任何一个要件的符合性都同时存在排除社会危害性的可能，定罪犯罪构成作为司法者有顺序适用的法律衡量标准，只能在所需衡量的事实全部衡量完毕之后才能得出该事实性质的结论，个别要件的符合性只能表明犯罪嫌疑和继续认定的必要性而非犯罪的结论。① 还有学者通过对法律的犯罪构成与犯罪构成理论的同一性与非同一性以及两者的特征加以分析后指出，法律的犯罪构成与犯罪构成理论在本质上具有一致性，它们解决的问题都是围绕着什么是犯罪进行的。但犯罪构成理论与犯罪构成的法律表现又是不同的，这种不同源于它们的不同功能，这种不同的功能又决定于各自不同的特征，不同的功能与特征表明可以形成不同的体系。犯罪构成理论与法律的犯罪构成的不同特点与功能表明，犯罪构成理论具有层次性。在为了指导立法或评判立法而研究犯罪构成理论时，应不囿于法律规定，放开视野，研究应然问题；为了指导司法而研究犯罪构成理论时，应立足法律规定，研究已然问题。在研究法律的犯罪构成时，应完全以法律规定为依据，确定现实发生的行为是否符合法律的规定。因此，理论刑法学与注释刑法学应该作明确划分，建立

① 夏勇：《定罪犯罪构成与设罪犯罪构成》，载《中国刑事法杂志》2002 年第 5 期。

不同的体系。[①]

综上所述，我们认为，犯罪构成论体系的法定性与理论性并非相互排斥，而是相互协调、辩证统一的，是立法者和理论工作者在不同的领域所塑造的评判犯罪成立的知识体系。无论是刑法规定还是理论解说，不过都是由立法者和刑法理论家在各自之工作领域分别就同一犯罪样本（成罪标准）所建构的模型。[②]一方面，法律的犯罪构成是包括理论在内一切认定犯罪成立的知识体系的前提与基础；另一方面，法律的犯罪构成也不能脱离理论诠释。没有科学、有效的理论解释，法律的犯罪构成之运用就会陷入机械、被动的局面，乃至难以适应司法实践中评判具体犯罪的需要。坚持法律的犯罪构成，是形式的犯罪观的体现，容易达到规范治理的目的，但有时会忽视处罚必要；坚持理论的犯罪构成，是实质的刑法观的体现，容易达到处罚必要的目的，但有时会忽视规范治理。因此，犯罪构成论体系的法定性与理论性均不可或缺，在认定犯罪时必须尽量兼顾规范治理与处罚必要，而不是非此即彼。

无论是法律的犯罪构成论体系还是理论的犯罪构成论体系，均离不开特定的行为事实，因而犯罪构成的事实属性是不容置疑的。但是，犯罪构成的事实属性与理论属性、法律属性显然不属于同一范畴。犯罪构成的事实属性是相对于价值属性而言的。前者是从客观的、事实判断的立场看待行为成立犯罪的问题，后者是从主观的、价值评价的角度看待行为成立犯罪的问题。因此，犯罪构成的事实属性与价值属性属于同一层面的范畴，不应与其理论属性、法律属性混淆在一起。

二、犯罪构成论体系的功能

就犯罪构成论体系具有何种功能而言，理论上向来存在不同的认识。在大陆法系国家，人们通常站在目的论的立场理解犯罪构成论体系的功能。如有学者认为，犯罪论的体系就是服务于一定目的的体系，即目的论的体系。第一，它必须有利于明确划分成为犯罪的行为和不

---

① 李洁：《法律的犯罪构成与犯罪构成理论》，载《法学研究》1999 年第 5 期。

② 参见冯亚东等：《中国犯罪构成体系完善研究》，法律出版社 2010 年版，第 45 页。

成为犯罪的行为之间的界限；第二，它必须为认定犯罪提供统一的原理，并有利于防止在刑事司法中注入个人情感和任意性。本来，犯罪论的体系是实现刑法目的的体系，因此，随着刑法目的中重点的变迁，体系论也会发生变化，在此意义上讲，不可能有绝对唯一的犯罪论体系，但是，能满足上述两方面的机能，有利于对思想进行整理并确立概念的体系是最好的体系。①

我国学者对犯罪构成论体系的功能在理解上存在很大分歧。主要观点归纳起来如下：

其一，一般功能与特殊功能说。如有学者认为，犯罪构成论体系具有五大功能，包括一般功能与特殊功能。一般来说，任何科学理论体系都具有解释、认识和预见的功能。犯罪论体系的解释功能，主要是对刑事法律关于犯罪的规定进行理论的和系统的科学解释；犯罪论体系的认识功能，是指对犯罪和犯罪现象进行科学的分析提供科学认识；犯罪论体系的预见功能，主要是阐明刑法关于犯罪和刑事责任规定的发展变化规律及其未来的发展趋势。犯罪论体系除了具有一般科学理论体系的功能外，作为一种刑法规范理论体系，还有自己的特殊功能，即评价功能和创制功能。犯罪论体系的评价功能，是指它为司法实践提供正确定罪的理论、原理和方法。犯罪论体系的创制功能，是指促进和指导关于犯罪的刑法规范的更新或制定。②

其二，犯罪认定的规格与标准说。如有学者认为，犯罪构成是刑法理论对现有刑法的规定进行高度抽象、概括后所形成的一种集主、客观要件为一体的成立犯罪的规格和标准，它是理论的，在某种程度上又是法定的，它的全部功能在于为刑事司法认定某种行为是否构成犯罪提供一个固定的规格与标准。③

其三，双重功能说。该观点认为犯罪论体系具有以下两个主要功能：一是作为定罪的说明书和教科书的功能。犯罪论体系是犯罪一般

---

① ［日］大谷实：《刑法讲义总论》，黎宏译，中国人民大学出版社 2008 年版，第 85 页。

② 参见何秉松：《（中俄、德日）两大犯罪论体系比较研究——塔甘采夫体系 vs. 贝林格体系》，载《“中俄与德日两大犯罪论体系比较研究”国际研讨会文件之三》，中国政法大学刑事法律研究中心 2008 年 11 月，第 3 页。

③ 参见杨兴培：《犯罪构成原论》，中国检察出版社 2004 年版，第 60 页。

理论之具体知识的系统化、条理化、整体化，因而具有刑法典之说明书和教科书的功能。二是理论探索功能。理论探索活动并不是为了直接用以解决眼下的理论或者实践问题的，而是着眼于未来，在某种意义上是为未来服务的。①

上述第一种观点将一般理论体系具有的功能归入犯罪构成论体系的功能之中，这虽无不可却没有必要。犯罪构成论体系的功能是其所特有的、区别于其他理论体系的独特功能，不宜将任何理论体系所具有的一般功能归入其中。第二种观点将犯罪构成论体系的功能限制为犯罪评价功能，稍有不足。诚然，犯罪构成是认定犯罪的规格和标准，但显然不是被动地为了认定犯罪而只充当特定的规格和标准。犯罪构成论体系虽然为认定犯罪服务，但同时也具有主观能动性，即主动、积极地为准确、科学的认定犯罪提供颇有价值的参考。第三种观点较为中肯。据此，我们认为，犯罪构成论体系的主要功能是犯罪评价功能与规范指引功能。

所谓犯罪评价功能，是指犯罪构成论体系作为评价行为成立犯罪的唯一的标准和规格的功能。犯罪构成论体系是立足于刑法规定的犯罪成立条件，并以之为基础而形成的评价行为成立犯罪的知识体系。犯罪构成论体系能够将一般犯罪成立的核心要件、要素条理化、系统化，为人们评价刑法上的行为提供通行的标准和规格。同时，犯罪构成论体系还能揭示具体行为成立犯罪所必须具备的全部要件和要素，是判断具体犯罪成立的唯一标准。有学者认为，在谈到排除犯罪性行为与犯罪构成论体系的关系时，提出在犯罪论体系上将排除犯罪性行为置于犯罪构成体系之外，是非常到位得当的安排：一则由于该部分内容庞大，不宜置入任一要件中；二则因其至少涉及两方面要件，单独列示更便于以不同要件之规定性分别深入剖析，以从不同角度完整地揭示出罪理由；三则因其在性质上亦属与犯罪直接相关的特殊行为形态，将其置入“特殊形态”部分专门阐述，可使犯罪论内部三大块

① 参见曲新久：《刑法的逻辑与经验》，北京大学出版社 2008 年版，第 122 ~ 123 页；付立庆：《犯罪构成理论：比较研究与路径选择》，法律出版社 2010 年版，第 14 ~ 15 页。

之逻辑关系更为清晰。[①] 我们认为，上述观点值得商榷。如果犯罪构成论体系不能够恰当地评价排除犯罪性行为，则意味着犯罪构成论体系不是评价行为是否成立犯罪的唯一标准和规格，这是不符合犯罪构成论体系的评价功能的，也是违背犯罪构成原理的。因为，如果在犯罪构成论体系之外还需要另外的依据来评价排除犯罪性行为，就表明犯罪构成论体系只是评价犯罪成立的条件之一，这与单一的犯罪构成要件在性质上并无不同，犯罪构成论体系由此也就不能成为评价行为成立犯罪的系统、完整的知识体系了。

犯罪构成论体系的规范指引功能，主要包括立法指引功能和司法指引功能。前者是指通过犯罪构成论体系评价为具体行为成立犯罪提供立法上的有益参考和合理依据；后者是指通过犯罪构成论体系评价为具体行为成立犯罪提供司法上的合理解释和理论根据。犯罪构成论体系作为人们概括出来的关于自然界和社会知识的系统结论，能够表述事物现象，揭示事物本质。理论体系是通过人的思维来把握的，对本质的把握不仅通过某种命题，更重要的是通过对某种命题的分析与研究，其研究过程也就是本质的显现过程。在对本质的把握中，不但应该把握某事物的本质是什么，更应该把握其缘由。通过对缘由进行研究，反映出人的行为的重要特征即目的性。[②] 虽然规范是犯罪构成论体系的前提和基础，行为事实是理论的犯罪构成的核心，但理论的犯罪构成并非消极地受制于两者。犯罪构成论体系不但能够揭示作为具有严重社会危害性的成立犯罪的事实统一体，从而发挥对刑事立法的指导作用，避免刑事立法的瑕疵和疏漏。同时，其还能够充分指引刑法规范如何确立犯罪构成要件以及规定何种构成要件要素，洞察其不足以查漏补阙，为司法实践提供科学、合理、简洁、明确的规范评价依据。

从法律规定看，所有的犯罪构成均以行为为中心。在成文法系国家，以行为为核心的罪状，是刑法分则规定的个罪最为关注的部分。

---

① 冯亚东：《犯罪构成与诸特殊形态之关系辨析》，载《法学研究》2009 年第 5 期。

② 参见李洁：《法律的犯罪构成与犯罪构成理论》，载《法学研究》1999 年第 5 期。

刑法在规定某一具体犯罪时，可以不列出犯罪的心理要素、主体要素，但是不能没有行为要素。就行为本身而言，含义是多重的，不作为、睡梦中的举动、婴儿的举止、被强迫的动作等，都可以理解为行为。行为的复杂性，决定了刑法不可能对所有的行为都加以列举、区分。然而，不对各种行为作出正确评判，司法机关就不可能运用法律的犯罪构成正确裁判。解决这一矛盾的有效手段，就是理论体系的指导。"犯罪构成理论本身是罪刑法定原则的产物，它必然要以法律规定为根据。但是。犯罪构成的法定性并不意味着刑法对各个犯罪构成要件都需要明确而直接地做出规定。例如，不作为的概念，在刑法中并未出现，而是从刑法规定中推导出来的。就此而言，我们更应当强调犯罪构成的理论建构性。如果犯罪构成理论中的每一个概念都要寻找其法律出处，显然是不可能的。因此，犯罪构成理论虽然与法律规定具有对应性，但它又超然于法律规定。"① 综观犯罪构成理论的发展进程，行为理论发展及其完善显然最为重要，对司法机关根据法律科学认定犯罪具有深远的意义。例如，在德、日刑法理论中，以因果行为论、目的行为论、社会行为论、人格行为论为基础构建的古典阶层体系、新古典阶层体系以及目的论阶层体系等不同的犯罪构成理论体系对于指导司法活动就具有重大影响。因此，理论的犯罪构成是法律的犯罪构成不可或缺的良师益友。

犯罪构成论体系虽然以规范为基础，但并不消极地反映和再现法律的犯罪构成，而是作为法律的犯罪构成的一种修补、完善的指导形象，促使法律的犯罪构成更趋于科学、完善，以为刑事立法规制犯罪、司法认定犯罪提供完善、合理依据。一方面，立法规定的缺陷与不足决定了犯罪构成论体系存在合理性。犯罪构成的立法规定不可避免地存在一定的漏洞和缺陷，这不利于科学认定犯罪和恰当地惩治犯罪。另一方面，规范的格式化与滞后性决定了犯罪构成论体系存在必然性。无论哪个国家的刑法，都不可能对每一个具体犯罪构成要件作出详细、具体的规定。如果每个具体条文规定犯罪构成的一切要件，必然造成

① 陈兴良：《犯罪构成：法与理之间的对应与紧张关系》，载《法商研究》2003 年第 3 期。

刑法条文烦琐、复杂而又冗长，这与立法的简洁、扼要性是相矛盾的；而且，要想将形形色色的犯罪诸要件内容在刑法中予以明确，是不现实的，也是难以做到的。“在法律规定中，没有必要对犯罪构成的所有内容都在法条中给予规定，这样的规定既很困难，也不必要，法律只能规定它应该规定与可以规定的内容。这样的内容受到法律规定特点的限制。法律不是论文，因而法律需要解释。法律的制定与解释应以立法意图为根据，但这样的根据却不需要在法条中给予明示，这正是法律与理论的界限。”① 从某种意义上说，没有犯罪构成论体系，就不会有成熟的刑事立法，也不会有科学、合理的犯罪构成规范，刑事司法活动也必然会受到严重制约。规范脱离理论体系的指导，就很容易陷入绝对的罪刑法定主义的泥泞，从而削弱规范适用的生命力。因此，犯罪构成论体系是指导刑事立法与刑事司法实现公平与正义的路标，也是检验刑法规范能否实现自身价值的尺度。

第三节　犯罪构成论体系的要素和结构

一、犯罪构成论体系的要素

犯罪构成论体系要素是指犯罪构成论体系的内容，即对定罪量刑具有实质影响的必要因素。一般来说，行为成立犯罪离不开两个基本要素：行为和行为人。故与行为和行为人相关的一切影响定罪量刑的因素，就组成了犯罪构成的要素体系。行为要素通常包括行为、行为对象、行为方式、行为结果、行为的时间、地点以及行为时的政治经济形势等。行为人要素包括行为人身份、行为人的年龄、智力发育程度以及故意、过失、目的和动机等行为人的主观心理态度。行为要素揭示的是行为事实状况，反映的是犯罪的客观社会危害；行为人要素揭示的是行为人的主体和主观心理状况，反映的是犯罪的主观社会危害。犯罪构成论体系要素根据不同的标准可以划分为不同的类型。常

---

① 参见李洁：《法律的犯罪构成与犯罪构成理论》，载《法学研究》1999 年第 5 期。

见的分类如下：

（一）直接的犯罪构成要素与间接的犯罪构成要素

直接的犯罪构成要素，是指与行为和行为人直接相关的影响定罪量刑的要素。直接的犯罪构成要素是附随于行为本身或者是行为时行为人所具有的要素，如行为对象、方式、结果、时间、地点以及行为人身份、故意、过失、目的和动机等，是最常见、最普通的犯罪构成要素。间接的犯罪构成要素是指与行为或者行为人无直接关系的、影响定罪量刑的要素。

在德、日刑法学界，通常将行为时的地点、时间、方式等因素称为行为状况，而将行为前或者行为后影响定罪量刑的因素称为行为条件。与行为状况一样，行为条件也可以影响定罪量刑。条件本身包含两层含义：一是指双方规定应遵守的事项；二是指事物产生或存在的因素。[①] 犯罪条件显然是指第二种意义上的条件，故应将其界定为犯罪产生或存在的因素。广义上的犯罪条件是一个十分宽泛的概念，凡是影响定罪量刑的各种因素，无论是行为时的因素还是行为前的因素，抑或是行为后的因素，都可以称为犯罪条件。但是，仔细研究后会发现，刑法学上的这些因素并非性质同一的，它们之间有着内在的不同。行为结果、行为对象等通常在行为时是确定的，而行为时间、行为地点和行为方式等因素更是行为不可或缺的因素。如果从刑法意义上讲，所谓的结果、对象、时间、地点和方式，则是就特定的结果、对象、时间、地点和方式等因素而言的，是决定某一犯罪成立或者处罚轻重意义上的因素，是定罪与量刑的条件。可见，这种条件是伴随行为发生、体现行为性质、特征的当然要素，是犯罪的存在条件。行为前的因素与行为后的因素则并非是伴随行为发生的，也不体现行为性质、特征，甚至与行为没有必然联系，只是由于行为人的主观意愿以及国家政策、情势变更等才产生的，是作为犯罪决意产生、犯罪行为、结果实现乃至犯罪成立的条件，对定罪量刑同样具有决定性的影响，故称之为犯罪的产生条件是更为准确的。犯罪的存在条件是直接的犯罪构成要素，

---

① 中国社会科学院语言研究所编：《新华字典》，商务印书馆 1998 年版，第 489 页。

犯罪的产生条件则系间接的犯罪构成要素。

例如，《日本刑法典》第197条第2款规定，“将要成为公务人员或者仲裁人的人，就其将要担任的职务接受请托，收受、要求或者约定贿赂，事后成为公务员或者仲裁人的，处五年以下惩役。”① 又如，我国1997年系统修订的《中华人民共和国刑法》（以下简称《刑法》）第392条第2款规定：“介绍贿赂人在被追诉前主动交代介绍贿赂行为的，可以减轻处罚或者免除处罚。”在此，“事后成为公务员或者仲裁人”“在被追诉前主动交代介绍贿赂行为的”就是行为实施完毕之后的一种影响定罪或者量刑的条件。

（二）客观的犯罪构成要素和主观的犯罪构成要素

客观的犯罪构成要素，是指作为客观行为事实的犯罪构成要素，通常包括行为对象、方式、结果、时间、地点以及行为时的政治经济形势等。主观的犯罪构成要素，是指揭示行为人主观心理态度的要素，主要包括犯罪故意、过失、犯罪目的和动机等。

需要指出的是，对于主体身份要素，我国传统刑法理论一般将之归于犯罪主体要素。这样，主体身份要素似乎就属于主观的犯罪构成要素。事实上，主体的身份、年龄等并非属于主观的犯罪构成要素，而属于客观的犯罪构成要素。理由在于：身份、年龄等表面上看属于主体的一种资格、状态，但其在发挥评价犯罪的功能时，并非因为附随于主体才具有刑法上的意义，而是在附随于行为时才具有刑法上的意义。例如，我们说贪污罪的主体是国家工作人员，并非是站在行为主体拥有国家工作人员身份的基础上来说的，而是立足于行为时是否利用国家工作人员的身份而言的。换句话说，行为人虽然具有国家工作人员的身份，但在盗窃财物时并没有利用国家工作人员的身份，就不能构成贪污罪，而只能构成盗窃罪。因此，主体身份归根结底是一种行为身份，属于附随于行为才具有刑法上的意义的客观事实，属于客观的犯罪构成要素。

（三）记述的犯罪构成要素与规范的犯罪构成要素

就记述的构成要件要素与规范的构成要件要素的区分而言，并没

① 《日本刑法典》，张明楷译，法律出版社1998年版，第62页。

有完全统一的标准。由记述或者描述概念所表述的构成要件要素，就是记述的犯罪构成要素。就案件事实是否符合这些要素的判断而言，只需要通过一般的认识活动和基本的对比判断就可以得出结论。由价值关系的概念或评价概念所表述的构成要件要素，是规范的犯罪构成要素。就规范的构成要件要素而言，法官不仅需要判断案件事实是否符合构成要件，而且需要以特定的违法性为导向，以某种规范为前提理解构成要件要素和评价案件事实。①

影响犯罪构成要素属于记述的犯罪构成要素或规范的犯罪构成要素的因素有很多，刑法用语便是其中之一。刑法用语通常可以分为三类：一是描述性用语。这类用语基于公众普遍、常识的认识，能明确揭示犯罪行为特征。例如，"强奸"或者"杀人"就无须任何特定解释，具有明确性。一般来说，描述性用语具有自然属性，体现一定的共性，即使在不同的国家或者不同的时期，其含义也不会产生大的变化。二是规范性用语。该类用语是指法律规范所使用的专业性词语，系特定社会或者国家根据特定时期状况颁行的法律的用语。规范性用语在不同国家或者不同时期可能具有不同含义，但在同一国家的特定时期，其涵义是相对明确的。如"股东""破产""恶意透支"等，就具有相对明确、固定的含义。三是评估性用语。这类用语既不具有自然描述性，也不具有规范性，而是盖然性、评估性的非法律用语。其产生根源在于刑法规范所保护的法益非常复杂，仅凭自然描述性或者法律性用语，并不能充分揭示各种犯罪行为的性质。例如，刑法在描述无理取闹、肆意挑起是非的行为时，通常而且只能用"寻衅"或者"滋事"这样的词语，在表述非法打斗等行为时，则用"斗殴"一词，等等。这些评估性用语显然不像自然描述性用语或者规范性用语那样具有沿袭以往或者专有的涵义，而是仁者见仁、智者见智。又如，"连续"或者"继续"具有时间的盖然性，"数额较大"具有数量上的盖然性，不同的人具有不同的理解，这样就需要依赖司法机关或者法官对其加以评估，以明确其界限。此外，还有一些概括性、形容性的用语，

① 参见张明楷：《犯罪构成体系与犯罪构成要件要素》，北京大学出版社 2010 年版，第 121 页以下。

也具有盖然性、评估性。如“淫秽”，乃揭示行为的伦理道德评价的社会性用语，在不同的场所、不同的时间以及对于不同的人，具有不同的含义。总之，评估性用语缺乏明确、固定的含义，违背明确性原则。就上述三类用语而言，描述性用语和规范性用语的含义明确、确切，通常不会造成规范模糊问题，而评估性用语的存在则是刑法规范模糊性得以产生的主要原因。

从语义学意义上讲，评估性用语是不可避免的。一方面，由语言本身的模糊性所决定，评估性用语的存在具有客观性。另一方面，法律有时也没有选择地需要借助评估性用语。“人们一般认为，立法者不能完全放弃这种一般条款性的价值概念，因为这种概念使具体案件做出公正的判决成为可能。如果允许法律仅仅包括无价值说明的概念，那么，这种法律要么就会变得无限长，要么在适用时会因为打击面过宽，从而在刑事政策上造成最不幸的结果。”① 评估性用语的存在，是规范的犯罪构成要素产生的原因之一。

（四）积极的犯罪构成要素与消极的犯罪构成要素

积极的犯罪构成要素是指揭示行为成立犯罪的要素；消极的犯罪构成要素是指说明行为不成立犯罪的要素。这一分类本源自德日刑法学界。一般认为，构成要件该当性属于积极的犯罪构成要件，其所包含的要素属于积极的犯罪构成要素；违法性和有责性属于消极的犯罪构成要件，其所包含的要素属于消极的犯罪构成要素。近年来，我国不少学者认为，德日刑法学界有关积极的犯罪构成要素与消极的犯罪构成要素的分类，使得犯罪构成论体系具有阶层性、逻辑性，在认定犯罪时具有一定的优势，并以此作为重构我国四要件体系的理由之一。

除了上述分类外，还有学者提出了作为违法类型的构成要件要素与作为责任类型的构成要件素、真正的构成要件要素与表面的构成要件要素、成文的构成要件要素与不成文的构成要件要素的分类。德日阶层犯罪论体系中的违法性和有责性要件之差异，是作为违法类型的构成要件要素与作为责任类型的构成要件素的划分标准。为违法性或

① ［德］克劳斯·罗克辛：《德国刑法学总论》（第1卷），王世洲译，法律出版社2005年版，第101页。

者有责性提供根据的要素，是真正的构成要件要素；不为违法性、有责性提供根据，只是对犯罪分类起作用的要素，属于表面的构成要件要素。成文的构成要件要素，是指刑法明文规定的构成要件要素；不成文的构成要件要素，则是刑法表面上（文字上）没有明文规定，但根据刑法条文之间的相互关系、刑法条文对相关要素的描述所确定的，成立犯罪所必须具备的要素。[①]

二、犯罪构成论体系的结构

所谓结构，是指“各个组成部分的排列或布局”。[②] 顾名思义，犯罪构成论体系的结构是指犯罪构成论体系的要件的排列或布局。根据犯罪构成要件的内容不同，犯罪构成论体系可以划分为不同的结构类型。

美国学者弗莱彻教授立足于犯罪构成要件的内容，将世界各国犯罪论体系大致分为三种类型：二元的犯罪结构模式、三元的犯罪结构模式和四元的犯罪结构模式。他认为，二元的犯罪结构模式为说英语的普通法系国家采用，将犯罪构成要件划分为犯罪行为和犯罪心理，分别从外部和内部揭示犯罪行为的实质。三元的犯罪结构模式为德国所创立，认为犯罪构成要件包括犯罪的定义（构成要件符合性）、不法或非法（违法性）以及责任或应受非难性（责任）。关于行为、危害和因果关系的辩护否定了犯罪定义，正当化事由的辩护否定了非法性，免责事由的辩护否定了责任。四元的犯罪结构模式来自关于刑事责任的共产主义文献中，它简洁地将犯罪的构成要素归为以下几类：犯罪主体、犯罪主观方面、犯罪客体和犯罪客观方面。这种模式的贡献在于提出了犯罪主体和客体的概念，但没有认同不合法或非行为的尺度，行为的非法性的正当事由被排除在犯罪的四要素之外。[③] 该分类在我国获得普遍支持，多数学者赞成以德国为代表的大陆法系犯罪论体系、

---

① 参见张明楷：《犯罪构成体系与犯罪构成要件要素》，北京大学出版社 2010 年版，第 118 页以下。

② 胡裕树主编：《新编古今汉语大词典》，上海辞书出版社 1995 年版，第 680 页。

③ 转引自彭文华：《犯罪构成范畴论》，中国人民公安大学出版社 2009 年版，第 180 页。

以英美为代表的英美法系犯罪论体系和苏联及其他社会主义国家犯罪论体系，是当今世界三大具有代表性的理论体系。也有学者根据“行为”与“行为人”在犯罪构成中的地位，将世界各国犯罪论体系分为三种类型：一是以行为为基点的一元论犯罪论体系。大多数国家采取这种理论体系，因为多数国家刑法典都是以“行为”作为定罪量刑的基础，都属于“行为刑法典”。一元论犯罪论体系一般以德日、英美、俄罗斯和中国的犯罪论体系为代表，体现了三种不同的类型。二是以行为人为基点的一元论的犯罪论体系。当今世界并不存在一部“行为人刑法典”，但历史上确实曾经存在过，只是没有生效，如著名的1921年“菲利刑法典草案”及其相应的犯罪论体系的构思即是如此。三是以“行为”和“行为人”为定罪量刑基点的二元论的犯罪理论体系，该体系一般以法国的犯罪论体系为代表。①

当然，所谓的三元的犯罪结构模式和四元的犯罪结构模式，并非意味着德日刑法学界或者我国理论界只认可该种结构的犯罪构成论体系，而是指作为通说类型的犯罪构成论体系。事实上，由于存在学派之争，对于犯罪构成论体系的结构，无论哪个国家都不可能是一种声音、一个模式的。例如，在日本，处于通说地位的是构成要件该当性、违法性及有责性体系。除此之外，也有学者将构成要件包含在不法之中，认为犯罪是违法有责的行为，犯罪论在体系上应当由行为论、违法论和责任论三大部分组成。② 除了三要件理论体系外，在日本还存在以下不同意见：一是两要件体系。如日本学者大场茂马博士将犯罪成立要件区分为犯罪的客观要素和主观要素。主观要素包括“行为是人”、“行为者有负担责任的能力”和“该行为应该由行为人负责”；客观要素包括“行为存在”、“该行为是违法的”和“该行为在刑法上有作为犯罪科以处罚的规定”。这些要素还可以分为中心要素和附加要素，作为中介要素的责任则负责将这两个要素结合起来。③ 二是四要件

---

① 参见2007年北京“全球化时代的刑法理论新体系”国际研讨会文件之二：《犯罪论体系》，中国政法大学2007年10月，第4页。

② 参见［日］野春稔：《刑法总论》，全理其、何力译，法律出版社2001年版。

③ 参见李海东主编：《日本刑事法学者》（上），中国法律出版社、日本成文堂1995年版，第45~46页。

体系。该体系包括几种不同主张。如根据李斯特的立场，犯罪的标志分为“作为行为的犯罪”、“作为违法行为的犯罪”、“作为有责行为的犯罪”和“作为可罚性不法的犯罪”；根据贝林体系，区分“行为”、“行为的违法性”、“行为的有责性”和“犯罪类型及其刑法上的意义”。日本学者铃木茂嗣就支持该体系。① 也有学者将犯罪的构成要素四分为行为、构成要件符合性乃至侵害性、违法性和责任。如泷川幸辰将犯罪构成要件划分为行为、构成要件、违法和责任。②

在我国，除了传统的犯罪构成要件体系，还存在“二要件说”“三要件说”“五要件说”等。在二要件说内部又分为两种意见：一是认为犯罪构成要件可以分为行为要件和行为主体要件两个部分，即把主体称为主体要件，把客观行为的主客观要件合为一体，总称为行为要件；二是认为犯罪构成要件应分为主观要件和客观要件两个部分。三要件说也分为两种意见：一是认为犯罪主观方面和犯罪客观方面是密不可分的有机整体，应把主观方面与客观方面合并为危害社会行为这样一个要件，这样犯罪构成的要件就应当是主体、危害社会的行为、客体；二是认为犯罪构成要件包括犯罪主体、犯罪客观方面和犯罪主观方面。五要件说认为传统的四分法没有讲犯罪行为就先讲犯罪客体，在逻辑上是不通的。因此，犯罪行为、犯罪客体、犯罪客观方面即犯罪危害结果及其与犯罪行为之间的因果关系、犯罪的主体、犯罪的主观方面的体系得以提出。③

总之，犯罪构成论体系的结构体现了不同学者在理解行为成立犯罪时所持的基本态度和见解。对于犯罪构成要件的内容是什么以及如何排列或布局，不同的人完全可以具有不同的认识。但是，万变不离其宗。为准确、科学地认定犯罪服务，是所有不同结构的犯罪构成论体系必须遵循的共同准则。

---

① 参见［日］大塚仁：《刑法概说》（总论），冯军译，中国人民大学出版社 2003 年版，第 105 页。

② 参见［日］泷川幸辰：《犯罪论序说》，王泰译，法律出版社 2005 年版。

③ 参见高铭暄主编：《新中国刑法科学简史》，中国人民公安大学出版社 1993 年版，第 85 页以下。

第四节　犯罪构成论体系的类型

目前，综观各国犯罪构成论体系，虽然在结构上不一定雷同，但是，根据犯罪构成要件之间是否必须存在特定的位阶和逻辑关系，基本上可以分为两大不同类型：阶层犯罪构成论体系和平面犯罪构成论体系。前者是指以犯罪构成要件之间存在特定的位阶和逻辑关系作为体系特征的犯罪构成论体系；后者是指犯罪构成要件之间无须存在特定的位阶和逻辑关系的犯罪构成论体系。

一、阶层犯罪构成论体系

阶层犯罪构成论体系源自德国。在世界刑法研究领域，开创、发展犯罪阶层体系，标新立异创造出新潮流、新款式的犯罪论体系，以及引领犯罪构成理论研究风骚，总离不开德国。在德国，各种理论体系不断涌现，每一种体系总是立足于自己的精神史根源，结合前一阶段人们通过学术体系的重建而加以改造和克服的计划的联系中去解释，因为没有哪一种理论试图完全取代另一种理论。①

关于德国近代犯罪论，耶赛克将之分为三个重要阶段：古典的犯罪概念、新古典犯罪概念和目的论的犯罪概念。联系现代各种学术观点与其解释论史，耶赛克根据犯罪概念的变迁，将德国犯罪论历史划分为六个阶段：② 其一，近代犯罪论的初始阶段。19 世纪上半叶，施蒂贝尔就区分出行为的不法和归责问题，卢登则提出了犯罪概念的三分法，即行为、违法性和罪责，后为冯·李斯特和贝林所接纳并予以改进。当时通行的观点并没有将违法性和罪责从归责的大概念中分离出来，归责的任务仅是将犯罪行为理解为人的行为并有别于意外事件。其二，古典犯罪概念。贝林和李斯特的古典犯罪概念将行为从纯自然

① 参见［德］汉斯·海因里希·耶赛克、托马斯·魏根特：《德国刑法教科书》（总论），徐久生译，中国法制出版社 2001 年版，第 247 页。

② 参见［德］汉斯·海因里希·耶赛克、托马斯·魏根特：《德国刑法教科书》（总论），徐久生译，中国法制出版社 2001 年版，第 248～263 页。

主义的角度理解为身体运动和外部世界的概念，由此产生古典犯罪论。古典犯罪论认为，如果认为具备一行为，还必须继续认定是否具备构成要件该当性、违法性和罪责。客观构成要件与主观构成要件存在严格区别，前者表明犯罪构成该当性和违法性，后者表明罪责。犯罪构成要件被理解为对行为事件纯外在的描述，不含任何评价成分。事件的法学评价首先体现在违法性层面，并依照客观观点进行，构成要件该当性是具备违法性的标志。其三，新古典的犯罪概念。新古典的犯罪概念以新康德主义认识论为依据，对古典犯罪概念加以改良，构建了新古典犯罪论体系。该犯罪论最重要的特征是，由于发现了规范特征，不再将构成要件视为对外界事件的价值自由的描述，而是看作立法者对该犯罪类型特有的行为的不法内容的特征进行概括的辅助手段。构成要件不再像古典体系那样被视为与违法性等而视之，而只是完成了对犯罪行为的外部界限进行描述的任务，而实质的犯罪特征则仅剩下违法性和罪责。该犯罪论在德国只有较少人主张。其四，基尔学派的刑法理论。产生于20世纪30年代的基尔学派基于政治需要，将国家社会主义纳入刑法理论指导思想中，将刑法分则作为可能的行为人类型学，大肆增加刑罚的严厉程度，并因此而臭名昭著。其五，目的论的犯罪概念。20世纪30年代初立足于韦尔策尔的目的行为论，目的论犯罪论体系产生了。如前所述，目的论犯罪论认为，主观构成要件和客观构成要件是不可能完全拆开的，客观构成要件决定于主观的运作规律或至少与主观的运作规律有关，而“目的性的决定”是罪责真正的责难对象。不过，违法性意识必须从故意中分离出来，因为故意作为纯意志的实现，乃罪责概念的中心要素。而且，不作为被看作除故意犯罪和过失犯罪以外的有自己特征结构的第三种犯罪表现形式。目的行为概念与目的犯罪论因其缺陷明显，在德国仅为少数学者承认。其六，最新发展。主要指在目的主义构成要件论之后（20世纪70年代之后）出现的目的合理主义犯罪论体系、实质的阶层体系、目的论阶层体系、行为责任体系等。德国的阶层犯罪构成论体系后来传至日本，得到了日本学者的精心推介与发展，又形成了许多新的派别。

在采纳阶层性犯罪构成理论的德、日等大陆法系国家，犯罪论体系基本上都是围绕对行为概念的不同理解所划分。行为概念面对的主要难题是，如何对作为与不作为、故意与过失、规范要素、违法性认识等犯罪构成要件要素加以归纳、概括，以求科学、合理、完善。但迄今为止，似乎没有一种理论能够做到尽善尽美，理论分歧由此也就在所难免。尽管如此，学者们一般认为，对于由李斯特、贝林创立的构成要件、违法性和罪责三级构造形式的犯罪构造体系，支持者相对较多。① 但是，没有哪一种犯罪论体系在德国处于通说地位。日本的犯罪构成理论基本上源自德国，虽然有些改造和创新，但没有实质区别。所不同的是，日本的犯罪构成理论形成了强有力的通说，即犯罪构成符合性、违法性、有责性三阶层犯罪论体系。日本学者松宫孝明认为，在这种体系中，“犯罪”限于“有责任能力者的行为”，共犯意味着参与“犯罪”，虽然日本的少年法第2条把无责任能力者的违法行为称为“触法行为”，参与无责任能力者的违法行为也不成立共犯。因而，为了避免这个问题，就要展开责任要素说，要认为“行为人”的要素不是“行为”的前提，即责任能力等不是刑事责任的前提，它只不过是由“构成要件”“违法性”“责任”所构成的“三阶段体系”中的“责任”的要素。②

以德、日为首的大陆法系国家素来以严谨、缜密的学术态度与庞杂、精细的理论著述闻名于世。日本学者町野朔教授甚至以“热带丛林”来形容犯罪构成的研究现状，这形象地反映了大陆法系国家构成要件理论研究的繁杂与琐碎。由于概念、范畴的众多和学术体系的庞杂，犯罪构成理论不仅在法律学生那里成为晦涩难懂的知识，即便对于受过多年专业训练的刑法学者而言，也很难融会贯通。尤为引人关注的是，犯罪构成在历史流变中逐步与司法实践决然脱逸开来，进而导致其对刑事司法实践的指引功能渐行弱化这一致命硬伤。③ 对于庞杂、晦涩的大陆法系犯罪构成理论体系，我国台湾地区学者林东茂教授就提出过质疑：犯罪构成理论不就是要解决什么是犯罪吗？为什么

---

① 参见［德］冈特·施特拉腾韦特、洛塔尔·库伦：《刑法总论Ⅰ——犯罪论》，杨萌译，法律出版社2006年版，第77页。

② 参见［日］松宫孝明：《日本的犯罪体系论》，冯军译，载《法学论坛》2006年第1期。

③ 参见刘沛谞、陈幸欢：《论我国犯罪构成理论之重构——刑事一体化纬度的考量》，载《重庆工商大学学报（社会科学版）》2007年第2期。

要搞得那么玄而又玄？能不能简单点、实用点？[1] 确实，如果过于复杂、精深，导致犯罪构成理论成为脱离司法实践之需求，则再精致、完美的理论体系也不过是束之高阁的花瓶，中看不中用，这样的犯罪构成理论又有多大的现实意义呢？这是我国学者在完善、构建犯罪构成理论时必须注意的。

二、平面犯罪构成论体系

平面犯罪构成论体系发源于俄罗斯。俄罗斯的犯罪构成理论早在19世纪就已经产生。1874年，刑法学者H. C. 塔甘采夫提出了犯罪构成三要件理论，即将犯罪构成划分为行为人、犯罪客体以及从内部或从外部研究的犯罪行为本身三个要素。1875年，A. O. 基斯佳科夫斯基将犯罪构成要件分为四个：主体、客体、主体的内在活动和外在活动以及活动的后果。[2] 1917年十月革命胜利后，苏联的法学工作者和司法工作者根据自己的刑事法律对刑法理论进行了研究。当时，刑法学者讨论最多的是苏维埃刑法的渊源、追究刑事责任的依据以及刑事制裁在同犯罪作斗争中的地位与作用等问题。法学家认为，无产阶级的法律不仅在内容方面而且在形式方面都应当是崭新的。[3] 20世纪20年代末，苏联刑法学者开始构建自己的犯罪构成理论体系。1928年，A. A. 皮翁特科夫斯基提出犯罪构成基本要素有四个：一定的犯罪主体、一定的犯罪客体、犯罪主体行为主观方面一定特征以及犯罪主体行为客观方面一定特征。[4] 1958年，A. H. 特拉伊宁在《犯罪构成的一般学说》一书中，提出了著名的四要件理论，即犯罪构成因素包括表明犯罪客体的构成因素、表明犯罪客观方面的构成因素、表明犯罪主体的

---

① 参见［美］诺德·H. 洛伊：《刑法原理》，法律出版社2004年版，“前言”，第3页。

② 参见［俄］H. Ф. 库兹涅佐娃、И. M. 佳日科娃主编：《俄罗斯刑法教程（总论）》（上卷·犯罪论），黄道秀译，中国法制出版社2002年版，第174～175页。

③ 参见［苏联］孟沙金等：《苏联刑法科学史》，曹子丹等译，法律出版社1984年版，第14页。

④ 参见［俄］H. Ф. 库兹涅佐娃、И. M. 佳日科娃主编：《俄罗斯刑法教程（总论）》（上卷·犯罪论），黄道秀译，中国法制出版社2002年版，第175页。

构成因素和表明犯罪主观方面的构成因素。[①] 此后，这一犯罪构成要件理论在苏联以及后来的俄罗斯得以扎根。1987 年，通过对苏联最高法院法官及其法院科学咨询委员会委员、参加该咨询委员会的理论工作者以及州和边疆区法院的法官就犯罪构成的理解进行的问卷调查显示，67% 的被调查者同意四要件论。[②]

值得注意的是，虽然我国犯罪构成理论源自苏联，但在内容及理解上并非雷同。有学者就指出，“与中国刑法不同，俄罗斯刑法理论中，在‘犯罪的客观方面要件’这一概念之外，还另设立了‘犯罪构成的客观方面要件’这一特别的概念。中国刑法学者对俄罗斯刑法中的犯罪客观方面要件与要素的一些模糊认识，基本上是游离于这两个概念之间的解释上。除此之外，俄罗斯刑法学界自身对‘要件’和‘要素’的经常性互换使用，也是导致我们认识混乱的症结所在”。[③]

三、关于英美法系国家犯罪构成论体系的类型问题

关于英美法系国家犯罪构成论体系，我国著名刑法学家储槐植教授认为属于双层模式，在类型上属于阶层犯罪构成论体系。“在理论结构上，犯罪本体要件（行为和心态）为第一层次，责任充足条件为第二层次，这就是美国刑法犯罪构成的双层模式。”[④] 此后，有关英美法系犯罪构成论体系的双层体系说，便成为我国学界的通说。“以英美为代表的犯罪构成体系，具有双层次性的特点。英美刑法中的犯罪构成分为实体意义上的犯罪要件和诉讼意义上的犯罪要件。”[⑤] 有学者还对英美国家双层次犯罪构成模式的功能及其价值取向作了归纳。“犯罪构成双层次模式，即犯罪组成方式由两个层次相结合的过程来完成。第一层次侧重体现国家意志，表现为公诉机关的权力，确立为行为规范，发挥刑法的维护社会秩序和保卫社会的功能。第二层次侧重体现公民

---

① ［苏联］A. H. 特拉伊宁：《犯罪构成的一般学说》，中国人民大学出版社 1958 年版，第 98 ~ 191 页。

② 参见［俄］H. Φ. 库兹涅佐娃、И. M. 佳日科娃主编：《俄罗斯刑法教程（总论）》（上卷·犯罪论），黄道秀译，中国法制出版社 2002 年版，第 178 页。

③ 赵微：《中俄犯罪构成要件、要素考》，载《法学》2003 年第 5 期。

④ 储槐植：《美国刑法》，北京大学出版社 1996 年版，第 51 页。

⑤ 陈兴良：《本体刑法学》，商务印书馆 2001 年版，第 198 页。

权利，发挥刑法的保障人权的功能，制约国家权力。两个层次相辅相成，构建美国刑法运行的内在制约机制，体现刑法公正性的价值取向。”① 论者还进一步阐述了英美刑法双层次犯罪构成模式的历史原因。“英美法系以判例法为基础，判例法的一个重要特征就是分则性规范如具体犯罪定义详细具体，而总则性规定如刑事责任原则和免除刑事责任的情况等则缺乏法律化、系统化。”② 还有学者认为，英美国家犯罪构成体现的是诉讼因素对犯罪构成模式的渗透。“英美国家犯罪构成最大特色就是诉讼因素对犯罪构成的渗透和影响。……恰恰是不属于成文法系的英美法系，以其独特的历史经历和独到的法律体验给我们呈现另外一种犯罪构成模式。在这里，犯罪构成虽仍然首先是实体上的一种规定，定罪的一种规格，与其他法系一样仍然拥有本体上的犯罪要件，但最根本也最重要的是，在实体之外，英美法系的犯罪构成更多地吸收了诉讼或程序上的因素。”③ 这些论述，揭示了英美国家犯罪构成的特殊性，体现其与大陆法系犯罪构成之不同，应该说是客观的。不过，也有学者认为，英美法系与大陆法系在犯罪构成理论的构建思路上是一致的。“英美法系的犯罪成立理论体系架构虽然外在表现不同，但是在构建思路上是一致的，都是针对犯罪的形式化成立要件的不足，形式化判断之后设置了修正性的判断阶段。而且作为修正判断的内容也具有相似之处：英美法系的正当事由与大陆法系的阻却责任事由具有实质的共同性，可得宽恕与阻却责任事由也基本上相同。”④

应当说，上述观点在一定程度上揭示了英美国家犯罪构成的特征，有可取之处。英美国家犯罪构成要件包括两部分，即犯罪本体要件与责任充足要件，这是符合客观事实的。其中，犯罪本体要件包括犯罪行为和犯罪心态，是入罪要件，通常由制定法予以规定，故从法律性质上可以称为犯罪实体要件。责任充足要件属于出罪要件，即只要不存在免责抗辩事由，犯罪即告成立。英美法系的免责抗辩事由都是作

① 储槐植：《美国刑法》，北京大学出版社 1996 年版，第 51 页。

② 储槐植：《美国双层次犯罪构成模式的构造与刑法价值》，载梁根林主编：《犯罪论体系》，北京大学出版社 2007 年版，第 154 页。

③ 陈兴良主编：《犯罪论体系研究》，清华大学出版社 2005 年版，第 103 ~ 104 页。

④ 王志远：《犯罪成立理论原理》，中国方正出版社 2005 年版，第 133 页。

为诉讼中的合法抗辩理由出现的，具有明显的程序特征。而且，作为免责抗辩事由的因素除了制定法规定的未成年、精神障碍、正当防卫、紧急避险等外，还包括宪法规定的正当法律程序等程序要素，以及其他由判例等确定的程序因素。因此，根据责任充足要件的法律性质，将之称为程序要件是比较恰当的。

当然，也不难发现，上述观点都存在方法论和认识论上的一些误解，与英美国家犯罪构成的实质之间存在一定偏差。这主要表现在：

首先，将英美国家犯罪构成称为双层次犯罪构成模式，显然受大陆法系三阶层犯罪构成之影响，表明了难以割舍犯罪构成的实体法情结，并不准确。理由在于：英美国家犯罪构成中的程序要件和实体要件具有法律性质的不同。前者属于诉讼法性质，主要规定在宪法之中或者应用于诉讼程序中；后者属于实体法性质，主要由刑事制定法或者其他制定法规定。既然实体要件与程序要件并不处于同一法律类别，又何谈层次之分呢？此外，双层次犯罪构成之称谓，容易让人误认为犯罪本体要件处于核心、基础地位，而责任充足要件处于从属地位，这显然并不确切。英美国家犯罪构成中的犯罪本体要件之地位，与大陆法系犯罪构成中的构成要件该当性并不可同日而语。基于普通法的程序性特点以及对程序正当的推崇，程序化的责任充足要件在英美法系中具有更高的地位（对此，下文将予以详细论述）。因此，虽然犯罪本体要件是成立犯罪的前提，但这并不意味着其处于基础地位，对其与责任充足要件之间的关系也并非可以用层次性予以概括。

其次，认为“英美国家犯罪构成最大特色就是诉讼因素对犯罪构成的渗透和影响”，也是值得商榷的。这其实是对英美法系之实质缺乏了解而得出的结论。日本学者小野清一郎曾认为：“这一诉讼法性质的 Corpus delicti 概念传到英美法中后，直到现在，在有关口供、辅助证据方面，仍然使用着这一概念。我们在大战结束后都曾经学过。这令人不能不对它的持久生命力感到饶有兴趣。”① 如果说小野清一郎对“Corpus delicti”（犯罪事实）在英美法中的“持久生命力”感到奇怪

① ［日］小野清一郎：《犯罪构成要件理论》，王泰译，中国人民公安大学出版社 2004 年版，第 3 页。

的话，只能说明他对英美法系的实质特征并不完全了解。实质上，意大利语中的构成要件之词源“Corpus delicti”作为程序性要件传到英美法中后至今仍被使用，主要原因在于“Corpus delicti”的诉讼性质与英美法系普通法之程序性特性不谋而合，是普通法的本质赋予了其持久生命力，从而使其在英美法系的犯罪构成中能够永葆本色。由此不难理解，那种认为“英美国家犯罪构成体现的是诉讼因素对犯罪构成模式的渗透”的观点，显然是先入为主的。既然英美国家犯罪构成从来就没有像大陆法系那样呈现出纯实体性，那么诉讼因素渗透又该从何谈起呢？实际上，与其说“英美国家犯罪构成体现的是诉讼因素对犯罪构成模式的渗透”，不如说“英美国家犯罪构成体现的是实体因素对犯罪构成模式的渗透”。

最后，认为英美法系的犯罪成立在构建思路上与大陆法系犯罪构成是一致的观点，实属生搬硬套，并不客观。一方面，英美国家犯罪构成的两个要件具有法律性质上的不同，这与大陆法系犯罪构成三要件的纯实体性是存在区别的。另一方面，大陆法系犯罪构成的三要件存在严格的层次之别，体现从客观到主观、外在到内在的逻辑关系，内容也相对固定。英美国家犯罪构成的两要件并不存在严格的层次之别，也不存在逻辑关系，而是相辅相成、各司其职。即便是犯罪行为，有时因为当事人选择诉讼性质不同（如作为民事侵权起诉），也可予以非犯罪化。至于责任充足要件，其内容非常庞杂，其中宪法规定的程序要件居于至高地位，可以轻易否定犯罪本体要件的成立。因此，在犯罪构成的构建思路上，英美法系与大陆法系如同其法律体系形成一样，具有本质的不同，难以同日而语。

我们认为，上述观点之所以存在片面理解，关键在于未能正确认识英美国家犯罪构成的本质以及程序要件之重要地位。英美国家犯罪构成与大陆法系犯罪构成最大的区别在于，程序要件是犯罪构成的基础和核心。我们完全可以说：英美法系可以没有制定法，但是不能没有普通法；英美国家犯罪构成可以对实体要件作一般要求，但是对程序要件的要求无论是在层次上还是在内容上都比实体要件要高。总之，基于英美法系国家犯罪构成论体系的特殊性，谓之程序的犯罪构成论体系或者混合（实体要件与程序要件混合）的犯罪构成论体系是比较客观的，而将之归于阶层犯罪论体系则是比较勉强的。

第二章　犯罪构成论体系与若干重要范畴的关系

在研究犯罪构成论体系时，不能脱离犯罪构成论体系与刑法学若干重要范畴的关系，因为只有从这些关系中，我们才能够更加全面地看到犯罪构成论体系的过去、现在和将来即其实然与应然。犯罪构成论体系与刑法学若干重要范畴的关系，可以被看作犯罪构成论体系研究的一种切入或出发点。

第一节　犯罪构成论体系与刑法典的关系

一、犯罪构成论体系是对刑法典相关内容的理论“整合”

说犯罪构成论体系是对刑法典相关内容的理论“整合”，意味着刑法典的相关规定为犯罪构成论体系提供了实践“素材”，故犯罪构成论体系不是游离于刑法典之外的随意的理论架构。

有人在论述犯罪构成时指出：“犯罪构成的理论，是刑法科学中极其重要的理论，在整个社会主义刑法理论体系中占据中心的地位，是正确认定犯罪的理论基础。……它好比外科手术用的解剖刀，可以解剖任何一种犯罪构成；同时，它对于深刻地分析诸如共同犯罪、犯罪停止形态、一罪和数罪、刑法分则的体系等问题，都具有重要的指导意义。严格按照我国刑法规定分析犯罪构成，体现了社会主义的法治原则。”① 由于共同犯罪、犯罪停止形态、一罪和数罪、刑法分则的体系等问题，还有犯罪主体等问题最终都是刑法典的问题，这就说明犯罪构成论体系与刑法典之间存在某种关系。既然犯罪构成理论对刑法典“具有重要的指导意义”，且同时应“严格按照我国刑法规定分析犯罪构成”，则说明犯罪构成论体系是来自对刑法典本身内容的反映、概括、“整合”乃至一种理论架构。

刑法典的内容已经清楚地说明，除了对时效、任务和刑罚等内容的规定，刑法典所有关于犯罪的规定都与犯罪构成论体系有关，因为那些关于犯罪的规定都可分门别类地归到犯罪构成论体系的相关要件即“构件”之下。在我国现行刑法典总则中，对犯罪主体和犯罪主观方面已经有了明确规定，而第 13 条的规定又可以看作包含着对犯罪客体的概括规定。在现行刑法典分则中，对犯罪主体在总则中已经有一般性规定的前提下又有一些特殊规定，即特殊主体或“身份犯”中的身份；对犯罪主观方面在总则中已经有一般性规定的前提下又有一些特殊规定，即犯罪目的或“目的犯”的目的；而犯罪客观方面则是分则中通过罪状描述出来的各种行为类型；犯罪客体在分则中更是有丰富多彩的体现。具言之，有的条文明确揭示犯罪客体，如第 102 条揭示背叛国家罪的客体是中华人民共和国的主权、领土完整和安全；有的条文指出犯罪客体的物质表现，即通过物质表现表明犯罪客体，如第 206 条规定了伪造、出售伪造的增值税专用发票罪，条文指出的增值税专用发票就是犯罪客体的物质表现，而通过这种物质表现表明本罪的客体则是国家对增值税专用发票的管理制度；有的条文指出被侵犯的社会关系的主体。对被侵犯的社会关系主体特征的揭示，表明其所侵犯的特定的社会关系即该罪的客体，如就第 236 条规定的强奸罪而言，女性是被侵犯的社会关系的主体，女性的性的自由权利或幼女的身心健康权便是该罪的犯罪客体；有的条文指出对某种法规的违反。虽然某种法规本身并不是犯罪客体，而法规所调整和保护的一定社会关系则是该罪的客体，如就第 337 条规定的逃避动植物检疫罪而言，进出境

① 高铭暄、马克昌主编：《刑法学》（第 4 版），北京大学出版社、高等教育出版社 2010 年版，第 56 页。

动植物检疫法规本身不是该罪的客体，但该法规所调整和保护的进出境动植物检疫制度则是该罪的犯罪客体；有的条文通过对行为具体表现形式的描述表明某一犯罪客体，如就第301条规定的聚众淫乱罪而言，其行为表现形式是聚众进行淫乱活动，这一行为的具体表现形式表明该罪的犯罪客体是社会公共秩序和社会公德。[①] 既然犯罪主体、犯罪客体、犯罪主观方面和犯罪客观方面的问题直接就是犯罪构成论体系问题，则犯罪构成论体系与刑法典的关系便有着一种类似于形体与影子的关系。这正如有学者所指出："在苏维埃刑法理论上，犯罪构成理论在特拉伊宁的专著中获得了奠基性的研究。"[②] 而"他（指特拉伊宁——引者注）研究了最为复杂的问题之一——犯罪构成，进而出版了（就实质而言）三部独立的专著：《犯罪构成理论》（1946）、《苏维埃刑法的犯罪构成》（1952）、《犯罪构成的一般学说》（1957），这些著作的意义在于，刑法总则的所有制度实际上都同犯罪构成有关"。[③]

由此，犯罪构成论体系与刑法典之间的关系便可看作理论与实践之间一种映现与被映现的关系。这正如有人在论述罪刑法定原则在我国刑法中的体现时所指出："修订的《刑法》实现了犯罪的法定化和刑罚的法定化。犯罪的法定化具体表现为：明确规定了犯罪的概念；明确规定了犯罪构成的共同要件；明确规定了各种具体犯罪的构成要件。"[④] 这里的"明确规定了犯罪构成的共同要件"，是指现行刑法典明确规定了犯罪客体（第13条）、犯罪主体（第17、18条）、犯罪主观方面（第14、15条）和犯罪客观方面（第14、15条等）；这里的"明确规定了各种具体犯罪的构成要件"，则指的是现行刑法典分则对各种具体犯罪的犯罪客体、犯罪主体、犯罪主观方面和犯罪客观方面作出了"个别性"的明确规定。那么，若将现行刑法典总则和分则规

① 高铭暄、马克昌主编：《刑法学》（第4版），北京大学出版社、高等教育出版社2010年版，第58页。

② 龙长海：《德日、俄中犯罪构成理论哲学基础研究》，载《求是学刊》2010年第6期。

③ 龙长海：《德日、俄中犯罪构成理论哲学基础研究》，载《求是学刊》2010年第6期。

④ 高铭暄、马克昌主编：《刑法学》（第4版），北京大学出版社、高等教育出版社2010年版，第29页。

定的内容统合起来，我们就会有这样的发现：在现行刑法典总则和分则中都有关于犯罪构成论体系的相关要件和要件要素的规定，而在分则中，由于总则中有一般性规定而对犯罪构成论体系的要件没有（必要）面面俱到地予以规定，这反映出犯罪构成论体系本身的一般与特殊的关系特征。

其实，形体与影子的关系或映现与被映现的关系，只是对犯罪构成论体系与刑法典之间关系的形象说明，而用刑法理论与刑法实践的关系来说明犯罪构成论体系与刑法典的关系，则将显得更为深入。正如有学者指出："1979 年我国第一部刑法典的颁布，再一次为刑法学的研究注入了强大的生机和活力，同时也使搁置已久的犯罪构成理论重新得到关注。"① 这一论断对于我们把握犯罪构成论体系与刑法典的关系不无启发，正如有学者所指出的："犯罪构成理论作为定罪的法律依据，从来就是一种技术理论工具，但由于它承担着罪刑法定主义的机能，其所包含的内容必然不能超过法律文本规定的范围。为了给定罪提供一个统一的、可操作的技术工具，刑法学者从刑法文本具体规定中提炼出构成犯罪必备的共同要素，把这些要素整理归纳形成类概念并按照一定的逻辑顺序将这些类概念排列组合成一个相互联系、相互制约的有机整体，作为司法实践中定罪的标准，这就是犯罪构成理论体系。"② 刑法典本身就是一种刑法实践。那么，当刑法典"规定"着犯罪构成论体系的内容或"构件"，而犯罪构成论体系只是刑法典的一种"技术理论工具"时，则犯罪构成论体系与刑法典之间的关系便可以直接被视为刑法理论与刑法实践之间的关系，这才是对两者之间关系的较为深入的描述。

二、刑法典相关内容是犯罪构成论体系的实践"素材"

认为犯罪构成论体系是来自对刑法典本身内容的反映、概括、"整合"乃至一种理论架构，或曰犯罪构成论体系与刑法典之间是刑法理论与刑法实践的关系，便意味着刑法典本身是犯罪构成论体系的实践

---

① 王勇：《奠基阶段的传统犯罪构成理论研究》，载《当代法学》2010 年第 4 期。

② 陈璐：《定罪体系化视野下犯罪构成理论研究》，载《河北法学》2010 年第 10 期。

“素材”。对此，是可以找到有关立法例根据的。如现行《墨西哥联邦刑法典》第9条规定：“明知犯罪的构成要件或者可能避免构成要件结果的发生，而希望或者容忍实施法律规定的行为的，是故意犯罪。违反按照当时的情境和行为人的个人状况其应当而且能够履行的注意义务，因此发生了行为人未预见到或者虽然预见到但以为不会发生的构成要件结果的，为过失犯罪。”① 其中，“构成要件”便不仅是犯罪构成论体系之犯罪主观方面或犯罪主观要件的一种立法实践“素材”，而且是一种“积极的素材”。现行《墨西哥联邦刑法典》第15条又规定：“具有下列事由的，阻却犯罪的成立：Ⅰ. 行为不是在行为人意志的支配下实施的。Ⅱ. 被证明缺乏犯罪的任何构成要件的。……Ⅶ. 由于精神错乱或者智力发育迟滞，行为人在实施行为时不具有理解其行为的违法性或者根据该理解来控制其行为的能力的。但是，如果行为人是故意或者过失地引起其精神错乱状态的，应当对其已经预见到或者能够预见到的构成要件结果承担刑事责任。……Ⅷ. 基于下列情况的不可避免的错误实施作为或者不作为的：a）对犯罪的某一基本构成要件……如果前述错误是可以避免的，则应当按照本法典第66条的规定处理。……Ⅹ. 构成要件的结果是由意外事件导致的。”② 其中，“构成要件”也不仅是犯罪构成论体系之犯罪主观方面或犯罪主观要件的一种立法实践“素材”，而且是一种“消极的素材”。现行《巴西刑法典》第20条首部规定：“对法定的犯罪构成要件的认识错误阻却故意的成立，在法律有规定的情况下，可以按照过失犯罪追究刑事责任。”③ 第14条规定：“Ⅰ. 当法定的全部构成要件齐备时，为既遂犯罪……”④ 第30条又规定：“除非属于犯罪构成要件，否则不能将个人特征视为共同犯罪的情节和状况。”⑤ 由此可见，在现行《巴西刑法典》中，犯罪构成论体系也是既有“积极的”实践“素材”，也有“消极的”实

① 《墨西哥联邦刑法典》，陈志军译，中国人民公安大学出版社2010年版，第7页。

② 《墨西哥联邦刑法典》，陈志军译，中国人民公安大学出版社2010年版，第9～11页。

③ 《巴西刑法典》，陈志军译，中国人民公安大学出版社2009年版，第8页。

④ 《巴西刑法典》，陈志军译，中国人民公安大学出版社2009年版，第6页。

⑤ 《巴西刑法典》，陈志军译，中国人民公安大学出版社2009年版，第13页。

践“素材”，并且体现出从犯罪故意到犯罪的完成形态与共犯形态的较为广阔的实践空间。

另外，现行《俄罗斯联邦刑事法典》第8条规定：“实行行为包含有本法典的全部犯罪构成特征的，应当认定为是刑事责任的承担基础。”① 第29条规定：“在行为人的实行行为中，如果包含有本法典规定的犯罪构成全部特征，则该犯罪行为应当认定为是完成犯罪。……”② 第31条规定：“行为人自愿放弃将犯罪行为实施完结，如果在其实行行为中实际上还包含有其他犯罪构成的，则应当承担刑事责任。”③ 由此可见，在现行《俄罗斯联邦刑事法典》中，对犯罪构成论体系的实践“素材”，从刑事责任的基础到犯罪形态也有范围较广的体现。现行《德国刑法典》在“本法之用语”的第11条第1款规定：“违法行为仅指：实现了刑法规定的构成要件的行为。”④ 而第2款规定：“本法所谓之故意犯罪是指：故意实现犯罪构成要件，其中包括故意实施本法规定构成要件为前提的行为而过失引起了特别的结果。”⑤ 第16条规定：“一、行为人行为时对法定构成要件缺乏认识，不认为是故意犯罪，但要对其过失犯罪予以处罚。二、行为人行为时误认为具有较轻法定构成要件的，对其故意犯罪只能依较轻之法规处罚。”⑥ 第52条规定：“一、同一犯罪行为触犯数个刑法法规，或数个犯罪行为触犯同一刑法法规的，只判处一个刑罚。二、触犯数个刑法法规的，依规定刑罚最重的法规为准。所判刑罚不得轻于数法规中任何一个可适用法规的刑罚。”⑦ 其中，“刑法法规”的背后所对应的是犯罪构成论体系。由此可见，在现行《德国刑法典》中，就犯罪构成论体系的实践“素材”而言，大到违法行为成立犯罪行为，小到犯罪故意及认识错误乃至罪数形态，也有着较为广泛的体现。

总而言之，大陆法系的刑法典内容在形式上程度不同地体现出与

① 《俄罗斯联邦刑事法典》，赵路译，中国人民公安大学出版社2009年版，第8页。
② 《俄罗斯联邦刑事法典》，赵路译，中国人民公安大学出版社2009年版，第17页。
③ 《俄罗斯联邦刑事法典》，赵路译，中国人民公安大学出版社2009年版，第18页。
④ 《德国刑法典》，徐久生、庄敬华译，中国法制出版社2000年版，第45页。
⑤ 《德国刑法典》，徐久生、庄敬华译，中国法制出版社2000年版，第45页。
⑥ 《德国刑法典》，徐久生、庄敬华译，中国法制出版社2000年版，第48页。
⑦ 《德国刑法典》，徐久生、庄敬华译，中国法制出版社2000年版，第59页。

犯罪构成论体系之间的实践“素材”关系，这甚至直接借助“构成要件”这一刑法典和犯罪构成论体系所公用的专业术语得以实现。可以说，没有罪之法定和刑之法定，便没有刑法典本身。而当我们把罪之法定分解为行为类型（相当于“构成要件”）、被侵害的权益（相当于保护客体）和主观罪过（相当于有责性）等方面的法定，则罪之法定便相当于犯罪构成论体系之法定，或至少是犯罪构成论体系要件之法定。由此可以认为，在相当程度上，没有犯罪构成论体系，便没有刑法典本身。但是，反过来，没有刑法典，也就没有犯罪构成论体系。并且，应该强调的是，先有刑法典，后有犯罪构成论体系，因为尽管在刑法典形成过程中，立法者头脑里也会有犯罪构成的理论概念，但作为一种理论体系的犯罪构成论体系应该是伴随着刑法典的逐步完善而逐步形成的。

三、犯罪构成论体系与刑法典之间关系的进一步引申

当将犯罪构成论体系视为刑法典内容或相关规定的一种理论“整合”，而把刑法典内容或相关规定视为犯罪构成论体系的一种实践“素材”时，这可以看成是对犯罪构成论体系与刑法典之间关系的直接的同时也是外在的描述，但既然前文已经用刑法理论与刑法实践之间的关系来点明犯罪构成论体系与刑法典之间的关系，那么理论“整合”与实践“素材”的关系描述就是可以进一步引申的。在此延伸之中，犯罪构成论体系并非完全被动地反映刑法典的内容或相关规定，而是能动地赋予了刑法典以司法活力。这正如有学者所指出的：“我们今日所称之犯罪构成（即犯罪成立的条件体系），便是对人类千百年来隐形存在、秘而不宣的犯罪认知体系从理论上予以公开、学理化地揭示和再造。而理论介入司法的格局一旦被社会接受和认同，便形成一种全新的‘法治’模式。……正是凭借可以时时修正不断调适的理论，那些几年前、几十年前甚至一百年前制定的僵化文本（现行《日本刑法典》为1907年颁布）才能够不断释放能量并保持活力生机。犯罪构成便在这样的法治进程中产生、发展并渐成司法无法摆脱的认知犯罪的

司法定式。”[①] 犯罪构成论体系不仅能动地赋予了刑法典以司法活力，而且直接促进着刑法典本身的完善。我们不得不承认，与1979年刑法典相比，我国1997年刑法典无论在基本原则还是具体罪刑规范方面均实现了一次“里程碑式”的完善。而在此完善中，传统四要件犯罪构成论体系的研究至少在“局部”发挥了理论牵引的作用，如相关犯罪构成的细密化与对犯罪客观方面研究的深入或曰对类型化的重视多少有点关联。而“不管我们是否承认，当代刑法的运作越来越依赖刑法理论特别是犯罪构成的理论”。[②] 于是，当我们可以把这里的“刑法的运作”看成是包括刑法立法，则犯罪构成论体系对刑法典的能动的反作用关系便隐现其中。

对犯罪构成论体系与刑法典之间的关系还可引申到刑法的基本立场上去。当我们说前者是后者的理论“整合”，而后者是前者的实践“素材”时，则隐含着犯罪构成论体系与刑法典在刑法的基本立场上是基本保持一致的，即犯罪构成论体系应是刑法典基本立场的一种集中体现。这正如有人所指出的：“在定罪体系化问题域中，存在诸多对立统一的范畴，例如主观与客观、形式与实质、事实与价值等，这些不同的范畴从一开始就统治着刑法典的基本立场，例如有学者认为我国1979刑法典体现了主观主义倾向，而1997刑法典则明显反映出向客观主义倾斜的态度等。”[③] 其实，我国刑法典的基本立场一直是体现马克思主义唯物辩证法的主客观相统一的立场。实际上，所谓主观与客观、形式与实质、事实与价值等范畴对刑法典的基本立场的“统治”，当然也是这些范畴对刑法典基本立场的一种“体现”，故当犯罪构成论体系的“构件”最终也是可被归入主观与客观、形式与实质、事实与价值等范畴时，或曰当犯罪构成论体系实质上是主观与客观、形式与实质、事实与价值等范畴的有机结合物时，则犯罪构成论体系便更加集中地“体现”着刑法典的基本立场。立足于基本立场来讨论犯罪构成论体系与刑法典的相互关系，或许是犯罪构成论体系与刑法典关系的一个最

---

① 冯亚东：《犯罪构成本体论》，载《中国法学》2007年第4期。

② 冯亚东：《犯罪构成本体论》，载《中国法学》2007年第4期。

③ 陈璐：《定罪体系化视野下犯罪构成理论研究》，载《河北法学》2010年第10期。

高的高度。

四、犯罪构成论体系与刑法典之间关系的最终归结

犯罪构成论体系与刑法典之间的关系还牵涉犯罪构成的属性问题，而通过对犯罪构成的属性问题给予一番客观的把握，也有助于明晰犯罪构成论体系与刑法典之间的关系。关于犯罪构成的属性问题，有学者梳理出三种具有代表性的观点：一是法定说。持这种观点的学者认为，“犯罪构成，就是依照我国刑法的规定，决定某一具体行为的社会危害性及其程度而为该行为构成犯罪所必需的一切客观和主观要件的有机统一”。① 依据法定说，可以推导出犯罪构成的三个特征：“一是法定性，即犯罪构成是由刑法加以规定或包含的；二是统一性，即犯罪构成是一系列主客观要件的统一，这些法定条件既包括客观条件也包括主观条件，并且这些条件具有内在的联系，缺一不可；三是危害性，即这些法定要件都从不同的方面体现行为的社会危害性及程度。”② 二是理论说。持这种观点的学者认为，“犯罪构成是一种理论，是依照法律的规定说明法律的。它本身不是法律，也不是权力机关对法律的解释，而是在理论和实际相结合的原则指导下，对我国《刑法》规定的构成犯罪的各种要件（因素）的概括与说明”。③ 依据理论说，“犯罪构成是一种理论体系，是一个较系统、较详尽地研究刑法条文中规定的构成犯罪的各种条件的理论概念。该学说是将犯罪构成理解为是对刑法规定的犯罪成立条件进行概括和说明的理论”。④ 三是兼有说。持这种观点的学者认为，“犯罪构成这个概念，应该具有双重属性，即法律性与理论性，在不同的情况下，它分别指犯罪构成理论与犯罪构成的法律表现”。⑤ 或认为，“对犯罪构成概念之定义也可分两个层面进

---

① 高铭暄、马克昌主编：《刑法学》（第 3 版），北京大学出版社、高等教育出版社 2007 年版，第 56 页。

② 沈志民：《对我国刑法学中“犯罪构成”概念的反思》，载《河北法学》2010 年第 7 期。

③ 樊凤林、曹子丹编：《犯罪构成论》，法律出版社 1987 年版，第 5 页。

④ 沈志民：《对我国刑法学中“犯罪构成”概念的反思》，载《河北法学》2010 年第 7 期。

⑤ 李洁：《法律的犯罪构成与犯罪构成理论》，载《法学研究》1999 年第 5 期。

行：一个层面为对世的刑法普及所使用之模糊定义——犯罪构成是指刑法规定的成立犯罪的基本条件的总和。……另一层面限于学者深入讨论、提示真蕴所使用之精确定义——犯罪构成是指对刑法所规定的成立犯罪之基本条件进行梳理的理论体系"。[①] 依据兼有说，则"犯罪构成在不同的语境下分别指代不同的内容，但法律的犯罪构成与犯罪构成理论在本质上具有一致性"。[②] 那么，对前述三种观点应如何加以评析呢？

考察犯罪构成属性问题的学者指出："兼有说将'犯罪构成'理解为既是犯罪成立条件又是解释犯罪成立条件的理论体系，这在逻辑上产生矛盾。一个概念在特定的语境下其含义应该是特定的，否则事物将无法把握。如果将犯罪构成理解为名词的话，它必然指代某一种事实；如果将犯罪构成理解为动词的话，它将说明是怎样的举动或状态。两者不能兼顾只能是其一。……因此，兼有说的观点难以让人接受。"[③] 还有学者指出："犯罪构成无论是在理论框架内还是在法律范畴中都无法完成两种属性的重叠。"[④]

关于法定说，有学者指出："关于法定说的主张也值得商榷。因为：第一，从称谓上讲，犯罪构成称谓本身，是来源于犯罪构成理论。法定说将'犯罪构成'视为犯罪成立的条件，而犯罪成立的条件无论古今中外哪朝哪代，从有明文规定的刑法规范那天起就已客观存在。而犯罪成立理论是近现代的产物，一般认为是以德国刑法学家贝林在1906年出版的《犯罪的理论》为标志。所以说犯罪构成的称谓来源于犯罪构成理论，是因犯罪构成理论而得名存在。如果认为'犯罪构成'就是犯罪成立的条件，那岂不是说古代刑法学就已存在犯罪构成理论了，显然不能得出这样的结论。我国刑法理论之所以这样定义犯罪构成，其原因在于我国刑法理论认为，'犯罪概念是从总体上划清罪与非罪的界限，而犯罪构成则是分清罪与非罪、此罪与彼罪的具体标准。'

① 冯亚东：《犯罪构成本体论》，载《中国法学》2007年第4期。

② 沈志民：《对我国刑法学中"犯罪构成"概念的反思》，载《河北法学》2010年第7期。

③ 沈志民：《对我国刑法学中"犯罪构成"概念的反思》，载《河北法学》2010年第7期。

④ 杨兴培：《犯罪构成的反思与重构》，载《政法论坛》1999年第1期。

既然犯罪构成是区分犯罪的标准，则按照罪刑法定的基本要求，作为‘区分标准’的犯罪构成只能是一种法律的规定，这是根据罪刑法定基本原则顺理成章的推定。如果再对这种观点追根溯源的话，与来自苏联刑法理论中的一个重要的命题——即犯罪构成是刑事责任的唯一根据有关。‘在苏维埃国家，犯罪构成是刑事责任的唯一根据。如果在某人的行为中具备犯罪构成，那么便有根据对他适用刑罚；如果在这些行为中缺乏犯罪构成，那么便免除刑事责任。’正是这一命题，才导致我国刑法理论将‘犯罪构成’与犯罪的标准或规格联系起来。针对这一命题，有学者提出质疑：平心而论，苏联的刑法学者之所以如此立论，应该说并非理论的失误，而是刻意为之。首先，在苏联的刑事立法（苏俄刑事诉讼法典）和刑事司法（苏联最高法院的判决）中，就明确使用‘犯罪构成’这一概念；而究竟什么是‘犯罪构成’，则无论是刑法典或是刑事诉讼法典，都没有包含犯罪构成的定义。因此苏联刑法学在起步之初，就存在一个由法律框定而待理论化的犯罪构成专用术语；易言之，苏联刑法学界从一开始对‘犯罪构成’内涵、外延的界定，便是首先经由法律规定而再行转入司法及理论层面的，于是自始至终法律与理论的界域都纠缠不清。其实，早在20世纪80年代我国学者就已意识到这个问题，‘我国的犯罪构成理论受苏联刑法理论的影响较大，而苏联刑法学家对犯罪构成概念的表述和使用，也是众说纷纭、莫衷一是，从而不可避免地会在我国刑法理论研究工作中有所反映。’第二，从内容上讲，法定说在将犯罪构成视为犯罪成立条件的同时，又认为犯罪构成包括四个要件，即犯罪客体、犯罪客观方面、犯罪主体、犯罪主观方面。如果这样认为，那么犯罪构成理论的内容又是什么呢？这就为犯罪构成概念与犯罪构成理论概念的混淆埋下隐患。我们认为，犯罪的成立条件由刑法来规定，这是毫无疑问的，但将刑法规定的犯罪成立条件解读为犯罪客体条件、犯罪客观条件、犯罪主体条件及犯罪主观条件本身绝非法律，而是由刑法理论来完成的。因此，法定说的解读并不合理。”① 最终，“我们赞同理论说，认为犯罪

① 沈志民：《对我国刑法学中“犯罪构成”概念的反思》，载《河北法学》2010年第7期。

构成从属性上讲应是一种理论学说。但对于该理论的内容，人们的理解并不相同。有人认为，犯罪构成是关于犯罪成立条件的解释理论；有人认为犯罪构成是关于如何根据刑法规范与案件事实去判断行为是否构成犯罪的评价理论。我们认为后者的理解是正确的，因为对刑法条文含义如何解释的理论与判断犯罪是否成立的理论是不同的。对犯罪成立条件解释的理论，立足于对犯罪成立条件客观含义的阐释和说明，包括文理解释与论理解释二大类。而判断犯罪是否成立的理论则要解决的是如何根据刑法规范与案件事实去判断行为是否构成犯罪的理论。两者虽然都是将‘犯罪构成’视为一种理论，但理论的内容是完全不同的”。[①] 总之，“关于犯罪成立的理论——无论是德、日的构成要件理论，还是英美法系的犯罪构成理论，以及苏联和我国的犯罪构成理论，都是按照一定的顺序、步骤来判断行为是否构成犯罪的系统方法，告诉人们依据怎样的方法步骤去完成刑法规范与案件事实同一性的认定过程，故从内容上讲都是一种关于行为是否成立犯罪的判断方法的理论。设立犯罪成立理论的根本目的在于，通过理论上的设计，最大程度上减少个人情感因素的干扰，使刑法规范与案件事实的对接更加科学合理，以实现刑法保障人权和保护社会的有机统一”。[②]

在笔者看来，首先，犯罪构成与犯罪构成论或犯罪构成论体系之间是一种研究和研究对象的关系，这是很明了的，故提出犯罪构成与犯罪构成论或犯罪构成论体系的区别几乎没有什么实际意义。其次，将犯罪构成与犯罪构成理论（体系）说成是纯粹的认定犯罪的“方法”本身是很有偏颇的，因为如果没有“实体内容”，则犯罪构成与犯罪构成理论（体系）将成为“无米之炊”。而实际上，犯罪构成与犯罪构成理论（体系）所具有的认定犯罪的“方法属性”正寓于其“实体内容”之中。这就是说，我们应将犯罪构成与犯罪构成理论（体系）看成是犯罪的要件和要件的运用融为一体，即犯罪成立条件本身与犯罪成立条件的解释融为一体的一种构成或体系。至于论者提出“虽然犯

① 沈志民：《对我国刑法学中“犯罪构成”概念的反思》，载《河北法学》2010 年第 7 期。

② 沈志民：《对我国刑法学中“犯罪构成”概念的反思》，载《河北法学》2010 年第 7 期。

罪成立条件由刑法所规定的，但是并非马上可以从刑法用语中明确其内容，必须通过犯罪构成理论的解释获得其内容，这种通过犯罪构成理论解释后获得的犯罪类型的观念形象就是犯罪构成，因此犯罪构成不是由刑法规定的，而是通过犯罪构成理论归纳后的产物”,[①] 笔者认为，虽然犯罪成立条件需要通过解释方可明了其内容，但解释的必要正好说明了解释对象的存在而不是否定其存在。作为解释对象的犯罪成立条件存在何处？正好存在于犯罪构成与犯罪构成论体系之中而与解释方法同在。当然，犯罪的成立条件最终是存在于刑法典之中的，而这是罪刑法定原则的最终要求。其实，当论者说“‘犯罪构成’是因为犯罪构成理论的产生而存在，没有犯罪构成理论就不会有犯罪构成概念，因此对犯罪构成的理解应以犯罪构成理论为核心，犯罪构成仅是犯罪构成理论中的一个部分内容”[②] 时，犯罪构成论（体系）已经不再是一个纯粹的方法论（体系）了，而是一个本体论与方法论融为一体的犯罪成立理论体系，而此体系包含着犯罪靠什么来成立和如何成立两个方面的问题。正是在这个意义上，“如果只是将‘犯罪构成’理解为犯罪的成立条件，没有实际意义，因为认定犯罪必须以刑法规定为依据，这是罪刑法定原则的必然要求”。[③] 那么，犯罪构成与犯罪构成理论（体系）的“实体内容”又来自哪里呢？来自刑法对与刑事责任有关联的一切要素的规定。这正如有学者所指出的：“犯罪构成不是刑法条文中规定的概念，而是一个较系统、较详尽地研究刑法条文中规定的构成犯罪的各种条件的理论概括。”[④] 也就是说，“成立犯罪的基本条件均应见诸法律的规定，既包括明文性规定也包含隐含性规定，否则刑法理论便成无本之木、无源之水，成为学者们自编自述、随意想象发挥的书斋游戏”。[⑤] 当然，犯罪构成与犯罪构成理论（体系）并

① 沈志民：《对我国刑法学中“犯罪构成”概念的反思》，载《河北法学》2010 年第 7 期。

② 沈志民：《对我国刑法学中“犯罪构成”概念的反思》，载《河北法学》2010 年第 7 期。

③ 沈志民：《对我国刑法学中“犯罪构成”概念的反思》，载《河北法学》2010 年第 7 期。

④ 冯亚东：《犯罪构成本体论》，载《中国法学》2007 年第 4 期。

⑤ 冯亚东：《犯罪构成本体论》，载《中国法学》2007 年第 4 期。

非是对这些要素的“囫囵吞枣”，而是有所概括和提炼。因此，犯罪构成与犯罪构成理论（体系）有着“法定性”即罪刑法定的“基因”。正如有学者指出：“任何有意义的法学解释理论都并非随心所欲地胡编乱造，而是紧紧与法律相结合的产物。”作为对犯罪成立的一种“法学解释”,[①] 犯罪构成论体系更是与“法律相结合”即与刑法规定乃至其他法律规定（如对行政犯应考虑行政法的相关规定）的产物，即犯罪构成论体系有着更多的“法定性”基因，这是由刑法是“保障之法”和“后盾之法”的特殊地位所最终决定的。而正是从此“基因”中，我们看到了犯罪构成与犯罪构成论体系与罪刑法定之间、进而与刑法典之间的相互关系。

最终，如果要对犯罪构成论体系的属性问题来个定性的话，则犯罪构成论体系是一个实体性与方法性、实践性（法定性）与理论性融为一体的犯罪成立体系，而犯罪构成论体系与刑法典包括罪刑法定的关系正隐含于此“融为一体”之中。由于犯罪是法定之罪，故就犯罪构成论体系的属性而言，犯罪构成论体系与刑法典之间的关系通过罪刑法定得到了牢固的联结，前者是后者的理论“整合”，后者是前者的实践“素材”。

五、研究犯罪构成论体系与刑法典之间关系的意义

众所周知，在中国大陆刑法理论界，就犯罪成立体系问题，已经形成了主张全盘引进大陆法系“三元递进式”犯罪构成论体系、保留并改良来自苏联的传统“四要件整合式”犯罪构成论体系、试用英美法系“双层式”犯罪构成论体系的“三国鼎立式”的纷争局面。其实，当运用三种不同的犯罪构成论体系对同一个刑事案件能够得出相同的结论时，则意味着三种不同的犯罪构成论体系各有其内在合理性与实践可行性，故难以通过所谓孰优孰劣而相互取代，进而形成“大一统”局面。这就意味着在不同法系乃至不同国度，自有各自的犯罪构成论体系，所谓“到什么山唱什么歌”。当然，决定一个法系乃至一个国家能够生成并运行何种犯罪构成论体系的因素是多方面的，而相应的刑

---

① 冯亚东：《犯罪构成本体论》，载《中国法学》2007 年第 4 期。

法典的内容应被肯定为最主要的或具有决定性意义的因素。于是，研究犯罪构成论体系与刑法典之间关系的意义便凸显了出来：由于犯罪构成论体系最终要解决的是定罪问题，包括罪与非罪、此罪与彼罪乃至一罪与数罪等，而犯罪毕竟是法定之罪，故就犯罪构成论体系如何构建而言，必须尊重乃至遵从刑法典的内容。

只要承认在犯罪构成论体系与刑法典之间，前者是后者的理论“整合”，而后者是前者的实践“素材”，则任何一种类型的犯罪构成论体系的建构都应尊重乃至遵从已先存在的刑法典，而不能“数典忘祖”。这一点已被三种类型的犯罪构成论体系在不同的法治传统与法治文化下“各有千秋”所证实，也被此三种类型的犯罪构成论体系长期相争不下而最终“各安其事”的事实所证实。

犯罪构成论体系的建构断然置犯罪构成论体系与刑法典的关系于不顾。否则，其将变成一种学术上的“天马行空”乃至“自娱自乐”。

第二节　犯罪构成论体系与罪刑法定之间的关系

前文在论述犯罪构成论体系与刑法典之间的关系时就已经将犯罪构成论体系与罪刑法定之间的关系牵扯了出来。有学者指出：“罪刑法定原则奠定了近代刑法理论的思想基石，而罪刑法定原则的价值理念需要具体、肯定、明确的法律形态予以展现，由此凸显犯罪法律规格的犯罪构成理论应运而生。”① 这等于是给出了这样一个论断：犯罪构成论体系与罪刑法定原则息息相关。甚至可以说，没有罪刑法定原则，便没有犯罪构成及犯罪构成理论即犯罪构成论体系。显然，对犯罪构成论体系与罪刑法定之间的关系有待深入。

一、犯罪构成论体系是罪刑法定的理论体现

有学者指出：“犯罪构成及其理论是罪刑法定主义的产物。罪刑法

① 张小虎：《大陆法系犯罪构成理论进程解析》，载《社会科学辑刊》2007 年第 3 期。

定主义要求刑法明文、明确规定各种犯罪的成立条件与法律后果，犯罪构成正是犯罪成立条件，因此，犯罪构成使罪刑法定主义得以实现。”[①] 所谓“产物”和“实现”，都表明了犯罪构成论体系是罪刑法定的一种理论体现。

那么，应当如何具体理解犯罪构成论体系是罪刑法定的理论体现呢？对此，可以从大陆法系的犯罪构成论体系予以切入。有学者在研究犯罪构成问题时总结道：“如何从制度设计上防止罪刑擅断、防止肆意发动刑罚权等人为因素的干扰，大陆法系刑法学家进行了深入研究。日本学者平野龙一指出：刑法适用存在三大危险：其一，一旦发生引起人心冲动的案件，感情上的处罚要求强烈，而不顾刑法有无明确规定便予以处罚；其二，由于行为人的主观恶劣，而不管行为客观上是否侵犯了法益便予以处罚；其三，因为侵犯了法益，而不问行为人是否具有非难可能性便予以处罚。为了从根本上防止适用刑法过程中这三大危险，刑法理论设立了三项基本原则：一是无法律规定则无刑罚的罪刑法定原则；二是无法益侵害则无刑罚的法益保护原则；三是无责任则无刑罚的责任主义原则。这三个原则成为有效遏制罪刑擅断、保障人权的屏障。也正是从这三项基本原则出发推导出犯罪成立理论的三个要件：由罪刑法定原则出发，推导出构成要件符合的要件；由法益保护原则出发，推导出违法性要件；由责任原则出发，推导出责任（有责性）要件。从而形成了在当今大陆法系国家通用的构成要件符合性、违法性和有责性这一判断行为是否构成犯罪的犯罪成立理论。”[②] “构成要件符合性”是大陆法系的犯罪构成论体系的一个要件即首要要件，而通过“构成要件符合性”，大陆法系的犯罪构成论体系便与罪刑法定原则结下了不解之缘。除了“构成要件符合性”，大陆法系“三元递进式”犯罪构成论体系中的“违法性”要件与“有责性”要件也能体现犯罪构成论体系与罪刑法定之间的理论体现关系，理由在于：法定之罪不仅首先要符合构成要件即具有“构成要件符合性”或“构成要件该当性”，而且还要先后具有侵害法益的“违法性”与出

① 张明楷：《刑法学》（第3版），法律出版社2007年版，第103页。

② 沈志民：《对我国刑法学中“犯罪构成”概念的反思》，载《河北法学》2010年第7期。

于故意或过失且具有期待可能性的“有责性”。也就是说，“构成要件符合性”或“构成要件该当性”、“违法性”、“有责性”各自都是“局部”地体现着犯罪构成论体系与罪刑法定之间的理论体现关系，而它们的整体即“三元递进式”犯罪构成论体系本身则“全局”地体现着犯罪构成论体系与罪刑法定之间的理论体现关系。

就犯罪构成论体系对罪刑法定的理论体现而言，也可以从来自苏联的传统“四要件整合式”犯罪构成论体系加以理解。对照之下，来自苏联的传统“四要件整合式”犯罪构成论体系与罪刑法定之间的关系似乎更为密切，因为犯罪主体、犯罪主观方面、犯罪客体和犯罪客观方面都是法定的，或曰具有法定性。换句话说，来自苏联的传统“四要件整合式”犯罪构成论体系对罪刑法定的理论体现更为明显。同样地，来自苏联的传统“四要件整合式”犯罪构成论体系的各个“组件”或“构件”都“局部”地体现着犯罪构成论体系对罪刑法定的理论体现关系，而所有“组件”或“构件”之整体即传统“四要件整合式”犯罪构成论体系本身，则“全局”地体现着犯罪构成论体系与罪刑法定之间的理论体现关系。有学者指出：“我国刑法已经明确确定了罪刑法定原则作为我国刑法的基本原则，罪刑法定原则的一个基本要求在于犯罪规定的明确化。犯罪构成的制度层面实际上是一个在规定犯罪构成的过程中如何正确理解和准确落实罪刑法定原则的问题。在罪刑法定的刑法基本原则的指导和约束下，应当尽可能地将犯罪的规格明确化和具体化。”① 也可以这么说，犯罪构成论体系是罪刑法定原则的一种观念体现，而当此观念体现以语言为载体而形成一种逻辑体系时，便成为所谓的理论体现。

二、犯罪构成论体系与罪刑法定有着共同的机能和使命

当犯罪构成论体系构成了罪刑法定的一种理论体现，便意味着犯罪构成论体系与罪刑法定有着共同的法治机能与使命。

有学者指出：“罪刑法定是法治在刑法上的体现，也是保护法益和保障公民自由的要求，所以，犯罪构成对依法治国、保护法益与保障

① 杨兴培：《犯罪构成的三个层面分析》，载《法学》2005 年第 5 期。

公民自由具有重大意义。"① 在此，保护法益和保障公民自由可以构成对犯罪构成论体系和罪刑法定的共同说明。而在此共同说明中，犯罪构成论体系与罪刑法定之间的关系便通过共同的法治机能与使命而得以显现。

一方面，就罪刑法定原则或罪刑法定主义的法治机能而言，可以从罪刑法定原则或罪刑法定主义的思想基础中得以窥见。有学者指出："现在一般认为，罪刑法定原则的思想基础主要是民主主义与尊重人权主义，或者说是民主与自由。"② 其中，"民主主义要求国家的重大事务应由国民自己决定，各种法律应由国民自己制定。刑法的处罚范围与程度直接关系着每一个人的生命、身体、自由、财产与名誉，属于特别重大的事项。……所以，应当由国民决定什么行为是犯罪、对犯罪科处何种刑罚。但社会现实表明，不可能每一个人都是直接的立法者，国民不可能直接决定犯罪与刑罚；妥当的做法是由国民选举其代表组成立法机关，由立法机关制定刑法。由于立法机关代表国民的意志，故其制定的刑法也反映了国民的要求。刑法一经制定，便由司法机关适用，司法机关适用刑法的过程，也是实施国民意志的过程。这理所当然形成了罪刑法定主义中的法律主义（或成文法主义）"。③ "尊重人权主义"，是指"为了保障人权，不致阻碍国民的自由行动，不致使国民产生不安感，就必须使国民事先能够预测自己行为的性质与后果，必须事先明确规定犯罪与刑罚。因为当国民事先能够根据成文刑法预测自己的行为性质时，就不会因为不知道自己的行为是否受到刑罚处罚而感到不安，也不会因为不知道自己的行为是否会受到刑罚制裁而不敢实施合法行为，从而导致行为萎缩的效果。……国民对自己行为的性质与后果具有预测可能性的前提是事先有成文法的规定，这便是法律主义"。④ 可见，民主主义与尊重人权主义这两个思想基础能够说明罪刑法定原则或罪刑法定主义保障人权的法治机能。但是，"一般预防主义与责任主义也能为罪刑法定提供思想基础。如果刑法追求

---

① 张明楷：《刑法学》（第3版），法律出版社2007年版，第103页。
② 张明楷：《刑法学》（第3版），法律出版社2007年版，第43页。
③ 张明楷：《刑法学》（第3版），法律出版社2007年版，第43~44页。
④ 张明楷：《刑法学》（第3版），法律出版社2007年版，第44页。

一般预防的目的与效果，就要求在事前明确规定被禁止的行为，从而使人们不实施犯罪行为”。[①] 实际上，一般预防主义这一思想基础所能说明的是罪刑法定原则或罪刑法定主义保护社会或保护法益的法治机能。

另一方面，犯罪构成的法治意义通过刑事司法层面而在保障人权上要显得更突出一些，因为正如有学者指出：“犯罪构成作为法律规定，对刑事司法具有特别重要的意义：（1）它为区分罪与非罪提供了法律标准。……（2）它为区分此罪与彼罪提供了法律标准。……（3）它为区分一罪与数罪提供了法律依据。……（4）它为区分重罪和轻罪提供了法律依据。……”[②] 可见，犯罪构成的刑事司法意义突出地体现着犯罪构成的人权保障意义。实际上，犯罪构成的法治意义还有保护法益的一面。如有学者指出：“构成要件具有针对犯人的恣意而保护社会、针对社会的恣意而保障犯人的双重保障机能。”[③] 这里的“针对犯人的恣意而保护社会”，便是指社会保护或法益保护机能。犯罪构成在法治中的两种基本机能也是犯罪构成论体系的相应意义或机能所在。

既然犯罪构成提供了罪与非罪、此罪与彼罪、一罪与数罪、轻罪与重罪的法律标准，而犯罪构成论体系恰恰是研究和解答前述法律标准的理论体系，又由于罪刑法定也是以区分罪与非罪、此罪与彼罪、一罪与数罪、轻罪与重罪为直接担当，那么罪与非罪、此罪与彼罪、一罪与数罪、轻罪与重罪背后的人权保障与法益保护便构成了犯罪构成论体系与罪刑法定共同的法治机能与使命。

由上论述可见，以保护法治和保障公民自由为内容的法治便是罪刑法定和犯罪构成论体系的共同法治机能与使命。可以这么说，犯罪构成论体系与罪刑法定是在一种理论与实践的互动关系中共同担负着保障人权与保护法益的法治机能与使命。

---

① 张明楷：《刑法学》（第3版），法律出版社2007年版，第44页。
② 张明楷：《刑法学》（第3版），法律出版社2007年版，第103页。
③ 张明楷：《刑法学》（第3版），法律出版社2007年版，第103页。

第三节　犯罪构成论体系与犯罪概念之间的关系

既然犯罪构成论体系与罪刑法定有着某种关联，而罪刑法定在立法和理论上事实地影响着犯罪概念，即便是犯罪的纯粹的形式定义也难以逃脱其影响，那么，犯罪构成论体系与犯罪概念之间也便当然有着某种关联。

一、犯罪构成论体系与犯罪概念之间关系的立法体现

1813 年《巴伐利亚刑法典》第 27 条规定："当违法行为包含依法属于某罪概念的全部要件时，就认为它是犯罪。"由此可见，犯罪构成论体系与犯罪概念之间肯定是存在某种关联的，因为犯罪构成论体系就是犯罪概念的相关要件综合而成的，或曰犯罪概念是犯罪构成论体系的高度"浓缩"。但是，对犯罪概念，在各国刑法中，有规定犯罪概念和不规定犯罪概念这两种做法。在规定犯罪概念的情况下，有时通过犯罪概念丝毫看不出犯罪构成论体系与犯罪概念之间的关系。如 1810 年《法国刑法典》第 1 条规定："法律以违警刑所处罚之犯罪，称为违警罪；法律以惩治刑所处罚之犯罪，称为轻罪；法律以身体刑所处罚之犯罪，称为重罪。"1937 年《瑞士刑法典》第 1 条规定："凡是用刑罚威胁所确实禁止的行为，是犯罪。"而现行《瑞士刑法典》第 9 条规定："1. 重罪是指应科处重惩役之行为。2. 轻罪是指最高刑为普通监禁刑之行为。"① 现行《墨西哥联邦刑法典》第 7 条第 1 款规定："犯罪是指按照刑法规定应当追究刑事责任的作为或者不作为。"② 凡是看不出或难以看出与犯罪构成论体系有着关联的立法上的犯罪概念，或曰在自身之中看不到或难以看出犯罪构成论体系痕迹或其要件的立法上的犯罪概念，都是形式的犯罪概念。

---

① 《瑞士刑法典》，徐久生译，中国法制出版社 1999 年版，第 4 页。

② 《墨西哥联邦刑法典》，陈志军译，中国人民公安大学出版社 2010 年版，第 6 页。

1922年《苏俄刑法典》第6条规定："威胁苏维埃制度基础及工农政权在向共产主义过渡时期所建立的法律秩序的一切危害社会的作为或不作为，都被认为是犯罪。"1958年《苏联和各加盟共和国刑事立法纲要》第7条规定："凡是刑事法律规定的危害苏维埃社会制度或国家制度，破坏社会主义经济体系和侵犯社会主义所有制，侵犯公民的人身、政治权利、劳动权利、财产权利和其他权利的危害社会的行为（作为或不作为），以及刑事法律规定的违反社会主义法律秩序的其他危害社会的行为，都是犯罪。"上述立法规定所能显示的是"四要件整合式"犯罪构成论体系的两点"迹象"。具体而言，"刑事法律规定的"暗含着行为类型或犯罪客观方面（相当于大陆法系刑法理论中的"构成要件"），而"苏维埃社会制度或国家制度""社会主义经济体系""社会主义所有制""公民的人身、政治权利、劳动权利、财产权利和其他权利""社会主义法律秩序"则相当于犯罪客体（相当于大陆法系刑法理论中的"违法性"要件）。1997年《俄罗斯联邦刑法典》第14条规定："本法典以刑罚相威胁所禁止的有罪过地实施的危害社会的行为，被认为是犯罪。"这一立法规定通过"有罪过"来显示出"四要件整合式"犯罪构成论体系中的一点"迹象"即犯罪主观方面，并同时通过"危害社会"来显示该犯罪构成论体系中的"犯罪客体"要件。

我国现行刑法典第13条规定："一切危害国家主权、领土完整和安全，分裂国家、颠覆人民民主专政的政权和推翻社会主义制度，破坏社会秩序和经济秩序，侵犯国有财产或者劳动群众集体所有的财产，侵犯公民私人所有的财产，侵犯公民的人身权利、民主权利和其他权利，以及其他危害社会的行为，依照法律应当受到刑罚处罚的，都是犯罪，但是情节显著轻微危害不大的，不认为是犯罪。"这一立法规定可以说是通过明示和暗含两种方式将"四要件整合式"犯罪构成论体系的构成要件基本都牵涉进去。具体而言，"国家主权""领土完整和安全""人民民主专政的政权""社会主义制度""社会秩序""经济秩序""国有财产""劳动群众集体所有的财产""公民私人所有的财产""公民的人身权利、民主权利和其他权利"等是对犯罪客体的直接标示，而"依照法律"则暗含着犯罪主体、犯罪主观方面和刑法分则所规定的具体个罪的犯罪客观方面。

可以看出，通过立法上实质的犯罪定义，尤其是实质与形式相结合的犯罪定义，是能够看到犯罪构成论体系与犯罪概念之间关系的“迹象”的。刑法立法上的实质的犯罪定义，尤其是形式与实质相结合的犯罪定义，必然要对犯罪概念以外延到内涵予以程度不同的揭示，而犯罪概念的内涵所对应的正是犯罪成立的相关要件包括形式要件与实质要件。这便是通过立法上的实质的犯罪定义或形式与实质相结合的犯罪定义与通过纯粹形式的犯罪定义相比，能够容易看到犯罪构成论体系与犯罪概念之间展开与被展开的相互关系的原因所在。也就是说，在实质定义的或形式与实质相结合定义的犯罪概念中，较易看到犯罪构成论体系的痕迹或踪影。但是，从应然的角度看，犯罪的立法概念或立法定义应该体现出犯罪概念与犯罪构成论体系即犯罪成立体系之间抽象与具体、展开与被展开的关系，这是由刑法的司法属性和刑法立法与刑法司法之间的关系所决定的。

二、犯罪构成论体系与犯罪概念之间关系的理论体现

在刑法理论中，就犯罪这个概念而言，可以依据犯罪的法律后果给其下定义，其通常的提法是犯罪是依法应受刑罚处罚的行为。这种定义重点说明了如何从法律上识别犯罪；也可以结合犯罪引起的诉讼程序给其下定义。这种定义见之于英美刑法理论，如有人指出，犯罪“是一种能够继之以刑事诉讼并具有作为这些诉讼程序的必然结果中的一种结果的行为”；① 还可以根据犯罪的反社会性给其下定义。这是一种实质的犯罪定义，旨在说明立法者将某种行为规定为犯罪的实质根据，如有人指出，犯罪是反社会的行为或者社会侵害性的行为；② 或者可以结合犯罪的本质特征与法律特征给其下定义，如“犯罪是一种特别危险的侵害法益的不法行为”，③ 另如“犯罪乃是对社会主义国家或社会主义法律秩序有危害的、违法的、有罪过的、应受惩罚的作为或

① ［英］J. C. 史密斯、B. 霍根：《英国刑法》，李贵方等译，法律出版社2000年版，第26页。

② ［日］大塚仁：《犯罪论的基本问题》，冯军译，中国政法大学出版社1993年版，第1页。

③ ［德］李斯特：《德国刑法教科书》，徐久生译，法律出版社2006年版，第8页。

不作为”;[①] 或者可以按照犯罪的成立条件给其下定义，如有学者指出，“刑法上的犯罪可以给它下一个定义，就是刑罚法规所规定的可罚行为，但在刑法上如果从成立条件来探讨这一形式概念时，则可以给它下一个定义，即所谓犯罪就是具备构成要件的、违法的、有责的行为”,[②] 另有学者直接作出这样的表述，“犯罪是符合构成要件、违法的、有责的行为”。[③] 对照之下，正如立法上形式的犯罪定义，在对犯罪的理论定义中，有的丝毫体现不出犯罪构成论体系与犯罪概念之间的关系；有的体现出些许“迹象”，如“犯罪乃是对社会主义国家或社会主义法律秩序有危害的、违法的、有罪过的、应受惩罚的作为或不作为”；而有的则较为清晰地展示了犯罪构成论体系与犯罪概念之间的关系，如从犯罪的成立条件所给出的犯罪定义便清晰地展示了犯罪构成论体系与犯罪概念之间的关系：犯罪概念是犯罪构成论体系的概括和糅合，也可曰浓缩，而犯罪构成论体系则是犯罪概念的展开与具体化。

源于苏联的“四要件整合式”犯罪构成论体系更清晰地展示了犯罪构成论体系与犯罪概念之间的关系。正如特拉伊宁教授指出：“在俄罗斯的著作中，犯罪构成被解释得更为深刻——是作为客观和主观因素的总和，作了比较深刻的论述。比如说，别洛格里茨 - 科特利亚列夫斯基教授在 1883 年到 1903 年所用的教程中指出：‘那些形成犯罪概念本身的，外部和内部的突出特征和条件的总和，被称作犯罪构成。’在更早以前（1875 年）的季斯甲科夫斯基教授也是这样理解的。”[④] 这里的“特征和条件的总和”，便是犯罪构成论体系要件或“构件”之“总和”，亦即犯罪成立条件的“总和”。当此“总和”（实为“有机整体”）便是犯罪构成论体系本身时，则犯罪构成论体系与犯罪概念之间的关系又得到了另一番描述，即作为犯罪构成论体系的“组件”或

① ［苏联］皮昂特科夫斯基等：《苏联刑法科学史》，曹子丹等译，法律出版社 1984 年版，第 23 ~24 页。

② ［日］福田平、大塚仁编：《日本刑法总论讲义》，李乔等译，辽宁人民出版社 1986 年版，第 38 ~39 页。

③ ［日］山口厚：《刑法总论》（第 2 版），有斐阁 2007 年版，第 23 页。

④ 龙长海：《德日、俄中犯罪构成理论哲学基础研究》，载《求是学刊》2010 年第 6 期。

“构件”的又是犯罪概念的要素或内涵所在。当然，前述描述的关系仍可回归到展开与被展开上去。

犯罪构成论体系与犯罪概念之间的关系不仅可以体现在犯罪概念的定义中，还可反映在犯罪概念的特征之中。有学者指出：“我国刑法理论的传统观点，将犯罪的基本特征概括为社会危害性、刑事违法性与应受刑罚处罚性三个特征。这种三特征说也可谓文理解释的结论，但其出发点仅限于揭示犯罪的特征，而没有考虑犯罪概念对于建构犯罪论体系的作用。三特征说认为，犯罪的基本特征不同于犯罪构成，而其中的‘刑事违法性’实际上是指行为符合犯罪构成。所以，三特征说也没有处理好犯罪特征与犯罪成立条件的关系。要考虑犯罪概念对建构犯罪论体系的作用，就必须从论理上作实质的考察。显然，从实质的观点进行考察，只有具备以下两个条件，才能认定为犯罪：其一，发生了值得科处刑罚的法益侵害事实（法益侵犯性），此即客观违法性；其二，能够就法益侵害事实对行为人进行（非难可能性），此即主观有责性。”① 如果站在大陆法系刑法理论的立场，则论者所说的犯罪的两个特征已经对应了“三元递进式”犯罪构成论体系中的后两个成立要件或成立条件。对比之下且实事求是地说，中国大陆传统刑法学中犯罪的基本特征与传统“四要件整合式”犯罪构成论体系在犯罪成立条件或成立要件上的对应是零碎的：犯罪概念中的“社会危害性”可以较为明显地对应着犯罪构成论体系中的“犯罪客体”要件，“刑事违法性”特征则不明显地对应着犯罪客观方面、犯罪主体和犯罪主观方面三大要件，而“应受刑罚惩罚性”特征则似乎对应着四大要件的“总和”即其“整体”，或曰“应受刑罚惩罚性”特征是“总和性”地或“整体性”地对应着四大要件。但是，无论是从概念的定义还是从概念的特征来看，犯罪概念应该能够体现出其与犯罪构成论体系之间的关系。

在我国，关于犯罪构成与犯罪概念之间的关系，较早的说法是：“犯罪构成是独立于犯罪概念之外，但是是以犯罪概念为基础的，这种

---

① 张明楷：《刑法学》（第3版），法律出版社2007年版，第80页。

关系是一种抽象与具体的关系。"[①] 现今，对于犯罪构成与犯罪概念的关系，有学者在对前述论断有所继承的基础上有所深入。该学者指出："犯罪概念与犯罪成立，是两个既有密切联系又有明显区别的不同范畴。犯罪概念，主要是回答什么是犯罪的问题。它是将犯罪这一社会现象的本质特征予以概括的抽象表述，和其他一切非犯罪的社会现象，特别是不道德行为、违纪行为和其他违法行为等社会现象的界限予以区别，这些区别界限均是概括的、不具体的。而犯罪成立则是在犯罪概念的基础上，考察某一具体危害行为，在客观方面和主观方面是否具备了某种具体犯罪的成立要件，如果具备，犯罪就成立，行为人就得负刑事责任。所以，犯罪构成是回答应该具备哪些要件犯罪才能成立。犯罪概念与犯罪成立的关系是抽象与具体的关系，犯罪概念是从宏观上来认识、确定某一社会现象所具有的犯罪本质特征；而犯罪成立则是从微观上来确定某一具体的危害行为是否具备了认定某种犯罪的要件，如果具备了这种要件，某种犯罪也就成立，犯罪成立是具体衡量某一具体犯罪的规格和标尺，因此我们说犯罪成立是刑法理论中居于核心的地位。"[②] 而"只有这样，犯罪的概念与犯罪成立的概念才能够真正成立。尤其是目前情况下，在我国几十年认为犯罪等于犯罪构成的传统理论定式下，一下子说犯罪成立不等于犯罪，显然很难让绝大多数人所接受。作为一种认识过程或研究过程，我们认为，犯罪等同于犯罪成立的关系定位也有其一定的合理性"。[③] 其实，犯罪概念与犯罪构成之间所谓抽象与具体的关系，同时也是展开与被展开的关系。无论对犯罪构成持何种主张，如下是学者的共识：在刑法学理论中，犯罪是基本范畴之一，它所解答的是犯罪是什么的问题，而犯罪构成论体系则是解答犯罪是如何成立的问题。从"是什么"到"如何"，这是问题的延伸逻辑。那么，我们由此就可以说，在刑法学理论中，犯罪概念先于犯罪构成论体系，或曰犯罪构成论体系之"先导"，即如果没有犯罪概念，就没有犯罪构成论体系。

无论是从刑法立法上，还是从刑法理论上，犯罪构成论体系与犯

① 马克昌主编：《犯罪通论》，武汉大学出版社1991年版，第67～68页。
② 李晓明主编：《中国刑法基本原理》，法律出版社2010年版，第238页。
③ 李晓明主编：《中国刑法基本原理》，法律出版社2010年版，第239页。

罪概念之间都存在一种关系，只不过这种关系被展示或揭示的深浅程度不同，而其较为圆满的表述应当是：犯罪构成论体系与犯罪概念之间是具体与抽象的关系，是展开与被展开的关系，是“先导”与延伸的关系。犯罪构成论体系与犯罪概念之间的关系最终生成于两者之间共同的法治机能与使命。由犯罪构成论体系与犯罪概念之间的前述关系所决定，犯罪构成论体系的建构必须照应犯罪概念（包括犯罪概念的内涵与特征）。正如日本刑法学者大塚仁教授所说：“必须根据其逻辑性和实用性对体系进行评价。犯罪论的体系应该是把握犯罪概念的无矛盾的逻辑，并且是在判断具体犯罪的成立与否上最合理的东西。”[①] 否则，犯罪构成论体系也将在一种“数典忘祖”之中而显得不伦不类。

第四节　犯罪构成论体系与刑事违法性之间的关系

由于犯罪构成论体系与罪刑法定和犯罪概念之间存在关联，而罪刑法定与犯罪概念与刑事违法性之间又存在关联，故在犯罪构成论体系与刑法学重要范畴之间的关系中，必然涉及犯罪构成论体系与刑事违法性之间的关联。也就是说，在犯罪构成论体系与刑法学重要范畴之间关系的研究中，犯罪构成论体系与刑事违法性之间的关系是不可或缺的内容。

在费尔巴哈看来，“构成要件是违法的（从法律上看来）行为中所包含的各个行为的或事实的诸要件的总和。这就是说，构成要件主要表明行为的特征。一定的违法的结果，通常属于构成要件；行为违法性的某种主观（属于犯罪人的心理方面的）根据，即某种故意或者某种意思表示，也往往属于构成要件；行为的外部特征，永远属于构成要件”。[②] 据此，构成要件与违法性之间是有关联性的。由构成要件与

① ［日］大塚仁：《刑法概说》（总论），冯军译，中国人民大学出版社 2003 年版，第 107 页。

② ［苏联］A. H. 特拉伊宁：《犯罪构成的一般学说》，薛秉忠等译，中国人民大学出版社 1958 年版，第 15 页。

犯罪构成论体系之间的关系和违法性与刑事违法性之间的关系所共同决定，犯罪构成论体系与刑事违法性之间也就形成了某种关联。但是，这里的“违法性”并未使得“构成要件”乃至“犯罪构成”整体就已经获得或形成了实实在在或十足的刑事违法性，因为，正如在贝林格看来，“违法性，是指行为违反立法者所规定的法律秩序、法律规范，属于客观价值评价的层面。由此，违法意味着违反规范而不是刑罚法规，这里贝林格采纳了德国刑法学家宾丁（Karl Binding）的规范学说；同时，违法还意味着客观行为事实与规范在形式上的冲突，与行为人的主观因素无关”。[①] 那么，犯罪构成论体系与刑事违法性的某种关联是如何形成的呢？

一、犯罪构成论体系与刑事违法性之间关系的初步考察

“施鸠贝尔在1805年出版的《论构成要件》一书中指出，构成要件就是那些应当判处法律所规定的刑罚的一切事实情况的总和，这些事实同责任能力无关。”[②] 既然“构成要件”指的是“一切事实情况的总和”，而此“一切事实情况的总和”又是“应当判处法律所规定的刑罚的”，则“构成要件”便具有了刑事违法性的形象的意义，或曰呈现出所谓形式的刑事违法性或表象的刑事违法性，而不能说“构成要件”就是实实在在的或十足的刑事违法性本身，因为“责任能力”即所谓“有责性”等其他犯罪成立要件尚未被考虑进来。而“在贝林格的犯罪构成理论中，构成要件、构成事实与一般构成要件、特别构成要件属于两组不同的概念。构成要件、构成事实：构成要件，贝林格称为概念的构成要件，是指法律上的、抽象性的、观念性的犯罪类型的轮廓，由刑法分则规定，属于犯罪成立要件之一。构成事实，贝林格称为具体的构成要件，是指现实中的、具体性的、个别性的符合犯罪类型轮廓的事实，属于事实关系而与法律关系相对。一般构成要件、特别构成要件：一般构成要件，又称犯罪构成要件，是指刑法总则上的一般

① 张小虎：《大陆法系犯罪构成理论进程解析》，载《社会科学辑刊》2007年第3期。

② 张小虎：《大陆法系犯罪构成理论进程解析》，载《社会科学辑刊》2007年第3期。

犯罪概念的成立要件；特别构成要件，又称构成要件，是指刑法分则上具体犯罪的构成要件”。[①] 可见，贝林格与施鸠贝尔在“构成要件”问题上是有共识的，因为在贝林格这里，无论是一般构成要件，还是特别构成要件，在与构成事实的鲜明比较中，“构成要件”也是在表征着刑事违法性，“构成要件”是“抽象性的、观念性的犯罪类型的轮廓”，并且是“法律上的”，即“构成要件”是犯罪类型的“指导形象”。

如果说违法性是先于刑事违法性的，而“构成要件”是先于作为整体的犯罪构成的，则犯罪构成与刑事违法性之间的关系，还得经由“构成要件”与违法性之间的关系一路走过来。在这里，还得先从贝林格说起。刚开始，在贝林格那里，“构成要件只是纯客观的、无色的犯罪类型；违法性只是规范的、客观的价值评价；有责性只是主观的价值评价。不能由行为充足构成要件类型推论行为具有违法性。违法性、有责性是构成要件之外的犯罪成立要件，它们与构成要件是完全分离的，构成要件、违法性、有责性三者之间没有什么联系。行为的客观价值判断依赖于规范标准，由违法性的要件独立完成；行为的行为人的主观内部关系，也仅由独立的有责性要件完成。贝林格将构成要件设计成客观的、记述的‘犯罪类型的轮廓’，增强了定罪标准的形式化特征，有利于充分体现罪刑法定原则的精神，但是却出现了理论与现实逻辑上的矛盾”。[②] 面对着自身的矛盾，“贝林格感到了自己理论的缺陷，1930 年发表了《构成要件的理论》一文，对自己的观点作了修正，以‘指导形象’（Leitbild）概念来替代构成要件，并将犯罪类型从构成要件中分离出来。犯罪类型是由多种不同的要素构成的整体，既包括客观要素也包括主观要素。指导形象是理论上先行于犯罪类型的观念形态，担任理解犯罪类型的逻辑先导，其着眼于整体而将犯罪类型的各个要素统一起来。这个指导形象就是构成要件。犯罪类型的各个要素经由构成要件的观念形象指导，才整合成犯罪类型。不过在这里，

---

① 张小虎：《大陆法系犯罪构成理论进程解析》，载《社会科学辑刊》2007 年第 3 期。

② 张小虎：《大陆法系犯罪构成理论进程解析》，载《社会科学辑刊》2007 年第 3 期。

作为犯罪类型的种种要素并不属于构成要件的内容，构成要件又是一个内容空虚的抽象概念”。①

应当说，德国学者迈耶（Max ErnstMayer）填补了贝林格“构成要件”概念的空虚之处，弥补了贝林格“构成要件”概念的缺陷。“1915年，迈耶出版《刑法总论》教科书，对贝林格犯罪构成理论进行了修正，确立了构成要件符合性、违法性、归责可能性的犯罪构成论体系，提出规范构成要件要素的观念，从而构建构成要件与违法性的关系，有力地推进了犯罪构成理论的发展。”② 而“法律上的构成要件是违法性的认识依据，所以必须由纯客观的、无价值的事由来构成；但是，在法律上的构成要件当中，可以发现有规范的要素和主观的要素，不过它们不是真正的构成要件要素。……违法性与构成要件符合性是分离而并列的，不过行为符合构成要件就可以推定行为具有违法性，两者的关系恰如烟与火的关系，但是也会有例外的情形，存在即使符合构成要件也不违法的事态，这就是所谓存在违法阻却事由的情形”。③在大陆法系犯罪成立体系上，“迈耶继承并发展了宾丁的规范学说，提出了自己的文化规范理论，主张违法实质上是对于社会共同生活所要求的文化规范的违背。立法者将文化规范以条文规定成刑法规范；而刑法规范又表现为确定法定的构成要件。由此，法律上的构成要件是违法性的认识根据，除非出现违法阻却的例外事态。构成要件与违法性两位一体，构成要件不是纯中性的、无色的，其中蕴含着违法性的要素”。④

在对贝林格的观点有所继承的同时，麦兹格（Edmund Mezger）则针对贝林格的理论缺陷作了比迈耶更进一步的弥补或空虚填补。“1926年，德国学者麦兹格发表了题为《刑法构成要件之意义》的论文，在

① 张小虎：《大陆法系犯罪构成理论进程解析》，载《社会科学辑刊》2007年第3期。

② 张小虎：《大陆法系犯罪构成理论进程解析》，载《社会科学辑刊》2007年第3期。

③ 张小虎：《大陆法系犯罪构成理论进程解析》，载《社会科学辑刊》2007年第3期。

④ 张小虎：《大陆法系犯罪构成理论进程解析》，载《社会科学辑刊》2007年第3期。

反对贝林格犯罪构成理论的基础上，创建‘不法’概念，确立‘行为、不法、责任’犯罪构成论体系，提出主观构成要件要素观念，形成新构成要件论。……麦兹格继承了贝林格将构成要件作为犯罪类型的观点，但是反对贝林格割裂构成要件符合性与违法性关系的理论，主张构成要件符合性与违法性两者是结合在一起的，并且将之统辖于‘不法’概念下。所谓‘不法’，并不是具体行为的违法性，而是类型性的、构成要件性质的违法性。……在‘不法’中，构成要件符合性不仅限于特殊的违法性的认识根据，而且也是它的存在根据。”① 在此，“烟与火的关系”是迈耶对“构成要件”与“违法性”之间关系的形象比喻，但在这里的“违法性”还不是刑事违法性。

既然大陆法系犯罪成立体系中在“构成要件”之后的“违法性”还不是刑事违法性本身而仅仅是指社会生活的共同规范，并在无例外的情况下便蕴含在“构成要件”之中，而“构成要件”本身又是犯罪行为的“类型性轮廓”或“指导形象”，故当犯罪（行为）与刑事违法性具有同等意义的时候，则“构成要件”便可视为或称为“形式的刑事违法性”。当没有例外情况的时候，即当没有违法性阻却事由的时候，则“形式的刑事违法性”即“构成要件符合性”便同时也是“实质的刑事违法性”。因此，无论是贝林格还是迈耶抑或麦兹格，他们都没有认识到这样一点，即“构成要件”不仅与“递进式”犯罪成立体系中的“违法性”有关联，还与作为整体的刑事违法性有关联：“构成要件”不仅直接标示着“形式的刑事违法性”，同时还是“实质的刑事违法性”的一种“根据”，而此“根据”与其说是“存在根据”，还不如说是“认识根据”，因为违法性阻却事由的存在是难免的，或曰是有可能存在的。但是，从麦兹格将构成要件符合性与违法性两者结合在一起并且统辖于“不法”这一概念之下的主张中，我们看到了“构成要件”与刑事违法性之间关系的一点端倪，因为当其所谓的“不法”在与“有责性”相结合的时候，则“不法”就是形式与实质兼备的刑事违法性了，而在这样的刑事违法性得以最终形成之前，“构成要件符

① 张小虎：《大陆法系犯罪构成理论进程解析》，载《社会科学辑刊》2007 年第 3 期。

合性”与“违法性”都已经被置于刑事违法性之下或之中，从而成为刑事违法性的一种“征表”或“标示”。而当“有责性”要借助于“构成要件”来予以说明的时候（无论是“认识根据”，还是“存在根据”），“构成要件”和“违法性”与刑事违法性之间的关系都集中到“构成要件”与刑事违法性这里得以说明：“构成要件”不仅直接标示着“形式的刑事违法性”，同时还是“实质的刑事违法性”的一种“认识根据”即“征表”或“标示”。

对于“构成要件”与刑事违法性之间的关系已经形成的前述认识，我们还可作进一步的深化。德国刑法学者威尔哲尔（Hans Welzel）在麦兹格主观构成要件要素理念的基础上，以目的行为论为基底，进一步将犯罪构成理论推向深入。威尔哲尔指出：“构成要件审查行为对于刑法规范的关系，而违法性审查行为对于全部法秩序的关系。”① 当我们说违反刑法规范便意味着刑事违法性的时候，则“构成要件审查行为对于刑法规范的关系”便意味着“构成要件”与刑事违法性之间的某种关系了，即“构成要件”至少说明着“形式的刑事违法性”，亦即刑事违法性的“认识根据”或“或然的存在根据”。而“违法性审查行为对于全部法秩序的关系”仍然蕴含在“构成要件审查行为对于刑法规范的关系”之中，或最终还是要回到“违法性审查行为对于全部法秩序的关系”之中，而这里的“蕴含”或“回到”仍将是“构成要件”对于“实质的刑事违法性”的一种“征表”或“标示”。

以上是从大陆法系“三元递进式”犯罪论体系来揭示“构成要件”与刑事违法性之间的关系的。来自苏联的中国大陆传统的“四要件整合式”犯罪构成论体系也可供我们来认识“构成要件”与刑事违法性的关系，尽管“四要件整合式”犯罪构成论体系或许有着这样或那样的问题。其实，大陆法系的“三元递进式”犯罪构成论体系与中国大陆传统的“四要件整合式”犯罪构成论体系的根本区别，或许只在于“构成要件”的组合方式不同。在我们看来，将中国大陆传统的“四要

---

① 张小虎：《大陆法系犯罪构成理论进程解析》，载《社会科学辑刊》2007年第3期。

件整合式”犯罪构成论体系中的“犯罪主观方面”与“犯罪客观方面”糅合在一起所形成的便相当于大陆法系中的“构成要件”，正如随着大陆法系“三元递进式”犯罪构成论体系的发展，其中的“构成要件”从刚开始的纯客观的内容被加进了主观的要素，从而得以成为所谓犯罪的类型。在中国大陆传统的“四要件整合式”犯罪构成论体系之中，“犯罪主观方面”与“犯罪客观方面”分别从主观方面和客观方面说明着犯罪构成，从而说明着刑事违法性。虽然“犯罪客观方面”基本上是纯客观的事实性说明，但“犯罪主观方面”因其将行为人的主观心理与社会危害性或法益侵害性相联系而已经有了价值判断或实质的规范判断的色彩乃至属性，故“犯罪主观方面”与“犯罪客观方面”分别对犯罪构成，进而对刑事违法性的说明已经不再仅仅局限于形式性或表面性，即不再局限于“形式的刑事违法性”或“表面的刑事违法性”，而是触及到内在价值的层面，即触及到“实质的刑事违法性”。大陆法系“三元递进式”犯罪构成论体系与来自苏联的中国大陆传统的“四要件整合式”犯罪构成论体系的差异，并不妨碍它们能够共同说明“构成要件”与刑事违法性之间的关系，从而说明犯罪构成论体系本身与刑事违法性之间的关系。

二、犯罪构成论体系与刑事违法性之间关系的进一步深化

“构成要件”与刑事违法性之间的关系不仅可以从犯罪构成论体系的形成及其构造中予以揭示，还可从相关刑法立法例中予以探察。1813年《巴伐利亚刑法典》第27条规定：“当违法行为包含依法属于某罪概念的全部要件时，就认为它是犯罪。”既然“全部要件”包含“构成要件”，而“犯罪”与刑事违法性同义，那么刑事违法性便包含着“构成要件符合性”或“构成要件该当性”，当然也包含着“违法性”与“有责性”。而在中国大陆传统的刑法理论中，刑事违法性便包含着四大犯罪构成要件。

在大陆法系的“三元递进式”犯罪构成论体系中，“构成要件”通过附加“违法性”（无例外）和“有责性”而共同组合为犯罪成立体系，从而最终走向作为“形式的刑事违法性”和“实质的刑事违法性”

的有机统一的刑事违法性[①]，即与犯罪和刑事责任具有同等意义的刑事违法性；在中国大陆传统的“四要件整合式”犯罪构成论体系中，能够揉合成大陆法系的“三元递进式”犯罪构成论体系的“构成要件”的“犯罪主观方面”与“犯罪客观方面”附加“犯罪客体”与“犯罪主体”而共同组合为犯罪构成，从而最终走向作为“形式的刑事违法性”和“实质的刑事违法性”的有机统一的刑事违法性，即与犯罪和刑事责任具有同等意义的刑事违法性。当行为符合了犯罪成立条件体系，则行为便具有刑事违法性；反过来，当行为具有了刑事违法性，则其必先符合犯罪成立条件体系。这一结论不仅适用于大陆法系的犯罪论，也适用于中国大陆的犯罪论。有学者指出：“从理论视角看，形式的犯罪概念是犯罪成立条件‘三阶梯’体系得以构筑的理论前提，违法性只是‘三阶梯’中的第二阶梯，是犯罪成立体系结构中的环节之一。从违法性的这种实际地位来看，只相当于或对应于我国刑法犯罪构成中的一个大的板块。我国刑法犯罪构成中的任何一个大的板块都不过是犯罪构成整体的一部分，而犯罪构成又是刑事违法性的具体展现，违法性怎么可能是与刑事违法性相对应的犯罪论问题呢？”而“作为刑事违法性的具体展开，我国的犯罪构成是主客观方面的统一，即刑事违法性在任何时候都不可能单纯地从客观方面或主观方面加以理解，不可能存在主观违法性论与客观违法性论的问题”。[②] 在此，我们可以将犯罪构成与刑事违法性之间的关系作出这样的表述：“犯罪构成是刑事违法性的直接承载。”[③] 于是，“犯罪构成论体系便是刑事违法性的直接的理论化承载”。但是，刑事违法性与犯罪成立条件体系的完备性的等义不是直接形成于外部，而是形成于犯罪成立条件体系的内部要件即“构成要件”的有机整体对刑事违法性的“先前性”说明。

“构成要件”与刑事违法性之间的关系只是犯罪构成论体系与刑事违法性之间关系的一个层面：在大陆法系的刑法理论中，“构成要件”

① 马荣春：《论刑事违法性的概念、构造及功能》，载《河南大学学报（社会科学版）》2011 年第 3 期。

② 夏勇：《刑事违法性之本土语境》，载贾宇主编：《刑事违法性理论研究》，北京大学出版社 2008 年版，第 101 页。

③ 马荣春：《论刑事违法性的概念、构造及功能》，载《河南大学学报（社会科学版）》2011 年第 3 期。

只能视为刑事违法性的“认识根据”或“或然的存在根据”，而“构成该当性”、“违法性”与“有责性”齐备的犯罪构成论体系本身或整体，才相当于形式与实质兼备的刑事违法性即完整的刑事违法性。而在中国大陆传统的刑法理论中，“犯罪构成要件”包括犯罪主体、犯罪主观方面、犯罪客体和犯罪客观方面，不妨可以视为完整的刑事违法性的一个侧面或“表征”或“标示”，而整个犯罪构成论体系才与完整的刑事违法性即具有刑事责任意义的刑事违法性具有同等意义。有人指出，在1997年《刑法》规定了罪刑法定原则的情况下，很明显，刑事违法性由原来的劣势地位立即转化为绝对优势的地位。从根本上说，这是由于《刑法》第3条“罪刑法定原则”的确立，使得社会危害性立即失去了其原先曾经有过的绝对优势与“辉煌”，其与罪刑法定原则下的刑事违法性相比，显得那么的微弱或暗淡无光。① 即便事实如论者所说，这里也要强调的是，罪刑法定原则只有借助于犯罪构成论体系，才能使得刑事违法性的地位得到真正的提升和巩固，而在这里，犯罪构成论体系与刑事违法性之间的关系又得到了一次说明，即犯罪构成论体系蕴含着并表征着刑事违法性，或犯罪构成论体系的完备性直接等同着刑事违法性。

行文至此，对犯罪构成论体系与犯罪概念、刑事违法性之间的关系可概括为：犯罪构成论体系与犯罪概念、刑事违法性具有同等意义，即当行为符合犯罪构成论体系，则行为也就成为犯罪，并具有刑事违法性，而犯罪构成论体系与犯罪概念、刑事违法性不过是从不同方位说明或描述同一问题而已。

第五节　犯罪构成论体系与正当行为之间的关系

犯罪构成论体系与正当行为之间的关系问题所要解答的是：犯罪构成论体系能否反映或容纳正当行为即正当化事由的问题。本来，正

① 李晓明主编：《中国刑法基本原理》，法律出版社2010年版，第190～191页。

当行为是无所谓犯罪构成可言的，否则就不成其为正当行为。这样看来，在犯罪构成论体系中是没有正当行为即正当化事由的容身空间的。但就犯罪构成论体系能否反映或容纳正当行为即正当化事由的问题而言，最终能这样来解答或草率结案吗？

一、犯罪构成论体系应该而且能够容纳正当行为

（一）大陆法系的犯罪构成论体系能够容纳正当行为

大陆法系的犯罪构成论体系之所以能够容纳正当行为，通常的看法是在此犯罪构成论体系之中可以“辟出”所谓消极的构成要件这一“容器”，而正当防卫等正当行为即正当化事由正好可以放到这一“容器”之中。这一看法和做法不是没有道理，而在建构犯罪构成论体系上也并非不可取。否则，学者们为何这么长时间普遍地这样处理问题并对之越来越“看好”呢？

但有道理和可取并不意味着最佳或更好，因为消极的解释毕竟是“消极的”。在犯罪论体系上已经转向大陆法系“递进式”犯罪构成论体系的我国学者指出：“在与违法性阻却事由相关联的意义上，构成要件符合性与违法性既不是原则与例外的关系，也不是积极的客观构成要件与消极的客观构成要件的关系，而是部分（孤立）判断与整体判断、暂时判断与最终判断的关系。”① 具体而言，“符合构成要件的行为具有违法性，正当防卫、紧急避险等行为不是所谓形式上符合构成要件，实质上没有法益侵害性的行为，而是孤立地或者暂时地判断具有客观构成要件符合性，但整体地、最终地判断不具有客观构成要件符合性，因而不具有违法性的行为。（1）当行为人实施正当防卫等行为致人死亡时，如果不考虑其保护了更为优越或者同等法益的一面，可能认为其符合杀人罪、伤害罪的客观构成要件。但这种结论是片面的、暂时的。如果考虑其保护了更为优越或者同等法益的一面，则应最终从整体上认为正当防卫等行为不符合杀人罪、伤害罪的客观构成要件。（2）由于客观构成要件具有法益侵犯性的实质内容，而正当防卫等行为保护了更为优越的法益，所以，正当防卫等行为也不具备客观构成

---

① 张明楷：《刑法学》（第3版），法律出版社2007年版，第123页。

要件的实质。（3）那些暂时符合客观构成要件，也没有保护更为优越或者同等法益的行为，则最终符合客观构成要件，因而具有违法性。概言之，暂时符合客观构成要件的行为，因为没有保护更为优越或者同等法益，也是最终符合客观构成要件的行为；暂时符合客观构成要件的行为，因为保护了更为优越或者同等法益，最终不是符合客观构成要件的行为”。显然，该学者在此采取了实质解释的立场，即如其所言：“对客观构成要件必须进行实质的解释，使符合客观构成要件的行为具有值得科处刑罚的法益侵犯性。”① 应予以肯定的是，论者如上处理大陆法系刑法理论中犯罪构成论体系与正当行为即正当化事由之间的关系，是独到的和“积极的”。通过实质解释的如上处理，似乎能够使得大陆法系的犯罪构成论体系在结构上更加稳固。实际上，有关立法例为我们把握大陆法系刑法理论中犯罪构成论体系与正当行为之间的关系也提供了“素材”，如《葡萄牙刑法典》第31条第1款规定：“如果从整体上考察，认为法律秩序阻却某一行为的违法性的，不能对该行为追究刑事责任。”该条第2款又规定：“尤其是在下列情况下实施的行为，阻却违法性：a）正当防卫；b）行使权力；c）履行法律规定的义务或遵从当局的正当命令；d）获得法律利益受侵害人的同意。”② 其中，所谓“从整体上考察”便有这样的一种暗示：以往被我们说成是形式上符合客观构成要件的正当行为实质上是不具有构成要件该当性的，进而也就不具备完整的犯罪构成论体系，而这种判断是我们在作出“整体的”认识之后才能作出的。而这种“整体的”认识便是“积极的”和“实质的”。

（二）中国大陆传统的犯罪构成论体系也能够容纳正当行为

在来自苏联的中国大陆传统的犯罪构成论体系中，正当行为论或排除社会危害性行为论是放在犯罪构成论之外即之后的。如何评价这种理论安排呢？对此，有人指出：“在犯罪构成学说的范围内，不可能对正当防卫和紧急避险这两个问题作详细的研究，而在犯罪构成之外

---

① 张明楷：《刑法学》（第3版），法律出版社2007年版，第124页。

② 《葡萄牙刑法典》，陈志军译，中国人民公安大学出版社2010年版，第13页。

讨论排除犯罪的事由，这样的理论，始终存在不妥之处。”[①] 于是，这种理论安排使得中国大陆传统的犯罪构成论体系即犯罪成立理论体系越来越遭受非议，因为这种理论安排使得正当防卫等正当行为或排除社会危害性行为不得不用“外表上（形式上）符合犯罪构成”或“具有犯罪构成的表象”予以解释，[②] 而这种不得不作出的解释又使得犯罪构成是犯罪成立的（唯一）规格或标准的命题陷入了自相矛盾，即“正当行为具备了犯罪构成，却不成立犯罪，或者说，正当行为不是犯罪，却具备了犯罪构成；正当行为具备犯罪构成，却不具有刑事违法性，或者说，正当行为不具有刑事违法性，却具备犯罪构成”。[③] 其实，当对照一个具体案件时，由于每个要件都具有符合或不符合、具备或不具备两种相反的情形，即每个要件在一个具体案件中都有肯定或否定两个相反方面的评价，亦即每个要件都可以进行消极的或排斥性的运用，故正当行为论或排除社会危害性行为论是可以安放到“四要件整合式”犯罪构成论体系之内的相应构成要件之下的。这正如有人所指出的：“只要正当行为在地位上处于犯罪成立条件之外，它就永远是立法阶段的理论，只有正当行为在地位上处于犯罪成立条件之内，才能成为符合司法规律的学说。因此，相应的解决措施就是要站在司法的角度，把正当行为问题移入犯罪构成，使其成为独立的排除性要件或消极要件，这样便能在发挥正当行为要件作用的情况下，还能与包括刑事违法性在内的现有犯罪论关系结构相协调。”[④] 那么，正当行为论应放到“四要件整合式”犯罪构成论体系内部的什么具体位置呢？笔者认为，应是犯罪客体论之下。由于正当行为论或排除社会危害性行为论也可以安放到该体系内部的犯罪主观方面论之下，故作为消极

---

① 周光权：《违法性判断的独立性——兼及我国犯罪构成理论的改造》，载贾宇主编：《刑事违法性理论研究》，北京大学出版社 2008 年版，第 303 页。

② 参见高铭暄主编：《刑法学》，法律出版社 1982 年版，第 162 页；陈明华主编：《刑法学》，中国政法大学出版社 1999 年版，第 176 ~ 177 页；高铭暄、马克昌主编：《刑法学》（上编），中国法制出版社 1999 年版，第 230 页；赵秉志主编：《刑法新教程》，中国人民大学出版社 2001 年版，第 181 页。

③ 夏勇：《刑事违法性之本土语境》，载贾宇主编：《刑事违法性理论研究》，北京大学出版社 2008 年版，第 104 ~ 105 页。

④ 夏勇：《刑事违法性之本土语境》，载贾宇主编：《刑事违法性理论研究》，北京大学出版社 2008 年版，第 106 页。

要件，正当行为或排除社会危害性行为论并非仅仅从犯罪客体要件中得到消极运用，从而其出罪功能与在“三元递进式”体系中的“违法性”要件下相比便显得更加“强劲”。

正当行为论或排除社会危害性行为论或正当化事由论可以纳入“四要件整合式”犯罪构成论体系中，是由该体系中的相关构成要件具有否定性判断即反面功能所决定的。而当把正当行为论顺理成章地安放到四要件体系之中，并令其居于适当位置，则正当行为论便适得其所。而此时，因把正当行为论安放在“四要件整合式”犯罪构成论体系之外所带来的理论体系的混乱与矛盾便自然消除。但是，我们不应由此将以往的刑法理论放错了正当行为问题的位置作为否定“四要件整合式”犯罪构成论体系的理由，正如我们不应因饭掉到碗外而将碗摔碎一样。

意大利、法国的犯罪构成论体系对排除犯罪性事由的安排对于中国大陆的犯罪构成论体系重新调整正当化事由的位置不无启发。在意大利的犯罪构成论体系中，德日犯罪构成论体系中的违法阻却事由作为“排除犯罪的客观原因”而被安排为“犯罪客观要件所研究的内容之一”；在法国的犯罪构成论体系中，德日犯罪构成论体系中的违法阻却事由被作为“不负刑事责任的客观原因”而被安排为“排除该行为作为犯罪的‘法有规定’要件”的消极条件，而责任阻却事由则被作为“无刑事责任的主观原因（不能归责的原因）”而被安排为“心理要件”的消极条件。那么，中国大陆的犯罪构成论体系也完全可以将正当化事由安排在犯罪成立的相应要件之下作为反面问题或消极问题而加以展开，以进一步强化对正面问题的论述，即将犯罪构成论体系安排成一种带有“反证法”内容的犯罪成立理论体系。以往的中国大陆刑法理论对正当化事由即排除犯罪性事由的理论安排明显是受刑法在总则中先规定关于犯罪的条文，后规定正当防卫和紧急避险的条文这一立法安排的影响。但是，刑法的这种条文安排可以看成是出于立法本身的无奈甚或立法本身的技术所需。然而，犯罪构成论体系可以或应该在不改变问题的实质或本来面目的前提下而对正当化事由作出符合自身规律的安排，从而使得犯罪构成论体系自身变得丰满而自足。之所以“一方面我们说犯罪构成是认定犯罪成立的唯一标准，另一方面，我们又认为犯罪构成在特殊情况下又不能成为认定犯罪成立的唯一标准，这就难以自圆其说了”，① 是因为我们本来能够但却没有做到在中国大陆传统的犯罪构成论体系中为正当化事由或排除犯罪性事由让出位置。

有学者主张：“我个人的方案是把犯罪构成四要件中的犯罪客体开除出去，然后把正当行为作为一个消极要件或者说是排除性要件，纳入到现有的犯罪构成整体中来。”② 其实，正当行为可以在“四要件整合式”犯罪构成论体系中的犯罪主观方面和犯罪客体之下作为反面问题即消极要件加以论述，特别是可以放在犯罪客体之下作为反面问题即消极要件加以讨论，因为正当行为对正当利益的说明包含着对有无罪过的说明。而既然是可以将正当行为作为犯罪主观方面，特别是犯罪客体的反面问题即消极要件加以讨论，则作为积极要件的犯罪客体是不能“开除”出去的。说到底，“四要件整合式”犯罪构成论体系中的相关要件可以其消极面容纳正当化事由或排除犯罪性事由，以解决批评者所批评的本可以避免的问题。将正当化事由或排除犯罪性事由以消极要件的形式安放到四要件犯罪构成论体系中，将使得该体系更具立体性，因为在此体系之中既有“正面”，也有“反面”，而“正反结合”的犯罪构成论体系或许才是在保障人权上最科学合理的体系。

其实，在中国大陆传统的“四要件整合式”犯罪构成论体系中，我们又何尝不可以通过实质的、“积极的”解释来处理犯罪构成论体系与正当行为即正当化事由的关系呢？我们可以说，正当防卫等正当行为即正当化事由是孤立地、暂时地或形式地具有“犯罪客体”的表象，但整体地、最终地和实质地不具有犯罪客体。中国大陆传统的刑法理论一直将正当行为论或排除社会危害性行为论放在犯罪构成论之外即之后予以展开，或许是担心若将其放在犯罪构成论体系内部或之下，将使得犯罪构成论体系变得很臃肿所致。果真如此，则将其放到犯罪构成论体系内部或之下而令其“适得其所”，又有何不可以或做不到的

① 夏勇在“第四届全国中青年刑法学者专题研讨会暨刑事违法性高级论坛”上的发言，载贾宇主编：《刑事违法性理论研究》，北京大学出版社 2008 年版，第 455 页。

② 夏勇在“第四届全国中青年刑法学者专题研讨会暨刑事违法性高级论坛”上的发言，载贾宇主编：《刑事违法性理论研究》，北京大学出版社 2008 年版，第 451 页。

呢？大陆法系“三元递进式”犯罪构成论体系即犯罪构成体系或犯罪构成模式中的“违法性”要件不也是采用正面的，即没有采用“合法性”的说法吗？既然大陆法系的刑法理论也是在构成要件之外讨论违法阻却事由即正当化事由或正当行为，那么，有人为何偏要说大陆法系的犯罪构成论体系容纳了正当化事由或正当行为而中国大陆传统的犯罪构成论体系却没有容纳或不能容纳呢？这个不公平的对待乃至“歧视”一直未引起我们足够的正视和重视。难道在这个问题上也是“外国的月亮比中国圆”？如果说中国大陆传统的犯罪构成论体系真的存在相关不足，则予以改进或重组是必然的，因为事物的道路是不能抗拒的，而无论做出怎样的改进或重组，容纳正当行为即正当化事由是毋庸置疑的，何况其本来就能够容纳正当行为即正当化事由。

无论是大陆法系的犯罪构成论体系，还是中国大陆传统的犯罪构成论体系，都应以能够容纳正当行为即正当化事由来体现自身的科学性与合理性（之一），而容纳的方式既可以说是“消极的”解释，也可以是“积极的”解释即实质的解释。

二、犯罪构成论体系何以应该而且能够容纳正当行为

尽管或许中国大陆传统的犯罪构成论体系存在着这样或那样的不足或问题，但其现有的模式或构造仍不妨被用来说明犯罪构成论体系何以应该而且能够容纳正当行为即正当化事由。

中国大陆传统的犯罪构成论体系之所以应该而且能够容纳正当行为即正当化事由，是由该体系与正当行为论即正当化事由论的共同目标或目标共同性所决定的。正当行为或正当化事由显然是没有违法性和社会危害性的。而中国大陆传统的犯罪构成论体系与正当行为论即正当化事由论的共同目标或目标共同性，正是通过该体系能够处理好自身与违法性和社会危害性之间的关系体现出来的。

首先，中国大陆传统“四要件整合式”犯罪构成论体系能够处理好其与违法性之间的关系问题。陈兴良教授指出：“我国刑法学仿照苏俄刑法学，在犯罪概念中讨论刑事违法性，在犯罪构成要件中违法性是缺位的。在犯罪客体—犯罪客观方面—犯罪主体—犯罪主观方面形成的耦合式的犯罪构成体系中，并没有涉及违法性问题。在大陆法系

犯罪论体系中讨论的违法阻却事由是放在犯罪构成之外加以讨论的。”① 没有将违法性作为一个独立要件放在犯罪构成即“四要件整合式”犯罪构成论体系之中，这是来自苏联的中国大陆传统“四要件整合式”犯罪构成论体系即犯罪成立理论遭受的批驳之一。问题是，来自苏联的中国大陆传统“四要件整合式”犯罪构成论体系中到底有无违法性的地位，或该如何体现违法性。在笔者看来，在中国大陆传统“四要件整合式”犯罪构成论体系中之所以没有违法性这一独立要件，是因为四要件的有机整体在说明着刑事违法性，即违法性问题已经被具体为刑事违法性而处在四要件的整体性说明之中。将违法性问题作为犯罪成立要件的问题与将违法性作为犯罪成立要件整体性说明的问题，是两个不同层次的问题，因为前者是在一般意义上讨论违法性，后者则是在特殊意义即犯罪成立意义或刑事责任意义上讨论违法性，且在一般意义上的违法性已经有了作为四要件之一的犯罪客体来作对应讨论。这就是说，“四要件整合式”犯罪构成论体系已经通过其与刑事违法性的说明和被说明，体现和被体现的关系解答了其与违法性之间的关系问题。因此，违法性没有成为一个独立要件便难以再构成否定“四要件整合式”犯罪构成论体系的理由。

再就是，中国大陆传统犯罪论体系能够处理好其与社会危害性之间的关系问题。对此，陈兴良教授指出：“在苏俄刑法学的犯罪构成体系中，在功能上类同于大陆法系犯罪论体系中的实质违法性的社会危害性并没有作为犯罪构成要件加以确立，由此形成了犯罪概念与犯罪构成之间的一定程度的脱节。”② 这是以社会危害性来纠问“四要件整合式”犯罪构成论体系。在笔者看来，由于犯罪概念与犯罪构成之间存在抽象与具体的关系，故作为犯罪概念内涵之一的社会危害性到了犯罪构成那里便“幻化”或“散发”成了具体的犯罪构成要件，即如同刑事违法性，社会危害性所得到的也是犯罪构成要件的整体性说明，即如有学者所言：“其实，犯罪构成不是决定某一行为的社会危害性及

① 陈兴良：《违法性理论：一个反思性检讨》，载贾宇主编：《刑事违法性理论研究》，北京大学出版社2008年版，第54～55页。

② 陈兴良：《违法性理论：一个反思性检讨》，载贾宇主编：《刑事违法性理论研究》，北京大学出版社2008年版，第55页。

其程度，而是决定具有何种程度的社会危害性的行为才构成犯罪。”① 社会危害性在犯罪概念中作为一个独立的内涵存在而没有在犯罪构成中作为一个独立的要件存在，这正是犯罪概念与犯罪构成之间抽象与具体关系所决定的，其所体现的不是所谓“脱节”而是一种“紧密”。陈兴良教授又说：“在大陆法系刑法学中，对于构成要件与合法化事由的关系，是采用规则—例外关系（Regel-Aushahme-Beziehung）加以说明的……但在苏俄和我国刑法学中，排除社会危害性是在犯罪构成体系之外进行判断的，它虽然也是一种例外，却会使犯罪构成形式化，引发社会危害性与犯罪构成之间的紧张。”② 还另有人说：“构成要件的判断实际上是形式违法性的判断，它解决的是将不符合刑法规定的行为首先排除在调控范围之外（法无明文不为罪）以实现罪刑法定主义的要求，达到一般公正的诉求；而违法性阶层的判断实际上是实质违法性的判断，它解决的是具有了形式违法性但不具有实质违法性的行为的出罪问题，由此实现了个别公正，而将违法性阶层作为成立犯罪的一个要件和环节，也解决了在现有的四要件模式之下符合了犯罪构成、满足了成立犯罪的终局标准但却因为不具有社会危害性（=实质违法性）的行为的出罪解释问题。”③ 这些论断显然是将“四要件整合式”犯罪构成论体系形式化而造成在“四要件整合式”犯罪构成论体系之外讨论社会危害性，于是社会危害性与犯罪构成论体系即犯罪成立体系之间的紧张便被“引发”了。这正如陈兴良教授所说，“如果将社会危害性视为一种实质判断，那么这种实质判断就是自外于犯罪构成的”，④ 而“将社会危害性这种实质判断放在犯罪构成之外，就会使犯罪构成形式化，从而出现二元的犯罪判断标准的冲突，这一冲突的

---

① 侯国云：《当今犯罪构成理论的八大矛盾》，载《政法论坛》2004 年第 4 期。

② 陈兴良：《违法性理论：一个反思性检讨》，载贾宇主编：《刑事违法性理论研究》，北京大学出版社 2008 年版，第 58 页。

③ 付立庆：《论违法性理论在刑法总论中的应然位置——兼论我国犯罪论体系的变革方向》，载贾宇主编：《刑事违法性理论研究》，北京大学出版社 2008 年版，第 189 ~ 190 页。

④ 陈兴良：《社会危害性理论：进一步的批判性清理》，载梁根林主编：《犯罪论体系》，北京大学出版社 2007 年版，第 43 页。

根源盖源自犯罪混合概念本身形式特征与实质特征的分立”。[①] 但是，实际上，如果将社会危害性，严格地讲是应受刑罚惩罚的社会危害性看作四要件的整体说明，则所谓社会危害性与四要件的犯罪构成即四要件犯罪成立体系之间的紧张便是不存在的。

说明和被说明的关系不仅消解了“四要件整合式”犯罪构成论体系与社会危害性之间的所谓紧张关系，而且此两者之间的说明和被说明的关系包含着前者对后者有着质与量两个方面的说明。有人说：“刑法中的犯罪是立法者对诸多具有社会危害性的行为中有严重社会危害性的行为犯罪化的结果。在某一行为犯罪化后，该行为的社会危害性程度已经在刑法中被量化了，如我国《刑法》第 13 条规定的‘……但是情节显著轻微危害不大的，不认为是犯罪’就是犯罪社会危害性的最低量化标准。可见，犯罪的社会危害性是有量化标准的社会危害性，达不到量化标准的有社会危害性行为，不可能构成犯罪。”[②] 其实，“应受刑罚处罚”不仅是对社会危害性量的要求，更是对社会危害性质的要求。也就是说，我们可把“应受刑罚处罚”看作对社会危害性的一种说明。由于“应受刑罚处罚”是靠四要件全方位说明的，故“四要件整合式”犯罪构成论体系便通过“应受刑罚处罚”而与社会危害性之间形成了说明和被说明的关系，或曰社会危害性最终是靠“四要件整合式”犯罪构成论体系来说明的。在“四要件整合式”犯罪构成论体系与社会危害性之间这种说明和被说明的关系之中，“四要件整合式”犯罪构成论体系同样具有出罪机能，因为作为说明物的社会危害性本身具有超规范性而为行为的非犯罪化提供超规范空间，正如有学者指出：“俄罗斯刑法所确立的犯罪构成四要件体系同样具有超规范判断机制存在的空间。在法律上，《俄罗斯刑法典》第十四条犯罪的法律概念从社会危害性角度对值得刑罚处罚的行为的根本特点作了实质化的规定。在犯罪论体系上，犯罪是符合犯罪构成四要件的行为，犯罪构成是体现行为社会危害性的行为构成，而社会危害性被公认为行为

---

① 陈兴良：《社会危害性理论：进一步的批判性清理》，载梁根林主编：《犯罪论体系》，北京大学出版社 2007 年版，第 44 页。

② 孟昭武：《刑事违法性与社会危害性的展开》，载贾宇主编：《刑事违法性理论研究》，北京大学出版社 2008 年版，第 222 页。

的社会属性，而非规范属性，这就为行为的非犯罪性判断提供了超规范的空间，这种超规范判断典型地体现在对情节轻微行为的非犯罪化上。”① 那么，作为被四要件整体说明的社会危害性的超规范性就催生了四要件犯罪成立体系对人权保障的开放性。可见，中国大陆以往的刑法学理论对排除社会危害性理论的安排不妥应予调整，而不是用理论上的错误安排所“人为”产生的“紧张关系”来否定“四要件整合式”犯罪构成论体系本身。

诚如有人所说：“实质正义是从来都不能舍弃的标准，这也是文明对人类的要求，它要求现代的文明人能够超越形式的低级束缚而自觉地追求实质正义。因而，如果将社会危害性理论排除出犯罪论体系，定罪过程就会严重脱离实践，成为形而上学的概念游戏。”② 本来，任何一个事物都可有正反两个方面的论证即积极的与消极的论证，故任何一种犯罪构成论体系的任何一个要件或“构件”都可通过反面的或消极的解释或运用而解决出罪问题即正当化事由问题，而这是以犯罪构成论体系能够在自身内部来解决违法性与社会危害性问题为前提的。于是，能够在自身内部处理好违法性与社会危害性的问题，构成了犯罪构成论体系包括中国大陆传统的“四要件整合式”犯罪构成论体系应该而且能够容纳正当行为即正当化事由的凭据。

总之，以其中没有违法性这一独立要件和没有社会危害性这一独立要件或社会危害性在犯罪成立体系之外来指责中国大陆犯罪成立的传统四要件论，是没有充足说服力的。由此，我们要指出的一点是，不善于处理概念间的相互关系而容易否定存在一定关系的概念本身是中国大陆刑法理论的一个“急躁”表现。当然，大陆法系“三元递进式”犯罪构成论体系应该且能够容纳正当行为即正当化事由，也是由该体系与违法阻却事由论所要达到的共同目标所决定的。

只有容纳了正当行为即正当化事由的犯罪构成论体系，才是最具立体性、结构性与合理性的犯罪构成论体系。

---

① 唐稷尧：《功能与价值：犯罪论体系辨析及中国犯罪构成体系的完善》，载梁根林主编：《犯罪论体系》，北京大学出版社 2007 年版，第 261 页。

② 陈璐：《定罪体系化视野下犯罪构成理论研究》，载《河北法学》2010 年第 10 期。

第六节　犯罪构成论体系与犯罪形态之间的关系

由于犯罪形态包括犯罪的阶段形态即既遂形态与未完成形态、共犯形态与罪数形态，故犯罪构成论体系与犯罪形态之间的关系具体包括犯罪构成论体系与犯罪的阶段形态、犯罪的共犯形态与犯罪的罪数形态之间的关系。

一、犯罪构成论体系与犯罪形态之间关系的理论突破

犯罪构成论体系与犯罪形态之间的关系即我们通常所说的犯罪构成与犯罪形态的关系。由于犯罪的完成形态即既遂形态具备了完整的且各要件“饱满”的犯罪构成，而共同犯罪中的实行犯也具备了完整的犯罪构成，故犯罪构成与犯罪形态之间的关系便被缩小或集中到未完成形态的犯罪包括犯罪预备、犯罪中止和犯罪未遂与犯罪构成之间的关系和狭义的共犯即教唆犯、帮助犯与犯罪构成的关系。未完成形态的犯罪包括犯罪预备、犯罪中止和犯罪未遂与犯罪构成之间的关系和狭义的共犯即教唆犯、帮助犯与犯罪构成之间的关系一直被定论为：未完成形态的犯罪即犯罪的未完成形态和狭义的共犯即教唆犯、帮助犯即共犯的教唆形态和帮助形态所具有的是所谓修正的犯罪构成。于是，犯罪构成论体系与犯罪形态之间的关系的讨论便被集中和转换为对所谓的修正的犯罪构成的讨论，① 而所谓修正的犯罪构成问题便成为我们认识和把握犯罪构成论体系与犯罪形态之间关系的理论突破口。

（一）修正的犯罪构成的概念形成

与其他刑法理论一样，苏联的犯罪构成理论，特别是特拉伊宁的《犯罪构成的一般学说》曾对新中国犯罪构成理论产生巨大影响。但苏联的犯罪构成理论却未送给我们现成的修正的犯罪构成这一概念，因

① 以下内容主要来自本书作者马荣春与朱凤翔检察官发表在《甘肃政法学院学报》2007 年第 2 期上的《解读修正的犯罪构成》一文。

为，就未完成形态犯罪的犯罪构成问题而言，在苏联刑法理论那里形成的是“截断的犯罪构成要件说”。[①] 那么，国内刑法理论中的修正的犯罪构成概念是怎样来的呢？

“要件不完备说”认为，在一定情况下犯罪构成要件可以缺少而不必齐备。这种观点曾经体现在苏联著名刑法学家 A. H. 特拉依宁教授所提出的著名的犯罪预备的构成公式上：“预备行为 = 故意 + 不是（犯罪）构成因素的行为。”[②] 受特拉依宁的影响，这种观点在国内刑法学界也有过体现，如“预备犯同既遂犯不同的是它还没有具备构成犯罪的全部必要条件。犯罪主体、犯罪的主观方面的必要条件都有了。但犯罪的客观方面的必要条件还没有齐备，行为人还没有着手实施犯罪行为，特别是还没有造成危害社会的结果。行为人所希望侵害的犯罪客体也没有受到直接的危害。那么它构不构成犯罪？我国刑法明文规定预备犯也构成犯罪。这就是特殊情况的不需要具备全部构成犯罪的主客观必要条件的犯罪”。[③] “要件不完备说”与其所承认的犯罪构成（当然是完备的或完整的犯罪构成）是刑事责任的基础自相矛盾，如特拉依宁教授说：“犯罪构成是法律中所描述的犯罪行为的诸因素的总和。缺少哪怕是法律中所规定的一个构成要素，整个犯罪构成就不能成立，因而也就排除了刑事责任。”[④] 不过，国内也有人对“要件不完备说”提出过批评，如“犯罪预备行为的构成，不仅在主体、主观方

① 在苏联的刑法理论中，有截断的犯罪构成和截短的犯罪构成两个概念。前一个概念的内容是：“在故意犯罪中，法律本身可以把犯罪行为发展过程中的任何一个阶段截断而确定为既遂形态的犯罪。一旦行为的过程被切断，法律既不要求行为人将犯罪实行完毕，也不要求行为本身造成有形的损害结果。因此，未完成形态的犯罪之所以要承担刑事责任，完全是由于立法者将其直接上升为既遂罪的结果”；后一个概念又称形式的犯罪构成，是指不把具体的危害结果作为犯罪构成的必备要件，而只把作为或不作为本身作为必备要件的犯罪构成。参见何秉松：《犯罪构成系统论》，中国法制出版社 1995 年版，第 44、332 页。

② ［苏联］A. H. 特拉依宁：《犯罪构成的一般学说》，薛秉忠等译，中国人民大学出版社 1958 年版，第 253 页。

③ 张尚鷟编著：《中华人民共和国刑法概论总则部分》，法律出版社 1983 年版，第 161 页。

④ ［苏联］A. H. 特拉依宁：《犯罪构成的一般学说》，薛秉忠等译，中国人民大学出版社 1958 年版，第 247 页。

面都有了，而且在客体、客观方面也并非还没有具备”。[①] 而之所以有人认为其要件不完备，“其实还是受了资产阶级行为中心论的形式法学的影响，即不是从犯罪的本质属性出发，坚持主客观相统一的原则，去研究不同形态的犯罪行为，而是以犯罪的实行行为为中心，以既遂为模式去考察不同形态的犯罪”。[②] 修正的犯罪构成正是在“要件不完备说”身陷承认犯罪构成是刑事责任的基础所招致的自相矛盾的窘境而提出来的，试图为犯罪预备、犯罪未遂、犯罪中止和共同犯罪中实行犯以外的其他共犯的刑事责任提供完备的犯罪构成，以克服其理论缺陷。

在德、日刑法理论中，有修正的构成要件这一概念，如“刑法分则以及其他各种刑罚法规所分别规定的具体犯罪的构成要件，就是基本的构成要件。与此相对的修正的构成要件，则是刑法总则就未遂犯、共犯对基本构成要件进行修正而形成的构成要件。基本的构成要件是关于既遂犯并且是单独犯的构成要件，未遂犯与共犯的构成要件则是以基本的构成要件为前提，基于实质的必要性与政策的理由而扩大处罚范围，就行为的发展阶段或复数行为者的参与形态进行的部分修正。这种修正作为一种一般规定，都设立在刑法总则中”。[③] 再如，“我们认为构成要件可以分为基本的构成要件和被修正的构成要件。所谓基本的构成要件是指刑法各本条和特别刑罚法规所规定的既遂犯的构成要件。因为它通常也设想的是单独犯，所以可以说以单独犯且是既遂犯的形式所表示的构成要件是基本的构成要件……而未遂犯的构成要件及共犯的构成要件，刑法和其他刑罚法规上都没有具体的表示……因此，将刑法总则的一般性规定和刑法各本条及其他特别刑罚法规所规定的基本构成要件加以综合考虑，就可以在逻辑上推导出未遂犯的构成要件及共犯的构成要件”。[④] 而国内关于修正的犯罪构成概念的代表

---

① 钱毅：《犯罪预备的行为是具备完整的犯罪构成的行为》，载《法学研究》1987年第4期。

② 钱毅：《犯罪预备的行为是具备完整的犯罪构成的行为》，载《法学研究》1987年第4期。

③ 张明楷：《外国刑法纲要》，清华大学出版社1999年版，第79页。

④ ［日］大塚仁：《犯罪论的基本问题》，冯军译，中国政法大学出版社1993年版，第57页。

性表述是："所谓基本的犯罪构成，是指刑法条文就某一犯罪的单独犯的既遂状态所规定的犯罪构成。由于刑法分则条文主要是以单独犯的既遂状态为标准来规定各个具体犯罪的构成要件的，所以，基本的犯罪构成由刑法分则条文所直接规定……所谓修正的犯罪构成，是指以基本的犯罪构成为前提，适应犯罪行为的各种不同犯罪形态，而对基本的犯罪构成加以某些修改变更的犯罪构成……修正的犯罪构成是在刑法总则中，以通则的形式规定的，因而在确定这一类行为的犯罪构成时，要以刑法分则条文规定的基本的犯罪构成为基础，结合总则中关于该修正的犯罪构成综合加以认定。也就是说，修正的犯罪构成都是具体的，而不是抽象的，没有离开具体犯罪而抽象存在的预备犯、未遂犯、中止犯或主犯、从犯、胁从犯、教唆犯的犯罪构成。总则关于修正的犯罪构成的规定，只有结合分则的具体罪的基本的犯罪构成才有意义。"① 通过把德国、日本修正的构成要件理论和国内修正的犯罪构成理论作一对比，我们便可发现：国内修正的犯罪构成理论与德国、日本修正的构成要件理论在思维走向上毫无二致，即都是从"基本"走向"修正"，并且"修正"的途径都是所谓刑法总则规定与刑法分则规定或特别刑罚法规规定的"结合"或"综合"。由此，我们可断言：国内修正的犯罪构成概念生成于对德国、日本修正的构成要件概念的中心词"构成要件"的置换。

修正的犯罪构成概念的置换生成不仅可以从德国、日本修正的构成要件表述和国内修正的犯罪构成表述的对比中明显看出，而且还在德国、日本与国内刑法理论关于犯罪的完成形态和未完成形态的界定中留下了痕迹，如大谷实认为，"没有既遂即犯罪没有完成，而犯罪没有完成是指没有发生构成要件的结果"；② 藤木英雄认为，"未遂是指着手实行犯罪但没有发生结果的情况"；③ 平野龙一认为，"'没有既遂'有两种形态：一是实行行为本身没有终了。例如，欲杀人而用枪瞄准了对方，但没有扣动扳机。二是实行行为虽然终了但结果没有发生。

① 马克昌主编：《犯罪通论》，武汉大学出版社 1999 年版，第 93 页。
② ［日］大谷实：《刑法总论》，成文堂 2000 年版，第 205 页。
③ ［日］藤木英雄：《刑法讲义总论》，弘文堂 1997 年版，第 356 页。

如扣动扳机但未打中”。[①] 而构成要件理论构成其刑法理论重要支柱的日本刑法学旧派最重要代表人物小野清一郎认为：“‘没有既遂’是指没有充足构成要件，特别是没有发生构成要件的结果。这单是与构成要件的犯意相对应的客观事实问题，而不是是否实现了行为人主观目的的问题。”[②] 我国刑法理论在犯罪的完成形态与未完成形态区分问题上所形成的通说明显受了德国、日本犯罪既遂与犯罪未遂区分理论的影响，如“在刑法理论上，通常根据故意犯罪行为是否齐备了基本犯罪的构成要件，将故意犯罪分为完成形态和未完成形态。前者是指既遂犯，后者则包括预备犯、未遂犯和中止犯。在犯罪的未完成形态中，有的停止在犯罪的预备阶段，有的停留在犯罪的实行阶段，还有的终止于犯罪结果发生之前。其共同特点都在于没有完成犯罪活动，特别是没有造成犯罪结果。这是它与完成形态的犯罪（既遂犯）的根本区别”。[③] 很明显，德国、日本与国内刑法理论在界定犯罪的完成形态与未完成形态时，都是把“构成要件”作为中心概念，然后用是否“充足”或“齐备”来进行区分，而不“充足”或不“齐备”当然隐含着要进行“修正”。回过头来，可以说，苏联的“要件不完备说”把未完成形态犯罪的刑事责任的根据这一难题抛给了我们，而我们又是从德国、日本刑法理论那里寻找解决难题的“钥匙”。那么，这把“钥匙”的性能又如何呢？

（二）修正的犯罪构成所存在的问题

德国、日本关于犯罪完成形态和未完成形态的区分理论以及与之相对应的基本的构成要件和修正的构成要件的分类理论，是一种形式主义的理论。这样，国内通过“套搬”所形成的犯罪完成形态与未完成形态的区分理论以及通过置换生成的修正的犯罪构成理论也必然难逃形式主义的窠臼。正如张明楷教授所说：“我国刑法理论的通说认为，所谓犯罪既遂，是指行为已经完全齐备了某一分则条文规定的构成要件；与此相反，犯罪未遂，则是指行为还没有完全齐备某一分则条文规定的构成要件（形式说）。这显然是小野清一郎的说法，属于形

---

① ［日］平野龙一：《刑法总论Ⅱ》，有斐阁1975年版，第308页。
② ［日］小野清一郎：《犯罪构成要件的理论》，有斐阁1953年版，第97页。
③ 马克昌主编：《犯罪通论》，武汉大学出版社1999年版，第412～413页。

式主义的观点。"① 形式说给修正的犯罪构成理论带来种种无法自圆其说的理论被动问题。

其一，修正的犯罪构成存在立足点的问题。有论者说："我们所讲的犯罪构成通常是指刑法规定的基本形态的犯罪构成，但是，由于犯罪现象是复杂的，有时还会出现一些按基本的犯罪构成无法认定的犯罪情况。对于这种情况，刑法总则就通过一定的条文使某些犯罪要件得以修正。这种某些要件被修正了的犯罪构成，我们就称之为修正的犯罪构成。"② 论者所说的"基本形态"是指犯罪实行行为的既遂形态。可见，论者是把犯罪实行行为的既遂形态作为一种模式来考察犯罪构成问题的，即以之作为考察犯罪构成问题的立足点。我们认为，如果把犯罪既遂视为犯罪的基本形态，则犯罪预备、犯罪未遂、犯罪中止则必归属于犯罪的非基本形态。无论是犯罪的基本形态，还是犯罪的非基本形态，都是在危害行为完全符合犯罪构成而已经成立犯罪的前提下，对犯罪所作的形态划分，即危害行为符合犯罪构成→危害行为成立犯罪→危害行为的犯罪形态（包括犯罪的基本形态即既遂形态与犯罪的非基本形态即犯罪的未完成形态）划分。可见，犯罪构成是前位概念，犯罪的基本形态是后位概念，而论者显然是用后位概念去"修正"前位概念，其立足点是有问题的，因为作为前位概念的犯罪构成已经是涵盖了犯罪的基本形态与非基本形态都本已具有的完全的或完整的犯罪构成，根本不存在要件缺少而需要"修正"的问题。论者把犯罪实行行为的既遂形态作为犯罪构成的标准，显然是把犯罪的非基本形态从本来就是完全的或完整的犯罪构成的适用面中排挤出去，从而造成了要把非基本形态犯罪的犯罪构成进行"修正"，进而使之"完备"，最终使犯罪的基本形态与所谓基本的犯罪构成相对应，犯罪的非基本形态与所谓修正的犯罪构成相对应。

修正的犯罪构成的立足点的问题，实质上就是对犯罪构成模式的误解问题。所谓犯罪构成的模式，就是指犯罪构成的要件数（是三要件，还是四要件，还是五要件）及其排列方式所构建的犯罪构成的模

① 张明楷：《刑法的基本立场》，中国法制出版社2002年版，第221页。
② 王勇：《定罪导论》，中国人民大学出版社1990年版，第93页。

型。国内犯罪构成的通说模式便是四要件模式。既然是犯罪构成模式，那它就应该适用于犯罪的一切形态。在此前提下，怎么又会生出以其中一种犯罪形态为样板的犯罪构成模式呢？难道大模式下还会有小模式？这实质上把犯罪构成模式等同于犯罪的具体样态了。但是，犯罪构成模式本应是犯罪的具体样态的共性抽象。

其二，修正的犯罪构成是对犯罪构成完整性的曲解。修正的犯罪构成显然代表了这样一种认识：非基本形态犯罪的犯罪构成是不够完整的，故应对之进行修正而使之完整。于是，这里便产生了对犯罪构成完整性的认识问题。有论者用三个公式分别表示犯罪预备、犯罪未遂、犯罪中止的修正的犯罪构成，即“犯罪预备 = 主体 + 故意 + 准备行为（修正要件） + 客体”；① “犯罪未遂 = 故意 + 没有造成一定犯罪结果的实行行为或者没有达到一定危险程度的实行行为（修正要件） + 客体”；② “犯罪中止 = 主体 + 故意（希望→不希望）（修正要件） + 准备行为或实行行为（因自动中止或采取防止措施而未导致犯罪结果出现）（修正要件） + 客体”。③ 犯罪预备、犯罪未遂、犯罪中止的犯罪构成被论者称为“阶段修正的犯罪构成”。除此之外，论者认为组织犯、帮助犯和教唆犯也存在修正的犯罪构成，甚至类推也存在修正的犯罪构成，如论者说：“根据我国刑法的有关规定，修正的犯罪构成可以分为阶段修正的犯罪构成，共犯修正的犯罪构成和类推修正的犯罪构成。”④ “总之，组织犯、帮助犯和教唆犯虽都没有直接参与实行刑法分则规定的构成要件的行为，但他们的组织、帮助和教唆行为却与实行行为有着密不可分的联系，对实行行为的顺利进行起到了或大或小的促进作用。所以，根据刑法的有关规定，将这些人的行为规定为犯罪，并使其具有修正的犯罪构成。这也就为对这些行为进行定罪提供了根据。”⑤ 可见，论者对犯罪构成的完整性作了如下理解：在单人犯罪的情况下，犯罪构成的完整性是指犯罪主观方面的坚定性

① 王勇：《定罪导论》，中国人民大学出版社 1990 年版，第 96 页。
② 王勇：《定罪导论》，中国人民大学出版社 1990 年版，第 98 页。
③ 王勇：《定罪导论》，中国人民大学出版社 1990 年版，第 99 页。
④ 王勇：《定罪导论》，中国人民大学出版社 1990 年版，第 95 页。
⑤ 王勇：《定罪导论》，中国人民大学出版社 1990 年版，第 102 页。

（至少犯意要延伸至犯罪既遂）和犯罪客观方面的彻底性；在共同犯罪的情况下，犯罪构成的完整性是指非实行行为与实行行为之间的分工性与联系性。何秉松教授说：“犯罪构成这个有机整体，是一个具有多层次结构的复杂社会系统。犯罪主体、犯罪客体、犯罪主观方面、犯罪客观方面是它的四个基本的子系统。”① 由此，我们认为，应把犯罪构成的完整性理解为犯罪主体、犯罪客体、犯罪主观方面、犯罪客观方面四大要件的齐备性及此四大要件的有机联系性。至于犯罪主观方面和犯罪客观方面情状如何，这是属于犯罪构成这个系统的构成要素或子系统方面的问题，即低一层次的问题。犯罪构成的相关要素即犯罪构成要件乃至犯罪构成要件的要素即便是也存在一个完整性的问题，也不可将之混同于犯罪构成本身的完整性问题，因为系统不等于元素，元素也不等于系统。犯罪构成的完整性概念应当适用于罪与非罪相区分的场合，如苏联刑法学者所说：“犯罪构成是一切犯罪所特有的极重要要件的总和，这些要件说明犯罪的种的概念，或者说明使某些种类的行为相互区别开来的那些要件。”② 由于论者错误地确定了犯罪构成完整性概念的使用场合即将罪与非罪区分的场合误作犯罪基本形态与非基本形态区分的场合，并将之混同于犯罪构成具体要件的情状等方面的完备性，而作为犯罪构成具体要件的犯罪主观方面和犯罪客观方面又易受随机性的影响，故在观念上必然引起所谓完整的犯罪构成与不完整的犯罪构成的区分。“不完整”的犯罪构成怎么办？“修正”之。这样，修正的犯罪构成概念就得以形成。请问，无论是三要件犯罪构成模式、四要件犯罪构成模式，还是五要件犯罪构成模式，未完成形态犯罪所包含的犯罪预备、犯罪中止、犯罪未遂和非实行犯共犯形态所包括的组织犯、教唆犯、帮助犯，哪一个满足不了犯罪构成模式各类型的要件数量呢？总之，修正的犯罪构成是一个因曲解犯罪构成的完整性而生成的概念。修正的犯罪构成对犯罪构成完整性的曲解与修正的犯罪构成选错了立足点，是同出一辙，即由于选错了立足点而导致曲解。

其三，修正的犯罪构成并未克服要件不完备说的缺陷。前文已对

---

① 何秉松主编：《刑法教科书》，中国法制出版社 1997 年版，第 188 ~ 189 页。

② ［苏联］H. Φ. 涅佐娃：《犯罪构成：一些有争议的问题》，马改秀译，载《外国法学译丛》1988 年第 2 期。

“要件不完备说”的内容作了介绍，但是试图克服“要件不完备说”缺陷的修正的犯罪构成理论并未克服其缺陷：“要件不完备说”与其承认犯罪构成是刑事责任基础自相矛盾，而这一矛盾所隐含的是罪与非罪的自相矛盾。在坚持或承认犯罪构成是成立犯罪的排他性的法律标准的前提下,① 当强调预备犯、未遂犯和中止犯这些犯罪的未完成形态不齐备或不充足犯罪构成，便陷入罪与非罪的自相矛盾的境地，因为犯罪的未完成形态之说是以犯罪成立为前提，而不完备或不齐备犯罪构成又等于说犯罪没有成立。修正的犯罪构成坚持犯罪预备、犯罪未遂、犯罪中止及组织犯、帮助犯、教唆犯都具有完备的犯罪构成，这一点是没错的，但问题是它们的犯罪构成的完备性是先前就具有的，还是通过所谓“修正”才具有的？上文已作了分析，这种完备性是在行为成立犯罪之前就已具有了。所以，认为这种完备性是“修正”出来的，就无异于视有为无，再无中生有。“要件不完备说”的缺陷就在于其坚持犯罪构成一定情况下的不完备性，修正的犯罪构成理论本意是针对这一缺陷的，然而犯罪构成的完备性并不是被“修正”出来的。如果说所谓的修正的犯罪构成原本是一面破镜，则此面破镜是永远不可能“重圆”的。因此，修正的犯罪构成理论终究未能克服“要件不完备说”的缺陷，就像一个医生只能诊断出一个病人身上的毛病，但他却找不出真正有效的治疗方法，甚至使用了错误的治疗方法。而之所以如此，原因是修正的犯罪构成理论是“以犯罪的实行行为为中心，以既遂为模式去考察不同形态的犯罪”，即上文所分析的立足点问题及其必然引起的对犯罪构成完整性的曲解问题。

其四，修正的犯罪构成在共犯和未完成犯的刑事责任根据上的问题。对于共犯和未完成犯的处罚根据或刑事责任根据问题，修正的犯罪构成论者就是用修正的犯罪构成来说明的，如“修正的犯罪构成学

---

① 犯罪成立标准实质上就是罪与非罪的标准，而罪与非罪的标准则有四种学说，即社会危害程度标准说、刑事违法性标准说、不同犯罪不同标准说、犯罪概念和犯罪构成标准说。第四种学说被认为比较可取，且犯罪概念被认为是提出了总标准，犯罪构成被认为是提出了具体标准。我们认为，犯罪概念和犯罪构成既然被公认为抽象和具体的关系，而标准本应是具体的，因为一旦标准抽象了，也就起不了标准的作用，因此，对犯罪成立标准即罪与非罪的标准，应采用犯罪构成标准说。参见马克昌主编：《犯罪通论》，武汉大学出版社 1999 年版，第 28 ~ 30 页。

说，才是解决未完成形态犯罪的刑事责任问题的理论依据。这种学说不仅划清了完成形态与未完成形态的界限，而且也使犯罪构成理论与刑事责任理论，得到了有机的结合和统一”。[①] 但是，修正的犯罪构成似乎只是告诉我们共犯形态和未完成形态犯罪的犯罪构成的“出处”或“来源”，而究竟为什么要处罚这两种形态的犯罪或令这两种形态的犯罪承担刑事责任，修正的犯罪构成理论却把我们罩在云里雾里。换句话说，我们根本触摸不到真正的或实质的根据。修正的犯罪构成论者坚持犯罪构成是犯罪成立的具体标准时，[②] 还是有较强说服力的，但当其坚持修正的犯罪构成是共犯形态和未完成形态犯罪的刑事责任根据时，其说服力就远远不是那么回事了。

无论是赞同修正的犯罪构成论，还是反对修正的犯罪构成论，都必须关注“修正”的真正动因。我们认为，这个动因即使在修正的犯罪构成论者那里也不是刑法总则的规定，因为在修正的犯罪构成论者看来，刑法总则关于未完成形态和共犯形态的犯罪规定已经是作为“修正”的结果出现了。那么“修正”的真正动因还是在这两种形态犯罪本身的可罚性上。于是，问题就出现了，由于同一形态犯罪的可罚性应当与其犯罪构成保持着逻辑上的一致性或对应性，而共犯和未完成形态犯罪的犯罪构成又被说成是来自单独犯的既遂犯的犯罪构成，那么，不就是说共犯和未完成形态犯罪的可罚性也是来自单独犯的既遂犯吗？因此，修正的犯罪构成论者虽是在共犯的刑事责任根据上用修正的犯罪构成理论反对“可罚性借用说”，[③] 但还是不知不觉地掉入了“可罚性借用说”的泥淖之中；虽在未完成形态犯罪的刑事责任根据上用修正的犯罪构成论反对“刑罚扩张原因说”，[④] 但还是不知不觉误入了“刑罚扩张原因说”的领地。而“可罚性借用说”和“刑罚扩

---

① 马克昌主编：《犯罪通论》，武汉大学出版社 1999 年版，第 415 页。

② 修正的犯罪构成论者坚持犯罪概念是犯罪成立的总标准，而犯罪构成是犯罪成立的具体标准。

③ “可罚性借用说”认为，共犯的行为本身是不可罚的，但由于借用了正犯行为的可罚性，才使共犯的行为具有可罚性。参见张明楷：《外国刑法纲要》，清华大学出版社 1999 年版，第 299 页。

④ “刑罚扩张原因说”认为，刑罚处罚的对象原本只限于既遂犯。法律条文之所以规定预备犯、中止犯、未遂犯的刑罚，实际上是将既遂犯的刑罚扩张适用于上述未完成形态的犯罪的结果。参见蔡墩铭：《刑法总论》，台北，三民书局 1978 年版，第 210 页。

张原因说”名异实同，它们的失当之处：一是违反了个人责任原则，因为既然“可罚性借用”和“刑罚扩张”意味着“借用者”和“扩张”及于者本无可罚性可言即本无责任可言，那么为什么要把一个人的责任“分流”到另一个人的身上呢？二是违反法益保护宗旨，因为“可罚性借用”和“刑罚扩张”又意味着“借用者”和“扩张”及于者本无法益实害或法益危险可言，而当刑事处罚以保护法益为宗旨时，把刑罚“借用”或“扩张”到本无法益实害或法益危险的人身上，则不是与法益保护宗旨明显相悖吗？看来，还是要为共犯形态和未完成形态犯罪找到一个真正的或实质的刑事责任根据。而一旦找到了这个根据，便意味着修正的犯罪构成论的坍塌。但是，这个根据是修正的犯罪构成理论所找不到的，也是其不愿找的。

（三）未完成形态和共犯形态犯罪的犯罪构成的完整独立性

前文论述等于是以破为破，即从正面质疑修正的犯罪构成这一概念，而在这里，我们将以立为破，即从反面来论证修正的犯罪构成这一概念的不可靠性。我们认为，无论是未完成形态的犯罪，还是共犯形态的犯罪，都有其完整独立的犯罪构成，即其犯罪构成并非依赖于单独犯的既遂犯的犯罪构成而存在，更非后者的“修正”而形成。未完成形态犯罪和共犯形态犯罪的犯罪构成是完整独立的，根据何在？

其一，犯罪形态划分的逻辑根据。正如大家共知，完成形态的犯罪和未完成形态的犯罪是以犯罪作为划分对象，以行为是否全部实现构成要件（国外刑法理论）或犯罪客观方面（国内刑法理论）作为划分标准进行划分所得到的两个具有矛盾关系的逻辑子项。因此，犯罪是属概念，完成形态的犯罪和未完成形态的犯罪是两个种概念，且两个种概念之间是平行并列的矛盾关系，即两者之间不存在谁依附于谁的问题。正如意大利著名刑法学家杜里奥·帕多瓦尼说：“犯罪未遂显然是一种独立犯罪形态，不应与犯罪既遂的各种情节相提并论，尽管对犯罪未遂的量刑和各种情节一样，以犯罪既遂为基准裁量。由于行为未完成或结果未发生是犯罪未遂成立的前提，犯罪未遂是犯罪既遂的一种否定。它不仅不是犯罪既遂的一种特殊形式，而且与犯罪既遂干脆就不可能并存。”① 同理，单独犯形态的犯罪和共犯形态的犯罪也是以犯罪作为划分对象，以犯罪主体是否一人为划分标准进行划分所得到的两个逻辑子项，故单独犯形态的犯罪和共犯形态的犯罪（非单独犯形态的犯罪）也是平行并列的矛盾关系概念，两者之间也不存在谁附着于谁的问题。概念的逻辑划分说明了未完成形态的犯罪和共犯形态的犯罪有其独立的内在品格，这就为这两种形态的犯罪拥有完整独立的犯罪构成创设了逻辑根据，因为不仅概念是表达实存的，而且属概念的本质属性必为种概念所具有，具体言之，作为属概念的犯罪有其自身完整独立的犯罪构成，则作为种概念的各种形态的犯罪也必具有自身完整独立的犯罪构成。

其二，法益威胁或实害根据。立法者之所以在总则部分对未完成形态和共犯形态的犯罪作出构成条件和刑事处罚的规定，其根本原因在于，其认为此两种形态的犯罪与刑法分则规定的单独犯的既遂犯形态的犯罪同样侵犯了刑法所保护的利益即刑法法益。法益威胁或实害为未完成形态和共犯形态的犯罪拥有完整独立的犯罪构成创设了实质根据。

对于未完成形态的犯罪而言，无论是预备犯、未遂犯，还是中止犯，即使没有刑法法益之实害，也有刑法法益之危险，只不过法益危险有程度之别罢了。既然肯定犯罪客体即刑法法益已经遭受危险，则必须承认在实质上由犯罪主体、犯罪主观方面、犯罪客体和犯罪客观方面所组成的犯罪构成的有机整体已经存在了，因为犯罪客体不能脱离犯罪构成这个有机整体而独立存在。再换一种理解：当我们说预备行为、未遂行为和中止行为已经具有侵犯刑法法益之危险时，则等于说这些行为已经是犯罪即预备犯、未遂犯和中止犯；而当我们使用预备犯、未遂犯和中止犯这些概念时，就承认了一个前提，即预备行为、未遂行为和中止行为已经先在地符合了犯罪构成。当预备犯、未遂犯和中止犯只是以观念形态存在时，则它们的犯罪构成也是停留于观念形态；当预备犯，未遂犯和中止犯是个案中或现实形态的预备犯、未

① ［意］杜里奥·帕多瓦尼：《意大利刑法学原理》，陈忠林译，法律出版社 1998 年版，第 297 页。

遂犯和中止犯时，则它们的犯罪构成也就取得了现实形态。西方大陆刑法理论对犯罪未遂的处罚根据问题存在客观说与主观说之争：客观说主张，对犯罪未遂处罚的根据在于未遂行为的法益侵害之客观危险性，而主观说则主张此根据是与法敌对的侵害法益之主观意思。“但是，对未遂犯也必须考虑违法性与有责性两个方面。未遂犯的违法性决定了行为必须具有法益侵害的危险性，主观主义仅从危险的意思上找处罚根据，就轻视了未遂的违法性。另一方面，未遂犯的有责性也是必要的，仅从客观方面说明未遂的处罚根据，也是不妥当的。所以，当今各国的刑法对未遂的规定，实际上是主观主义与客观主义调和的产物。”① 上述客观说与主观说之争及两者的调和对我们把握未完成形态犯罪的犯罪构成不无启发：既然未完成形态的犯罪既有客观上的法益侵害之危险，又有主观上的法益侵害之意思，则未完成形态的犯罪在其自身便找到了处罚根据，并且这一根据是主客观相统一的根据。当未完成形态的犯罪有其自身的处罚根据而无须别处寻找时，我们便可说未完成形态的犯罪有其自身的犯罪构成，也无须别处寻找。

就共犯形态的犯罪而言，又应按狭义共犯包括组织犯、教唆犯、帮助犯和共同正犯分而论之。就狭义共犯的组织犯、教唆犯和帮助犯来说，组织犯通过组织他人实施犯罪来达到自身的犯罪目的或遂其自身的犯意，故无论从主观上还是客观上，其都有法益侵害之危险。当被组织者实施了被组织的罪行，则组织犯自身所潜在之法益侵害之危险也就变成了法益实害。教唆犯通过教唆行为使被教唆者产生犯意并在此基础上进一步实施犯罪，教唆者侵害法益之主观意思或目的和教唆行为侵害法益（尽管须通过实行行为而带有间接性）之客观危险都是真实存在的，并且当被教唆者犯被教唆之罪达于既遂时，则教唆行为之法益侵害之危险就变成了法益实害，教唆者法益侵害之主观意思或目的也就得到了实现。而帮助犯通过精神帮助使得被帮助者犯意更加坚决，通过有形帮助使被帮助者实施犯罪更加顺利，则帮助者法益侵害之主观意思或目的和帮助行为法益侵害之危险同样都是真实存在的，并且随着被帮助者行为之既遂，帮助行为便也取得了法益实害之

① 张明楷：《外国刑法纲要》，清华大学出版社1999年版，第257～258页。

形态，帮助者的法益侵害之主观意思或目的便也得到了实现。可见，客观违法性与主观可责性相结合的可罚性根据在教唆犯和帮助犯那里同样有其自身实存，故它们的犯罪构成便同样有其自身实存。就共同正犯来说，各正犯实施的是典型行为的一部分，各正犯行为的整合就是典型行为的有机整体。由于典型行为是直接侵害法益的行为，故当我们说教唆犯和帮助犯有自身实存的可罚性根据和自身实存的犯罪构成时，则共同正犯的自身实存的可罚性根据和自身实存的犯罪构成就更不用怀疑了。

针对共犯形态的犯罪，意大利刑法理论中有“多主体的构成要件论”，即“对这种多主体的犯罪构成来说，除了其他条件外，行为符合刑法分则规定的构成要件，同样是其成立的前提之一（不过，这并不意味着符合刑法分则规定构成要件的行为，必须是某一个共犯的行为）。这种多主体构成要件说的优点在于，它用来解释刑法中的共同犯罪制度的理论，与解释整个刑法制度的理论重新达到了协调一致程度。这样，在分析共同犯罪的成立条件时，就完全可以运用适用于所有犯罪的统一模式：将共同犯罪的构成也分为典型行为、客观违法性和罪过三部分。这里需要指出的是，多主体的构成要件说最初源于强调共犯行为统一性的理论，即认为共同犯罪人的行为侵害的都是同一法益的观点。直到今天，理论界仍有一部分人坚持认为，有多少种参与共同犯罪的行为，就应该有多少种多主体的犯罪构成，其中的每一种行为，都可以作为某一共同犯罪人承担不同于其他共同犯罪人的刑事责任的根据”。[①] 上述观点对我们把握共犯形态犯罪的犯罪构成极具启发意义：在共同犯罪的场合，只是犯罪主体由刑法分则设定的单独犯的一人扩充为二人以上，只是实行行为原由一人实施变为二人以上分担或共同加工。即便如此，在“多主体的构成要件”论看来，典型行为→客观违法性→罪过即构成要件符合性→违法性→有责性的犯罪成立体系在此场合仍然是完整无损的统一模式，这样，为何要怀疑国内四大要件的犯罪构成模式在此场合残缺或不完备而需要“修正”呢？而

① ［意］杜里奥·帕多瓦尼：《意大利刑法学原理》，陈忠林译，法律出版社 1998 年版，第 320 页。

在该理论中，“其中的每一种行为，都可以作为某一共同犯罪人承担不同于其他共同犯罪人的刑事责任的根据”。这一说法是否隐含着每个共犯行为都有其完整独立的犯罪构成这一主张呢？实际上，如果修正的犯罪构成这一概念是以构成要件不充足为逻辑前提的话，则修正的犯罪构成这一概念在共同正犯面前是最不能自圆其说的，因为共同正犯不论是从犯罪主体的数量上，还是从典型行为的实施程度和造成的法益侵害状况上，似乎不是不充足，而是充足有余。国外有将相当于未完成形态的行为规定为独立犯罪的立法例，如伪造货币预备罪、预备内乱罪，[1] 国外还有将相当于共犯的行为规定为独立犯罪的立法例，如帮助内乱罪。[2] 这些立法例对于我们把握未完成形态犯罪和共犯形态犯罪的犯罪构成的独立完整性也是颇有参考价值的。

（四）关于修正的犯罪构成概念的最终结论

无论是西方大陆法系的犯罪构成论体系，还是中国大陆传统的犯罪构成论体系，都要牵涉罪刑法定原则问题。而“当代的罪刑法定主义理念，已经将形式侧面（法律主义、禁止溯及既往、禁止类推解释、禁止绝对的不定刑与不定期刑）与实质侧面（刑法的明确性、禁止处罚不当罚的行为、禁止不均衡、残虐的刑罚）有机结合起来，从而使形式侧面与实质侧面成为贯彻罪刑法定原则的统一要求”。[3] 那么，以法益为逻辑起点，无论是坚持未完成形态的犯罪有其完整独立的犯罪构成，还是坚持共犯形态的犯罪有其完整独立的犯罪构成，都不妨说是在犯罪构成论体系上为求贯彻形式侧面与实质侧面相统一的罪刑法定主义的当代新理念，而修正的犯罪构成理论大有偏重罪刑法定原则的形式侧面而轻视乃至无视罪刑法定原则的实质侧面，从而有违背形式侧面与实质侧面相统一的罪刑法定主义之虞。

坚持未完成形态的犯罪和共犯形态的犯罪有其完整独立的犯罪构成，还必须回答这样一个提问：为什么刑事立法通常规定未完成形态的犯罪要“比照”完成形态的犯罪处罚，从犯要“比照”主犯（有时主犯为实行犯）处罚？我们认为，这个问题容易回答：首先，“比照”

---

① 参见张明楷：《外国刑法纲要》，清华大学出版社 1999 年版，第 698、741 页。
② 参见张明楷：《外国刑法纲要》，清华大学出版社 1999 年版，第 739 页。
③ 张明楷：《刑法的基本立场》，中国法制出版社 2002 年版，第 115 页。

处罚的规定在实质上便是“参照”规范，因为未完成形态的行为和从犯行为也有一个可罚性大小的问题，而可罚性大小需要比较，比较则产生“参照”之需，但“参照”不等于“依附”。因此，“比照”处罚的规定最多只能说明法律规范的从属性①，而不能说明未完成形态的行为和共犯行为便一定具有从属性，更不能说明未完成形态的行为和共犯行为的犯罪构成一定具有从属性。至此，对我们把握共同犯罪的犯罪构成极有启发意义的仍是意大利刑法理论中“多主体的构成要件论”，即“事实上，如果一定要说共犯行为具有‘从属性’的话，那么，这种从属性也不是共犯行为的从属性，而是处罚共犯行为的法律规范的从属性：适用有关共同犯罪的法律规定，必须以处罚单个主体的法律规范为前提，并以这种规范为基础来‘扩张’它所规定的典型行为。有关处罚单个主体的法律规范与共同犯罪的规定相互结合，产生了一种新的实际上包含‘多重主体的构成要件’（fattispecie plurisoggettiva eventuale）：例如，所有共同具有以非法占有他人动产为目的……的行为，都符合与刑法典第 624 条第 1 款的规定相结合而产生的盗窃罪共犯的构成要件”。② 再者，如何处罚问题相对于犯罪构成问题已是后位问题，则只能用犯罪构成问题说明如何处罚问题，如用加重构成说明加重处罚或用减轻构成说明减轻处罚，而不能用如何处罚问题来说明犯罪构成问题，更不能用处罚规定来“修正”犯罪构成。

至于“刑法总则就通过一定的条文使某些犯罪要件得以修正”，这似乎是对立法本意的主观揣度，因为刑法总则是立法者在先肯定犯罪预备等行为具备完整独立的犯罪构成而已经构成犯罪的前提下，才对其构成条件和量刑作出概括性规定。这怎么能说成是在“修正”它们的犯罪构成呢？当“四要件整合式”犯罪构成论体系确立之时，作为其中一要件的犯罪主体并未在观念上被先验地限定为一人，故二人以上的共犯主体本应包纳其中；而作为其中一要件的犯罪客观方面也并未在观念上被先验地限定为犯罪实行行为，更未被先验地限定为实行行为的既遂，故犯罪的预备行为、中止行为及实行行为的未遂本应包

① 我们认为，法律规范的从属性系取决于立法技术的考虑。

② ［意］杜里奥·帕多瓦尼：《意大利刑法原理》，陈忠林译，法律出版社 1998 年版，第 320 页。

纳其中。因此，四要件的犯罪构成模式确立之时，便适用于一切犯罪形态，这就是犯罪构成不应“修正”也不必“修正”的原因所在。张明楷教授说：“‘修正的构成要件’用语易使人误认为只有未遂犯、共犯的构成要件是‘正确的’构成要件。”① 在此可以说，修正的犯罪构成会使人误认为只有未完成形态犯罪和共犯形态犯罪的犯罪构成才是“完善的”，而单独犯的既遂犯的犯罪构成原本是和反而是“残缺的”。总之，未完成形态犯罪和共犯形态的犯罪有其完整独立的犯罪构成，并且是因为完整而独立，而修正的犯罪构成是一个拟制的形式概念，并无理论上的实质意义，故应予摒弃。这就是对所谓修正的犯罪构成概念最终所要下的结论。

由于犯罪构成问题最终还是定罪问题，故对所谓修正的犯罪构成问题的把握还得联系定罪。有人指出：“我们认为，修正的犯罪构成理论确有值得商榷之处，其采取的犯罪构成标准存在着逻辑上的漏洞……一个行为，根据基本的犯罪构成，可以判断其是否构成犯罪，从而可以得出构成犯罪和不构成犯罪两种情况，这是第一个层面上的判断；如果该行为在第一个层面上不构成犯罪，根据修正的犯罪构成，再判断其是否构成犯罪，从而也可以得出构成犯罪和不构成犯罪两种情况，这是第二个层面上的判断。在第一个层面上该行为如果构成，即构成既遂罪；在第二个层面上该行为如果构成，即构成未遂罪。从表面上看，按照修正的犯罪构成理论的定罪过程具有合理性和可操作性，但深入分析，就会发现其中不可调和的矛盾。首先，修正的犯罪构成理论中的两个犯罪构成标准处于定罪过程中的不同层面，用不同层面上的标准来界定罪与非罪本身就存在逻辑上的混乱。在第一层面上根据基本的犯罪构成已然形成行为人的行为不构成犯罪的判断，怎么还能用修正的犯罪构成理论得出该行为在第二个层面上构成犯罪？这显然不符合逻辑。其次，如果说基于刑法机能的扩张事由，在定罪过程的第二个层面上，修正的犯罪构成对基本的犯罪构成要件进行修正，从而扩大了犯罪的范围，那么，其犯罪构成要件的要求明显低于基本的犯罪构成，从犯罪构成标准的外延来看，修正的犯罪构成明显

① 张明楷：《刑法的基本立场》，中国法制出版社 2002 年版，第 222 页。

要大得多，如果按低标准来判断一个行为已经构成犯罪了，那么按高标准来判断，该行为必然构成犯罪，但未完成犯罪按照基本的犯罪构成标准来判断，显然是不构成犯罪的，这显然又是修正的犯罪构成理论逻辑上的一个漏洞。其实，造成修正的犯罪构成理论中逻辑混乱的根本原因在于，该理论在定罪过程中的第一个层面上，将犯罪既遂等同于犯罪构成。这种错误的恶等同，不可避免地带来犯罪范围的缩小，为了解决这一矛盾，又提出了修正的犯罪构成要件，从而导致构成要件的混乱。我们认为，判断罪与非罪的标准具有唯一性，一个犯罪只有也只能有一个犯罪构成，既遂罪和未完成的犯罪构成具有同一性，不可能由于犯罪形态的不同而出现不同的犯罪构成。在定罪的标准上，应当采取低标准的犯罪构成，在定罪过程中的第一个层面上就解决罪与非罪的标准，在解决了罪与非罪的标准后，才涉及犯罪形态的划分。"① 在某种意义上，我们可将定罪问题看成是刑法中的最重要的问题。那么，当论者所说的逻辑混乱，实质上就是定罪逻辑的混乱，而此混乱又直接事关犯罪构成论体系的人权保障机能和法益保护机能，则所谓修正的犯罪构成的问题的严重性便得以凸显。

正确解答所谓修正的犯罪构成问题，为犯罪构成论体系与犯罪形态关系的确定做好了铺垫或扫清了认识障碍。

二、犯罪构成论体系与犯罪形态之间关系的最终归结

无论是未完成形态的犯罪，还是狭义共犯形态的犯罪，它们都完备了齐全的犯罪构成要件，从而具有完备的犯罪构成，故犯罪构成的"修正"一说实属没有必要。只不过在未完成形态的犯罪那里，其犯罪构成在部分要件即犯罪客观方面上因行为没有实施彻底而不够"饱满"或"充足"而已；而在狭义共犯形态的犯罪那里，其犯罪构成在部分要件那里即犯罪客观方面上又因犯罪行为的协同需要而有所"扩展"而已。而在犯罪的罪数形态那里，犯罪构成论体系即犯罪构成体系或犯罪构成模式则发生着"复制"的问题，而这一点从相关立法例中可以看出一点"端倪"，如现行《葡萄牙刑法典》第 30 条第 1 款规定：

① 李晓明主编：《中国刑法原理》，法律出版社 2010 年版，第 343 ~ 344 页。

"罪数，应当根据实际实施的构成要件定型的个数或者根据行为人的行为符合同一构成要件定型的次数来确定。"该条第2款规定："数次实施同一构成要件定型或者大体上保护同一法益的不同构成要件定型，但实行的方式在本质上相同而且是在可以相当地减轻行为人责任的同一外在状况的诱发下实行的，只构成一个连续犯。"① 其中，所谓"构成要件定型"的背后是个罪的犯罪构成论体系之定型，而所谓"构成要件定型的个数"的背后便是个罪的犯罪构成论体系的"个数"。而当犯罪构成论体系具有"个数"的时候，则意味着犯罪构成论体系便可以发生着"复制"。再如，现行《墨西哥联邦刑法典》第7条第3款规定："Ⅰ. 在实现全部的构成要件的同时，犯罪即告完成并终了的，为即成犯。Ⅱ. 在实现全部的构成要件后，如果犯罪的完成在时间上仍有延续的，为继续犯或者接续犯。Ⅲ. 基于一个犯罪目的、实施数个行为、针对一个受害对象、触犯同一罪名的，为连续犯。"② 所谓"实现全部的构成要件"，意味着成就了一个完整的犯罪构成论体系，而完整的犯罪构成论体系可以"复制"出继续犯或者连续犯等。

对于所谓修正的犯罪构成，有学者指出："在我国的刑法理论通说中，具体说是在犯罪构成理论中，除有基本犯罪构成外，还有修正的犯罪构成，以及普通的犯罪构成与派生的犯罪构成、简单的犯罪构成与复杂的犯罪构成、叙述的犯罪构成与空白的犯罪构成、封闭的犯罪构成与开放的犯罪构成等。其中，修正的犯罪构成一直为我国刑法理论界所推崇（当然它最早来源于日本），因为没有它似乎无法解释有些犯罪形态（如犯罪未遂）的成立与认定。……但深入分析就会发现，一个犯罪应当是只有一个犯罪构成，又怎么能由于犯罪形态的不同而导致同一犯罪具有不同的犯罪构成呢？比如杀人罪，通常并不应当以将人杀死作为犯罪的必要构成条件，只要有杀人的行为即可认定为杀人罪成立，又何必去添加什么修正的构成要件呢？也就是说，杀人未遂与杀人既遂的构成要件是同一的。既然犯罪既遂的构成要件与犯罪未遂的构成要件具有同一性，因此我们不应当根据犯罪构成来区别犯

① 《葡萄牙刑法典》，陈志军译，中国人民公安大学出版社2010年版，第12页。

② 《墨西哥联邦刑法典》，陈志军译，中国人民公安大学出版社2010年版，第6页。

罪的既遂与未遂，或者根据犯罪形态（即犯罪既遂与犯罪未遂）来反推什么基本的犯罪构成要件与修正的犯罪构成要件，实质上二者完全可以没有任何关系。具体说，犯罪构成或犯罪成立（我们宁愿使用后者）应当以刑法总则与分则规定的具体定罪标准来确定，而犯罪形态应当以刑法总则与分则对具体犯罪形态所要求的行为要素和结果要素（包括刑法分则中个罪的具体罪状）为准来确定，从而到达科学区分犯罪构成或犯罪成立与犯罪形态，以及犯罪形态相互之间的具体要求与标准。因此，本书认为，犯罪构成或犯罪成立与犯罪形态之间实际上是可以没有任何关系的。"① 论者所言不无道理。而我们还可以这样看问题：犯罪形态是犯罪成立之后即行为具备完整的犯罪构成之后才产生的问题，故当我们讨论犯罪形态问题时，则等于肯定完整的犯罪构成已然存在了。这或许是对犯罪构成与犯罪形态没有关系的更加有力的说明。显然，这里所强调的犯罪构成或犯罪成立与犯罪形态没有关系，本意是指犯罪构成或犯罪成立与犯罪形态各有所指，各有所用，正如有学者指出："犯罪构成与犯罪形态是性质不同的两回事：犯罪构成所讲的都是行为成为犯罪所需要的法定事实条件，不涉及行为成立犯罪之后呈现何种状态的问题；而犯罪形态是指行为成为犯罪之后的状态；犯罪构成理论和犯罪形态理论前后相继、紧密相连，构成理论在先，形态理论在后，超出其范围就失去作用；研究犯罪构成理论是为了定罪，研究犯罪形态理论是为了量刑。"② 前述论断便道出了犯罪构成与犯罪形态的区别，而对此两者的区别，就未完成形态的犯罪与完成形态的犯罪，有人认为，未完成罪与既遂罪的区别在于符合犯罪构成的事实的区别；③ 有人认为，犯罪预备、未遂和既遂状态表明行为处于不同的进程之中，使得彼此相通的犯罪构成在具体内容上有所不同。犯罪预备、犯罪未遂和犯罪既遂一样，都是具备犯罪构成全部要件的，只是犯罪构成要件的具体内容不同而已。而犯罪构成要件的不

---

① 李晓明主编：《中国刑法基本原理》，法律出版社 2010 年版，第 233～235 页。

② 胡家贵、陈瑞兰：《关于犯罪形态的几个问题》，载《政法论坛》1997 年第 6 期。

③ 张明楷：《刑法学》（上），法律出版社 1997 年版，第 248 页。

同内容，也正是划分犯罪预备、犯罪未遂和犯罪既遂的根据；[①] 有人认为，未完成犯罪与既遂罪的犯罪构成要件均相同，区别仅在于犯罪构成要件的要素结构有所不同；[②] 有人认为，“犯罪事实不同说、犯罪构成内容不同说、犯罪构成要素不同说虽然从不同的角度阐述了未完成罪与既遂罪的区别，但从根本上来说，它们还是没有走出犯罪构成区别说的窠臼。未完成罪与既遂罪的犯罪事实、犯罪构成内容、犯罪构成要素不同，它们的犯罪构成能相同吗？这显然违背了犯罪构成唯一性的原则。我们认为，未完成罪与完成罪的区别与犯罪构成没有关系，而在于两者对行为要素与结果要素的要求不同”。[③] 犯罪构成与犯罪形态之间的区别肯定是有的，至于两者之间的区别是什么内容则是另外一回事。其实，前述关于犯罪构成与犯罪形态关系的论断都有道理，只是考察问题的深度不同，并可相互补充。

但在笔者看来，说犯罪构成或犯罪成立（体系）即犯罪构成论体系与犯罪形态没有任何关系可能也不尽妥当，因为毕竟犯罪构成或犯罪成立与犯罪形态都与犯罪有关。对此，有学者指出：“犯罪构成是由刑法总则与分则统一规定的，并不是分则规定了犯罪既遂的构成，总则规定预备、未遂与中止的构成；一个犯罪不可能有几个犯罪构成，将一个犯罪的构成要件分为犯罪预备的构成要件、犯罪未遂的构成要件、犯罪既遂的构成要件、犯罪中止的构成要件的做法，混淆了犯罪构成与犯罪形态的关系。”[④] “混淆”一词说明着犯罪构成与犯罪形态之间并非没有关系，而是不能将两者的关系混淆而已。

行文至此，我们对犯罪构成论体系与犯罪形态的关系要得出的结论是：犯罪构成论体系即犯罪构成体系或犯罪构成模式是犯罪形态包括犯罪的阶段形态、犯罪的共犯形态和犯罪的罪数形态的“筋骨”，而犯罪形态则是犯罪构成论体系的“载体”。所谓“筋骨”，是指任何一种类型的犯罪形态包括犯罪的阶段形态、犯罪的共犯形态和犯罪的罪数形态之中都内含着完备的犯罪构成论体系；所谓“载体”，是指任何

---

① 曾宪信等：《犯罪构成论》，武汉大学出版社 1988 年版，第 149 页。
② 肖中华：《犯罪构成及其关系论》，中国人民大学出版社 2000 年版，第 256 页。
③ 李晓明主编：《中国刑法基本原理》，法律出版社 2010 年版，第 233～235 页。
④ 肖中华：《犯罪构成及其关系论》，中国人民大学出版社 2000 年版，第 344 页。

一种类型的犯罪形态都是犯罪构成论体系的存在依托，并且在犯罪的阶段形态和犯罪的共犯形态那里，犯罪构成论体系分别是在形体上保持自身架构地有所“收缩”或“膨胀”，而在犯罪的罪数形态那里，犯罪构成论体系即犯罪构成体系或犯罪构成模式则是在同质或异质的罪行中进行自身“复制”而已。对于犯罪构成论体系与犯罪形态的“筋骨”与“载体”的关系的认识，我们只需立于这样一个命题就不会发生动摇：犯罪的阶段形态、共犯形态与罪数形态，都是以犯罪已经成立为前提的。犯罪既然已经成立，则犯罪构成论体系便已先于犯罪的阶段形态、共犯形态与罪数形态而“完整地”存在了，而随后的犯罪的阶段形态、共犯形态与罪数形态又不过是犯罪构成论体系的具体的、特殊的“事后”体现而已。这里需要予以强调的是，在犯罪的阶段形态和共犯形态那里，相对于单独犯的既遂犯，犯罪构成论体系所体现出来的是其自身的一般或标准与特殊的关系而非原则与例外的关系，而一般或标准与特殊的关系意味着犯罪构成论体系的基本架构是完整而没有缺损的。

三、关于犯罪构成论体系与犯罪形态之间关系的附带话语

之所以会有所谓修正的犯罪构成这一说法，乃是因为刑法理论有意将单独的既遂犯的犯罪构成定格为所谓基本的犯罪构成。而在概念的对应逻辑之下，“修正的犯罪构成是指刑法总则条文以基本的犯罪构成为基础并对之加以修正而就共犯、未遂犯等所规定的犯罪构成”。“根据这一分类，刑法分则规定的犯罪以单独的既遂犯为模式；基本犯罪构成是由分则性条文规定而不是由总则与分则的统一规定；分则先预设了‘完整’的犯罪构成，总则后来又取消了其中的部分要件。”①于是，有学者指出：“不过，将犯罪构成分为基本的犯罪构成与修正的犯罪构成，也不是没有疑问的。在我国，修正的犯罪构成概念似乎存在一种不该存在的‘但书’关系：成立故意杀人罪以发生死亡为要件，但是没有发生死亡结果的，也成立故意杀人罪。再如，‘修正的犯罪构成’概念容易使人误认为只有未遂犯、共犯的构成要件是‘正确的构

① 张明楷：《刑法学》（第3版），法律出版社2007年版，第104页。

成要件'；也容易使人通过对通常的犯罪构成理论进行修正来处理未遂与共犯理论；更没有说明未遂犯、共犯的性质与处罚根据。"① 而"这种分类尤其涉及犯罪构成是否以既遂为模式的问题。主张犯罪构成是犯罪成立条件的观点，将犯罪成立与犯罪的各种特殊形态（未遂犯、中止犯以及加重犯、减轻犯）相区别，认为犯罪的各种特殊形态的成立条件不是构成要件。主张犯罪构成以既遂为模式进而将犯罪构成区分为基本的犯罪构成与修正的犯罪构成的观点，将犯罪的各种特殊形态的成立条件也归入犯罪构成。例如，根据前者的观点，'死亡'不是故意杀人罪的构成要件，只是故意杀人既遂的成立条件；根据后者的观点，'死亡'是故意杀人罪的构成要件。果真如此，犯罪构成是否以既遂为模式，就不是一个真问题。换言之，上述不同观点不是在同一含义上使用了犯罪构成（或构成要件）概念，因而得出了不同结论。但应注意的是，在我国，故意杀人既遂与故意杀人未遂、中止，都成立相同的罪名。根据罪刑法定原则，故意杀人未遂也必须符合犯罪构成。在此意义上说，犯罪构成是成立犯罪的最低限度条件，而不是犯罪既遂的条件。另一方面，刑法理论也完全可以按照既遂模式研究犯罪构成，因为许多犯罪只有'既遂'才成立犯罪。但刑法理论以既遂为模式研究犯罪构成，并不意味着刑法规定的犯罪构成也以既遂为模式。所以，本书认为，与其使用基本的犯罪构成与修正的犯罪构成的概念，不如承认不同意义上的'犯罪构成'概念，即可以将犯罪构成分为犯罪成立条件意义上的犯罪构成与犯罪形态（广义）条件意义上的犯罪构成（以既遂为模式）；故意犯罪的特殊形态、共同犯罪研究的是狭义的犯罪形态条件意义上的犯罪构成"。② 前述对问题的分析及其所提出的解决方案或思路并非没有道理，但就学术研究需要遵循形式逻辑中的同一律而言，似乎还显得有所欠妥，因为犯罪构成论体系本来就是为着解决犯罪成立问题方应运而生，即其本来就有犯罪成立的特定意义。而现今，如果对犯罪构成论体系另立他义，则只能带来表述时给予定语强调的麻烦和累赘。其实，所谓"犯罪形态（广义）条

① 张明楷：《刑法学》（第3版），法律出版社2007年版，第104页。
② 张明楷：《刑法学》（第3版），法律出版社2007年版，第104～105页。

件意义上的犯罪构成”本是犯罪形态的下位问题，而犯罪构成论体系本是犯罪形态的“前位”问题，故我们似乎可以用“犯罪形态条件”或“犯罪形态构造”等概念予以概括并展开。

只有容纳了正当行为即正当化事由，且同时对各种类型的犯罪形态都有统摄力和解释力的犯罪构成理论体系，才有着旺盛的生命力和魅力，才能真正烘托出犯罪构成论体系在刑法学中的应有地位。

第七节　犯罪构成论体系与刑事诉讼法之间的关系

一、犯罪构成论体系与刑事诉讼的渊源关系

在我们以往的认识中，犯罪构成论体系是解答刑事实体法即刑法的问题的理论体系，而刑事诉讼法则是解答刑事程序问题，故犯罪构成论体系与刑事诉讼法似无关系可言。那么，问题究竟是怎样的呢？

比犯罪构成论体系低一个层次且作为犯罪构成论体系要件的东西是我们所熟知的犯罪构成要件，简称构成要件。犯罪构成论体系与刑事诉讼的渊源关系就是在此“构成要件”上。有人指出：“探寻犯罪构成理论，必先考究‘构成要件’术语。这一术语，源于西方学者对法律上犯罪成立条件的研究，经历了由诉讼法意义到实体法意义的过程。”① 但是，“构成要件”的诉讼法意义还要往前推。“从词语上考察，构成要件的词源可以追溯到 13 世纪，最初来自中世纪意大利纠问诉讼程序中所使用的‘犯罪确证’（Constare dedelicto）一词。这种纠问诉讼要经过两道程序：一般纠问和特别纠问。只有首先在一般纠问中能够确证有某种犯罪事实存在之后，亦即首先确证犯罪后，才能继而对特定的嫌疑人进行有目的的特别纠问。后来，大约在 1581 年，‘犯罪确证’一词又引申为‘犯罪事实’（Cor-pus delicti），意指按照刑事诉讼程序被证明的犯罪事实。‘犯罪事实’由意大利刑法学家法利那丘斯（Farinacics）首先采用，这个概念后来传到德国，适用于整个

① 张小虎：《大陆法系犯罪构成理论进程解析》，载《社会科学辑刊》2007 年第 3 期。

普通法时代。这里的‘犯罪事实’，作为诉讼法上的概念，仅指与特定的行为人没有联系的外部的客观犯罪事实的存在（罪体），如果不能根据严格的证据法则对这种客观的犯罪事实的存在进行确证，就不能进行特别纠问。犯罪事实的概念为实体法上犯罪构成理论的形成奠定了基础。1796 年，德国学者克莱因（E. F. Klein）首次把‘犯罪事实’（Corpus delicti）译成德语‘构成要件’（Tatbestand），但是其依然是诉讼法意义上的概念。”① “犯罪确证”把它自己的诉讼法或程序法意义直接传给了“构成要件”。如今，“构成要件”已经是一个完全的刑事实体法即犯罪构成论体系中的概念。但是，“构成要件”曾经具有的诉讼法意义即程序法意义不得不令我们去重视一个问题：今日的犯罪构成论体系应否重拾当初的程序法因素，而令自身成为一个刑事实体与刑事程序相结合，乃至体现“刑事一体化”的犯罪构成论体系或曰定罪模式？毕竟犯罪构成论体系的最初“源头”是在刑事诉讼法那里。

二、美国式犯罪构成论体系的诉讼法色彩

有人指出：“美国模式犯罪构成所蕴含的价值，不仅体现在以判例或制定法形式存在的实体性刑法原则、制度、规范里，还体现在犯罪司法认定的动态过程之中。”② 显然，所谓“犯罪司法认定的动态过程”意味着刑事程序性或显现刑事诉讼法色彩。美国模式的犯罪构成论体系的刑事程序性或刑诉法色彩是怎么得到体现的呢？“美国犯罪构成包含本体要件与责任充足要件两个部分。所谓‘本体要件’即实体性构成要件，是犯罪构成的基础要件。……是积极的犯罪构成要件；所谓‘责任充足要件’即各种合法辩护理由的排除，是程序性要件，体现了犯罪认定的动态特征。在刑事诉讼中，当控告方超越合理怀疑地证明基础要件具备时，犯罪并未真正成立。只有辩护方不能以优势证据证明‘符合基础构成要件的行为是正当的或可得宽恕的’这一条

① 张小虎：《大陆法系犯罪构成理论进程解析》，载《社会科学辑刊》2007 年第 3 期。

② 王静：《程序视角下美国犯罪构成的价值诉求》，载《学术交流》2011 年第 4 期。

件时，犯罪才能被最终确认。……美国将排除合法辩护这一程序性因素作为犯罪成立条件之一，形成实体与程序紧密结合的独特的犯罪构成模式。在这种构成模式以及依此展开的刑事诉讼中，程序性因素所蕴含的价值诉求必然成为刑法价值的重要内容。"① 所谓"证明"是刑事诉讼即刑事程序的当然术语。那么，美国模式的犯罪构成论体系便不可能是完全静态的犯罪构成论体系或犯罪成立模式或犯罪成立标准，而总是要在犯罪司法认定这种司法认知活动的动态性中与刑事程序性结缘并呈现出刑诉法色彩。

美国式的犯罪构成论体系中的程序性有着怎样的意义或价值呢？首先是公平正义价值。"公平正义是刑事司法活动的最高价值追求。而当事人在刑事诉讼中的地位平等则是保证刑事审判结果公正的必然要求。因而，平等在法律的价值体系中具有非常重要的意义。平等原则要求在刑事诉讼当事人之间平等地分配各项权利和义务。即刑事诉讼的程序性利益应在诉讼当事人间进行合理分配。举证责任是程序性利益的重要组成部分，对于举证责任进行合理分配，是诉讼结果公正的重要保证。"② 那么，"平等原则要求在刑事诉讼当事人之间平等地分配各项权利和义务"又意味着什么？其实，在美国模式的犯罪构成论体系中，作为犯罪成立积极要件的"本体要件"和作为犯罪成立消极要件的"责任充足要件"已经显示出"当事人主义"的端倪，而"当事人主义"是诉讼公平正义价值的直接的程序性或诉讼法色彩的体现。当然，当公平正义价值得到程序性或诉讼法色彩体现的时候，则公平正义价值包括人权价值往往也就获得了实体性的保障。显然，所谓的公平正义是犯罪构成论体系中的程序性的意义或价值所在。这样看来，无论是大陆法系的"三元递进式"犯罪构成论体系，还是来自苏联的中国大陆传统"四要件整合式"犯罪构成论体系，因没有程序性因素的介入，故其在司法价值上总是要显得有所缺失。

美国式的犯罪构成论体系中的程序性除了公平正义价值，还另有

---

① 王静：《程序视角下美国犯罪构成的价值诉求》，载《学术交流》2011 年第 4 期。

② 王静：《程序视角下美国犯罪构成的价值诉求》，载《学术交流》2011 年第 4 期。

价值吗？有人指出，无论刑法还是刑事诉讼法，“其本身既是公正与功利的混合载体，同时又是实现公正与功利的一种综合性的途径和工具”。[①] 而“从公平与效率（也即公正与功利）的关系方面看，虽然公平正义是人类法律活动的最高价值追求，但在以发展经济为重要目标的现代社会，法律所承载的以公平和正义为核心的传统价值体系中，必然要加入经济运行的功利性要求的因素，因而效率也就成为现代法律的重要价值目标之一。……就美国现行刑事司法制度而言，其鲜明的特点表现在：在追求公正的基础上，注重刑事诉讼效率，具有强烈的功利色彩。而效率价值难以由刑事实体法直接规定，通常需要经由刑事程序法的运行而得以实现”。[②] 那就是说，美国式的犯罪构成论体系还另有效率价值，而其效率价值是通过在控诉方和辩护方之间分配证明责任得以体现的，因为由双方来分担证明责任显然比让一方独担证明责任能使问题解决得更快一些且更妥当一些。有待完善甚或重构的适合于中国大陆的犯罪构成论体系能讲求效率性吗？又如何讲求效率呢？因为效率性有时会侵蚀公平性或正义性，我们似乎又不能无视效率性。

三、犯罪构成论体系应是诉讼性的理论体系

犯罪构成论体系中的“构成”一词本来就表明一种从无到有的刑事认知过程，而其中的“体系”一词同样表明步骤等程式化的过程。那么，旨在解答定罪问题的犯罪构成论体系似乎应天然地具有诉讼法的属性或成分或色彩。美国式的犯罪构成论体系是在其内部赋予诉讼法的属性或成分或色彩的，而大陆法系和来自苏联的中国大陆传统的犯罪构成论体系却没有在体系内部做到这一点。难道美国式的犯罪构成论体系真的也体现了“简便实用”的功利主义思维？但无论如何，若是立于“刑事一体化”，则将犯罪构成论体系建构成具有刑诉法属性或成分或色彩的理论体系，似乎应是犯罪构成论体系发展的一个前景。

---

① 汪明亮：《论刑事法的公正、功利价值》，载《铁道警官高等专科学校学报》2004 年第 1 期。

② 王静：《程序视角下美国犯罪构成的价值诉求》，载《学术交流》2011 年第 4 期。

犯罪构成论体系的诉讼性或诉讼化，或许应是犯罪构成论体系走出刑法学的“禁锢”而在“刑事一体化”领域应作出的，能够担负起法治使命的一次“扩张”。

从犯罪构成论体系与刑法典的关系到犯罪构成论体系与罪刑法定的关系，经由犯罪构成论体系与犯罪概念、刑事违法性、正当行为即正当化事由和犯罪形态的关系，最后再到犯罪构成论体系与刑事诉讼法的关系，大体呈现出问题研究的层层相因与步步深入，而犯罪构成论体系的过去、现在与将来即其实然与应然也便得到了同样是层层相因与步步深入的展示。

第三章　犯罪构成的评判标准

当前，我国犯罪构成理论研究出现这样的倾向，即针对传统犯罪构成论体系本身，或从消极方面反思其缺陷并试图“推倒重来”，或从积极方面论证其合理性并固守已有的理论框架。这种争辩无疑陷入了所谓的追求结构合理主义的泥泞中，导致理论界“有可能连篇累牍地充满了‘争论’，但是毫无结果，至多磨快了自己的武器，各抒己见”。[①] 就犯罪构成理论而言，学术上存在争议固然是必要的，但不应以己之长斥别人之短，而应跳出就事论事的框框，从犯罪构成的基本属性出发揭示其本质特征，这样才能科学判断优劣得失。

第一节　犯罪构成：事实之维与价值之度

近年来，部分学者在诠释犯罪构成特征时，认为犯罪是一种价值事实，属于价值判断，犯罪构成是立法者、司法者的价值判断。例如有学者认为，“犯罪作为主体性事实的存在，总是与具体主体紧密联系在一起，离开主体，离开主体的评价，何为罪、何为非罪是无从谈起的。可以说，犯罪是一种主体‘自认为’的事实。该主体认为某种行为是犯罪，则该主体‘认为’的犯罪，与其他主体如何认为无关，其他主体的不同认识既不影响该主体的‘认为’，也不影响该主体按照自己的意愿对该犯罪的处理”。[②] 有学者认为，价值判断当属我国犯罪构

① ［德］卢曼：《社会的法律》，郑伊倩译，人民出版社 2009 年版，第 3 页。

② 王牧：《犯罪概念：刑法之内与刑法之外》，载《法学研究》2007 年第 2 期。

成符合性判断的灵魂：在立法层面，犯罪构成要件是立法者所作的价值判断，在司法层面，犯罪构成符合性判断是裁判者所作的价值判断，可以说价值判断是整个刑法问题的核心。① 甚至有学者指出，“我国的犯罪概念和犯罪构成理论必须改革，必须按照‘犯罪是价值判断’的原本属性来给犯罪下定义，必须按评价规则来建立司法评价犯罪体系”。② 笔者认为，上述观点存在唯价值论倾向，其忽视或者否认了犯罪（构成）的事实特征，具有片面性。

在中外哲学史上，早先对事实与价值并无清晰认识。随着认知能力的提高，人们开始正视客观世界的存在，这种初级、朴素的世界观，促成了对事实与价值的模糊认识。在西方，“哲学家们大多持‘自然主义’立场，认为价值的特性就是自然的特性。他们没有注意到事实与价值的区别，至少没有使之得以突出”。③ 中国古代哲学中的天命论等，是典型的事实与价值模糊论。例如，“天尊地卑”即表达“天在上方，地在下方”这种客观事实（在古汉语中，天有高的意思，卑有低的意思），更表达此判断者的主观价值倾向：天比地高贵。儒家哲学中的很多命理都像“天尊地卑”那样，既表达事实，同时又更是表达价值，事实与价值浑然不分。④ 在西方哲学中，最初提出事实与价值分离的依据，是英国哲学家休谟的经典名言：“在我所遇到的每一个道德学体系中，我一向注意到，作者在一个时期中是照平常的推理方式进行的，确定了上帝的存在，或是对人事作了一番议论；可是突然之间，我却大吃一惊地发现，我所遇到的不再是命题中通常的‘是’与‘不是’等连词，而是没有一个命题不是由一个‘应该’或一个‘不应该’联系起来的。这个变化虽是不知不觉的，却是有极其重大的关系的。”⑤ 在休谟看来，“心灵所接受的无非是影像或知觉。人不能证明知觉是外

---

① 参见齐文远、苏彩霞：《犯罪构成符合性判断的价值属性辩正》，载《法律科学（西北政法学院学报）》2008 年第 1 期。

② 邵维国：《犯罪论体系——司法评价犯罪的标准、步骤和方法》，中国法制出版社 2010 年版，第 27、28 页。

③ 江畅：《现代西方哲学中事实与价值分离的来龙去脉》，载《湖北大学学报（哲学社会科学版）》1992 年第 1 期。

④ 参见周炽成：《事实与价值的混同——张载哲学新议》，载《中国哲学史》1994 年第 5 期。

⑤ ［英］休谟：《人性论》，关文运译，商务印书馆 1980 年版，第 509 页。

在的东西所引起的，这种东西尽管类似知觉（如果可能的话），却和知觉完全不同。在这里，经验无能为力，因为人心所感受的只是知觉”。[①] 休谟分割事实与价值的二元论，得到了部分学者的赞同。如穆尔认为，事实世界不会自行产生任何价值，事实就是事实，价值就是价值，一旦想从事实中推论出价值，就会犯自然主义的错误。[②] 但是，也有许多学者对二元论提出质疑，认为价值不可能脱离事实独自存在，价值评价并非把事实单纯地记录一番，也不是将情况具体描述一下，而是以事实为基础进行评判，并根据实际情况及其变化作出回应，是对事实的辩证扬弃，这就是所谓的一元论。如黑格尔认为，“对象最初以其直接性而出现在我们之前，思维扬弃了它的直接性，这样就把它造成为建立起来之有；但它的这个建立起来之有，就是它的自在自为之有，或说它的客观性。所以，对象是在概念中而具有这种客观性的，而概念就是自我意识的统一，对象就是被纳入这个统一之中的”；[③] 鲍伊认为，“所谓事实—价值二分法的这种说法千万要不得。硬说事实领域与价值领域之间有天壤之别，互不相干，这是不符合实际的”。[④]

一元论与二元论之争，对法学产生了直接影响。如韦伯在论述事实与规范的关系时，就主张事实与价值分立。韦伯认为，各种实际的价值判断，尤其是伦理判断可以要求哪些不同程度的规范等级，这是价值哲学的问题，而不是经验科学的方法论问题。后者所重视的只是，作为规范的实际绝对命令的有效性和经验事实命题的真理有效性，这两者分属绝对不同的领域。[⑤] 川岛武宜则认为，价值判断的主体性活动与客观性是不可分割的。“对于判断主体来说，价值判断这种行为是一种以价值的优先选择为媒介的、具有高度主观性的活动，价值判断内容的客观性只与依相同的社会价值获得行为动机的人们的范围大小相

---

① ［美］梯利：《西方哲学史》，伍德增补，葛力译，商务印书馆 2015 年版，第 231 页。

② 参见袁贵仁：《价值学引论》，北京师范大学出版社 1991 年版，第 36 页。

③ ［德］黑格尔：《逻辑学》，杨一之译，商务印书馆 2009 年版，第 337 ~ 338 页。

④ ［美］N. E. 鲍伊：《价值在科学领域中的地位》，载中国社会科学院哲学研究所辩证法研究室、情报研究所三室编：《第十六届世界哲学会议论文集》，中国社会科学文献出版社 1984 年版，第 146 页。

⑤ 参见［德］马克斯·韦伯：《社会科学方法论》，韩水法译，中央编译出版社 2008 年版，第 147 页。

应——只在社会中的一定范围内的人们之间通用。……总之，法律价值判断不只是判断主体的主观意见，因此法律解释的争议亦不仅仅是‘见解的不同’。”[①] 阿列克西也认为主观理由是与客观理由结合在一起的。“由此主观化的界限被阐明了。它位于主观基本权利理由终结之处。当客观理由与非基本权利性质的主观理由一起，要求有比个人的基本权利自身更多的东西时，主观权利就不再能主张更多的东西了。”[②]

刑法学界有关事实与价值关系的讨论并不深入。在论及犯罪构成的事实属性时，人们多半将之与犯罪构成的规范性、理论性相提并论：有人认为犯罪构成只能是规范的；[③] 有人认为犯罪构成是理论概念；[④] 有人认为犯罪构成是事实的；[⑤] 有人认为犯罪构成具有法律与理论双重特征；[⑥] 还有人认为犯罪构成既是事实的、法律的又是理论的。[⑦] 客观地说，将犯罪构成的事实属性与法定性、理论性混在一起，并不恰当。法定的犯罪构成体现的是立法者对行为成立犯罪的态度和抉择，理论的犯罪构成则是理论工作者对行为成立犯罪的理解和诠释，两者均不能脱离犯罪构成事实。因此，犯罪构成事实属性与法定性、理论性并非同一范畴，不应混为一谈。

在犯罪构成中，事实判断属于实然，即某一行为怎样；价值评价则属于应然，即某一行为在刑法上应当怎样。由于应然是在实然基础上进行的价值评判，故人们很容易根据最终的应然评价去认识某一事物，乃至常常夸大主观认识的作用，导致唯价值论，忽视甚至否定事实判断在犯罪构成中的作用和地位。“由此便产生了一种错觉，好像法

---

① ［日］川岛武宜：《现代化与法》，王志安等译，中国政法大学出版社2004年版，第244～245页。

② ［德］罗伯特·阿列克西：《法·理性·商谈：法哲学研究》，朱光、雷磊译，中国法制出版社2011年版，第281～282页。

③ 参见肖中华：《我国刑法中犯罪构成概念的再探讨——为犯罪构成“法定说”所作的论证》，载《法学评论》1999年第5期。

④ 参见高铭暄主编：《新中国刑法科学简史》，中国人民公安大学出版社1993年版，第84页。

⑤ 参见［苏联］扎戈罗德尼科夫、斯特鲁奇科夫：《苏联刑法的研究方向》，王长国译，载《国外法学》1982年第1期。

⑥ 参见冯亚东、胡东飞：《犯罪构成模型论》，载《法学研究》2004年第1期。

⑦ 参见樊凤林主编：《犯罪构成论》，法律出版社1987年版，第4页。

律是以意志为基础的，而且是以脱离现实基础的自由意志为基础的。”[①]笔者认为，无论是犯罪还是犯罪构成，均包含事实因素与价值因素，是事实判断与价值评价的有机统一。恩格斯在驳斥休谟和康德等人否认认识世界的可能性或者至少是否认彻底认识世界的可能性时，就指出客观世界与人的认识活动之间辩证统一的关系：“辩证法就归结为关于外部世界和人类思维的运动的一般规律的科学，这两个系列的规律在本质上是同一的，但是在表现上是不同的，这是因为人的头脑可以自觉地应用这些规律，而在自然界中这些规律是不自觉地、以外部必然性的形式、在无穷无尽的表面的偶然性中为自己开辟道路的，而且到现在为止在人类历史上多半也是如此。”[②] 前述观点将犯罪构成理解成价值判断，忽视、淡化犯罪构成的客观基础，令人费解。犯罪作为客观世界的行为事实，是主体评价的对象，需要借助主体评价才能进入规范视野。但是，主体评价并不能抹杀对象的客观性，否则就有泛价值论倾向，有违唯物辩证法原理。“犯罪存在论是以行为决定论为基础，那么，犯罪价值论就是以意志自由论为前提的。犯罪存在论着眼于对客观存在的犯罪现象的描述性分析；而犯罪价值论则立足于对犯罪人及其犯罪行为的价值性判断。”[③]

综上所述，在犯罪构成这个立体型的犯罪评价体系中，事实判断是对外界客观行为的实然认识。某一行为是否构成犯罪，有其发生、发展的自然规律，具有不以人的主观评价为转移的客观必然性。这就要求立法者必须认真对待犯罪化，而不能肆意妄为。价值评价是主体对客观事实的应然判断。现实生活中，实然的行为事实是复杂多样的，即使同一性质的行为也不一定是雷同的。如何在刑法上评价形形色色的行为事实，确保行为入罪与出罪的公正与合理，受制于立法者的价值观念以及刑事法治国理念。价值评价作为犯罪构成的必备要素，要求立法者、司法者必须慎重考虑行为怎样入罪，避免随性擅断。事实判断是价值评价的前提和基础。正如贝林在谈到作为事实判断的构成要件时所言：“法定构成要件就被证实为刑法的根源概念，其他刑法概

① 《马克思恩格斯选集》（第4卷），人民出版社1972年版，第69～70页。
② 《马克思恩格斯选集》（第4卷），人民出版社1972年版，第239页。
③ 陈兴良：《走向哲学的刑法学》，法律出版社1999年版，第342页。

念无一例外地都发源于这一概念，没有它，其他概念根本就不能得出确定的、最终有效的刑法性结论。”① 价值评价是事实判断的发展与升华。如果说事实判断为犯罪构成确定了基本行为类型，从而奠定了犯罪构成这座“大厦”的地基的话，那么价值评价则是对基本的行为类型进行具体打磨、精雕细琢，从而使犯罪构成这座“大厦”风格迥异、活泼灵动，适应犯罪认定的不同需要。事实判断是犯罪构成之维，② 价值评价是犯罪构成之度，③ 两者各具独特的意蕴，协调统一地发挥行为出入罪的认定功能。

第二节　犯罪构成的事实判断

一、犯罪构成事实的客观性

群体或社会是由不同个体组成的。在群体或社会形成之前，个体经验中的客观现象是纯粹事实，无所谓善恶美丑之分。个体迫于生存的压力，他首先会考虑自己的需要和满足，尽管其他个体介入使情况变得更复杂。“个体不顾及其他诸个体的需要和利益，来决定什么是他的需要和利益；也就是说，他只认识从他的图式推论出的快与不快。”④ 不同的个体需要在针对同一利益时必然发生冲突，于是就有竞抢、掠取、杀戮等事实发生。当人类社会进入群居生活后，竞抢掠取、杀戮伤害等成为常态，个体随时都会有生存危机，这就需要个体依规则行

① ［德］恩施特·贝林：《构成要件理论》，王安异译，中国人民公安大学出版社2006年版，第12页。

② 维，说文解字曰车盖维也，“也比喻一切事物赖以固定的东西”。参见夏征农主编：《辞海》，上海辞书出版社1990年版，第1329页。维有“大纲、准则”之意，亦指几何学和空间理论称每个构成空间的因素（如长、宽、高）为一维。参见胡裕树主编：《新编古今汉语大辞典》，上海辞书出版社1995年版，第686页。

③ 度，说文解字曰法制也，是“一定事物保持自己的质的稳定性的数量界限”。参见夏征农主编：《辞海》，上海辞书出版社1990年版，第962页。度有程度、限度、界限之意，亦指根据一定标准确立的计量事物的单位。参见胡裕树主编：《新编古今汉语大辞典》，上海辞书出版社1995年版，第501页。

④ ［德］京特·雅科布斯：《规范·人格体·社会》，冯军译，法律出版社2001年版，第6页。

事，不能肆意侵害他人利益，以迎合群体生存发展要求。伴随智识增长，这些规则由无意识的习惯慢慢发展成为明确的习俗，进而完善为法律。“离群索居的人们被连续的战争弄得筋疲力尽，也无力享受那种由于朝不保夕而变得空有其名的自由，法律就是把这些人联合成社会的条件。”① 可见，是人的基本需要、欲求催生了各种社会关系，催生了犯罪与刑法。“这种基本的欲求是与人类各个不同的发展阶段相适应的，它形成和发展了各种不同的生产关系，进而为了追求阶级利益而产生、制定了法律，包括刑法在内。”②

人的需要与欲求并非随心所欲的，而是受制于客观现实。就将何种行为确定为犯罪而言，有其内在规律和必然性，这在规范出现之前已经露出端绪。“人生存于其间的文化传统，乃是由一系列惯例或行为规则之复合体构成的：这些惯例或行为规则之所以胜出并得以盛行，是因为它们使一些人获得成功；但是需要指出的是，它们之所以在最初被人们所采纳，并不是因为人们先已知道了它们会产生它们所欲求的结果。一如我们所知，人先行而后思，而不是先懂而后行。”③ 诸如杀人、抢劫、强奸等犯罪，人们对之认识是先有危害事实继而产生价值评价，然后通过法律等形式体现这种价值评价，而不是先有价值评价。以性犯罪为例，早先人们的性行为比较随意，在血亲婚配尚未发现之前，父母和子女之间的性交关系所引起的憎恶，并不大于其他不同辈的人们之间的性交关系。④ 直到以血缘关系为枢纽的家庭确立后，为了维护部族利益，氏族内的婚姻以及性行为遭到严厉禁止，因为不加节制的性行为会破坏氏族的血缘关系，影响氏族内部安定。“一旦发生同母所生的子女之间不许有性交关系的观念，这种观念就一定要影响到旧家庭公社的分裂和新家庭公社的建立（这种新的家庭公社这时

① ［意］贝卡利亚：《论犯罪与刑罚》，黄风译，中国大百科全书出版社 1993 年版，第 8 页。

② ［日］西原春夫：《刑法的根基与哲学》，顾肖荣等译，法律出版社 2004 年版，第 86 ~ 87 页。

③ ［英］弗里德利希·冯·哈耶克：《法律、立法与自由》，邓正来等译，中国大百科全书出版社 2000 年版，第 16 页。

④ 参见《马克思恩格斯选集》（第 4 卷），人民出版社 1972 年版，第 31 页。

不一定要同家族集团相一致）。”[①] 换句话说，乱伦等性犯罪首先是社会发展到一定阶段的历史产物，而不是人们自由选择的结果。正因如此，李斯特才认为“我们有理由将刑罚视为最原始的、本来的历史事实”。[②] 犯罪构成的事实属性，要求人们在制定刑法时，首先要正视行为入罪的客观性，避免肆意的主观抉择。那种认为好与坏、善与恶甚至“杀人”是否构成犯罪取决于主体价值评价的观点，是不客观的。

总之，刑法与犯罪本质上都源自一定的客观事实，有其存在的客观规律性，并非完全取决于主体的价值评价。作为对行为成立犯罪加以评判的犯罪构成，也不可能只是立法者、法官肆意决定、专断的结果，它首先是客观事实的规律性体现，是源于客观世界的实然。

二、犯罪构成事实的内容

行为及其结果等客观事实，一直以来都是犯罪构成事实的基本内容。在人类社会早期，认定犯罪的唯一标准是客观事实，人之外的动物、植物或者其他物品等都可以成为犯罪主体。后来，人们逐渐发现纯粹根据客观事实论罪有时没有实质意义，不得不将惩罚的目光聚集在同类身上。人的行为、结果及相关要素便成了犯罪最核心的事实要素。早期的法典只是对行为状态及其后果做些较为单一的、纯粹的描述。例如公元前15世纪的《赫梯法典》第11条规定：“假如任何人折坏自由人的手或足，则他应给他二十玻鲁舍客勒银子，同时用自己的房屋担保。”[③] 这里对于折坏手或足主观上系故意、过失还是意外，并无限制。又如，据《周礼·秋官·司刺》记载：“三刺、三宥、三赦之法，以赞司寇听狱讼。……壹赦曰幼弱，再赦曰老旄，三赦曰蠢愚。”对幼弱之人定罪以赦，体现的是客观归罪原则。后来，出于阶级社会威权统治的需要，统治者试图在客观事实之外寻求可罚的理由，这便是与行为及结果等密切关联的行为心素，即主观事实。与客观论罪一样，历史上一度也出现过主观论罪，如我国汉代的原心论罪便是如此。

① 《马克思恩格斯选集》（第4卷），人民出版社1972年版，第34页。

② ［德］弗兰茨·冯·李斯特：《德国刑法教科书》，徐久生译，法律出版社2000年版，第29页。

③ 《外国法制史资料选编》（上册），北京大学出版社1982年版，第72页。

"'春秋决狱'强调法官对行为人的真实动机和目的进行深入慎重的探究，叫作'原心论罪'，这是对秦汉法律中'客观归罪'精神的否定。"① 一般认为，人类对行为心素的认识是从过失开始的。早先人们生存压力很大，个体脱离群体独立生存的可能性几乎为零，故大家会自觉维护群体利益，刻意危害群体利益的现象基本上不可能发生。正如《礼记·礼运》所言："是故谋闭而不兴，盗窃乱贼而不作，故外户而不闭，是谓大同。"不过，"在'群自我'的制度下，个体故意违背群的意志，破坏'群自我'的一致性行为大抵很难发生，但没有任何个体能保证自己的行为在过失的情形下，违背了'群自我'的禁忌，破坏了'群自我'的一致性。"② 随着物质逐渐丰富，人们开始有了私欲和杂念，这样便出现了明知故犯。"人们借助于一些典型的特征，很早以前就开始区分故意行为和过失行为。"③

故意与过失成为犯罪构成的组成部分，经历了一个漫长的历史过程。对此，蔡枢衡先生将之分为以下三个阶段：一是结果责任时代。即在人类社会最初阶段，人们并不区分行为结果与偶然现象，不问犯人对犯罪事实的认识，无论精神正常与年龄大小，只知按行为及行为后继起的现象衡量犯人责任。二是道德责任阶段。即人们逐渐了解行为和结果在时间上是继起关系，但在内容上和偶然现象纯属两回事，这样便有了因果关系的概念。同时，逐渐了解到犯罪主观上对行为和结果存在知与不知、故意和过失、认识正确或误解的差异，这样便有了犯意责任原则的萌芽。三是社会责任论。即建立了以处罚精神正常的成年人的故意为原则而以过失为例外的政策，对精神病人及未成年人不予处罚。又因其行为在道德上虽无可非难，但不利于维持社会秩序和统治者利益，制度上便出现了和刑罚并行的保安处分制度，这便是社会责任论。④ 由结果责任发展到社会责任，表明人类社会对犯罪的认识，由纯粹依照客观事实定罪，发展到结合客观事实与主观事实加

---

① 武树臣：《中国法律思想史》，法律出版社2004年版，第205页。

② 江山：《中国法理念》，中国政法大学出版社2005年版，第183页。

③ 参见［德］汉斯·海因里希·耶赛克、托马斯·魏根特：《德国刑法教科书》（总论），徐久生译，中国法制出版社2001年版，第113页。

④ 参见蔡枢衡：《中国刑法史》，中国法制出版社2005年版，第173～174页。

以定罪。对无罪过行为以及幼弱、精神病人犯罪的不处罚，体现出人们对犯罪的认识逐步走向成熟。处罚无犯罪意图、幼弱以及精神病人的行为，与处罚动植物的危害活动在本质上并无区别，不可能达到处罚效果。行为心素（故意与过失）本来就是行为不可分割的一部分，“只有在一定的意思支配下的举动，才能称之为人的行为”。[①] 不体现心理态度的行为，与自然变化、动植物活动没有实质区别。

需要注意的是，作为构成犯罪事实要素的行为心素，只是一种纯粹的主观心理态度，亦即作为纯粹因果关系之“因”的心理态度。由于行为心素与行为、行为的时间、地点以及结果等一样，是不以人的意志为转移的客观存在，是人的行为之所以有别于与自然灾害、动植物活动等的重要依据，所以很多时候被人们认定为行为的附随要素。“每一个任意行为都是意志活动，也就是说，每一个行为都是由人的思想所决定的，与机械的或生理上的强制无关。意志活动可以存在于任意的作为或不作为之中。因此，在痉挛状态下损坏他人财物，因昏厥而使其履行义务受阻，因绝对的不可抗力而迫使其主动地或被动地行为的，均不适用（刑法概念上的）行为。这里所要求的意志与‘意志自由’毫无关系。”[②] 至于什么人、在什么状态下心理态度才能确定为犯罪的心理态度，即在何种情形下被认为具有刑法上的自由意志，则属于价值评价的范畴。正是基于这一点，美国刑法理论通常认为犯罪形态包含两层含义：规范内容（评价因素）和心理因素。[③] 后者显然是缺乏价值评价的事实因素。

三、犯罪构成事实判断的功能

如上所述，犯罪构成事实包括行为客观事实与主观事实，相应地犯罪构成事实判断便包括客观判断与主观判断。客观判断是指对行为、行为结果以及行为实施的各种客观条件等的判断。主观判断则是对人

---

① 陈兴良：《刑法哲学》，中国政法大学出版社 1997 年版，第 67 页。

② ［德］弗兰茨·冯·李斯特：《德国刑法教科书》，徐久生译，法律出版社 2000 年版，第 176 ~ 177 页。

③ 参见储槐植：《美国双层次犯罪构成模式的构造与刑法价值》，载梁根林主编：《犯罪论体系》，北京大学出版社 2007 年版，第 155 页。

的主观心理态度的判断，即是否存在不可抗力、意外事件等有关意识或意志有无的判断。犯罪构成事实判断通过将行为类型化，有利于贯彻罪刑法定原则与实现刑法的人权保障机能。

人类的行为复杂多样，不同的人对不同的行为事实有着不同的理解。如何将“犯罪”从各种行为中筛选、过滤出来，纳入刑法加以具体评价，并非一件容易的事。通过对行为及其诸事实因素加以判断，能够将符合犯罪事实特征的行为纳入刑法评价之列，将不符合犯罪事实特征的行为排除在犯罪评价之外；同时，鉴于纳入刑法评价之列的行为形形色色、不一雷同，概括、含混的评价是不利于实现刑法目的的，因而有必要对纳入刑法评价之列的行为进行区别、界定，确定它们之间的差异并加以归类，这便是犯罪构成事实的类型化。例如，通奸和强奸均以发生性关系为目标，它们之间的区别并非取决于女性形式上有无反抗，而在于实质上是否违背女性意愿。通过违背女性意愿发生性关系这一事实，就能将强奸从通奸、非法同居等众多发生性关系的行为中过滤出来，进而上升到刑法评价的层面。犯罪构成事实的类型化首先是将刑法上的行为适格化，即将符合刑法分则的行为类型挑选出来。“从行为理论仅为确立刑法上行为适格的观点加以省察，因果行为概念不失为一个值得肯定的见解，毕竟行为理论所涉及者，并非评价问题，也非确认故意行为或过失行为问题，而仅在确认何种人类行止，始具有接受刑法评价的资格而已。”① 在适格化的基础上，再对不同行为进行分类。例如，同样是纳入刑法评价的对他人身体加以伤害的行为，伤害与杀人就有所不同。如果将伤害与杀人作为同一行为类型，会抹杀两者的本质差异，损害刑法公正，纵容杀人行为的发生。因此，有必要将伤害与杀人分别类型化，以示两者之间的差异。又如，损害听觉的行为虽然在形式上不同于刺伤肢体的行为，但本质上仍属于伤害他人身体健康的行为，为了不至于被行为表面的差异所迷惑，需要将不同的伤害行为纳入伤害罪中予以类型化判断。犯罪构成事实的类型化判断为进一步进行价值评价奠定了基础。“对立法者而言，犯罪类型之规定并不是简单的意气用事。他们根据其个人喜好进

① 柯耀程：《变动中的刑法思想》，中国政法大学出版社 2003 年版，第 7 页。

行着一种评价，而且是双重评价：按照是否与刑罚一致而对有责的不法进行分门别类；在一个类型性范围内根据类型的特征而进一步划分不同的价值等级。犯罪类型是规范性指示，与不法和有责一样是规范性的，且存在于不法、有责之中。”①

行为类型化有助于贯彻罪刑法定原则，发挥刑法的人权保障机能。根据罪刑法定原则，法无明文规定不为罪。缺乏犯罪构成事实判断的类型化，是威权主义刑法观的体现，也是罪刑擅断得以滋生的原因。“对刑罚的无知和刑罚的捉摸不定，无疑会帮助欲望强词夺理。”② 行为的类型化通过将刑法上的行为予以适格化、类型化，使作为犯罪的类型行为得以明确、具体，这对贯彻罪刑法定原则而言是至关重要的。正如贝林所指出，立法者首先已对所有人们的行为给出了特定的形象类型、抽象的法律形式指导，这些东西指示着具体的犯罪类型（“谋杀罪”“盗窃罪”等），还指示着这些类型彼此之间的价值关系。按照立法者的意志，这些东西同时扮演着这样的角色，即未符合上述形象之一的行为（非类型性行为），也就不具刑罚可罚性。一个这样的非类型性行为，也可能是违法和有责的，而某个法律上并不存在的类型，在行为人看来也许就是应予实行的类型（假想犯罪）。③ 由于行为的适格化、类型化使作为犯罪的类型行为得以明确、具体，人们据此能正确判断自己的行为在刑法上的意义，并对行为后果能够实现加以预测，这无疑有利于发挥刑法的人权保障机能。“为了保障人权，不致阻碍国民的自由行动，不致使国民产生不安全感，就必须使国民事先能够预测自己行为的性质与后果，必须事先明确规定犯罪与刑罚。因为当国民事先能够根据成文刑法预测自己的行为性质时，就不会因为不知道自己的行为是否会受到刑罚处罚而感到不安，也不会因为不知道自己的行为是否会受到刑罚制裁而不敢实施合法行为，从而导致行为萎缩

---

① ［德］恩施特·贝林：《构成要件理论》，王安异译，中国人民公安大学出版社2006年版，第3页。

② ［意］贝卡利亚：《论犯罪与刑罚》，黄风译，中国大百科全书出版社1993年版，第15页。

③ 参见［德］恩施特·贝林：《构成要件理论》，王安异译，中国人民公安大学出版社2006年版，第59页。

的后果。”[1] 在刑事立法过程中，我们不难发现，那些难以类型化或者类型化模糊的罪名，如流氓罪、投机倒把罪等，会造成人们在行为适格的判断中难以抉择，从而导致理解与适用上产生较大的随意性，不利于实现刑法公正与保障人权，对之予以修改在所难免。例如，1997年刑法修改时，将流氓罪分解为强制侮辱、猥亵妇女罪，聚众淫乱罪，聚众斗殴，寻衅滋事罪等罪名，就是为了使具体犯罪的适格化与类型化判断更为明确、具体，具有更强的操作性，避免出现“口袋罪”，这无疑有利于贯彻罪刑法定原则，实现刑法的人权保障机能。

四、行为事实入罪的根据

如前所述，某类行为构成犯罪是社会发展到一定阶段的产物，有其内在的必然性与规律性。就刑法规制的行为类型而言，必须考虑客观现实需要，避免刑事立法的随意性。只有现实生活中发生的、确实有必要加以刑罚制裁的行为，才有必要规定为犯罪。体现客观与理性，这是行为入罪必须遵循的评价标准。“一种超乎普通人能力的崇高理性创造了种种规则，立法者把这种规则放到不朽的神明口中，这样就可以借助于这种神圣的权威来约束那些仅靠人类的审慎所不能感动的人。”[2] 我国学者常以刑法的谦抑性作为行为入罪应遵循的原则。“刑法的谦抑性，是指刑法应依据一定的规则控制处罚范围与处罚程度，即凡是适用其他法律足以抑止某种违法行为、足以保护合法权益时，就不要将其规定为犯罪；凡是适用较轻的制裁方法足以抑止某种犯罪行为、足以保护合法权益时，就不要规定较重的制裁方法。”[3] 刑法的谦抑性包括罪的谦抑性与刑的谦抑性。罪的谦抑性即犯罪范围的谦抑性，是指“国家对社会生活的刑事干预是有限度的，应当尽可能科学地界定犯罪的范围”。[4] 根据刑法的谦抑性，一个行为是否入罪，需要考虑最恰当的标准。美国学者帕克认为，刑事制裁设立的最佳标准涉及刑事实体法的主要包括以下几项：一是行为须在大多数人看来有显著的

---

① 张明楷：《罪刑法定与刑法解释》，北京大学出版社2009年版，第20页。

② ［法］卢梭：《社会契约论》，徐强译，九州出版社2007年版，第105页。

③ 张明楷：《论刑法的谦抑性》，载《法商研究》1995年第4期。

④ 陈兴良：《当代中国刑法新视界》，中国政法大学出版社1999年版，第139页。

社会危害性；二是将该行为纳入刑事制裁不会违背惩罚目的；三是抑制该行为不会约束人们合乎社会需要的行为；四是不会面临严重的定性或定量的负担；五是没有合理的刑事制裁替代措施来处理该行为。[①] 在笔者看来，这种概括是非常全面的。其中，社会危害性是否严重与国家、社会及个人的评价直接相关，属于价值判断范畴，暂且不在讨论之列。据此，行为事实入罪的根据可以概括为有效性与均衡性。

（一）行为入罪的有效性

行为入罪的有效性，是指国家行使刑罚权能够达到惩罚目的，通过民事、行政处罚等其他手段不足以遏制某一危害行为，且运用刑罚手段制裁不会面临严重的定性与定量问题。行为入罪的有效性具体表现在：其一，目的有效性。即行为入罪后能够保证刑罚制裁达到预期目的，不得处罚不当罚的行为。“禁止处罚不当罚的行为，一方面要求不得违反人权保障规定处罚行为，即不得处罚符合宪法规定的权利行为，不得处罚无害的行为；另一方面要求不得处罚不值得处罚的行为，或者说不得处罚轻微危害行为以及缺乏处罚必要条件的行为。禁止处罚不当罚的行为，也可谓适正（适当）的犯罪化，既是对立法的要求，也是对司法的要求。”[②] 其二，手段有效性。即在不规定为犯罪不足以遏制时，才有必要将某种危害行为入罪。在所有用于维护法秩序的国家权力的不同手段中，最严厉的手段便是刑罚。只有当国家使用其他的手段不足以抑制违法行为，为实现国家目的适用刑罚才是正义的。[③] “刑法不应该以所有的违法行为、所有的有责行为为当然的对象，只限于在必要的不得已的范围内才应该适用刑罚。”[④] 其三，司法的有效性。即要求对刑罚所制裁的行为能够正确地定罪量刑，不会因此而造成严重问题，其中主要涉及“不需要运用令人反感的警察行为”“给刑事诉

---

① 参见［美］哈伯特·L. 帕克：《刑事制裁的界限》，梁根林等译，法律出版社 2008 年版，第 293～294 页。

② 张明楷：《外国刑法纲要》，清华大学出版社 2007 年版，第 33 页。

③ 参见［德］费尔巴哈：《德国刑法教科书》，徐久生译，中国方正出版社 2010 年版，第 33 页。

④ ［日］大塚仁：《刑法概说》（总论），冯军译，中国人民大学出版社 2003 年版，第 24 页。

讼程序造成了数量上的压力”，等等。[1] 如果将某一行为入罪存在定罪量刑问题，会给司法机关造成难以承受的负荷，则刑罚处罚必将因不具有可操作性而流于形式。

就《刑法修正案（七）》增设的利用影响力受贿罪而言，就很难说符合行为入罪的有效性。构成利用影响力受贿罪，需要具备如下条件：一是主体必须是国家工作人员的近亲属或者其他与该国家工作人员关系密切的人；二是必须通过该国家工作人员职务上的行为，或者利用该国家工作人员职权或者地位形成的便利条件；三是必须通过其他国家工作人员职务上的行为；四是必须为请托人谋取不正当利益，索取请托人财物或者收受请托人财物，数额较大或者有其他较重情节的行为。之中，“关系密切的人”“通过××行为”“利用××便利条件”等，都是极为抽象、概括的措辞，非常难以操作。“该罪的确立严密了贿赂型犯罪法网，实现了社会需要与刑法完善的良好对接，但囿于本罪内容的‘扩张性’与证明的相对复杂性使得其可操作性受到很大的限制。”[2] 以“关系密切的人”为例，有学者认为，“认定‘关系密切的人’的标准应当采用社会上的通说标准，即根据社会一般人的观念，只要能够认定行为人与国家工作人员的关系不一般，就可以认定二者属于‘关系密切的人’”。[3] 这种观点显然不妥。因为，“关系密切的人”根本就不存在社会一般人的标准。不同民族、不同群体甚至不同个人，对什么是“关系密切”均可能存在截然不同的理解，何来一般人标准呢？再者，“关系不一般”与“关系密切”也不可同日而语。“关系不一般”与“关系特殊”相对应，只要关系不寻常就可认为不一般，并非取决于关系的好坏、密切与否。值得注意的是，最高人民法院、最高人民检察院《关于办理受贿刑事案件适用法律若干问题的意见》第11条规定：“本意见所称‘特定关系人’，是指与国家工作人员有近亲属、情妇（夫）以及其他共同利益关系的人。”这里的“特定关

---

① ［美］哈伯特·L. 帕克：《刑事制裁的界限》，梁根林等译，法律出版社2008年版，第297页。

② 刘广三、庄乾龙：《对犯罪构成刑事推定功能的质疑——兼论利用影响力受贿罪之证明责任分配》，载《中国刑事法杂志》2011年第7期。

③ 李金明：《论利用影响力受贿罪》，载《法商研究》2010年第1期。

系人”虽非“密切关系的人”，但因涉及情妇（夫），很容易令人遐想刑法修正案设立利用影响力受贿罪的目的旨在打击性贿赂，这也是不少人赞成立法设立该罪的原因之一。遗憾的是，由于将接受性贿赂的国家工作人员排除在主体之外，且该罪并没有将性贿赂纳入其中，再加上严格的入罪条件，使得利用影响力受贿罪惩治性贿赂的目的几乎变得不可能，从而令人诟病该罪存在贿赂范围狭窄等弊端。[①] 从司法实践来看，人们也不难发现，利用影响力受贿罪的案例极为少见，但被揭露出来的包情妇、“养二奶”的官员倒是前赴后继，这不得不令人怀疑该罪设置的效果。

笔者认为，从行为入罪的有效性来看，与其设立利用影响力受贿罪，不如直接将性贿赂入罪。理由在于：首先，将性贿赂入罪能够实现刑法目的。当前，我国性贿赂存在普遍、危害严重、影响恶劣是不争的事实。2006 年“两会”期间，有代表提交一组数据更说明了性贿赂在中国的猖獗程度：被查处的贪官污吏中 95% 都有情妇，腐败的领导干部中 60% 以上与“包二奶”有关。[②] 2009 年 7 月 8 日，原中纪委常委祁培文同志在广东东莞市作“三纪”教育报告时指出，在中纪委查处的大案中，95% 以上都有女人的问题。[③] 因此，将性贿赂入罪完全符合刑法目的，可以充分体现罚当其罪。其次，性贿赂入罪符合手段有效性。现阶段，我国的性贿赂已经到了党纪、政纪以及道德教化等惩罚手段难以遏制的地步。早在 1989 年，中纪委就颁布的《关于共产党员违反社会主义道德党纪处分的若干规定（试行）》规定：“利用职权、教养关系或诱骗等其他手段与他人发生性关系的，给予撤销党内职务处分；情节严重的，给予留党察看或开除党籍处分。”2004 年中共中央颁布的《中国共产党纪律处分条例》第 150 条规定：“重婚或者包养情妇（夫）的，给予开除党籍处分。”2007 年 6 月 1 日施行的《行政机关公务员处分条例》第 29 条规定：“行政机关公务员包养情人的，

① 参见孙国祥：《利用影响力受贿罪比较研究》，载《政治与法律》2010 年第 12 期。

② 参见《中国性贿赂现状调查》，载《报刊荟萃》2007 年第 1 期。

③ 参见刘义昆：《绝对权力导致的情欲》，载《信息时报》2009 年 7 月 10 日，第 A22 版。

给予警告、记过或者记大过处分；情节较重的，给予降级或者撤职处分；情节严重的，给予开除处分。”这些处罚丝毫未能阻止性贿赂的猖獗与盛行，性贿赂甚至成为官场亚文化之一，被视为贪腐官员身份与地位的象征。正如南京某副厅级贪官金某创立的金式“情妇逻辑”所言：“像我这样级别的领导干部谁没有几个情人？这不仅是生理的需要，更是身份的象征，否则，别人会打心眼里瞧不起你。”① 性贿赂入罪是许多西方国家遏制权色交易的有效措施，也是我国穷尽其他手段不能有效遏制性贿赂而不得已的选择。最后，性贿赂入罪后不存在难以定罪量刑问题。有学者认为，“刑法完全可以在基本的财物性贿赂犯罪之外，另行规定增加以‘情节严重、情节特别严重’作为构成犯罪的依据，作为与受贿数额较大、巨大并行的定罪量刑的标准。也许法律可以这样规定，但在实践操作中，何谓情节特别严重？情节严重与否，这是一个价值评价的问题，在现实生活中是难以量化的”。② 笔者认为，这种观点并不客观。就我国刑法规定的很多犯罪，如煽动分裂国家罪、诽谤罪等而言，其定罪量刑与性贿赂一样，无法通过量化模式决定，但这并不影响对之定罪量刑。虽然刑法规定对受贿罪的定罪量刑依照贪污罪的处罚，需要以数额为依据。然而，论者忽视的是，性贿赂入罪并非要依照贪污罪规定去定罪量刑。重新设定定罪量刑依据或者设置独立的法定刑，则定罪量刑问题便迎刃而解。“当我们摆脱‘计赃论罪’、‘计赃科断’的症结，建立受贿数额与情节的双重定罪标准体系之时，我们会发现刑法的理性将得到张扬，惩治腐败刑事法网将得到严密，非物质性贿赂这种恶疾将得到有效治理，国家、社会、个人都将从中受益。”③ 至于担心以“情节严重、情节特别严重”作为入罪依据无法操作，也是多余的。性贿赂虽然不能像财物那样以数额计算，却存在性贿赂的人数、次数、权色交易所付出的代价、造成的后果、产生的社会影响等区别，这与诽谤罪等侵犯非物质性权益的犯

---

① 树荫下：《贪官情妇的“吉尼斯纪录”》，载《政府法制》2006 年第 1 期（上）。

② 杨兴培：《“性贿赂”不宜入罪的三个理由》，载《检察日报》2008 年 8 月 14 日，第 3 版。

③ 伍学文、向雷：《非物质性贿赂研究》，载《国家检察官学院学报》2009 年第 3 期。

罪在定罪量刑上并无不同，缘何难以评价呢？总之，性贿赂入罪后并不存在难以定罪量刑的问题。

（二）行为入罪的均衡性

行为入罪的均衡性，是指国家在适用刑罚的过程中，在对公民个人正当权利造成的损害与所保护的国家、集体、个人利益之间，应保持一定比例关系，两者之间必须是均衡、合理的。行为入罪的均衡性包括：一是效益的均衡性。即行为入罪后对公民正当权利的损害与所保护的利益之间保持合理的比例，体现“收支”均衡。刑罚是把“锋利的双刃剑”，它在切除犯罪这种社会毒瘤的同时，也必然会伤及无辜利益，故行为入罪要求国家刑罚权的投入成本与获取收益之间必须保持合理比例，避免过度损害公民的正当利益。“如果有两种以上的，都可以带来利益的干涉措施可供选择，则过度禁止原则要求选择对相关利益影响最小，从而可将对利益的必要损害限制于最小范围的干涉措施。如果存在一种既能实现所追求的目标，又不影响其他利益的干涉措施，则应选择这一干涉措施。”① 二是后果的均衡性。即行为入罪后对公民所产生的相应后果，也必须合理、均衡，以避免造成公民的权利和自由受到不应有的损失。某一行为入罪即使在效益上均衡，但是过分损害公民的其他合法利益，也被认为是不妥的。“这就促使我们考虑一个问题：什么样的行为可以规定为犯罪？因为犯罪是一种应当受到刑罚处罚的行为，如果犯罪规定不合理，犯罪界限不明确，那么刑法就不能保障公民自由，甚至恰恰会沦为侵犯公民自由的工具。”② 在性贿赂入罪的场合，由于惩罚的是国家工作人员损害国家职务廉洁性的亵渎职权行为，与职务无关的个人性行为并不能成为性贿赂犯罪惩罚的对象，这就保证了国家工作人员作为普通公民所享有的合法的性隐私权与自由权，从而使性贿赂入罪在效益与后果上均能实现均衡，保证了行为入罪的客观与理性。下面以醉酒驾驶入罪为例来说明行为入罪的均衡性问题。

醉酒驾驶入罪在效益与后果上体现的不合理与不均衡是十分突出

---

① ［德］莱因荷德·齐柏里乌斯：《法学导论》，金振豹译，中国政法大学出版社2007年版，第142页。

② 陈兴良：《刑法的启蒙》，法律出版社1998年版，第22页。

的。醉酒驾驶入罪具有两个典型特征：一是纯粹行为入罪。由于危险驾驶造成他人伤害、死亡或者公私财产重大损失将构成其他犯罪，故危险驾驶罪惩治的只是单纯的醉酒驾驶行为。二是入罪门槛偏低。根据有关标准，车辆驾驶人员血液中的酒精含量大于或者等于80mg/100mL的驾驶行为为醉酒驾车，这一标准与其他国家相比，相对偏低，是否合理值得探讨。“采用我国目前现行的标准，醉酒驾驶构成危险驾驶机动车罪的门槛要低于德国等其他国家。考虑到中国酒文化的传统，也考虑到在中国构成犯罪的后果较之德国等其他国家的特别严厉性，采取低于德国等国的醉酒驾驶入罪门槛是否可取，可以进一步深入论证研究。”① 但是，对于单纯的醉酒驾驶，行为人构成犯罪、判处拘役并处罚金，付出的代价不谓不大，谓之权利损害与利益保护失衡是比较恰当的。“醉酒驾驶等危险驾驶行为要不要犯罪化的问题，并不是学者想象中的那种‘处罚越重，效果越好’的逻辑关系。在笔者看来，综合考虑我国当前特定的法律体系，我国特定的社会现实条件以及民族文化背景等因素，我国将醉酒驾驶等危险驾驶行为入罪的负面效应可能远远大于其收益。”② 更为严重的是，醉酒驾驶入罪在后果上也极度失衡。众所周知，我国尚未建立复权制度，这意味着行为人一旦犯罪将被终生贴上罪犯的标签，从而对其以后的权利和自由造成严重的负面影响：一方面，我国许多职业资格都不授予受过刑事处罚的人，这意味着醉酒驾驶将使行为人丧失许多从业资格与就业机会。例如，《公务员法》第24条规定，曾因犯罪受过刑事处罚的人员不得录用为公务员；《律师法》第7条规定，受过刑事处罚的（过失犯罪的除外）申请人不予颁发律师执业证书。此外，《会计法》《公司法》等法律中都有针对犯罪的限制性规定。另一方面，贴着罪犯标签将使犯罪人再社会化变得困难重重，严重影响其在婚姻家庭、就业等方面应当享有的权益。醉酒驾驶入罪不但会使行为人丧失许多从业资格、机会，而且很有可能会令他走向社会后无所适从。“一旦行为人触犯刑律受到了

---

① 参见张军主编：《〈刑法修正案八〉条文及配套司法解释理解与适用》，人民法院出版社2011年版，第174页。

② 周详：《民生法治观下“危险驾驶”刑事立法的风险评估》，载《法学》2011年第2期。

刑事处分，不管行为人之年龄、主观恶性及过错程度，该处分将会伴随其一生，即人们常说的‘一日行窃、终生是贼’。行为人在被贴上‘犯罪人’标签后，极易产生自卑和消极心理，难以再次融入社会的正常生活。”① 此外，在需要驾驶机动车抢险、紧急救助或者捉拿罪犯等情况下，行为人虽然极其清醒，但因醉酒而不能抢险救助、捉拿罪犯，这样就不难发现醉酒驾驶入罪的消极后果。总之，将没有造成严重后果的单纯醉酒驾驶入罪，会造成对行为人的权益保障以及后续的权利和自由等方面存在不均衡、不合理之处，因而有所不妥。

需要补充的是，醉酒驾驶入罪的有效性也是值得怀疑的。例如，就如何测试醉酒②而言就存在很多问题。司法实践中，有驾驶人员酒后开车被抓后大量饮水或者即饮随身携带的酒水，以及人体内酒精自然的动态变化等，都会干扰酒精测试，从而给司法操作带来难题。另外，在我国，酒驾、飙车本来就人数众多，危险驾驶入罪极有可能导致监狱人满为患。这些都将使司法机关面临严重的定性或定量负担。另外，处罚危险驾驶，刑罚并非最后的有效手段。对于单纯的酒后驾驶行为，我们完全可以采取吊销营业执照等方式消除其潜在危险性，而没有必要诉诸刑罚制裁。“为什么不把刑事程序彻底省略掉呢？如果我们的目的就是防止司机酒后上路，那么为什么不直接通过吊销驾照而是要间接通过刑事惩罚来解决这个问题呢？理论上说，作这样的安排并不困难。”③

第三节 犯罪构成的价值评价

一、犯罪构成的价值评价概述

犯罪构成的价值评价主要围绕行为怎样入罪展开。“哪些利益需要

---

① 付永伟：《论宽严相济刑事司法政策视野下前科消灭制度的构建》，载《犯罪研究》2007 年第 5 期。

② 我国司法实践中对机动车驾驶人员酒后、醉酒驾驶的检验标准是：车辆驾驶人员血液中的酒精含量大于或者等于 20mg/100mL，小于 80mg/100mL 的驾驶行为，为饮酒驾车；车辆驾驶人员血液中的酒精含量大于或者等于 80mg/100mL 的驾驶行为，为醉酒驾车。

③ ［美］哈伯特·L. 帕克：《刑事制裁的界限》，梁根林等译，法律出版社 2008 年版，第 250 页。

得到刑法保护以及哪些行为具有如此大的社会危害性，以至于需要用刑罚来处罚的问题并不总是一目了然的。”① 这就需要主体能动的评判，这就是犯罪构成的价值评价，它是人类社会发展与文明进步的必然结果。“法律是一种文化现象，也就是说，是一种涉及价值的事物。”② 人类社会只有发展到一定阶段，才能理智地将那些值得处罚的行为规定为犯罪，没有任何价值评价的犯罪是野蛮、原始形态下的人类生存的需要。犯罪构成的价值评价能够制约刑罚权的肆意发动，保证犯罪制裁符合国家与社会发展的方向，有利于实现刑法目的。

行为事实入罪主要是由立法者来完成的。立法者在设定犯罪圈时，以客观行为事实为基础，需要考虑怎样将之规定为犯罪，其中自然会体现立法者的一些价值取向。“任何完整的法律规范都是以实现特定的价值观为目的，并评价特定的法益和行为方式，在规范的事实构成与法律效果的联系中总是存在着立法者的价值判断。”③ 司法者则以刑法规定的行为类型为基础，对某一符合刑法规定的行为是否构成犯罪、怎样构成犯罪，进行恰如其分的评价。从这一角度来看，司法者的主要任务是进行犯罪构成的价值评价，使刑罚制裁符合立法本意。正如罗伯特·桑玛斯教授所言，法官最重要的特征便在于他的价值体系与从事价值性判断的能力。唯有在不同的理由（特别是实质的理由）之间进行调解，才能让一位法官清楚地提出他的价值。④ 在绝对罪刑法定主义时代，由于认定犯罪不需要价值评价，法官便只能沦落为复制犯罪的工具。无论是立法者还是司法者，在进行犯罪构成的价值评价时，都需要避免根据个人主观好恶评价行为入罪。

二、犯罪构成价值评价的类型

如前所述，犯罪构成事实包括客观事实和主观事实。与此相对应，犯罪构成的价值评价包括客观评价、主观评价和混合评价。

---

① ［德］莱因荷德·齐柏里乌斯：《法学导论》，金振豹译，中国政法大学出版社2007年版，第180页。

② ［德］G. 拉德布鲁赫：《法哲学》，王朴译，法律出版社2005年版，第4页。

③ ［德］魏德士：《法理学》，吴越、丁晓春译，法律出版社2005年版，第52页。

④ 参见［美］鲁格罗·亚狄瑟：《法律的逻辑：由法官写给法律人的逻辑指引》，唐欣伟译，法律出版社2007年版，第21页。

犯罪构成的客观评价，是指对行为及其事实特征如何入罪的评价。“在许多场合，犯罪是指符合犯罪客观要件、侵害了法益的行为。因为犯罪的本质是法益侵害，而行为是否侵害法益，只需要进行客观判断。”① 例如，伤害行为造成轻微伤与轻伤之不同后果，就足以决定法官在评价时作出无罪与有罪的判断；毁坏珍贵文物与毁坏一般文物，也会存在评价上的差别。此外，社会形势等也属于客观价值判断的范畴。社会形势的发展变化会影响人们的价值观念与社会的评价态度，从而改变人们对行为及其事实特征的认识与判断。例如，改革开放以来，我国就存在拖欠工资、讨薪难现象，但随着近些年经济发展，该问题越来越突出，最终促成拒不支付劳动报酬行为入罪。“从现实看，拒不支付劳动报酬问题，已不仅仅是劳动纠纷，而有着严重的社会危害。”②

犯罪构成的主观评价，是指对行为主体认识能力与意志能力怎样入罪的评价，主要包括对故意与过失、违法性认识、目的和动机等的评价。影响主观价值评价的因素既有自然的也有社会的，前者如年龄、智力发育程度，后者如违法性认识。由于人的智力发育程度、年龄等因素影响，不同人的故意与过失是存在区别的。儿童的认识能力与意志能力与成年人就不可同日而语。于是，就产生了对行为主体的认识能力与意志能力的价值评价，这也是刑法规定一定年龄的人具有犯罪的故意与过失的原因。例如，《日本刑法》第 41 条规定：“不满 14 周岁的人的行为，不处罚。”③ 《西班牙刑法》第 19 条规定：“根据本法典规定，18 岁以下的未成年人不承担刑事责任。”④ 这表明，《日本刑法》将年满 14 周岁的人的故意和过失评价为入罪的主观要件，而《西班牙刑法》则将年满 18 周岁的人的故意和过失评价为入罪的主观要件。⑤

---

① 张明楷：《犯罪定义与犯罪化》，载陈泽宪主编：《犯罪定义与刑事法治》，中国社会科学出版社 2008 年版，第 281 页。

② 赵秉志主编：《刑法修正案（八）理解与适用》，中国法制出版社 2011 年版，第 332 页。

③ 《日本刑法典》，张明楷译，法律出版社 2006 年版，第 21 页。

④ 《西班牙刑法典》，潘灯译，中国政法大学出版社 2004 年版，第 7 页。

⑤ 《西班牙刑法典》第 19 条第 1 款规定：“根据本法典规定，18 岁以下的未成年人不承担刑事责任。”参见《西班牙刑法典》，潘灯译，中国政法大学出版社 2004 年版，第 7 页。

又如，关于违法性认识在犯罪成立中的作用，不同的国家也存在不同的评价。《德国刑法》第 17 条规定：“行为人行为时没有认识其违法性，如该错误认识不可避免，则对其行为不负责任。如该错误认识可以避免，则依第 49 条第 1 款减轻处罚。”① 《意大利刑法》第 5 条规定：“任何人不得以刑事法律的不知为理由要求宽宥。”② 不难看出，在德国，只有在违法性认识错误可以避免时才需要承担刑事责任；而在意大利，任何人不得以违法性认识错误为由要求宽宥。

犯罪构成的混合评价是指对主客观事实加以一体化整合后进行如何入罪的评价。基于处罚必要还是规范治理之不同目的，混合评价可以划分为实质评价与形式评价。实质评价立足于处罚必要，是根据行为事实的总体社会危害程度所作出的价值评价。根据实质评价，某一行为只有社会危害达到一定程度，才能评价为犯罪，对犯罪情节的评价便属于典型的实质评价。例如，根据我国《刑法》第 13 条但书规定所作的评价就属于典型的实质评价。根据但书规定，情节显著轻微、危害不大的行为，不能被评价为犯罪。只有具备一定情节、社会危害达到一定程度的行为，才能被评价为犯罪。形式评价立足于规范治理，根据法规范或者社会常规、共同观念从形式上对行为进行价值评价。大陆法系国家刑法理论中的违法性判断就是典型的形式评价。③ 根据形式评价，某一行为是否违反法律规范或者社会常规、共同观念，是判断其构成犯罪与否的决定性因素，而不能单纯根据行为本身的社会危害来评价是否构成犯罪。例如，竞技体育中的拳击比赛，即使造成了另一方重伤，符合伤害罪的构成特征，也被认为不违反法律规范而不构成犯罪。形式评价通常由法规范明确作出，此时法规范内容便成为行为是否构成犯罪的评价依据，如对正当防卫、紧急避险的评价就属

---

① 《德国刑法典》，徐久生、庄敬华译，中国法制出版社 2000 年版，第 48 页。

② 《最新意大利刑法典》，黄风译，法律出版社 2007 年版，第 7 页。

③ 我国学者一般认为，大陆法系国家刑法理论中的违法性的判断是一种具体的、非定型的价值判断，是与行为人非难可能性相分离、对行为的非主体面的客观判断。参见张明楷：《外国刑法纲要》，清华大学出版社 2007 年版，第 139 页。将违法性判断认定为客观判断，只是单纯立足于法规范或者社会共同观念等所作出的形式上的结论。事实上，从违法阻却事由的内容构造来看，违法性判断也可以归类于混合价值判断。以紧急避险为例，行为本身既包含避险目的等主观评价因素，也包括避险行为等客观评价因素，是主客观因素的混合体，法律对之予以一体化价值评价后，排除其犯罪性。

于法规范明确的阻却犯罪的形式评价。形式评价有时也可能不由法规范规定，如在日本根据社会共同观念作出的价值评价便是如此。“即使法令没有直接的规定，在社会共同观念上认为是正当的行为，也阻却违法性。例如，医生的手术、针灸师的施术、力士的相扑、拳击手的拳斗等，都不成为伤害罪、暴行罪。只是，这些场合也需要业务是正当的，同时行为本身也处在其业务的正当范围内。”① 与《日本刑法》不同的是，《韩国刑法》明文规定社会常规是违法性阻却事由的一般标准。“刑法第 20 条规定，‘其他不违背法律的行为不予处罚’，明文规定了社会常规成为违法性阻却事由的一般标准。即行为在满足全部构成要件，且不属于某一个别的违法性阻却事由时，若不违背社会常规，则违法性被阻却，故不能处罚。”② 实质评价与形式评价的区别在于：首先，实质评价是对行为事实自身的社会危害程度进行的价值评价；形式评价则以法规范为主要依据进行的价值评价。其次，实质评价以行为事实为基础，需要法官综合行为的主客观事实进行整体、概括的判断，才能确定行为是否构成犯罪；形式评价则立足于法规范或者社会共同观念与常规等客观标准，法官主要据此判断行为是否构成犯罪。最后，实质评价具有即时性、开放性，因为对任何行为的社会危害程度的判断，都可以根据行为时的状况进行恰如其分的判断，不受时空的限制；形式评价则具有一定的滞后性、封闭性，这是由法规范自身的滞后性、封闭性所决定的。因此，两种混合价值判断不能相互代替。

三、犯罪构成价值评价的功能

启蒙运动之后，出于对封建擅断主义根据个人意愿肆意侵犯人权的抵触，人们一度对主体的评价极为排斥。“19 世纪的法学家曾试图从司法中排除人的因素，他们努力排除法律适用中所有的个体化因素。他们相信按严谨的逻辑机械地建立和实施的封闭的法规体系。在他们看来，在这一封闭的法规体系的起源和适用中承认人的创造性因素，

① ［日］大塚仁：《刑法概说》（总论），冯军译，中国人民大学出版社 2003 年版，第 350 页。

② ［韩］李在祥：《韩国刑法总论》，［韩］韩相敦译，中国人民大学出版社 2005 年版，第 253 页。

在组构和确立这一封闭的法规体系的制度中承认人的创造性因素，是极不恰当的。”[①] 这表现在刑法的理论与实践中，便是忽视犯罪构成价值评价的意义，企图根据犯罪构成事实确定行为的入罪与出罪，从而滑向绝对罪刑法定主义的深渊。如 1791 年制定的《法国刑法典》贯彻的便是绝对的罪刑法定主义，法官对行为构成犯罪没有任何价值评价的权利。“法官在以往任意的和政府干预的时代（即司法听命于君主的指令）所造成的不信任，另一方面，制定法对理性主义的崇拜，使得法官受制定法的严格约束变成了核心的要求。在那里，人们竟然提出了站不住脚的禁止解释和禁止评注，排除了法官的任何刑罚裁量（1791 年刑法典中的‘固定不变的刑罚’［peines fix-es］制度）等。法官应该是‘制定法的奴隶’。”[②] 可见，缺乏价值评价，犯罪认定会陷入机械主义、形式主义的泥泞中，导致法官成为犯罪事实的记录器，没有任何能动性。“法官酷似一种专业书记官，除了很特殊的案件外，他出席法庭仅是为解决各种争讼事实，从现存的法律规定中寻觅显而易见的法律后果。他的作用也仅仅在于找到这个正确的法律条款，把条款与事实联系起来，从法律条款与事实的结合中会自动产生解决办法，法官赋予其法律意义。于是，整个审判过程被框于学究式的形式逻辑的三段论式之中。即成文法规是大前提，案件事实是小前提，案件的判决则是推论出的必然结果。”[③]

价值评价避免了纯粹事实判断的机械化、形式化缺陷，使犯罪构成极具灵活性与实效性，能够合理地揭示不同情形下的具体行为事实在刑法上具有的不同意义，使行为类型化进入行为个别化阶段，最终完成从犯罪类型化到犯罪个别化的转变，给行为的刑法评价画上圆满的句号。犯罪构成的价值评价是刑法规范自身的需要。一方面，任何立法者在规定犯罪行为类型时，不可能将大千世界众多性质不同的行为之特征全部予以明确界定，更不可能将同一行为类型在不同情形下

---

① ［美］罗斯科·庞德：《法律史解释》，曹玉堂、杨知译，华夏出版社 1989 年版，第 123 页。

② ［德］卡尔·恩吉施：《法律思维导论》，郑永流译，法律出版社 2004 年版，第 130 页。

③ ［美］约翰·亨利·梅利曼：《大陆法系》，顾培东、禄正平译，法律出版社 2004 年版，第 36 页。

的状况描述得具体、详细，这就需要主体的评价。“我们的时代已不再有人相信这一点。谁在起草法律时就能够避免与某个无法估计的、已生效的法规相抵触？谁又可能完全预见全部的构成事实，它们藏身于无尽多变的生活海洋中，何曾有一次被全部冲上沙滩？”① 另一方面，从语义学意义上讲，价值评价也是不可或缺的。语言本身的模糊性，决定评价性用语的存在具有客观性。因为，“数个世纪的经验告诉我们，任何法律制度都不能也不可能达到如此之明确无误的程度”。② 犯罪构成的价值评价通过将不同性质的行为以及不同状况下性质相同的行为予以区别对待、灵活处理，并作出不同的出入罪判断，使得在避免行为出入罪陷入机械化与形式化的同时，能够有效地贯彻刑事政策。“人们一般认为，立法者不能完全放弃这种一般条款性的价值概念（Wertbegriffe），因为这种概念使具体案件做出公正的判决成为可能。如果允许法律仅仅包括无价值说明的概念，那么，这种法律要么就会变得无限长，要么在适用时会因为打击面过宽（Starrheit），从而在刑事政策上造成最不幸的结果。”③

犯罪构成的价值评价侧重的是实现刑法的社会秩序维护机能。刑法的社会秩序维护机能包括利益保护机能和犯罪预防机能。对具体行为在刑法上的意义，如果不考虑价值评价，仅仅根据行为事实加以判断，会使刑法在保护国家、社会和个人权益时陷入被动。例如，在正当防卫场合，如果不考虑价值评价，那么任何人在实施防卫行为时都可能顾忌损害不法侵害人的生命或者健康所带来的严重后果，进而限制正当防卫的实施，这对保护国家利益、社会利益和个人利益显然是不利的，会极大地抑制刑法的社会秩序维护机能的发挥。又如，当行为人征得女性精神病人同意而与其发生性行为的场合，如果不进行价值评价，就应承认这类行为的合法性，这显然不利于保护缺乏刑法上的辨认能力与控制能力的女性的合法权益。正是由于价值评价，才使

---

① ［德］G. 拉德布鲁赫：《法学导论》，米健译，中国大百科全书出版社 1997 年版，第 106 页。

② ［美］E. 博登海默：《法理学——法哲学及其方法》，邓正来等译，华夏出版社 1987 年版，第 240 页。

③ ［德］克劳斯·罗克辛：《德国刑法学总论》（第 1 卷），王世洲译，法律出版社 2005 年版，第 101 页。

得正当防卫致人重伤或者死亡的场合，只要没有超过必要限度造成重大损害，就不能认定为犯罪；同样，鉴于女性精神病人不具有刑法上的表达意愿的能力，无论是否征得其同意而与之发生性行为，都将被认为违背其意志而构成强奸罪。可见，正是通过价值评价，才使诸如正当防卫这样的去恶扬善行为得到鼓励和提倡，让诸如女性精神病人这样的居于弱者地位的人受到刑法保护，使得刑法的利益保护机能得以充分实现。同时，对于侵犯者而言，价值评价使得他们能预先意识到自己的不法行为在刑法上是无价值的，必将遭到国家和社会的有力惩治，这将促使潜在的犯罪人不敢铤而走险，打消实施犯罪的念头，从而使刑法的犯罪预防机能得到伸张。

四、犯罪构成价值评价的依据

（一）犯罪构成的价值评价是全面、综合的考量

在哲学上，价值评价是个十分复杂的问题，没有人能够明确价值评价的具体依据，也不可能完全罗列出价值评价的具体标准。不过，对于价值评价标准，人们还是提出了自己的一些看法。如有学者认为，“科学的价值标准，至少需要三个条件：第一，客观性。科学的价值标准必须是客观的价值标准，兴趣、爱好等主观的东西，就不是科学的价值标准。第二，不矛盾性，即逻辑一贯性。用它作价值标准，不会违背不矛盾律，不会产生违背逻辑一贯性的情况。用主体需要作价值标准，就违反不矛盾律，产生内在逻辑矛盾。第三，直接现实性或准确可靠性。这一标准须真实可靠，具有充分的说服力”。[①] 有学者认为，“价值标准是一种主体性的而不是主观性的存在。它的存在和表现，应该通过对主体及其活动客观过程的考察来把握，而不是通过主体的主观表示（评价标准）来把握。……一个群体的价值标准，应该理解为是这个群体的经济地位、结构、利益本身所包含的尺度，而不是这个群体自己宣布它以什么样的目的和理想为标准。后者只是它的评价标准，这种评价标准在多大程度上符合它的价值标准，取决于它对自己客观的价值标准反映和表达的真实性及其准确程度，却并不能决定或

① 王玉樑：《当代中国价值哲学》，人民出版社2004年版，第277页。

代替其真实的价值标准"。① 还有学者认为，评价的标准是评价主体意识中的需要，呈潜意识状态与显意识状态，个体评价如此，群体评价亦如此。特别是社会群体的评价标准，在各个不同领域，具有不同的标准体系。例如政治领域里的宪章、纲领，法律领域里的法典，道德领域里的伦理规范，自然科学领域里的规则、公式、原理等。不同的评价领域有不同的标准系统。② 可见，哲学上的价值评价，是不存在有章可循的具体依据的。同样，犯罪构成的价值评价也是十分复杂的课题，并无明确、具体的现成依据。

如前所述，犯罪构成的价值评价包括主观价值评价、客观价值评价以及混合价值评价。主观价值评价中的故意和过失评价通常受制于年龄和智力发育程度，这些一般为刑法明确规定，评价起来并无太大问题。但是，作为主观评价内容的犯罪目的、动机以及人身危险性（主观恶性，如犯罪次数）等，除少数情况（如所谓的目的犯、盗窃罪的次数）刑法予以明确外，一般犯罪的目的、动机以及犯罪次数等则需要具体情况具体分析。客观价值评价主要是对客观社会危害后果的评价，在客观危害后果可以数量化的犯罪中，这种评价并不难。例如，非法夺取他人财物达到何种数量标准才构成抢夺罪，生产、销售伪劣产品达到何种数量程度构成生产、销售伪劣产品罪，都是可以进行客观的分析的，判断起来不会存在太大问题。但是，在不能数量化的犯罪中，这种判断就面临一些困难。例如，就捏造虚假事实损害他人人格、名誉而言，究竟达到何种程度才能构成犯罪，就很难由刑法来具体规定。在这种情况下，只能综合案件情况加以整体判断。至于混合价值评价，则不但要考虑一切与行为事实有关的主客观因素，甚至需要考虑社会的政治、经济形势以及国家的刑事政策、以往处理同类案件的经验等，加以全面、综合的考量。总体而言，犯罪构成的价值评价需要综合一切影响犯罪成立的因素加以全面、详细的分析，这些因素既包括与行为事实有关的主客观因素，也包括行为时的国家刑事政策以及以往处理同类案件的经验等。鉴于犯罪构成的价值评价并无固

① 李德顺：《价值论》，中国人民大学出版社 2007 年版，第 260 页。

② 参见李连科：《价值哲学引论》，商务印书馆 1999 年版，第 124～125 页。

定模式，下面以英美法系国家辩护理由中的证明适当以及紧急避险的限度为例来阐述犯罪构成的价值评价依据。

（二）英美法系国家犯罪构成论体系中的证明适当之一般标准

英美法系国家强调法的实质性依据，体现追求实质正义的价值诉求。法律是人们在通往公平、正义的理想道路上的阶梯，两者是目的与手段的关系。法官最佳判决就是与社会正义和公理相吻合，合理性是法律适用的首要目标。因此，一项刑事判决如果建立在连贯一致的价值形式和一系列相互协调一致的意识形态原则的基础上，体现各种社会文化因素的综合，符合社会一致性标准，就会产生良好的社会效果，最大限度满足社会对犯罪处罚的愿望，也是最为理想的先例类型。“这种理想类型的实现有助于确保纠纷的解决以及法律的建设都可以在社会通行的标准的基础上进行；协调法律运行的结果和个人的合理预期之间的关系；并通过论证法律的实质合理性来深化法律自身的正当性。我们称这种理想类型为社会一致的理想类型（the idea of social congruence）。”① 在普通法中，要想使定罪符合社会一致性标准，就必须考察由道德规范、政策和经验命题组成的社会命题。

1. 道德规范

按照普通法的传统，罪行是需要加以惩罚的本质上不道德的行为。道德是判断行为对错的标准，法律作为评判行为利弊的尺度，与道德不应该有明确界限，法律责任其实就是道德责任，两者的调整对象不应该严格区分。不过，近些年来，关于行为是否因为其不道德性而成为罪行，在普通法系国家内部存在激烈争议。例如英国沃尔夫丹（Wolfendan）同性恋犯罪和卖淫委员会就认为，维护道德不应成为刑法的正当目的。“刑法的目的是：维护公共秩序和公共尊严，保护公民免受侵犯性或伤害性的行为的影响，为公民特别是那些特殊易受伤害的公民提供足够的保护，防止他们受到其他人的利用和破坏。超出实现上述目的的必要之外干预公民的私人生活，或者试图推行任何特定

---

① ［美］迈尔文·艾隆·艾森伯格：《普通法的本质》，张曙光、张小平、张含光译，法律出版社2004年版，第63页。

的生活方式，这并不属于法律的功能。”[①] 英国西蒙兹法官则充分肯定道德之于刑法的重要性。“仍然留在法院手中的权力是，贯彻法律的最高的和基本的目的，不仅保持国家的安全和秩序，而且维护国家的道德利益。法院的职责在于，保卫国家免受那些花样翻新、难以预防而更加阴险有害的危害行为的侵袭。”[②] 如果排除社会道德作为刑法的保护目标，是否意味着“我们的立法活动是或者应该是受独立的纯粹理性的神明（Gods of Pure Reason）控制的，这种神明居住在我们的政治体制当中的某个地方，负有为社会解决此类问题的权力，并且不受不那么神明的普通人所不能摆脱的偏见的影响？”[③] 这无疑更加难以把握。可见，“试图在道德责任和法律责任的调整对象之间加以区别，是以犯罪的正统模式的适当性为前提条件的，如果犯罪的客观要素和主观要素不能分离——如果不存在独特的犯罪的主观要素——使道德和法律的调整对象形成鲜明对照的基础则不能持久”。[④]

道德规范的重要性对犯罪认定的影响在许多方面都是显而易见的，但这并不等于任何道德规范都可以成为认定犯罪的依据。只有当道德标准与建立、适用、改变普通法规则相关时，法院才应当适用社会道德。这里所谓的“社会道德”，是指根据整体社会愿望的道德标准以及基于正当的方法论，经过人们认可和接受，可以被公正地认为已经得到社会普遍的、充分的支持的道德标准。这些道德标准可以由已经获得充分支持的道德标准推出或者从表面上看他们应当已经获得这样的支持。[⑤] 在普通法中，社会道德是具有普遍意义的公正和理性，是所有制定法都应该遵循的准则，制定法的任务就在于体现并遵循社会道德。“普通生活的每一个事实情状，只要法律秩序能够容纳，本身就带有适

---

① ［英］J. C. 史密斯、B. 霍根：《英国刑法》，李贵方等译，法律出版社 2000 年版，第 23 页。

② ［英］鲁珀特·克罗斯、菲利普·琼斯：《英国刑法导论》，赵秉志等译，中国人民大学出版社 1991 年版，第 20 页。

③ ［英］J. C. 史密斯、B. 霍根：《英国刑法》，李贵方等译，法律出版社 2000 年版，第 24 页。

④ ［美］道格拉斯·N. 胡萨克：《刑法哲学》，谢望原等译，中国人民公安大学出版社 2004 年版，第 197 页。

⑤ See H. Wellington, *Commom Law Rules and Constitutional Double Standards: Some Notes on Adjudication*, 83 Yale L. J. 221, 244 (1973).

宜的、自然而然的规则以及正当的法律。这是一种真实存在的而非想象的自然法。它绝非纯粹理性的结果，而是赖于理性对人性以及不同时期和地点人类的生活条件的性质所能认可的东西而存在的。制定法的最大任务就是在于揭示和适用这种内在规律。”① 因此，对于发生在一定情境中的犯罪事实，判决结果如果与该情境下的社会道德相吻合，就被认为是公正和理性的。由于行为的对错标准总是有据可循的，无论是过去还是现在，故道德标准通常具有客观性，甚至是一成不变的。例如，诚实不欺作为人类基本的道德准则，千百年来都不会改变，从而注定诈骗、抢劫等严重违背该道德准则的行为无论是过去、现在抑或是将来，都会成为犯罪行为。

2. 国家政策

与道德标准将行为作为评判对象不同的是，政策把客观事实作为评判目标。道德把行为分成正确和错误两种，政策则将客观事实分为好的和坏的两种状态。不过，由于客观事物的好坏受诸多因素影响，且任何事物总是包含积极和消极两个方面，不存在绝对的好与绝对的坏，这就决定政策并不像道德那样天生包容普遍规则，从而必然具有多样性与可变性。例如，一家严重资不抵债的公司，发起人或者股东基于个人目的不依法申请破产，从而严重损害他人利益的，可能会受到刑事制裁。但是，如果从便于充分就业的角度，用法律手段使公司免于破产，以迎合国家有关就业的政策性目标，法官就可以认定行为不违法。“尽管在规则变化前的行为在规则变化之后不能更改，但变化政策仍然能够对这些行为产生事前影响。例如，进行最初的产品设计决策的企业在做盈利计划时，必须把预期的法律责任考虑在内。如果企业知道当产品或生产过程造成重大损害时会引起侵权责任的话，企业所作出的决策就会与企业有可能得到豁免情况下所作出的决策有本质不同。因此，当责任风险已极度依赖于侵权法的发展变化时，预期新的规则将适用于在新规则宣布前产生的伤害会对行为产生适当的影

---

① See Preface to Kritik des Entwurfs wines Handelsgesetzbuchs, Krit. Zeitschr. F. d. ges. Rechtswissenschaft, Vol. 4, No. 4.

响……”①

3. 经验

除了道德和政策外，左右法官审判的因素还有经验。“经验命题是关于世界运行方式的命题。这种命题中很大的一类是描述社会次级群体中所遵循的日常行为模式命题。我们把这类命题称为习惯（usage）。就其关于人类行为的命题这一点而言，习惯类似于法律规则和道德规范。”② 建立在先例展现的经验命题基础上的普通法，对所谓的理论原则、法律科学等不感兴趣，这就注定只能由法官而非以权威人士身份鼓吹宣讲法道的法学家们充当传播法律真谛的使者。“年轻人若是立志从事法律职业，他们不是走大学这条康庄大道，也不是要用心去研读某本法律圣书，从教授们中得知什么是法律的确切含义；他们会进入某一律师公会（除非他们选择在教会执业或是从事外交工作），潜心聆听出庭律师和法官们的指教，通过观察法律在法学院中的实际操作来学习法律……学习法律的最佳方式，就是在法庭中学，在记录控辩理由的书本（年鉴）中学，以及在法官与出庭律师之间迅疾而精彩的争辩中学。”③ 在普通法中，实现社会正义是法律永恒的目标。法律规则清晰明确，具有确定的指导作用，能够实现公正和理性，就具有十分权威的强制力，如同一项命令。从这一点来看，规则虽然重要，但是适用规则的理由同样重要，当规则和理由高度一致时，适用规则才具有充分理由。但是，如果规则和理由不相容，那么判决依据和结果就需要借助两者之外的因素。如此看来，法官具有忠实于法律和公正的双重职责，而后者无疑是前者的根基。

五、关于定罪量刑量化的反思

当前，我国刑法中的犯罪出现定性量化的趋势。最高人民法院、最高人民检察院、公安部先后出台了不少具体犯罪的立案追诉标准，

---

① See L. Kaplow, *An Economic Analysis of Legal Transitions*, 99 Harv. L. Rev. (1986), p. 509.

② ［美］迈尔文·艾隆·艾森伯格：《普通法的本质》，张曙光、张小平、张含光译，法律出版社2004年版，第45页。

③ ［比］R. C. 范·卡内冈：《法官、立法者与法学教授——欧洲法律史篇》，薛张敏敏译，北京大学出版社2006年版，第59～60页。

为各级司法机关认定具体犯罪提供了统一的标准，其意义自不待言。但是，定罪量化在基本上统一各级司法机关定罪标准的同时，也大大限制了司法的灵动与活力，削弱了犯罪构成的价值评价功能，使法官向定罪工具化迈进了一大步，其消极作用十分明显：

一方面，定罪量化将罪与非罪的标准建立在某种要素上，有失公允。例如，对于财产犯罪，定罪的唯一标准取决于犯罪牵涉的财产数额（盗窃罪稍有例外），枪支、弹药、爆炸物犯罪的定罪标准取决于涉案枪支、弹药、爆炸物的数量，等等。这样的定罪标准从法理上讲是与我国《刑法》第13条但书相矛盾的。因为，根据我国《刑法》规定，定罪量刑取决于犯罪事实、犯罪性质、情节以及对社会的危害程度，这显然是由与犯罪有关的主客观因素综合决定的，而不是某一要素可以决定的。定罪量化的后果是：行为虽然在形式上因符合某一数量而能够入罪，但其他因素的积极影响可能会对出罪有利，综合评判的结果使行为在实质上不符合严重危害社会的入罪标准，从而导致定罪的形式与实质的矛盾。这种矛盾在盗窃罪上表现得很明显。首先，《刑法修正案（八）》进一步修改盗窃罪的入罪标准，使得盗窃罪的入罪标准由最初的数额定罪走向多元化，这间接说明了定罪量化的弊端。其次，即便是盗窃罪的数额定罪标准，在司法实践中也难以满足对形形色色的盗窃行为的刑罚惩罚需要，于是司法解释不得不辅之以非数量化的情节作为定罪的依据。例如，1997年11月4日最高人民法院公布的《关于审理盗窃案件具体应用法律若干问题的解释》第6条第1项规定，盗窃公私财物没有达到“数额较大”的起点，但接近“数额较大”的起点并具有“以破坏性手段盗窃造成公私财产损失”等三种情形之一的，可以追究刑事责任。该条第2项规定，盗窃公私财物虽已达到“数额较大”的起点，但情节轻微，并具有“已满十六周岁不满十八周岁的未成年人作案”等五种情形之一的，可不作为犯罪处理。该司法解释无疑宣示了盗窃罪的定罪量化的不可靠，否定了盗窃行为取决于盗窃数额的定罪标准。其实，不仅是盗窃罪，许多财产犯罪都存在因定罪量化带来的困惑与矛盾，其本质还是违背刑法将行为入罪的标准——行为的严重社会危害性，因为它不取决于某一要素，而是取决于所有主客观要素，只有综合所有主客观要素加以价值评价才能最终确定行为是否入罪。

另一方面，定罪量刑量化会使刑法适用滞后，难以适应社会经济发展的需要。犯罪构成的价值评价最大的优点在于，能够适应社会经济发展的需要，根据行为时主客观因素所具有的价值进行综合评价，科学确定行为入罪的标准。但是，一旦定罪量化，其所具有的稳定性与滞后性就可能导致定罪的非理性化，违背罚当其罪的定罪原则。例如，广东省广州市根据经济发展水平，最初将盗窃罪的定罪起点设定为 2000 元。后来，由于广州市的盗窃案件猖獗，又不得不将定罪标准降低至 1000 元。这种定罪标准的降低，是适应社会治安形势变化作出的，有其道理，却也说明了当初将盗窃罪定罪起点设置为 2000 元的定罪量化有所不妥。另外，许霆案也遇到了同样的问题。在许霆案中，刑法学者关心其行为如何定性，但社会舆论愤愤不平的重点，显然不是连刑法学专家也存在严重分歧的定性问题。他们更关心的是在机器出故障的情况下，许霆非法获取 17 万元居然判处无期徒刑，与许多贪污受贿数百万、数千万元的官员被判处几年、十几年的有期徒刑相比，这实在令人难以理解。其实，抛开这种强烈的反差不谈，量刑量化才是问题的关键所在。应当说，在法律层面上，法官无论是定罪（改判仍为盗窃罪）量刑均无不妥，因为司法解释规定盗窃 17 万元是可以判处无期徒刑的。错就错在司法解释的量刑量化有所不妥。如果说在 20 世纪 80 年代，许霆非法获取 17 万元判处无期徒刑，相信无人会提出异议。然而，许霆犯罪的 2007 年正处于我国经济与物价飞速发展的时期，2007 年的 17 万元别说与 20 世纪 80 年代的 17 万元无法相提并论，就是与 1997 年司法解释对盗窃罪定罪确定量化依据的 17 万元也无法相提并论。在这种情况下，就等于根据 1997 年的物价标准对 2007 年的同等数额的盗窃行为定罪量刑，完全忽视了社会经济发展所带来的同等数额的盗窃行为之社会危害性大大降低的事实，这是难以令人接受的。因此，定罪量刑量化必然会使刑法适用滞后，难以适应社会经济发展的需要。

总之，我们认为，定罪量刑量化虽然有其可取之处，但消极作用不容忽视。它忽视、削弱犯罪构成的价值评价作用，将定罪量刑格式化、固定化，不利于发挥法官的主观能动性，有损刑法的公平与正义。

第四节　不同犯罪构成论体系的事实判断与价值评价

犯罪构成的事实判断与价值评价的有机统一，有利于实现刑法的人权保障机能与社会秩序维护机能，促使刑法规制犯罪的机能得到充分体现。各国犯罪构成论体系能否将事实判断与价值评价完美结合，是判断其是否能充分发挥刑法的犯罪规制机能的主要根据。

一、大陆法系国家犯罪构成论体系的事实判断与价值评价

在德日刑法理论中，多数说所主张的犯罪构成论体系由构成要件该当性、违法性和有责性组成。构成要件该当性是指行为该当刑法分则规定的某个具体犯罪的构成要件，如果不存在违法阻却事由或责任阻却事由，犯罪即告成立。违法性意味着“与法律的矛盾”，其本质在于行为违反了法规范规定的作为义务或不作为义务。[①] 有责性是指就该当于构成要件的违法行为，可以谴责行为人。[②] 倘若构成要件是行为事实，违法性是客观价值评价，有责性为主观价值评价，则由事实判断到价值评价还算泾渭分明。但是，关于故意、过失的体系性定位导致问题复杂化。德日学界通说认为，故意与过失既属于构成要件要素，也属于责任要素。[③] 这样，在贝林那里原本作为事实判断的构成要件，经过发展便成为包容事实判断与价值评价在内的混合体。“违法性和有责性的判断是一种实质的、价值上的判断，如果说符合构成要件的行为原则上具有违法性和有责性的话，就意味着构成要件符合性的判断不仅是一种事实判断，而且也是一种含有实质内容的价值判断。”[④] 这

① 参见［德］汉斯·海因里希·耶赛克、托马斯·魏根特：《德国刑法教科书》(总论)，徐久生译，中国法制出版社2001年版，第287页。

② ［日］西田典之：《日本刑法总论》，刘明祥、王昭武译，中国人民大学出版社2007年版，第158页。

③ 德国学者罗克辛、韦塞尔斯、施特拉腾韦特、库伦，日本学者大塚仁、大谷实、野村稔以及韩国学者李在祥等，都将故意与过失作为构成要件的内容加以论述。

④ 黎宏：《我国犯罪构成体系不必重构》，载《法学研究》2006年第1期。

样一来，通过对李斯特、贝林的古典犯罪论体系加以彻底改造而成的德日现行三阶层犯罪构成论体系，虽然克服了古典犯罪论体系某些不足之处，却造成事实判断与价值评价的混融，导致先事实后价值的阶层顺序不复存在，致使诸多新问题接踵而来。“虽然在学理上对主观要件及评价要件的见解，多予以正面的肯定，但由于评价标准的内容改变，却未对于评价模式作相对之调整，乃使得评价内容衍生出不少的问题。首先，既然此种犯罪行为评价结构的实质内涵已产生变化，我们就不得不怀疑，形式上三段评价的架构是否仍能维持？其次，三阶段评断模式中的构成要件、违法性和罪责，在本质上、功能上及实质内容上均产生相当大的质变，以此种结构关系来说明犯罪行为的认定标准是否得当？对此，似乎必须持较为保留的看法。最后，学理上是否可以提出更具体的论点来平衡由于内容改变所形成各标准间确认的问题，例如故意、过失、动机等主观要件，应如何界定其在构成要件及罪责间的地位。”①

相对来说，意大利、法国的犯罪构成论体系中的价值评价脉络要清晰些。如意大利学者帕多瓦尼将犯罪构成要件分为典型事实、客观违法性与罪过。② 法国学者斯特法尼等认为，犯罪构成应当包含事实要件、心理要件以及违法要件（应负刑事责任的要件）。③ 其中的“典型事实”“事实要件”显然属于犯罪构成的事实判断，而“客观违法性与罪过”和“心理要件以及违法要件”则属于犯罪构成的价值评价。

大陆法系国家犯罪构成论体系秉承刑法根据行为性质入罪的原则，以违法性作为行为入罪与出罪的形式标准，崇尚的是形式的价值评价模式。遗憾的是，由于实质的价值评价缺失，造成犯罪构成论体系难以诠释社会危害轻微的行为缘何不处罚（判例的惯常做法）。“可以说日本是判例法国家，但基本上属于成文法国家。因此，我有这样的印象，日本刑法条文没有详细的规定可能与日本人考虑问题的方式有关，

① 柯耀程：《变动中的刑法思想》，中国政法大学出版社 2003 年版，第 17 页。

② 参见［意］杜里奥·帕多瓦尼：《意大利刑法学原理》，陈忠林译评，中国人民大学出版社 2004 年版。

③ 参见［法］卡斯东·斯特法尼等：《法国刑法总论精义》，罗结珍译，中国政法大学出版社 1998 年版。

即首先搞清楚最基本、最重要的问题，然后在实际处理时具体地、个别地考虑每一个具体案件。在这个意义上，可以说日本刑法立足于成文法主义，同时在处理方面立足于判例法。”① 为了弥补这一缺陷，有学者便抛出“可罚的违法性理论”。“可罚的违法性理论，以‘实质的违法性论’为基础，以违法性是具有质与量的概念为前提，主张行为欠缺可罚的违法性时，犯罪不成立而不处罚。”② 该理论在其发源地德国基本被否定，③ 在日本则得到不少人支持，但引发许多问题。例如，既然有可罚的违法性，那么违法性到底是一元的还是二元的？可罚的违法性在体系上处于何种地位？它与违法阻却事由是何种关系？等等。正因存在诸多问题，许多人并不赞成可罚的违法性理论。如木村龟二认为，该理论承认刑法上特殊的违法性概念，破坏了违法的统一性；井上枯司批判道，“违法但不可罚的说法”有将原来正当的行为认为是违法的可能性；白井滋夫批判说，可罚的违法性理论适用标准不明确，有扩大适用或者滥用之虞，会招致无视法律的危害。④ 其实，同一性质的行为不管社会危害程度如何，在违法性判断上只有是否违反法规范之分，并无是否可罚之别。可罚的违法性理论显然与违法性本质相背离。总之，缺乏实质的价值评价意味着无法将轻微危害行为排除在犯罪外，这是大陆法系国家犯罪构成论体系的一大软肋。“行为在民事上违法，也符合刑法上的构成要件，但是，由于不具有值得刑罚处罚程度的违法性，而不具有可罚的违法性的场合，如何处理，成为问题。”⑤

二、英美法系国家犯罪构成论体系的事实判断与价值评价

英美法系国家犯罪构成论体系将犯罪构成要件均分为两类：实体要件与程序要件。实体要件具体包括犯罪行为和犯罪意图。犯罪意图

① ［日］西原春夫：《刑法·儒学与亚洲和平：西原春夫教授在华演讲集》，山东大学出版社2008年版，第69页。

② 陈子平：《刑法总论》，中国人民大学出版社2009年版，第168页。

③ 参见彭泽君：《日本刑法中的可罚的违法性理论及其对我国的借鉴》，载《法学评论》2005年第6期。

④ 参见马克昌：《比较刑法原理——外国刑法学总论》，武汉大学出版社2002年版，第321页。

⑤ ［日］曾根威彦：《刑法学基础》，黎宏译，法律出版社2005年版，第255页。

又称为犯罪心理，是指行为人对于犯罪行为的一种心理状态。美国学者德雷斯勒对犯罪心理作了广义与狭义区分。从广义的角度来说，“犯罪心理”被定义为“一种普通的不道德动机”、“邪恶的意念”或“一种罪恶的思想”。狭义的“犯罪心理”也可以被简单定义为“在犯罪定义中规定的特定心理”，这就是犯罪心理的要件意义。一个人可能在有罪性层面具有“犯罪心理”，但缺乏犯罪要件所要求的明确“犯罪心理”。[①] 程序部分主要解决刑事责任承担问题，又称辩护理由或抗辩事由。即如果能证明行为人未成年或患有精神病、受到胁迫或者强制、误入警察圈套、属于紧急避险或正当防卫等，将不负刑事责任。事实上，不仅是抗辩理由可以在刑事程序中解决，就是行为也同样可以在刑事程序中解决。“任何区分犯罪和侵权的努力所遇到的困难与因为定义罪行本身而遇到的困难是完全相同的：大多数侵权同时也是犯罪，尽管有些侵权不属于犯罪和有些犯罪不属于侵权。区别不在于行为的性质，而在于诉讼程序的性质；同时既是侵权又是犯罪的行为可同时引发两种类型的诉讼。”[②] 因此，英美法系国家犯罪构成论体系中的辩护理由，包括一切可以否定犯罪成立的理由。“对现存的犯罪首先的也是最简单的一种辩护，就是‘否认’构成犯罪的一个或多个因素。……另一种有点复杂的辩护，即‘证明适当’。以‘证明适当’申辩的被告人声称，在他所处的那种特定情形之下，其行为尽管可能满足了犯罪构成的每一要素所要求的条件，但在法律上并没有过错。”[③] 如果按照德雷斯勒的狭义理解，认为犯罪心理为有罪性层面的“犯罪心理”而非缺乏犯罪要件所要求的明确“犯罪心理”，那么实体要件便是最为纯粹的犯罪事实要素的判断。而程序要件的核心就是进行价值评价。作为一种价值评价，“证明适当”不但包括证明客观适当与主观适当，还包括证明主客观一体化后是否适当，是融客观价值评价、主观价值评价以及混合价值评价于一体的评价形态。虽然英美法系国家

---

① ［美］约书亚·德雷斯勒：《美国刑法精解》，王秀梅等译，北京大学出版社2009年版，第107～108页。

② ［英］J. C. 史密斯、B. 霍根：《英国刑法》，李贵方等译，法律出版社2000年版，第25页。

③ ［美］道格拉斯·N. 胡萨克：《刑法哲学》，谢望原等译，中国人民公安大学出版社2004年版，第291～292页。

也是根据行为之质确定犯罪类型，但在辩护阶段将犯罪与不值得处罚的行为区别开来，比较妥善地解决了社会危害轻微的行为入罪的问题。可以说，英美法系国家犯罪构成论体系是将犯罪构成的事实判断与价值评价区分较为彻底、清晰的体系，更好地发挥了事实与价值在犯罪认定中的功能与作用。

三、中国犯罪构成论体系的事实判断与价值判断

在中国传统的四要件犯罪构成论体系中，犯罪客体区分犯罪性质，犯罪客观要件包括行为及其事实要素，两者都属于犯罪构成的事实判断。如果认为“刑法上的危害行为，是指由行为人的心理活动所支配的危害社会的身体动静”,① 那么犯罪客观要件便是包括主观与客观事实在内。由于犯罪客体涉及的犯罪对象、犯罪客观方面的危害结果、行为手段及方法等，能够作为客观损害大小的评价依据，故包含客观价值判断在内。犯罪主体要件主要解决犯罪主体的年龄、智力发育程度以及身份等问题，犯罪主观方面解决的是刑法上的故意与过失等罪过问题，两者均属于主观价值评价。虽然还没有一个要件能够发挥主客观混合的价值评价功能，但由于四要件体系是主客观要件有机统一的结合，这种有机结合自然发挥了实质的价值评价功效，能够将我国《刑法》第13条规定的“情节显著轻微、危害不大的”行为排除在犯罪之外。有学者提出，“在面临形式合理性与实质合理性的冲突的时候，我们应当坚持形式合理性。在这种情况下，社会危害性理论就不像过去那样是一种绝对的真理。尤其在司法活动中，对于认定犯罪来说，社会危害性的标准应当让位于刑事违法性的标准。只有在刑事违法性的范围之内，社会危害性对于认定犯罪才有意义”。② 不难看出，这种观点主张的是形式的混合价值评价。在笔者看来，这种观点过于夸大形式评价的意义，忽视实质评价的优点，值得商榷。事实上，实质评价具有形式评价所不具有的优点，不但不应该否定，还应当充分发挥其作用和功效。大陆法系国家的学者对此也是持肯定态度的。“还

---

① 马克昌主编：《犯罪通论》，武汉大学出版社1999年版，第156页。

② 陈兴良：《社会危害性理论——一个反思性检讨》，载《法学研究》2000年第1期。

有所谓的‘轻微性原则’（Geringfugigkeitsprinzip），亦即在大多数构成要件中，是可以一开始就排除那些轻微的损害的，而被排除的这些轻微损害也属于社会容忍的内容。具体而言，并非所有对身体健康的损害都属于虐待，而只有那些明显的损害才算得上；相应，只有较为严重的、以犯罪的方式严重侵害社会的尊重请求权（Achtungsanspruch）的有关性的行为，才是刑法典意义上的猥亵。所谓‘暴力’，只有持续的妨碍才称得上，轻微的妨碍则不算；而胁迫则必须是以犯罪相逼，才是严重的。”① 当然，应当承认四要件体系缺乏形式的价值评价（违法性判断），乃至于无法对正当防卫、紧急避险等进行价值评价，因而有所不足。

由上可知，在评价行为是否构成犯罪时，德日等大陆法系国家三阶层犯罪构成论体系和我国四要件犯罪构成论体系均存在一定的缺陷，使得刑法的规制犯罪机能的发挥受到一定约束：前者缺乏实质的价值评价，难以解释司法实践中不可罚的大量轻微违法性的行为的出罪问题；后者缺乏形式的价值评价，难以说明正当防卫、法令行为等在侵犯他人权益时缘何不构成犯罪。相对来说，采取实体要件与程序要件相结合的英美法系国家犯罪构成论体系，充分发挥了犯罪构成的事实判断与价值评价的功效，更有利于发挥刑法规制犯罪的机能。

第五节　犯罪构成要件之间的位阶

近年来，不少学者对我国传统的四要件平面犯罪构成论体系提出质疑，认为应当引进阶层犯罪构成论体系予以重构。重构论中，又以引进德日三要件阶层犯罪构成论体系最为有力。对于平面犯罪构成论体系与阶层犯罪构成论体系之优缺，笔者在拙著《犯罪构成本原论及其本土化研究》中已经有过详述的分析与论述，② 在此不再复述。下面

---

① ［德］克劳斯·罗克辛：《刑事政策与刑法体系》，蔡桂生译，中国人民大学出版社 2011 年版，第 30～31 页。

② 参见彭文华：《犯罪构成本原论及其本土化研究》，中国人民公安大学出版社 2010 年版。

以犯罪构成的事实判断与价值判断为基础，阐述犯罪构成要件的位阶在犯罪构成论体系中的意义。

重构论认为，三阶层的犯罪论体系中的构成要件该当性、违法性、有责性之间具有位阶关系，对司法的定罪过程具有逻辑引导机能，有助于保证定罪的正确性。[①] 根据重构论，“犯罪构成体系应当坚持事实判断与价值评价相分离的原则，至于在犯罪构成要件上如何容纳两者，那是另一个需要深入讨论的问题。所以，价值评价是犯罪论中至关重要的问题，需要仔细加以研究”。[②] 在重构论看来，我国的犯罪构成体系以存在论为基础，是事实判断与价值评价的统一。这种事实判断和价值评价相统一的模式无法很好地处理价值评价与事实判断的关系，导致事实判断有余，价值评价不足。于是，“堤内损失堤外补”，犯罪构成体系价值评价的不足靠社会危害性的评价来弥补，从而使得犯罪构成体系与社会危害性概念之间形成一种说不清、道不明的关系。[③] 不难发现，重构论之所以主张引进德日等国三阶层犯罪构成论体系，是认为该体系遵循先事实后价值的逻辑顺序，值得借鉴，其哲理基础是事实与价值二元论。笔者认为，重构论的上述观点值得商榷：

首先，认为德日等国阶层犯罪构成论体系遵循先事实后价值的逻辑顺序，并不客观。一方面，如前所述构成要件并非纯粹的客观事实判断，而是包含犯罪成立的故意、过失等价值评价，这是先事实后价值所无法解释的。另一方面，在构成要件该当性、违法性和有责性之外，还存在其他客观的犯罪成立条件，这也是先事实后价值所无法说明的。“在通常情形，刑法上的行为，一旦具备不法（构成要件该当性+违法性）及罪责（有责性）要件，即成立刑法上之犯罪。不过，有些例外情形，立法者特别附加了不法与罪责以外的犯罪成立要件；这些附加要件，或者纯粹取决于某些‘客观’条件是否成就，或者基于某些存在于‘个人’的事由，前者称为客观处罚条件，后者包括个人排除刑罚事由及个人解除刑罚事由，并且据此产生了自始排除或嗣后

① 参见陈兴良：《犯罪论体系的位阶性研究》，载《法学研究》2010 年第 4 期。

② 周光权：《犯罪论体系的改造》，中国法制出版社 2009 年版，第 81 页。

③ 参见欧阳本祺：《犯罪构成体系的价值评价：从存在论走向规范论》，载《法学研究》2011 年第 1 期。

解除（或减轻）刑罚的效果。”① 可见，德日犯罪构成论体系根本就没有依序区分事实判断与价值评价，故谈不上判断时先事实后价值。重构论显然忽视了这一点，依旧沉浸在阶层论体系的先事实后价值的梦幻中，这是令人愕然的。

其次，事实与价值二元论自18世纪盛行于欧洲以来，曾一度潜移默化地进入立法者、法学家和司法者的头脑，成为刑事立法、刑法学说乃至个案处断自觉或不自觉的宏大参照系。② 然而，早在20世纪50年代早期，哲学上的事实与价值二元论在奎因和其他人的批判面前就已经崩溃。③ 时至今日，二元论在国内外已经日渐式微。在我国哲学界，居于通说地位的是事实与价值一元论。“事实和价值是有联系的，事实和价值完全对立的看法是站不住脚的，我们并不否认在说明从事实转到价值判断的过程中还存在着许多逻辑学的和认识论上的问题需要解决，我们强调的是，人们实际上每时每刻都在从事实中推导出价值来。事实和价值有联系，这是一个客观事实，我们需要的是尽可能地从理论上解释、理解这一事实，而不是因理论研究不够就否认这一事实。”④ 在法学领域，事实与价值的关系论辩同样以二元论的崩溃告终。“无论是自然法思维还是法律实证主义，试图将事实与价值二分的理论努力最终都以失败而告终。而且，自然法和法律实证主义在坚持事实与价值二分的论证过程中，都无法避免地出现论证上的‘无穷追溯’现象，最终将法律的终极效力建立在某种模糊的基础之上。对自然法和法律实证主义的理论检讨说明，事实与价值二分法在法哲学层面遭遇崩溃。”⑤ 鉴于事实与价值二元论缺乏说服力，阶层犯罪构成论体系也就失去了可靠的哲理基础。

在重构论中，还有一种观点根据客观与主观先后顺序，主张建立先客观后主观的阶层犯罪构成论体系。该观点认为，“在主观与客观的价值择一之中，我国刑法应当选择客观主义而非主观主义。一方面，

---

① 林钰雄：《新刑法总论》，中国人民大学出版社2009年版，第246页。

② 参见冯亚东、胡东飞：《犯罪构成模型论》，载《法学研究》2004年第1期。

③ 参见［美］希拉里·普特南：《事实与价值二分法的崩溃》，应奇译，东方出版社2006年版，第74页。

④ 袁贵仁：《价值学引论》，北京师范大学出版社1991年版，第37页。

⑤ 王彬：《事实与价值二分的法哲学检讨》，载《学习与探索》2010年第6期。

犯罪发生的事实顺序决定了犯罪构成体系应该从客观到主观。……犯罪客观行为再至主观诸要素的确认与寻找，换言之，发生学意义上的客观到主观的顺序，决定了犯罪的认定模式应该从客观到主观，而不是相反，亦不是泛而论之的主客观相统一。另一方面，刑法处罚的结构特点也决定了应该从客观到主观。……只有在犯罪行为发生之后才能讨论刑法处罚的问题，这意味着‘行为’才是先导，是核心，是适用刑法的前提；与此同时，在确定罪之成立时，并非意味着只需单独依据客观的行为即可定性，还须考虑罪责，并在此基础上考虑刑罚之轻重。为此，首先认定客观的行为，再考虑实施该行为的主观罪责，方才符合刑法处罚犯罪的结构原理”。① 笔者认为，先客观后主观的重构论是缺乏说服力的：

其一，将犯罪发生顺序等同于司法人员查询犯罪事实过程的先后顺序，有所不妥。就犯罪的主客观因素而言，无所谓先后。刑法上的行为并非单纯的身体动静，自实施起就包含主观因素，甚至很多时候主观心理的产生还早于身体动静。犯罪的客观因素与主观因素之间犹如鸡与蛋的关系，很难说清楚先后次序。况且，犯罪发生以犯罪成立为前提，犯罪成立则需要主客观事实均具备。如此又怎么能得出“犯罪发生的事实顺序决定了犯罪构成体系应该从客观到主观”的结论呢？至于司法人员查询犯罪事实过程的先后顺序，则是另一个问题，与犯罪构成要件之间如何排列、是否采取阶层完全是两回事，不应混为一谈。再者，司法人员查询犯罪事实过程也并非总是先客观后主观。司法实践中，许多经验丰富的侦查人员看见形迹可疑、行为诡秘、心术不正的人，尽管没有发现其实施犯罪行为，但从其人身危险性出发推断其可能实施犯罪行为，并进而破获其实施过犯罪行为，也是常有的事，此时显然是从主观要素出发，再确认和寻找客观要素的。

其二，论者所谓的刑法处罚的结构中的“行为”指犯罪行为，当然包含客观因素与主观因素在内，而刑罚处罚作为一种后果既非客观要素，亦非主观要素，在这种情况下得出先客观后主观令人费解。根据论者所言“在确定罪之成立时，并非意味着只需单独依据客观的行

① 刘艳红：《犯罪构成体系平面化之批判》，载《法学研究》2011 年第 5 期。

为即可定性，还须考虑罪责”，也很难从逻辑上得出先客观后主观的结论。我们同样可以说，“在确定罪之成立时，并非意味着只需单独依据罪责即可定性，还须考虑客观的行为”。因为定罪需要考虑主客观因素，而不是只考虑客观因素或者主观因素。论者在此并没有论证定罪必然先考虑客观行为，再考虑主观罪责。因此，先客观后主观的重构论是缺乏说服力的。其实，即使先客观后主观有其道理，以之为据驳斥平面犯罪构成论体系也是牵强的。因为四要件平面犯罪构成论体系通常的排列顺序是犯罪客体、犯罪客观方面、犯罪主体、犯罪主观方面，体现的恰恰是从客观到主观。

在笔者看来，犯罪构成要件之间的阶层与逻辑其实是个伪命题，它将认定行为是否构成犯罪的模型和标准，与通过逻辑推理得出结论混为一谈。当我们根据一个法条确定某行为是否构成犯罪时，需要分阶层讲逻辑。例如，刑法对杀人罪的规定是大前提，发生杀人事实是小前提，该事实符合刑法关于杀人罪的规定，那么就会逻辑性地得出结论：行为人构成杀人罪。然而，犯罪构成的阶层与逻辑则是指犯罪构成要件之间的阶层与逻辑。显然，任何犯罪构成要件之间，都不存在谁推导出谁，谁是大前提、谁是小前提的问题，即便在德日三阶层犯罪构成论体系中同样如此。因为，构成要件该当性只是在一般情况下可以推导出违法性、有责性，当存在违法阻却事由、责任阻却事由时，所谓的逻辑推断与阶层递进就会失灵，由此可见其阶层与逻辑之勉强。其实，无论是刑法规定还是理论解说，犯罪构成不过是由立法者和刑法理论家在各自之工作领域分别就同一犯罪样本（成罪标准）所建构的模型，模型之粗疏轮廓由立法者一次性完成，而对模型做精细打扮、全面整理并不断完善、使之能够清晰辨认的工作，则是相应时期刑法学注释理论之历史重任。① 因此，阶层与逻辑对于犯罪构成要件而言并非不可或缺。行为符合刑法规定的事实特征，在价值上体现刑法对某种犯罪的评价，就能够认定犯罪成立，并不会因为缺乏评判次序而造成差错。“基于犯罪的认定与犯罪行为本体的关系，从方法论

① 参见冯亚东、胡东飞、邓君韬：《中国犯罪构成体系完善研究》，法律出版社2010年版，第45页。

上讲，按照哪个标准都是可以的、都有其合理性。”① 司法实践中，我们并没有发现法官因为没有进行阶层判断、分析，时常出现犯罪认定上的错误。事实上，在某些场合，根据一定的层次、位阶评价行为是否入罪，是要便捷些。但在另外的场合，根据一定的层次与位阶判断行为是否入罪，反而是累赘。如对于未满14周岁的人杀人，按照构成要件该当性先进行是否该当杀人罪的构成要件判断，再进行违法性、有责性判断，并在有责性判断时根据未满14周岁这一责任阻却事由排除犯罪性，就没有直接根据未达刑事责任年龄否定犯罪成立来得简便。“能够从细微处入手，在犯罪构成要件之间确定一定的逻辑顺序，以方便在司法实践中认定犯罪，是有所裨益的，值得肯定。但是，以此作为依据否认不具有严格位阶的犯罪构成理论体系的合理性，则是片面的。”② 因此，是否根据一定的位阶判断行为入罪，最多只是会影响犯罪认定的便捷，而不会对结果造成实质影响。

重构论既没有正视阶层犯罪构成论体系的理论依据——事实与价值二元论的崩溃与没落，也没有意识到德日三阶层犯罪构成论体系将事实判断与价值评价混融的现实，而是怀着对阶层犯罪构成论体系所具有的空洞的幻想，来实现他们对犯罪构成论体系构建的创新，这是极为勉强的。当初，事实与价值二元论的开拓者休谟在《人性论》中开篇写道：“凡自命在哲学和科学方面给世人发现任何新事物的人们总喜欢贬抑前人所提出的体系，借以间接夸耀自己的体系，这对他们说来是最通常和最自然的事情。”③ 也许休谟没有想到，这段话在他的二元论崩溃时，却无意中说出了世人对他的印象。重构论又何尝不是如此呢！

① 赵秉志：《论犯罪构成要件的逻辑顺序》，载《政法论坛》2003年第6期。

② 赵秉志、彭文华：《文化模式与犯罪构成模式》，载《法学研究》2011年第5期。

③ ［英］休谟：《人性论》（上册），关文运译，商务印书馆1980年版，第5页。

第四章　犯罪构成论的刑事裁判考量

第一节　刑事裁判过程中的犯罪构成论

一、犯罪构成论的裁判功能

犯罪构成虽已是刑法学者建构久远的一个概念，但如今在回答什么是犯罪构成抑或犯罪构成到底是什么的时候，除见仁见智之外，还有一头雾水之感。“关于犯罪构成的概念，在中国刑法学界并不是没有争议，除我们所坚持的作为通说的‘法律说’之外，关于犯罪构成的概念至少还有‘罪状说’‘概念说’‘理论说’‘事实说’‘法律＋理论说’以及‘法定说＋事实说’等诸多学说。”但如果我们仅从其在刑事裁判过程中所发挥的主要功能——即如何导引刑法规范与案件事实之间进行“符合性”判断的视角上解读“犯罪构成”这一概念，则无外乎三种涵义并表现为三种存在形态：一是作为裁判“法律依据”的犯罪构成；二是作为裁判“理论模型”的犯罪构成；三是作为裁判“操作模式”的犯罪构成。尽管“犯罪构成”在刑事裁判过程中的这三种存在形态彼此互相纠缠，难以明确界分，我们也可以用“犯罪构成论”来统一其称谓，但其在裁判过程中不同存在形态的具体功能发挥还是有明显分别的。

（一）作为裁判“法律依据”的功能

作为裁判“法律依据”的犯罪构成，其实质就是裁判案件时所依据的规定有关犯罪成立条件的刑法规范。也就是说，犯罪构成就是刑法有关犯罪成立的条件或成立犯罪的条件的规定，而构成要件就是刑法规定的有关犯罪成立或成立犯罪的一系列条件，其为案件裁判提供了认定或排除犯罪成立的“法律标准”。

从作为一种法律规范形式看，构成要件就是刑法规范规定的犯罪成立或成立犯罪的一系列条件或曰要素，而刑法规范在具体规定犯罪成立条件时，根据罪刑法定原则的要求，是需要具体描述的。《刑法》规定了多少种犯罪，必然就存在多少次或多少遍描述，而如何对这些犯罪进行描述以及采用何种方式进行描述，则是需要程式化要求的。所以，犯罪构成对犯罪成立条件的描述往往是被规范格式类型化的，犯罪构成就是隐含在刑法规范条文中的关于犯罪成立条件的一种规定模式，是一个抽象概念，而构成要件才是规范内容。从现象上看，构成要件主要表现为通过罪状承载的确定犯罪成立基本标准或规格的刑法规范，并具有一般刑法规范的功能，但在立法描述形式上，与其他一般刑法规范相比则呈现某种格式化特征。

1. 犯罪构成是成立或排除犯罪的共同要件与犯罪的个别要件的规定。

犯罪构成要件分别被规定在刑法总则与刑法分则的条文中。构成犯罪成立的共同要件被规定在刑法总则规范中，构成犯罪成立的个别要件被规定在刑法分则规范中。这业已基本上成为各国刑法典通行的立法惯例，对此可以我国刑法典为例进行分析。

刑法总则关于犯罪构成共同要件的规定，主要体现在第二章“犯罪”部分，包括从第 13 条到第 21 条以及第 30、31 条的规定，其中所涉及的侵害法益、罪过、行为、主体等内容，集合了一般犯罪形态犯罪成立的共同要件及排除犯罪成立的事项。刑法总则规定的犯罪构成基本上都是有关构成犯罪成立的共同要件或排除犯罪成立的特别事项。规定构成犯罪成立的共同要件是犯罪构成法定性的常态，而规定排除犯罪成立的特别事项则是犯罪构成法定性的例外。

刑法分则关于犯罪构成个别要件的规定，与总则犯罪构成共同要件规定的复杂抽象相比，则简单具体得多。一是内容规定单一，只规定一般犯罪形态中构成个别犯罪成立的个别要件，一般不涉及特殊犯罪形态中构成个别犯罪成立的特殊要件及排除个别犯罪成立的特别事项；① 二是格式统一简约，犯罪构成表现为通过罪状承载的确定个别犯罪成立基本标准或规格的刑法规范。“罪状是具体犯罪构成的‘住所’，犯罪构成是罪状描述的对象，任何一个犯罪构成都必须有特定的罪状加以规定。”② 或许可以这样表述为，具体个罪的犯罪构成是身体，罪状就是穿在身体上的衣服，衣服与身体可以浑然一体，但却不能彼此混同。③ 而且体型不同，对服装款式的要求也有所区别。我国刑法对具体个罪犯罪构成的描述方式可以分为四种情况，即简单罪状、叙明罪状、引证罪状、空白罪状，通过这四种描述方式，分别对我国刑法所规定的各种犯罪的犯罪成立要件进行了具体描述。每种不同的罪状如同不同款式的衣服，分别适合不同体型的犯罪构成描述要求。④

2. 刑法规范对构成要件的规定既属于描述性规定又属于评价性规定。

刑法是通过对犯罪构成要件的描述性规定与评价性规定就成立犯罪的基本要件以及排除犯罪的特别事项进行规制的。如何通过构成要件的描述性规定与评价性规定设置犯罪构成共同要件及犯罪构成个别要件，实际上是如何通过立法技术彰显罪刑法定原则的问题。而如何才能将日常生活语言切换成法律语言，并力求以明确的方式、严密的逻辑、准确的描述，来表达成立某罪所需要具备的基本要件以及排除成立犯罪的特别事项呢？

我们知道，“法律是透过语言被带出的”。⑤ 然而“法律的专业语言，不是一种科学语言，因为它的语法及语意不是建立在一种清楚的

---

① 《刑法》第389条第3款规定：“因被勒索给予国家工作人员以财物，没有获得不正当利益的，不是行贿。”这属于例外地排除受贿罪成立的特别事项规定。

② 陈兴良：《刑法各论的一般理论》，内蒙古大学出版社1992年版，第178页。

③ “罪状在刑法条文中只是犯罪构成及其要件的一种表现形式，而不可能替代犯罪构成本身。”参见肖中华：《我国刑法中犯罪构成概念的再探讨——为犯罪构成“法定说”所作的论证》，载《法学评论》1999年第5期。

④ 通过简单罪状描述，如《刑法》第232条关于故意杀人罪的规定；通过叙明罪状描述，如《刑法》第182条关于操纵证券、期货市场罪的规定；通过引证罪状描述，如《刑法》第124条关于破坏广播电视设施、公用电信设施罪的规定；通过空白罪状描述，如《刑法》第340条关于非法捕捞水产品罪的规定。参见高铭暄、马克昌主编：《刑法学》（第3版），北京大学出版社、高等教育出版社2007年版，第357～358页。

⑤ ［德］考夫曼：《法律哲学》，刘幸义等译，法律出版社2004年版，第169页。

规则之上。”[①] 刑法对犯罪构成的描述规定，即通过对语言的组织运用，对成立某罪所需要具备的基本要件以及排除成立犯罪的特别事项所涉及的诸要件要素或事项明细，以明确的方式、严密的逻辑、准确的描述所进行的法典化记述，如我国《刑法》第264条有关盗窃罪的规定，从法典化记述的角度看，是如何将构成盗窃罪成立的基本要件表述得既清楚又明确，因为这是罪刑法定原则的基本要求。这种描述性或记述性规定，显然主要表现为语言现象或表达技巧问题。从这一方面看，刑法对犯罪构成的规定，是纯粹的且类型化的有关犯罪成立或排除犯罪成立基本事实的描述；但另一方面，由于“语言是法律发生作用的媒介。这种媒介的性质对法律目标的实现和实现程度有着重要的影响”，[②] 所以，刑法对犯罪构成的规定仅是一种纯粹的、作为一种语言现象或表达技巧的描述性规定，显然是不可能的。规范不是因为语言而成为规范，规范的意义在于通过语言而承载的评价。刑法对犯罪构成的评价规定，是隐含在犯罪构成的描述规定中的有关犯罪行为违法性评价和责任性评价的法典化记述。还如我国《刑法》第264条有关盗窃罪的规定，在如何将构成盗窃罪成立的基本要件表述得既清楚又明确的语词中，隐含着刑法对构成盗窃罪成立要件事实的价值评判。“盗窃公私财物，数额较大或者多次盗窃的……”这一规定，实际上在描述构成盗窃罪成立的要件事实，如“盗窃”（隐含着故意未经他人同意而擅自取走）、“公私财物”（隐含着擅自取走的不是自己的财物而侵犯他人的财产权）、“数额较大或者多次盗窃”（隐含着擅自取走的他人财物之数量多少会影响取走行为的性质）等事实的同时，也对所描述的这些事实背后所隐含的违法和责任进行了评价。可见，通过构成要件描述的不法类型，同时承载着对生活事实加以类型化后给予不法的否定评价。“刑事立法是直接宣告违法性的，它根据构成要件的规定，设定了特殊的被类型化了的不法。”[③] 所以，从刑法条文有关犯罪构成

① ［德］考夫曼：《法律哲学》，刘幸义等译，法律出版社2004年版，第174页。

② ［美］布赖恩·比克斯：《法律、语言与法律的确定性》，邱昭继译，法律出版社2007年版，第1页。

③ ［日］小野清一郎：《犯罪构成要件理论》，王泰译，中国人民公安大学出版社2004年版，第26页。

规定的实际现象上看，刑法规范对犯罪构成要件的描述规定与评价规定，或者说事实描述与价值评判是纠缠在一起的。

由上述分析可见，综观我国刑法学界影响力最大的两本教材，即高铭暄、马克昌二老主编、赵秉志教授任执行主编的《刑法学》和张明楷教授独著的《刑法学》，前者主张“犯罪构成，就是依照我国刑法的规定，决定某一行为的社会危害性及其程度而为该行为构成犯罪所必需的一切主客观要件的有机统一”，[①] 后者主张“犯罪构成是刑法规定的，反映行为的法益侵害性与非难可能性，而为该行为构成犯罪所必须具备的客观构成要件和主观构成要件的有机整体”。[②] 这两种有关犯罪构成概念的不同表述，实际上都是从犯罪构成是一种规定有关犯罪成立条件的法律规范而成为裁判“法律依据”的视角给犯罪构成下定义的，体现了犯罪构成具有作为裁判“法律依据”的功能。

（二）作为裁判“理论模型”的功能

“立法者试着尽可能精确地在概念中掌握典型的生活事实，惟判决则必须重新去打开显得过分被界定（被定义）的这些概念，以便能正确地评价生活现实；然而，透过系争概念被给予一个新的‘被修正过的’定义（而这个定义，另一方面又因为生活现象的多样性，也只能多多少少满足一长段时间），又开始了一个重新循环的过程，一个永无止境的过程。”[③] 即不断将法律规范事实还原于案件生活事实，或将案件生活事实整理成法律规范事实，并在二者之间建立起某种关联关系，循环往复，使刑事裁判的本体贯穿于裁判的整个过程。而能够将二者勾连在一起的就是作为一种理论模型的犯罪构成。作为一种裁判的“理论模型”，“犯罪构成实乃法律规范与案件事实之间往返过渡的理论桥梁”。[④]

“犯罪构成理论，（就）是对刑法规定的犯罪成立必须具备的基本

① 高铭暄、马克昌：《刑法学》（第3版），北京大学出版社、高等教育出版社2007年版，第56页。

② 张明楷：《刑法学》（第3版），法律出版社2007年版，第100页。

③ 吴从周：《论法学上之“类型思维”》，载《法理学论丛——纪念杨日然教授》，台北，台湾月旦出版社股份有限公司1997年版，第32页。

④ 冯亚东：《犯罪构成功能论》，载《清华法学》2007年第2期。

条件进行系统归纳和分类的结果。”① 其不仅是通过对刑法规范规定的成立犯罪或排除犯罪的一系列条件或曰要素所涉及概念或类型的“解构”，并在此基础上建构起来的有关如何解读刑法规范描述的犯罪成立要件的一种模型理论，而且还是指引刑事司法实践如何将刑法规范规定的成立犯罪或排除犯罪成立的一系列条件或曰要素，系适用于具体案件裁判过程的司法裁判方法。当今相对具有理论影响力的犯罪构成理论模型主要有三个：（1）英美两层次模型。“英美犯罪构成理论结构是由犯罪本体要件（即刑事责任基础）和法律辩护事由（即责任充足条件）对合而成的双层次的结构体系。”② （2）德日三阶层模型。“德日犯罪构成理论结构是由构成要件的符合性、违法性和有责性组合而成的三阶层的结构体系。”③ （3）中俄四要件模型。“中俄犯罪构成理论结构是由客体要件、客观要件、主体要件和主观要件四方面组合而成的对称性的结构体系。”④ 但不论是哪种理论模型，作为一种刑事裁判中刑法规范如何与案件事实对接匹配的理论模型，其所发挥的裁判功能基本上是一致的，这就是犯罪构成理论的“瞻前与顾后”功能。⑤

所谓“瞻前”，就是为裁判过程中如何结合具体案件事实解读刑法文本规范描述的犯罪成立要件意义，并将其作为裁判案件的法律依据，具体应用于该当下案件的裁判，提供一种理论分析工具。这也就是冯亚东教授所认为的犯罪构成作为理论模型所具有的三大功能中的条件列示和语义阐释功能。所以，在这个层面上，我们看到的犯罪构成理论模型往往既是遵从规范的犯罪构成，又是超越规范的犯罪构成；既表征出规范的犯罪构成法定内容，又不拘泥于规范的犯罪构成要件形

① 陈忠林：《现行犯罪构成理论共性比较》，载《现代法学》2010 年第 1 期。

② 储槐植、高维俭：《犯罪构成理论结构比较论略》，载《现代法学》2009 年第 6 期。

③ 储槐植、高维俭：《犯罪构成理论结构比较论略》，载《现代法学》2009 年第 6 期。

④ 储槐植、高维俭：《犯罪构成理论结构比较论略》，载《现代法学》2009 年第 6 期。

⑤ 关于犯罪构成的功能，冯亚东教授在其《犯罪构成功能论》一文中认为，“犯罪构成作为理论模型具有三大认知功能——进行条件列示、作出语义阐释和提供路径导向”。参见冯亚东：《犯罪构成功能论》，载《清华法学》2007 年第 2 期。

式。没有一个犯罪构成理论模型与其作为规范的犯罪构成规定，在成立犯罪的要件或条件上彼此可以是相互对号入座的，这也是作为法律规范的犯罪构成与作为理论模型的犯罪构成的区别之所在。①

所谓“顾后”，就是为裁判过程中具体案件如何适用刑法规范描述的犯罪成立要件，提供一个基本的框架和系统，以便于对具体案件事实是否符合刑法规范所规定的犯罪成立要件进行认知与判断。这也就是冯亚东教授所认为的犯罪构成作为理论模型所具有的三大功能中的提供路径导向功能。所以，在这个层面上，我们看到的犯罪构成理论模型往往是，既来自实践并被发展的实践不断建构，又回归实践并在指导实践中不断完善；既能为刑法文本规范对接具体案件事实提供理论分析工具，又能为具体案件事实适用刑法文本规范提供裁判理论指导。没有一个既存的犯罪构成理论模型是完全符合刑事裁判实践需要的，否则理论就没有了发展的动力与源泉。犯罪构成理论模型只是为刑事司法裁判提供一个套路，至于刑事司法裁判过程是不是完全遵循这一套路，则完全取决于这个套路是否能有效满足案件裁判的需要。

就犯罪构成理论的这种“瞻前与顾后”的功能而言，其核心意义就是为刑事司法裁判中规范与事实的互构提供一个直观的“导引图像”。由此可见，在犯罪构成理论的裁判功能问题上，中俄、德日、英美模型具有共同性，其优劣不仅仅取决于模型本身的“学术潜质”或“理论素养”；能否契合文本解读的需求与案件裁判的需要，当然也是考量的重要指标。从另一个方面看，上述三种理论模型，实际上既可以相互解读彼此刑法规范所描述的犯罪成立要件，也可以相互作为彼此刑事司法案件裁判的指导理论。对此，彼此都可以对之采用拿来主义的态度，这也是犯罪构成理论模型作为一种刑事裁判中的理论支撑所具有的普适性价值之所在。

（三）作为裁判“操作模式”的功能

“徒法不足以自行”——任何法律的实践运作都是由一定的个人在规范与事实之间，通过一定的方式具体进行的，刑法亦不例外。无论

① 对于作为规范的犯罪构成与作为理论的犯罪构成之间的区别，李洁教授在其《法律的犯罪构成与犯罪构成理论》一文中有很精辟的分析。参见李洁：《法律的犯罪构成与犯罪构成理论》，载《法学研究》1999年第5期。

是作为裁判“法律依据”的犯罪构成，还是作为裁判“理论模型”的犯罪构成，都在试图为人们在规范与事实之间如何“认知犯罪”并“确认犯罪”提供一种路径、方法、模式，它们共同构成了一套运行于法律规范与案件事实之间的“犯罪认知体系”[①]和“犯罪评价体系”。犯罪构成作为“犯罪认知体系”，“便是指特定法域下运用刑法甄别具体事案从而厘定‘犯罪’的思维模式及相应操作程式；异言之，就古今中外的刑法运用而言，均存在如何将刑法文本同案件事实相连接而识别‘犯罪’的方法问题——此识别犯罪一定之方法或路径，便可称之为犯罪认知体系。”[②]该体系“是属于司法如何运用刑法去认知犯罪的技术性问题”。[③]而我们认为，犯罪构成不仅是一种“犯罪认知体系”，同时还是一种“犯罪评价体系”。这是因为，刑事司法裁判既是一种对“犯罪”的认知活动，又是一种对“犯罪”的评价活动。仅做“犯罪”认知、不做“犯罪”评价的刑事司法裁判是不可想象的，也是不存在的。这是因为，犯罪构成作为一种由刑法抽象规定并由刑法理论归纳而成的决定某一行为构成具体犯罪所必须具备的主观要件和客观要件有机结合的统一体，仅仅是刑事立法在法律“图纸”上设定的某一犯罪的规格模板以及学者根据这一法律“图纸”建构的理论模型。在司法实践中，无论是根据这一规格模板和理论模型去“按图索骥”地到现实生活中发现犯罪，还是运用这一规格模板和理论模型到现实违法行为的“原材料”中去“生产、制造”犯罪，都需要将这一模板、模型与一定的违法行为事实相结合，通过事实评价与判断、价值评价与判断及规范评价的实践活动，才能产生其应有的法律意义和实践效果。[④]可见，犯罪构成作为“犯罪认知体系”，侧重于对犯罪事实问题的认识与判断；作为“犯罪评价体系”，则侧重于对犯罪价值问题的认识与判断。二者不可等同，但又很难界分，它们相互“牵手”，

---

① 我国台湾地区学者许玉秀曾提出“犯罪认知体系”概念，以涵盖两大法系不同的犯罪成立条件体系。参见许玉秀：《序言》，载《犯罪阶层体系及其方法论》，台北，台湾成阳印刷股份有限公司 2000 年版，第 7 页。我国大陆学者冯亚东教授也沿用了这一概念。参见冯亚东：《犯罪认知体系视野下之犯罪构成》，载《法学研究》2008 年第 1 期。

② 冯亚东：《犯罪构成功能论》，载《清华法学》2007 年第 2 期。

③ 冯亚东：《犯罪认知体系视野下之犯罪构成》，载《法学研究》2008 年第 1 期。

④ 杨兴培：《犯罪构成的实践运用》，载《中国法学》2003 年第 5 期。

引领着案件裁判思维与裁判方法，共同构成了刑事司法固有的一种裁判模式。

所以，从作为一种刑事裁判思维模式与操作方法看，犯罪构成就是连接刑法文本规范和具体案件事实之间的“媒介”“桥梁”，为刑事司法提供了一种如何将具体案件事实与抽象文本规范进行对接，进而完成案件裁决过程的裁判操作模式，并由此形成了犯罪构成的“实践套路”或“裁判套路”。

二、犯罪构成论的裁判路径

如上所述，犯罪构成论是一套有关犯罪的认知体系和评价体系，这种认知体系和评价体系实际上就是在刑事司法实践运作过程中，逐渐形成的一套如何将具体案件事实与抽象文本规范进行对接，进而完成案件裁决过程的操作模式。这套模式的操作路径，具体在两个方面展开：一是如何让刑法文本规范成为适用于裁判具体案件事实的那个裁判规范，即为通过案件事实确定的刑法规范涵义提供样本；二是让具体案件事实成为适合于刑法文本规范裁判的那个裁判事实，即为通过刑法规范整理的案件事实材料提供模板。犯罪构成作为在这个规范与事实之间相互“类型与被类型”过程中的一个规格和标准，融入了刑事案件的裁判过程。

（一）犯罪构成论是规范与事实之间互构的“导引图像”

刑事案件裁判的过程，就是将具体案件事实与刑法文本规范进行对接匹配的“符合性”判断过程。“法律工作者必须以法律为基础解决社会矛盾。因此，在特定的案件中所作的判决是一个（或者多个）特定的法律规范的法律后果，这意味着法律工作者必须找到并且证明适用于该案例的规范。法官对诉讼程序中的具体案情作出决定，他必须寻找案情适用的决定性的规范并且通过解释来研究其含义，决定该规范中所规定的法律后果是否适用该案情。”① 我国刑事司法的基本原则也是“以事实为根据，以法律为准绳”，法律规范与案件事实的互构，

---

① ［德］N. 霍恩：《法律科学与法哲学导论》，罗莉译，法律出版社 2005 年版，第 123 页。

即让事实融入规范进行整理，让规范进入事实完成解读，这构成了司法裁判的本体。而犯罪构成论作为一种基于刑法规范规定而在理论上创设的一个概念模型或分析工具，就是为文本规范中规定的各种各样散乱而碎片化的有关成立犯罪所必须具备的条件，建构一种相对清晰的类型轮廓，从而为裁判过程中规范与事实的匹配对接提供一个直观的“导引图像”。

首先，犯罪构成论是人们认识犯罪或认定犯罪的“导引图像”，或者说“是一种观念指导形象”，[①] 为犯罪提供一个外在的轮廓或构型。例如，贝林曾经形象地把构成要件比喻为一个钩子，指出，法官通过构成要件相当于手持有了一把钩子，他可以把案件悬挂在这样一个钩子上面。[②] 之所以可以把案件挂在这个“钩子”上，当然不会仅仅是因为这个“钩子”系作为“是一种观念指导形象”的构成要件，而是因为这个构成要件上承载着或隐含着刑法规范对犯罪的拟制，只是通过这个“钩子”，可以让人们直观、形象地认识到犯罪到底是什么样态，以便将现实生活中的案件事实与规范中的概念事实比对、匹配，从而完成对案件的裁判。

其次，犯罪构成论是对犯罪一种概念化的抽象类型，而不是指刑法规范中的具体犯罪类型，它既源于规范中的犯罪类型，又为人们对规范中的犯罪类型的解读和适用提供观念形象。刑法规范中的犯罪是一种类型性建构，各种犯罪本身就是各种各样的类型。正如上述贝林所指出的，每个法定构成要件肯定表现为一个“类型”，如“杀人”类型、“窃取他人财物”类型等。但是，并不是意味着这种——纯粹“构成要件”的——类型与犯罪类型是一样的。二者明显不同，构成要件类型绝不可以被理解为犯罪类型的组成部分，而应被理解为观念形象（Vorstellungsge-bild），其只能是规律性的、有助于理解的东西，逻辑上先于其所属的犯罪类型而存在。[③] 陈兴良教授据此认为，“贝林强调构

① 参见陈兴良：《构成要件：犯罪论体系核心概念的反拨与再造》，载《法学研究》2011 年第 2 期。

② 参见［德］恩施特·贝林：《构成要件理论》，王安异译，中国人民公安大学出版社 2006 年版，第 30 页。

③ 参见［德］恩施特·贝林：《构成要件理论》，王安异译，中国人民公安大学出版社 2006 年版，第 6 ~ 7 页。

成要件是一种类型，犯罪是一种类型性行为，认为‘类型性’是犯罪的一个概念性要素。笔者认为，这里的类型，实际上就是一种模型，它是一种立体的、抽象的实体性概念。将刑法分则对具体犯罪的特征的文字性描述，转化为具有实体性的构成要件，从而使犯罪更加容易把握和判断，这就是构成要件所具有的特殊功能”。[①] 我们对这种观点是赞成的，但陈教授同时认为："在贝林看来，构成要件类型，在很大程度上决定着犯罪类型，因而构成要件是前置于犯罪类型而存在的。"[②] 对这种观点我们却不敢苟同。我们认为，贝林所认为的构成要件"在逻辑上先于其所属的犯罪类型而存在"，并不是指构成要件类型决定着犯罪类型，并前置于犯罪类型而存在，而是指当作为"观念形象"的构成要件这个"钩子"产生后，人们会自然地把案件往这个"钩子"上挂，并通过这个"钩子""导引"寻找与案件契合的规范中的犯罪类型，这也就是所谓的"构成要件在逻辑上先于其所属的犯罪类型而存在"。之所以如此，是因为这个作为"钩子"的构成要件源于对刑法规范中各种犯罪类型的高度抽象，其上面承载着或隐含着刑法规范对各种犯罪的类型性拟制，如果追根溯源的话，应该是规范中的犯罪类型决定着构成要件类型，规范犯罪类型前置于构成要件类型而存在。完全脱离规范中的犯罪类型而存在的犯罪构成要件类型是不可想象的，也是没有任何实际价值的，有可能沦为刑法学者手中"悲哀的玩具"。[③]

最后，犯罪构成论能够为裁判过程中规范与事实之间互相建构提供直观的"导引图像"。让规范进入事实的过程，实际上是规范被事实解构的过程，亦即文本规范被特定案件事实解读或特定案件事实适用文本规范的过程。在对案件适用法律时，必须对法律文本进行解释，确定其具体的涵义，这是适用法律的一个不可或缺的过程。在特定案件审理中，法官对具体要适用的法条不进行解释即可予以适用的情形在客观上几乎是不可能的，而这种解释显然就不再是纯粹的一般规范

---

① 陈兴良：《构成要件论：从贝林到特拉伊宁》，载《比较法研究》2011 年第 4 期。

② 陈兴良：《构成要件：犯罪论体系核心概念的反拨与再造》，载《法学研究》2011 年第 2 期。

③ ［日］西原春夫：《犯罪实行行为论》，戴波、江溯译，北京大学出版社 2006 年版，第 25 页。

语义的解读，这种基于裁决目的，针对所裁判的具体案件事实的解释，即将刑法规范纳入具体案件事实的情境中解读其涵义，就构成了裁判过程的一部分，而具有了司法的能动性。这是因为“同样的词对不同的人会有不同的含义”。[①] 在不同的生活事实情境中，即使是对同一法条含义的理解，也会发生变化。“大部分的法律都是经过不断的司法裁判过程才具体化，才获得最清晰的形象，然后才适用于个案，许多法条事实上是借裁判才成为现行法的一部分。”[②] 裁判永远是针对个案事实的裁判，规范在个案事实中解读才具有效力。[③] 所以，刑法规范中的语词、概念的解读，都是在“本案中”的意义解读，是基于本案案件事实这一特定情境下的理解，“没有一个解释可以主张它是终局并且——可以适用于任何时间的——‘绝对正确的’解释。它绝对不可能是终局的解释，因为生活关系如此多样，根本不能一览无余，再者，生活关系也一直在变化之中，因此，规范适用者必须一再面对新问题”。[④] 如果生活事实发生了变化，导致相关的案件事实发生变化，对这些语词、概念的理解自然也会发生变化。

让事实进入规范的过程，实际上是事实被规范建构的过程。刑法运作实践中的案件事实，并不是原汁原味的原始案件事实，而是被加工过的，并已由案件的客观事实转化成的案件的法律事实。一方面，案件事实被程序依据刑法规范需要进行加工，即被证据并依据一定的证据规则证明确立与犯罪构成要件相关的事实；另一方面，被证明确立的案件事实，无一不是与刑法规范规定的特定犯罪构成要件相关并被依据规范要件整理过的事实。这是因为，判断行为是否构成犯罪的

① ［德］伯恩·魏德士：《法理学》，丁小春、吴越译，法律出版社2003年版，第75页。

② ［德］卡尔·拉伦茨：《法学方法论》，陈爱娥译，商务印书馆2005年版，第20页。

③ 最典型的就是曾引起广泛关注而至今仍有多视角研究价值的许霆案。正是由于《刑法》第264条中“盗窃”“盗窃金融机构”这一语词或概念被纳入许霆案的案件事实中被“再认识”，以及对第63条第2款中的“特殊减轻”在许霆案的案件事实中被赋予了一种“新的理解”，该案才得以“裁判下去”，完成案件的最终裁判。相关内容请参见赵秉志主编：《中国疑难刑事名案法理研究——许霆案件的法理争鸣》（第四卷），北京大学出版社2009年版。

④ ［德］卡尔·拉伦茨：《法学方法论》，陈爱娥译，商务印书馆2003年版，第195页。

唯一依据和标准就是具体的构成要件。换句话说，就是看行为是否符合构成要件所勾勒的具体不法类型的特征。因此，对错综复杂的客观真实进行整合以归类或涵摄于构成要件之下时，法官首先要做的就是根据构成要件的类型指导把案件事实相应类型化，以使之能够满足构成要件归类或涵摄的框架要求。具体构成要件描述的是犯罪成立的主客观条件，将案件事实类型化，即是从主客观方面搭建行为成立犯罪的基本框架，以判断案件事实能否在主客观方面满足具体构成要件的要求。也就是说，将待判断的案件事实按照具体犯罪构成要件的类型特征相应地类型化，使之在类型或者说框架上与具体构成要件相符。然后在相应类型的框架内寻求刑法规范与案件事实本质上的一致性，在案件事实与构成要件之间寻求一种恰当的、内在的对应，并在裁判中的具体案件事实与规范中的构成要件事实之间，做出“同”或者“异”、“是”或者“否”以及在何种程度上“同”或者“异”、“是”或者“否”的判断。①

同时，规范进入事实、让事实解构规范的过程与事实进入规范、让规范建构事实的过程是双向交流的互动过程。在这个过程中，犯罪构成理论起着一种“导引图像”的作用。一方面，以抽象的构成要件为依据去判断某一具体事例；另一方面，是由该具体的事例，反观构成要件勾勒的不法类型，经由典型的事例以及比较特定的刑法原则和思想，而趋向于刑法的一般规定。例如，当我们评价某人的行为是“利用了职务上的便利”而实施的时候，我们已经不自觉地将犯罪构成的一般理论运用到具体的案例中了。反过来，当我们考察某人是否利用了职务的便利而实施某种行为时，我们又必须将判断的思维趋向于刑法对“利用职务之便”的抽象事实规定。所以，案件事实的形成与具体构成要件内涵或外延的确立是双向、反复交流的。在这个双向交流的过程中，不仅案件事实在一定程度上起着扩张或限缩抽象的构成要件类型的作用，而且，案件事实的形成也离不开构成要件理论的指导与形塑，它们在特定案例中双向互动毋宁说是相互磨合。

① 参见张心向：《在规范与事实之间——社会学视域下刑法运作实践研究》，法律出版社2008年版，第171页。

（二）犯罪构成论为通过案件事实确定的规范涵义提供样本

确定刑法规范的涵义是刑事司法裁判过程的重要环节，其目的当然是解决具体案件，为具体案件的裁判找到可资适用的规范。由于“每一个具体案件的判决都是抽象的法律规则在具体事实中的‘适用’”，① 所以，对裁判中的规范而言，只有与那个具体个案事实有关的那部分条文才是最重要的，而对这部分条文意义的解读、确定，必然就会有个案事实参与其中并产生影响。在这个过程中，犯罪构成论发挥了“导引图像”的作用，即犯罪构成理论为刑法规定的犯罪构成要件如何在司法裁判中与具体案件对接提供样本。

刑法规定的犯罪构成要件，就是有关成立犯罪或排除犯罪成立的一系列条件。刑法对一系列条件的描述往往是被规范格式类型化的。犯罪构成作为隐含在刑法条文中的关于犯罪成立条件的一种规定模式以及刑法规范中的一个概念类型，为裁判中如何认定犯罪提供了一个基本法律框架。但构成要件是一个规范意义上的概念事实，而不是具体案件的案件事实。构成要件是“一种将社会生活中出现的事实加以类型化的观念形象，并且将其抽象为法律上的概念”，② 但已经对事实加以类型化了的构成要件与具体案件事实本身是内涵完全不同的两个层面。判断行为是否成立犯罪，关键看今天所发生的案件能否为已经被先前类型化了的构成要件所“涵摄”或“等置”，而具体案件事实能否被规范意义上的构成要件所“涵摄”或“等置”，需要循环式论证才可确定。也就是说，法官一方面必须依据刑法规定对当下案件事实是否符合其规定的犯罪构成要件进行判断；另一方面又要对刑法规定的可能适用于当下案件事实的某一个或某几个罪的构成要件是否契合该案件事实作出判断。如此循环往复，直至“案件事实”最终被刑法所规定的犯罪构成要件所认定或排除。而规范意义上的犯罪构成要件能否与具体案件事实情形相匹配，是需要经过一番寻找才能发现的。这是因为，作为刑法规定的法律概念，作为犯罪事实类型化的构成要件，

---

① ［德］马克斯·韦伯：《论经济与社会中的法律》，张乃根译，中国大百科全书出版社 1998 年版，第 25 页。

② ［日］小野清一郎：《犯罪构成要件理论》，王泰译，中国人民公安大学出版社 2004 年版，第 11 页。

形式上未免是抽象的，再加上构成要件本身所蕴含的规范的因素、语言功能的限制，以及刑法的内在和谐与目的，使构成要件的内涵并不是一眼就可以透视的。就具体个案的证明存在的案件事实与具体各罪的构成要件的规范案件事实之间是否符合而言，既需要用规范要件事实对个案案件事实进行筛选，使“事实”完成从生活事实到程序意义上的证明事实、再到构成要件意义上的法律事实的转变，也需要使法律规范事实进入个案案件事实，去获得生命和色彩。因此，寻找个案适用的刑法规范的过程，就是在犯罪构成理论引领下寻找与该案事实匹配的那个犯罪构成要件的过程。

一方面，通过犯罪构成理论弥补刑法规范的漏洞或空缺。没有漏洞或空缺的法律是不存在的，刑法规范的漏洞或空缺亦在所难免。在刑法规范用犯罪构成要件来对案件事实进行类型化的过程中，存在疏漏是正常的。这一方面与构成要件的要素缺失或过于限制有关。在构成要件理论上，构成要件要素是构成要件的下位概念和组成部分。任何具体的犯罪构成要件再往下分，都是由不同的构成要件要素组成的。例如，犯罪的客观要件包括行为、结果、行为对象等客观要素；犯罪的主体要件包括年龄、辨认和控制能力、特殊的身份等主体要素；犯罪的主观要件包括故意、过失、动机、目的等主观要素。这些要素组成了犯罪构成要件的规范事实因素，如其在设定过程中出现要素疏漏或被过于限制，就会使具体发生的案件事实与构成要件的规范事实之间因不能适应而无法对接。在这种情况下，即形成了卡尔·拉伦茨所认为的“开放的漏洞”。① 另一方面与刑法规范本身的不完整性有关。即对于已经规定在刑法中的犯罪类型而言，欠缺对构成要件详细而无遗地记述，导致由于构成要件过于抽象难以确定其意义而使规范事实与具体的案件事实无法实现一一对应，② 如不纯正不作为犯罪。在这种情况下，就形成了卡尔·拉伦茨所认为的“隐藏的漏洞”。③ 无论是

① 参见［德］卡尔·拉伦茨：《法学方法论》，陈爱娥译，商务印书馆2003年版，第254页。

② 参见刘艳红：《开放的犯罪构成要件理论研究》，中国政法大学出版社2002年版，第152～153页。

③ 参见［德］卡尔·拉伦茨：《法学方法论》，陈爱娥译，商务印书馆2003年版，第254页。

“开放的漏洞”还是“隐藏的漏洞”，都会使待决案件的生活事实与刑法文本规范事实之间存在对接缝隙，从而造成构成要件的规范事实与具体发生的案件事实之间无法实现正常对接。

法官在个案审理过程中如何弥补这种规范的犯罪构成要件或要素缺失，① 主要就是通过具体案件事实去解读规范的犯罪构成中成立犯罪的法定要件和排除犯罪成立的特定事项，以识别、明确其在本案中的意义的过程，就是将与本案有关的犯罪构成要件内涵及外延明确化并加以适用的过程，也是通过本案事实去创设缺失犯罪构成要件的过程。司法过程是寻找正当的个案裁判行动，并通过这一行动去发现针对个案的最合理的解决方式。无论是对规范中构成要件的漏洞填补，还是对规范中构成要件的空缺续造，作为一种创设被缺失了的犯罪构成要件的形式，都是与本案的案件事实相关的司法行为，因为只有将规范的犯罪构成要件置于具体案件事实之中，犯罪构成要件的漏洞与空缺才会有被填补和续造的需要。而在这其中，犯罪构成理论以其在司法裁判中独有的“图像导引”功能，为织补勾连这些漏洞或空缺提供了最直观、最便捷、最实用的方法论上的指导。

另一方面，通过犯罪构成理论协调、处置具体案件裁判过程中刑法条文间的矛盾。② 刑法条文之间存在矛盾冲突，“很多法条的构成要件彼此会全部或部分重合，因此，同一案件事实可以被多数法条指涉”。③ 在这类案件中，不同的法律条文有不同的规定，而一旦适用不同的规定就会产生不同的判决结果，这要求法官对究竟应该适用哪一条文进行选择。不同的选择就会有不同的裁判结果。当然，选择哪个条文最为恰当，一般取决于刑法就该罪所设定的犯罪构成要件事实与待裁决的案件事实之间的关联度的强弱，也就是相似度的强弱。同样具有关联关系的情况下，关联度最强的法条，应该就是适用最恰当的

---

① 就规范的犯罪构成而言，“立法者有些情况下只是凭着大体的感觉做出大体的规定，其具体的内容尚待于生活自然而然地将它展现，有待于法官和法学家去努力地挖掘”。参见冯亚东：《刑法的哲学与伦理学》，天地出版社 1996 年版，第 136 页。

② 参见张心向：《在遵从与超越之间——社会学视域下刑法裁判规范实践建构研究》，法律出版社 2012 年版，第 423～425 页。

③ ［德］卡尔·拉伦茨：《法学方法论》，陈爱娥译，商务印书馆 2003 年版，第 146 页。

法条。如就刘海洋硫酸伤害黑熊案而言，[①] 该案在裁判过程中主要有两种意见：一种观点认为刘的行为构成“非法杀害珍贵、濒危野生动物罪”，[②] 另一种观点认为构成“故意毁坏财物罪”。[③] 刘海洋的行为能否构成非法猎捕、杀害珍贵、濒危野生动物罪，关键取决于对“杀害”这个词语的理解，即“硫酸泼洒”是否构成“杀害”的一种行为类型；而是否构成故意毁坏财物罪，关键是看动物是否属于“财物”的范畴。即该案中的“动物”，可否理解为是与设备、房舍等其他财物性质相同“东西”。如果法官基于“如果动物园里连动物都不是财物，那还有什么是财物？或者说动物园里最主要的财富就是动物”的判断理解法条，把该案中的“动物”等置于“财物”，就会选择第 275 条所规定的“故意毁坏财物罪”裁决该案；而如果法官基于“动物园的黑熊是野生动物而非财物”以及“用硫酸泼洒黑熊是一种针对黑熊的杀害行为”的判断理解法条，就会选择第 341 条规定的“非法杀害珍贵、濒危野生动物罪”裁决该案。第 275 条与第 341 条规定的犯罪构成要件事实到底分别是什么？到底哪一条规定的犯罪构成要件与刘海洋用硫酸泼洒黑熊的案件事实构成因素更为相似呢？这显然是只有将其纳入到刘海洋用硫酸泼洒黑熊的案件事实情境中，并运用犯罪构成理论中已被类型化的犯罪构成要件或要素加以分析才能确定的问题。

（三）犯罪构成论为通过刑法规范整理的案件事实提供模板

对于案件事实的形成，恩吉施认为可以分成三个步骤：第一步是

---

① 刘海洋硫酸伤害黑熊案的基本案情是：2002 年一二月间，清华大学机电系学生刘海洋，先后两次在北京动物园熊山黑熊、棕熊展区，分别将事先准备的氢氧化钠（俗称“火碱”）溶液、硫酸溶液，向上述展区内的黑熊和棕熊进行投喂、倾倒，致使 3 只黑熊、2 只棕熊（均属国家二级保护动物）受到不同程度的损伤，给北京动物园造成了一定的经济损失。具体参见杨文学、刘燕晨：《北京西城法院正式审理“伤熊”案 刘海洋被公诉》，载《京华时报》2003 年 3 月 27 日。

② 我国 1997 年《刑法》第 341 条第 1 款规定：“非法猎捕、杀害国家重点保护的珍贵、濒危野生动物的，或者非法收购、运输、出售国家重点保护的珍贵、濒危野生动物及其制品的，处五年以下有期徒刑或者拘役，并处罚金；情节严重的，处五年以上十年以下有期徒刑，并处罚金；情节特别严重的，处十年以上有期徒刑，并处罚金或者没收财产。”

③ 我国 1997 年《刑法》第 275 条规定：“故意毁坏公私财物，数额较大或者有其他严重情节的，处三年以下有期徒刑、拘役或者罚金；数额巨大或者有其他特别严重情节的，处三年以上七年以下有期徒刑。”

对具体的生活事件、实际上已经发生的案件事实的想象，即对已发生的裸的事实的想象；第二步是对案件事实确实发生的确认，即通过证据来确认裸的事实已经发生；第三步是将案件事实作如下判断：其确实具备法律的构成要素，或者更精确地说，具有法律构成要件的构成要素，即将裸的事实证明确立为法律上的案件事实。① 亦即刑事司法中裁判的那个案件事实实际上已不是实际发生过的那个“原汁原味”的案件事实，亦不是曾经存在过的事实真相，更不是按照法定程序对案件原始生活事实的“再现”或者“复原”，而是依据程序法的要求，并在刑法所规定的犯罪构成要件或要素事实的导引下，对案件生活事实与案件社会结构因素重新解构后的一种再建构的结构，其作为以案件生活事实与案件社会结构因素为事实认知蓝本而被“发现”出来并被“认定”为是“真实”的案件事实的那个事实，只能是无限接近真实案件事实的一种法律意义上的裁判事实，而不可能是真实案件事实本身。犯罪构成理论为这个案件事实的建构提供了一个可以对应、比照的操作模板。

一方面，案件事实都是依据刑事诉讼程序被刑法规范加工整理的法律事实，即被证据并依据一定的证据规则证明确立的并与刑法规定的犯罪构成要件相关的事实。比较典型的就是我国最高人民法院于1998年9月2日发布的《关于执行〈中华人民共和国刑事诉讼法〉若干问题的解释》第52条关于“案件事实”的规定，即“需要运用证据证明的案件事实包括：（一）被告人的身份；（二）被指控的犯罪行为是否存在；（三）被指控的行为是否为被告人所实施；（四）被告人有无罪过，行为的动机、目的；（五）实施行为的时间、地点、手段、后果以及其他情节；（六）被告人的责任以及与其他同案人的关系；（七）被告人的行为是否构成犯罪，有无法定或者酌定从重、从轻、减轻处罚以及免除处罚的情节；（八）其他与定罪量刑有关的事实”。这其中主要包括以下三方面的内容：

其一，刑法规定的犯罪构成要件的诸事实，即被侵害法益、行为

① ［德］卡尔·恩吉施：《法律思维导论》，郑永流译，法律出版社2004年版，第67页。

人情形及行为人所实施危害社会的具体犯罪行为以及与行为相关的各项客观事实（如犯罪的时间、地点、方法、手段、危害结果等）、犯罪嫌疑人或被告人的主观心理状态（如有无故意或过失，犯罪的动机、目的等）。诉讼理论上将上述应予证明成立犯罪各要件的诸事实，概括为“七何”要素，即何人、何时、何地、基于何种动机、采用何种方法手段、实施何种犯罪行为以及造成何种危害结果。犯罪构成要件的诸事实是案件法律事实的关键和核心部分。

其二，是否足以排除行为的违法性、可罚性和行为人刑事责任的诸事实，即所谓违法阻却事由和责任阻却事由。如根据我国《刑法》的规定，正当防卫、紧急避险等行为虽然在客观上造成了损害后果，但由于这些行为是以合法形式出现的，从根本上排除了行为的违法性，也就从根本上排除了行为人的刑事责任。这些排除犯罪成立的诸法定事项也是案件法律事实的重要组成部分。

其三，影响量刑轻重的各种情节，即作为影响量刑的从重或者从轻、减轻、免除处罚理由的法定情节或者酌定情节等，也属于案件重要的法律事实。

可见，能够成为刑事司法中裁判“对象”的那个案件事实，是在被打乱的生活事实的“碎片”基础上的“重组事实”，能够把这些“碎片”拼凑在一起的是刑法规范关于行为是否构成犯罪、构成何罪、罪重还是罪轻、应否处以刑罚、应处以何种刑罚的规定。

另一方面，在刑事诉讼中被证据证明确立的案件事实，无一不是与刑法规范规定的特定犯罪构成要件或要素相关并被依据规范要件整理过的事实，即案件事实被依据构成要件的类型要求加以相应的格式化，以使之能够满足规范构成要件涵摄或归类的框架要求，而为这种“整理”提供模板的就是犯罪构成理论。

刑法规范是以自身设定的犯罪构成要件为模本对具体案件事实进行类型化的，而犯罪构成论体系则为这种类型化提供了理论分析工具，所以，在不同的犯罪构成论体系下就会形成不同的类型模式。其中，就以德国、日本为代表的三阶层犯罪论体系而言，由于犯罪成立要件由构成要件该当性、违法性和有责性组成，这三者之间又是一种递进式的逻辑关系，即构成要件的该当性、违法性和有责性三者之间环环相扣、层次递进，所以，按照这一类型对某一行为认定为犯罪的案件事实类型化的整理必然依次是：构成要件该当性的相关事实类型化，为犯罪成立提供行为事实基础；违法性的相关事实类型化，为排除正当防卫等违法阻却事由提供事实依据；有责性的相关事实类型化，为追究刑事责任提供主观事实根据。而英美法系的犯罪构成论体系是一种双层次结构，本体要件与合法抗辩形成犯罪认定的两个层次，所以，按照这一类型对某一行为认定为犯罪的案件事实进行类型化的整理，就演变成了“双层次平衡”案件事实类型模式。一方面是“实体意义上的犯罪要件又被称为犯罪本体要件，包括犯罪行为和犯罪意图”。① 另一方面是“诉讼意义上的犯罪要件又被称为责任充足要件，是指合法抗辩事由，包括可得宽恕的事由和正当化事由两类”。②

我国的犯罪构成模式被公认为是“平面耦合式”的，犯罪构成要件分割为犯罪客体要件、客观方面的要件、犯罪主体要件、犯罪主观方面的要件，犯罪构成要件之间的关系是一种共存关系，即一有俱有，一无俱无，只有四个要件全都具备了，才能成立犯罪。但在案件事实类型化过程中，仍然是有层次、有秩序的。犯罪客体即法益是案件事实类型化的基础。犯罪的本质是侵害（或者威胁）法益的行为。将行为列入刑事司法评价视野的根据也正在于行为对法益的现实侵害或紧迫威胁。整个犯罪论体系和刑法分则的体系也是围绕行为的这种危害本质而构建的。因此，以行为对法益的侵害或者威胁作为案件事实类型化的基础和逻辑起点，既是刑法的必然要求，也是刑罚的根据所在。在对错综复杂的案件进行整理、归纳的时候，首先应该思考的是，该事实中的行为是否侵害或者威胁了刑法保护的法益。所以，对表象错综复杂的案件事实进行梳理的第一步就是以行为的社会危害性为中心，分析其中的行为对何种或哪几种法益造成了现实的侵害或紧迫的威胁。认清行为侵害了何种法益，只能说是对案件事实进行了大体的归类，而案件事实最终的形成离不开具体构成要件的指导和评判。具体构成要件在法益的基础上对案件事实的类型化具有进一步识别和筛选的功

① 周光权：《犯罪论体系的改造》，中国政法大学出版社 2009 年版，第 27 页。
② 周光权：《犯罪论体系的改造》，中国政法大学出版社 2009 年版，第 28 页。

能。在刑法的规定中，不同的个罪可能会侵害相同的法益。例如，侵犯财产犯罪侵害的法益都是或包括财产法益，但由于侵害的方式不同，刑法又具体规定了不同的个罪，如盗窃罪、诈骗罪、敲诈勒索罪等。这就凸显了构成要件在法益的基础上对案件事实类型化进一步识别的功能。例如，当一个人的财产法益和人身法益都受到了侵害，至此还不能将案件事实依据侵害的法益类型化，因为抢劫罪、敲诈勒索罪以及绑架罪都同时（可能）侵害财产法益和人身法益。这个时候只能将案件事实进一步类型化的目光转向具体的构成要件的规定。如果被害人在心理受到强制的情况下丧失了财产法益，就符合敲诈勒索罪的构成要件；如果被害人在足以抑制反抗的暴力作用下丧失了财产法益，根据抢劫罪的构成要件，就应该按照抢劫罪的类型来整理案件事实；如果行为人利用第三人对被害人人身法益的担忧而获取了财产，根据绑架罪的构成要件，案件事实可能就具有绑架罪的类型特征。也就是说，在将案件事实全面对照构成要件的主客观要素进行评判时，就能清楚地凸现具体案件事实与规范要件事实之间的关联程度。所以，案件事实的类型化不管相对于何种具体犯罪构成模本，从形式上看都是围绕着犯罪构成的四个要件而展开的，只是不同的案件事实与不同的构成要件在内容上有所差异而已。

第二节　刑事裁判思维中的犯罪构成论

一、刑事裁判的两种思维模式

“思维类型”问题，在哲学、心理学的研究论域中依然是一个见仁见智的问题。[①] 但无论是概念思维还是类型思维，作为两种重要的法律思维类型却是毋庸置疑的，刑事裁判思维亦概莫能外。

概念思维作为一种传统思维形式，通过对事物本质的诠释和特征的描述，用语言将某一事物固定下来，从而使该事物区别于其他事

① 参见李祖扬、汪天文：《思维类型辨析》，载《南开学报（哲学社会科学版）》2007 年第 1 期。

物，所以，固定和区分构成了其基本的思维特征。类型思维相对就复杂一些。台湾学者吴从周经过研究认为，类型思维至少涉及以下四个方面的关系：第一，多数现象所具备的一种基本形式——作为一个种类或分类的本质形态；第二，典型——作为特殊个体的模范；第三，统一的建筑蓝图——作为各式各样个别形体的统一模型；第四，一种完全形态——作为较不明显的中间形态或过渡形态的标准。① 而概念思维是通过对事物本质的诠释和特征的描述，其目的是用语言将某一事物固定下来，从而使该事物区别于其他事物。那么，类型思维与概念思维有何不同？一般认为，类型具有开放性（die Offenheit）、意义性（die Sinnhaftigkeit）、整体性（die Ganzheitlich-keit）、直观性（die Anschaulichkeit）特点。② 而就具体而言，结合刑法规范在裁判适用中的实际情形，我们认为：

首先，概念思维是一种封闭式思维，类型思维是一种开放式思维。具体表现在以下三个方面：③ 第一，类型的层级性，亦即一个类型之内可能会具有无数的层级依序排列。所以，类型思维不像概念思维是“非此即彼”式的，而是“或多或少”式的。即某特定类型中所包含的各个事例，依其所具备的核心特征强弱不同，表现出层级性。如关于是不是“男人”或“女人”的思考是概念性思考，而关于有没有“男人味”或“女人味”的思考就是类型性思考；再如关于是不是“财物”的思考是概念性思考，而关于是否属于“财产性利益”的思考就是类型性思考。第二，类型边界的模糊性。这正如拉伦茨所言：“一种类型相较于其他可比较的类型，并非是界限固定的；相反的，它仿佛是流

---

① 参见吴从周：《论法学上之“类型思维”》，载杨日然教授纪念论文集编辑委员会编：《法理学论丛——纪念杨日然教授》，台北，台湾月旦出版社股份有限公司 1997 年版，第 299～303 页。

② Detlef Leenen，Typus und Rechtsfindung，verlag von Duncker & Humblot，Berlin，1971，p. 34. 转引自齐文远、苏彩霞：《刑法中的类型思维之提倡》，载《法律科学（西北政法大学学报）》2010 年第 1 期。

③ 参见吴从周：《论法学上之“类型思维”》，载杨日然教授纪念论文集编辑委员会编：《法理学论丛——纪念杨日然教授》，台北，台湾月旦出版社股份有限公司 1997 年版，第 319 页。

动的：经由不同的强调重点的移动及特征的变化，它便转向另一类型。”① 即相比概念间界限明确，且相互分离，类型间界限模糊，且相互交融。第三，类型构成要素的不固定性。归属某类型的对象无须具备某些不可或缺的因素，而只需在整体上符合类型的外表图像即可，而概念则具有封闭性，须具备该概念的所有特征，才可归属于该抽象概念之下。

其次，概念思维是一种判断式思维，类型思维是一种评价式思维。尽管类型与类型之间在过渡阶段缺乏明确的界限，只能显示出从某一类型到另一类型流动过渡的外表，但毕竟不同类型之间还是有区别的。那么，究竟是什么决定了不同类型之间的区别？是类型的意义性。德国学者施特拉克认为：“是意义或者说是评价的观点，指出了法律上类型构筑的建构性因素；在此，经验的诸表象在一个规范性的尺度下被‘总括视之’。”② “没有重要性评价观点，类型无法被想象。”③ 类型之间因其所表达的意义和由此意义所决定的整体形象不同，而显现出差别。当我们判断某一对象归属某种类型时，必须借助于某种评价性观点进行价值判断，确定该对象是否与该类型具有相同意义性。而对于抽象概念思维而言，不需要进行价值评价，只要进行逻辑推论（涵摄）即可。

再次，概念思维是一种片段式思维，类型思维是一种整体式思维。类型首先是一种具有弹性要素的有机组合，一种有意义的结构性整体。在该结构整体中，每一要素皆被联系于一个意义中心或精神核心，其功能与意义必须从整体出发，才能加以确定。与类型的这种整体性相比，形成概念的要素虽非是随意地并列存在，但它只是由要素累积性地连接成为“要素综合”，该概念的意义范围原则上并不依赖于各个要素彼此之间的共同协力合作，就可以彼此区隔或断裂。

最后，概念思维是一种抽象式思维，类型思维是一种直观式思维。

① ［德］卡尔·拉伦茨：《法学方法论》，陈爱娥译，商务印书馆2003年版，第345页。

② 林立：《法学方法论与德沃金》，中国政法大学出版社2002年版，第128页。

③ 吴从周：《论法学上之“类型思维”》，载杨日然教授纪念论文集编辑委员会编：《法理学论丛——纪念杨日然教授》，台北，台湾月旦出版社股份有限公司1997年版，第322页。

类型的意义性，决定了其无法用一个或固定几个具体的、容易被确定的必要构成要件来界定类型，各式各样的特征组合都可能从整体上表现出此种意义性。就类型的意义性的把握而言，只能诉诸直观感觉。正如学者林立所言："对这个意义性，吾人的把握乃是诉诸一种'对意义性的直观'，即我们无法靠着去看到并数出一个事物中拥有必要的构成要件特征来说'此物属于某一类型'；而是去'直观'到一件事物其组合所'散发'、'营造'、'体现'的某种意义，来判别其所应归属的类型。所以我们的直觉宛如是对一个'图像'的把握，即一事物的所有元素作为一个'有机的组合结构体'，仿似化为一个'意义的图像'而被直觉地把握到；甚至我们在面对同样可以散发出这种'意义'的诸事例中，也直觉地把握、感知其程度上之比较级差别。"① 而对概念的把握显然不需要此种直观，只需判断某一对象是否具备该概念所必不可少的全部要素即可。

我们知道，"案件与规范只是方法过程中的'原始材料'，二者是在不同的范畴领域中，未经加工处理根本不能相互归类。规范属于抽象普通定义的当为，案件随着它无尽的众多事实则属于未经细分、无定形的存在"。② 如何让它们彼此"对应"，使规范成为"符合存在的"，案件成为"符合规范的"？由于概念思维与类型思维在思维路径及模式上的差异，故让它们彼此之间互相拉近的过程，在不同的裁判思维模式中的表现必然会有所不同，在概念思维中这一过程主要是借助演绎推理的逻辑涵摄完成的，在类型思维中则主要是通过类比推理的逻辑归类完成的，而指导分析规范与事实之间是否形成涵摄关系或是否有归类可能而可以"等置"的，是作为一种认知犯罪"导引图像"的犯罪构成论，同时，其作为在规范与事实之间相互"类型与被类型"过程中的一个规格和标准，也融入了刑事案件的裁判过程，即只有在通过了犯罪构成论的"整理"之后，才能对规范与事实是否"相符"或"匹配"作出判断。所以，刑事裁判思维中犯罪构成论的主要作用，就是为刑法规定的犯罪构成要件或要素与案件事实要素之间相应关系

---

① 林立：《法学方法论与德沃金》，中国政法大学出版社2002年版，第129页。

② ［德］考夫曼：《法律哲学》，刘幸义等译，法律出版社2004年版，第136页。

的比对，亦即为判断规范与事实之间是否具备“符合性”提供“导引图像”。

二、犯罪构成论在刑事裁判思维中的作用

（一）犯罪构成论在概念思维裁判中的作用

概念思维中的犯罪构成论，主要是通过刑事裁判过程中的演绎推理，对刑法规定的犯罪构成要件或要素与案件事实要素之间是否存在以注释概念涵义为核心的逻辑涵摄关系提供“导引图像”。

一方面，通过犯罪构成论可以从一般概念意义上判断刑法规范对案件事实是否存在涵摄可能。“通过涵摄进行法律适用的实际情形如下：在法律适用的时候，法官在法律规范与事实之间建立起一种联系。更准确地说，（这种联系）是在特定的构成要件（Tatbestandmerkmal）与事实的特定部分之间逐步地建立起来。如果法官已经查明了大前提和小前提，之后便就会询问怎样在事实构成特征与事实之间建立起联系?”① 何谓涵摄，见仁见智。笔者倾向《布莱克法律辞典》的解释，即对某一个案受制于某一般原则进行决断，将个案置于某一宽泛规则之下。② 因此，我们对司法裁判中涵摄关系的基本逻辑结构可以作这样的理解：“将外延较窄的概念划归外延较宽的概念之下，易言之，将前者涵摄于后者之下的一种推演。然而，作为法律适用基础的逻辑涵摄，并不是将外延较窄的概念涵摄于较宽的概念之下，毋宁是将事实涵摄于法律描述的构成要件之下，至少看来如此。”③ 其具体逻辑涵摄的操作过程或“涵摄模型”可演示为：法律规范往往是这样被表达的，即凡符合构成要件 T，那么就应当赋予法律效果 R。只要构成要件 T 在某具体案件事实 S 中被实现，对 S 就应该赋予其法效果 R。假使特定案件事实 S 在逻辑上看来是 T 的一个“事例”，就可以认定构成要件 T 已经在 S 中被实现。因此，如果要知道对某案件事实应赋予如何的法律效

---

① ［德］伯恩·魏德士：《法理学》，丁小春、吴越译，法律出版社 2003 年版，第 297 页。

② 焦宝乾：《三段论推理在法律论证中的作用探讨》，载《法制与社会发展》2007 年第 1 期。

③ ［德］卡尔·拉伦茨：《法学方法论》，陈爱娥译，商务印书馆 2003 年版，第 152 页。

果，就必须审查是否应该把这个案件事实看成构成要件 T 的一个“事例”，而因此可以归属于其下。由此，我们可以由下列形式的演绎推理的三段论来推得法律效果：

假使任何一个案件事实实现 T，则应赋予其法律效果 R（大前提）。

特定案件事实 S 实现 T，质言之，其系 T 的一个“事例”（小前提）。

对 S 应赋予法律效果 R（结论）。

一般把这个过程称为司法逻辑三段论的“涵摄”，其核心部分是一种逻辑的推论。推论模式可以概括如下：

T 借助要素 a、b、c 而被穷尽描述。

S 具有 a、b、c 等要素。

因此 S 是 T 的一个事例。

以抢劫罪为例：

以暴力、胁迫或者其他方法抢劫公私财物的，构成抢劫罪；

被告人实施了比较典型的以暴力、胁迫或者其他方法抢劫公私财物的行为；

被告人构成抢劫罪。

在这个涵摄模型中关键性的因素是：大前提中的“暴力、胁迫或者其他方法”作为抢劫罪犯罪构成客观方面要件的行为要素，是一种抽象的概念事实；而作为小前提中的“暴力、胁迫或者其他方法”，则是一种案件的生活事实，表现形态五花八门、千奇百怪。在两者的比对过程中，案件生活事实中典型的“暴力、胁迫或者其他方法”，才会被规范中的“暴力、胁迫或者其他方法”所涵摄；非典型的，即游离在“暴力、胁迫或者其他方法”核心概念边缘处的行为，如利用他人人与包暂时分离的瞬间，以将门突然锁上的方法造成他人与包分离于门内与门外，使他人不能有效监管自己的包，而乘机将包抢走的，是否属于抢劫罪中的“暴力、胁迫或者其他方法”，或者说抢劫罪中的“暴力、胁迫或者其他方法”能否“涵摄”该案中的“这种抢包行为”，显然就不那么容易地就能做出判断。

另一方面，在刑事裁判中可以通过犯罪构成论去判断刑法规范与案件事实之间能否形成涵摄关系。概念上存在涵摄可能，只是为涵摄推论提供一种现实操作的基础；认为似乎只要大前提与小前提有涵摄关系，就可以必然推出结论，这只是看到了问题的表面，而核心或根本的问题是二者如何建立起这种涵摄关系。因为作为大前提的刑法文本规范提供的是价值判断的问题，其中不可能得出“是”什么的事实问题。相反，从案件生活事实的经验范畴也得不出“应该”怎么的价值判断，两者间性质的不同，不存在着直接的逻辑推导关系，不能直接将案件生活事实涵摄于刑法文本规范之下，而必须在刑法文本规范与案件生活事实之间建立一个可以连接两者的“中间类型”。这个“中间类型”，既非纯粹的文本规范，亦非纯粹的案件事实，而是裁判规范与裁判事实。通过它们可以将刑法中规定的某一犯罪的构成要件或要素与组成当下案件事实的要素勾连起来，进行比对看其是否相互符合，而这一过程是通过作为一种认知犯罪“导引图像”的犯罪构成论完成的。

第一步是“导引图像”引领法官基于案件生活事实，寻找适用于待决案件的刑法文本规范，从而为演绎推理确定大前提。当法官对案件有了初步了解之后，他首先要做的就是寻找到能够适用于案件的刑法规范，并基于当下案件事实对相关规范涉及的概念做出解读。这就是现代法学方法论上所称的“找法活动”。

第二步是通过“导引图像”整理形成符合规范格式要求的案件事实，为演绎推理提供小前提。当法官初次接触案件时，案件生活事实表现为各种各样的证据，而且可能很凌乱，包含了很多根本没有法律意义的情节，而具有法律意义的情节可能反而没有被提供，而且整个案件事实是用普通的日常语言来表述的。这时的案件事实还不能成为演绎推理的小前提。为了使之成为演绎推理的小前提，法官必须对案件事实根据刑法规定的犯罪成立要件进行加工处理，除去不必要的情节，确定有法律意义的情节都有相应的证据证明，并对之进行刑法意义上的评价，并用刑法规范语言表述出来。

第三步便是依据大、小前提推出结论。在进行上述刑法文本规范与案件生活事实的互构过程中，犯罪构成论所起的就是“导引图像”的作用。刑法文本规范被案件生活事实解构后重构为裁判规范，案件生活事实被刑法文本规范结构后建构为裁判事实，接下来就要对两者的相互关系，即组成案件事实的各个要素是否分别符合犯罪构成的各个要件或要素做出判断，如果符合就成立犯罪，如果不符合就排除犯罪。

（二）犯罪构成论在类型思维裁判中的作用

类型思维中的犯罪构成论，主要是通过刑事裁判过程中的类比推理，为刑法规定的犯罪构成要件或要素与具体案件的事实要素之间是否因可以归类而能够“等置”的逻辑关系提供“导引图像”。

一方面，在犯罪构成论的引导下，从事物本质意义上判断刑法规范中的哪些“描述事实”与具体案件中的哪些“生活事实”之间存在可以归属“同一类型”的可能性。如上所述，类型思维作为一种开放式思维，其思维类型的层级性、类型边界的模糊性、类型构成要素的不固定性等特征，为裁判过程中文本规范与案件事实之间的对接，拓展了可以进行比对的波幅宽度，一是可以最大限度地包容社会生活中规范与事实之间的千变万化、多姿多彩的关系形态，二是兼顾规范概念的模糊地带和空洞区域，在概念的核心向边缘依次延伸、分层级的流动思考中依次、以层去解构事实，同时事实亦可依次、以层去解构规范，这样在规范与事实之间就建构起了可以表征彼此关系的“类型谱系”或“类型系列群”，即使规范与事实的关系再复杂、再模糊，也大都能够在组成事实的基本要素与规范的构成要件之间找到比对的切入点。而能够把规范的某些要件与事实的某些要素关联起来思考的“纽带”，则是“事物之本质”。① 只有从“事物本质”出发进行思考，

① 关于何谓“事物本质”，尽管各家说法不同，但意思却是基本相同的：在Radbruch看来，“事物本质”是“生活关系的意义”。此种意义是“在存在中现实化的当为，在现实中显现的价值”；在迈霍菲尔（W. Maihofer）看来，“事物本质”是“存在与当为间的桥梁”，它同时是“既存事物与负有任务事物的建构”；在斯特拉腾韦特（G. Stratenwerth）看来，“事物本质”或“事物的逻辑结构”均是在某种特定观点下被凸显为重要的存在事实，它涉及“某一特定价值观点与对应事物间无法解开的关系”；在Larenz看来，“事物本质”意味着“同时是一个存有论与规范的构成要件：一种在存在意义中所具有的以及在存在中或多或少一直被现实化的当为”，“一种在现存事物中负有任务的事物”。所以，一般而言，“事物本质”无非是一种特殊中的普遍、事实中的价值的现象。一方面，它并不是偶然性的现实或个别性的事物，而是某种重复出现的关系，即类型性的生活关系；另一方面，它兼跨事实与价值、存在与当为等不同领域，是从反复出现的事实中所抽象出的特定的意涵或价值观点。参见杜宇：《刑法解释的另一种路径：以“合类型性”为中心》，载《中国法学》2010年第5期。

才能将规范与事实拉入同一个层面，从而才可以同时处于事实与价值之中。因为“事物本质”与外在类型有着内在的牵连，它们之间构成了某种“神”“形”的关系。没有“事物本质”，个别事物之间便无法建立起价值性的连接，从而无法形成类型谱系；没有“类型”，事物间的价值关联便难以获得直观的载体形式，从而无法被现实把握。只有从“事物本质”出发进行思考，才能将规范与事实拉入同一个层面，从而才可以事物本质为评判价值，去衡量待决案件事实可否归类于相应规范类型。这样，规范与事实之间就不再是一种逻辑涵摄关系，而是在一定的价值导引下，以一种较高或较低的程度，将它们进行比对式“归类”，使之“彼此密切”或“彼此区隔”。也因此，此时裁判中的思维不再是一种只要具备该规范概念的全部构成要素的事实，均可被涵摄于该规范之下的“精准的”形式逻辑思维，而是一种由于规范与事实之间本质上存在归类可能而被“等置”的“模糊的”类比逻辑思维。

从事物本质意义上判断刑法规范中的哪些“描述事实”与具体案件中的哪些“生活事实”之间存在可以归属为“同一类型”的可能性，在裁判思维中更多的是在法意层面上考量的。除此之外，犯罪构成论在类型思维中的价值，就是为这种规范与事实之间是否存在归类可能而可以“等置”提供一个“参照模型”，以使裁判者可以据此判断“规范”和“事实”在多大程度上具有“相似性”。

另一方面，犯罪构成论作为类型思维中规范与事实之间进行“符合性”判断的“导引图像”，其作用的发挥是借助于类比推理完成的。如何从事物本质意义上判断刑法规范中的哪些“描述事实”与具体案件中的哪些“生活事实”之间存在可以归属为同一类型的可能性，在类型思维中更多是从内在的法益层面上考量的，犯罪构成论为这种规范与事实之间是否存在归类可能而可以“等置”提供了一个外在的“导引图像”，以使裁判者可以据此判断“规范”和“事实”在多大程度上具有“相似性”，而这主要是通过类比推理来进行的，其形式可大致概括为以下两种：

X 规则适用于 A 案件；

B 案件在实质上与 A 案件类似；

所以，X 规则也可适用于 B 案件。[①]

或：

具有约束力的先例 X 具有 a、b、c……n 属性，并且适用 R 法律原则；

经识别，待处理的 Y 案件也具有 a、b、c……n 属性；

所以，Y 案也应适用 R 法律原则。

类比推理在司法裁判中的运用过程通常包括以下三个步骤：[②]

一是要识别一个权威性的基点，即“原型案件”。这个基点可以是法律明文规定的事项或者是具有权威性的判例，这实际上就是一个“找法”的过程。

二是描述基点，即“原型案件”和目标案件之间在事实上的相同点和不同点。即将两个问题放在一起，寻求它们的相同点和不同点，只有通过比较和对比识别出所有看似有理的相同点和不同点后，才能对相同点还是不同点哪个更为重要做出一个恰当地判断。当一个描述基点的事实情况与一个目标案件的事实情况相似到要求有同样的结果时，那么我们就要求依照判例或基点；否则，我们就要求区别判例或基点。这实际上就是把作为基点的文本规范概念事实与待决案件生活事实在形式特征上互相比对。

三是对相同点和不同点的重要程度进行判断。判断重要程度，即判断是事实上的相同点重要，还是不同点更为重要，并因此决定是依照基点还是区别基点。这实际上就是依据法律的目进行判断的过程。

类比推理的适用过程表明了类比推理包含了形式规则和价值判断。其中，第一和第二个步骤是类比推理的形式规则，它们主要是根据类比推理的逻辑形式进行的；第三个步骤是类比推理的价值判断，因为在认定相同点或不同点谁更重要时，需要对法律规范的意旨进行整体性的综合考量，这是一个十分复杂的分析、比较、判断的过程。在这个过程中法官个人的职业素养以及经验起着至关重要的作用，他必须始终遵循平等原则的要求，运用专业知识和经验，对相似性做出最终

① 参见沈宗灵：《法律推理与法律适用》，载《法学》1998 年第 5 期。

② 参见［美］史蒂文·J. 伯顿：《法律和法律推理导论》，张志铭、解兴权译，中国政法大学出版社 1998 年版，第 89 页。

认定。

在此以考夫曼对著名德国盐酸案的分析为例。[①]

X携带盐酸泼洒在一名女会计的脸上，进而抢走她的钱包。在联邦法院的判决中，所涉及的问题是：X是否犯了加重抢劫罪。根据行为当时有效的《德国刑法》第250条的规定，加重抢劫罪的构成是："当行为人……携带武器实施强盗行为，而以武力或以武力胁迫，防止或压制他人反抗时。"因而，必须判断该案中使用的盐酸是否是一种武器。联邦法院肯定了这一点，这引起了广泛的争议，直到后来立法者将刑法第250条修订为"携带武器或其他器械或方法实施强盗行为，而……"那么，联邦法院是怎样将盐酸与武器等同处置的呢？照字面及可能的字义是不行的。体系的因素也得不出这种结论，因为法律秩序中（武器法）没有任何一处将化学药品视为武器。事实上，联邦法院做出盐酸是武器的结论正是通过类比推理获得的：从抽象普遍的武器概念作为一种以攻击或防御为目的的技术工具可知，"武器"的类型是"武器本身有一些带来危险的成分"。然后，确定两个事实：

F1：步枪、手枪、大炮都是危险的，

它们都是武器，这种武器比F2的"武器"更为众所周知；

F2：盐酸以这种方式使用（携带实施强盗）是危险的，

但这种"武器"不比F1的武器更为众所周知，所以它是否是一种武器尚有疑问；

需要对F1和F2往返比较，在比较中，确立一个比较点R：

所有的武器都是危险的（从武器的本质上）；

最后得出结论：盐酸在这种方式下使用就是武器。

但这并不意味着在"盐酸在这种方式下使用可否视为武器"的问题上，不存在不同的看法，争议的焦点基本上都集中在该如何判断"原型案件"与目标案件的"相似性"问题上。而对于何谓"相似性"以及如何判断"相似性"，学者间的认识依然存在分歧和争议。

---

① 参见［德］考夫曼：《法律哲学》，刘幸义等译，法律出版社2004年版，第129页。

德国学者关于“相似性”的认识主要有以下三种不同见解：[①] 构成要件相似说：该说以构成要件之间的比较为基础，如果法定案型与系争案型的相同内涵特征在法律评价上对两个案件来说都具重大意义，则可认定两案具有相似性。在德国此说为通说；实质一致说：该说认为，相似性的认定应视法定案型与待决案件事实间是否具有实质一致而定。但是，该说并未提出妥帖地认定何谓实质一致的标准；同一思想基础说：该说认为，在思想基础上，如果系争案件事实与法定案型事实间具有“同一利益状态”或同具“基本思想”，则可认定二者间具有相似性。

德国法学家拉伦茨持第一种观点。他认为：“二案件事实彼此相类似，此意指：两者在若干观点上一致，其余则否。假使在所有可能的角度上，两者均一致，则两者根本就是相同的。有关的案件事实既不能相同，也不能绝对不同，他们必须恰好在与法评价有关的重要观点上相互一致。事实是否如此，不能仅凭一致及不一致等逻辑学上的基本范畴来决定，毋宁必须先澄清：在法定规则中表现出来的评价之决定性观点何在。接着是积极地确定：在所有这些观点上，待判的案件事实与法律上已规定者均相一致；然后是消极地确定：两者间的不同之处不足以排斥此等法定评价。因此，法学上的类推适用无论如何都是一种评价性的思考过程，而非仅形式逻辑的思考操作。法定构成要件中，哪些要素对于法定评价具有重要性，其原因何在，要答复这些问题就必须回归到该法律规整的目的、基本思想，质言之，法律的理由上来探讨。”[②] 我们亦赞同这种观点，即构成要件相似说，并且认为：

第一，“相似性”的比对基点，是在通过构成要件理论模型这一“导引图像”的引领下，在文本规范中寻找与当下案件生活事实大致对应的抽象概念事实的过程中确定的。

怎样才能获取“相似性”比对的基点，也就是所谓的“原型案件”呢？对此，伯顿认为：“至少有 7 个背景因素可能包含着有用的基点：

---

① 黄建辉：《法律漏洞·类推适用》，台北，台湾蔚理法律出版社 1988 年版，第 110～112 页。

② ［德］卡尔·拉伦茨：《法学方法论》，陈爱娥译，商务印书馆 2003 年版，第 258 页。

（1）制定法文字的通常含义；（2）适用同一制定法规则的司法判例；（3）无争议的假设案件；（4）由同一制定法中其他一些规则所支配的案件或情况；（5）与制定法相联系的历史事件或情况；（6）与法律制定同时期的经济和社会实践，以及（7）立法史。”①

就大陆法传统而言，最根本的“基点”，一般还是根据文本规范规定的犯罪成立要件或要素等规范性事实，在类型思维意义上将这些规范性的事实从核心到边缘依次建构起一个谱系类型组织：从最为典型到比较典型，再到还算典型的若干规范事实类型，这种对抽象“典型”的具体化，是通过社会生活事实中经常发生的一些案件以及在教材、学术论著中经常被列举的某些用来说明上述若干规范事实类型假设案件来完成的。还有，就是我国最高人民法院和上级人民法院的判例，通常被当作比对时的规范事实类型的具体现实模板，即“原型案例”而成为类比推理最权威的基点。各级人民法院的判例在我国并不具备形式上的法律效力，但最高人民法院的判例（包括各种答复、会谈纪要等）、上级法院或本院曾经的判例（成功或认为是成功的）事实上会对待决的案件产生影响。晚近以来，人民法院开始实行案例指导制度，凡是被社会广泛关注的、法律规定比较原则的、具有典型性的、疑难复杂或者新类型的以及其他具有指导作用的裁判已经发生法律效力的案例，都有可能指导性案例的选择范围。② 这实际上“就是要把那些具有独特价值的案例发现出来、公布出来、树立起来、推广开来，充分发挥这些案例独特的启示、指引、示范和规范功能，让广大法官能够及时注意到这些案例，及时学习借鉴这些案例所体现的裁判方法和法律思维，并参照指导性案例的做法，公正高效地处理案件”。③ 归根结底就是为法官基于案件生活事实在文本规范中寻找大致对应的抽象概

① ［美］史蒂文·J. 伯顿：《法律和法律推理导论》，张志铭、解兴权译，中国政法大学出版社1998年版，第89页。

② 《最高人民法院关于案例指导工作的规定》（法发〔2010〕51号）第2条规定，本规定所称指导性案例，是指裁判已经发生法律效力，并符合以下条件的案例：（1）社会广泛关注的；（2）法律规定比较原则的；（3）具有典型性的；（4）疑难复杂或者新类型的；（5）其他具有指导作用的案例。

③ 蒋安杰：《最高人民法院研究室主任胡云腾——人民法院案例指导制度的构建》，载《法制日报》2011年1月5日。

念事实，提供现实形象的“具体类型模板”或谓之“原型案件”。

第二，按照构成要件或要素内容去比对“原型案件”与待决案件是否“相似”，以确定二者在基本事实构成要素方面能否对接以及在多大程度上可以对接。

“世界上找不到两片相同的树叶”。但我们经常能够发现两片相似的树叶。问题是如何判断“相似”，即“原型案件”与待决案件在什么情况下可以视为“相似”？

（1）以某一个特定的犯罪构成为基点，主要是判断待决案件事实与原型案件事实是否符合同一个犯罪构成所设定的犯罪构成要件，以判断它们在构成要件上有哪些相同点和不同点。以李宁组织同性卖淫案①为例。李宁组织男性从事同性性交易案中，组织男性从事同性性交易的行为最有可能被认定的罪名是组织卖淫罪。组织卖淫罪的典型情形是组织他人向异性卖淫，尤以组织女性向男性卖淫为典型。把本案和组织卖淫罪的典型案件相比较可以发现，在构成要件的其他方面两者没有什么区别，不同的地方在于组织的是男性卖淫还是女性卖淫，组织的是同性之间的性交易还是异性之间的性交易。再作进一步比较可以发现，两者在性交易这一点上是相同的，不同的只是卖淫主体和交易对象。

（2）通过将待决案件与作为比对媒介的“原型案件”之间的相同点和不同点进行比较，以决定在某种情形下两种情况间在事实上是相同点更多一些，还是不同点更多一些，以最终判断作为小前提的待决案件事实与作为大前提的并已适用于“原型案件”特定犯罪的犯罪构成规范要件事实之间的关联程度。即两者的相同点重要还是不同点重要，以判定两者是否具有刑法意义上的“类似性”。而且，还需确定这种“类似性”到底达到什么程度才可以将待决案件按照典型案件来定罪而又不至于违反罪刑法定原则。而这显然既是一个事实判断，又是

① 2003年1月至8月，被告人李宁以营利为目的，先后伙同刘某、冷某等人经预谋后，采取张贴广告、登报的方式招聘“公关先生”，制定公关人员管理制度，指使刘某、冷某对“公关先生”进行管理，并在其经营的“金麒麟”、“廊桥”以及“正麒”酒吧内将“公关先生”介绍给同性嫖客，由同性嫖客带到南京市“新富城”大酒店的桑拿浴室、包间等处从事同性卖淫活动。参见最高人民法院刑一庭、刑二庭编：《刑事审判参考》（总第38期），法律出版社2004年版，第137页。

一个价值判断，其中既有形式判断，又有实质判断。“系争案件与法律所规定的案件类型之间是否具有类似性的判定，正是从这些众多因素进行综合判定的作业。”① 这其中罪刑法定原则是判断类似性的基本理念和最高标准。仍以上述李宁组织男性从事同性性交易案为例。一般组织卖淫案件中，“卖淫”系指异性之间的性交易，尤其是指女性向男性提供性服务，而本案则是男性向男性提供性服务，是否属于“卖淫”不无疑问。组织同性间卖淫是否构成组织卖淫罪，关键在于如何解读卖淫，也就是说，卖淫是否包括同性之间的性交易。刑法所规定的卖淫，从本质上说是指以营利为目的向不特定的人出卖肉体的行为，至于行为人的性别是男是女，卖淫的对象是异性还是同性，均不是判断、决定行为人的行为是否构成卖淫所要考虑的因素。之所以这样理解，是因为无论是女性卖淫还是男性卖淫，无论是向异性卖淫还是向同性卖淫，均违反了社会基本伦理规范，败坏了社会良好风尚。从此角度看，向异性卖淫与向同性卖淫并无本质区别。所以，以组织卖淫罪追究组织同性卖淫行为的刑事责任，并不违背而且完全符合刑法有关卖淫嫖娼犯罪规定的立法精神。在此价值判断的基础上，法官使用了类比推理的方法来对“卖淫”进行解释。法官首先把“女性卖淫”和“男性卖淫”、“同性卖淫”和“异性卖淫”进行比较，经过比较发现，它们之间存在同性与异性的区别，又存在性交易的共同点；然后再从刑法有关卖淫嫖娼犯罪规定的立法精神来考察它们之间的相同点和不同点，判断相同点与不同点的重要程度；最后认为，相对于刑法该条款规定的精神来说，同性与异性的区别并不重要，重要的是性交易本身。因此，男性向同性卖淫也是刑法中的“卖淫”，组织男性向同性卖淫的行为构成组织卖淫罪。在该案中，刑法规定的组织卖淫罪是一个犯罪类型，组织女性向异性卖淫是该犯罪类型的典型情形，而法官面对的却是组织男性向同性卖淫这样一种非典型情形，由于这种非典型情形处于组织卖淫罪这个犯罪类型的边缘地带，判断其能否被纳入该犯罪类型并非易事，仅凭对“卖淫”的文义解释或凭经验难以做出判断。因此，我们看到的是法官巧妙使用了类比推理的方法来进行判断；

---

① 屈茂辉：《类推适用的私法价值与司法运用》，载《法学研究》2005 年第 1 期。

虽然待决案件是非典型案件，处于犯罪类型的边缘地带，但组织卖淫罪这个犯罪类型具有非常典型的案件，即组织女性向异性卖淫，那么，就可以把待决案件和典型案件进行类比，区别出它们之间的相同点和不同点，再从刑法规定组织卖淫罪的目的来判断相同点重要还是不同点重要，如果相同点重要，那么就说明待决案件和典型案件之间在刑法意义上具有相当程度的相似性，就可以把待决案件归类于该犯罪类型；反之则予以否决。即通过把待决案件和拟适用之刑法规范所描述的典型案件进行类比来判断待决案件是否应当被适用于该刑法规范。①

第三，判断"相似性"存在的价值基础是同类事物具有共同的本质特征，或事物间所共有的某些共同属性决定了它们尽管不是同一事物，但属同类事物。即能够对规范中的概念事实与案件中的生活事实，由于在构成要件要素上具有某些"相似性"而被归属"同类型"的价值基础，是二者之间所体现出的事物本质相同。世界上虽然找不到两片相同的树叶，但找到两片相似的树叶还是比较容易的，重要的是我们必须在都是"树叶"的前提下，寻找两片"相似的东西"才是我们的目的所在。这里蕴涵着三个层面的问题：

一是能够放在一起比对的事物，从直观上看二者在形式上具有相似性，运用事物在表面特征上的相似性来判断待决案件的事实特征与规范中的概念事实是否具有相似性，也就是对二者在构成要件要素上具有哪些"相似之处"作出判断，如上述之所以将李宁组织男性从事同性性交易案中的事实要素与一般组织卖淫案件中"卖淫"构成要件进行比对，而没有将该案与其他相关规范中规定的概念事实比对，就是因为从直观上看二者在构成要件要素有某些相似之处。

二是能够放在一起比对的事物，在本质上属于同类事物。亦即"原型案件"事实与待决案件事实具有相同的本质属性，也就是尽管对刑法所保护的同一性质法益的加害形式有所不同，但加害法益的性质及其程度是相同的，这就是为何仅仅在形式上具有某些构成因素上的相似性但却属于不同"事物"的"原型案件"事实与待决案件事实，

① 参见张心向：《在规范与事实之间——社会学视域下的刑法运作实践研究》，法律出版社2008年版，第418～419页。

能够放在一起比对的价值基础。上述无论是考夫曼分析的德国著名盐酸案，还是我国的李宁组织同性卖淫案，其分析路径莫过如此。就盐酸案而言，比对的基础是作为一种能够“用以杀害及伤害人的东西”，“盐酸在这种方式下使用”在本质上与传统概念下的“武器在这种方式下使用”并无两样，都加害了同一性质的法益，因而“在这种方式使用下的盐酸”可以视同“武器”；就李宁组织同性卖淫案而言，是因为无论是组织女性卖淫还是组织男性卖淫，无论是向异性卖淫还是向同性卖淫，均违反了社会伦理道德规范，败坏社会良好风尚，二者加害的法益性质是相同的，所以，向异性卖淫与向同性卖淫并无本质区别。

三是能够把不同的事物放在一起比对，取决于我们比对的目的。“原型案件”事实与待决案件事实间的相似点与不同点的区分，只是我们判断相似性问题的事实基础，而彼此之间是相似点重要还是区别点更重要，则取决于我们为之设定的法律标准。如同伯顿认为的：规则、判例和原则、政策等都可以充当产生法律理由的法律标准，在判断彼此间重要程度时，这些不同的法律标准可以竞争，甚至相互结合起来，通过法官们在“原型案件”事实与待决案件事实具体情境中的权衡而得出最终的判断结论。而在判断它们之间重要程度的过程中，尽管规则、判例和原则、政策所发挥的作用是不同的，但是这些不同类型的法律标准都服从、服务于法律目的。因此，从最终意义上来说，重要程度的判断取决于相关法律要干什么这一问题。①

三、裁判思维对犯罪构成论裁判功能的影响

（一）规范与事实之间的“符合性”判断

规范与事实之间的“符合性”判断是刑事裁判的核心问题。犯罪构成论在刑事裁判中的主要功能实际上就是导引这种规范与事实之间如何进行“符合性”判断。在刑事裁判过程中，就规范与事实之间，即在犯罪构成的各个要件或要素与组成案件事实的各个要素之间，应如何进行符合性判断而言，主要涉及两个方面的问题：一是构成要件

① 参见［美］史蒂文·J. 伯顿：《法律和法律推理导论》，张志铭、解兴权译，中国政法大学出版社1998年版，第109～117页。

本身的性质；二是构成要件符合性判断的性质与顺序。

自1906年德国学者贝林提出构成要件理论至今的一百多年来，构成要件的概念几经变迁，成了犯罪论体系的建构基石，而犯罪构成要件系形式抑或实质类型则成了犯罪论体系的核心问题，并由此“产生了形式的犯罪论与实质的犯罪论这一新的学派之争”。①

对于形式的犯罪论与实质的犯罪论之分，日本学者大谷实认为：“承认构成要件的独立机能，以社会的一般观念为基础，将构成要件进行类型性地把握的犯罪论，通常被称为形式的犯罪论。”②“与此相对的就是实质的犯罪论。认为作为形式的犯罪论的中心的犯罪的定型或类型的内容不明，因此，在形式的犯罪论中，追求保障人权、保护国民利益的处罚范围难以适当划定，主张在刑罚法规的解释特别是构成要件的解释上，应当从处罚的合理性和必要性出发的观点……罪刑法定原则中的明确性原则或刑法的严格解释原则并不重要，应当从处罚的必要性和合理性的立场出发，对刑罚法规或构成要件进行实质性的解释。”③ 对此，陈兴良教授认为，就犯罪论而言，无所谓形式的犯罪论与实质的犯罪论之分，只有构成要件才有形式的构成要件与实质的构成要件之分。因此，所谓形式的犯罪论是指坚持形式的构成要件论的犯罪论，而所谓实质的犯罪论是指坚持实质的构成要件论的犯罪论。④我们赞成陈兴良教授的这一观点，问题是犯罪构成要件到底是形式的构成要件还是实质的构成要件，抑或其他？即围绕形式与实质的犯罪论，形成了构成要件究竟是不含有价值评价在内的纯粹形式意义的犯罪行为的外在轮廓，因而仅应从形式的、定型的角度去把握，还是认为构成要件实际上是违法或同时也是责任的类型，从而应该从实质的

① 刘艳红：《犯罪构成要件：形式抑或实质类型》，载《政法论坛》2008年第5期。

② ［日］大谷实：《刑法总论》（新版第2版），黎宏译，中国人民大学出版社2008年版，第87页。

③ ［日］大谷实：《刑法总论》（新版第2版），黎宏译，中国人民大学出版社2008年版，第88页。

④ 参见陈兴良：《形式与实质的关系：刑法学的反思性检讨》，载《法学研究》2008年第6期。

是否应当处罚的角度去把握。[①] 对这一争论的认识，可能是我们回答这一问题的核心。

英美刑法理论中，犯罪成立要件分为三个部分，即客观要件（actusreus）、主观要件（mens rea）和辩护理由（defense）。其中，客观要件和主观要件是犯罪的基本事实要素，是成立刑事责任的积极条件；辩护理由是刑事责任的消极条件。在司法中，只要被告人的行为符合了主、客观要件而又没有辩护理由，法院就可以对被告人定罪。[②] 其犯罪构成要素表示的就是犯罪的成立条件，故在英美刑法理论中，关于犯罪构成要素，存在三要素说和两要素说之间的争论。三要素说认为，犯罪的成立只有在行为人具备犯罪行为（actus reus）和犯罪意图（mens rea），同时缺乏辩护理由的情况下构成犯罪。两要素说则认为应当从本体意义上理解犯罪构成要素，即只包括犯罪行为和犯罪心态。[③] 尽管对犯罪构成要素存在不同观点，但是一般都认为犯罪意图与犯罪行为是犯罪成立不可缺少的要素。同时，合法辩护事由也对理解英美刑法中的犯罪构成要素具有重要意义。[④] 可见，在英美刑法中，理论上似乎不存在形式的犯罪构成要件与实质的犯罪构成要件之分，实践中也好像不存在所谓的犯罪构成要件的“符合性”判断问题，故在英美刑法的犯罪论中，也几乎不怎么讨论形式的犯罪论与实质的犯罪论问题。

对这个问题比较纠结并深陷其中的是德日刑法理论。贝林最初认为的构成要件只是记叙性的、价值中立的、客观的行为类型。这样的构成要件，不包含任何规范的、主观的要素，与违法性、有责性呈现出完全脱离的、绝对独立的状态。而至今的一百多年来，构成要件理论发生了两个巨大变化：一是“构成要件存在一个从客观到主观的转变过程，这里的从客观向主观转变，是指构成要件从纯客观的要件到同时也包含主观的要件”。[⑤] 但后来麦耶、梅兹格等刑法学家注意到了

---

① 参见刘艳红：《犯罪构成要件：形式抑或实质类型》，载《政法论坛》2008 年第 5 期。

② 参见刘士心：《美国刑法中的犯罪论原理》，人民出版社 2010 年版，第 1 页。

③ 参见赵秉志主编：《英美刑法学》（第 2 版），科学出版社 2010 年版，第 36 页。

④ 参见赵秉志主编：《英美刑法学》（第 2 版），科学出版社 2010 年版，第 36 页。

⑤ 陈兴良：《构成要件的理论考察》，载《清华法学》2008 年第 1 期。

在刑法分则关于具体犯罪规定中的主观要素，由此肯定构成要件中应当包含主观要素，确立了主观的构成要件论，构成要件的纯客观性被否定。而后随着目的性行为理论的兴起，构成要件的概念也被进一步主观化了。“构成要件概念的这一演变过程，是构成要件的客观性逐渐丧失的过程。”① 二是在被贝林认为的“纯粹记述性的”构成要件中发现了规范的构成要件要素。即在贝林提出构成要件的记述性特征以后，麦耶发现了“规范性构成要件要素”，即需要经过法官评价才能判断的要素，如盗窃罪中的他人“动产”，诽谤罪中“有害”他人名誉的不实事实等，这在实质上动摇了构成要件无价值论的基础。麦兹格进一步推广了规范性要素的概念。他将规范性要素分为三类，即根据法官补充规范性要素时依据的是法律规则、文化规范还是其主观上的裁量，可将之分为法律、文化和主观上的评价要素三种。同时，麦兹格在迈耶认识根据说的基础上更进了一步，认为行为符合构成要件，原则上就成为违法性的存在根据；构成要件不再是判决的对象，而是对其范畴内所有行为的评判标准，并“将构成要件看作是伴随例外辩解保留条件的违法性判决”，从而最终与构成要件无价值性的观点分裂了。② 尔后，威尔泽尔的目的行为论则进一步加剧了构成要件的实质化倾向。

随着主观要素和规范性要素的发现与推广，构成要件由抽象形式类型发展为具有价值属性的犯罪类型。由此看来，构成要件理论这两大变化所引起的最大反应是构成要件与违法性之间关系的变化，即构成要件逐渐从形式化向实质化转变的发生。对此，日本学者西原春夫曾经做过以下评论：本来作为价值无涉的概念来把握的构成要件概念，包含着越来越多的价值，更多地包含着主观性和规范性这两种要素。因此，本来被认为具有独立于违法性之机能的构成要件，与违法性的关系也越来越紧密，最终埋没在违法性之中，在考察这一段历史时，已经无法看到构成要件繁荣光辉的景象了。使构成要件概念内容丰富起来的，就是从构成要件论的繁荣、发展中所体现出来的；但是，其

① 陈兴良：《构成要件的理论考察》，载《清华法学》2008 年第 1 期。

② Vg. l EdmundMezger, Vom Sinn derStrafrechtlichen Tatbest? nde, Sonderadruck aus derFestschrift, 1926, p. 41 –46. 转引自刘艳红：《犯罪构成要件：形式抑或实质类型》，载《政法论坛》2008 年第 5 期。

发展的结果表现出来的是由于内容过于丰富、包含了太多的价值，反而使构成要件埋没在价值中，变得没有什么内容，从而便失去了其本身固有的机能。必须注意的是，构成要件论发展的历史实际上也正是构成要件论崩溃的历史。①

我国刑法犯罪构成要件是从整体上说明行为社会危害性达到应当追究刑事责任程度的各种要件之统一，它从来就是形式与实质的契合。根据我国刑法理论的通说，犯罪构成是刑法规定的，反映某一行为的社会危害性及其程度，而为该行为成立犯罪所必须具备的一切客观要件和主观要件的有机整体。而犯罪构成要件是指犯罪的组成部分，要件的有机统一形成为犯罪构成。但在实际运用中，表现为行为符合构成要件，是行为成立犯罪的唯一基础和全部条件。因此，应该说我国刑法理论上的构成要件可以界定为一种犯罪的类型，重在指引人们进行构成要件符合性判断时，不仅要注意客观的行为与结果，而且还应该重视行为的实质违法性以及行为人的主观方面，这也就是我们平时所倡导的主客观相统一。同时，我国刑法理论上的构成要件包含实质违法性的内容，而不仅仅是指行为在形式上确立符合构成要件的规定，行为之所以成立犯罪并让行为人因此承担刑事责任，并不仅在于行为在形式上满足构成要件的规定，而在于行为具有相当的社会危害性，达到了应受刑罚处罚的程度。即行为符合构成要件是行为成立犯罪和追究刑事责任的唯一依据。② 所以，我国刑法理论上的这种构成要件既可以被界定为是一种犯罪的类型，实际上也可称其为一种违法、有责的类型。

另外，构成要件符合性判断的性质与顺序：是形式意义上的事实判断还是实质意义上的价值判断，抑或二者兼而有之？是形式意义上的事实判断优先还是实质意义上的价值判断优先，抑或这二者本身就难以界分？

由上述分析可见，构成要件由形式化向实质化转变的过程，实际

---

① 参见［日］西原春夫：《犯罪实行行为论》，戴波、江溯译，北京大学出版社2006年版，第56页。

② 参见吴学斌：《刑法适用方法的基本准则——构成要件符合性判断研究》，中国人民公安大学出版社2008年版，第85～87页。

上就是构成要件符合性与违法性和有责性之间相互缠绕并日益紧密的过程，同时，也是构成要件由形式特征的判断过渡到实质价值的具体判断的过程。所以，规范与事实之间，即在犯罪构成的各个要件或要素与组成案件事实的各个要素之间的符合性判断，必然既是形式意义上的事实判断，同时又是实质意义上的价值判断。当然，对此，也不是没有争议，争议的核心问题是如何处理构成要件与违法性之间的关系。在此，仅以在我国均分别具有相当代表性的陈兴良教授与张明楷教授所主张的观点略作分析。

我们知道，陈兴良教授主张德日古典的三阶层判断式犯罪论体系，张明楷教授主张综合判断式的两阶层犯罪论体系。[①] 在这个问题上，两位教授基于双方各自所持的阶层体系不同，观点当然就有所区别。其主要分歧点是：构成要件符合性的判断是单纯的形式判断还是形式与实质判断并存，形式意义上的事实判断与实质意义上的价值判断孰先孰后？违法性的判断是“实质判断”还是“更为实质的判断”？

陈兴良教授在这个问题上一贯主张，构成要件符合性的判断是形式判断，并且先于实质判断而存在。陈兴良教授曾从定罪的角度对形式与实质判断做过论述，认为“定罪过程中的事实判断，是指某一事实（客观事实与主观事实）是否存在的认定，具体可分为客观判断和主观判断。价值判断是指某一行为的危害性或者违法性的认定。价值判断有评价判断与规范判断之分。评价判断是对客观的价值现象，即一定主客体之间的价值关系的描述，而规范判断是根据规范所做的价值判断。可以说，评价判断是一种实质判断，而规范判断是一种形式判断。例如，在三阶层的犯罪论体系中，行为论是对行为的事实判断，确认行为本身是否存在。构成要件论是存在行为的前提下对行为进行规范判断，确认某一行为是否具有构成要件该当性。违法论是对具有构成要件该当的行为进行评价判断，确认某一构成要件该当的行为是

① 这里的“综合判断式的犯罪构成体系”既包括我国传统的四要件犯罪构成体系，也包括大陆法系将构成要件符合性与违法性或有责性进行一体评价的犯罪论体系。参见王志祥、敦宁：《形式和实质的解释论之争与犯罪论体系的选择》，载《现代法学》2012年第2期。

否具有实质上的法益侵害性”。[①] 陈教授同时认为：“没有阶层的犯罪构成并不能为事实判断先于价值判断、客观判断先于主观判断、形式判断先于实质判断、定型判断先于个别判断这些人类社会的进步成果和科学经验在定罪过程中的适用，提供制度性保障。”[②] 并强调“一种行为是否构成犯罪，首先应当考虑的是这一行为是否在形式上符合刑法规定的构成要件，而不是首先考虑这一行为是否具有实质上的社会危害性”。[③]

张明楷教授对此则认为，虽然日本学者强调从形式到实质的判断犯罪，但这并不意味着构成要件符合性的判断就是形式判断。倘若将构成要件符合性完全演变为纯形式判断，不仅意味着构成要件丧失了违法性的推定机能，而且意味着对构成要件只能进行平义解释，导致刑法各论没有任何实际意义。因此，“与其在违法性阶层对构成要件重新进行实质判断，不如在构成要件阶层进行实质判断（当然以不违反罪刑法定原则为前提）”。[④] 并认为，“违法性阶层的判断是更为实质的判断，亦即在违法性阶层承认超法规的违法阻却事由，而在构成要件阶层，不可能存在超法规的构成要件符合性”。[⑤]“在构成要件符合性阶段，不可能只是形式判断，而是必须有实质判断。如果说在构成要件符合性阶段之内可以先形式判断后实质判断，那么，当然也可以先实质判断后形式判断。”[⑥]

陈忠林教授曾指出，人类社会固有的共性，决定了作为人类社会特有现象的犯罪亦有共性；由于人类思维规律具有共性，决定了人们对处在大致相同的人类社会发展阶段的犯罪认识亦有共性。正是由于这种共性的存在，世界各国现行刑法关于犯罪成立基本条件的规定就基本上是一致的，大致都由以下四个方面的构成要件或要素组成：第

---

① 陈兴良：《教义刑法学》，中国人民大学出版社 2010 年版，第 136 页。

② 陈兴良：《犯罪构成论：从四要件到三阶层——一个学术史的考察》，载《中外法学》2010 年第 1 期。

③ 陈兴良：《形式解释论与实质解释论：事实与理念之展开》，载《法制与社会发展》2011 年第 2 期。

④ 张明楷：《实质解释论的再提倡》，载《中国法学》2010 年第 4 期。

⑤ 张明楷：《实质解释论的再提倡》，载《中国法学》2010 年第 4 期。

⑥ 张明楷：《实质解释论的再提倡》，载《中国法学》2010 年第 4 期。

一，决定犯罪主体刑事责任能力的条件（如刑事责任年龄、精神障碍、聋哑等生理缺陷及特定身份等）；第二，决定犯罪行为客观性质的条件（如行为的手段、对象、结果等）；第三，决定犯罪行为主观方面特有内容的条件（如犯罪的故意、过失和目的、动机等）；第四，决定犯罪行为社会性质的条件（从法律角度对犯罪行为的否定性评价：在我国刑法理论中，这个条件的内容表现为犯罪客体——犯罪行为对刑法保护的社会关系的危害；在德日刑法理论中，这个条件的内容表现为对行为的"违法性"评价）。[①] 区别"仅仅在于，在决定犯罪是否成立方面，对这些构成要素是进行从形式到实质、从客观到主观的分层式逻辑判断，还是进行形式与实质相统一、主观与客观相统一的平面式综合判断"。[②] 而这往往又是一个理论模型的选择有关的问题，不同的理论模型对这些犯罪成立的要件或要素自然就有不同的排列组合的特点。在现有犯罪构成理论的研究中，为了更好地表征这些特点，已经有些过多地重视对"理论模型"本身的精雕细琢，而忽略对这个"模型"在裁判运用过程中实际样态的关注了。

对此，我们认为，构成要件符合性判断的性质与顺序，是与主张不同的犯罪构成论模型密切联系在一起的，是为寻求理论上的自洽性与缜密性而导致的必然结果，如主张德日三阶层模型的，一般都主张构成要件的符合性判断是形式判断且先于实质的违法性判断；英美两层次模型中似乎不存在形式的犯罪构成要件与实质的犯罪构成要件之分，实践中也好像不存在所谓的犯罪构成要件"符合性"判断的形式与实质问题的纠结；而无论是主张两阶层犯罪论体系还是主张我国传统的四要件模型的，在这个问题上基本上都主张在构成要件的符合性判断中事实判断与价值判断并存且难以明确区隔先后；而在裁判实践中这种符合性判断的性质与顺序到底如何，往往又是另一个层面的问题。正如陈忠林教授曾说过："在谈到即使在德国，司法实践中也不可能用'三阶层'理论来认定犯罪时，我国台湾地区学者林东茂给我打了一个比喻。他说：'三阶层'理论好比练武术时的武术套路，司法实

---

① 陈忠林：《现行犯罪构成理论共性比较》，载《现代法学》2010 年第 1 期。

② 王志祥、敦宁：《形式和实质的解释论之争与犯罪论体系的选择》，载《现代法学》2012 年第 2 期。

践认定犯罪则是武林高手之间的实战；练习武术时应该按套路进行，但到江湖实战交手的时候，恐怕就谁也顾不上套路，只能见招拆招了。林东茂教授的这个比喻本意想说明这个理论的合理性。但我总觉得，这个比喻再好不过地说明了这样一个事实：司法实践要按照现有犯罪构成理论的逻辑顺序来认定犯罪，是根本不可能的！"① 陈忠林教授为何会有如此独到见解，这主要是因为刑事裁判中在涉及到具体案件规范与事实之间的"符合性"判断时，并不总是按照犯罪构成论模型设置的"常规套路"出牌的，以至于选择何种模型、按照何种套路，往往事先难以预设。因为此时的"符合性"判断已不再仅仅受犯罪构成论理论模型的制约，而更多受当下所裁判案件时的裁判思维模式的影响。所以，需要引起我们注意的就是，尽管犯罪构成论在刑事裁判思维中的主要作用就是为刑法规定的犯罪构成要件或要素与案件事实要素之间如何进行"符合性"判断提供"导引图像"，这也是犯罪构成论的主要裁判功能之所在，但由于在不同裁判思维中这一"导引图像"的导引方式不同，导致犯罪构成论在刑事裁判中的功能发挥在不同的思维模式中表现形式亦会有所差异，这也是导致"出牌套路"在具体案件的裁判过程中会发生变异的主要原因之所在。

（二）概念思维裁判中的"符合性"判断

概念思维模式中的犯罪构成论，在刑事裁判中相比而言更重视构成要件的形式意义，亦即在犯罪构成要件的符合性判断中比较强化事实意义上的形式判断，对价值意义上的实质判断则相对比较排斥。

一方面，概念思维的特点决定了其在规范与事实之间的"符合性"判断中，比较重视形式意义上的事实判断。

在概念思维中，法律规范与案件事实之间的关系模式是封闭的单一涵摄模式。这是由于概念思维在对象与概念的关系上只有两种可能性：如果对象能够被概念涵摄，两者即被视为"同一"；如果对象不能被概念涵摄，两者即被视为"相异"。在此对象与彼对象的关系上，如果都能涵摄于特定概念之下，就被完全等同；如果此对象能够涵摄而彼对象不能涵摄，则被完全区别对待。质言之，在概念的世界中，只

① 陈忠林：《现行犯罪构成理论共性比较》，载《现代法学》2010年第1期。

有“同”与“不同”，没有“类似性”可言。对此种逻辑形式，我们可称为“非此即彼”的涵摄模式。在逻辑学上，这是一种典型的“单值逻辑”。要么“是”，要么“不是”，要么“符合”，要么“不符合”，要么“白”，要么“黑”。[①] 这种思维方式就决定了规范与事实之间的“符合性”判断更多的是概念意义上的形式判断。但当裁判中遭遇规范与事实之间不是那么严丝合缝匹配的案件时，如果纯粹地基于这种概念思维方式，处置起来就会比较棘手。

这是因为，概念思维中的“概念”，是将抽象化思维的结果通过语言的载体表达出来，“法律是透过语言被带出的”。[②] 我们语言的丰富程度和精妙程度还不足以反映自然现象在种类上的无限性、自然要素的组合与变化以及一个事物向另一个事物的逐渐演变过程，而且，“语言上的极端精确，其只能以内容及意义上的极端空洞为代价”。[③] 其结果是，“极端的抽象化经常切断意义关联，因最高概念的空洞性，其常不复能表达出根本的意义脉络，因此，抽象化常导致荒谬的结论”。[④] 这在司法裁判中就有可能导致由于抽象概念中的要素经常不能涵盖根据法律目的应包含的全部案件，或者反而将不应包含的案件涵盖进来的情形发生。如果严格按照概念思维的涵摄逻辑进行作业，则得出的结论有时可能会十分荒诞，从而与法秩序的评价标准相抵触。在这个问题上，德国曾发生过如上所述的能否把盐酸看作是“武器”的盐酸案，我国曾发生过 ATM 机是否属于“金融机构”的许霆案，[⑤] 实际上类似的问题在案件裁判过程中还很多。对于盐酸案，德国联邦法院最终的裁判中是将盐酸视为了“武器”；而对于许霆案，广东省高院也在终审裁定中认定 ATM 机属于“金融机构”，但这不是概念思维的裁判结果。如果是基于概念思维，其裁判结果可能正好相反，因为在该两案中的

---

① 参见杜宇：《“类型”作为刑法上之独立思维形式》，载陈兴良主编：《刑事法评论》（第 26 卷），北京大学出版社 2010 年版，第 225 页。

② ［德］考夫曼：《法律哲学》，刘幸义等译，法律出版社 2004 年版，第 169 页。

③ ［德］卡尔·拉伦茨：《法学方法论》，陈爱娥译，商务印书馆 2005 年版，第 17 页。

④ ［德］卡尔·拉伦茨：《法学方法论》，陈爱娥译，商务印书馆 2005 年版，第 333 页。

⑤ 参见广东省广州市中级人民法院刑事判决书，（2008）穗中法刑二重字第 2 号。

“规范”在概念意义上并不能涵摄“事实”，“规范”与“事实”之间也就不存在形式上的“符合性”，从而会得出盐酸不能等同于“武器”、ATM 机也不属于“金融机构”的结论。

另外，概念思维对隔绝与分离的追求，导致法律概念往往都是彼此独立的个体结构，以碎片式拼凑的方法来认识事物、认识社会，无法结构式、整体性地把握生活事实而导致在案件的裁判中规范与事实的对接缺少了目的性的引导，使规范对事实的涵摄，仅仅是一种形式要件上的满足，亦即只要具备该概念的全部要素的事物，均可被涵摄于该概念之下。如此一来，在概念思维中，规范中所隐含的价值判断基本上被形式逻辑所遮蔽。如何为妥当评价的问题被如何为适度涵摄的问题所替换，规范评价与目的论的生存空间被形式逻辑彻底榨干。当然，这并不是说，在概念形成的过程中不存在价值与目的的思考，而是说，一旦概念形成并被体系所固化，价值观点就在概念要素的判断中“编码式”地被考虑，而在概念判断中，不允许再回溯至其背后的价值观点，不允许以所谓“目的论”的思考来突破概念形式的外衣。① 裁判完全抛开对规整背后的评价观点的“审视”，而变成了对纯粹外在形式的“凝视”。这在典型案件中或许还可以得出令人满意的结论，但是在一些疑难、复杂案件中，其结论的客观性、合理性、公正性恐怕就要大打折扣了。

另一方面，概念思维比较适合典型案件中规范与事实之间的符合性判断，故犯罪构成在导引一般典型案件裁判中的“符合性”判断时，只要是在概念思维下的裁判，无论采用哪种犯罪构成论模型，出于思维本能基本上都能做到“事实判断先于价值判断、客观判断先于主观判断、形式判断先于实质判断、定型判断先于个别判断等规则”，② 至少也是同时进行。

所谓典型案件，实际上就是卡多佐在其《司法过程的性质》一书中所描绘的第一类案件，这类案件占据了刑事司法裁判中的绝大多

① 参见杜宇：《刑法体系构建的三种思路——兼论“类型”的体系形成功能》，载《浙江社会科学》2009 年第 7 期。

② 陈兴良：《刑法学：向死而生》，载《法律科学（西北政法大学学报）》2010 年第 1 期。

数，特点是案件事实与规则均甚简明，“争议的中心非法律规则而只是对事实如何适用法律规则的案件”，[①] 这些“案件只有一条路，一种选择。……它们堆积成山，令人乏味”。[②] 或者说是我国学界以及实务部门一般认为的简单案件，即对查明的案件事实有明确的法律条文可适用，条文清楚明晰，事实确定明了，并且从一般概念内容及意义看，确定的案件事实被清楚的法律规范所明确涵摄，表现为案件事实与刑法条文的完全匹配（或完全的不匹配），亦即刑法规范所规定的概念事实完全能够涵摄或能够排除当下裁判案件的具体事实，要么是罪、要么非罪、要么此罪、要么彼罪，法官直接运用三段论式的逻辑方法就可得出结论。

可见，司法裁判中的概念思维模式，这种围绕着注释概念而展开的有关规范与事实之间的逻辑涵摄思维模式，在法律规范与案件事实完全匹配的简单案件裁判中具有简洁、明晰、一目了然的优势。同时，也决定了在有关规范与事实之间是否匹配的符合性判断中，亦即组成案件事实的各个要素是否分别符合犯罪构成的各个要件或要素的判断中，排斥渗入价值、目的或者利益等主观因素的观念，更多的是围绕着概念而展开的形式判断。故而刑事裁判中概念思维模式对犯罪构成论的最主要影响，就是犯罪构成要件的形式要件意义被强化、实质要件意义被弱化，亦即在犯罪构成要件的符合性判断中比较强化事实性的形式判断，弱化价值性的实质判断。

当然，应用概念思维进行规范与事实之间的“符合性”判断，其优势还是不言而喻的。其最大优点在于它能够较好地保持法律的稳定性和安全性。所以，在大陆法传统中，基于对罪刑法定原则的推崇，与概念思维相匹配的演绎推理一直被奉为刑事司法的主导裁判方法，它被期望在帮助法官推导刑事判决的同时，又能限制法官恣意。“为了清扫法官的恣意裁判，同时亦为了使得法律推理具有科学客观性之品格，法官在判案时被要求排除个人情感与意志因素，通过一种不具个

---

① ［美］本杰明·卡多佐：《司法过程的性质》，苏力译，商务印书馆1997年版，第102页。

② ［美］本杰明·卡多佐：《法律的成长　法律科学的悖论》，董炯、彭冰译，中国法制出版社2002年版，第34～35页。

人色彩的、必然的推理方式来达到唯一正确的判决，形式逻辑三段论满足了这一要求”，[①] 所以大陆法系法学家普遍把演绎推理奉为法律推理之核心方法，希冀能通过演绎推理来限制法官恣意，以保障刑事裁判的客观性。在法律关系比较简单、社会关系相对稳定的环境下，概念思维确实有其存在的土壤和实际需求。但随着社会关系形态的不断变化，新的生产关系、法律关系以及新兴的价值观念不断涌现，概念思维先天固有的局限性也就非常明显地暴露了出来，特别是作为司法裁判中概念思维表现形态的演绎推理逻辑涵摄式思维，在遭遇规范与事实之间并不是那么匹配的案件时，其缺陷尤为明显。

（三）类型思维裁判中的“符合性”判断

类型思维模式中的犯罪构成论在刑事裁判中，相比概念思维而言，比较重视构成要件的实质意义，亦即在犯罪构成要件的符合性判断中即不片面强化事实意义上的形式判断，也不简单弱化价值意义上的实质判断。

一方面，类型思维裁判的特点决定了其在规范与事实之间的“符合性”判断中相比概念思维有强化价值意义上实质判断权重的可能性。

类型思维中的规范与事实之间的关系模式是开放的双向循环类比模式。既让规范向事实开放，又使事实向规范开放，通过一个中间媒介，将两个被分离的不同层面的“客观存在物”关联在一起，这个媒介便是“类型”。类型成为一种介于“规范与事实”之间的联系，使体系呈现层次清晰的三层结构：规范、“类型”、事实。“类型”不但是整个体系中一个非常重要的实体层次，更构成整个体系得以成立和沟通的连接要素和过渡安排。从规范到“类型”的思考，是一种演绎和细化的思考，是对抽象或空洞化的规范的进一步加工和细作，并基于一定的价值需要为其提供实在的生活内容支撑。这在一定程度上可以回避有时仅使用法律概念来解释案件事实的“不着边际”之感，形成了一种裁判意义上的规范类型；而从事实到“类型”的思考，则是归纳和概括的思考。案件的生活事实是断裂和缺乏意义联系的，它们只是

① 朱庆育：《意思表示解释理论——精神科学视域中的私法推理理论》，中国政法大学出版社 2004 年版，第 22 页。

一些孤零零散落的原子和碎片，需要逻辑线索和意义脉络的关联。通过对具体个案的观察，以法理念及法目的为导向，对散乱事实予以价值性和规范性的加工，抽取和提炼出案件事实类型的基本轮廓，并将其事实要素与规范要件相对接，便形成了裁判意义上的事实类型。这个“类型”可以有效地包容事物的多样形态，以及类型间的流动过渡以及边界的模糊性使其可以涵盖生活事件的过渡形式、混合形态以及各种以新形态出现的变化。这样，规范与事实之间就不再是一种逻辑涵摄关系，我们只能以一种较高或较低的程度，将它们进行比对式“归类”，使之“彼此密切”或“彼此区隔”。也因此，类型不再是一种“精确的”形式逻辑思维。类型具有模糊的外形和开放的结构，由于无法被精确地把握，使它得以在面对社会生活的千变万化、多姿多彩时包容而自信。这样规范与事实之间的“符合性”判断，就不再是一种纯粹概念意义上的形式判断，而是融入了更多的价值要素，来一起共同判断它们之间是否契合、是否匹配。

另外，如上所述，类型思维会基于“事物的本质”去兼顾法律概念的模糊地带和空洞区域，从概念的核心向边缘依次延伸、分层级地作流动性思考，建构起一种“类型谱系”或“类型系列群”，而使裁判过程中在某些即使是案件事实非典型的场合，法官在借助某种整体性评价观点进行价值判断的基础上，也大都能够在组成事实的基本要素与规范的构成要件之间找到比对的切入点，以彼此间的“或多或少”的类型判断代替“非此即彼”的概念判断，从而缓和了裁判过程中普遍性规范与个别化事实之间在很多情形下难以涵摄的紧张关系，增加了规范与事实各要素之间比对的波幅宽度，规范也就可以更多地融入生活事实要素，生活事实可以更多地从规范中找到与自己对应的因子。如在上述德国盐酸案中，德国联邦法院最终的裁判中是将盐酸视为了“武器”；在我国的许霆案中，广东省高级人民法院终审裁定中认定 ATM 机属于“金融机构”。在规范的要件——“武器”与事实的要素——“盐酸”之间，以及在规范的要件——“金融机构”与事实的要素“ATM 机”之间，建立起某种关联关系的不是概念，而是作为“武器”及“金融机构”这种概念背后所隐含的这类事物的本质，而“盐酸”与“ATM 机”作为案件事实要素，基于一般生活经验判断，在该案件的情境中符合这种事物的本质特征。这样，在无形中就增大了规范与事实之间“符合性”判断的价值因素考量。

另一方面，类型思维比较适合非典型案件中规范与事实之间的符合性判断，故犯罪构成在导引一般非典型案件裁判中的“符合性”判断时，只要是在类型思维下的裁判，不论采用哪种犯罪构成论模型，“在构成要件符合性阶段，不可能只是形式判断，而是必须有实质判断。如果说在构成要件符合性阶段之内可以先形式判断后实质判断，那么，当然也可以先实质判断后形式判断”。①

所谓非典型案件，实际上就是卡多佐在其《司法过程的性质》一书中所描绘的第二类及第三类案件，在我国学界以及实务部门一般被认为是复杂案件或疑难案件。

第二类案件表现为：事实是明晰的，“规则也是确定的，只是规则的适用令人怀疑”。②“这些案件以及其他一些类似的案件常常在法官当中引发不同的意见。”③ 如果从规范与事实之间符合性判断的角度看，这类案件则一般表现为案件事实与刑法规范基本上是匹配的，这就意味着还有不匹配的情形存在。也就是说，案件在裁决过程中可供选择大前提的答案可能不是唯一的，但总的来说还能够在意思相近或相似的答案中选择一个相对最合理的答案。

这类“基本匹配型案件”又可分为以下几种情形：第一种情形是刑法条文语词或概念含义模糊、内容具有不确定性，与案件事实对接后可以得出多个解释结果，解释结果不同，大前提就不同，当然裁判结论就不会一样。如许霆案中关于“金融机构”有可能发生的多个解释版本。第二种情形是刑法条文之间存在矛盾冲突，“很多法条的构成要件彼此会全部或部分重合，因此，同一案件事实可以被多数法条指涉”。④ 在这类案件中，不同的法律条文有不同的规定，而适用不同的

---

① 张明楷：《实质解释论的再提倡》，载《中国法学》2010 年第 4 期。

② ［美］本杰明·卡多佐：《司法过程的性质》，苏力译，商务印书馆 1997 年版，第 103 页。

③ ［美］本杰明·卡多佐：《司法过程的性质》，苏力译，商务印书馆 1997 年版，第 103～104 页。

④ ［德］卡尔·拉伦茨：《法学方法论》，陈爱娥译，商务印书馆 2005 年版，第 146 页。

规定就会产生不同的判决结果，要求法官对究竟应该适用哪一条文要进行选择。第三种情形是刑法条文存在漏洞的情况，针对某些个案的处理，法律规定不甚明确或存在疏漏或故意空缺。面对法律漏洞，法官的任务就是设法去补上漏洞，以保证裁判能进行下去。而如何修补，即用何种材料修补，用何种工具修补，对法官而言本身就是一种选择。

上述这三种情形不论是哪一种，在涉及规范与事实之间的符合性判断时所面临的问题都是一样的，这就是价值判断必然在相当程度上渗入其中。一是在违法行为社会危害程度方面，对于具有严重社会危害性的行为，在刑法规定比较模糊的情况下，应尽可能考虑偏重于对社会秩序的保护，将该行为认定为犯罪；反之，当社会危害程度接近于犯罪的临界点时，应注重考虑刑法的自由保障功能，将该行为除罪化。二是在刑法语词或概念的模糊程度方面，对于远离刑法语言核心意义区的违法行为应该偏重于考虑刑法的自由保障功能，将该行为认定为非罪；反之，对于靠近刑法语言核心意义区域的违法行为，应该偏重于刑法的秩序保护功能，将该行为认定为犯罪。三是在条文间彼此冲突或有漏洞存在场合，当由于条文之间规定发生冲突而导致行为在罪与非罪、重罪与轻罪之间摇摆时，或将有漏洞的条文填补完整以适用案件裁判需要的时候，应偏重于考虑刑法的人权保障价值，做出有利于被告人的选择或补充。

第三类案件表现为：案件的数量很少，但“这些案件的决定对未来很有价值，它们将推进或延滞法律的发展”。[①]“这些案件就是司法过程中创造性因素发现自己的机遇和力量的案件。”[②] 法官“可以找到言之成理的或者相当有说服力的理由来支持这一种结论或者另一种结论。在这里，开始起作用的就是对判决的平衡，是对类比、逻辑、效用和公道等考虑因素的检验和分类整理”。[③] 如果从规范与事实之间符合性判断的角度看，这类案件则一般表现为案件事实与刑法规范的部分匹

① ［美］本杰明·卡多佐：《司法过程的性质》，苏力译，商务印书馆1997年版，第104页。

② ［美］本杰明·卡多佐：《司法过程的性质》，苏力译，商务印书馆1997年版，第104页。

③ ［美］本杰明·卡多佐：《司法过程的性质》，苏力译，商务印书馆1997年版，第104页。

配，就意味着还有相当一部分不匹配的情形存在，而且这种不匹配不仅仅是形式意义上的，而且还往往含有某些实质内容方面的纠结。因而在这类案件中，根据案件事实确定大前提，就是一件极其艰难的事情。

这类“部分匹配型案件”又可分为两种情形：

第一种情形是案件事实与刑法条文形式要件上大部分匹配，如果不依法论处，就会有悖罪刑法定的形式要求；但如果严格依法论处，就会表现出强烈的政治与法律、道德与法律或文化与法律之间的内在冲突。即便是一个明确的法律规范，人们对这个法律规范并无多大争议，这个规范适用了很多案件都风平浪静，但它一旦适用于本案，即“如果法官机械地援引这些仅具有形式相关性的规则，不但将造成个案的不公，而且会导致这些明文规则的含义产生实质性的变化”。[①] 因而，裁判结果由于缺乏可接受的合理性，容易在法律界和社会上引起巨大争议，许霆案的裁判过程就是如此。最初一审判决认定许霆的行为属于盗窃金融机构，且数额特别巨大。按照当时刑法典第 63 条第 1 款的规定，亦不具备法定的减轻处罚情节，而不能在法定刑以下判处刑罚。所以，依法判处法定最低的无期徒刑。从纯粹案件裁判中刑法规范适用的角度看，该案的判决应该没有多少受指责的地方，但为何判决一出，却出乎意料地在社会上引起了轩然大波？现在想来，实际上从一开始，对“许霆案”定盗窃罪就不成问题，真正的问题出在量刑上。之所以有这么多人替许霆开脱，是因为他们感觉刑罚过重。在老百姓的意识里，如果盗窃金融机构与无期徒刑及死刑画等号，就等于与罪大恶极画等号，他们必然无法接受盗窃金融机构这个“罪行”，更无法接受对这样一种形式的盗窃就可以判处无期徒刑，这实际上也很容易理解。首先，恶意提款必须以柜员机故障为前提，而这种故障很少发生，在银行尽到足够注意义务的条件下甚至有可能完全避免，因此，刑罚威慑对这类行为的现实意义不大。法律的重点应放在预防柜员机出错上面，而不是威慑储户。其次，利用柜员机“疯狂”实施盗窃，

① 毛玮：《论疑难案件中的规则变异》，载《中山大学学报（社会科学版）》2009 年第 2 期。

行为人的犯罪意念大大弱于普通盗窃，因而其主观恶性也非常低，如以法律所规定的重刑裁判，根本无法让人接受。最后，这种完全按照成文法规定的量刑，挑战了法律公平的底线。公众对许霆表示同情，很大程度上是对银行积怨的爆发，认为银行可以单方面规定许多不公平的服务条款强迫百姓接受，自己出错而百姓“将错就错”，却要付出如此重罚代价，法律的公平性由此就值得怀疑了。这样，刑法条文的规定与大众道德情感之间就产生了冲突。以至于最后不得不“先决定”轻判该案，而后“再决定”启用当时的《刑法》第63条第2款，结果当然就是被从轻判处有期徒刑5年了。①

第二种情形是案件事实与刑法条文形式要件上小部分匹配，如果依法不论处，就可能导致对严重危害社会行为的姑息放纵；如果依法勉强论处，就会表现出明显的事实与法条、事实与规则或事实与法理之间的外在矛盾。一言以蔽之，就是有可能违背罪刑法定原则。最典型的就是“肖永灵以危险方法危害公共安全案”（以下简称“肖案”）。② “肖案”在当时碰到的最大问题就是应该如何适用刑法规范：一个是刑法典第114条以危险方法危害公共安全罪的规定；另一个是刑法典第290条聚众扰乱社会秩序罪的规定。两个法条适用于“肖案”均存在障碍，即案件事实与两相关刑法条文形式要件上仅是小部分匹配。适用前者的障碍是，肖永灵明知自己投寄的是食品干燥剂，而不是真正的炭疽杆菌，不存在危及不特定多数人的生命、健康安全或者公私财产安全的现实可能，更不可能与放火、决水、爆炸、投毒③等危险方法的性质相当，它充其量不过是一种危害社会管理秩序的违法行为；适用后者存在的障碍是，就聚众扰乱社会秩序罪而言，其构成要件要求“情节严重，致使工作、生产、营业、教学、科研无法进行，造成严重损失”，并且必须是聚众行为中的“首要分子”。很显然，肖永灵的行为基本上不符合该条规定的构成要件，不能以聚众扰乱社会秩序罪定罪量刑。问题是“肖案”发生在美国“9·11”恐怖袭击事件发生之后不

---

① 赵秉志、张心向：《刑事裁判功利性现象研究——兼论刑法规范的司法适用》，载赵秉志主编：《刑法论丛》（第31卷），法律出版社2012年版，第92页。

② 参见上海市第二中级人民法院刑事判决书，（2001）沪二中刑初字第132号。

③ 当时《刑法修正案（三）》尚未颁布。

久，且当时美国国内又接二连三地受到炭疽杆菌邮件的侵扰，全球深陷在恐怖不安的气氛中。恰在此时，“肖永灵通过新闻得知炭疽杆菌是一种白色粉末的病菌，国外已经发生因接触夹有炭疽杆菌的邮件而致人死亡的事件，因此，认为社会公众对收到类似的邮件会产生恐慌心理”,[①] 故而为之。所以“上海市第二中级人民法院对本案审理后认为，被告人肖永灵通过向政府新闻单位投寄装有虚假炭疽杆菌信件的方式，以达到制造恐怖气氛的目的，造成公众心理恐慌，危害公共安全，其行为构成了以危险方法危害公共安全罪”。[②] 这种明显以社会利益优先考量取代个案正义要求的做法，使得“肖案”判决一出，就引发了理论界的一片哗然。[③]

这两种情形在涉及规范与事实之间的符合性判断时所面临的问题，与上述“基本匹配型案件”的三种情形相比，显然已经不是价值判断必然在多大程度上渗入其中的问题，而是如何通过价值判断去达致法律形式与裁判正义的平衡以及如何超越规范才能符合罪刑法定形式理性的最低要求，又能体现出当下案件裁判的实质合理性问题。

卡多佐法官就其在办理疑难案件中的心路历程有一段精彩的描述：“奇怪的是，有时候最为艰难的案件一开始常常为顾虑缠绕，最终它却消失了，而且消失得无影无踪。……我不能说服任何一个与我意见相左的人；然而，无论别人怎么想，对我而言，历尽艰辛达成的那个判决是唯一可能的结果，这种确信带来的安宁包容并最终消灭了先前的顾虑。”[④] 并由此得出了这样的结论：“这些案件的决定对未来很有价值，它们将推进或延滞法律的发展。”[⑤] 在我国也是如此。许霆案后，2011 年 2 月 25 日全国人大常委会通过的《刑法修正案（八）》将《刑法》第 63 条第 1 款修改为：“犯罪分子具有本法规定的减轻处罚情节

---

① 参见《上海市第二中级人民法院（2001）沪二中刑初字第 132 号刑事判决书》。

② 参见《上海市第二中级人民法院（2001）沪二中刑初字第 132 号刑事判决书》。

③ 赵秉志、张心向：《刑事裁判功利性现象研究——兼论刑法规范的司法适用》，载赵秉志主编：《刑法论丛》（第 31 卷），法律出版社 2012 年版，第 93 页。

④ ［美］本杰明·卡多佐：《法律的成长—法律科学的悖论》，董炯、彭冰译，中国法制出版社 2002 年版，第 144 页。

⑤ ［美］本杰明·卡多佐：《司法过程的性质》，苏力译，商务印书馆 1997 年版，第 104 页。

的，应当在法定刑以下判处刑罚；本法规定有数个量刑幅度的，应当在法定量刑幅度的下一个量刑幅度内判处刑罚。”显然，修改后的规定对减轻处罚的幅度进行了限制，以防止类似许霆案判决中的由法定最低刑——无期徒刑直接减轻判处 5 年有期徒刑的尴尬现象。“肖案”后，《刑法修正案（三)》第 1 条将原《刑法》第 114 条规定的“投毒”改为“投放毒害性、放射性、传染病病原体等物质”。这说明，原《刑法》第 114 条规定的“其他危险方法”是不包含“以传染病病原体的方法”的，同时第 8 条规定：“刑法第 291 条后增加一条，作为第 291 条之一：投放虚假的爆炸性、毒害性、放射性、传染病病原体等物质，或者编造爆炸威胁、生化威胁、放射威胁等恐怖信息，或者明知是编造的恐怖信息而故意传播，严重扰乱社会秩序的，处五年以下有期徒刑、拘役或者管制，造成严重后果的，处五年以上有期徒刑。”应该说，被告人肖永灵的行为倒是完全符合这条规定的。

可见，刑事司法裁判中的类型思维，使概念思维中规范与事实之间原本封闭、僵化、断裂的呆板涵摄关系，由于需要归类而必须彼此间对向开放、核心向边缘流动、整体与部分间协商，而获得了某种灵动的活力。这样在规范与事实之间的符合性判断中，价值导向的思考方式得以确立，价值、目的或者利益等主观因素的观念得以渗入，同时面向生活现实开放的弹性思维，有利于使稳定、滞后的法律规范适应复杂多样的生活事实，为裁判过程中更理性地取舍、平衡各种利益奠定了方法论的基础。相对于概念思维，在就“基本匹配型案件”及“部分匹配型案件”的疑难案件作出裁判时，亦能找到相应的对策。尽管从司法的实际状态看，这种基于类型思维的“符合性”判断往往被概念思维的“符合性”判断所遮蔽，法官也常常将一种本属正当的类型式的“符合性”判断论证宣称为一个事实上不能维持的概念式的“符合性”判断，似乎只有后者才具有真正的科学性，才能保证裁判的客观与公正，但实际上正是类型思维这种“符合性”判断情形的存在，才使其在应对复杂案件的裁判时多了一份从容与淡定。当然，类型思维的缺陷也是不言而喻的。其最大的缺陷就是有可能对法律的稳定性和安全性带来的挑战，这是我们在类型思维模式下进行“符合性”判断时所必须给予高度警惕的。刑事裁判中的类型思维亦应是有边界和底线的，没有边界的类型化思维是一种极大的危险，将有可能使刑事裁判脱逸至刑法规范之外，而构成对罪刑法定原则、刑事法治的破坏。[①] 在这方面，不能不说“肖案”的裁判倒是一个典型的反面教材。

四、小结

“犯罪构成”既是刑法文本中的一种规范类型，又是刑法理论中的一个建构模型，还是刑事司法中的一种裁判模式，实际上是一个在多向度延伸、多层面存在的具有三维立体结构的概念形态。[②] 在当今的规范刑法学中，“犯罪构成”作为一种刑法文本注释的格式化模板以及刑法理论研究的精致模型，可以说已被“修炼”到了极致，而其作为刑事司法中的一种裁判模式，似乎仍处于荒芜中。笔者选择从一种司法裁判方法的视角关注犯罪构成论问题的研究，主要是想解答一下许久以来萦绕在脑海且挥之不去但又无法进行实证研究的困惑，这就是：司法裁判过程是不是就是按照现有犯罪构成论模型（无论是哪个）各要件的逻辑顺序来认定犯罪的？对此，在上文中，笔者曾经提及过陈忠林教授的观点。本章或许能从裁判思维这个侧面来回应并认同陈忠林教授的这一观点，并且如果从刑事裁判思维的视角来看刑法规范与案件事实之间“符合性”判断的逻辑顺序的话，可能还会得出这样一个具有相当“功利”特质的结论，这就是这种判断的逻辑顺序往往并不会完全等同于任何一个理论模型中的犯罪构成要件的逻辑排列顺序，而是裁判中“遭遇”到的案件类型不同，实际采用的思维模式就不同，而实际采用的思维模式不同，符合性判断的逻辑顺序就不同。刑法理论研究可以“做出”精致的模型，无奈刑事裁判实践却难有精准的“套路”，这与理论研究的相对局限而求确定与社会实践的绝对多变而不确定有关，而与一国刑事法治状况如何似乎并无多少必然的内在联系。选择从裁判方法论的视角就犯罪构成论问题在刑法理论与司法实践之间寻求一种相对妥当的协调而超越这一困境，不知能否成为一种可行的尝试？

---

① 参见马荣春：《刑法类型化思维的概念与边界》，载《政治与法律》2014 年第 1 期。

② 参见张心向：《犯罪构成之三维形态解读——基于现象学社会学的思考》，载《法学杂志》2011 年第 4 期。

中　编

外国犯罪构成论体系考察与比较

第五章　德国犯罪构成论体系考察

自启蒙主义以来，在德国逐渐形成了独树一帜的刑法学理论，且德国在犯罪构成论体系领域也颇有建树，这对世界范围内刑法学的发展产生了重要影响。德国犯罪构成论体系的建构有其自身的特质，需要具体分析其概念、体系发展及特点才能明确理论的内在价值和思考意蕴，体现出借鉴的意义。

第一节　德国刑法中构成要件的概念

在德国刑法中，构成要件概念一般是指构成犯罪的类型性要素，这与我国的犯罪构成概念存在一些区别。本书所指的“犯罪构成体系”实际上就是指构成犯罪的各要素依据一定的思考方法、逻辑关系和顺序而形成的犯罪认知体系，其本质上为犯罪论体系。在比较刑法的视野中，首先应完成的是概念的协调一致和语境转换，使中德刑法之间能够建立一个共同承认的知识语境。这意味着我国刑法中的“犯罪构成”概念是德国刑法中构成要件、违法性要素和责任要素的总和，犯罪构成概念与构成要件之间是属种关系，不能予以混淆。德国刑法中构成要件概念用得十分普遍，有多种提法和含义，因此需要加以厘清。

一、从构成要件的概括性所进行的划分

根据构成要件概括性的高低，可以将其分为犯罪构成、法定的构成要件、不法的构成要件等。“犯罪构成”（Verbrechenstatbestand），也称“一般法律学说中的犯罪构成”（Tatbestand iSd allgemeinen Rechtslehre）、

“一般的犯罪构成”（allgemeiner Deliktstatbestand）或“广义的构成要件”（Tatbestand im weiteren Sinne），具有最高的概括性，是所有成立犯罪的各要素的全体，大致相当于我国刑法中的犯罪构成概念。贝林将其称为“类型”（Typus）的整体，① 即为“犯罪概念性要素的整体，即包含了违法性和有责性”。② 金德霍伊泽指出，该概念“是该当性、违法性、有责性行为等所有前提条件的总和，包括那些无责任的可罚性条件”。③ 韦塞尔斯和博伊尔克在其教科书中所提及的“广义的构成要件”概念虽然与此有相同之处，但侧重点不同，故而需要专门介绍。

概括性相对较低的大致有法定的构成要件、整体犯罪论意义的构成要件等。④ 这些概念都是强调犯罪构成的某些方面的要素，概括性相对较低。“法定的构成要件”是指依据刑法分则或附属刑法之规定的词义而形成的观念形象。法定的构成要件除了包括传统意义上的行为，有时包括违法性内容，如《德国刑法典》第 303 条中的“违法地”；有时包括责任内容，如第 211 条“谋杀罪”中的“卑鄙动机”；有时也包括刑罚排除事由或客观的可罚事由，如第 186 条中的“不能证明”。“整体犯罪论意义的构成要件”也称“不法的构成要件”，是指所有规定刑法之禁止或命令的各要素的总和，包括故意，至于是否包括违法的阻却事由，则在所不问。“刑法的构成要件”并非专门的术语，有时也被称为“法定的构成要件”，有时还指代“整体犯罪论意义的构成要件”，对此需要根据具体情形来判断。

二、从构成要件的主客观标准所进行的划分

该划分标准通常是用于区分构成要件要素，但是在德国刑法中为了凸显主观要件和客观要件的区别，也作了这种分类。“客观的构成要件”是指主体心理之外的构成要件要素的整体。该概念实际上就是整体犯罪论意义上的客观构成要件，是与主观的构成要件相对的概念。

---

① Beling, Die Lehre von Verbrechen, J. C. B. Mohr, Tübingen, 1906, Vorwort.

② Beling, Die Lehre vom Tatbestand, J. C. B. Mohr, Tübingen, 1930, S. 14; Beling, Grundzüge des Strafrechts, J. C. B. Mohr, Tübingen, 1925, S. 6.

③ Kindhaeuser, LPK-StGB, Nomos, 2010, S. 89.

④ LK, S. 727 – 728.

传统刑法理论所谓的构成要件就是这种客观的内容，实际上是客观的构成要件。当主观的构成要件引起理论上的重视并逐渐被接受以后，客观构成要件的概念也就随之产生。

“主观的构成要件”是指应该从主体心理事实中寻找涵摄依据的构成要件要素的整体，包括目的、心理倾向、故意和过失等。[①] 主观的构成要件不包括违法性意识及其可能性、期待可能性等责任非难的内容，是不同于责任构成要件的概念。

三、从犯罪构成的层次所进行的划分

为了体现不法与责任的区分及其各自在类型性方面所发挥的作用，理论上依据各自所在的阶段将其分为“整体的不法构成要件”、“允许的构成要件”和“责任的构成要件”三种。“整体的不法构成要件”是不法的构成要件与违法性的结合，在欠缺违法的阻却事由时才予以使用。构成要件该当性与违法性之间是“烟与火”的关系，理论上将构成要件与违法性结合而进行整体的评价，就形成了不法的构成要件。有些学者采用“消极的构成要件”或“允许的构成要件”作为其相对概念来使用。[②] 在具备整体的不法构成要件的情况下，倘若没有出现法律所允许的事由即允许的构成要件，就可以确定其不法。

“允许的构成要件”是指表明合法性事由的客观事实整体。与此相对应的主观方面称为“主观的合法性要素”，一般没有称为“主观的允许构成要件”。

“责任的构成要件”是德国著名学者耶赛克、魏根特提出的概念，是表明所谓犯罪类型的、特定责任要素的概念。耶赛克、魏根特将之作为与不法构成要件相对的概念并认为，不法的构成要件“描述被禁止的行为和行为人的与此相关的内心态度（故意或过失）；而责任构成要件则包括这样一些要素，它们表明行为中被实现的行为人的法律意识”。[③] 责

① 在德国刑法中，故意与过失并没有相提并论，故意作为主观要件并无争议，而对过失则存在多种不同观点。

② Wessels/Beulke，Rdn，123.

③ ［德］汉斯·海因里希·耶赛克、托马斯·魏根特：《德国刑法教科书》（总论），徐久生译，中国法制出版社 2001 年版，第 561 页。

任的构成要件实际上就是用于责任判断的要素。

四、从构成要件的功能所进行的划分

目的理性犯罪构成体系理论从构成要件的功能出发将构成要件分为“体系的构成要件”、“错误的构成要件”和“保障的构成要件”三种。其中，“体系的构成要件”相当于“整体犯罪论意义的构成要件”，是区别于“错误的构成要件”“保障的构成要件”而提出的概念。罗克辛指出，“构成要件具有体系的、刑事政策的和教义学的功能”，“在体系的意义上，构成要件包含了犯罪类型性要素的概念化”，明确了其体系地位，因而在功能的意义上可称为“体系的构成要件”。①

“错误的构成要件”是从教义学功能上讲的，“构成要件的教义学任务是明确其要素，在没有意识这些要素时可以排除故意”。② 在教义学中，构成要件的错误与禁止的错误是彼此区分的，错误的构成要件是指发生构成要件错误情况下的构成要件概念，是客观构成要件和允许构成要件的结合体。换言之，在对客观构成要件或允许构成要件发生认识错误时，在限制的责任说看来，都属于构成要件的错误。

“保障的构成要件”是从构成要件之刑事政策的角度所理解的概念，体现构成要件的人权保障功能，包括所有受罪刑法定原则限制的事由，如刑法所规定的行为事实、违法阻却事由、责任阻却事由和程序要件，如“告诉乃论”的规定。

五、从构成要件的外延所进行的划分

德国刑法学中所使用的构成要件概念外延有宽窄之分，理论上分为“广义的构成要件”和“狭义的构成要件”两种。“广义的构成要件”是韦塞尔斯和博伊尔克在其教科书中提出的概念，实际上包括刑法所规定的行为事实、违法阻却事由、责任阻却事由和程序要件等内容，与保障的构成要件相近。③ 在本书中，所使用的“犯罪构成”概念实际上就相当于这种广义的构成要件。

---

① Roxin, Strafrecht AT I, S. 280.

② Roxin, Strafrecht AT I, S. 281.

③ Wessels/Beulke, Strafrecht AT., S. 42.

“狭义的构成要件”是施特拉滕韦特和库伦用来定义不法构成要件的概念，即“对以刑罚相威胁的，违反了不应为或者应为之要求的行为的规定”，“这些行为特征只能归责于不法”。[①] 德国刑法通常所指的构成要件概念就是这种狭义的概念。

第二节　德国犯罪构成论体系的沿革

一、启蒙主义时期的犯罪构成论体系

德国刑法学在康德古典哲学提出之前，基本上是继受启蒙主义的一些基本原理和理论。这个阶段比较有影响的刑法学家主要有施蒂贝尔（Stübel）和克莱因施罗德（Kleinschrod），他们为后世的学说尤其是犯罪构成论体系的发展做出了一定贡献。施蒂贝尔是刑法学说史上最早对刑法学进行体系研究的学者。他认为，“一切对刑法之明文规定的违反都是犯罪”。刑法是“能够引起威吓的伦理预防”，规制对象为“损害之意思征表”（Aeusserungen des Willens）。“在认定该行为时一方面应考察损害之意思征表的字面含义，另一方面必须考察不正当（预备、着手或既遂）的损害行为。”[②] 由此可见，当时德国的主要思想已经注意到犯罪构成中的主客观要件，且以恶意为刑法规制及评价的主要内容，具有主观主义的雏形。克莱因施罗德的犯罪构成论中则已经开始有实质评价的内容。他认为，“犯罪是实证法的行为，是侵犯天赋人权的行为，其影响是这些权利成为犯罪人承受刑罚的依据”。[③]

二、古典主义时期的犯罪构成论体系

康德是启蒙主义刑法学在德国乃至世界的终结者，此后古典刑法学在康德哲学的影响下得以长足发展。当然，犯罪构成问题虽然已经引起了重视，但在理论机能上仍存在很大的不足。受康德哲学影响的

---

① ［德］施特拉滕韦特、库伦：《刑法总论Ⅰ——犯罪论》，杨萌译，法律出版社2006年版，第78～79页。

② Stübel，System des allgemeinen peinlichen Rechts Ⅱ，1795，S. 1－3.

③ Kleinschrod，Grundbegriffe des peinlichen Rechts，1794，S. 12.

古典刑法学中涌现了很多著名学者，如克莱因（Klein）、菲希特（Fichte）、格罗尔曼（Grolman）等，集大成者为素有“近代刑法学之父”的费尔巴哈（Feuerbach）。

费尔巴哈将“构成要件”（Tatbestand des Verbrechens，corpus delicti）概念引入犯罪论中，同时肯定了实质的犯罪观。他认为，“国家中犯罪概念是指公民（Buerger）通过侵犯刑法所保护的权利而对国家与个人之间契约的破坏。因而，犯罪是由刑法所威慑的、抵触他人权利之行为”。[①] 在费尔巴哈看来，构成要件是“绝对可罚性的客观理由”。“构成要件是具体行为或具体事实要素之概念化，在法律概念中这些具体行为或事实要素包含于特定类型之违法行为之中。由此，客观的可罚性取决于存在犯罪的构成要件。适用单个法条在特定条件下取决于那些以应予实施之法律为法律后果之条件的构成要件。”[②] 与构成要件相对的概念为“绝对可罚性的主观理由”，存在于违法者的心情，“在违法行为中表明刑法之心理上的作用可能性”。[③]

费尔巴哈所提的构成要件包括三方面的内容，即（1）“行为之违法性后果”；（2）“违法行为的特定主观理由，即存在于特定目的或意志确定之特定类型中的主观理由”；（3）“外在行为”。在具备“绝对可罚性的客观理由”或“绝对可罚性的主观理由”的情况下，才能进行“责难（Imputativitaet）”。“责难”的条件有“针对可罚性的意识”“该意识对放弃行为之影响可能性”。此外，还需考虑排除责任的事实状态，如“无责任的精神状态”“刑法意义上身体或心理的失控状态”。[④]

在犯罪构成理论的发展进程中，宾丁起到了承上启下的作用。宾丁将“罪的要件（Deliktsmerkmal）”称为“犯罪的构成要件”。在他看来，犯罪的构成要件是“表明犯罪抵牾具体规范之特征的要件”，而非可罚性要件。构成要件包括客观的构成要件、主观的构成要件和归

① Feuerbach, Lehrbuch des gemeinen in Deutschland geltenden peinlichen Rechts, 1801, S. 22.

② Feuerbach, Lehrbuch des gemeinen in Deutschland geltenden peinlichen Rechts, 1801, S. 68 – 69.

③ Feuerbach, a. a. O., S. 72.

④ Feuerbach, a. a. O., S. 76.

责可能性三方面内容：（1）客观构成要件是罪的行为（事实）面（Tatseite），[①] 即“由人的事实行为所导致的、抵触规范意志的外界改变”；（2）主观构成要件是罪的责任面，“不仅包括责任能力，而且实际上还包括一种针对该行为事实之有责的意志”；（3）“行为（事实）（Tat）须具备归责可能性”。[②] 除此之外，罪（Delikt）若要具有可罚性，必须符合可罚性的条件。相对于罪的构成要件而言，可罚之罪的特殊要件（可罚性要件）更侧重于刑罚的确定，可罚性要件“对确定可罚性与不可罚性以及刑罚的种类和幅度，具有指示作用”。[③] 可罚性要件包括客观的可罚性要件和主观的可罚性要件两类：客观的可罚性要件“与行为人人格完全没有关系”，具有客观的独立特征，如故意伤害罪的伤害程度、家庭盗窃中的退赃等；主观可罚要件是涉及行为人心理的刑罚裁量条件，如恶意、冲动等，与行为人人格密切相关。

三、后期古典学派的犯罪构成论体系

构成要件理论是后期古典学派也即新康德主义刑法思考的起点，是价值哲学与实证刑法学的结合。构成要件以实证法为根据，即“在所有违法、有责行为之范围，立法者通过评价而挑出一些行为方式，所有这些行为方式绝对均须国家报应”，每个行为方式均为“典型生活形象”，都有与其相适应的“基本的刑罚威吓”（Grundstrafdrohung），由重至轻，一字排开，构成确定的“价值标准”（Wertskala）。[④] 具体犯罪行为的诸要素往往纷繁复杂、形形色色，只有被类型化，如杀人、盗窃等，方能保持其独立的观念形象。

贝林将构成要件理解为“犯罪类型的观念指导形象”，由此开启了刑法中类型性思考的先河。他认为，“观念形象表达了该犯罪类型之共性，无此观念形象，则上述诸要素即失去其类型性。此形象即该犯罪

---

① 宾丁区分了“Tat”和“Handlung”两个概念，这里为了不致混淆，笔者把“Tat”译为“事实行为”，而按照翻译习惯将“Handlung”译作“行为”。关于宾丁对二者的区分，后面将进一步介绍。

② Binding，Handbuch，a. a. O.，S. 503－508.

③ Binding，Normen II，a. a. O.，S. 324－325.

④ Hartwig，Ernst Beling，a. a. O.，S. 47.

类型的‘法定构成要件’”。[①] 构成要件为“犯罪类型之轮廓”，系“并无独立意义的纯粹概念”，“永恒（zeitlos）、普遍（raumlos）而无相（existenzlos）”，若“附以违法有责的行为，则可成立犯罪”。[②] 构成要件是“犯罪概念的中心（Mittelpunkt），连接着犯罪的其他要素，梳理五彩纷呈之生活事实而为特色形象，即特定类型的生活事实，非此则无刑罚”。[③] 构成要件与犯罪类型有着“明显的不同，构成要件绝非犯罪类型的组成部分，而应为观念形象（Vorstellungsgebild），只能是规定性的、帮助理解的东西，逻辑上先于其所属的犯罪类型”。[④] 构成要件该当性也不等于犯罪的类型性，“‘类型性’是犯罪的一个概念性要素”，[⑤] 而“‘构成要件该当性’则为内在于类型性（内在核心）的一般犯罪要素”，结合违法、有责等方构成类型性。[⑥] 构成要件是客观方面的问题，而就犯罪类型而言则必须考虑主观方面的因素，如过失杀人与故意杀人虽共有同一构成要件，但分属不同的犯罪类型。基于构成要件和类型性思考，贝林所建立的犯罪论体系，即“该当性—违法性—有责性”三阶层的递进式体系，史称“贝林—李斯特体系”。

迈尔注意到了构成要件中的主观不法要素和规范的构成要件要素，并在犯罪构成体系中予以考虑。在他看来，“犯罪是指该当构成要件、违反国家所承认之文化规范的具有归责可能性的事实”。[⑦] 刑法中的构成要件要素具有一定的价值，存在所谓的“规范的构成要件要素”或“纯正的违法性要素”，不存在所谓“价值中立的法定构成要件要素”。其中，所谓“规范的构成要件要素是指单独即具有规定价值之意义，乃该当构成要件结果之组成部分”，如“他人之物”的“他人”，即需要进行规范的判断，与是否由“盗窃行为所引起的”并无关系。“规范的构成要件要素就是违法性要素”，“并非违法性的认识因素，而是其

① Ernst Beling, Die Lehre vom Tatbestand, J. C. B. Mohr, Tübingen, 1930, S. 3.
② Beling, Die Lehre von Verbrechen, J. C. B. Mohr, Tübingen, 1906, S 111.
③ Beling, L v V, a. a. O., S. 110.
④ Beling, L v T, a. a. O., S. 4.
⑤ Beling, L v T, a. a. O., S. 18.
⑥ Ernst Beling, Grundzüge des Strafrechts, J. C. B. Mohr, Tübingen, 1925, S. 18.
⑦ Mayer, Strafrecht a. a. O., S. 57.

本质因素，属于违法性范畴，是违法性的一部分”。[①]“主观违法性要素是纯正的违法性要素，并非责任要素”。当然，单纯的主观要素不足以成立违法，只有行为具有该主观要素，才可成立违法。这种主观的违法性要素如犯罪目的，即“存在构成行为违法性的主观过程，乃展现责任之标志，但并不同责任本身”。[②]

迈尔的犯罪论体系因简明、层次清楚而闻名，被视为三阶层递进式犯罪论体系的典范。他认为，构成要件是“刑法条文的第一部分所规定的行为”，“这种概念上的图式即为抽象的或法定的构成要件”。“构成要件该当性是行为的特征，由此可以确定第一个的刑罚前提条件。”[③]“任何可罚的行为都是由意思行为（Willensbetaetigung）和结果组成，通常情况下任何表意行为都足以该当法定的构成要件，而关键是特定类型的结果。”[④]关于构成要件与违法性的关系，迈尔虽然为了“获得认识和建构刑法体系”而试图进行严格的区分，但是也承认“该当构成要件”一般就可以确定“违反规范”，前者充当“方法论的指引根据”，是“违法性最重要的认识根据”，“二者关系如同烟与火的关系一样”。[⑤]该当性中不仅包含了类型性、因果关系，而且还涉及主观要件和规范要件的判断，因而与违法性是很难明确区分的。其不法与责任的区分，也不能简单理解为“违法是客观的，责任是主观的”。

梅茨格尔（Mezger）是后期古典学派的集大成者，其犯罪构成体系也具有很大的影响力。他认为，“构成要件”并不是单一的，应该有多重含义，即“一般法学上的构成要件”“整体可罚行为之构成要件（行为—构成要件）”和刑法中的“不法构成要件”等。一般法学上的构成要件是指“所有与特定法律后果即处罚相关的前提条件整体”，所有“可罚性客观条件”都包含在内。行为的构成要件“在本质上与贝林之‘不含价值的构成要件’意义相吻合，只能通过它来确定犯罪的类型”；“不法构成要件”是“贝林所谓‘犯罪类型’的一部分，即立

---

① Mayer, Strafrechts, a. a. O., S. 182－185.

② Mayer, Strafrechts, a. a. O., S. 186－187.

③ Mayer, Strafrechts, a. a. O., S. 3－4.

④ M. E. Mayer, Der allgemeine Teil des deutschen Strafrechts, Carl Winters, 1923, S. 115.

⑤ Mayer, Strafrechts, a. a. O., S. 9－10.

法者用来进行评价的构成要件”，仅有“作为评价工具的功能”，为“刑事不法评价的本来载体”，也“是与行为人责任相关之构成要件的一部分”。[①] 不法构成要件为“对本体事态的评价”，“构成两种评价之基础，即对个人归责的评价（‘责任’评判）和对不法的价值判断”，[②] 既是“评价的对象”，又是“对象的法律评价”，本身具有多义性，构成梅茨格尔新古典体系即“行为—不法—责任”体系的中心。

梅茨格尔也承认所谓的“主观的构成要件要素”和“规范的构成要件要素”。他认为，“在有些情况下，不法取决于主观上行为人相关的精神要素”，“因为刑法构成要件是特殊的、类型的不法，就其所涉及的构成要件不法而言，该主观的不法要素也就成为主观的构成要件要素”。该主观构成要件，同样也是记述的要素。[③] “规范的构成要件要素”不同于记述的客观要件和主观要件，在立法上并非“记述”的，在司法中也不是简单的“认知”（kognitiv）。“在‘规范’构成要件要素中，关键是构成要件不法的前提条件，该前提只有通过特殊的事实评价方能取得。”[④] 这些规范的构成要件要素包括：（1）“认知评价要素”（Elemente kognitiver Beurteilung），即“依据经验和经验知识就可以获得确定的评价”，如对“誓言真实性”的判断、“危险”等的判断；（2）“法官意义之理解的要素”（Elemente richterlicher Sinnerfassung），如“伪证”“侮辱”“恐吓”等，该要素需要由法官来评判其意义内容；（3）“需借助于法律评判的要素”（Elemente mit rechtlicher Bewertung），如“他人财物”之“他人”；（4）“需借助于文化评判的要素”（Elemente mit kultureller Bewertung），如“猥亵”“淫秽”概念即属于此。[⑤]

四、目的行为论的犯罪构成体系

韦尔策尔（Welzel）是目的行为论的开创者，在与梅茨格尔的论争中接受了其新古典的犯罪论体系。他以目的行为为刑法本体论思考的

---

① Mezger，Wandlungen der strafrechtlichen Tatbestandslehre，in：NJW 1953，S. 2.

② Mezger，Wandlungen，a. a. O.，S. 2.

③ Mezger，Strafrecht（Lehrbuch），a. a. O.，S. 186 – 190.

④ Mezger，Strafrecht（Lehrbuch），a. a. O.，S. 191.

⑤ Mezger，Strafrecht（Lehrbuch），Berlin，1949，S. 191 – 192.

基础，提出“个体人不法理论”（Personale Unrechtslehre），区别不法与责任，在不法中分别进行构成要件该当性和违法性判断。他认为：“不法乃关乎行为‘人’的行为无价值。”[①] 作为本体存在之目的行为，可以是有价值的，也可以是无价值的，有则具备“对象价值”（Objektwert），无则属“对象无价值”。规范违反为不法的本质所在，因为“刑法之任务，是保护主流社会伦理的观念价值”，“保护主流社会伦理的行为价值”，[②] 决定不法者，为客观行为之目标设定、反伦理观念和义务违反，此为行为无价值。结果无价值没有定义不法的功能，虽然对多数犯罪而言，法益侵害或法益威胁都不可或缺，但终究不是根本所在，只是“人的违法行为之片面要素（Teilmoment），仅此不足以确定行为之不法”；[③] 况且目的支配已含有因果性认识和调控，外在的因果律、法益侵害之结果等均包含于行为无价值，无独立意义。不法（Unrecht）就是行为的无价值，包括主观不法要素和客观不法要素两方面的内容。不法评价需要考虑“构成要件该当性”、“规范违反性（Normwidrigkeit）”和“违法性（Rechtswidrigkeit）”几个概念。

不法判断中包括构成要件该当性和允许条款的判断。“构成要件乃刑法所规定之禁止内容（Verbotsmaterie），是刑法特别谨慎地对所禁止行为之事实性、具体性记述（Beschreibung）”，为观念之指导形象（Leitsbild），概念性地记述着规范所禁止的行为方式（Verhaltensweisen）。构成要件该当性，即行为“违反该规范的要求”（Normforderung），[④] 符合禁止行为之概念性规范内容（如“杀人”）。仅违反禁止条款（Verbotssätze）尚不足有违法性，某行为“该当构成要件，违反禁止条款”，并不当然违法，须结合允许条款（Erlaubnissätze），才能进一步确定违法性。允许条款，乃整体法秩序之允许，可免除“源于一般性（抽象规范）的行为人某义务”，对该当性行为之允许仅存在于特定情形，正当防卫、紧急避险即是。[⑤] 违反禁止条款，且无相应之允许性规

① Welzel, Strafrecht, a. a. O., 62.
② Welzel, Strafrecht, a. a. O., 4.
③ Welzel, Strafrecht, a. a. O., 62.
④ Welzel, Strafrecht, a. a. O., 49 – 50.
⑤ Welzel, Strafrecht, a. a. O., 50.

定，其该当性行为才“与整体法秩序相抵触，具备违法性”。违法性不同于不法评价，[①] 客观违法性与主观的不法要素是可以和谐共存的，关键是不法是行为的无价值，并非单纯的评价结果。

韦尔策尔扬弃了贝林的“观念指导形象”理论。他认为，构成要件虽为法律之“记述”（Beschreibung），[②] 但其该当性并“非价值中立的”，而必定蕴含某种意义，要么违法，要么合法，均具有刑法的相关性，绝非“价值中立之物”。[③] 某行为该当构成要件，已违反禁止规范，倘若无允许条款之介入，就构成违法，所以未适用允许条款之该当性行为均属违法；[④] 未违反规范，自无须进行该当性评价，如符合社会相当性的行为，本来就没有违反规范，即或形式上该当构成要件，也没有无价值特征，不具违法性。不法构成要件中包含主客观两方面的构成要素。其中，客观构成要件是“意志见之于客观的外在行为”，构成“犯罪具体、现实的核心”，确切而言，即为“客观的行为情状”（objektive Tatumstände）。行为情状是客观构成要件的中心环节，通常“辅以行为之结果事态，即法益侵害或威胁”，有时还包括行为手段（如《德国刑法典》第 243 条[⑤]中的“假钥匙”）、行为之情景等客观情状。某些情况下，单纯的行为也可构成犯罪，无须辅以结果事态，如《德国刑法典》第 173 条的“近亲通奸”（Blutschande），此为“纯粹的行为犯”。客观不法要素既然是意志见于客观之物，自然没有独立于主观的意义。客观不法要素的“客观”“并非行为人主体陌生之物”（Fremden），而是意志“通过构成要件以客观表现于外的东西”。详言之，客观构成要件的行为情状，既然是意志的客观化表现，就不能“是完全剔除主体精神要素之纯粹客观‘外在物’（Äußerliches）”，须在整体中予以考虑。主观不法要素，即所谓“主观正犯要素”（Die subjektiv täterschaftlichen

① Welzel, Strafrecht, a. a. O., 51－52.

② 有些构成要件记述不完整，存在一些需要法官予以补充的情状，如过失犯、不纯正不作为犯之构成要件，韦尔策尔称为“开放的构成要件”。

③ Welzel, Strafrecht, a. a. O., 53.

④ Welzel, Strafrecht, a. a. O., 82.

⑤ 本书所引之刑法条文，如无特别之说明，均为韦尔策尔同时代之德国有效刑法规定。

Merkmale),[①] 表明行为人的精神态度和观念，“以特殊方式赋予行为以某种特征和精神内容”，既包括故意，也包括主观超过要素，如目的犯之“目的”、倾向犯之“特定行为倾向”，以及一些特殊观念要素，如谋杀罪之“杀人嗜好”。在故意犯罪中，缺乏该主观不法要素，即无法认定外在事件之该当性，如杀人行为，若无故意，则无法该当故意杀人罪的构成要件。

毛拉赫（Maurach）是韦尔策尔之后持目的行为论的主要代表，其在本体的行为中掺入了价值的判断因而构建了特殊的犯罪构成论体系。他继承了韦尔策尔“不法与责任相区分”的观点，将不法作为“评价的对象”（Wertungsobjekt），而责任为“对象的评价”（Wertungsurteil）。在犯罪构成论体系中，行为发挥着作为基本要素、连接要素和界限要素的功能，概念上可以引出不法，在此基础上的构成要件该当性即为无价值的判断，是对行为之类型性的刑法无价值的评价。[②] “违法性经过刑法的类型化处理之后，就不再需要进行积极地确定。”在此意义上，“构成要件该当性是不法的标志”，“在出现违法阻却事由时才失去效力。”构成要件包括主观的要件和客观的要件，前者为不法行为的外在表现、法律上的结果等，后者为故意等。虽然毛拉赫大体接受了“行为—不法—责任”体系，但评价时也有所不同。因为其目的行为已经包含了价值判断，进入不法阶段主要就是构成要件该当性即类型化判断，在没有违法性阻却事由的情况下即具备类型性不法。在其责任阶段所进行的是“归责可能性”判断，即“行为人对其该当构成要件的违法行为在法律上的不允许关系，该关系构成各种不同刑法反应可能之基础”，包括“行为的答责”和“责任”两方面的内容。“行为的答责”所进行的是行为人的无价值判断，即“行为人在具体情况下实施的比本可实施的更差的行为”。责任即非难可能性，是人格的非难，是“越过行为而对行为人的无价值判断”，即行为人“具有归责能力而在不法意识可能性的情况下实施了行为”。[③]

---

① Welzel, Strafrecht, a. a. O., 77 –79ff.

② Maurach/Zipf, Strafrecht allgemeineiner Teil I, 8 Aufl., C. F. Müller, 1992, S. 182.

③ Maurach/Zipf, a. a. O., S. 415 –416, 437 –438.

五、目的理性的犯罪构成体系

“目的理性”（zweckrational）或“功能的”（funktionale）犯罪构成论体系是罗克辛（Roxin）于1970年提出的，是在扬弃新康德主义和新黑格尔主义的基础上所提出的体系。罗克辛继承了新康德主义的价值哲学，但是认为其文化价值过于模糊而不适宜充当建构体系的指导，转而求诸刑事政策中的目的或功能，在刑法目的的价值基础上建构了其犯罪构成论体系。对于其犯罪构成的主客观基础，罗克辛则借鉴了黑格尔的归责思想，这体现为客观归责和故意。其“目的理性的体系思想”（zweckrationales Systemdenken）或“功能的体系思想”（funktionales Systemdenken）的基本观念就是：“对构成要件的合目的（teleologisch，funktional）体系性思考首先论及客观构成要件，该要件通过客观归责理论而获得全新的维度，故此不是根据因果性而是根据对不允许危险的实现和规范保护目的来框定其内容。”①

在构成要件该当性的判断中，目的理性体系肯定了主观构成要件的存在，在客观归责中贯穿了目的理性的内容。罗克辛认为，在一些犯罪中如果不考虑主观的构成要件，“就无法与其犯罪类型相一致”，“主观的构成要件要素理论20世纪30年代已经得到了充分传播。迄今在德国刑法学中已完全没有争论”。② 该体系不同于目的行为论的主要方面仍然在于其客观构成要件该当性的判断。他以“制造并实现法所不允许的风险”作为实质地定义客观构成要件该当性的依据，在“风险降低”“允许风险”“欠缺风险制造和实现”的情况下都能够“排除归属于客观构成要件的理由”，不具有该当性。③ 在此之中，目的理性决定了“不允许风险”的判断，从而将刑事政策的目的贯穿了犯罪构成体系的各个环节。

违法性是该当构成要件之行为的本质，表明了其对刑法禁止或命

---

① Roxin, Finalität und objektive Zurechnung, in: Gedächtnisschrift für Armin Kaufmann, 1989, S. 237.

② Roxin, Strafrecht AT, I, 4aufl., 2006, S. 283.

③ Roxin, Finalität und objektive Zurechnung, in: Gedächtnisschrift für Armin Kaufmann, 1989, S. 242ff; AT, I, S. 375 - 390.

令的违反。[①] 在出现合法性事由时，即须讨论刑事政策的社会冲突解决功能，社会变迁的动力也就渗入犯罪构成体系之中，多元因素影响着其体系的建构。如正当防卫，体现了自我的防卫和法律的确证原则，但是有其界限，需在“整体法秩序的适应性原则中确定其界限，即如果引起法益冲突的完全失衡，就会否定正当防卫”。[②] 多元的因素使违法性有广泛的标准，使合法化事由范围变得较小。

在责任判断中，罗克辛在责任之外还考虑了预防目的，且将后者当作责任的核心内容。如“预防必要性为刑事负责之前提条件”，不仅“事关刑罚目的，而且能够导致刑罚处罚”。“缺乏刑罚的预防必要性，与缺乏责任一样，也能够阻却罪责。”[③]

六、小结

德国犯罪构成论体系的发展过程，表现为从片面走向综合的过程。构成要件由最初仅为刑事诉讼中概念，是犯罪成立应予查明的事实，发展为犯罪类型性的指导形象，既包括主观和客观的要素，又是记述和评价的有机统一。德国刑法学通说在此基础上所提出的“不法的构成要件”是综合的概念，肯定了主客观的统一，又使构成要件该当性远离了价值中立的评价。

但是，“不法构成要件”概念的提出又使传统的递进式三阶层犯罪构成论体系面临瓦解。在不法的构成要件中所包含的价值判断，实际上就是积极的违法性判断，包括各种形式的、实质的违法性，如社会危害性、行为无价值与结果无价值、客观归责等，理论功能过于强大，使这些评价相互交叉并有混同之势，反而使原有的罪刑法定功能、观念指导形象功能、保障功能等渐渐被忽视，使三阶层的判断独大，从而失去递进式体系建构的意义。相反，违法性和责任的判断显得没有多少存在的必要。在不法的构成要件该当性之后的评价，仅有消极评价的意义，仅有违法阻却的判断；责任判断也是如此，也只有消极的

① Roxin, Strafrecht AT, I, 4aufl., 2006, S. 601.

② Roxin, Kriminalpolitik und Strafrechtssystem, Berlin, Walter de Gruyter, 1973, S. 28-29.

③ Roxin, Strafrecht AT. I, 4 Aufl., München, C. H. Beck, 2006, S. 852-854.

责任阻却判断，其内容实际上已经被掏空。虽然罗克辛在责任评价中“用预防必要性限制罪责范围的见解普遍被接受”，① 但因为缺乏相应的明确规范内容且与非难可能性之间的关系难以厘清，这种新增的责任评价内容也显得实效不大。

第三节　德国犯罪构成论体系的基本框架

虽然德国刑法中出现了各种不同的犯罪构成体系，但通说所接受的仍为“该当性—违法性—有责性”三阶层的递进式体系，其涉及犯罪成立中三个主要层次的评价。讨论德国犯罪构成论体系的基本框架，也就离不开这三个要素或者说三个阶层。其中一些特殊问题，如因果关系、不作为、过失犯问题等，只要涉及犯罪构成体系的建构，也将是本节所研讨的课题。

一、构成要件该当性

根据德国刑法学通说，“构成要件承载着犯罪类型化之刑罚当罚性内容，同时又是不法与责任的类型”。② 涉及构成要件该当性，在理论上主要有构成要件的功能、构成要件该当性的判断、构成要件的要素等几个问题，下面分别进行阐述：

（一）构成要件的功能

构成要件的功能就是构成要件在犯罪论体系中所能达到的效果和作用。理论上对此有不同的观点。

弱化功能说认为，构成要件虽然是不法行为类型化的根据，但并不发挥关键作用。如奥托（Otto）教授指出：“如果构成要件不仅被用作不法之类型性的标志，而且被当作特殊不法的依据，那么构成要件就须包含所有危害社会或威胁社会即违法行为的要素。”构成要件该当性的判断也即是“行为人通过其行为侵犯了使法益免受侵害的法律义

① 许玉秀：《当代刑法思潮》，中国民主法制出版社 2005 年版，第 146 页。
② Vgl，Walter，vor § 13，in：LK，12 Aufl.，2007，S. 720.

务”。“标志”（Indiz）行为之违法性的就不是所谓的构成要件本身，而是“对他人的法益侵害”。[①] 瓦尔特（Walter）也认为：“行为之关键性定性并非该当性，而是违法性。换言之，依合理的通说观念，构成要件并非独立的评价阶段。”[②]

三功能说的代表人物是罗克辛，其认为构成要件主要有体系功能、教义学功能和保障功能三种。“在体系的意义上，构成要件包含了犯罪类型性要素的概念化”，在犯罪论体系占有一席之地。从教义学功能上讲，“构成要件的教义学任务是明确其要素，在没有意识这些要素时可以排除故意”。而在刑事政策上，构成要件具有人权保障功能，基于罪刑法定原则，不仅是禁止类推、禁止习惯法和不明确法的判断依据，刑法也规定了一些违法阻却事由、责任阻却事由和程序要件，也应该作为限制刑罚的依据。[③] 波恩大学的金德霍伊泽尔（Kindhäuser）和普珀（Puppe）教授也持该观点。[④]

四功能说认为，构成要件作为犯罪类型的指导形象，具有分类、解释、指示和排除功能。贝林认为，分类功能是指某一构成要件只是针对其所规定的犯罪类型，对其他犯罪类型则无关紧要。[⑤] 构成要件之所以具有分类功能，归根结底是因为刑法分则之不同规定，有其确定的规范依据。“在不动摇‘无法律则无刑罚’原则的前提下，除开刑法‘分则’，根本就无所谓刑法。”[⑥] 解释功能是指通过揭示构成要件的特征，解释、发掘其规范含义，进而明确犯罪的类型。“一个具有构成要件特征的情节，尚不足以确定其犯罪类型，而只能是认定犯罪类型之构成要件的一部分（Spielart）”；[⑦] 要确定犯罪类型，还需结合整个构成要件来解释。如对谋杀罪的“死亡”结果与故意伤害罪的“死亡”结果，就应该结合构成要件来解释。指导功能，是指构成要件不仅是

---

① Otto, Grundkurs Strafrecht AT, 7Aufl., Berlin, de Gruyter, 2004, S. 44, 103.

② Walter, vor § 13, in: LK, 12 Aufl., 2007, S. 729.

③ Roxin, Strafrecht AT I, S. 281.

④ Kindhäuser, Strafgesetzbuch (Lehr-und Praxiskommentar), 4Aufl., Nomos, 2010, S. 88; Puppe, in: Kindhäuser/Neumann/Paeffgen (Hrsg.), Nomos Kommentar Strafgesetzbuch, 3. Aufl. 2010, S. 434.

⑤ Beling, L v T, a. a. O., S. 4 – 5.

⑥ Beling, L v T, a. a. O., S. 7.

⑦ Beling, L v V, a. a. O., S. 264.

犯罪类型的分类基准，也是犯罪未完成形态、罪数形态、共同犯罪等问题的观念指导形象。“刑法‘总则’乃所有法定构成要件之归纳”，构成要件是犯罪论各部分的统一标尺，任何一个构成要件都可以充当刑法总则理论之例证。① 排除功能是指，对于未该当构成要件的行为，当然不构成犯罪，应该排除在刑法思考之外。“根本不存在什么‘自然法上的犯罪’（delictajurisnaturalis）和类似的其他东西，未该当构成要件的行为，绝非犯罪，即使该行为违法和有责，也不应因其侵害性而受到刑罚威吓。”②

五功能说认为，构成要件具有明确化功能、保障功能、违法性指示功能、行为归类功能和关系功能五种。明确化功能是指在刑法具备不完整性的条件下，构成要件能够将特定形式的社会伦理性不法明确化为可罚性行为。保障功能，是指构成要件能够确保仅对受刑罚所威慑的行为动用刑罚。违法性指示功能，是指构成要件中包含了刑法的禁止或命令，是违法性的标志（Indiz）。所谓“开放的构成要件”不具备该功能，被德国刑法学通说视为违反罪刑法定而放弃。行为归类功能，实际上就是构成要件的类型化功能，用来区分不同的犯罪类型。关系功能是指构成要件充当认定行为人主观意识和意志的关系点，通过行为人对构成要件要素的认识和意志来确定其主观的故意或过失。③

上述几种观点中各有一定的理论得失，其中弱化功能说、三功能说和五功能说的缺陷更明显。

弱化功能说对构成要件进行了实质化理解，揭示其所蕴含的无价值内容并因此片面强调了其实质方面即法益侵害的功能，弱化甚至否定了构成要件形式上的类型化功能，否定了形式的构成要件对违法性的指示作用。其缺陷是：(1) 因否定构成要件对违法性的指示作用，使构成要件本身的明确性没有得到保障，有违罪刑法定的原则；(2) 构成要件的形式和实质具有辩证关系，不可人为分割，更不应有所偏废。

三功能说依据刑法的规制机能、保障机能及与刑事政策的关系来

---

① Beling, L v T, a. a. O., S. 9.

② Beling, L v V, a. a. O., S. 21.

③ Tröndle/Fischer, Strafgesetzbuch und Nebengesetze (Beck'sche Kurz-Kommentar), 52Aufl. C. H. Beck, 2004, S. 74.

把握构成要件的理论功能，使构成要件更能实现目的理性体系建构的要求，有更强的理论依托。这是值得肯定的，事实上也受到了当代许多德国刑法学者的追捧。但具体而言，则不难发现其缺陷。所谓的“体系功能”、“教义学功能”和“保障功能”实际上互有交叉，彼此没有明确的界限。如对故意杀人行为进行类型性判断时，虽然说实现了体系功能，但同时也将不符合故意杀人特征的行为排除，且依据行为人对结果的主观态度认定其行为的性质，体现了构成要件的教义学功能和保障功能。由此可见，毋宁说构成要件只有一个体系功能。

五功能说与四功能说具有一定的相似性，但也有画蛇添足之处。其所谓的“明确化功能”严格来说应该是指解释功能，但“明确化”也涉及立法问题，容易引起误解。其“违法性指示功能”只是构成要件指导功能的一部分，无法涵盖构成要件作为观念指导形象的全部指导功能，如对犯罪未完成形态、罪数形态、共同犯罪等问题的观念指导形象功能。其所谓“关系功能”则值得怀疑。构成要件包含了主客观的要件，又如何能够充当主观意识和意志的认识依据？这无异于说，主观的构成要件可以充当自己的判断依据，从而陷于循环论证。

相较而言，四功能说有更确切的依据，且对各功能之结构关系的把握更为科学。该观点所举的四项功能是对犯罪类型化功能的细化，体现在规范解释、行为类型的区分、与相关概念的关系及政策意义等四个方面，各自呈现不同的功能特点，既没有重复，又显得内容完整充实，能够很好地揭示构成要件在犯罪论中的地位和意义。因此，笔者赞成四功能说，认为构成要件在刑法中具备分类、解释、指示和排除功能。

（二）构成要件的要素

构成要件的要素，是指组成构成要件的各个要素。德国刑法理论上根据其性质的不同对其进行了如下区分：

1. 记述的要素和规范的要素

这种区分是以该要素的确定是依据对象事实的自然特征还是规范特征为标准的。记述的要素是指依据经验能够确定人和对象之自然特征的要素，因而无须判断其价值内容。规范的要素则表明了某种社会的、法律规则的特征。[1] M. E. 迈尔认为："规范的构成要件要素就是违法性要素，因为无疑法律特别是刑法第59条把它当作了行为情状（Tatumständen）。"其"实现并不出现在外在世界中，而是发生于法律世界之中"，"本身就有规定价值的意义"。如盗窃罪中"他人之物"的"他人"并不是由"盗窃行为所引起的"，而是法律所规定的。此种要素"虽不表达违法性，却在确定违法性，也就是说其并非违法性的认识因素，而是其本质因素，属于违法性范畴，是违法性的一部分"。[2] 梅茨格尔认为，"在'规范'构成要件要素中，关键是构成要件不法的前提条件，该前提只有通过特殊的事实评价方能取得"。[3] 在"记述构成要件要素和规范的构成要件要素中间，首先存在着'认知评价要素'（Elemente kognitiver Beurteilung）"，该要素"依据经验和经验知识就可以获得确定的评价"，如对"誓言真实性"的判断、"危险"等的判断；其次是"规范构成要件要素"为"由法官把握意义的要素"（Elemente richterlicher Sinnerfassung），在表现犯的情况下，如"伪证""侮辱""恐吓"等，该要素需要由法官来评判其意义内容；再次为"需借助于法律评判的要素"（Elemente mit rechtlicher Bewertung），如"他人财物"之"他人"即应借助于法律才能确定其内容；最后为"需借助于文化评判的要素"（Elemente mit kultureller Bewertung），如"猥亵""淫秽"概念即属于此。[4]

2. 空白的要素与无须参照的要素

这种区分所依据的标准是，该要素是否需要参照其他部门法的规定。空白的要素是指空白罪状中需要参见其他法律、法规的部分，不同于开放的构成要件。如就《德国刑法典》第292条"狩猎罪"中所规定的"他人狩猎权"而言，就需要参照《德国联邦狩猎法》第3条的规定。再如就《德国刑法典》第315c条"威胁街道交通罪"所规定的"违反交通法规定"而言，也需要考虑德国交通法的有关规定。德

---

① Kindhäuser, Strafgesetzbuch (Lehr-und Praxiskommentar), 4Aufl., Nomos, 2010, S. 91.

② Mayer, Strafrechts, a. a. O., S. 182 – 185.

③ Mezger, Strafrecht (Lehrbuch), a. a. O., S. 191.

④ Mezger, Strafrecht (Lehrbuch), Berlin, 1949, S. 191 – 192.

国刑法中空白的构成要件是指构成要件记述并不明确，而需要法官在违法性判断中予以明确的内容。开放的构成要件事实上不可能有违法性指示功能，不符合明确性要求，与罪刑法定有一定冲突，因而没有得到理论上的支持。① 构成要件中的空白要素则不然，虽然在罪刑条款中没有规定，但在参照其他法律的情况下并不失明确性，可以充当行为预测的依据。

对于无须参照的要素，德国刑法中并没有专门的术语，也未进行专门的论述，而是散见于关于构成要件的各种讨论之中，在此也不再赘述。

3. 客观的要素与主观的要素

依据该要素是属于行为的外在、客观方面，还是属于内部的、主观的方面为标准，可以将构成要件要素区分为客观的要素与主观的要素。客观的要素，是指犯罪构成要件中行为人的行为及与此相关的外部、客观组成部分。德国刑法中，行为人特征是作为客观要素存在的，韦尔策尔称为“客观的正犯要素”（Die täterschaftlichen Merkmale des objektiven Tatbestandes）。② 其中，身份犯的身份是典型的行为人特征，如《德国刑法典》第340条“公务中的伤害罪”的犯罪主体是“公务员”，再如第283条“破产罪”的主体“债务人”，都是行为的外在特征，不以个体的内心的、主观意志为转移。这些客观的要素还有：行为对象如《德国刑法典》第242条盗窃罪的“动产”，行为如第212条故意杀人罪的“杀害”，行为场所如第243条盗窃加重罪的“从教堂”，行为手段如第244条携带武器盗窃罪的“携带武器”。③

主观的要素，是指与行为人主观心理、精神及观念世界有关的构成要件的主观组成部分。主观的要素一般包括罪过和主观的超过要素，如目的犯的目的、动机、倾向犯的内心倾向、观念要素。④ 德国刑法中关于主观要素的存在并无争议，其作为类型性判断的重要依据理应在

---

① Puppe, in: Kindhäuser (Hrsg.), Nomoskommentar I, 3Aufl., 2010, S. 435.

② Welzel, Das deutsche Strafrecht, 11. Aufl., 1969, S. 63 – 64 ff.

③ Kindhäuser, Strafgesetzbuch (Lehr-und Praxiskommentar), 4 Aufl., Nomos, 2010, S. 92.

④ Kindhäuser, a. a. O. (Fn. 124), S. 92.

该当性判断中占有一席之地。理论上仍然存在争议的问题是：在承认主观构成要件要素的情况下责任要素就被掏空，没有实质的内容。[①] 这个问题目前没有影响理论界对主观构成要件要素的承认，反而在较大程度上冲击传统的责任原则，理论上有修正传统责任原则的观点，也有否定犯罪构成体系中责任判断阶段的观点，不一而足，容后深入论述。

二、违法性

（一）形式的违法性与实质的违法性

德国刑法中通说的观点是客观的违法性论，即主张对行为进行客观的无价值判断。在其内容上，就是否进行实质的违法性判断存在争论。

形式的违法性说认为，刑法中的违法性是指违反整体的法秩序，不应承认形式违法性与实质违法性的区别。[②] 实质的违法性说认为，违法性包括形式的违法性和实质的违法性，前者是指违反了整体的法秩序，后者是指不法，代表了不法行为本身，并依据其种类和危害程度来确定。[③] 梅茨格尔也将违法性与不法等同，赋予其实质的内容。他认为："不法系与作为评价规范之法定冲突，是改变法保护的状况或者引起法所不允许的状况，而不是法律所不允许的、对状况的改变。"[④] 法益侵害或威胁是不法的实质内容，"法律所关注之平均利益所在的状态，我们称之为'法益'"。[⑤]

形式的违法性说难以解释违法性阻却事由。韦尔策尔以"容许条款"（Erlaubnissätze）来解释违法性阻却事由。他认为，容许条款是整体法秩序的允许，可免除"源于一般性（抽象规范）的行为人某义务"。[⑥] 但问题是，禁止条款也是整体法秩序的禁止，禁止条款与容许

① Maurach /Zipf, a. a. O. , S. 415 –416.

② Tröndle/Fischer, Strafgesetzbuch und Nebengesetze (Beck'sche Kurz-Kommentar), 52Aufl. C. H. Beck, 2004, S. 84.

③ LK-Walter, 2007, S. 783.

④ Mezger: Die subjektiven Unrechtselemente. In: GS 89 (1924), S. 245 –246.

⑤ Mezger: Lehrbuch, a. a. O. , S. 200.

⑥ Welzel, a. a. O. (Fn. 132), S. 50.

条款在整体法秩序究竟何者优先在整体法秩序的意义上不能明确，容许条款并没有高于刑法禁止的效力。特伦德勒（Tröndle）和菲舍尔（Fischer）以“容许的构成要件”（Erlaubnistatbestand）作为违法性阻却的基础。他们指出：“违法性阻却事由包含了容许的构成要件，即使错误地采取了容许的构成要件行为也可以免除故意的刑罚。”① 容许的构成要件与构成要件同属构成要件，为什么前者可以阻却后者，单纯依据形式的判断显然也难以给出合理的解释。

实质的违法性则不然，以法益侵害或社会危害性来解释构成要件的该当性更具合理性，也有利于解释违法性阻却事由。事实上，形式的违法性说也会考虑社会相当性问题，以社会相当性作为出罪的理由，其对立面即缺乏社会相当性的场合即隐含了社会危害性的内容。在构成要件中增加实质的考量之后，所谓违法性阻却事由就是表面上似乎该当构成要件，实际上缺乏该当性的实质内容，所以就缺乏违法性。

（二）构成要件与违法性的关系

就构成要件与违法性的关系而言，理论上存在争议。传统违法性指示说认为，构成要件是违法性的认识根据，具有指示违法性的功能。“构成要件包含着根本性的禁止规范和命令规范，也即禁止的实质”，“包含了整个的行为记述，行为人的认识和意志也在其中”。②

该观点遭到了批驳。构成要件不能充当违法性的认识根据。该观点将违法性理解为违反禁止或命令，无疑是与构成要件该当性具有同构性，而违法性阻却事由就成为一种例外。从逻辑上看，这意味着违法性就是缺乏违法性阻却事由的该当性。③ 但这是有问题的。金德霍伊泽指出：“从字面看这种表述是错误的，因为构成要件该当性无论是在逻辑上还是依据经验的可能性都没有指示出欠缺违法性的事实。”④

违法性指示不要说认为，构成要件对违法性缺乏指示意义。瓦尔特（Walter）认为：构成要件的不法类型化功能无论如何只应在方法论

① Tröndle/Fischer, Strafgesetzbuch und Nebengesetze (Beck'sche Kurz-Kommentar), 52 Aufl. C. H. Beck, 2004, S. 84.

② Tröndle/Fischer, a. a. O., S. 74.

③ Welzel, Das deutsche Strafrecht, 11. Aufl., 1969, S. 50.

④ Kindhäuser, a. a. O. (Fn. 124), S. 89.

的规则性意义上把握，然而“构成要件在适用实体刑法时不再是前期的思维步骤”。其作为不法类型化的作用在统计学的考察中常常被分解。一些特定的免责规定着眼于行政法的容许而充当排除构成要件或合法性事由时，就可以抵销其类型化。“立法者在制定构成要件时，通常并不服从于这种类型性的强制。”[①] 奥托教授也指出：“如果构成要件不只是对不法类型的表达，而且是对特殊不法的记述，那么就包含了各种标志社会危害性或社会危险性即违法性的行为要素。”关键是违反了避免法益侵害之法律义务。[②] 罗克辛将客观归责作为客观构成要件该当性的判断依据，即“将引起关系中的事实情节作为构成要件的行为”。其中，掺杂了对不允许风险引起或实现的判断，事实上已经包含了违法性的评价。[③] 即是说，违法性是构成要件的实质内容，构成要件具有指示的功能，不仅对违法性，而且对有责性判断、共同犯罪、未完成形态的犯罪都有指示作用。传统的违法性指示说将这种指示作用拘泥于违法性指示，显得定义太窄。而违法性指示不要说则脱离了构成要件本身，转而求诸社会危害性或法益侵害，淡化了构成要件理论，同时也缺乏贯彻罪刑法定的依据和表现，因而也是值得怀疑的。

三、有责性

有责性判断在学说中有过几个不同表达，如责任（Schuld）、答责性（Verantwortlichkeit）和归责（Zurechnung）等，虽然各有所侧重，但在犯罪构成体系上本质无殊。受启蒙主义思想和传统自然法理论的影响，责任（Schuld）是与“自由意志”密切相关的概念，犯罪人之所以应受道义的非难，是因为他本可实施合法行为而竟然选择实施了违法行为，其非难的对象是行为人的人格。“责任”、“答责性”和“归责”在本质上都表达了行为人与危害行为之关系。从责任非难的角度看，责任是指行为人本可遵守规范但仍然违反社会期待、实施了反社会的行为，故应受到的规范非难。

① LK-Walter, S. 729.

② Otto, Grundkurs, a. a. O. , S. 44.

③ Roxin, Strafrecht AT I, S. 350 – 421.

（一）责任的内容

1. 心理责任论

心理责任论认为，应从行为人对行为的心理关系来理解责任的实质，将责任解释为行为人对行为的心理状态，不包括非难的评价要素。冯·李斯特是心理责任论的代表人物，其认为责任是“通过观念，即一般规范我们行为的宗教观、伦理观、法律观、理性观等而确定的意志可确定性”（Bestimmbarkeit des Willens），无关意志自由。①

如果否定意志自由，而将责任降格为单纯的心理关系，责任关系实际上成为“多余”的，成为“意义上无区别的东西，是自然科学的现实性”，更无非难可言。② 此种“以事实性的实证主义基本形态为特征的概念”，不能充分说明过失的答责性，特别在无认识的情况下，无法确定行为人对结果的心理关系；而且心理事实并不代表责任的全部，无法涵盖规范的责任要素。

2. 规范责任论

规范的责任论强调对行为人与其行为内在联系的规范评价，是依据规范对心理事实的价值判断。“责任即非难可能性”，有责性行为是可予非难的行为，责任评判不仅确定了行为事实，而且还是价值判断，必须包含着一个规范责任要素。③

规范责任理论源自古典主义的道义责任论，由 M. E. 迈尔提出规范责任要素的概念，经弗兰克发展、深化，迄今已成为德日刑法学通说的责任理论。规范责任概念不同于心理责任概念，具有规范的责任要素。M. E. 迈尔认为，规范的责任要素实际上是伦理的责任要素，表明行为人与违法性之间的关系，即“行为人意识到或能够意识到其行为的违法性”，相反如果“违反法律的人竟然没有受到法律后果之震慑”，就不能对其进行归责。在确定伦理的责任要素时，必须“行为人认识或者可能认识到其损害义务”，至于“他是否能够把该义务当作法律义

---

① Von. Liszt, Lehrbuch, a. a. O. , S. 159.

② Otto, Grundkurs, S. 207.

③ Frank, Über den Aufbau des Schuldbegriff, Festschr. für die juristische Fakultät in Gießen zum Universitäts-Jubiläum, 1907, S. 11.

务”，则在所不问。[①] 弗兰克认为，在心理要素和能力要素之外，还必须考虑“正常的附随状况”，附随状况是否正常是影响责任非难的重要因素。如果“附随状况正常”，就可以期待行为人实施合法的行为，即具备期待可能性，具有责任非难的可能性；相反，如果“附随状况”异常，不能期待行为人实施合法行为，即使一般人在当时的情形，也不能期待其实施合法的行为，那么就没有期待可能性，不能进行责任非难。因而，规范的责任要素为期待可能性。[②] 戈尔德施密特（Goldschmidt）认为，规范的责任要素应为无明文规定的义务规范，主观意思违反此种义务规范，即具备意志的瑕疵性。韦尔策尔也是规范责任论的支持者。不同于上述观点的是，他否认责任中的心理要素，认为仅有规范要素，即违法性意识和期待可能性，无期待可能性为例外的责任阻却事由。

3. 功能主义责任论

功能主义责任论在当前德国刑法中是对居于通说地位的规范责任论的最大挑战。功能主义责任论认为，应该依据刑罚目的来确定责任非难的必要性。当代德国刑法学中持功能主义责任论的代表人物主要有罗克辛、雅各布斯（Jakobs）等。雅各布斯指出：“责任概念应该功能性地予以确定，即依据特定的规则指示（刑罚目的之要求）而对一定形态的社会进行规制。”“社会的认同”“奠定了社会对责任的忍耐性，而毋论人的行为是否有自由意志”。[③] 罗克辛认为，“预防必要性为刑事负责之前提条件”，不仅“事关刑罚目的，而且能够导致刑罚处罚”。“缺乏刑罚的预防必要性，与缺乏责任一样，也能够阻却罪责。”[④]

功能主义责任论虽然不乏创意，但缺陷也较多。雅各布斯所谓“社会认同”本质上就是“平均人的期待”，即社会大众的正义观、自由态度等，在具体案件中也是作用于行为人的个别评价，只不过表现为变通的形态，仍应属于个别的非难。这种社会大众的自由、正义观乃至平均人不可期待的状态等，都应落脚到个人的意志自由问题。他

---

① Mayer, Strafrechts, a. a. O. , S. 233 – 236.

② Frank, Über den Aufbau des Schuldbegriff.

③ Jakobs, Strafrecht AT, 2 Aufl, Berlin, de Gruyter, 1991, S. 484, 553.

④ Roxin, Strafrecht AT. I, 4 Aufl. , München, C. H. Beck, 2006, S. 852 – 854.

虽然以功能、目的内容修正了责任概念，但是其功能化诠释的背后仍需借助于非难可能性的判断，由此变相地肯定了责任原则。罗克辛的所谓“刑罚的预防必要性”并没有什么实质的内容，也“无需特殊理由，出现责任（Schuld）时也就不必另行深究了”,[①] 其仍然抱定责任原则。

（二）责任在犯罪构成体系中的地位

责任的判断实际上是对责任非难的评价，是一种不同于不法评价的判断。不法与责任的区别，源于对客观归责与主观归责的区分。在当代德国刑法理论中也有观点承认所谓的主观归责，但其意义与普通法的观点不同，不属于责任范畴，是与客观归责相对应的概念，用来判断主观构成要件该当性，是一种不法判断。[②]

理论上对责任在犯罪构成体系中的地位主要有几种不同观点：

功能主义责任论认为，责任中应该考虑责任的构成要件和责任非难两方面的内容，前者表明行为中被实现的行为人的法律意识，后者是对不法行为的非难可能性判断。金德霍伊泽指出：“责任的构成要件是所有将不法构成要件归属于责任的前提条件之和。确定责任的构成要件，就看是否有责任归属的事由存在。责任的判断不应是积极的。”责任非难中刑法需要考虑的是责任的排除事由和责任减免事由，是消极的判断，表现为“对不法的实施不应被看作有责的”。[③]

目的行为论认为，责任非难是对不法的评价，二者是评价与被评价的关系，在体系上应予区分。韦尔策尔指出，责任非难，首先必须考虑非难可能性，缺乏可能性即不能进行责任非难。非难可能性，是指“行为人有遵守法律要求之应当规范”（Sollen）的能力，表现为“为此—能够”（Dafür-Können）之构造。责任判断主要依据此种“为此—能够”（Dafür-Können）标准，判断行为人是否违反“应当规范”（Sollen）和“能够规范”（Sollen）。“能够规范”（Können）是前提，“无可能性则无义务”（ultra posse nemo obligatur），“应当规范”（Sollen）是实质标准，最终确定责任非难。在责任范畴，关键是“意志形成的

① Roxin, a. a. O. , S. 868, 852.

② Wessels/Beulke, Strafrecht AT, C. F. Müller, Heidelberg, 2008, S. 69.

③ Kindhäuser, a. a. O. (Fn. 124), S. 85, 89.

可能性。确切地说，为依据既定的应当规范而校正自我意志之可能”。①行为符合“为此—能够”（Dafür-Können）之构造，却违反应当规范，即应承担责任。

功能主义责任论仍然保留了传统责任评价中的主观内容，强调了行为人的法律意识即为责任的构成要件。但问题是，这种法律意识究竟是什么，责任的构成要件究竟包含哪些内容，功能主义责任说语焉不详，因而显得说服力不够。

目的行为论继承了责任说的观点，在对象评价与评价对象的区分意义上把握责任与不法的体系地位，具有较强的说服力。犯罪是主客观的统一体，主观要件和客观要件在决定犯罪的成立、犯罪的类型、犯罪的形态、罪数等方面具有同等的作用，而且彼此不能单独判断。区分客观不法（违法）与主观责任，在不法中仅研究行为客观地违反整体的法秩序，而不考虑对整体法秩序的主观违反；在责任论中仅考虑主观个别化非难，而不考虑客观个别化非难，至少在逻辑上是不周延的。既然不法是对行为的“一般性”无价值判断，就应该是一般性的客观判断和主观判断；同样，既然责任是对行为人的个别非难，也就应该是个别的客观和主观非难的结合。因此，区别不法与责任的标准并不是所谓的“不法是客观的，责任是主观的”。二者的区分应该是，“不法意味着行为在主客观要素方面均是违法的”，而责任是“针对某一行为能否对行为人的人格进行非难”。②

责任非难的对象，是该当构成要件的违法行为，包括行为中所体现的违法的心理（故意和过失）。实际上，责任非难首先针对的是意志，“经由意志而后实现对整个行为的非难”，只有认定“对意志形成（Willenbildung）的非难可能性”，才能进行责任非难。通过对意志的分析，才能找到该当性违法行为所表现出来的法律意识的缺陷和可非难性，从而进行人格非难。

在此问题上，目的行为论的观点在德国刑法学迄今处于通说的地位。

---

① Welzel, Strafrecht, a. a. O., S. 138－140.

② ［德］汉斯·海因里希·耶赛克、托马斯·魏根特：《德国刑法教科书》（总论），徐久生译，中国法制出版社2001年版，第509页。

第四节　德国犯罪构成论体系的重要问题

一、构成要件是否犯罪的观念指导形象

构成要件是罪刑法定主义和行为主义的具体体现，也是现代刑法学的产物。其是否犯罪的观念指导形象，也是刑法学中的重大理论问题。自从贝林提出观念的指导形象理论以来，客观主义刑法理论进入一个全新的阶段，其作为定罪的观念指导形象尤其是类型化的观念形象更有极大的影响力。但是，随着法益观念和违法性实质化的发展，构成要件作为观念指导形象渐渐受到怀疑，其背后的行为主义和罪刑法定主义精神也相应受到冲击。因而，该问题值得特别讨论。

（一）否定说及其主要理由

否定或怀疑构成要件的观念指导形象的理论均依据法益观念或义务违反来取代或代替构成要件的指导功能。否定说中存在两种不同观点，即实质的构成要件理论和开放的构成要件理论。实质的构成要件理论认为，构成要件是对具有社会威胁性或损害性即刑罚当罚性不法的记述，体现了对法益的侵害。开放的构成要件理论认为，刑法的规范中没有记述被禁止行为的完整内容，在此之中缺乏补充构成要件的具体指导形象，其剩下的部分由法官来补充构成要件。

否定说的理由可以简单概括为以下几点：

1. 构成要件的规范内容。否定说认为，构成要件没有表明完整的规范内容，不能是完整、确定的观念形象。普珀指出，“该当性与违法性的关系是部分与整体的关系，不同于评价对象与对象的评价”，[①] 其内容上的欠缺使其不能充当观念的指导形象。在规范的构成要件、消极的构成要件、职务犯罪、不作为犯或过失犯中，构成要件都需要由其他的规范来补充，因而也就难以充当观念的指导形象。在这些情况下，法益侵害或威胁都是法律所规定的，相应就应该“依据侵害的观

① NK-Puppe，S. 430.

点”来解释这些构成要件中所欠缺的，从而补充构成要件不完整的内容，如不作为的保证人义务、过失犯的注意义务等。[①] 再如规范的构成要件，其“一只脚留在构成要件该当性之中，另一只脚则踏入违法性领域”,[②] 如果充当指导形象，无疑就是将一些评价的结果当作评价的标准。如“危险”“淫秽”等要素都需要借助法益观念才能得以明确。

2. 刑法的思考方法。否定说认为，刑法的思考方法应该是事实的考察，是依据经验统计的结论，而且必须符合刑法的目的和功能，构成要件的判断只是形式的考察，所以在刑法的评价中不能成为观念的指导形象。瓦尔特指出：“构成要件被统计学的考察所分解，这原则上已得到承认。”在排除构成要件的该当性或阻却违法性时，都会适用这种统计学方法。“因为人们首先都会‘自私’地考察这些问题行为，思考其是否受欢迎或至少符合社会相当性”。[③] 蒂德曼（Tiedemann）也主张：“通过对构成要件在贝林之后的发展进行考察，其少有合目的性，而更多地表现为一种范畴，一言以蔽之即为形式的概念。”因而“构成要件只是合法与不法的界限”，“不可能将所有的可罚性条件进行类型化”。[④] 如《德国刑法典》第 138 条规定“对下列犯罪的计划或实施，在犯罪的实施或犯罪结果仍可避免时，已确实知道而不向有关当局或受威胁者告发”的，构成“知情不举罪”。其中，对于所列犯罪如预备侵略战争罪、伪造货币罪“确实知道”的判断从形式上是难以明确的，而应该进行实质的或合目的的判断。

3. 刑法判断的逻辑问题。否定说认为，在犯罪构成体系上构成要件并非独立的评价阶段，而是违法性或不法判断的一部分，与违法性的关系难以确定，也就不宜贸然充当观念的指导形象。普珀指出：“该当性与违法性的逻辑关系是肯定没有被准确界定的。构成要件该当性不仅是违法性的征兆即认识根据，还是那些违法性事实本身，是违法性的存在根据。”[⑤] 构成要件作为认识根据抑或作为违法性的存在根据，

① Welzel, Das deutsche Strafrecht, Aufl. 11, Walter de Gruyter, Berlin, 1969. S. 50.
② Wolf, Erik, Die Typen der Tatbestandsmäßigkeit, Breslau, 1931, S. 54.
③ LK-Walter, S. 729.
④ Tiedemann, Tatbestandsfunktion im Nebenstrafrecht, 1969, S. 85, 207.
⑤ NK-Puppe, S. 429.

在定罪功能上是不一样的，前者更倾向于充当观念的指导形象，而后者则为内在的价值根据，是法益侵害的体现。奥托教授指出：“在对他人的法益侵害中才能发现行为人违法行为的标志。”① 主观构成要件如盗窃罪中“非法占有的目的”，必须以法益侵害为判断的依据，而不是相反。再如《德国刑法典》第240条“强制罪”中“非法”是犯罪的构成要素，就不能用作判断违法性的依据，否则就成为逻辑上的循环定义。

（二）构成要件充当观念指导形象的理由

构成要件作为罪刑法定原则的体现，具有观念指导的功能。上述否定说的几点理由值得怀疑：

1. 构成要件中虽然留有一定规范评价空间或者需要借助于其他法规来补充，但必须具有完整的行为规范内容。事实上，这些补充构成要件的规范或者事实都是构成要件的一部分，并非违法性的内容。“所有叙明或确定不法的情节，在法律义务中或者委婉或者简短，体系上都属于构成要件的一部分。”② 作为观念指导形象的构成要件是其整体内容。如《德国刑法典》第340条“公务的伤害罪”的“公务”，虽然需要由行政法的相关规定来补充，但是并不机械地取决于该规定。行政法要求“公务”必须是“从事公务期间”，但按照德国刑法学通说，伤害行为与公务的同时尚不足以认定“公务的伤害”，而应该“与公务有事实上的联系”。③ 再如不作为犯罪，作为义务是成立不作为犯的前提，本身并不决定犯罪的类型，不能充当构成要件。对于不作为犯的类型性判断，应该取决于在构成要件指导下的等价值性判断，即与作为犯具有等价值的特征。如乙在旅游途中遇险，同游的甲在可以救助的情况下没有施救。该行为可以构成《德国刑法典》第212条的故意杀人罪，也可以构成第221条第1款的遗弃罪。如果不考虑故意杀人罪或遗弃罪构成要件的观念指导形象，而单纯委与实质的违法性判断或义务违反判断，那么就不能确定甲的行为究竟构成何罪。

---

① Otto, Grundkurs Strafrecht AT, 7 Aufl., Berlin, de Gruyter, 2004, S. 103.

② Roxin, Offene Tatbestände und Rechtspflichtmerkmale, 2. Auflage, Berlin, 1970, S. 187.

③ Kindhäuser, LPK-StGB, Nomos, 2010, S. 1250.

否定说认为构成要件只是违法性的一部分，从而否定构成要件的指导功能。在整体法秩序的意义上，该观点毋庸置疑。但是，在刑法中无须讨论民事不法、行政不法等问题。只有该当构成要件的刑事不法才是重要的。换言之，虽然该当构成要件只是违法性的一部分，但刑法中只需要讨论该部分。民事法律评价或行政法律评价都不能简单地撤销或取代构成要件该当性。即使要考虑法益侵害的问题，也必须在该当性范围内考虑，更不能以法益概念代替构成要件的观念指导功能。

2. 构成要件具有形式的特征，但也是价值的载体，在类型性判断中也要进行事实的判断和合目的的判断，不应被实质化。构成要件不同于一般事实构成，应该仅指法定的构成要件。虽然二者都采用了"Tatbestand"这一术语，但事实构成应为"'事实之存在'，是'Tatsachenbestand'的简写"。[①] 法定的构成要件事先必须是形式的、抽象的，其规范内容主要由刑法条款的字面意义来确定。[②] 德国联邦宪法法院指出："《德国基本法》第103条第2款要求立法者具体地记述可罚性的前提条件，使其刑法构成要件的适用范围和射程能够在字面上得以明确，或者可由解释来说明。"[③] 在构成要件问题上，理论上所承认的统计学考察，如关于社会相当性或社会重要性的判断，虽然可以用作排除该当性，但不能确定该当性。刑罚当罚性必须以一定的形式判断为前提。即使在必要的时候应进行合目的判断，但"其刑法概念也有固定的轮廓"，否则无法保证法安全。[④] 以《德国刑法典》第138条"知情不举罪"为例。该条规定，"确实知道"他人犯预备侵略战争罪、伪造货币罪等而不告发的，可构成该罪。其中，对"确实知道"的判断显然不能完全要求他人构成预备侵略战争罪、伪造货币罪等，因而需要进行合目的的扩张解释。实践中一般只要求"确实知道"他人行为符合这些行为类型且具有违法性即可，至于其是否责任能力、

---

① 迈尔（M. E. Mayer）区分了法定构成要件和事实的构成要件。Vgl, Mayer, Der allgemeine Teil des deutschen Strafrechts, Carl Winter, Heidelberg, 1923, S. 1.

② Hassemer, Tatbestand und Typus, 1968, S. 88.

③ BverfG Beschl vom 2. April 2009 2. BvR. 1468/08.

④ Bruns, Die sog. „tatsächliche" Betrachtungsweise im Strafrecht, Juristische Rundschau, JR 1984, 141.

是否有可罚性则在所不问。“确实知道”的字面含义也很重要，不包括“有可能知道”或“道听途说”的情况。[①] 由此可见，即使采用统计学的思考方法或者进行合目的的考察，也必须从字面上、形式上来把握构成要件要素。

3. 从逻辑上看，构成要件中若掺杂违法性判断，则会带来系列的问题。构成要件表明了刑法中特殊的违法，不应与违法性的存在根据相提并论，否则在概念上与法益侵害及规范违反相混淆。梅茨格尔认为，构成要件“对行为具备刑法上重要的违法性有广泛的意义，为违法性的效力根据和现实理由（存在根据）”。[②] 该论断有一个重要的前提，即体现在不法中价值存在为法益。换言之，不法构成要件与法益实为一体两面的关系。[③] 即使构成要件中包含了一些违法性要素，如《德国刑法典》第 240 条“强制罪”的“非法”，也不能认为构成要件该当性判断需要借助于违法性。强制罪的核心内容是强制行为，“非法”并非违法性判断，根据该条第 2 款的规定，是指“为卑鄙下流的目的而使用暴力或恶意胁迫”。如果构成要件与违法性的关系无法廓清，那么“在措辞的歧义中，‘法定构成要件’就会被蒸发掉，成为极其糟糕的构成要件（entsetzlichen Tatbestand）概念！”[④]

二、构成要件与不法应否区分

（一）学说的梳理

关于构成要件与不法应否予以区分，理论上存在肯定说与否定说之争。

肯定说认为，构成要件与不法是相对独立的判断，构成要件是类型化判断，是将不同的要素进行类型化的依据，不同于不法（违法性）的价值判断。如韦塞尔斯和博伊尔克主张：“构成要件单独还不能排除性地定义实质不法的要素。因而，该当性行为必须处于整体法秩序的

---

① Tröndle/Fischer, Strafgesetzbuch und Nebengesetze（Beck'sche Kurz-Kommentar）, 52Aufl. C. H. Beck, 2004, S. 942.

② Mezger: Strafrecht（Lehrbuch）, a. a. O., S. 182.

③ Mezger, Edmund, Moderne Wege der Strafrechtsdogmatik, Duncker & Humblot, Berlin/München, 1950, S. 9.

④ Beling, L v T, a. a. O., S. 15.

一个特殊评价层面上考虑，并须进行例外的控制。只有在违法性判断的层面上才能最终确定该行为是违法抑或合法。”①

否定说认为，构成要件与不法是无法分开的，构成要件只是不法一部分，应该在整体法秩序的意义上把握构成要件。以被害人同意的情况为例，强奸罪中的被害人同意可以排除构成要件，而美容手术中被害人的同意则不能否定其故意伤害罪的构成要件。对此，奥托教授指出：“如果法定构成要件与对法定构成要件行为的法律评价在构造上予以区分，且各自自行评价而形成一个混合体，那么就是一个几乎不可明确的现象；相反，倘若法定构成要件和违法性评价要素在不法构成要件中被当作事实的统一整体，那么就是可以接受的。”②

从实质意义上讲，构成要件是对法益的侵害，具有社会危害性。在此意义上，对构成要件进行完整的评价即应该包括形式和实质的内容，既有积极的构成要件判断，也有消极的构成要件即违法性阻却事由的判断，既有基于一般法秩序所进行的一般判断，又有对个体人所进行的个别化非难即所谓责任的构成要件判断，那么构成要件就成为结论性的评价和笼统的判断。无论构成要件含有多么丰富的内容，法定的构成要件是其基本内涵，是该当性判断和违法性判断的依据。在定罪过程中，如果首先不能解释构成要件的基本文义和对基本事实的涵摄，那么实质判断、一般判断或个别化判断都没有根据。勉强混同构成要件判断与不法的界限，就会使对构成要件基本文义的解释和对基本事实的涵摄显得不合理。

如就对幼儿的非法拘禁行为是否构成非法拘禁罪而言，倘若不优先强调构成要件的文义和构成要件事实的涵摄，就会认为，幼儿没有自由行动的能力，没有非法拘禁罪所侵害的法益，其行为不构成非法拘禁罪。③ 而德国刑法学通说认为，被害人是否有行动能力并非决定因素，非法拘禁罪中“非法拘禁”所考虑的是潜在的自由行动的意愿或

① Wessels/Beulke, Strafrecht AT, C. F. Müller, Heidelberg, 2008, S. 96.

② Otto, Grundkurs Strafrecht AT, 7 Aufl., Berlin, de Gruyter, 2004, S. 49.

③ Otto, Grundkurs Strafrecht-Die einzelnen Delikte, 7 Aufl., 2005, S. 108.

者自由行动的可能性；剥夺了自由行动的可能性，即可以构成该罪[①]。对于非法拘禁幼儿的行为，若优先考虑构成要件的文义，而以法益保护为考量，那么就只能等到被害人有行动能力时才构成非法拘禁罪，若终身无辨认和控制能力，则始终不能构成该罪。这显然是不合理的。

再如放飞笼中小鸟的行为是否构成毁坏财物罪的问题。有学者认为，任何阻碍财产权保护的行为都在"毁坏"的文义射程内，放飞小鸟的行为侵犯了财产所有权，应构成《德国刑法典》第303条的毁坏财物罪。[②] 但是，从"毁坏"的文义看，该行为必须是对财物本身的破坏，对于有利于财物本身养护的行为，即使侵犯了他人财产权，也不符合"毁坏"的特征。德国刑法学通说也主张从"毁坏"的本义上来解释，而不赞成上述无视构成要件文义的观点。[③]

（二）规范构成要件要素问题

规范的构成要件要素是构成要件中需要借助于价值判断的要素，表明了某种社会的、法律规则的特征。[④] 该概念一开始就带有浓厚的不法评价色彩，也是否定说的重要论据。如M. E. 迈尔认为，此种要素"虽不表达违法性，却在确定违法性，也就是说其并非违法性的认识因素，而是其本质因素，属于违法性范畴，是违法性的一部分"。[⑤] 该观点发展到梅茨格尔的构成要件理论，即为不法构成要件的重要内容，在规范文义之外开启了价值哲学的观察和评价。如盗窃罪中"他人之物"的"他人"并不是由"盗窃行为所引起的"，而是法律所规定的。再如《刑法》中的"猥亵""淫秽"概念都是需要进行评价才能确定的。[⑥]

虽然如此，但这并不意味着规范的构成要件要素需借助于不法评

---

① Tröndle/Fischer, Strafgesetzbuch und Nebengesetze (Beck'sche Kurz-Kommentar), 52 Aufl. C. H. Beck, 2004, S. 1490; Otto, Grundkurs Strafrecht-Die einzelnen Delikte, 7 Aufl., 2005, S. 110; Kindhäuser, LPK-StGB, S. 630.

② Maurach, Strafrecht BT, 5 Aufl., 1969, S. 191.

③ Vgl, Wessels/Beulke, Strafrecht AT, 38. Aufl., C. F. Müller, Heidelberg, 2008, S. 16.

④ Kindhäuser, Strafgesetzbuch (Lehr-und Praxiskommentar) I, 3 Aufl., Nomos, 2010, S. 91.

⑤ Mayer, Strafrechts, a. a. O., S. 182–185.

⑥ Mezger, Strafrecht (Lehrbuch) AT., Berlin, 1949, S. 191–192.

价才能确定其意义。肯定说论者不赞成将规范的构成要件要素进行实质的违法性判断。如罗克辛认为，“这种情况借助于规范标准必须由司法或科学知识来确定，不属于违法性要素”，应为构成要件要素。[①] 规范要素的评价，仍然必须考虑该规范概念的本义，并结合事实方能完成，不需要考虑其法益侵害或社会危害性。如《德国刑法典》第154条“伪誓罪”中“虚假的誓言”、第306条“放火罪”中的“公共危险”等均为规范的构成要件要素，否定说的代表人物梅茨格尔也并不是笼统地进行法益侵害评价或不法判断，而是主张其属于“认知评价要素”（Elemente kognitiver Beurteilung），须“依据经验和经验知识即可获得评价”。[②] 再如“伪证”“侮辱”“恐吓”等表现犯中的规范构成要件要素则别有天地，并非法益侵害就能说明问题，而应该结合主客观方面来判断，不仅应该考虑客观上的“不真实证言”、“有损自尊的言辞”或“威胁性言辞”，还必须考虑主观的超过要素，后者也决定了行为的定性。

以《德国刑法典》第184条“传播淫秽物品罪”中的“淫秽”为例。梅茨格尔认为，这需要进行不法的评价，是“需借助于文化评判的要素”（Elemente mit kultureller Bewertung）。德国宪法法院也采取该观点，认为“在艺术创作自由和青少年保护之间应该针对个案情节进行具体权衡”。[③] 但是，依据这种权衡并不能提供确切的判断标准。《德国刑法典》在修订的时候，将纯粹的规范要素即“淫秽”（Unzuechtig）概念修改成为带有记述色彩的“淫秽”（Pornogrphisch）概念，其字面含义就显得更重要。理论上对概念的解释也选择了其本义，即“粗野地表现性行为，而将个人情感排除在外，并使人成为性冲动和发泄的对象”。联邦法院判决的观点也在演进，认为“淫秽”（Pornogrphisch）应该是“非常粗野、变态地表现性行为，与其他的人生表达没有意义上的联系，或者其思想内容仅为单纯托辞的情况”。[④] 从《德国刑法

① Roxin, Strafrecht AT I, 4 Aufl., 2006, S. 301.

② Mezger, Strafrecht (Lehrbuch) AT., Berlin, 1949, S. 191 - 192.

③ BverfGE 83, 130.

④ Tröndle/Fischer, Strafgesetzbuch und Nebengesetze (Beck'sche Kurz-Kommentar), 52Aufl. C. H. Beck, 2004, S. 1211.

典》对“淫秽”概念的立法沿革和理论上对文义解释重视看，依据法益侵害所进行的实质评价不应处于优先的地位。

（三）构成要件中违法性要素问题

在法定的构成要件中，有时会规定一些违法性要素。如《德国刑法典》第240条第1款规定，“用暴力或者可感知的恶害违法地强迫他人实施、忍受或者放弃某行为的”，构成强制罪；第2款规定，“为其目的而使用暴力或以恶害相威胁，若其可能被看作是卑鄙的，则该行为违法”。在此，“违法”属于强制罪的构成要件要素。类似的情况还有《德国刑法典》第303条“毁坏财物罪”中的“违法”、第324条“污染水域罪”的“未经允许”等。

否定说认为，构成要件所规定的违法性要素属于不法要素，由此可见构成要件与不法的密切联系。依据该观点，对构成要件中的违法性要素就应该进行不法判断，包括实质的不法评价，以法益侵害来解释该要素。如在严寒的条件下通过掐断暖气迫使租户缴纳欠费的行为是否构成强制罪的问题，按照韦塞尔斯和博伊尔克的主张，“《刑法》第240条第1款是有待补充的构成要件，其实现并不当然就指示了行为的违法性”。[①] 这意味着要在保护财产权和人身权之间进行利益权衡才能确定上述行为是否该当强制罪的构成要件；在优先保护人身权利的原则下无论如何都可以对侵害或威胁人身权利的讨债行为动用刑罚，显然对债权人的违法行使权利行为处罚不公。反对论者认为，强制罪中的“违法”仍应为构成要件。罗克辛在该问题上采取了反对者的观点，认为“所有表明义务评价的事实，都必须作为补充《刑法》第240条第1款之构成要件片断性的情节”，而不能是违法性要素。[②] 按照该观点，强制罪中的“违法”概念也即“卑鄙性”是对“使用暴力”或“以恶害相威胁”的补充，是“依据干预他人意志或行为自由之目的、方式和范围”而进行的判断，[③] 其文义依附于“使用暴力”或“以恶害相威胁”，并没有独立的、其他的规范含义，更无须借助利益衡量、

① Wessels/Beulke, Strafrecht AT, 38. Aufl., C. F. Müller, Heidelberg, 2008, S. 125 – 126.

② Roxin, Strafrecht AT I, 4 Aufl., 2006, S. 301.

③ Otto, Grundkurs Strafrecht-Die einzelnen Delikte, 7 Aufl., 2005, S. 105.

义务冲突等来充当该当性判断的依据。质言之，在严寒的条件下通过掐断暖气所实施的强迫行为，无论如何都该当强制罪的构成要件，无须依据其他标准另外进行“卑鄙性”判断。

构成要件中的违法性要素不能简单地进行不法评价，而仍应在法定构成要件的文义中予以表明。金德霍伊泽认为：“构成要件中的‘违法性’有时是（与故意相关的）构成要件要素，有时只是对违法性的多余的提示，而非一般的犯罪构成要素即违法性要素。”如第 324 条“污染水域罪”的“未经允许”就是对违法性判断的多余的提示，并无实义。[①] 其在法定构成要件的基本文义中对违法性要素进行限定，是值得肯定的。

（四）二阶层说与三阶层说之争

在犯罪论体系的建构上，否定说一般持二阶层说，而肯定说一般持三阶层说。二阶层说认为，犯罪论体系中只应进行不法与责任两个阶层的评价，构成要件为不法评价的内容。而在三阶层说看来，构成要件是类型性判断，对不法和责任都有指示功能，并受不法与责任的评价。三阶层说为德国刑法学通说。

理论上对三阶层说存在较大的怀疑。如普珀指出：“该当性与违法性的逻辑关系是肯定没有被准确界定的。构成要件该当性不仅是违法性的征兆即认识根据，还是那些违法性事实本身，是违法性的存在根据。”既然如此，肯定三阶层就显得有些勉强。[②] 构成要件作为认识根据抑或作为违法性的存在根据，在定罪功能上是不一样的，前者更倾向于充当观念的指导形象，而后者则为法益侵害的体现。罗克辛是三阶层说的代表，认为构成要件具有体系化功能，是犯罪类型化及各要素体系化的依据，系不法与责任评价的基础。[③] 鉴于罗克辛在实质的构成要件中增加了政策性衡量，与不法评价在很大程度上已经同构化，逻辑上并无评价对象与对象评价的关系，体系上也很难形成递进的判断。如就刑法中的利益冲突问题而言，罗克辛认为应属不法的评价，但在客观构成要件的“不允许危险”评价时也有所涉及，如此一来，

① Kindhäuser，LPK-StGB，S. 92.

② NK-Puppe，S. 429.

③ Roxin，Strafrecht AT I，4 Aufl.，2006，S. 280.

其究竟是构成要件抑或不法评价的内容就并不能截然分开。[①] 由此可见，被实质化的构成要件与不法很难分属不同的评价，其三阶层的评价体系也是值得怀疑的。

奥托教授和金德霍伊泽都主张二阶层说，并对三阶层说提出了批判。

金德霍伊泽认为，依据从客观到主观的认识路径看，“二层次体系中客观不法的前提条件先于主观不法的评价，而在三层次体系中主观构成要件则先于客观的合法化构成要件评价”，这不符合认识逻辑。[②] 但是，从法定构成要件意义上则不难解释三阶层说的认识路径。依据刑法规范文义所进行的判断，也须独立进行从客观到主观的认识，不同于违法阻却出现时从客观到主观的判断。如在认识错误的情况下，对于客观构成要件的认识错误只能影响主观构成要件的判断；而对违法性阻却事由中客观事实的认识错误则可能为禁止的错误，影响责任的认定。按照金德霍伊泽的逻辑，倘若非要坚持统一的“从客观到主观”的评价过程，毋宁回到特拉伊宁的耦合式体系，混淆构成要件、不法与责任而进行统一的评价，先进行客观构成要件、不法即客观责任要件的评价，然后再从事一股脑的主观评价，将刑法学在发展中形成的精细化判断又归于粗放。

奥托教授是笔者在德学习期间的指导老师，但他对犯罪论体系的学说却仍有许多可议之处。奥托教授认为，构建三阶层体系的理论基础并不存在。首先，法定构成要件没有违法性指示功能，并不包括对禁止规范的类型化；其次，构成要件与违法性难以厘清，构成要件是对法益侵害及其情节的记述，本身并无独立的评价，需接受违法性范畴的评价。[③] 如《德国刑法典》第 38 章规定了“危害公共安全的犯罪”，其中就“危害公共安全”而言，如果不考虑文义，而依据公共法益进行实质解释，就可以解释为“对具体不确定的人或财物的威胁”，[④] 威胁不特定的个人生命自然也在其文义射程之内。如投放一个有毒的

---

① Roxin, Strafrecht AT I, 4 Aufl., 2006, S. 224.

② Kindhäuser, LPK-StGB, S. 87.

③ Otto, Grundkurs Strafrecht AT, 7 Aufl., Berlin, de Gruyter, 2004, S. 48.

④ Otto, Grundkurs Strafrecht-Die einzelnen Delikte, 7 Aufl., 2005, S. 432.

苹果，谁吃谁倒霉，按照实质说的观点也就属“危害公共安全”。但这是不合理的。从“危害公共安全”的文义看，危害即使不能确定，但如果波及面太小，只能拘泥于可能的某个“倒霉蛋”，那么就不涉及“公共安全”的问题。相较而言，那些基于规范文义所作的解释更为合理。如有人认为，危害公共安全是指“对不定数的人或财物的威胁”。①

由此可见，构成要件与不法的界限在实质的意义上是很难明确的，体系上也难以区别。法定构成要件的判断应该优先考虑规范的文义，这才是其不同于不法评价的所在。

三、不法与责任的区分问题

责任原则近年来受到一些德国刑法学者的质疑。随着功能主义对不法与责任的实质化研究，二者在实质方面趋同化现象极为明显。在实质化的语境中，不法与责任的区别显得既无可能，又没有必要。倘若责任与不法难以区分，那么在体系上如何保障责任原则就会成为难题。

理论上出现了否定或怀疑责任原则的学说，给传统的肯定说带来了挑战，其中新提出的问题及对旧问题的深化研究都值得肯定。

否定说源自决定论，认为性格、社会防卫等是责任的根据，当代刑法学普遍承认人格责任和有限的意志自由，在责任评价中增加了刑事政策的考量，从而使得不法与责任变得难以区分。否定说认为责任原则并非是定罪所必需的，在犯罪论体系上也不需要责任评价阶段。其理由主要有：（1）责任是报应刑论的产物，不符合现代刑法的目的。如许内曼（Schünemann）指出，“责任报应刑法中，刑罚目的在于报应因可罚行为而负有之责任，从而自诩公正”，“以自我为目的的责任报应论通过刑罚而鼓吹公正性，不仅自身问题重重，而且迷失于形而上学之中，其形而上在价值多元的、意识形态中立的民主国家无济于事，

① Tröndle/Fischer, Strafgesetzbuch und Nebengesetze（Beck'sche Kurz-Kommentar）, 52Aufl. C. H. Beck, 2004, S. 2020; Wessels/Hettinger, Strafrecht BT I, 32 Aufl., 2008, S. 275.

却越俎代庖，有僭越公权使命之嫌”。[①] 意志自由“是现实之社会重构的一部分，至少属于西方国家文化的独有积淀”，由此才有大陆法系刑法中的责任原则。(2) 刑罚功能、目的等应为责任（或答责）的评价标准，而不应在责任中进行单纯的非难可能性判断。如雅各布斯(Jakobs) 指出，“责任概念应该功能性地予以确定，即依据特定的规则指示（刑罚目的之要求）而对一定形态的社会进行规制”。“社会的认同”“奠定了社会对责任的忍耐性，而毋论人的行为是否有自由意志”。[②] (3) 非难可能性的有无取决于刑法目的。鲁道菲认为，“必须客观地理解避免可能性之动因（Anlaß），给各个行为人预先设定规范上最低限度的‘可能性’”。[③] 用“规范上的‘可能性’”取代非难可能性也是无济于事的，其所谓的“最低限度”，只是可非难性判断的另一种表达。

肯定说则源自非决定论，是在肯定自由意志的基础上所进行的推论，在当代刑法中承认所谓的修正的非决定论和人格责任。肯定说认为，在犯罪论体系中应该反映责任原则的要求，将不法评价与责任评价区分。其理论主要有：(1) 责任与不法是评价与被评价的关系，在体系上具有递进的关系，不应混淆，也不应在平面体系上等量齐观。这种评价关系是韦尔策尔所提出的责任理论，已经得到德国刑法学通说的支持。传统德国刑法学将责任视为违反“应当规范”的表现，在规范违反层面上与违法性难以区分；而在确立这种评价关系以后，该规范与禁止规范、允许规范同置于违法性评价之中。韦塞尔斯和博伊尔克认为：“不法中刑罚所威慑的行为交由法秩序之应当规范进行整体性评价，也即进行违法性评价；而责任中则追问该违法性行为应否对行为人个人进行非难。”[④] 特伦德勒（Tröndle）和菲舍尔（Fischer）指

---

① Bernd Schünemann, Die Funktion des Schuldprinzips im Präventionsstrafrecht, in Bernd Schünemann, hersg., Grundfragen des modernen Strafrechtsszstems, Berlin, de Gruyter, 1984. S. 156 – 158, 163ff.

② Jakobs, Strafrecht AT, 2 Aufl, Berlin, de Gruyter, 1991, S. 484, 553.

③ Rudolphi, Das virtuelle Unrechtsbewußtsein als Strafbarkeitsvoraussetzung im Widerstreit zwischen Schuld und Prävention, in K. H. Boenner und W. de Boor, Hrsg., Unrechtsbewußtsein, München, S. Karger, 1982, S. 19.

④ Wessels/Beulke, Strafrecht AT, C. F. Müller, Heidelberg, 2008, S. 137.

出："责任是指非难可能性，确切说，是对其违法行为的答责而存在的究责即决断的无价值（Entschliessungsunwert）。"① （2）责任不同于不法的评价，侧重于个别评价和主观的评价，而不同于不法阶段的一般评价和客观评价。心理责任论认为，责任是对犯罪人的主观评价。规范责任论一般在这种主观评价的基础上增加规范评价的内容，但仍然以主观的评价为基础。德国刑法理论自韦尔策尔提出目的行为论以来虽然已经承认了主观的构成要件和主观的不法要素，承认了不法阶段对个体人的评价，但是这种评价中无法包含对决断自由、决断可能性的判断。奥托教授认为："在不法构成要件中考虑的是是否实施了社会危害性的行为，而责任评判则考虑该社会危害性行为是否应由行为人负责，即他是否具有决定实施合法行为的可能性。简言之，不法是对行为人之社会危害性行为的非难，而责任是对其形成实施该行为之意志的非难。"②

否定说所强调的性格责任、社会防卫责任乃至后来的功能责任，无疑对刑事责任的有无和大小都有影响，但是这些责任背后的个人性格、社会政策、刑法目的等才是真正的决定因素，这些因素在不法评判阶段多少都有所涉及。法益概念所蕴含的刑法目的、价值及政策等都已经在不法评判中得以体现。既然如此，倘若要否定责任原则，在责任评判中只强调规范的一般预防、刑法目的等，很大程度上就会与不法的评判重合。而对传统责任原则所强调的非难可能性判断，即"为此—能够"（Dafür-können）构造中的个体评价内容，则在刑法评价中不可或缺。对于责任阻却事由的评价即消极评价，同样是必要的，很难以刑法目的、刑事政策等取而代之。事实上，对于持否定说的论者而言，设法补救因否定或怀疑责任原则而留下的理论缺憾也就不可避免。雅各布斯提出的"社会认同"、罗克辛所提出的"自我支配的能力"等本质上都含有期待可能性的内容，是一扇通往自然法、伦理、

① Tröndle/Fischer, Strafgesetzbuch und Nebengesetze（Beck'sche Kurz-Kommentar），52Aufl. C. H. Beck, 2004, S. 85.

② Otto, Grundkurs Strafrecht AT, 7 Aufl., Berlin, de Gruyter, 2004, S. 207.

理性的变通之门，以变通的方式肯定了责任原则的概念和功能。①

相较而言，肯定说有较强的理论基础，但所遗留的问题也不容小觑。故意与过失被提前到构成要件中以后，责任评价的内容是否被掏空，其主观内容究竟何指？肯定说所依据的评价关系实际上仍在规范责任论的理论视野中，其评价内容主要是“非难可能性”，以非难可能性代替非难评价是否恰当，也是值得考虑的。

通过上述分析可以看出，在现有知识论基础上肯定说是较有说服力的。该学说实际上也获得了德国刑法学通说的支持。至于其所存在的种种问题，则有待深入探讨。

第五节　对德国犯罪构成论体系的评价

德国犯罪构成论体系发展至今，已经成为大陆法系刑法学犯罪构成论体系的代表和楷模。这与其理论上的充分讨论是密不可分的。在这种相对自由、严谨的学术环境下，关于犯罪构成论体系的研究还会继续，因为其学术上的成就与问题并存，没有也不可能经过“毕其功于一役”的权威性研究而得以了结。犯罪构成论体系的发展并非“唯体系论”的逻辑游戏，而总是在面对不同的问题，且在解决旧问题时又制造了新的问题。

就其犯罪构成论体系而言，门派林立，聚讼纷纭，而在已经取得共识的理论体系中仍然得失参半、毁誉并存，需要具体探讨。

一、构成要件的概念问题

构成要件是德国刑法中使用得最多的概念之一，虽不同于我国刑法中的犯罪构成概念，但也有相通之处，理论上也有与其相近的概念存在。构成要件本为事实的概念，源于罗马法的“corpus delicti”概念，是刑事诉讼中必须查明的事实。自从贝林提出“法定的构成要件”

① Hans Joachim Hirsch, „Das Schuldprinzip und seine Funktion im Strafrecht“, ZStW106 (1994), S. 752.

概念以后，该概念被赋予了罪刑法定的意蕴和功能，面目一新，成为刑法学的核心概念和理论基石。

法定构成要件以刑法规定为内容，具有形式和实质的特征，其规范文义中包含了这种形式和实质内容。即使在论理解释中需要考虑其文义的边缘意义，也不能超过文义的射程。法定构成要件是罪刑法定原则和刑事法治的理论形象，要求刑法规范具有明确性，至少通过解释能够得以明确，不允许类推处罚、事后处罚或依习惯法处罚。在犯罪构成论体系中，法定构成要件无可替代，即使提出不法的构成要件概念，也无济于事，其内涵和外延均相去甚远，有可能危及罪刑法定原则。法定构成要件具有分类、解释、规诫与排除可罚性的功能，① 以刑法的规范内容充当观念的指导形象，作为行为类型化、违法性判断和责任判断的依据，将这些判断限制于罪刑法定的界限中。当然，法定构成要件也面临成文法的局限问题，在事实与规范的紧张关系中也暴露出诸多不足，如形式化倾向明显、对违法性要素难以解释、刑事政策问题、空白条款的规范适用问题等。为此，德国刑法理论上出现了实质的构成要件概念，如不法的构成要件概念，其虽然能够勉强解决问题，却也在挑战罪刑法定的基础。

法定构成要件具有多种要素，并不能简单地按照一定逻辑结构或方法论予以体系化。构成要件要素按照不同的标准，可以包括主观要素、客观要素、规范要素、违法性要素、特殊的责任要素等，内容纷杂。虽然德国刑法学通说承认递进式体系，并将构成要件该当性作为第一阶段的判断，但是在对规范的构成要件要素、违法性要素及特殊的责任要素进行判断时，又不能不考虑实质的依据，如法益侵害或社会危害性，这样就使得递进式体系各阶段的区别相对模糊，难以建立层次清晰、逻辑关系明确的体系。贝林试图以类型性判断来弥补递进式判断的不足，② 但是其类型性判断贯穿了违法性与有责性，虽然基于构成要件构建了立体的体系，实际上仍然在进行统一的判断。实质说理论试图对构成要件进行实质化处理，以不法的构成要件取而代之，

① Beling, Die Lehre vom Tatbestand, J. C. B. Mohr, Tübingen, 1930, S. 4 – 14.

② Beling, L v T, a. a. O. , S. 19.

但其实质化中不包含法律中所规定的特殊责任要素，仍然是不完整的实质判断，而且因为其混淆了构成要件和不法的关系，使罪刑法定在体系上变得模糊。

通过上述分析可以看出，德国刑法理论中构成要件的概念虽然主要是指法定的构成要件，且因此而获得理论上的突破，但概念并不完整。即使该概念实质化为不法的构成要件，仍因遗漏特殊的责任构成要件内容而有欠全面。完整意义上的构成要件应该是广义的构成要件[①]，不仅包括构成要件的要素，而且包括违法性要素、责任要素、客观可罚性条件，相当于我国刑法理论中的犯罪构成概念。遗憾的是，德国刑法理论虽然提出了这种广义的概念，但并无深入的探讨，而仍然在不完整的、狭义的概念上勉为其难地解释理论上的难题，使递进式体系中各阶段、各要素之间的关系至今难以厘清。

二、主观构成要件要素问题

在德国犯罪构成论体系中，主观构成要件属该当性中评价的内容，即该当性中已经能够实现主客观的有机统一。宾丁将"责任"称为"主观构成要件"，为"意志表示（Willensverhalten）；简言之，即引起违法性的、有行为能力者的意志"。[②] 这种主观构成要件与现代刑法中的概念相去甚远，不可同日而语，不属该当性的内容。

主观构成要件要素包括故意、过失、犯罪目的、犯罪动机和倾向犯的内心倾向，有助于丰富该当性的判断。自韦尔策尔提出目的行为论以来，主客观相统一成为本体的事实基础，也是规范评价的对象，这样必然要求对象评价在结构上有对应的内容，即主客观统一的依据。传统刑法学将构成要件该当性判断限于客观，而将主观要素归于责任范畴，使行为的类型性判断难以在该当性阶段形成确定的认识，而不得不在违法性、有责性判断之后才能定型，从而使定型判断支离破碎。理论上承认主观的构成要件要素无疑改变了这一局面，使刑法中的涵摄判断归于统一。

---

① Wessels/Beulke, Strafrecht AT, C. F. Müller, Heidelberg, 2008, S. 24.

② Binding, Schuld, a. a. O., S. 10.

主观构成要件要素有助于维护法定构成要件的观念。法定构成要件中包含主观的要素，如《德国刑法典》第211条“谋杀罪”中的“杀人嗜好”、第242条“盗窃罪”的“非法占有的目的”等。否定主观的构成要件要素，仅承认构成要件的客观特征，固然符合“从客观到主观”的认识逻辑，① 或者以客观构成要件作为主观罪过的观念指导形象②，但却将主客观分割为不同层次的评价。从个体人不法理论出发，不法是主体支配的法益侵害，是主客观相一致的，在该当性判断的逻辑中也是如此，在事后的客观判断基准上须遵循“从客观到主观”的认识逻辑，而在事前的客观基准上则需要考虑主客观的意向、行为支配过程，主客观很难人为地分开，也不应是评价与被评价的关系，从事后的客观基准出发来批判主客观相一致是不恰当的。法定构成要件是主客观要素的有机统一。这样，倘若否定其中的主观要素，就无法使法定构成要件维持一种统一的观念指导形象。

主观构成要件要素也有利于犯罪构成论体系的建构。在递进式体系中，犯罪构成的各阶段因评价与被评价关系而建立起不同的层次与阶段，被评价者只能是前一阶段的评价结论，该当性行为是违法性评价的对象，而违法性行为则为责任评价的对象，评价对象与对象评价不能处于同一评价阶段，不可僭越，不可遗漏。主观构成要件是主观危害事实的类型性评价依据，不应越过违法性而直接在责任范畴讨论，对本体事实的类型性判断不应成为责任非难的内容。只有构成要件该当性判断中包含了主客观的评价，才能进一步考察违法性问题，如被害人承诺、偶然防卫等情况下都涉及主观违法性的判断，都以主客观的构成要件事实为评价对象。在责任评价中，虽然故意、过失被提前到构成要件评价阶段，责任范畴有被掏空之嫌，但这并不能成为跨阶段评价的理由。期待可能性、违法性意识可能性等规范判断都须以存在一定的故意和过失为前提，故主观构成要件要素的评价与责任评价并非同一阶段的评价问题，体系上也应分属不同的阶段。

主观构成要件要素的提出，除了上述种种优点之外，还有一些缺

---

① Kindhäuser, LPK-StGB, S. 87.

② Beling, L v T, a. a. O. , S. 12.

陷，导致难以解决相关的难题。在该当性评价阶段进行主客观的判断，无疑可以解决刑法中定罪的大部分问题，也可以完成主要的积极评价。在这种理论条件下，违法性和责任评价就只是消极的评价，即是否存在违法性阻却事由和责任阻却事由的评价。事实上，在德国刑法分则中关于个罪的讨论涉及违法性和责任的内容极少。既然如此，传统递进式犯罪构成论体系的存在意义就非常有限。换言之，主观构成要件要素问题在一定程度上已经动摇了德国刑法学的递进式犯罪构成论体系。

涉及具体的定罪问题，主观构成要件要素也会引起一些问题。如教唆、帮助过程中的认识错误问题。甲教唆乙“递毒药给丙喝”，乙误以为非毒药而递给了丙，并将其毒死。若对甲进行主观构成要件的评价，就会认为其行为是教唆，但没有得逞，即以教唆未遂论。倘若在构成要件中只考虑客观内容，就可以教唆既遂论，其主观要素属于责任范畴，不影响犯罪的形态。从实质公正的意义看，后一结论似乎更合理。因此，对主观构成要件要素究竟应该如何看待，仍有待进一步研究。

三、实质的违法性问题

实质的违法性是指行为的社会危害性，这在德国刑法中存在行为无价值论与结果无价值论的对立。在德国犯罪构成论体系中，肯定实质的违法性无疑是有意义的，对于丰富构成要件的内容，构建科学的评价体系都有重要的理论和实践意义。

实质的违法性弥补了形式违法性的不足，丰富了刑法中的价值判断，使其不再拘泥于法秩序的判断，不拘泥于构成要件的判断，转而关心生活利益和个体利益。在刑事法治意义上，刑法具有谦抑性，关注于保护生活利益的刑法有现实的社会评价标准，有利于保障人权。[①]在另一意义上，实质的违法性也弥补了实证法的不足。贝林说，利益衡量在“‘立法者’的价值观念不明确之际”，可以辅助进行“法律文

① Hassemer, Strafrecht, sein Selbstverständnis, sein Welt, BWV, 2008, S. 90－91.

本解释”。[①] 实质的违法性作为现实的危害，具有客观性，以客观、现实的呈现检验、校正实证法适用过程中的不公正处理。此外，其客观的特征是对主观化的有力克服，有利于保障司法中解决具体问题时坚持客观主义立场。如在不能犯的情况下，如果其行为没有社会危害性或者社会危害性明显较小，就不具刑罚的可罚性。相反，如果其行为具有严重的社会危害性，即使不可能导致刑法中所规定的实害结果，也可以犯罪论。实践中，诸如破门进入他人空房盗窃、误将男性当作女性实施强奸行为、将稻草人误当作真人实施枪击等，都可因为其严重的社会危害性或实质的违法性而坚持客观的判断，并揭示出其刑罚的当罚性。

实质的违法性可充当检验该当性的依据。构成要件的判断侧重刑法规范的文义，这虽然一般情况下能够正确地表明其行为是否具有可罚性，但是，在社会价值变迁、利益冲突或出现违法性阻却事由时，就不能胶柱鼓瑟，不能机械地从构成要件的概念进行判断。如就为了救护自己的高级轿车而拆除贫苦人家的茅草房而言，其行为的判断就不能仅以构成要件的文义为依据，也不能进行简单的形式判断。在此，需要考虑几方面的利益，如财产利益、贫苦人家的人身权利特别是生存权等，以此来探讨构成要件判断的得失：在危及贫苦人家的人身健康时，该行为可以构成故意伤害罪；在考虑财产法益和社会伦理的情况下，该行为可构成毁坏财产罪；而不损害社会伦理的情况下，如行为人事后又进行了必要的修缮、弥补，其行为又可以阻却违法性。事实上，德国刑法中的违法性阻却事由均为实质违法性判断的结果，不可能限于形式的判断。

德国刑法的犯罪构成论体系所承认的实质违法性判断也存在一些缺陷。德国刑法中关于实质的违法性有行为无价值与结果无价值之争，通说的观点认为应该坚持二元说，认为实质的违法性中同时具备行为无价值与结果无价值的内容。换言之，在构成要件该当性的基础上不仅要求行为人具备行为手段、方式的反伦理性、危害性，而且要求出现法益侵害的结果，这最大程度地限制了实质的违法性判断，也将行

---

① Beling, Positivismus, a. a. O., S. 12.

为无价值与结果无价值的缺陷集于一身，因而是值得怀疑的。即使采取结果无价值论，因为其法益观念本身的精神化、抽象化，也会使实质的违法性判断丧失确定性，仅取违法性的“最大公约数”，出现主观化、表面化的趋势。在这种条件下，很难再奢望实质违法性的现实性、客观性等最初动因。行为无价值论也有问题。虽然该理论具有罪刑法定和行为主义的基础，但其实际判断与构成要件该当性有较大程度的重合，如其义务违反、侵害手段、伦理依据等都与构成要件密切相关，不可须臾分离，否则失去刑法上的意义。总之，实质的违法性判断在刑法判断中不可或缺，却又问题重重，无疑值得深思。

既然如此，不妨回到实质的违法性即社会危害性本身。社会危害性具有较强的功能性，根据刑法规范的特点，在不同的犯罪中分别侧重行为无价值或结果无价值，那么在实质的违法性判断中也就应该进行功能性选择。① 这样也许更有利于解决理论和实际的问题。

四、规范责任问题

在当代德国犯罪构成论体系中，规范责任概念是决定递进式体系的重要依据和理论基础。在主观要素被归于构成要件的条件下，在不法构成要件已经包含了形式和实质的不法评价的语境中，否定了规范的责任，其立体的、递进的体系就难以建立。规范责任是责任原则的体现，与道义责任一脉相承，以个体的理性、自由意志为非难的基础，对于维护、贯彻和发展责任原则都至关重要。

规范责任概念是构建递进式体系的关键。在犯罪构成论体系上，责任与不法是评价与被评价的关系，二者的区分是构建递进式体系的核心内容，即所谓递进关系主要体现为：责任对不法评价的进一步评价。要区分二者，体现这种递进评价的关系，责任中没有规范的内容显然是不合适的。其评价的标准、评价的方法、评价的逻辑都必须遵循规范评价的特征，不能是事实评价的内容。在学说史上，自从理论上区分不法与责任以来，责任范畴大多包含着规范的内容和规范的评

① 王安异：《刑法中的行为无价值与结果无价值》，载《东吴法律学报》2004 年第 16 卷第 1 期。

价要素。如宾丁认为："人的意志与法律意义上的相关意志必须直接针对该法律后果，即行为人意愿导致对法律的破坏，其合法的或者违法的意志对应着事实行为的客观方面即发生事象（Geschehniss）。这样，该意志就已变成事实行为的原因，意志与行为（事实）之间也就得以协调一致。"① 如迈尔认为，在责任（Schuld）中，应该考虑伦理的责任要素和心理的责任要素。伦理的责任要素，也称规范的责任要素，表明行为人与违法性之间的关系，通常是指"行为人意识到或能够意识到其行为的违法性"。如果"违反法律的人竟然没有受到法律后果之震慑"，就不能对其进行归责。在确定伦理的责任要素时，必须"行为人认识或者可能认识到其损害义务"，至于"他是否能够视该义务为法律义务"，则在所不问。② 伦理责任要素与心理要素的关系密切，"义务违反性非难通常的根据是，结果认识本应、本来能够成为相反动机，其没有变成相反动机的根据通常在于，事实上行为人已经有了某种动机"。③ 功能主义理论虽然否定或怀疑责任原则，但并不能完全否定规范的责任评价，如雅各布斯的所谓"社会认同"、罗克辛所谓的"自我支配的能力"等都肯定了规范责任的内容。在承认规范责任的情况下，责任与不法的区别及其递进关系的确立都能够得以肯定，递进的犯罪构成论体系也就有了基本的构架。

规范责任也是发展责任原则的主要推手。责任原则来自拉丁语"nullum crimmen，nulla poena sina culpa"，"culpa"的本意为"过失"，责任原则的原始意义即为"无过失则无犯罪也无刑罚"。在意大利刑法中仍然保留着这种原始的含义，如帕多瓦尼仍称为"罪过原则"。④ 在德国刑法中，随着责任原则的发展，特别是规范—道义责任论的演进，责任中主要进行的评价是非难可能性评价。目的行为论将故意与过失归于构成要件之后，责任范畴实际上就只剩下非难可能性的评价，如违法性意识的可能性、期待可能性、责任能力等，责任评价所确立的

---

① Binding，Normen II，a. a. O.，S. 88.

② Mayer，Strafrechts，a. a. O.，S. 233 – 236.

③ Mayer，Strafrechts，a. a. O.，S. 246.

④ ［意］杜里奥·帕多瓦尼：《意大利刑法学原理》，陈忠林译，法律出版社 1998 年版，第 179 页。

“Dafuer-Koennen”即“为此—能够”构造所表明的就是这种非难可能性内容。现代责任原则已经不再强调心理责任，这与规范责任论的发展无疑是不可分开的。

规范的责任论对犯罪构成论体系的构造是值得肯定的，但其本身也暴露出一些问题，影响了体系的科学性。规范责任论之所谓规范责任要素不外乎“可非难性”或“可评价性”概念，赋予其“可能性”一种规范意义，[①] 以此探讨责任的规范内容，其结果是，责任评判变为“对行为人的无价值评判”，这难免与行为无价值混同。至于非难或评价之内容“究竟是个人伦理（individualethisches）抑或社会伦理”，[②] 规范责任论更未作深入追问，在体系上与不法存在很大的同构性，所形成的递进式体系也是值得怀疑的。最后也是最关键的问题，功能主义认为，责任不仅是非难（评价）“可能性”问题，更是“应予非难（或评价）者”本身的问题，不可越俎代庖。[③] 以非难可能性代替非难本身，在逻辑上有偷换概念之嫌，在体系上也显得并不妥当。

综上所述，德国犯罪构成论体系中递进式的评价结构处于主导地位，有助于实现罪刑法定主义和责任原则，代表了现代刑法文明和刑事法治发展的成果，但也仍然遗留了很多问题。其中，最主要的是各层次、各阶段之间的界线并不清楚，各层次的评价功能也有很大的交叉与混同，存在一些功能性缺失，在一些具体问题的解释上也面临较大的困难。因而，这种体系也不是十全十美的，也是处于发展过程中的体系。

① 以“期待可能性”为例，期待可能性若为规范标准，则应进行规范评判，即与违法性评判同构化，失去有责性评判的特点。

② Otto，Grundkurs，a. a. O.，S. 208－210.

③ Jakobs，Strafrecht，A. T，a. a. O.，S. 475；Otto，Grundkurs，a. a. O.，S. 211.

第六章　日本犯罪构成论体系考察

第一节　日本犯罪构成论体系的沿革

在日本刑法理论中，一般不使用“犯罪构成”一词，我国所讨论的犯罪构成体系论的问题在日本一般被称为犯罪论体系的问题。日本学者认为，所谓犯罪论，是指关于犯罪成立及其形态的一般理论。所谓体系，是指若干不同的要素相互联系而构成的一个整体。因此，犯罪论体系指的是“在一定的综合原理的指导下，对构成犯罪一般成立要件的各种个别认识、原理或理论说明进行整序，通过明确其内部的联系而使判断某种情况是否犯罪或是否符合犯罪成立要件的过程合理化、机能化的实践的认识体系”。① 在使用犯罪论或犯罪论体系这一概念时，日本学者往往也视场合分别在广义或者狭义上加以使用。其狭义上的犯罪论概念，大致相对于我国刑法理论中的犯罪构成理论。而广义上的犯罪论概念，则除了狭义上的犯罪论的内容之外，还包括犯罪的停止形态、共犯、罪数论等内容。由于对未遂、共犯等问题的处理妥当与否，也直接决定一国犯罪成立理论的科学性程度，因而即使在探讨狭义的犯罪论体系的同时，也不能完全抛开广义的犯罪论体系的概念。

一、日本犯罪构成论体系的产生

日本近代的犯罪论体系源于欧洲。19 世纪下半期，日本通过明治维新运动，废除了幕府体制，建立了近代民族国家，走上了资本主义

---

① ［日］山中敬一：《刑法总论》（第 2 版），成文堂 2008 年版，第 118 页。

道路。明治政府为了尽早确立法律制度，1873 年招聘了巴黎大学教授波索纳德（Boissonade，1825～1910），进行法国法的讲义和参与立法准备工作。波索纳德以 1810 年《法国刑法典》为蓝本，帮助起草了包含四编共 430 条的《日本刑法》，于 1880 年 7 月 17 日公布，1882 年 1 月 1 日起开始施行，这就是后世所称的日本旧刑法。然而，1880 年的日本刑法在制定之初就受到与日本国情不符的批判，当时的日本民众更加欣赏采用帝政体制的英国和德国，而不是采用总统制的法国。尤其是随着普法战争中德国的胜利，主张日本应当效仿在皇帝周围配备强大的官僚和军队的德国国家体制的声音逐渐强大。日本政府于是成立以司法大臣松田文正为首的刑法调查委员会，以 1870 年《德国刑法典》为蓝本，起草了刑法第三次修正草案。该草案于 1907 年 4 月 2 日通过，同年 4 月 24 日公布，1908 年 10 月 1 日起开始施行，这就是日本现行刑法。日本刑法学者往往根据这两部《日本刑法》的施行，划分刑法学的历史时期。“第一期以旧刑法制定前后为开始时期，可以说是明治期刑法学。第二期是以现行刑法制定后为开始时期直至战前的刑法学。第三期指战后的工作。关于各期的内容，一方面摄取以西欧为中心的诸外国刑法理论，一方面以构筑日本独自的刑法理论为目标是第一期。第二期虽要言之是一方面主要受德国学说的极大影响，一方面新旧两派的立场以我国固有的土壤为背景，展开激烈争论的时期；但战后的工作是多样的，不容易用一句话揭示出特征。”①

日本的犯罪构成体系萌芽于明治时期。早期的新派学者胜本勘三郎（1866～1923）的犯罪论体系实际上由四个部分组成，即犯罪的主体、犯罪的客体、犯罪行为和责任（主观罪过）。“行为”一节中包括“行为的定义”、“因果关系”、“行为的阶段”（犯罪的决意、犯罪的预备、犯罪的实行）等。② 早期的旧派学者大场茂马（1869～1920）将犯罪定义为：应该并且有能力负担责任的人的违法行为，在刑法上有作为犯罪科以处罚的规定。具体地说，犯罪成立的要素有：（1）行为者

① ［日］中山研一等编：《现代刑法讲座》（第 1 卷），成文堂 1980 年版，第 150 页。

② 参见李海东主编：《日本刑事法学者》（上），法律出版社、成文堂联合出版 1995 年版，第 7 页。

是人；（2）行为者有负担责任的能力；（3）有行为存在；（4）该行为是违法的；（5）该行为应该由行为人负责；（6）该行为在刑法上有作为犯罪科以处罚的规定。这些要素中，（1）行为者是人、（2）行为者有负担责任的能力和（5）该行为应该由行为人负责这三条是构成犯罪的主观要素，而（3）有行为存在、（4）该行为是违法的和（6）该行为在刑法上有作为犯罪科以处罚的规定这三条是构成犯罪的客观要素。而且，在这些要素中，还可以分为中心要素和附加要素，行为者、行为和责任是中心要素，负担责任的能力是行为者的主观附加要素，违法、犯罪的构成事实是行为的客观附加要素，责任是将这两个要素结合起来的中介要素。①

从早期的代表性学者的论述来看，其犯罪论体系与现在日本通行的犯罪论体系有很大的区别。其中核心的问题即作为日本犯罪论体系核心要素的构成要件概念尚未出现。事实上，现代意义上的构成要件理论起源于德国，其创始人贝林（Ernst Beling，1866～1932）在1906年的《犯罪论》一书中才正式提出这一理论。因而，早期的日本学者不可能在犯罪论体系中引入构成要件的理论。

不过，由于构成要件的概念源于中世纪意大利纠问式诉讼程序中使用的概念 Constare de delicto（犯罪的确证）。其后传到德国，在普通法时代予以通用。“至此，仍是诉讼法上的概念，它的意义主要是用于证明客观犯罪事实的存在，强调如果没有严格按照证据法则得来的确证，就不得进行特别纠问（包括拷问）的原则，从而达到限制官衙主义的目的。”② 1796年德国学者克莱因（Klein，1794～1810）将 Corpus delicti 译为德语的 Tatbestand（构成要件），但此时构成要件仍是诉讼法意义上的概念。斯求贝尔（C. C. Stűbel，1764～1827）将构成要件引入刑法，使之成为一个实体法概念。③ 费尔巴哈（Paul Johann Anselm Feuerbach，1775～1833）则从一般预防主义、客观主义立场出发，主

① 参见李海东主编：《日本刑事法学者》（上），法律出版社、成文堂联合出版1995年版，第45～46页。

② ［日］小野清一郎：《犯罪构成要件理论》，王泰译，中国人民公安大学出版社2004年版，第3页。

③ ［日］小野清一郎：《犯罪构成要件理论》，王泰译，中国人民公安大学出版社2004年版，第4页。

张犯罪结果也属于构成要件。在斯求贝尔和费尔巴哈之后，刑事实体法意义上的构成要件理论得以创立。但是，在19世纪刑法学中，“构成要件”一词仅限于在犯罪事实或法律上制约着成立犯罪的诸条件的意义上加以使用，而且它又被分为一般构成要件和特别构成要件，或是主观构成要件和客观构成要件，并没有考虑其特殊的理论机能。

在这种情况下，早期的日本学者已经接触到德语的Tatbestand这一概念。受教于波索纳德的井上正一（1850～1936）于1888年所著的《日本刑法讲义》使用了“犯罪构成的原素”这一概念。古贺廉造（1858～1942）在《刑法新论（总论之部）》（第6版）也使用了“构成条件”这一概念，但一般被认为其是源于法国法的概念。[①] 泉二新熊（1876～1947）在《日本刑法论（上）总论》中将犯罪分为一般要素与特别要素，在阻却事由中使用了“消极的构成要件”的概念，但与现在的构成要件概念仍不相同。

总之，日本明治维新以后的刑法学者们已经开始积极地建构新的犯罪论体系，但其具体内涵与现在的主流观点仍存在相当大的差别。

二、日本犯罪论体系的成熟

进入20世纪上半期以后，日本有关犯罪论体系的研究开始活跃化，也出现了各种不同的犯罪论体系的主张。就总体趋势而言，采用德国的阶层体系的做法逐渐成为主流，但仍有各种不同的观点在激烈交锋。这一时代也正是日本刑法理论中新旧两派激烈争论的时代，因而犯罪论体系的讨论也带有浓厚的学派之争的色彩。

牧野英一（1878～1970）是日本新派的代表性学者之一。基于其主观主义的刑法思想，牧野英一对当时正在日本展开热烈讨论与研究的构成要件理论完全不感兴趣。他认为，在刑法所规定的概念中，尤其应当注重的问题只有三个，即未遂、共犯与法律错误。至于构成要件理论，则被他视为将刑法与刑事政策割裂开的教条主义理论。因而，其犯罪论体系是：犯罪主体、客体及行为、犯罪的主观要件（责任、

① ［日］中义胜、浅田和茂：《古贺廉造的刑法理论》，载［日］吉川经夫等：《刑法理论史的综合的考察》，日本评论社1994年版，第122页。

责任能力、故意及过失)、犯罪的客观要件(犯罪的构成事实、行为的违法性)。[1] 从某种意义上说，牧野英一的体系是以主观和客观两方面要件作为支柱建立起来的，与日本现行的以违法和责任建构犯罪论体系的做法有本质性区别。因而，他的犯罪论体系的思想与其主观主义的刑法理论一样，在后来的学术界中缺乏支持者与继承人，逐渐丧失了影响力而成为理论史研究的课题。

日本另一位新派的代表性学者宫本英脩(1882~1944)的犯罪论体系也具有鲜明的个人色彩。宫本英脩在早期的刑法著作《刑法纲要》和《刑法学粹》中认为犯罪论体系由行为、违法、有责和可罚类型性四个要件组成。而后来在《刑法大纲》中则主张由行为性、违法性、可罚性组成的犯罪论体系。在宫本英脩的犯罪论体系中，最有特色的是可罚性这一要件。他认为，可罚性可"分为可罚的能力性和可罚的类型性，前者是要求具备可罚的责任能力，缺少其阻却可罚的责任，犯罪不能成立。……因而，阻却可罚能力的原因作为阻却责任的原因理解更合适"。[2] "后者是违法的意思(规范的责任)符合刑法上基本的类型。"[3]

日本犯罪论体系的成熟始于小野清一郎(1891~1986)。小野清一郎是最早对构成要件理论展开论述的日本学者之一。[4] 他对构成要件理

---

① 参见[日]牧野英一:《日本刑法》(上卷)，有斐阁1937年版。

② [日]宫本英脩:《宫本英脩著作集》(第3卷)，成文堂1985年版，第112页。

③ [日]宫本英脩:《宫本英脩著作集》(第3卷)，成文堂1985年版，第112页。

④ 泷川幸辰在日本几乎与小野清一郎同时开始深入研究构成要件理论。泷川幸辰对犯罪论基本问题的研究，集中体现在其《犯罪论序说》、《刑法讲话》以及众多的文章中。他指出:"犯罪是一种不法行为，不法行为是形式上对法律禁止性命令的违反，其实质是对法益的侵害。""不法行为的实质，不是取决于法律上的制裁规定，必须是从法律的本质得出的。"而什么样的行为是犯罪，对犯罪应处以何种刑罚，为保障一般人的权利自由，就必须在法律上对犯罪与刑罚予以明确的规定(罪刑法定主义原则)。由于"刑法上规定了各种犯罪类型的可罚行为……将它们宣布为犯罪，经刑法的选择哪一个犯罪类型都不充足的行为，即使是违法的，也不是犯罪。犯罪是符合刑法各条文(分则)所规定的一定的犯罪类型的行为。刑法各条文的规定是所谓的犯罪目录"。因此，他还论及犯罪这种可罚行为的构成要素，即违法性、有责性，但同时，他着重强调了类型性的重要性，指出:"可罚行为，即作为犯罪要素的违法性和有责性是必要的，自不待言，但是，更进一步说作为其外部特征的犯罪类型的目录，即预先规定类型性是合适、必要的。犯罪应归结于类型的违法、有责的行为。"因此，"犯罪是符合构成要件的违法、有责的行为。"参见[日]泷川幸辰:《泷川幸辰刑法著作集》(第2卷)，世界思想社1981年版，第34页。

论的研究始于1923年1月发表的《犯罪之时与地》的论文，他在论文中不但使用“构成要件”和“构成事实”的概念，而且将其作为决定犯罪时间与地点的要素。此后他继续从事构成要件理论的研究，陆续发表了《构成要件充足的理论》《作为构成要件修正形式的未遂犯及共犯》《刑法总则草案中的未遂犯及不能犯》《犯罪的单复与构成要件》《构成要件概念的诉讼法意义》等重要论文。1953年，他将修改补充后的《犯罪构成要件的理论》一文与上述《构成要件充足的理论》等5篇论文结集出版，对自己独特的犯罪构成要件理论作了系统的阐述，这就是著名的《犯罪构成要件理论》一书。此书被日本学者评价为“在学界的摇篮期提供了构筑犯罪论体系的指南针，极大地促进了刑法学理论发展的不朽的名著”。①

小野清一郎的构成要件理论是在充分吸收德国学者既有研究成果基础上建立起来的有着自己鲜明特色的理论。关于构成要件，小野清一郎指出，构成要件是一个内容相当复杂的概念，如果一定要对之下一个定义的话，那么“所谓构成要件，是指将违法并有道义责任的行为予以类型化的观念形象（定型），是作为刑罚法规中科刑根据的概念性规定”。② 他同时指出，问题并不在定义，而在于实质。他认为应注意以下几方面的问题：

第一，构成要件理论中所指的构成要件是法律上的概念。必须明确区分构成要件本身与符合构成要件的事实。构成要件是一种将社会生活中出现的事实加以类型化的观念形象，并且进而将其抽象为法律上的概念，它不是具体的事实。

第二，构成要件理论中的构成要件即是刑法各条中规定的“罪”，亦即特殊化了的犯罪概念。换言之，它就是特殊构成要件，而不是一般构成要件的意思。小野对“一般构成要件”概念存在的必要性表示怀疑。他认为，从一般构成要件方面来看，构成要件符合性即存在符合构成要件的事实，这是它的一个要素，此外，再去考虑违法性和道

① ［日］小暮得雄：《〈犯罪构成要件理论〉评述》，载http://www.yuhikaku.co.jp/shosai/20c50/21.html，最后访问日期：2018年5月2日。

② ［日］小野清一郎：《犯罪构成要件理论》，王泰译，中国人民公安大学出版社2004年版，第17页。

义责任等问题。构成要件作为特殊性规定的概念，在某种程度上是具体的，但是作为法律上规定的概念，它又未免是抽象的、形式的，与所有法律观念一样需要加以解释。正是构成要件的解释方法，成为刑法的解释方法中最重要的一个问题。必须通过解释来明确构成要件的规范性意义，并由此而使构成要件的抽象性、形式性向具体性、实体性靠近。

第三，构成要件的实体是“犯罪类型的轮廓”。构成要件是把社会生活中的事实类型化，进而把它作为一种法律上的定型概念规定下来。由于构成要件是特殊化了的犯罪类型，所以它不是能够将分散、繁多的要素都一一分析殆尽的统一性观念形态。然而它在法律上的概念规定，虽然有限但却是能够予以正确规定的。构成要件是比构成要素更具有具体统一性的概念。

第四，构成要件是违法有责行为事实的法律定型，其中自然具有规范的及主观的要素。“甚至还可以说，它全面地含有规范意义的，并且全面地含有主观的、内部的要素”。①

第五，构成要件不是抽象的、纯学术性的概念，而是具有实定法的意义，不能脱离实定法的立场来解释构成要件。构成要件概念一旦失去实定法的意义，构成要件理论就不再是实定法的理论，同时也无法保障作为它的特色之一的体系性结构的确实性。

第六，行为是构成要件的核心问题。小野清一郎反对先于构成要件的纯行为论，他批评当时存在的因果行为论、社会行为论和目的行为论，指出“历来的行为论的通病，都在于把行为当成法律的构成要件的评价之前的东西来考虑的，这就是我曾批评过的‘纯粹’行为论。刑法上的行为，归根到底是合乎构成要件的行为……刑法中的行为，总是给以构成要件的评价的行为，行为在构成要件的范围以内，并且必须作为其核心要素来讨论。与构成要件的评价无关的行为，在刑法中是完全没有意义的”。②

---

① ［日］小野清一郎：《犯罪构成要件理论》，王泰译，中国人民公安大学出版社2004年版，第49页。

② ［日］小野清一郎：《犯罪构成要件理论》，王泰译，中国人民公安大学出版社2004年版，第80页。

无论是德国的贝林、迈尔还是梅兹格尔的构成要件论，都没有把构成要件与违法性、责任三者统一起来。小野清一郎在自己的研究过程中逐渐认识到，三者不应是并列的，而是有所重合。由此他指出："刑法对行为有三重评价：第一，是否符合构成要件的评价，这是法律的、抽象的评价。第二，违法性的评价，这是对行为本身的具体评价，但也是将行为大体上与行为人分离开来而后的评价，所以，也可以说是社会的、并且仍是抽象的评价。第三，道义责任的评价，这是把行为作为'行为人的行为'的最具体的评价。至此，法的伦理性、道义性的本质，才完全地展现出它的全貌。"① 由此提出了自己的"构成要件——违法性——道义责任"的犯罪论体系。

小野清一郎体系最主要的特征在于：第一，构成要件是违法并且有道义责任的行为的定型。他指出："构成要件在本质上就一并包含有违法性和道义责任——在特殊的、类型化的形成之中。构成要件可以说是不法类型，可它不仅仅是违法类型，同时也是责任类型，是违法并且有责的行为之类型，又是它的法律定型；在这个意义上，它是不法类型，也是犯罪类型。"② "犯罪的实体是违法性质的行为，并且是在实施该行为的行为人那里具有道义责任的行为，属于违法且有责行为的类型。可是它所以具备了可罚性，是因为它是特殊性的，已被刑法分则相应条款规定了的。这种被刑法分则相应条款规定的特殊的、类型性违法的有责行为，即构成要件。出现在前面的，是构成要件，站在它背后的，是具有实体意义的违法性及道义责任。"③ 由此，小野清一郎提出了自己的经典论述："构成要件在将行为的违法性加以类型化的同时，也要将行为人的道义责任类型化，还要将违法并且有责的行为中具有可罚性的行为用法律概念加以规定。构成要件是违法并且有

① ［日］小野清一郎：《犯罪构成要件理论》，王泰译，中国人民公安大学出版社2004年版，第38~39页。

② ［日］小野清一郎：《犯罪构成要件理论》，王泰译，中国人民公安大学出版社2004年版，第34页。

③ ［日］小野清一郎：《犯罪构成要件理论》，王泰译，中国人民公安大学出版社2004年版，第26页。

道义责任的行为的定型。”①

第二，违法性和道义责任，是指根据刑法的制裁性机能对业已发生了的行为进行评价的问题。小野清一郎基于其反道义的犯罪观，认为法本身就是伦理。因此，“违法性的评价，是从行为的客观方面，即它的外部对行为进行评价的”。“道义责任的评价，是对已被客观地、外部地判断为违法的行为，进一步去考虑行为人主观的、内部的一面，亦即行为人精神方面的能力、性格、情操、认识、意图、动机等等，而来评价其伦理的、道义的价值。”“将违法性与道义责任分别开来，属于理论性的工作，实际上这两种评价，是作为一个整体同时进行的。”②

三、日本犯罪论体系的分化

在小野清一郎奠定了日本犯罪构成体系的基本框架之后，学者对犯罪论体系问题继续展开研究，并由于基本立场的不同而形成了各具特色的理论体系。其中最具代表性的是作为通说的以二元的行为无价值论为基础的“团藤体系”和成为有力说的以结果无价值论为理论基础的“平野体系”。

（一）团藤重光的犯罪论体系

团藤重光（1913～2012）是日本当代最具盛名的刑法学者之一。在相当长的时间里，团藤的观点就是刑法理论的通说。他的犯罪论体系是对小野清一郎体系的继承与发展。“如果论及团藤重光博士与其他法学家的关系，可以说他与小野清一郎博士的关系最为密切。我们可以看出，团藤重光博士基本上继承了小野清一郎博士的理论。”③

团藤重光一直采用构成要件该当性、违法性、有责性的体系。他说：“犯罪是违反法秩序的行为即违法行为，而且是能够将非难归于行为者的行为即必须是有责的行为。因此，大体上可以将犯罪定义为违法、有责的行为。但该定义忽视了一个重要问题。违法、有责的行为

① ［日］小野清一郎：《犯罪构成要件理论》，王泰译，中国人民公安大学出版社2004年版，第28页。

② ［日］小野清一郎：《犯罪构成要件理论》，王泰译，中国人民公安大学出版社2004年版，第33页。

③ ［日］中山研一：《刑法的基本思想》，姜伟、毕英达译，国际文化出版公司1988年版，第105页。

有很多种，而能被认定为犯罪的行为首先必须是法律作为犯罪定型规定下来的行为；这种法律上的犯罪定型就是犯罪的特别构成要件或简称为构成要件。因此，刑法意义上的犯罪是指充足构成要件的违法、有责行为。”①

团藤重光认为，构成要件既是违法类型，也是有责行为类型；违法性、有责性本身是具体的、个别的东西，应根据具体情况判断其有无，而且除了有无的判断外，在与量刑相关联时还有可能及有必要进行强弱程度的判断；与此相对，是否符合构成要件则是定型的判断，它只有有无的判断，没有强弱程度的判断。在认定某种行为是否构成犯罪时，首先应进行构成要件该当性的判断，即首先进行定型的、一般的、抽象的判断，然后进行个别的、具体的判断。违法性判断主要考虑行为的客观的侧面，责任判断主要考虑主观的要素，但判断责任时必须考虑客观的侧面，故应在有责性之前考察违法性。概言之，构成要件该当性是外部的、形式的问题，违法性是外部的、实质的问题，有责性是内部的、实质的问题，后者都以前者为前提，而且三者是从外部到内部的立体重合关系。这样，犯罪论体系就应当是构成要件该当性、违法性、有责性。②

团藤重光认为构成要件是犯罪的定型。关于构成要件与违法性、有责性的关系，团藤重光与小野清一郎同样持违法有责类型说，即构成要件既是违法类型，也是有责行为类型，行为符合构成要件时，不仅原则上说明该行为具有违法性，而且原则上说明该行为具有责任。“团藤重光博士的构成要件论与小野清一郎博士的构成要件论相同，包含违法、责任类型，这与一般的抽象类型的违法性是有一定距离的。”③构成要件既包括客观的要素，也包括主观的要素，前者是作为违法类型的构成要件要素，后者是作为有责类型的构成要件要素。

关于违法性的本质。团藤重光持规范违反说和客观的违法性说。他指出，违法性是指违反整体的法秩序，从实质上说是违反作为法秩

---

① ［日］团藤重光：《刑法纲要总论》，创文社1990年版，第97页。

② 参见［日］团藤重光：《刑法纲要总论》，创文社1990年版，第98～101页。

③ ［日］中山研一：《刑法的基本思想》，姜伟、毕英达译，国际文化出版公司1988年版，第112页。

序基底的社会伦理规范或文化规范；社会伦理规范或文化规范一方面扎根于人性，另一方面又具有社会的相当性。他认为，主观的违法性说使违法性与责任相混同，从逻辑上看，违法性与责任应当分离。刑法既是评价规范又是决定规范，但刑法要作出命令、禁止时，作为其论理前提，首先必须评价什么被允许、什么不被允许。即刑法在作为决定规范发挥机能之前，首先要作为评价规范发挥机能。根据刑法的评价规范而受到否定的价值判断时，就具有违法性。因此，应当坚持客观的违法性说。①

在责任的本质问题上，团藤重光持道义责任论；对于责任的基础则持人格责任论。他认为构成要件是行为人的定型，因而故意、过失既是构成要件要素也是责任要素，同时还是违法要素。②

团藤重光的犯罪论体系与小野清一郎相比，在基本构造上并没有大的变化。其最大的贡献在于，使犯罪论体系的内涵符合战后日本新宪法秩序下的价值观与基本原理。③

（二）平野龙一的犯罪论体系

平野龙一（1920～2004）在日本是与团藤重光齐名的著名刑法学家，也是对当今日本刑法学影响深远的刑法学家。“如果不研究平野龙一的刑法思想，就不足以了解当代日本刑法理论现状。”④ 平野龙一基于结果无价值的立场，提出了有别于德国的独具特色的犯罪论体系，也为日本的犯罪论体系在小野·团藤体系之外指出了另一种可能性并影响深远。

首先，在指导思想上，平野刑法学的核心是其机能主义的学说。他认为刑法理论不能仅满足于解释条文或刑法规范，而应着重探讨刑法的社会功能，主张以国家对犯罪问题的刑事政策为出发点，建立起比较系统的、效应互补的、综合治理现代社会之犯罪以及改造罪犯使

① 参见［日］团藤重光：《刑法纲要总论》，创文社1990年版，第184～190页。

② 参见［日］团藤重光：《刑法纲要总论》，创文社1990年版，第134页以下。

③ 参见［日］伊东研祐：《日本的犯罪体系论：所谓的小野·团藤体系》，载《法律时报》2012年第1期。

④ ［日］中山研一：《刑法的基本思想》，姜伟、毕英达译，国际文化出版公司1988年版，第125页。

之重返社会的刑事法学体系,[①] 提倡问题性思考优先于体系性思考。平野在其体系书《刑法总论》中表明了自己的想法:“在内容上，与我国现在的刑法学重视形式的规范、主张对违反者追究道义责任的有力方向相对，本书试图努力追求刑法在现代社会所具有的实质的、机能的作用。换言之，不是将刑法作为孤立的考察对象，而是将刑法作为其他法律及其他社会统治手段之一来考察，在刑事政策及其他诸学科成果的基础上，重新考察刑法应完成的任务……在形式上，尝试摆脱历来的教科书的风格。过去的教科书不管从哪一方面来看，可以说都是采取体系性的叙述，对所有问题都表明根据自己的立场提出简明的结论。本书试图分析各个问题所具有的意义，明确真正的问题之所在，可以说所采取的方法不是‘体系的思考’，而是‘问题的思考’。”[②]

关于犯罪论体系，平野龙一认为:“提出没有矛盾的、甚少例外的犯罪论体系是刑法学的任务，构建新的体系是学者的功绩。”[③] 但更重要的是，犯罪论体系是为了给法官提供不受情感左右的认定工具，确保审判的公正。舍此之外，犯罪论体系不具有自己单独的意义。针对各种犯罪论体系的争论，平野龙一指出，犯罪并不是像水由氢气与氧气组成一样意义的由几个要素构成。犯罪论“体系”是整理法官的思考，作为统治法官判断的手段而存在的。因此，即使体系有些不一致、各个要素的界限不明确，但如果明确了思考的条理，有时可能就是理想的。而且并不存在唯一的“正确”体系。在某些场合，以不同的体系看问题，有时能明确事物具有的种种侧面。[④]

就具体的犯罪论体系而言，平野原则上提倡行为、构成要件该当性、违法性、有责性的体系。他认为行为是成立犯罪的一个要件。以行为限定犯罪具有两方面的意义：凡不存在行为时就不能处罚；存在行为时应仅以行为作为处罚对象。而之所以将犯罪分为构成要件该当性、违法性、有责性来考察，是因为犯罪是由这些要素构成的，对犯

---

① 参见何勤华:《法学史研究－Ⅰ－当代日本法学——人与作品》，上海社会科学出版社 1991 年版，第 150 页。

② ［日］平野龙一:《刑法总论Ⅰ》，有斐阁 1972 年版，“序言”。

③ ［日］平野龙一:《刑法总论Ⅰ》，有斐阁 1972 年版，第 87 页。

④ 参见［日］平野龙一:《刑法总论Ⅰ》，有斐阁 1972 年版，第 87 ~ 88 页。

罪要素的分别考察，是为了正确适用刑法。刑法有三个原则：一是“没有法律就没有刑罚”的罪刑法定主义；二是刑法以保护法益为任务的原则；三是没有责任就没有刑罚的责任主义。反过来说，适用刑罚时有三个危险：第一个危险是，一旦发生使人心冲动的案件，感情上便产生处罚的强烈要求，法律没有规定处罚该行为却进行处罚；第二个危险是，一旦行为人主观恶劣，便不充分调查行为在客观上造成了什么危害，就给予处罚；第三个危险是，一旦危害结果重大，就不问行为人的主观状态而实行处罚。可以说，构成要件该当性、违法性、有责性的体系，就是为了防止这些危险，从而对各个要素进行冷静的探讨，故从整体上看符合适用刑法的目的。但平野并不纠缠于犯罪论体系，即不注意“体系的思考”，而注重“问题的思考”，所以他在《刑法总论》中所采取的体系是：“犯罪成立的一般要件”（其中讨论行为、结果、因果关系、不作为、故意、过失等问题）、“阻却犯罪成立的事由”（其中讨论违法阻却事由与责任阻却事由）、“扩张犯罪成立的事由”（其中讨论未遂犯与共犯）。①

关于构成要件理论，平野认为，构成要件是刑法分则规定的犯罪行为的类型或框架，具有罪刑法定主义的机能、诉讼法的机能和规制故意的机能。平野主张构成要件是违法类型。因为构成要件是从违法行为中抽象出应当处罚的行为类型予以规定的，故符合构成要件的行为原则上是违法的，如果认为构成要件与违法性没有关系，就不能说明一点。②

关于违法性，平野主张客观的违法性论与结果无价值论。他认为，对法益的侵害与威胁这种客观的要素是违法性的实质；判断行为有无违法性，也就是判断行为在客观上是否侵害或者威胁了法益，而不能根据行为人的内心进行判断。平野原则上否认主观的违法要素，只是例外地在伪造罪等将后行为作为目的的犯罪以及未遂犯中才承认主观

① 李海东主编：《日本刑事法学者》（上），法律出版社、成文堂联合出版 1995 年版，第 275 页。

② 参见［日］平野龙一：《構成要件という概念をめぐって》，载《法学教室》1988 年第 5 -7 号。转引自李海东主编：《日本刑事法学者》（上），法律出版社、成文堂联合出版 1995 年版，第 276 页。

的违法要素。“杀人未遂，是以杀人的意思实施了杀人的实行行为时便成立，不要求发生死亡结果。相当于发生了结果场合的故意的‘杀人的意思’，在未遂的场合是主观的超过要素，是主观的违法要素。”① 在这一点上，他与团藤重光等有明显的区别。

在责任论中，平野认为故意、过失都不是构成要件要素，而是责任要素。平野不赞成构成要件是违法、有责类型的观点，认为它会导致构成要件与有责性成为一体，构成要件因而失去作为成立犯罪的要件之一的意义。

在团藤重光和平野龙一各自提出自己的犯罪论体系之后，他们的学生大塚仁、大谷实、西田典之、山口厚以及日本更年轻一辈的学者基本上都在他们理论的延长线上提出各自的主张。当代的日本刑法理论中，犯罪论体系呈现出纷繁复杂的局面，但都沿袭着区分违法与责任这种阶层的犯罪论体系，主要都是围绕着团藤、平野所展开的体系的思考与问题的思考、行为无价值论与结果无价值论、违法类型说与违法、有责类型说、形式的犯罪论与实质的犯罪论等问题展开论争。

第二节　日本犯罪构成论体系的基本框架

一、概说

总体而言，日本犯罪构成论体系受到德国的强烈影响，其通说认为，犯罪论体系由构成要件该当性、违法性、有责性三个要素依次递进排列而成，这被称为三阶层犯罪论体系或三阶段犯罪论体系。此外，有学者认为，构成要件与违法性不是独立的阶段，而应该合并在一起构成“类型的不法”，这样犯罪的成立就只有不法、责任两个阶层，这被称为二阶层犯罪论体系或二阶段犯罪论体系。另外，围绕行为以及客观的处罚条件是否是犯罪成立的一个独立阶层，理论上也有不同看法。

不过，在日本也有少数学者采用了平面的犯罪构成体系。例如，

---

①［日］平野龙一：《刑法总论Ⅰ》，有斐阁1975年版，第124页。

夏目文雄、上野达彦的教科书体系为：

……

第八章　犯罪的客体

一、犯罪的客体是什么

二、种类

三、法益

第九章　犯罪的主体

一、犯罪的主体是什么

二、自然人性

三、责任能力性

四、年龄性

第十章　犯罪的客观的侧面

一、犯罪的客观的侧面是什么

二、犯罪行为

三、违法性

四、因果关系

第十一章　犯罪的主观的侧面

第一节　犯罪的主观的侧面是什么

第二节　刑事责任论

第三节　责任形式

第四节　错误

第十二章　不成立犯罪的事由

第一节　不成立犯罪的事由什么

第二节　正当行为

第三节　紧急行为

第四节　其他不成立犯罪的事由①

针对日本通说的犯罪论体系，夏目文雄、上野达彦指出：“近年来的刑法学展开了基于极为绵密的规范论理学的刑法理论。但是，其过于形式主义的方向大概也使得刑法学的整体变得难以预料。现在，在

① ［日］夏目文雄、上野达彦：《刑法学概说》（总论），敬文堂2004年版，“目录”。

讲解刑法学的时候，我们痛感到有必要能够俯视其全体。采纳像本书这样的犯罪论构成的教科书未必多，今后，至少要是能成为针对规范主义刑法学的反省的话，就很荣幸了。”①

从其体系上看，夏目文雄、上野达彦两教授试图以四个方面的要件的犯罪构成体系作为主干，同时吸收日本通说的阶层式体系的优点。这种努力可以说难能可贵。但其体系能否克服平面的体系的缺陷，体系内部的逻辑关系是否清晰，都还值得斟酌。因此，他们的体系在日本基本没有产生重要的影响。

二、形式上的区分

就日本通说的阶层的犯罪论体系而言，从其对犯罪成立要件的理解上可以做出如下区分：

（一）三元说

1. 构成要件该当性→违法性→有责性体系

这一体系将犯罪的成立条件区分为构成要件该当性、违法性与有责性三个要件，通过这三个要件的逐一递进来认定犯罪。这一体系在日本属于通说，小野清一郎、团藤重光、庄子邦雄、大塚仁、香川达夫、大谷实、内藤谦等都持这种观点。

按照这种体系，犯罪的成立应依次经过构成要件该当性、违法性与有责性三个阶段的考察。“由于是依照犯罪论体系对于犯罪的成立与否进行判断，首先进行的判断是，成为问题的行为是否符合作为犯罪所规定的类型，即构成要件该当性的判断。如果行为并不符合相应的类型从而上述的判断得出了否定的结论，据此犯罪的成立亦被否定。虽然属于一般意义上该当了成为犯罪之类型的行为，也可能由于存在个别的特别情况而否定犯罪的成立。在构成要件该当性被认定后，接着进行是否存在阻却行为之违法性的事由的判断（违法性判断），如果得出了肯定的结论即存在着这样的特别的事由，犯罪就不成立，是否成立犯罪的判断在此也就画上句号。此后，由于违法性阻却未被认定，在确定了行为的违法性之后，接着就进行有责性的判断，即就做出了

① ［日］夏目文雄、上野达彦：《刑法学概说》（总论），敬文堂2004年版，“前言”。

违法行为而言，能否对于行为者加以非难。若是存在责任能力不能被认定之类的责任阻却事由的话，犯罪的成立则被否定，而在多数的场合中，只要不能认定存在这种事由，犯罪的成立即据此得以确定。”①

“从发生论的视角来看，将1. 构成要件该当性置于2. 违法性、3. 责任（有责性）之后似乎更为自然，但正如后述，就2. 违法性、3. 责任（有责性）的内容而言，1. 构成要件该当性具有规制并划定框架的功能，因而被置于2. 违法性、3. 责任（有责性）之前。1. 构成要件该当性、2 违法性、3 责任（有责性）分别按照一定的指导理念，形成一种含义总合，另一方面，相互之间又具有一定的有机关联性。……犯罪论体系按照1～3 的顺序，将不符合1. 构成要件该当性、2. 违法性、3. 责任（有责性）的行为分别排除在处罚对象之外，从而使排除感情、冷静判断是否成立犯罪这一点成为可能（滤清功能），同时，在面临解释论上的问题之时，通过确定该问题究竟属于1～3 中的哪一点，从而有利于锁定应考虑的事项，也有利于获得用于推导结论的指针（地图功能）。”②

这种体系最大的特点在于否定行为论的独立意义。“历来的行为论的通病，都在于把行为当成法律的构成要件的评价之前的东西来考虑的，这就是我曾批评过的‘纯粹’行为论。刑法上的行为，归根到底是合乎构成要件的行为……与构成要件的评价无关的行为，在刑法中是完全没有意义的。”③“行为作为犯罪概念的核心的东西，当然也应该作为犯罪成立条件来考虑。但是，在以罪刑法定主义为基本原则的今日刑法学上，犯罪必须是符合刑罚法规所规定的构成要件的东西，作为犯罪的构成要素，不应该把单纯的行为本身而应该以符合构成要件的行为作为问题对待。”④

---

① ［日］山口厚：《犯罪论体系的意义与机能》，付立庆译，载《中外法学》2010年第1期。

② ［日］松原芳博：《刑法总论专题研究（二）》，王昭武译，载《河南省政法干部管理学院学报》2010年第4期。

③ ［日］小野清一郎：《犯罪构成要件理论》，王泰译，中国人民公安大学出版社2004年版，第80页。

④ ［日］大塚仁：《刑法概说》（总论），冯军译，中国人民大学出版社2003年版，第108页。

2. 行为→不法→责任体系

这一体系的特点在于一方面肯定行为论的独立体系地位，另一方面认为构成要件该当性与违法性并不是一个独立的犯罪要素，而应当溶解于“不法”这一阶层之中。

当然，在这一体系内部，其实还是有相当不同的看法。有的学者认为，符合构成要件的行为只要不存在特殊的违法阻却事由（正当化事由）就马上可以认为违法，构成要件是违法性的实在根据。两者不是烟与火的关系，构成要件本身就是火。因此，构成要件该当性并不是一个独立的犯罪要素，而应当溶解于违法性之中。构成要件的判断同时就是违法性的判断。“构成要件该当性显示的是作为规范违反性的违法性的内容，因此在犯罪概念这并不是独立的概念要素，而应该在违法性这一概念要素内部加以论述。”① 西原春夫等学者持这种观点。

而另一部分学者则提出消极的构成要件要素理论。此说将违法性解消在构成要件的判断之中。它将构成要件理解为不法构成要件，即类型化的不法。所有能够影响违法性的有无和轻重程度的事项都是不法构成要件要素。换言之，此说使构成要件与违法性都丧失了独立的意义，而融合成一体化的“全不法构成要件”。构成要件包括积极的要素和消极的要素。过去在违法性阶段加以判断的违法性阻却事由即正当化要素，在消极的构成要件要素理论中被理解为消极的构成要件要素。也就是说，由于只有不存在正当防卫等正当化事由的情况才满足构成要件，所以在这个意义上，正当化事由属于消极的构成要件要素。“例如，‘不存在符合正当防卫的事实’是 1 个构成要件要素，当正当防卫成立时就应否定构成要件符合性。犯罪论大体可以分为构成要件符合性（不法）与有责性（责任）两个阶段构成（二分说）。”② 此说放弃了构成要件与违法性的区别，而主张其一体性。

（二）四元说

1. 行为→构成要件该当性→违法性→有责性体系

这种体系将犯罪的成立条件区分为行为、构成要件该当性、违法

① ［日］西原春夫：《刑法总论》（改订版）（上卷），成文堂 1993 年版，第 155 页。

② ［日］井田良：《讲义刑法学 · 总论》，有斐阁 2008 年版，第 91 页。

性与有责性四个要件，并给予行为论以独立的体系地位。泷川幸辰、中山研一、曾根威彦、浅田和茂、高桥则夫等学者均持这一立场。

根据这种观点，在构成要件该当性的判断之前必须进行行为性即所谓“裸的行为”的判断。“作为前法的概念的行为，和作为其他法的概念的诸要素有很大区别。某件事实能不能叫作行为是要凭纯粹的事实判断（这只是刑法上的问题），要与其他刑法的判断区分开来。”① “犯罪概念的第一要素是行为……应受处罚的不是单纯的意思、思想，而是作为其表现的行为这一命题，意味着超越各个构成要件，而成为各构成要件设定的指导原理。这也意味着要承认一般的行为概念，即裸的行为概念。一般的行为概念即裸的行为概念的行为的确没有直接受到‘刑法的’评价，但是，它是作为此后要加以刑法性评价的前提的‘刑法学的’概念。”② “犯罪是侵害法益或者使法益危险化的、作为人的主观与客观的统一体的行为，引起法益的侵害或者危险化这种事实的是人的行为，从这一犯罪的本质构造来看，将构成要件符合性作为成立犯罪的第一要件，未能全部把握犯罪的构造，因此，应当以行为作为犯罪的第一成立要件。”③

2. 行为→构成要件或侵害性→违法性→有责性

这主要是日本刑法学发展早期形成的犯罪论体系。例如，著名的新派刑法学家牧野英一即将犯罪的成立分为“作为行为的犯罪”、“作为侵害行为的犯罪”、“作为违法行为的犯罪”及“作为有责行为的犯罪”四个要素；泉二新熊则将其分为“行为”、“应成为罪的事实”、“违法”及“责任”四个要素。

三、实质上的区分

如果从实质上，即对犯罪成立的各个要件关系的不同理解上，可以对日本的犯罪论体系作出如下区分：

（一）古典的犯罪论体系

日本当代仍然有学者，如中山研一、浅田和茂等采用古典的犯罪

---

① ［日］曾根威彦：《刑法の重要问题》（总论），成文堂1996年版，第3页。
② ［日］西原春夫：《刑法总论》（上卷），成文堂1998年版，第80～83页。
③ ［日］野村稔：《刑法总论》，成文堂1998年补订版，第81～83页。

论体系。古典的犯罪体系是由德国的贝林与李斯特提出的体系，其是刑法理论史上第一个成型的犯罪阶层体系。古典的犯罪论体系首先将犯罪区分为犯罪的主观面与客观面，构成要件与违法性属于犯罪的客观面，责任属于犯罪的主观面。各种要素与是犯罪的客观的要素还是主观的要素相对应，在阶层的定位上也有差异，这就是古典的犯罪论体系的基本特征。在这个体系中，故意与过失属于责任的要件。构成要件具有价值中立的记述的性质，与违法性判断相分离。因此，根据古典的犯罪论体系，即使符合了构成要件，也不能认为原则上可以推定出行为违法。① 古典的犯罪论体系在行为理论方面采用因果行为论，在责任问题上采用心理责任论。

古典的犯罪论体系关于构成要件中立性的理解受到许多学者的批评，到20世纪二三十年代就逐渐丧失了其影响力。但近来，日本理论上又出现了回归这种古典的犯罪论体系的动向。这主要表现在中山研一、浅田和茂等学者的学术观点上。如浅田和茂认为，“用语上应区分构成要件与犯罪类型……构成要件作为体系的概念（犯罪的成立要件），始终应理解为从外部判断的客观的事物（违法行为的类型）……应当认为，构成要件是客观的违法类型，故意、过失是责任要素”。② 其理论背景在于，意图对抗经过目的行为论洗礼的现代新古典学派的行为无价值论思路，固守将客观的因素归为构成要件与违法性，将主观的因素归为责任这一古典的体系。不过，对这种在现代复苏古典体系的努力，也有学者认为从最初开始就不可能成功。“犯罪论体系，应当随着社会的发展和由此引发的新课题而变迁，牧歌的市民社会中的犯罪论体系，对于将现代危险社会中的犯罪现象体系化而言是无能为力的。”③

（二）新古典的犯罪论体系

新古典的犯罪论体系在维持古典犯罪论体系基本框架的基础上，批判了其自然主义、实证主义的方法论，把新康德主义的认识论引入刑法方法论之中，根据刑法自身的目的和价值观重新理解和评价古典

---

① 参见［日］山中敬一：《刑法总论》（第2版），成文堂2008年版，第130页。
② ［日］浅田和茂：《刑法总论》（补正版），成文堂2007年版，第95～96页。
③ ［日］山中敬一：《刑法总论》（第2版），成文堂2008年版，第130页。

犯罪论体系，因而被称为新古典的犯罪论体系。新古典的犯罪论体系对日本犯罪论体系的形成影响巨大，但当代日本学者均在吸收新古典的犯罪论体系的优点基础上做了不同程度的改良，很难说有绝对的新古典的犯罪论体系的支持者。鉴于其与后述的现代新古典的犯罪论体系关系密切，这里做一些简要介绍。

古典的犯罪论体系受自然主义的思维方式的影响。"在 19 世纪后半期，由于自然科学的发达，此前作为认识主体的人类也成为科学分析的对象。医学、精神医学、心理学、社会学等学问发展起来，连此前被认为由人的主体意志所支配人的行动，也陆续被证明与普遍受到因果支配的物是相同的。自然科学的发达使人类不断接近于物，产生了使人的主体性、尊严逐渐丧失的结果。在 19 世纪末，对这一思潮的心理抵抗以及与自然科学发达之间的忧怨情绪达到了极限。'人不是物，而是主人！'这种内心的呼喊，在世纪转换之际成为一种哲学思想而突然兴起，很快就席卷德国的哲学界。这就是新康德学派的理论，它实际上也是构成要件论的思想背景。"①

新古典的犯罪论体系以新康德主义哲学为基础。新康德主义的"认识论除自然科学的观察和描述方法外，又提出了自己的精神学的理解和评价方法……将目的、价值和理想视为刑法的本质"。② 具体而言，"在人类思考形式的类型之中，新康德学派的哲学最好地表明了人类优先的想法。这是因为，连康德也在指出'没有客观就没有主观'之后接着才说'没有主观就没有客观'，但是，新康德学派却仅仅说到'没有主观就没有客观'。新康德学派的意思是，在人类的认识之前作为认识的对象而存在于外部的东西，都是既无名也无形的无秩序的混沌，是人类基于悟性的形式认识之后，才被整序，才成为具有意义的东西。通俗地说，桌子有各种各样的形状，人在认识之前已经具备包含着各种形状的桌子的'桌子'这一普遍妥当的观念形象，因此，才能赋予这是桌子，这不是桌子的意义，在此基础上，才能作出这个桌子方便

① ［日］西原春夫：《构成要件的概念与构成要件的理论》，陈家林译，载《法律科学（西北政法学院学报）》2007 年第 5 期。

② ［德］汉斯·海因里希·耶赛克、托马斯·魏根特：《德国刑法教科书》（总论），徐久生译，中国法制出版社 2001 年版，第 252 页。

使用、这个桌子过大等价值判断。这样，新康德学派成功地恢复了被自然科学思想等同于物的人类的主体性与权威，因而被世间热情地接受，到20世纪初期，在各种学问领域得到应用。最明确地表现出把新康德学派运用到刑法学中的，是迈尔的构成要件论”。①

新古典的犯罪论体系将古典的犯罪论体系的所有特征都纳入改良范围。首先，它试图改变古典的犯罪论体系中因果行为论的自然主义色彩，以适应自己的与价值相关的犯罪论体系。学者们为此作出了各种各样的尝试，直至施密特提出社会行为论的概念，这种努力才告一段落。

其次，新古典的犯罪论体系相对于古典的犯罪论体系的最大变化在于构成要件的领域。新古典的犯罪论体系中的构成要件已经不再是纯粹的客观概念，它包含主观的要素，也包含需要法官评价的规范的要素。构成要件符合性与违法性也具有了密切联系，M. E. 迈尔认为前者是后者的认识根据，是“烟与火的关系”；梅茨格尔进而认为，构成要件是违法性的实在根据，是违法行为的类型。

再次，在违法性方面，新古典的犯罪论体系提出了实质的违法性论。借助这种学说，理论上认可了法律规定以外的超法规的违法性阻却事由。

最后，在责任问题上，新古典的犯罪论体系已经认识到免责的紧急避险中的客观情况能够阻却责任，从而提出了规范责任论。“在紧急避险情况下，尽管行为人具备责任能力和故意，责任非难可予以否定，因为在当时以其他方法不可能避免生命危险的情况下，法秩序并不要求英雄行为。”②

不过，新古典的犯罪论体系此后也受到其他类型的犯罪论体系的挑战。“像迈尔的理论所呈现出的那种纯粹形式的理论此后逐渐销声匿迹了。其理由之一是，新康德学派的哲学被批判为过于以观念为中心，是理想主义的，脱离了现实的世界。特别是在经过了两次世界大战、

---

① ［日］西原春夫：《构成要件的概念与构成要件的理论》，陈家林译，载《法律科学（西北政法学院学报）》2007年第5期。

② ［德］汉斯·海因里希·耶赛克、托马斯·魏根特：《德国刑法教科书》（总论），徐久生译，中国法制出版社2001年版，第256页。

对人类的愚昧有切身感受的欧洲，对存在主义哲学保持着亲近感，存在主义哲学是从生活于活生生的现实世界的人类本身出发的。其结果是，在刑法学的领域，自第二次世界大战结束之后，认为犯罪的第一要素不是构成要件而是人类的主体性‘行为’这种观点，在当时的存在主义思想的影响下，重新装扮后再次登场，这就是战后的‘行为论’。在德国，目的的行为论与社会的行为论兴起，展开了激烈的讨论。”①

（三）目的行为论的犯罪论体系

一部分日本学者，如福田平、井田良等所采用的犯罪论体系可定性为目的行为论的犯罪论体系。目的行为论的犯罪论体系以现象学和存在主义哲学为理论基础。“这种哲学理论试图明确指出自然人存在的结构性原理，并且试图创设研究人的学术基础。”②“人们致力于探究每一个法形态所规定的‘事实结构’，并将刑法建立在‘事物本质’之上。”③

目的行为论的犯罪论体系的核心是目的行为论。从20世纪30年代开始直至二战后，韦尔策尔提出的目的行为论风靡一时，这种行为理论直接促使了犯罪论体系的变革。根据目的行为论，人的行为的本质是有目的的追求活动，即人以因果关系的认识为基础，在一定范围内预见自己的活动会产生一定的结果，据此设立各种各样的目的并选择达到目的的手段，朝着这些目的有计划地进行活动。目的性（意思的内容）是行为的本质要素。据此，故意对于行为而言就具有本质的意义，“故意不再仅是责任的形式，而是作为统制行为的因素在构成要件阶段也具有重要的意义。目的行为论的犯罪论体系使不法概念主观化，责任脱主观化、规范化。不法中的行为无价值观念被提到前台，与结果相比行为的形态对于犯罪的成立而言具有更重要的意义（人的

① ［日］西原春夫：《构成要件的概念与构成要件的理论》，陈家林译，载《法律科学（西北政法学院学报）》2007年第5期。

② ［德］克劳斯·罗克辛：《德国刑法学总论》（第1卷），王世洲译，法律出版社2005年版，第123页。

③ ［德］汉斯·海因里希·耶赛克、托马斯·魏根特：《德国刑法教科书》（总论），徐久生译，中国法制出版社2001年版，第259页。

不法论）。”①

概言之，目的行为论的犯罪论体系使犯罪论体系发生了重大变化。它使故意、过失成为构成要件要素，而不是责任要素；不法不是单纯由结果无价值决定，而是由结果无价值与行为无价值共同决定。② 更具体而言，它使违法性认识从故意中脱离出来，成为责任概念的中心要素；将错误区分为构成要件的错误与禁止的错误；使教唆犯和帮助犯只有在故意的主行为情况下才能成立。③

现在，目的行为论的犯罪论体系随着目的行为论的衰落，影响力有所下降。日本采用这种体系的学者已为数不多。

（四）现代新古典的犯罪论体系

现代新古典的犯罪论体系也被称为新古典与目的论的结合体系。“这种组合通常是这样表现的，人们拒绝把目的性行为理论当作行为理论，但是，接受了其中最重要的体系性结论：把故意转移到主观性的行为构成之中。”④

具体而言，现代新古典的犯罪论体系在行为论上否定目的行为论，学者们多采用社会行为论，但也有采用因果行为论、消极行为论等行为理论的。在构成要件论上，现代新古典的犯罪论体系肯定构成要件的故意，承认故意及主观的违法要素对违法性的加重机能。在违法性论中，肯定行为无价值论。在责任论中，故意的一部分留在了责任领域，而没有采用故意都属于构成要件的观点；违法性认识的可能性也属于责任。⑤ 现代新古典的犯罪论体系维持并发展了新古典犯罪论体系对不法和责任的实体性理解，“不法是对构成行为的无价值评价，相反，罪责是对行为人的无价值评价”。⑥

现代新古典的犯罪论体系实质上是一种行为无价值与结果无价值

---

① ［日］山中敬一：《刑法总论》（第 2 版），成文堂 2008 年版，第 131 页。

② 参见［日］浅田和茂：《刑法总论》（补正版），成文堂 2007 年版，第 33 页。

③ 参见［德］汉斯·海因里希·耶赛克、托马斯·魏根特：《德国刑法教科书》（总论），徐久生译，中国法制出版社 2001 年版，第 261 页。

④ ［德］克劳斯·罗克辛：《德国刑法学总论》（第 1 卷），王世洲译，法律出版社 2005 年版，第 123 页。

⑤ 参见［日］山中敬一：《刑法总论》（第 2 版），成文堂 2008 年版，第 131 页。

⑥ ［德］克劳斯·罗克辛：《德国刑法学总论》（第 1 卷），王世洲译，法律出版社 2005 年版，第 124 页。

并存的二元论体系，得到了日本不少学者的赞成，并成为理论上的通说。不过，亦有学者批评说，“这种体系是以刑法的行为规范的侧面为犯罪论构筑的出发点，因此理论上作为行为无价值的犯罪体系能够一以贯之，但如果仔细考虑结果无价值的话，它仅仅起到处罚条件的作用。承认并存的通说，是在理论与刑事政策的妥当性的狭隘空间内保持危险的平衡”。①

(五) 目的理性的犯罪论体系

目的理性的犯罪论体系是20世纪70年代以来，由对古典的犯罪论体系抱有亲近感，并采用刑事政策的、机能主义的犯罪概念的学者们所提出的犯罪论体系。“他们的出发点是这样一个看法：刑法的体系性形成（die strafrechtliche Systermbildung）不是与本体的预先规定性（ontische Vorgegebenheiten）（行为，因果关系，物本逻辑结构，等等）相联系的，而只允许从刑法的目的设定性（Zwecksetzungen）中引导出来的。”② 日本的松宫孝明等学者采用这种体系。

相对于之前的种种犯罪论体系理论，目的理性的犯罪论体系在方法论上有两个重要的指导原则：一是以新康德学派的规范论和新黑格尔学派的归责思想作为体系构造的基本方向；二是打破区分应罚性和需罚性的传统，体系构造的设计必须同时符合应罚性和需罚性的要求。

目的理性的犯罪论体系的理论体系的特征是，以抑止刑论即一般预防论这一刑事政策作为核心，使刑法的体系从道德伦理中解放出来，从合理性的、经验科学的角度加以建构。在方法论上，与体系的、逻辑的整合性相比更注重问题解决的思维方式。它立足于以一般预防论为基础的刑事政策的刑法理论的立场，使古典的犯罪论体系成为其体系的基础。此外，虽然强调结果无价值论，但其为了解决现代的各种问题而对各个具体的要素进行修正，并通过提出新的概念或在概念中增加新的内容，使犯罪论体系成为解决问题的装置。

目的理性的犯罪论体系在内容上有几个著名的创新：一是客观归

① ［日］山中敬一：《刑法总论》（第2版），成文堂2008年版，第131页。

② ［德］克劳斯·罗克辛：《德国刑法学总论》（第1卷），王世洲译，法律出版社2005年版，第124页。

责的理论。这个理论的雏形在1930年前后就已经由新康德主义和新黑格尔主义提出来了，但在当时并没有得到进一步的发展，并且很快就被人们遗忘了。目的理性的犯罪论体系的创造者们重新提出并诠释了该理论。二是把责任概念扩大到“负责性”。认为责任的内涵不只是非难可能性，还包括预防的必要。“在这里，对于罪责这个各种刑罚必不可少的条件，总还必须补充进刑事惩罚的（特殊或者一般）预防必要性。因此，罪责和预防性需要是相互限制的，然后才能共同产生引起刑罚的行为人个人的‘责任’。这种把传统的罪责范畴与预防性目标设定相结合的做法，对许多问题的解释有重要意义。”①

对目的理性的犯罪论体系，有学者批评说，它在追求问题的解决的同时，“使传统的概念发生混乱，使体系丧失整合性，结果导致在体系上发生了丧失明确性和不适合逻辑思考的情况。例如，在相当因果关系的概念中加入新的要素，尽管是完全不同性质的仍认为它属于相当因果关系，这招致混乱。又如，认为在正犯行为终了后，还存在实行着手，因而正犯的实行行为可以存在于正犯行为终了后。这些理论都招致了混乱”。②

目的理性的犯罪论体系仍是一种在发展中的犯罪论体系。日本学者也在目的理性的犯罪论体系的基础上，提出“规范体系的机能主义的犯罪论体系”。这种体系“并不采用将个别具体的问题解决作为至上的价值，而是认为理论的任务在于尽可能地建构具有逻辑整合性的形式的体系，致力于建立能实现刑事政策目的的具有逻辑整合性的规范论的体系。这种犯罪体系论，具体而言，将刑法的任务求之于保障人权并能事前预防犯罪，事后处理已发生的犯罪这一点上，尤其是认为作为制裁前提条件的论述犯罪一般成立要件的犯罪论的任务，在于构筑犯罪事后处理的体系”。③

---

① ［德］克劳斯·罗克辛：《德国刑法学总论》（第1卷），王世洲译，法律出版社2005年版，第125页。

② ［日］山中敬一：《刑法总论》（第2版），成文堂2008年版，第132页。

③ ［日］山中敬一：《刑法总论》（第2版），成文堂2008年版，第133页。

第三节 日本犯罪构成论体系的重要问题

一、行为论的独立意义问题

综上所述，就在构成要件该当性的判断之前是否应进行行为性的判断而言，在日本仍存在较大的分歧。

主张行为具有独立意义的学者认为，“犯罪是侵害法益或者使法益危险化的、作为人的主观与客观的统一体的行为，引起法益的侵害或者危险化这种事实的是人的行为，从这一犯罪的本质构造来看，将构成要件符合性作为成立犯罪的第一要件，未能全部把握犯罪的构造，因此，应当以行为作为犯罪的第一成立要件”。①

而反对行为具有独立意义的学者则认为：“裸的行为论主张应重视犯罪的事实性基础，其意图无疑是正当的，然而，还必须探究该意图与‘行为’的体系的独立化之间是否具有整合性。作为犯罪的事实性基础的‘行为’，必须是‘充满意义的东西’，即具有值得作出构成要件该当性、违法性、责任这种评价的实质。然而，在另一方面，‘行为’论如果言及其实质，势必会进入违法性与责任的评价领域，如此一来，也便丧失了‘行为’先行于这两个阶段而具有的独立的体系性地位。之所以会出现这种进退两难的困境，其原因就在于，该观点是将作为‘评价的对象’的行为与作为‘对象的评价’的构成要件该当性违法性、责任这两种处于不同理论层面的东西，作为等格的体系要素予以直线排列。进一步而言，这种混同不同理论层面的东西的做法，更有损害犯罪论本应具有的理论明晰性之虞。作为犯罪的事实性基础的‘行为的本质’，本应经过构成要件该当性、违法性、责任等各要素的探讨，才会逐渐明晰，那么，原本应由这些阶段加以明晰的‘事实性基础’，难道不应分属于这些阶段之中吗？”② “行为只有作为‘该当

---

① ［日］野村稔：《刑法总论》（补订版），成文堂1998年版，第81～83页。

② ［日］松原芳博：《刑法总论专题研究（二）》，王昭武译，载《河南省政法干部管理学院学报》2010年第4期。

构成要件的行为'才能成为犯罪成立要件。在这个意义上，构成要件该当性是第一的犯罪成立要件。行为是构成要件的一个要素，只不过是其中的一部分的问题。"①

应当注意的是，行为理论曾经是日本刑法学研究中的一个热点问题。这是因为人们在刑法研究中对于哲学性思考过于执着，从而导致对行为本质的讨论过于白热化。进入20世纪70年代以后，随着刑法学中刑事政策与意识形态对立的深刻化，人们从理论和实践两方面对行为论的界限机能提出质疑。从理论上说，人们认识到关于行为理论争论的重要性是极为有限的。从实务上说，因为单纯否认行为性而宣告无罪的极为罕见，大多是因为否认构成要件符合性而宣告无罪。因此，20世纪80年代以后，关于行为理论的讨论基本消失了。② 当然，也有学者认为，行为的问题不是可以简单加以消除的。例如，人们经常用符合构成要件的行为这种表述，那么伴随在"符合构成要件"这个标志上的行为是什么？这些都还值得进一步思考。

二、构成要件该当性与违法性、有责性的关系问题

日本刑法理论有关犯罪论体系的争论更主要地集中于构成要件该当性与违法性、有责性的关系的问题上。

（一）行为类型说

行为类型说认为构成要件是划定犯罪轮廓的观念形象，是抽象的、一般的、形式的、价值中立的行为类型。构成要件中不包含违法性和有责性的判断。

行为类型说起源于构成要件理论的创始人贝林。贝林在其《犯罪论》（1906年）一书中认为，构成要件是"犯罪类型的轮廓"。为了防止法官在构成要件符合性判断上的恣意性，使构成要件为刑法的人权保障机能服务，贝林将主观的、规范的要素从构成要件中排除出去，认为构成要件是纯粹形式的、记述的、价值中立的行为类型。在贝林看来，"构成要件虽然是犯罪的'型'，但却不是包含故意、过失等主

---

① ［日］井田良：《讲义刑法学·总论》，有斐阁2008年版，第90页。

② ［日］山中敬一：《构成要件论》，载 *Jurist* 2008年特集《刑法典百年》（No. 1348），第12～13页。

观侧面的‘犯罪类型’（Verbrechenstyp）。这样的话，贝林就将构成要件理解为犯罪类型中的所内含的‘客观的型’，即包括‘型’在内的‘轮廓’（Umriss）”。[①] 贝林一方面认为构成要件是犯罪类型的轮廓，另一方面又认为构成要件是纯粹客观的、形式的。但完全不包含主观的、规范的要素的构成要件显然难以完整地描绘出犯罪类型的轮廓。有鉴于此，1930 年，贝林在《构成要件的理论》一书中大幅度地修改了此前的立场。他区别构成要件和犯罪类型，认为构成要件是从各本条的犯罪类型中抽象出来的、逻辑上先行于各本条的犯罪类型，而且是对犯罪类型加以规制的观念上的指导形象。由此，构成要件仅限于客观的、记述的要素上的立场，仍得以维持。[②] “1906 年《犯罪论》中并没有明确界限的‘犯罪类型’与‘构成要件’在 1930 年的《构成要件的理论》中得到了完全的区分。构成要件是使犯罪类型成为‘犯罪类型’的逻辑的前提，是同时规制作为犯罪类型要素的违法和责任的‘观念的指导形象’。”[③] 也就是说，贝林认为，应当严格区分构成要件（例如，引起人的死亡）和犯罪类型（例如，杀人、过失致死），构成要件是规制犯罪类型中主观的要素和客观的要素的观念上的指导形象。贝林的构成要件理论严格区分构成要件与违法性，构成要件没有违法性推定机能，杀人罪与过失致人死亡罪也属于同一构成要件。

目前日本学术界还有一些著名学者继承了贝林的这种构成要件理论。例如，内田文昭、曾根威彦等都坚持构成要件的形式性和价值中立性，否定构成要件在逻辑上对违法性、有责性的推定机能，而仅承认构成要件对违法性、有责性的事实上的推定，认为构成要件是“划定犯罪轮廓的观念的形象（型）”，作为刑法体系的论理，构成要件均等包括违法行为与非违法行为。根据这一观点，在违法性判断阶段，违法性的判断不是单纯的消极的违法阻却事由的判断，而需要积极的违法判断。[④]

---

① ［日］宗冈嗣郎：《犯罪论与法哲学》，成文堂 2007 年版，第 82 页。

② ［日］仲地哲哉：《构成要件论》，载中山研一等编：《现代刑法讲座》（第 1 卷），成文堂 1977 年版，第 234 页。

③ ［日］宗冈嗣郎：《犯罪论与法哲学》，成文堂 2007 年版，第 83 页。

④ 参见［日］曾根威彦：《刑法总论》（第 4 版），有斐阁 2008 年版，第 58 ~ 59 页；内田文昭：《刑法 Ⅰ》（总论），青林书院 1997 年版，第 91 页。

不过，现在的行为类型说毕竟与贝林当时的理论还是存在一些区别。例如，现在的行为类型说基于一个条文一个构成要件的原则，认为杀人罪与过失致人死亡罪的构成要件不相同，这显然不同于贝林的理论；又如，现在的行为类型说将构成要件的犯罪个别化机能彻底化，认为将行为意思构成要件化后的故意、过失是构成要件要素，这也不同于贝林的观点。即他们认为，构成要件的故意是社会生活一般的（常识）意义上的“杀的意思”“盗的意思”，与作为责任的“杀人的意思”“盗窃的意思”不同。①

行为类型说面临的主要批评是：第一，难以说明立法者在形成构成要件时究竟是以什么作为指导形象来制定犯罪类型。② 第二，在进行构成要件符合性判断时，其实无法在不考虑行为违法性的有无及程度的前提下进行所谓价值中立的判断。因为在划定构成要件所涉及的范围之时，必须从法益保护的角度对刑罚法规进行目的论的解释，即视情形进行扩张解释或缩小解释。形式的、价值中立的构成要件理论在解释方法上只能承认文理解释，因而无法被采用。此外，主张在犯罪认定的第二阶段即违法性判断阶段进行积极的违法性的确认，虽然可以被认为对犯罪认定采用了更慎重的态度，但却带来构成要件符合性判断变得散漫、无限定的危险。③

（二）违法行为类型说

违法行为类型说将构成要件理解为违法行为的类型。根据其内部对构成要件与违法性关系的强弱的不同理解，又可以细分为两种学说。

1. 认识根据说

认识根据说认为构成要件是违法性的认识根据。它是由德国的 M. E. 迈尔在修正贝林观点的基础上提出来的学说。

贝林所持的构成要件的客观性与价值中立性的观点，在主观的违法要素与规范的构成要件要素被发现后，受到了极大的冲击。迈尔指出，行为的主观要素不仅在责任阶段，而且在违法性的阶段就会影响

① ［日］内田文昭：《刑法Ⅰ》（总论），青林书院1997年版，第91、112页。
② ［日］山中敬一：《刑法总论》（第2版），成文堂2008年版，第156页。
③ ［日］井田良：《讲义刑法学·总论》，有斐阁2008年版，第91页。

行为的违法性。例如，正当防卫中的防卫意思这种主观的正当化要素以及不法占有的意思这种主观的违法要素就是如此。据此，迈尔认为，构成要件除记述的要素以外，还包括规范的要素，并且在违法性要素中，除客观的要素外，还包括主观的要素。关于构成要件与违法性的关系问题，迈尔认为，构成要件是违法性的认识根据，是“烟与火的关系”，某一行为符合构成要件，也就能推定其具有违法性，构成要件具有违法性的推定机能。迈尔的理论得到了不少学者的赞成与发展，并成为现在德国、日本刑法理论的通说。此说的主要特征是区分构成要件与违法性，认为两者是原则（违法）与例外（违法阻却）的关系。构成要件具有违法性的推定机能，同时，构成要件符合性又独立于违法性，且必须在违法性之前进行判断。①

不过，现在的认识根据说由于学者们对违法性的理解不同，故实质含义也有不同，具体可分为行为无价值型的违法行为类型说和结果无价值型的违法行为类型说。

行为无价值型的违法行为类型说认为，故意、过失是违法要素，将其类型化后就形成构成要件的故意与过失。因此，故意犯与过失犯在构成要件的阶段就存在区别。例如，杀人罪和过失致人死亡罪原本在行为构造上就具有差异，或者说故意使行为的违法性（法益侵害性）得到提升（有杀意比没有杀意更为危险）。福田平、中义胜等持这种观点。

结果无价值型的违法行为类型说认为，违法只限于物的法益侵害或危险，故意与过失还是责任的要素。因此，故意犯与过失犯属于同一的（两者共通的）构成要件。例如，杀人罪和过失致人死亡罪从客观上看没有差异，两者的差异只在于行为人的主观（责任）上的区别。内藤谦、中山研一、山口厚、浅田和茂等持这种观点。②

2. 存在（实在）根据说

存在（实在）根据说对构成要件与违法性的关系在认识根据说的基础上更进一步，认为构成要件是违法性的实在根据。存在（实在）

① 参见［日］曾根威彦：《刑法总论》（第4版），有斐阁2008年版，第59页。

② ［日］浅田和茂：《刑法总论》（补正版），成文堂2007年版，第113页。

根据说又可以分为以下学说：

（1）构成要件违法性解消说。

此说将构成要件解消在违法性判断之中。即将犯罪的成立要件区分为一般的成立要件与特别成立要件。构成要件意味着具体的犯罪类型，即“杀人的”或“窃取他人财物的”这样的特别成立要件，它是刑法各论的课题。刑法总论只需要探讨作为一般的成立要件的“行为、违法、责任”就已足够。① 也有的学者认为，“构成要件该当性显示的是作为规范违反性的违法性的内容，因此在犯罪概念这里并不是独立的概念要素，而应该在违法性这一概念要素内部加以论述”。②

对构成要件违法性解消说的主要批评是，作为违法行为类型的构成要件与违法评价，在概念上还是应当明确加以区别。以法益侵害行为作为观念形象的构成要件原则上是不法类型，但违法判断的独特性在于它具有对利益冲突状态中的法秩序的利害调整机能。③

（2）消极的构成要件要素理论。

早在19世纪，默克尔（Merkel）就提出了消极的构成要件要素理论。此说将违法性解消在构成要件的判断之中，使构成要件与违法性都丧失了独立的意义，所有能够影响违法性的有无和轻重程度的事项都是不法构成要件要素。换言之，构成要件包括积极的要素和消极的要素，而正当化事由属于消极的构成要件要素。“例如，‘不存在符合正当防卫的事实’是一个构成要件要素，当正当防卫成立时就应否定构成要件符合性。犯罪论大体可以分为构成要件符合性（不法）与有责性（责任）两个阶段构成（二分说）。”④

此说放弃了构成要件与违法性的区别，而主张其一体性。消极的构成要件要素理论与过去的三阶层犯罪论体系诀别，而采用二阶层犯罪论体系。

消极的构成要件要素理论的提出，主要是为了解决刑法中的错误

---

① ［日］齐藤金作：《刑法总论》，有斐阁1955年版，第71页。

② ［日］西原春夫：《刑法总论》（改订版）（上卷），成文堂1993年版，第155页。

③ ［日］山中敬一：《刑法总论》（第2版），成文堂2008年版，第157页。

④ ［日］井田良：《讲义刑法学·总论》，有斐阁2008年版，第91页。

问题。例如，对于假想防卫而杀人的情况，原则型·例外型说等传统理论认为首先应肯定构成要件的故意，然后通过否定责任故意而使行为人成立过失致人死亡罪。但是，在构成要件、违法性阶段已经具有了故意杀人罪的构成要件与违法性，突然在责任阶段将过失致人死亡的责任视为问题，这是不合理的。即使重新回到构成要件阶段，由于具有故意也不符合过失致人死亡罪的构成要件，这就产生了所谓的“飞镖现象”。而消极的构成要件要素理论能够较好地解决这一问题。

消极的构成要件要素理论提出后，影响逐渐扩大，但20世纪60年代以后影响力开始衰退。在日本，一直只有少数学者，如植田重正、中义胜等支持消极的构成要件要素理论。目前倡导消极的构成要件要素理论最著名的学者是井田良。

主张三阶层犯罪论体系的学者对消极的构成要件要素理论提出了强烈质疑。因为他们认为，坚持构成要件、违法性、有责性的三阶层犯罪论体系也能够圆满解决错误的问题。而消极的构成要件要素理论则存在重大理论缺陷。构成要件符合性的判断，是判断行为是否符合刑法所预定的行为类型，对（通过行为实现、确保了何种利益等）具体的情况的考虑，姑且不被考虑在内，即是对视野进行限定的判断。而违法性（阻却事由）的判断是在考虑全部个别事实的基础上以利益衡量为内容，从法秩序整体的角度进行的具体的、非类型的判断。构成要件的判断与违法性的判断在性质上存在差异。根据通说的理解，“杀死蚊子”和“作为正当防卫而杀死他人”之间所存在的价值差异在犯罪论体系中也应当被表现出来。即前者并非侵害法益的行为，原本就不符合构成要件；后者则属于符合构成要件的法益侵害行为但被阻却了违法性。而根据消极的构成要件要素理论，两者都是不符合构成要件的合法行为，这样在体系上就无法进行区分了。

对这种批评意见，主张消极的构成要件要素理论的学者也作了一些反驳。他们认为，“消极的构成要件要素理论并非认为法益侵害行为与非法益侵害行为之间没有区别。只是从它们都是不具有违法性的行为（合法行为）的观点来看，可以大体上划在同一类型之中。其实在结论上与通说并没有太大的区别”。[①]

(三) 违法有责行为类型说

违法有责行为类型说认为，构成要件不仅是违法行为类型，而且也是有责行为类型。其特色是，构成要件不仅具有违法性推定机能，而且具有责任推定的机能。与前两种学说不同，违法有责行为类型说并非是源于德国的理论，而是日本学者提出的学说。“与德国的学说相比较，日本具有特征性的观点是，不仅从构成要件与违法性的关系的角度，而且也从构成要件与责任的关系的角度考察构成要件的性质的见解非常有力。”[②]

违法有责行为类型说最有力的提倡者是日本学者小野清一郎。小野清一郎指出，“构成要件在将行为的违法性加以类型化的同时，也要将行为人的道义责任类型化，还要将违法并且有责的行为中具有可罚性的行为用法律概念加以规定。……这种被刑法分则相应条款规定的特殊的、类型性违法的有责行为，即构成要件。出现在前面的是构成要件，站在它后面的，是具有实体意义的违法性及道义责任。”[③] 小野清一郎的构成要件理论后来为团藤重光的定型说所继承，在日本产生了重大的影响。

在违法有责行为类型说内部，围绕行为的主观方面尤其是故意、目的等主观的构成要件要素究竟既是违法要素也是责任要素还是仅是责任要素而非违法要素的问题，又可以分为以下两种观点：

第一，违法、责任要素说。此说认为故意、过失以及目的犯中的目的，既是赋予行为违法性或强化违法性的主观的要素，同时也是责任要素。小野清一郎、佐伯千仞、团藤重光、大塚仁、町野朔等持这种观点。

第二，责任要素说。此说认为行为的客观方面属于违法要素，而主观方面还是应当属于专门的责任要素。即目的犯中的目的、故意等主观的构成要件要素，并不对违法性的有无、强弱产生影响，而是推

① ［日］井田良：《讲义刑法学・总论》，有斐阁2008年版，第92页。

② ［日］山中敬一：《刑法总论》（第2版），成文堂2008年版，第154页。

③ ［日］小野清一郎：《犯罪构成要件理论》，王泰译，中国人民公安大学出版社2004年版，第28～29页。

定责任存在的要素。前田雅英等持这种观点。

主张违法有责行为类型说的学者提出的一个重要理由是，在构成要件中必须考虑责任非难的可能性才能限定构成要件的范围。例如，日本刑法第104条隐灭证据罪规定：“隐灭、伪造或者变造有关他人刑事案件的证据，或者使用伪造、变造的证据的，处2年以下惩役或者20万元以下罚金。”该罪将犯人本人排除在犯罪主体范围之外。事实上，犯人本人隐灭、伪造证据与其他人隐灭、伪造证据对于刑事诉讼中证据的采用都具有同样的妨碍作用。但刑法考虑到无法对犯人实施上述行为进行非难（因而也就无法肯定责任），从而将其排除在犯罪主体之外。这就意味着责任可以限定构成要件的范围。不过，也有反对违法有责行为类型说的学者反驳说，由于规范已经明确地将犯人排除在针对对象之外，所以该行为已经欠缺了可罚的违法性。

对违法有责行为类型说的主要批评是，第一，构成要件至少无法推定出责任能力的有无，因而构成要件不能推定出责任。① 第二，违法性判断是消极的判断，而责任的判断无法仅通过责任阻却事由存否的判断加以完成。② 第三，构成要件作为犯罪论体系的第一个要件，是通过明确侵害法益或引起法益侵害危险的行为类型来事前预防犯罪，并在行为人实施了符合构成要件的行为时，提示其已经具备了可以处罚的第一个条件。为了实现这一机能，就应当舍弃责任的要素。③ 第四，如果不仅构成要件与违法性之间具有密切不可分的关系，而且构成要件与责任之间也具有密不可分的关系的话，就可能导致对犯罪的成立与否只进行一次性判断。④

三、范畴论的犯罪论体系与认定论的犯罪论体系问题

（一）范畴论的犯罪论体系

范畴论的犯罪论体系是一种关于犯罪本质论的体系。它并不将刑

① ［日］浅田和茂：《刑法总论》（补正版），成文堂2007年版，第116页。

② ［日］西原春夫：《刑法总论》（改订版）（上卷），成文堂1993年版，第158页。

③ ［日］山中敬一：《刑法总论》（第2版），成文堂2008年版，第158页。

④ ［日］井田良：《讲义刑法学·总论》，有斐阁2008年版，第93页。

事法体系理解成为机能地实现一定的目的而建构的体系，而是以哲学、心理学、社会学等其他学科对犯罪论体系的认识为基础，在其他关于犯罪本质的研究成果的基础上建立起来的体系。19 世纪末受自然科学发达刺激而建立起来的“自然主义的”犯罪论、以对人的行为的哲学考察为出发点的将“行为的目的构造”作为基础而建立起来的目的行为论的犯罪论体系，以及将物质视为世界的基础与动因的唯物论的犯罪论体系，都属于范畴论的犯罪论体系。

对于范畴论的犯罪论体系，现在不少学者批评说，虽然刑法中的犯罪论不能无视其他学科以及哲学对犯罪本质的研究，但这些其他学科的研究成果并非犯罪一般成立要件论的本质要素，因而不应当采用这种体系。

（二）认定论的犯罪论体系

认定论的犯罪论体系是一种考虑刑事诉讼中合理认定犯罪过程的体系。这种观点认为，以前的范畴论的体系都忽略了对刑事诉讼中犯罪认定过程的考虑，混淆了实体论与认定论。

在刑事诉讼中，犯罪事实的认定应区分为两部分，即“构成犯罪的事实”与“作为阻碍犯罪成立理由的事实”。检察官在提起公诉时，起诉书中必须将“构成犯罪的事实”特定化，审判过程即确认这种具体犯罪事实存在与否的过程。如果对被告人作出有罪判决，那么判决书在判决理由中就必须说明“构成犯罪的事实”，在对方提出具有“作为阻碍犯罪成立理由的事实”时，判决书也必须对此说明法官的判断结论。因此，刑事诉讼中的犯罪事实认定，实质上是以检察官积极主张的“构成犯罪的事实”即犯罪积极的、构成要件的事实，和主要由被告方主张的消极的“作为阻碍犯罪成立理由的事实”为中心而加以展开的。

传统的范畴论的犯罪论体系，将犯罪认定上重要的“构成犯罪的事实”视为刑事诉讼法上的犯罪类型问题，与作为犯罪论体系的要素的“构成要件”严格加以区分。而认定论的犯罪论体系则主张，犯罪认定的顺序以及各种犯罪成立要件的定位都应当在参考刑事诉讼的目的的基础上加以确定。

对于这种认定论的犯罪论体系，批评者认为：第一，刑事诉讼法是适用刑法的法律，是以刑法为前提的法律，当然需要关心一定的行为是否是实体法上的犯罪。但是，犯罪认定论是以刑法视之为犯罪作为前提，而不是探讨该行为是否属于值得科处刑罚的犯罪行为。也就是说，犯罪论体系是从刑法的诸原理、理论、条文中判断什么是需要处罚的犯罪行为，并具有为其奠定根据的机能。而犯罪认定论的体系，没有考虑这一机能，因而是不当的。第二，犯罪论体系是筛选什么是应当处罚的行为，什么是不应当处罚的行为的体系，是考虑整个刑事法体系及宪法秩序的体系，具有超越个别诉讼中犯罪认定的体系射程的意义。因此，犯罪论体系还应当考虑无须送到法院审判的犯罪案件。①

（三）实体·认定二元论的犯罪论体系

实体·认定二元论的犯罪论体系主张，将犯罪本质论的思路与犯罪认定论的思路合二为一，建立一个综合的犯罪论体系。

实体·认定二元论的犯罪论体系认为，我们对犯罪的认识可以分为实体论的讨论和认定论的讨论。犯罪的实体论与认定论在思维方式上存在根本性差异。从实体论的角度看，处罚的“正当性”是重要的问题；从认定论的角度看，“发现”犯罪是重要的问题。即前者重要的是“正当化的理论”，后者重要的是“发现的理论”。而且，实体论是将刑法作为“制裁规范”加以考察，而认定论是将“裁决规范”作为认定基准加以考察。因此，在展开认定论时不仅需要考虑刑法的规定，还应当考察刑事诉讼法的规定。

与此相关联，两者对于行为事实面的理解也存在基本差异。实体论是以犯罪事实全部解明为前提，即考察静的犯罪要件；认定论则是以犯罪事实关系不清楚为前提，考察如何认定犯罪即动的犯罪。换言之，实体论是“事实自明型”讨论，而认定论是“事实解明型”讨论。

通说认为，实体论的犯罪论和认定论的犯罪论存在基本的差异，因而不可能在一个体系中表述清楚。而此说认为，实体论和认定论能够整合成一个综合的犯罪论体系。即犯罪的实体论构造包括：行为、规范的评价、可罚的评价；犯罪的认定论构造包括构成要件事由与阻

① 参见［日］山中敬一：《刑法总论》（第2版），成文堂2008年版，第119页。

却事由、择一的认定，等等。①

对这种犯罪论体系，批评者认为它过于复杂，缺乏合理性和效率，不实用。②

四、实质的犯罪论与形式的犯罪论问题

在犯罪论体系的建构中，还存在形式的合理的体系以及实质的合理体系两种思路。“在客观主义的犯罪论内部，可以发现两种观点，即以把握构成要件定型化为核心的所谓形式主义的观点（小野清一郎、团藤重光）和着眼于限定实质违法性的所谓实质客观主义的观点（佐伯千仞、平野龙一）。因此，有必要比较并探讨这两种观点的功过。”③

形式的合理体系不是进行整体的、直观的思考，而是运用逻辑的、分析的思维方式，对构成体系的各个要素进行分析，通过对每个要素在体系框架中的合理定位，使稳定的判断成为可能。这一体系要求明确是什么要素导致了结论以及要素的变更与结论的变更之间的相互关系。这种形式合理的体系是近代市民社会中使实务工作者能轻松运用刑法进行明确判断的体系。

与此相对，实质的合理体系认为形式合理的体系可能丧失具体的、个别的正义，因而要求体系的建构以刑事政策的正当性为前提，追求具体的、个别的妥当性。

以形式的合理体系为基础建构起来的犯罪论被称为形式的犯罪论。它强调对国家刑罚权的限制，注重对犯罪作类型化的把握，强调刑法的严格解释，以排除处罚的不公平性与恣意性。

以实质的合理体系为基础建构起来的犯罪论被称为实质的犯罪论。它认为形式的犯罪论过于刻板，会导致无法处罚应当处罚的行为人而无法充分发挥刑法防止犯罪的机能，给国民造成损失；而且还具有处罚不应受处罚的行为人的危险。因此需要犯罪论的目标必须从“限定的处罚”向“妥当的处罚”转化，结论的合理性应当优先于逻辑的合

① ［日］铃木茂嗣：《刑法总论（犯罪论）》，成文堂2001年版，第15页以下。

② 参见［日］山中敬一：《刑法总论》（第2版），成文堂2008年版，第119页。

③ ［日］中山研一：《刑法的基本思想》，姜伟、毕英达译，国际文化出版公司1988年版，第161页。

理性。“并非‘越限定处罚就越能增大国民的利益’。必须具体地、实质地探求保全国民利益所需要的必要最小限度的刑罚。在这个意义上，刑法解释论中有必要将刑罚的效果与刑法的弊害两方面都纳入考虑视野，进行‘是否值得处罚’的实质的判断。”① 实质的犯罪论的背景在于治安的恶化使从速处罚应当处罚的行为也成为国民的要求。②

学者们提出实质的犯罪论旨在批判传统的形式的犯罪论，但实质的犯罪论本身也受到不少质疑。因为实质的犯罪论所特别强调的正义的实现，其实也正是形式的犯罪论体系的指针，只不过实质的犯罪论对其作了细微调整。在现代法治国家中，还是应当以形式的合理性，即作为犯罪人的大宪章的犯罪论体系作为犯罪论体系的基本理念。不应认为结论的合理性优先于逻辑的合理性，而应当努力建构一种能够从逻辑上合理得出具有实质合理性结论的形式合理的体系。③

第四节　对日本犯罪构成论体系的评价

一、日本学者的认识

（一）日中体系的比较

日本刑法学界自接受德国刑法理论的影响并确立其通说的犯罪论体系之后，除了在冷战期间部分左翼学者受苏联理论影响而提出平面的犯罪论体系之外，基本上对通说体系不存在彻底否定的意见，争论主要集中在要素的多寡及各要素之间的关系上。但近年来随着国际交往，尤其是受到我国刑法学有关犯罪论体系争论的影响，日本学者也开始注意对犯罪论体系作出比较研究。但对苏联式的平面的犯罪论体系和德日的阶层的犯罪论体系之间是否存在优劣之分，理论上的看法颇不一致。

---

① ［日］前田雅英：《刑法总论讲义》（第4版），东京大学出版会2006年版，第5页。

② ［日］前田雅英：《刑法总论讲义》（第4版），东京大学出版会2006年版，第40页。

③ ［日］山中敬一：《刑法总论》（第2版），成文堂2008年版，第122页。

一种观点认为，两种犯罪论体系之间没有本质区别。“也有人在思考犯罪论中‘德日的阶层体系’和‘中俄的一体化体系’间是否有实质性的差异。虽然被称为一体化的、统一的体系，但是人的思想本身，并不能够将全部事实和全部要素要件在同一时间一次性地进行认识和判定。对于人类而言，只有进行全体的分析进而统合部分的这种阶段性的逻辑性的思考方式才是妥当的。结论的妥当性依存于引出这一结论的整个论证过程的妥当性。因此，就必须对其进行事后的验证。如果缺乏这样的方法论，就不仅仅是一种直觉或者说是感觉了，而且是缺乏科学性和反证可能性的。在一体化体系中，根本上也一样必须通过分析、阶段性的思考过程来达到最终对各个要素的统合。就这一点而言，我认为两个体系之间并不存在任何实质性差别。”“就算将犯罪构成的诸要素改变为：a 主观的要件和客观的要件所组成的二分体系，或者 b 再加上主体要件、客体要件的四分体系，或者 c 将因果关系、归责关联独立作为第五个要件的五分体系，具体犯罪的构成要件或者犯罪要素本身也并不会产生任何变更。简言之，就算在体系论的形式、样式方面存在差异，也不会在要件、要素的内容方面产生任何差异。”①

另一种观点认为，区分不法和责任的阶层犯罪论体系具有优越性。该观点认为，如果仅仅是为了实现判决公平，“如果仅仅是这样的话，那么法国刑法学中犯罪的‘物的要素’、‘心的要素’、‘法的要素’这样的堆积也是可以的，并且英美法中的 actus reus 和 mens rea 以及各种抗辩理由的组合也同样能够实现这一机能。如前所述，只要适用了刑法总则和分则相合成的犯罪规定、正当防卫规定、责任能力规定，就有可能实现公平、公正。无关犯罪论体系的形式上的差异，其实质的要件和其符合与否的判断并没有任何差异。其原因在于，在犯罪的实质性意义和处罚根据中，就算不使用‘行为’‘不法’‘责任’‘可罚性’这些词语，各个国家的犯罪论体系也都进行着几乎同一的对于犯罪的分析和考量。但是，据克劳斯·罗克辛分析，他认为通过将法素材的体系化，能够洞察个别的法律规范之间的内在关联性，展示出法

① ［日］长井圆：《德日两大犯罪论体系比较研究》，牛牿译，载《国家检察官学院学报》2009 年第 1 期。

规范的目的论基准，并使得法律的发展成为可能。简言之，并非仅是单纯的客观要件和主观要件的区别和结合，而是要通过区分行为的不法和责任，来划清作为犯—不作为犯、故意犯—过失犯、正犯—共犯的成立界限，区分其可罚性本质上的区别。但是如果仅仅是区分客观要件和主观要件的话，或者再对主体和客体进行区分的话，或者将其与作为其媒介的行为——因果关系相结合，只要没有将不法和责任进行明确区分，就根本不可能产生上述界分犯罪本质性差异的体系机能”。①

“的确，犯罪论是明确‘什么是犯罪’的理论，因此，如果认为犯罪论的任务仅在于此的话，争论就会仅仅涉及到对整理、说明犯罪的成立要件而言哪种见解更容易理解的问题。区分犯罪的主观性要件和客观性要件来加以说明……的见解，作为一个重要理论，也是可以成立的。但是，如果我们回过头来思考为什么必须存在犯罪论的话，就会知道，它的意义在于为决定是否科处刑罚这一重大的利益侵害提供尺度。这样的话，在犯罪论的任务的背后所存在的东西，不就是为了明确为何可以对这样的行为科处刑罚、为何必须科处刑罚这种非常深刻的理由吗？也就是说，犯罪论的任务不仅仅是明确犯罪的成立要件，不是也包括阐明为什么必须对这种人类的行为科处刑罚的理由吗？通过严密地探索这一理由，不是可以严格地限定国家刑罚权的行使吗？这样考虑的话，我认为将犯罪视为违法有责的行为的德国及日本的犯罪论体系在这方面具有长处。”②

（二）犯罪论体系研究的意义与标准

近年来，日本刑法学界也试图以更宏观的视野对包括英美、法国、奥地利、俄中以及日本本国的犯罪论体系做出比较研究。例如，在2012年第1期的《法律时报》上刊载了《刑法中“犯罪体系论”的意义》的特辑，收录了松宫孝明、伊东研祐、浅田和茂、山中敬一、佐川佳世子、井上宜裕、上田宽、星周一郎、安原浩乃至我国学者张明

---

① ［日］长井圆：《德日两大犯罪论体系比较研究》，牛忓译，载《国家检察官学院学报》2009年第1期。

② ［日］西原春夫：《构成要件的概念与构成要件的理论》，陈家林译，载《法律科学（西北政法学院学报）》2007年第5期。

楷的论文，对各主要国家的犯罪论体系做出介绍和评论。① 其中提出了一些颇值得中国学者关注的问题。

1. 犯罪论体系白热化的促因

日本学者一直在密切关注中国刑法学界有关犯罪论体系研究的状况，并积极思考何以在中国，犯罪论体系会成为理论研究的热点。针对经济体制转换是犯罪论体系变革的主因的观点，如陈兴良教授在日本发表的论文中所提出的“与计划经济向市场经济转换同样，中国刑法学的转型也意味着从苏联刑法学向德日刑法学的转换”② 的观点，日本学者多持保留的态度。其理由主要有：

第一，即便在日本，也有学者主张重视苏联及俄罗斯的犯罪构成体系。“有必要对四要素的体系的历史意义进行再评价。”③ 因为认为“犯罪构成要件是刑事责任的唯一基础”的苏俄刑法学的思路，有助于缩小法官的裁量余地，赋予制定法强烈的约束力。由此可见，两种犯罪论体系的区别，并不必然与计划经济向市场经济的转型挂钩。④

第二，与日本同属发达资本主义国家的英美、法国等的犯罪论体系与日本、德国的犯罪论体系存在不少区别。而苏俄刑法学的犯罪论则有相当大的成分与法国的犯罪论——以及受到法国犯罪论影响的19世纪后半期的德国犯罪论相似。因为它们都重视犯罪成立的积极要素并将其置于犯罪构成要素的核心。⑤

在日本学者看来，事实上德国的犯罪论体系至少截至19世纪后半期都与现在的中俄犯罪论体系相似。这是因为19世纪后半期的德国刑法学仍然受到法国刑法理论的压倒性影响。而且俄罗斯的塔甘采夫也受到德国的费尔巴哈等人思想的影响。因此，俄中的四要件的犯罪论题以及德日的三阶层的体系，都可以说源于19世纪的法国刑法学，此

① ［日］山中敬一：《刑法总论》（第2版），成文堂2008年版，第122页。

② 陈兴良：《中国刑法学の再生》，载日本《刑法杂志》2011年第2号。

③ ［日］刑法理论研究会：《现代刑法学原论（总论）》，三省堂1987年版，第342页。

④ ［日］松宫孝明：《犯罪论体系を论じる现代的意义》，载《法律时报》2012年第1号。

⑤ ［日］松宫孝明：《犯罪论体系を论じる现代的意义》，载《法律时报》2012年第1号。

后走上不同的发展道路，形成现在的局面，故应从刑法的内在逻辑性来检验不同的体系的优劣。

2. 犯罪论体系的“试金石”

日本学者认为，建构一个科学的犯罪论体系是绝对必要的。“并非正确解决眼前的一个事件就已足够。在解决某一事件时，这种解决方法不能与其他事件的解决方法相矛盾。引申开来即所有事例的解决应（在逻辑上或作为价值判断）相互整合首尾一致。为了实现这一点，就有必要寻求适合于所有关联事例的普遍的解决原理或统一的判断基准。这正无外乎犯罪论的追求。为了不使每次的刑法判断流于感情，结论相互不整合、不统一，即为了使判断首尾一贯、不矛盾，犯罪论（的建构）就是必要的。”① 那么如何检验某种犯罪论体系的优劣呢？他们认为，应着重考察以下部分：

（1）是否承认对无责任能力人的共犯。

是否承认对无责任能力人的共犯，以避免出现处罚的空隙，被日本学者认为是衡量犯罪论体系是否科学的一个标准。例如，16 周岁的甲应邀为 13 周岁的乙入室盗窃行为望风，此时应如何处理甲的行为？由于甲应邀为乙望风的行为不可能成立间接正犯，此时就面临是否承认对无责任能力人的共犯问题。自 1910 年 M. E. 迈尔提出“限制从属性”理论之后，德国认为共同犯罪是一种违法形态，而不是一种责任形态，故各参与人的责任不会影响共同犯罪的成立。据此，甲与乙成立盗窃罪的共同犯罪，乙是正犯，甲是从犯，由于乙没有达到责任年龄，故不承担责任，但甲必须承担从犯的责任，从而圆满地解决了这一难题。

法国犯罪论体系同样面临这一难题，但现在法国理论认为，共犯所从属的是正犯“行为”的犯罪性，没有必要充足正犯心理的、内部的要素以及属于责任能力的归责性要素。而英美刑法认为，虽然具有正当化的抗辩事由时不成立共犯，但在包括精神障碍等免责抗辩时，有可能追究共犯的责任。因此，德、日、法、英、美等犯罪论体系事实上都采用的是“限制从属形式”。

① ［日］井田良：《讲义刑法学 · 总论》，有斐阁 2008 年版，第 72 页。

日本学者认为，俄、中的体系将犯罪主体界定为达到刑事责任年龄的具有刑事责任能力的自然人，因而很难避免上述处罚的空隙的指责。此时，是否应设立低于刑事责任能力层级的“行为能力”的概念，值得中、俄学者思考。①

（2）超法规的阻却事由的定位。

如前所述，有日本学者认为，“犯罪构成要件是刑事责任的唯一基础”的苏俄刑法学的思路有助于缩小法官的裁量余地，赋予制定法强烈的约束力。但同时，他们又认为，如果贯彻这一主张的话，从逻辑上说就无法承认超越刑法规定的所谓“阻却犯罪性事由”。而中国等国理论和实务上是承认诸如被害人承诺等超法规的正当化事由的，这是否意味着理论上的矛盾？

同时，日本学者还指出，中、俄等国认为行为符合犯罪构成是刑事责任的唯一基础。这意味着犯罪构成是犯罪成立的全部条件，即发生刑罚效果意义上的“保障构成要件”。这种一元的体系能否容纳超法规的阻却事由，在逻辑上也还有进一步讨论的空间。②

（3）主观的违法要素的定位。

德、日的犯罪论体系是以违法和责任作为支柱来加以建构的，因而如何区分违法性和有责性就成为德、日刑法学的一个重大课题。早期的“违法是客观的、责任是主观的”贝林式理解后来受到越来越多的挑战，因而是否承认以及在何种范围内承认主观的违法要素是德、日刑法犯罪论体系的争论焦点之一。

受本国理论思维的影响，日本学者对于严格区分主观要素与客观要素的中、俄犯罪构成体系也表现出兴趣和疑问。③

二、笔者的认识

对于日本的犯罪论体系，我国学者的见解不尽一致。赞成这种体

① ［日］松宫孝明：《犯罪论体系を论じる现代的意义》，载《法律时报》2012年第1号。

② ［日］松宫孝明：《犯罪论体系を论じる现代的意义》，载《法律时报》2012年第1号。

③ ［日］松宫孝明：《犯罪论体系を论じる现代的意义》，载《法律时报》2012年第1号。

系并主张引入国内的学者认为，这种模式具有以下优点：（1）在逻辑上具有递进性，有助于明确要件之间的逻辑关系；（2）具有层次性，能够厘定各种要件之间的界限；（3）具有高度的理性，能维护法律适用的安全性，有助于实现结果的正义性。反对将这种体系引入国内代替现有通说的学者则认为，上述观点具有偏听偏信之嫌，一厢情愿地过分夸大了德日犯罪构成体系的合理的一面，而没有甚至也不愿意看到其不足的一面。德日的阶层的犯罪论体系所面临的问题，可能并不比我国的犯罪构成体系少。具体而言，有以下几点：第一，体系上前后冲突。第二，现状和初衷背离。第三，有唯体系论的倾向，偏离了现实的司法实践。① 还有学者认为："德日体系的所谓阶层递进，只是一些学者们的一种想象式理解。如果将德日体系理解为是一种递进路径，那中国体系又有何理由不能如此相称呢——从客体递进到客观方面，再递进到主体，最后达到主观方面——呈一种较德日体系更为清晰、更为合理的递进理路。"②

笔者认为，无论在评价我国还是日本的犯罪论体系时，都应当秉承实事求是的客观态度，"在坚持某种犯罪论体系的同时，应当对其他犯罪论体系具有全面透彻的了解，不能随意指责对方的'缺陷'，不能将自己的批判建立在误解的基础上，更不能将对方学说的优点当作缺陷进行批判"。③ 笔者认为，国内部分学者所认为的日本式体系的部分优点是缺乏理论和事实依据的。

第一，认为日本的犯罪论体系与市场经济更加适应，而中国在建设社会主义市场经济，因而中国刑法学的转型也意味着从苏联刑法学向德日刑法学的转换的观点，并没有充分的理论依据，甚至也受到日本学者的批评。④ "犯罪论体系与政治体制没有关系。通行于苏联社会主义体制下的四要件体系，也通行于资本主义体制下的俄罗斯。所以，不能认为采取四要件体系就是讲政治或者符合中国的政治体制，采取

① 黎宏：《刑法总论问题思考》，中国人民大学出版社2007年版，第51页以下。

② 冯亚东：《中德（日）犯罪成立体系比较分析》，载《法学家》2009年第2期。

③ 张明楷：《构建犯罪论体系的方法论》，载《中外法学》2010年第1期。

④ ［日］松宫孝明：《犯罪论体系を论じる现代的意义》，载《法律时报》2012年第1号。

二阶层体系就是不讲政治或者不符合中国的政治体制。”①

第二，认为日本的犯罪论体系更有利于人权保障的观点，脱离了对社会背景、国家性质、时代特征的把握，是片面和有害的。“二阶层体系与法治没有直接联系，不采用二阶层体系也能实行法治。德国在二阶层体系确立前就是法治国家；英美并没有采取二阶层体系，却是真正的法治国家。……有学者指出：四要件体系‘影响人权保障功能的发挥’……然而，这是没有任何实证支撑的说法；况且，任何一种犯罪论体系本身都难以阻止侵犯人权的现象。”②

因此，笔者赞成部分国内学者的观点，“对体系的考察，必须与对具体问题、实践中问题的研究结合起来，做到在体系中思考问题，通过问题的解决完善体系”。③ 日本学者在评述这一问题时，也认为犯罪论体系的研究应重视从解决具体问题的视角来加以考察，在体系性思考的同时，解决问题性思考也十分重要，这才是真正的真知灼见。④

基于以上认为，笔者认为我们考察日本的犯罪构成体系时应注意以下几点：

第一，日本犯罪论体系的现状是自然形成的过程，是学术争论的结果，同时也是百花齐放的状况。日本之所以选择德国式的犯罪论体系，是日本学者在对诸国体系比较的过程中认为日德的国情更为相似。而即便到今天，学界仍然有学者采用俄式的四个方面要件的体系或者法国的犯罪论体系。而且，即使都采用德国式的体系，有的学者采用的是构成要件该当性→违法性→有责性体系；有的学者采用的是行为→构成要件该当性→违法性→有责性体系；还有的学者采用的是行为→不法→责任的体系。即使同样采取二阶层或四阶层体系，其基本内容也因人而异。“①古典犯罪论体系以经验主义为基础，采取因果行为论，认为构成要件仅限于客观的、记述的要素，在因果关系上采取纯粹因果律即条件说；主张客观违法性论与形式违法性，只承认法定

① 张明楷：《构建犯罪论体系的方法论》，载《中外法学》2010 年第 1 期。
② 张明楷：《构建犯罪论体系的方法论》，载《中外法学》2010 年第 1 期。
③ 张明楷：《构建犯罪论体系的方法论》，载《中外法学》2010 年第 1 期。
④ ［日］松宮孝明：《犯罪论体系を论じる现代的意义》，载《法律时报》2012 年第 1 号。

的违法阻却事由；采取心理责任论，故意、过失是责任形式，违法性的认识是故意的内容。②新古典犯罪论体系以新康德主义为基础，采取社会行为论，认为构成要件不仅包括客观的、记述的要素，而且包括规范的要素与主观的超过要素，在因果关系上采取纯粹因果律即条件说；主张客观的违法性论，但承认主观的违法要素，采取实质违法性论，承认超法规的违法阻却事由；采取规范责任论，但依然认为故意、过失是责任形式。③目的论犯罪论体系采取目的行为论，认为构成要件既包括客观的、记述的要素，也包括规范的要素、主观的要素，故意成为违法类型的构成要件要素，在因果关系上采取纯粹因果律即条件说；采取实质违法性论，承认超法规的违法阻却事由；采取规范责任论，主张违法性的认识是责任的内容（责任说），过失犯的客观的注意义务属于构成要件，缺乏注意的非难可能性是责任内容。④新古典与目的论相结合的犯罪论体系采取社会行为论，认为故意既是构成要件要素，也是责任要素；其他方面与目的论犯罪体系基本相同。⑤目的理性犯罪论体系的基础是新康德主义与新黑格尔主义；采取人格行为论，认为故意是违法类型的构成要件要素；采取客观归责理论，对因果关系也进行价值判断；采取实质违法性论，承认超法规的违法阻却事由；采用非难可能性与预防必要性相结合的责任论。”① 因此，我们不应该对日本的犯罪论体系做简单化的理解和评论。

第二，世界上不存在一种绝对正确的犯罪论体系，但应追求尽可能协调完备的犯罪论体系。有日本学者指出，“对犯罪论体系的具体细节的理解，因人而异；而且，英美与法国等采取的是与德日根本不同的体系。刑法学中的犯罪论体系类似于语言学中的‘语法’。要构建思维以及相互交流，‘语法’是不可或缺的工具，但正如世界上存在多种语言那样，不可能存在一种完全‘正确的语法’。同样，由于彼此的关注点与历史背景不同，也可能存在数种犯罪论体系，探讨哪一种体系才是‘正确的体系’，这毫无意义。但是，犯罪论体系最好能做到：就体系内部而言，理论上不矛盾，具备尽可能将思维过程予以可视化，且可加以验证的明晰性；对体系外部而言，能更好地反映属于社会事

① 张明楷：《构建犯罪论体系的方法论》，载《中外法学》2010 年第 1 期。

实的犯罪的实质，有助于解释与适用刑法，并利于发现学问上的问题。在这种对内的‘理论性’与对外的‘功能性’这一点上，围绕犯罪论体系的应然状态的争论，仍未失去其重要性”。[①]

第三，日本学者提出的衡量一种体系科学与否的标准值得借鉴。日本有学者指出，科学的犯罪论体系应当具有统一性与包括性。统一性是指犯罪论体系能够将各种知识统一化、组织化，能够明确划分犯罪与非犯罪行为的界限，能够为正确认定犯罪提供统一的原理。包括性是指能够包含所有的要素。[②] 更严密地说，犯罪论体系具有以下四个机能：其一，为问题解决提供具有合理性和普遍妥当性的判断标准。“犯罪论如果能够提供具有合理性和普遍妥当性的解决问题的判断标准，就不仅能为各个具体案件的解决提供具体的妥当性，而且从逻辑的、价值的观点来看也是相互整合，首尾一致的。由此，能够保证各种情况下的刑法判断不流于处罚感情泛滥式（因事件因场合）的解决。”[③] 其二，价值判断合理化机能。犯罪论通过高度的体系化，“能够将各种认识、见解、价值判断在相互关联中定位，而明确各自之间的联系。由此，排除在逻辑上不协调的价值判断，通过缩小可能采用的价值判断的‘允许领域’，而具有使整个价值判断合理化的机能”。[④] 其三，为刑事立法和刑法解释指明方向的机能。有了犯罪论，“就能够发现缺此就无法发现的新问题和解决问题的途径，从而丰富刑法学的议论。于是，通过价值判断的合理化，有可能为将来的刑法解释及刑事立法指明前进的方向”。[⑤] 其四，帮助并限制国家机关适用刑法的机能。“以上机能是犯罪论的本质机能，通过这些机能的作用，能够期待它同时发挥整理、理顺和限定法院等国家机关刑法思维的机能。也就是说，通过事先明确实务官员判断的顺序和体系的框架，使对现实案件中所包含的多种事实和对其的评价在整体中的定位成为可能，为实务中的刑法判断提供指针。而且，由于理论上已经对各种问题在逻辑

① ［日］松原芳博：《刑法总论专题研究（二）》，王昭武译，载《河南省政法干部管理学院学报》2010 年第 4 期。

② 参见［日］川端博：《刑法总论讲义》（第 2 版），成文堂 2006 年版，第 85 页。

③ ［日］井田良：《讲义刑法学 · 总论》，有斐阁 2008 年版，第 73 页。

④ ［日］井田良：《讲义刑法学 · 总论》，有斐阁 2008 年版，第 73 页。

⑤ ［日］井田良：《讲义刑法学 · 总论》，有斐阁 2008 年版，第 73 页。

上、价值论上的整合性及刑事政策的合理性进行过考虑，所以对实务而言也具有减轻负担的意义。”①

第四，日本犯罪论体系已经相当精致和成熟。应该看到，经过一百多年学者们的持续努力，日本的犯罪论体系已经相当精致和成熟，并发展出不同于德国的自身的特色。例如，日本学者对构成要件、违法性、责任三者关系的探讨，关于故意与过失定位的争论，等等，都毫无疑问地推动了刑法理论的大发展。从比较法的角度来看，日本的犯罪论体系相对于我国的通说体系，至少较好地解决以下一些难题：其一，犯罪阻却事由的定位。在日本的犯罪论体系中，违法阻却事由、责任阻却事由分别在违法性、有责性中加以论述，较完美地契合到了犯罪论体系之中。而我国通说的犯罪构成体系则没有为犯罪阻却事由在犯罪构成四个方面的要件中找到合适的位置，因而出现了逻辑上的缺陷。而且，区分违法阻却事由与责任阻却事由也具有重大意义。“其道理在于：正当防卫的杀人与精神病患者杀人，是性质不同的行为。前者经过法益的衡量，并不认为其具有违法性；后者无论如何都是侵害法益的行为。前者是正当的，是刑法并不禁止的行为，刑法不会对之做出否定评价；后者是不正当的，是刑法所禁止的行为，刑法对之作否定评价。因此，对于前者不得再进行正当防卫，也不得进行紧急避险；对于后者则可以进行正当防卫（即使否认可以进行正当防卫，也可以进行紧急避险）。”② 其二，多元的犯罪概念问题。在日本的犯罪论体系中，犯罪具有不同意义，既有符合构成要件意义上的犯罪概念，也有符合构成要件且违法意义上的犯罪概念，还有符合构成要件并违法且有责意义上的完整犯罪概念。这使得其在认定犯罪时能够更符合法律的规定与社会的现实。而由于我国的犯罪构成是形式判断和实质判断的结合，既是第一次判断，也是最后判断，即终局性的判断，因此，一次犯罪构成判断结束之后，就意味着有罪和无罪被最终认定，而不可能有行为客观上构成犯罪，但行为人由于某种原因（如没有达到刑事责任年龄）并不承担责任之类的情况存在。换言之，我国根据

① ［日］井田良：《讲义刑法学·总论》，有斐阁2008年版，第73页。

② 张明楷：《以违法与责任为支柱构建犯罪论体系》，载《现代法学》2009年第6期。

犯罪构成所得出犯罪概念唯一，在相关犯罪的认定上，难以得出妥当结论。“如按照我国刑法第310条的规定，成立包庇罪，以行为人明知所包庇的对象是‘犯罪的人’为前提。如果行为人不明知所包庇的对象是‘犯罪的人’，则不能构成本罪。一般认为，所谓‘犯罪的人’，是指触犯刑法，实施了犯罪行为的人。而什么情况下可以说实施了‘犯罪行为’呢？按照我国刑法学的通常见解，行为人的行为必须符合犯罪构成的四个方面的要件……就包庇罪而言，行为人所包庇的对象虽然在客观上造成了某种严重危害社会的结果，主观上也具有罪过，但如果其不具备成立犯罪的主体要件即达到一定的刑事责任年龄、具有认识和控制能力的话，则该包庇行为仍然不成立犯罪。因为，这种场合下，可以说，作为该罪成立前提的‘犯罪的人’不存在。这是按照我国刑法学中的犯罪构成理论所推导出来的必然结论。按照这种结论，在行为人做假证包庇未满14周岁的强奸杀人犯的时候，无论如何是不可能构成犯罪的。……如此，刑法上就出现了处罚上的空当和漏洞，为某些犯罪分子提供了逃避法律制裁的机会。……但是，在德日，根据阶层的犯罪判断体系，就不会存在以上问题。因为，在这种犯罪论体系中，犯罪具有不同意义。就包庇罪而言，并不要求被包庇者一定是最终受到刑罚处罚的犯罪人，而只要是‘符合构成要件、违法’的人就够了……换言之，我国刑法中所存在的上述问题，在德日的阶层递进的犯罪判断体系之下，并不存在。”① 其三，共犯的处罚问题。由于存在多元的犯罪概念，并且按照通说的限制从属性说，共同犯罪是一种违法形态，而不是一种责任形态，故能够承认对无责任能力人的共犯，从而避免处罚上的空隙。而我国通说类似于极端从属性说，因而对于诸如16周岁的甲与13周岁的乙共同轮奸妇女时能否对甲能否适用轮奸的法定刑的问题难以得出肯定结论。

第五，日本的犯罪论体系同样存在一些问题与缺陷。例如，在有关故意、过失与责任能力的关系问题上，日本的处理就难言完美。一般而言，持目的行为论的犯罪论体系、现代新古典的犯罪论体系、目的理性的犯罪论体系的学者会认为故意、过失属于构成要件要素，因

---

① 黎宏：《刑法总论问题思考》，中国人民大学出版社2007年版，第63~64页。

而将其放在构成要件该当性中加以论述。据此，对于精神病患者杀人的案件，解决的路径是认定其符合杀人罪的构成要件且无违法阻却事由，最终在有责性阶段否定其责任能力，从而认定其无罪。可精神病患者的杀人故意是一种什么样的故意呢？德、日学者一般对故意作形式性理解，因而认为只要精神病患者认识到自己的行为是杀人行为并加以实施就具有故意，至于违法性意识和责任能力则不在构成要件阶段考虑。这种观点看似合理，但如果该患者并不认为自己在杀人而只是认为自己在杀妖魔鬼怪，那么就显然无法认定其具有杀人罪的故意了。对此，日本有判例直接否定该精神病患者杀人举动的行为性，即认为无须进行构成要件符合性的判断，在之前的行为阶段就排除该种行为的刑法意义。但一方面这种判例极为罕见并广受批评，且被上级法院以行为人欠缺责任能力而无罪为理由推翻；另一方面，在司法实务中对于一个精神病患者，人们又何以分辨他当时认识的到底是杀人还是杀妖。即使可以进行这种分辨，其价值又有多大呢？为了回避这一问题，日本的刑法理论和司法实践往往直接推定精神病患者具有故意，然后在责任阶段再加以解决。这在笔者看来，其合理性值得商榷。

对于持古典的犯罪论体系和新古典的犯罪论体系的学者而言，他们往往将故意、过失放在有责性中加以论述，这一定程度上（并非完全地）避免了上述精神病患者的故意问题。但既然构成要件是犯罪类型或犯罪类型的指导形象，那么一个在构成要件阶段无法区分故意杀人和过失致人死亡的理论，又怎么可能发挥构成要件的罪刑法定主义机能呢？有学者认为："诚然，使犯罪个别化，是构成要件的罪刑法定机能的一个侧面。但是，构成要件的本来的罪刑法定主义的机能，在于明确限制处罚范围，明确划定应受处罚的行为与不受处罚的行为的界限，这与区分个别犯罪与其他犯罪的问题并不一定是一致的。"① 但这事实上否定了构成要件的罪刑法定主义与个别化机能。

总之，"21 世纪的社会如前所述与第二次世界大战刚结束的社会具有明显不同的特征。20 世纪末苏联解体，电脑网络社会或危险社会、环境社会的来临，都要求新的社会秩序，淘汰作为 19 世纪残余的一国

① ［日］内藤谦：《刑法讲义总论》（上），有斐阁 1983 年版，第 171 页。

主义、经济优先主义和无限制的自由主义。应对犯罪的方法也被要求有新的构想。然而，在这个时代里，到底什么样的犯罪论更为合适，现在谁也无法回答”。[①] 包括日本在内的各个国家围绕犯罪论体系优劣的争论一定还会持续下去。

① ［日］山中敬一：《刑法中犯罪论的现代意义》，陈家林译，载赵秉志主编：《刑法论丛》（总第 30 卷），法律出版社 2012 年版，第 24 页。

第七章　英国犯罪构成论体系考察

第一节　英国犯罪构成论体系的历史沿革

一、英国认定犯罪的历史沿革

古代的英国法与欧洲大陆其他国家的法律一样，并没有针对犯罪的特别规定，任何对身体的伤害等，基本上都是通过金钱赔偿等形式实现的。“古代社会的刑法不是‘犯罪’法，而是‘不法行为’法，或者借用英语术语，就是‘侵权行为’法。被害人通过一个普通民事诉讼对不法行为人提起诉讼，如果他胜诉，就会得到以金钱为赔偿形式的损害补偿。……凯姆博先生（在《盎格鲁—撒克逊》卷一，第177页）写道：‘根据盎格鲁—撒克逊法律，每一个自由人的生命，都可以按照他的阶层标以一定金额，对他的身体所遭受的每一个创伤，对其民事权利、荣誉或者安宁所造成的几乎每一种损害，都可用相应的金钱予以补偿；该金额随着偶然情形变化而增加。’”①

1066年诺曼人征服英国之前，英国法律还处于萌芽阶段，基本上承袭欧洲日耳曼部落的原始习惯法，如以家族力量保护个人不受其他人的掠夺欺负，通过血亲复仇方式解决纷争。一旦家族成员被杀，则通过杀害实施者或者其家族中的一位成员获得补偿。这一时期基本上不分刑事法律与民事法律，家族不和引起的斗殴等属于私法之列，犯罪与侵权之间界限模糊，任何造成危害的行为都必须承担刑事责任。如对于他人撞上放置一旁的武器导致身亡的，武器所有人要承担相应

① ［英］亨利·萨姆奈·梅因：《古代法》，高敏、翟慧虹译，九州出版社2007年版，第463页。

责任。[①] 认定犯罪时，对犯罪行为进行司法裁判的机关和将他们交付审判的机关是同一的，基本上在诉讼程序中解决。"不过现代刑事法律当然起源于这些在王室法院裁判的罪错之中，更确切地讲，是来源于由国王提议而被提交司法裁判的诉讼制度中。刑事案件也可能会由于当事人的请求而被提交司法裁判。"[②] 虽然文书中记载有类似于现代刑法中的罪名，但通常非常概括、模糊，其含义并不明确，与现代刑法中的同名犯罪不可同日而语。"关于犯罪与刑罚，各王国的法典都有所表述。受当时相对落后的经济、社会条件制约（主要是与同时代的罗马文明比较而言），处于初级阶段的英国法律仍保留有许多习惯法的内容与特征。在刑法内容方面，虽然已经出现了许多类似现代刑法规定的罪名，但一般只是对某种具体行为的描述，缺乏原则性的概括；对犯罪与民事违法的界限不明确；在惩罚方式上仍以赔偿金与罚款为主。"[③]

诺曼人征服英国后，英国封建法律得以确立，奠定了英国刑法的基础模式，制定法、普通法与衡平法并行成为刑法的三大渊源。当时，一般情形下和特殊案件中的免责及正当化，以及关于误杀、谋杀、人身攻击、盗窃、伪造、伪证、诽谤、非法集会的定义及相关原则属于普通法领域，剩下的都是由制定法规定的。[④] 尽管一般案件的免责事由在案例中时常被采用，且作为程序要件使用，但并不细致、具体，有时还会出现背离责任原则的个案，由此足见相关规则并不成熟。尽管当时制定法也是刑法的主要渊源，但由于普通法始终处于绝对主导地位，致使认定犯罪始终具有典型的诉讼色彩。

1640 年英国资产阶级大革命爆发，其结局以革命不彻底告终，这种不彻底也体现在刑法的发展与犯罪的认定上。最明显的例子就是英国 19 世纪刑法改革之法典化与轻刑化。当时，法国率先制定成文刑法，规定罪刑法定原则，这对欧洲其他国家产生重大影响，并在世界范围

---

① See William Holdsworth, *A History of English Law*, Vol. Ⅱ, Methuen & Co. Ltd., 1982, p. 50 – 54.

② ［英］S. F. C. 密尔松：《普通法的历史基础》，李显冬等译，中国大百科全书出版社 1999 年版，第 462 页。

③ 何勤华、夏非主编：《西方刑法史》，北京大学出版社 2006 年版，第 298 页。

④ See James Stephen, *A History of the Criminal Law of England*, Vol. Ⅱ, Macmillan and Co., 1883, p. 192.

内掀起了法典化高潮。英国自然被这股浪潮席卷，并进行了卓有成效的尝试，著名法学家边沁就是其中的极力倡导者。1826 年至 1832 年制定的罗伯特·比尔法案，为制定刑法典打下了基础，并尝试确立罪刑法定、罪刑相适应等原则，制定一部统一刑法典，以取代 18 世纪散乱而刑民无分别的法律。① 不过，就普通法本身形成过程而言，不会使刑法获得大的发展机会，其与民法等私法的混同也不会有太大改变。真正导致刑法发生变革的是外部因素，即立法。由于在刑事法律方面不断出现立法趋势，导致制定法日益壮大，其与普通法中的刑事法律一道，组成刑法的基本形式。如此一来，到 18 世纪，英美法系中的刑事法律显得极不协调，似乎存在一种背离最基本规律的不一致性。此后，英国政府进行了艰苦卓绝的努力，于 1861 年通过了 6 个统一法案，其中有关盗窃、恶意损害、伪造、私铸货币以及侵犯个体的犯罪规定，与后来的《制定法全书》的内容极为接近。统一法覆盖了一般的刑事法律，并对常发生的大部分罪规定了惩罚措施。但是，由于法案同时认可大量未以权威方式写下来的普通法罪名和刑法原则，使得它们在内容与结构上都存在累赘与混乱，导致法案在颁布后的 21 年间很少被采用。②

从历史上来看，英国对制定法还是有过重视的，这也使得英国理论与实务界在认定犯罪时，比较注重刑法的形式性依据，即制定法的作用，这至少与美国等相比要明显些。对此，美国学者 P. S. 阿蒂亚和 R. S. 萨默斯从英美两国的判断法律权威性的标准、规则和其他形式的法律、制定法、普通法、审判程序、法律的司法实施以及法律理论渊源等诸方面，详细分析了英国与美国的法律之间的巨大差异，并对美国法律倡导模糊性规范以及英国法律对明确性规范追求的原因作了全面分析。他们认为，英国侧重法的形式性依据主要原因在于：首先，一个法律体系对形式性依据的要求，显然肇始于作出决定这一需要。想要井然有序地做事情，就要求存在相应的正当程序，指导纠纷应当

① See James Stephen, *A History of the Criminal Law of England*, Vol. Ⅰ, Macmillan and Co., 1883, p. 473.

② See James Stephen, *A History of the Criminal Law of England*, Vol. Ⅱ, Macmillan and Co., 1883, p. 217 – 218.

如何解决，公共事务应当如何组织。这就意味着，当一项事务——无论是一起交由法官处理的诉讼还是一项交由立法机构审议的法案——被递交至一名官员面前并要求后者作出决定时，必定存在一些规则，规定某些事务是否可以提出来。其次，形式性依据极具成本效益，实质性推理则会引入各种各样的附随问题，包括在制定法字面意思之外寻求立法原意的可能性，这或许会得到实质上更好的结果，但会付出高昂的代价。再次，形式推理可将错误风险最小化，且通过关于谁最适合来作价值判断，可使形式性依据得以正当化。最后，适用形式推理会使法律更具确定性和可预测性。①

尽管制定法在历史发展进程中得到一些发展，但英国的法官对于大学里讲授的法律体系并不感兴趣，他们始终觉得“更加重要的是说服王室法院对案件进行管辖的能力，并且在程序的荆丛中寻找出路，因为种种‘诉讼形式’中必须遵循最机械的形式”。② 司法实践中，发生了特定的案件事实，首先必须通过特定诉讼方式进行处理，凭借这种特定诉讼形式才能够向王室法院提起诉讼。即使以前的诉讼方式不适宜现实的特定案件，也不能改变通过一定的诉讼方式进行处理的原则，只是需要创造出新的程序规则、引入新的诉讼模式而已。“数世纪以来——事实上直至1873年和1875年《司法组织法》之前，英格兰的普通法都是由一系列的诉讼和法律救济方式构成的，每一种诉讼和救济方式都要求自己特定的程序。”③ 由于普通法影响如此之深，乃至于在历史上即使有过改革，也缺乏根基。“16世纪见证了那些特权法庭不断增长的重要性，甚至是亨利八世引进罗马法的某些努力；但17世纪却看到了普通法的胜利，由此它保留了其实质性的诉讼制度直至19世纪的大变革，而实体法中的许多内容则一直持续到今天。”④ 直到19世

① 参见［美］P. S. 阿蒂亚、R. S. 萨默斯：《英美法中的形式与实质——法律推理、法律理论和法律制度的比较研究》，金敏、陈林林、王笑红译，中国政法大学出版社2005年版，第93页。

② ［法］勒内·达维：《英国法与法国法：一种实质性比较》，潘华仿等译，清华大学出版社2002年版，第9页。

③ ［英］R. C. 范·卡内冈：《英国普通法的诞生》，李红梅译，中国政法大学出版社2003年版，第113页。

④ ［英］R. C. 范·卡内冈：《英国普通法的诞生》，李红海译，中国政法大学出版社2003年版，“译者序”，第135～136页。

纪才有人使这种结果形成制度，而且即使到那时，对大多数人影响最大的法律还是混乱的。只有最近的这些年在英格兰才有人作出巨大努力，使所有层次的刑事法律系统化，并且用比中世纪偶然留下来的更恰当的术语对其进行陈述。[①] 总之，英国的制定法运动在历史上总是反反复复地进行着，有高峰有低谷，始终没有撼动普通法的主导地位。[②]

二、英国犯罪构成要件要素认定的历史沿革

任何国家对犯罪的认定，首先都是从行为开始的，英国也不例外。尽管英国也存在不少制定法，但关于犯罪行为的认定以及犯罪与民事违法行为等的区分，并不像大陆法系国家那样是由规范或者行为性质决定的。英国制定法中的行为，即便是有关犯罪的，也总是与非犯罪的违法行为纠缠在一起。就犯罪与违法行为之间的区别而言，至少在制定法那里找不到清晰的界限，这一点与大陆法系国家存在根本不同。区别犯罪与违法行为，有时需要依靠刑事程序来决定。“看来语词与犯罪相关的（criminal）不能用来界定法律的任何部门，这个部门与被称为民事部门的那个部门相对应而存在。因此，我们似乎必须回到语词刑事的（penal）。但是，语词刑事的要是适用到这个目的，正如我们已经说明过的，看来还没有获得任何明确的运用。为了解决问题，避免陷入持续矛盾与含糊的不方便，似乎还没有别的什么补救措施，除了提议一个新的、在某种程度上有些武断的范围界限。因此，对于完全属于民事部门的违法行为而言，可以将其理解为：它不存在这样的必要性，给其判决任何一种异常程度的或异常类型的制裁；而对犯罪行为而言，则是这样的违法行为，给其判决某种非常程度上的或非常类型的制裁，是必要的。”[③] 在英国制定法规定的有关犯罪的条文中，存在大量的程序定罪的规定，即所谓的“应当经公诉程序判罪”。这种规

---

① 参见［英］S. F. C. 密尔松：《普通法的历史基础》，李显冬等译，中国大百科全书出版社 1999 年版，第 484 页。

② 最近的一次成文法运动肇始于 20 世纪 60 年代，并在 80 年代达到顶峰，此后逐渐走向衰弱。参见［英］艾伦·诺里：《刑罚、责任与正义：关联批判》，杨丹译，中国人民大学出版社 2009 年版，第 1 页。

③ ［英］杰里米·边沁：《论一般法律》，毛国权译，上海三联出版社 2008 年版，第 269 页。

定具有实体区分与程序认定双重功能，并非像成文法国家刑事诉讼法的规定那样纯属程序性质。例如，《1968年盗窃罪法》规定，“犯盗窃罪的，应当经公诉程序判罪，处以不超过7年的监禁”。① 根据该规定，盗窃1英镑财物，如果选择非刑事诉讼程序而非经过公诉程序判罪的话，那么就属于民事侵权行为。在这里，诉讼程序的选择对于认定行为性质具有决定性影响，这是包括英国在内的英美法系国家认定犯罪的一个显著特征。“行为的严重程度是如何衡量的？首先根据法庭所估计的该罪的邪恶性……”②

同所有国家在犯罪认定历史上所持的态度一样，早期的英国认定犯罪是不需要考虑心理要素的，这主要是坚持道德的客观标准的结果。受法官法的特征所决定，英国刑法对犯罪的心理要素的认识，与法官对行为人的心理要素的认识是密切相关的，是一个不断渐进的过程。“法院眼里，心理因素的认定，是一个渐进的过程，并且正如在我们的普通法中经常发生的，一开始时，不同的法官在接受和理解这种新思想的程度上各有不同。”③ 随着道德的主观标准的确立，心理要素逐渐在犯罪认定中发挥重要作用，并据此将其与行为区别开来，心理要素于是成为犯罪认定的核心要素之一。“一个短语被指定为普遍适用并成为英国刑法中最著名的格言，科克最先使用这个短语时强调：‘没有犯罪意图的行为不能构成犯罪’（Et actusnon facit reum nisi mens sit rea）。在这个著名的短语中，人的‘行为’（actus）与他在实施导致这个‘行为’的活动时的心理过程（mens）之间具有明显的区别。”④ 时至今日，心理要素成为英国刑法中的犯罪构成基本要素之一，已经获得普遍认同。

行为人具备危害行为和心理因素，并不意味着构成犯罪。如果存

---

① 《英国刑事制定法精要（1351—1997）》，谢望原主译，中国人民公安大学出版社2003年版，第270页。

② ［英］J. C. 史密斯、B. 霍根：《英国刑法》（第11版），李贵方等译，法律出版社2000年版，“前言”，第5~6页。

③ ［英］J. W. 塞西尔·特纳：《肯尼刑法原理》，王国庆、李启家等译，华夏出版社1989年版，第28~29页。

④ ［英］J. W. 塞西尔·特纳：《肯尼刑法原理》，王国庆、李启家等译，华夏出版社1989年版，第13页。

在足以为自己不承担刑事责任的辩护理由，也可以不认定为犯罪。“当某人在犯意支配下实施某种犯罪行为时，通常他要承担刑事责任。然而情况并不总是如此，因为即使在这类情况下，一些辩护理由仍然可以适用。与那些在特定案件中适用的辩护理由一样，也有一些辩护理由可以普遍适用于犯罪案件中。”① 对于辩护理由与不法行为的差异，不少学者持肯定态度，但也有学者持否定态度，认为这种区别没有多大意义。“现在有很多学者承认，不法行为与辩护事由之间有原则区别。但是，接下来我们就会发现，就在不久前还有些著名学者提出，这种区别没有道德意义，它也不应产生实践后果。”② 在持肯定态度的学者看来，“不法行为使公民注意到，他们正在做的是有充分理由不得去做的事。辩护事由的存在很重要，因为它表明，有些情况下要求被告对有充分表面理由不得实施的行为负刑事责任是不恰当的。当不法行为定义产生的理由，被被告发现自己所处特定环境中赞成行为的理由所平衡或超过时，就会得出上述结论”。③ 需要说明的是，之所以称为免责的抗辩理由，与英国犯罪成立体系的程序法特征有直接关系。英美法系国家认定犯罪，一直都保持着原始的、朴素的特征，借助程序解决行为性质不仅在古代，即便在现代依然有效。法庭对一个行为能否作为犯罪处理，在很大程度上“来源于其对于公众有关此案的看法的估计”。④ 既然可以通过程序认定罪与非罪，那么谓之抗辩理由也就实至名归。这样做的优点是能够使犯罪认定尽量迎合社会需要，体现实质正义，这与大陆法系国家认定犯罪存在本质不同。因为，不管社会如何发展，人们对行为的认识如何变迁，只要是有效的、足以说明自己不应当承担刑事责任的理由，就可以获得在法庭上陈述的机会，并通过法官的确认免除刑事责任。

---

① ［英］J. C. 史密斯、B. 霍根：《英国刑法》，李贵方等译，法律出版社 2000 年版，第 215 页。

② ［英］维克托·塔德洛斯：《刑事责任论》，谭淦译，中国人民大学出版社 2009 年版，第 110 页。

③ ［英］维克托·塔德洛斯：《刑事责任论》，谭淦译，中国人民大学出版社 2009 年版，第 112 页。

④ ［英］J. C. 史密斯、B. 霍根：《英国刑法》，李贵方等译，法律出版社 2000 年版，第 5 ~ 6 页。

第二节　英国犯罪构成论体系的基本框架

一、二元论体系与三元论体系之争

在英国，对刑法总则规定的犯罪成立要件，学者们存在不同理解，并据此形成犯罪构成的二元论体系与三元论体系。

二元论体系的代表人物是格兰威尔·威廉斯，他认为总则只有两个要件——犯罪意图和犯罪行为，其他所有的问题，包括辩护事由等都能够被涵盖于这二者之中。虽然辩护事由脱离犯罪意图和犯罪行为而在制度上存在，但仅仅是历史上或者程序上的一些偶然原因所导致的。① 根据威廉斯的观点，“犯罪的定义”作为辩护的反义，是什么意思？至今也没有满意的检测手段，以至于二者的区分“在很大程度上依赖于语言的偶然性、起草法律的便利性，或者传统的非理性的力量”。② 毫无疑问，威廉斯对犯罪与辩护的区分是持怀疑态度的。与威廉斯一样，安德鲁·阿什沃思对区分犯罪与辩护的犯罪论体系也持怀疑态度。阿什沃思认为，应当知道“什么是刑事责任的真正的前提条件”，如果能够了解这些条件，大概也就能够将之规定在法律中。在他看来，类似于正当事由这样的范畴是“将某些行为描述为犯罪的基础”。与此类似，犯罪意图和犯罪行为“根植于自治原则之中”，包括要求人们为自己的选择负责，提高法律义务的价值，以及尊重个体的自由。③ 三元论体系的代表人物是史密斯和霍根，他们认为刑法总则规定有三个要素，除行为要素和心理要素外，还应增加另一个要素——辩护，辩护在形式上表现为正当事由或者宽恕事由。④ 与二元论体系不

---

① 参见［英］艾伦·诺里：《刑罚、责任与正义：关联批判》，杨丹译，中国人民大学出版社 2009 年版，第 182～183 页。

② 参见［英］艾伦·诺里：《刑罚、责任与正义：关联批判》，杨丹译，中国人民大学出版社 2009 年版，第 186 页。

③ 参见［英］艾伦·诺里：《刑罚、责任与正义：关联批判》，杨丹译，中国人民大学出版社 2009 年版，第 187 页。

④ 参见［英］艾伦·诺里：《刑罚、责任与正义：关联批判》，杨丹译，中国人民大学出版社 2009 年版，第 183 页。

同的是，三元论体系坚持辩护理由属于行为要素和心理要素之外的第三个要素，是犯罪成立不可缺少的要件，且不可能包含于犯罪行为之中。

对于二元论体系，不少学者认为不区分犯罪与辩护是说不过去的。例如，加德纳就认为，区分犯罪与辩护，对构成犯罪的行为区别对待是正当的。主要论据有二：第一个论据涉及支持人们实施行为的“初步的”判断和“全面考虑的”判断之间存在的区别；第二个论据吸收了约瑟夫·雷兹关于法律的解释，认为法律为人们的行为提供了“保护理由”。就第一个论据而言，加德纳认为，也许一开始反对某一个行为，但“全面考虑的”判断也许可以推翻最初的反对意见：“在考虑了一切要素之后，即使最初存在反对的意见，该行为也是正确的。”这样的区分遍布于犯罪定义（初始表面的禁止）中的犯罪行为和正当辩护事由（对于犯罪“全面考虑的”反驳）之间的立法区别之中。就第二个论据来说，保护的理由在“理由之间的必然冲突产生之前”将之解决，从而取代了指引性理由的运用，否则，这些指引性理由将会对整体造成扭曲性或者破坏性的影响。① 当然，三元论体系也不是没有缺陷。史密斯和霍根早期对犯罪构成要素的理解并没有区分出辩护理由，只是后来才认为犯罪成立应当包含犯罪行为、犯罪意图和缺乏辩护理由。这表明他们对犯罪的认识是存在摇摆的。究其缘由，在于三元论体系确实存在难以自圆其说的现象。“他们发现了威廉斯的二元主义的‘吸引力’，因为他们意识到了，接受三元主义的结论会产生一些奇怪的问题：按照三元主义的观点，某人以一种正当的方式实施了行为，仍然会被认为实施了犯罪行为。他们承认，很难区分犯罪和辩护的要素，如果赞成三元论，就不便于把所有的辩护要素都整合到犯罪的定义之中；并且，他们注意到辩护事由本身也包含了心理要素。”②

---

① 参见［英］艾伦·诺里：《刑罚、责任与正义：关联批判》，杨丹译，中国人民大学出版社2009年版，第193～194页。

② ［英］艾伦·诺里：《刑罚、责任与正义：关联批判》，杨丹译，中国人民大学出版社2009年版，第188页。

二、英国犯罪构成三元论体系的基本框架

尽管二元论体系和三元论体系均非完美无缺，但相对而言，“三元结构的研究方法反映了一种获得更广泛支持的观点”,[①] 可以认为是英国犯罪构成论体系的通说。学者们主张三元结构的理由很多。如塔德洛斯就赞成三元结构，认为三元结构中包含了不同于正当事由及宽恕事由的称为豁免事由的特定类别。[②] 以下将以三元论体系为例来论述英国犯罪构成论体系的基本框架。在英国，支持三元论体系的学者比较多，代表性的有特纳、史密斯与霍根、鲁珀特·克罗斯与菲利普·琼斯以及罗杰·吉里等。

（一）肯尼、特纳的犯罪论体系[③]的基本框架

肯尼、特纳的犯罪论体系，主要体现在《肯尼刑法原理》一书中。该书的犯罪论体系在近现代英国最具有代表性与权威性。肯尼与特纳认为，英国法院在几个世纪以前就已经接受了这样的格言：犯罪有两个必需的要件，即物质要件和精神要件。物质要件是指犯罪行为，而精神要件是指犯罪意图。作为犯罪行为的“actus reus 可以定义为法律力求防止的、本身包含着危害结果的人类行为”。[④] 法律规定的行为既可以是简单的行为，如非法停放汽车，也可以是由几个情形的事实构成的行为。犯罪行为包括作为不作为。另外，因果关系也是认定犯罪行为时需要考虑的。犯罪意图即 mens rea，是指犯罪的心理状态，是犯罪的另一个必要组成部分。犯罪意图是道德上的邪恶思想与法律上的犯罪思想的紧密结合，它最初是作为有罪的检验标准规定的。起初，采用公认的道德准则作为认定犯罪意图的标准实际上意味着法院客观地评价被告人的行为，然而，在相当程度上必须考虑被告人真实的心

---

① ［英］艾伦·诺里：《刑罚、责任与正义：关联批判》，杨丹译，中国人民大学出版社 2009 年版，第 183 页。

② 参见［英］维克托·塔德洛斯：《刑事责任论》，谭淦译，中国人民大学出版社 2009 年版，第 129 页。

③ 之所以称为“肯尼、特纳的犯罪论体系”，是因为特纳一直以来为编著和完善肯尼的刑法原理做出了艰苦卓绝的努力。可以说，《肯尼刑法原理》的每一次编著，都凝聚了特纳的心血和智慧。故谓之肯尼、特纳的犯罪论体系也是完全可以理解的。

④ ［英］J. W. 塞西尔·特纳：《肯尼刑法原理》，王国庆、李启家等译，华夏出版社 1989 年版，第 18 页。

理活动。[①] 犯罪意图包括故意、放任和过失。[②] 《肯尼刑法原理》还将犯罪可以划分为普通法上的犯罪和法定犯罪，后者主要指制定法规定的犯罪。犯罪要件因此也存在不同：犯罪行为有普通法上的犯罪行为和法定犯罪的犯罪行为之别；犯罪意图也存在普通法上的犯罪意图和法定犯罪的犯罪意图之分。

辩护理由包括减轻或者免除罪责的辩护理由，具体包括错误、醉酒、强迫、紧急避险以及法律上的特殊理由等。错误免除危害行为的罪责，但需要接受审查，这种审查只是应负有在法庭上提出证据或指明已有证据证明自己有错误且其行为是因其错误所致的举证责任的被告之请求才会作出。错误需要符合三个条件：一是想象的情况是真实的；二是错误必须是合理的；三是错误必须是有关事实问题而非法律问题。[③] 醉酒在以前不被认为是免责事由，现在一般认为因醉酒癖导致的实际精神病可以免除刑事责任，而且醉酒对证实错误、缺乏故意有重大意义。[④] 强迫是指在某些情况下，一个人对其非因自己的自由意志而是因受他人强迫所实施的行为可被免除罪责。强迫可能采取身体强力以外的其他形式，但无论是何种形式，法院似乎倾向于承认它是因屈从于它而实施的任何犯罪的辩护理由。强迫可以分为服从命令、丈夫的强迫、胁迫以及紧急避险来得到最好的研讨。[⑤] 法律上的特殊理由主要包括君主、法人、未成年人、精神病人以及教士、教士特权等。肯尼与特纳的犯罪论体系几乎成为后来者构建犯罪论体系的蓝本（见图 7－1）。

① 参见［英］J. W. 塞西尔·特纳：《肯尼刑法原理》，王国庆、李启家等译，华夏出版社 1989 年版，第 28～29 页。

② 参见［英］J. W. 塞西尔·特纳：《肯尼刑法原理》，王国庆、李启家等译，华夏出版社 1989 年版，第 39 页。

③ 参见［英］J. W. 塞西尔·特纳：《肯尼刑法原理》，王国庆、李启家等译，华夏出版社 1989 年版，第 62～65 页。

④ 参见［英］J. W. 塞西尔·特纳：《肯尼刑法原理》，王国庆、李启家等译，华夏出版社 1989 年版，第 67～68 页。

⑤ 参见［英］J. W. 塞西尔·特纳：《肯尼刑法原理》，王国庆、李启家等译，华夏出版社 1989 年版，第 71 页。

- 刑事责任
  - 犯罪要件
    - 普通法上的犯罪要件：犯罪行为和犯罪意图
    - 法定犯罪：犯罪行为和犯罪意图
  - 责任要件，即缺乏辩护理由
    - 错误、醉酒、强迫、紧急避险
    - 法律上的特殊理由：君主、法人、未成年人、精神病人以及教士特权等

图 7－1　肯尼与特纳的犯罪论体系的基本框架

（二）史密斯和霍根的犯罪论体系的基本框架

英国学者史密斯和霍根在其所著《英国刑法》一书中，将犯罪构成要件划分为“犯罪要件”与“一般辩护理由”两部分，前者是从入罪的角度阐述犯罪成立所需要具备的基本条件，后者是从出罪的角度阐述不构成犯罪的理由。

犯罪要件包括犯罪行为与犯意。犯罪行为包括作为、不作为和因果关系等内容。“犯罪行为（actus reus）包括除被告人主观因素以外的一切犯罪要件。因此，它不仅仅指行为。它也有可能由‘事实状态’组成，而根本不含行为。而且，犯罪行为经常要求有作为或不作为（行为）的证据。通常必须证明犯罪行为产生特定的结果。”①

犯意包括蓄意、轻率、疏忽。对于蓄意，理论上有从狭义理解的，法院则倾向于广义理解。“居于支配地位的观点仍然是，虽然行为人的行为引起的危害结果不是行为人的目的，但是只要行为人知道其行为很可能（或只是有可能）引起危害结果，‘蓄意’就成立。”② 所谓轻率，是指“行为人无意引起严重危害结果的产生。危害结果的产生是由行为人的不正当的冒险行为引起的。如果他进行了冒险，他的行为可能会被认定为轻率”。③ 当然，并非所有的冒险都构成轻率，诸如做手术、杂技表演等，虽然可能由于冒险给他人的财产、人身甚至生命造成危害，并不认为是轻率，而是正当的。疏忽与轻率有时容易混淆。

---

① ［英］J. C. 史密斯、B. 霍根：《英国刑法》，李贵方等译，法律出版社 2000 年版，第 37 页。

② ［英］J. C. 史密斯、B. 霍根：《英国刑法》，李贵方等译，法律出版社 2000 年版，第 65 页。

③ ［英］J. C. 史密斯、B. 霍根：《英国刑法》，李贵方等译，法律出版社 2000 年版，第 72 页。

两者的区别是：轻率指在有认识的情况下进行的不正当的冒险；疏忽指在无认识的情况下进行的冒险。如果D认识到存在危险，仍然决定实施冒险行为，是为轻率。如果他没有认识到存在危险，但应该认识到存在危险，是为疏忽。[①] 需要注意的是，“蓄意、轻率和疏忽不仅与结果相关，也与环境相关。有时法律要求成立蓄意要有一个或一个以上的犯罪要素，成立轻率或者疏忽要有另一个或其他的要素。”[②] 当然，并非成立犯罪必须要有犯意，有时即使没有犯意也可以成立犯罪。“所有重罪和大部分轻罪都要求证实罪过要件，但是也有一些我们称之为‘严格责任犯罪’并不要求证实与犯罪行为一切要件有关的罪过。”[③]

具备犯罪行为与犯意，只是观念意义上的犯罪；要真正成立犯罪，还必须排除辩护理由的存在。换句话说，即使具备犯罪行为与犯意，如果具备辩护理由，也可能不构成犯罪。辩护理由可以区分为免责辩护理由和减轻责任的辩护理由。“当某人在犯意支配下实施某种犯罪行为时，通常他要承担刑事责任。然而情况并不总是如此，因为即使在这类情况下，一些辩护理由仍然可以适用。与那些在特定案件中适用的辩护理由一样，也有一些辩护理由可以普遍适用于犯罪案件中。”[④] 辩护理由通常包括未成年、精神病、错误、醉酒、胁迫与强制、紧急避险、正当防卫、上级命令、不可能性、不遵循共同体法律等。

（三）维克托·塔德洛斯的犯罪论体系的基本框架

塔德洛斯认为，犯罪成立需要具备三个条件：犯罪行为、主观心态和缺乏辩护理由。其中，犯罪行为包含作为、不作为和因果关系等。塔德洛斯特别从有责性、责任以及自由三个方面批评了传统理论对不作为犯罪的理解。“本章的主要内容将会是对刑事责任传统观点的批评。传统的观点认为，作为不同于不作为，二者的差异大到足以成立

---

① ［英］J. C. 史密斯、B. 霍根：《英国刑法》，李贵方等译，法律出版社2000年版，第83页。

② ［英］J. C. 史密斯、B. 霍根：《英国刑法》，李贵方等译，法律出版社2000年版，第83页。

③ ［英］J. C. 史密斯、B. 霍根：《英国刑法》，李贵方等译，法律出版社2000年版，第63页。

④ ［英］J. C. 史密斯、B. 霍根：《英国刑法》，李贵方等译，法律出版社2000年版，第215页。

一般原则：一个人只能被要求对其作为负刑事责任，而不能被要求对其不作为负刑事责任。我要称此为‘无责任原则’。传统的观点也承认，无责任原则存在某些例外情况。事实上，许多法律制度都存在这种例外情况。例外的情况通常是基于特定义务。这类义务可能具有不同的形式。”①

除了犯罪行为外，主观心态也是犯罪成立的必要条件。“我们已经知道，分析刑事不法行为的犯罪行为（actus reus），既不能完全脱离我们的道德评价，也不能完全脱离被告的主观心态。比如，被告是否实施了特定的犯罪行为，部分要看他对自己所处环境和自己意图的认识。但这并不是说，认定被告实施了犯罪行为，就彻底地确定了被告的刑事责任。被告是否对特定的犯罪行为负责，甚至没有彻底确定他受指控刑事不法行为的本质，更不用说他还可能具有的任何辩护事由了。”②塔德洛斯根据意图地引起的损害与明知、轻率或过失等引起的损害的不同，将主观心态分为犯罪意图和信念。犯罪意图包括直接意图和间接意图。“直接意图与间接意图最明显的道德差异在于，正是在直接意图中，行为人才会表明对引发一定事态的某种责任。意图一旦被设定，目标即受到追求。”③ 当然，直接意图和间接意图有时区别并不明显，需要在分则中具体判断。直接意图与间接意图区别的重要性并不明确。“在有些场合，刑法恰当地认为间接意图与直接意图具有相似的道德严重性。……合理地区分直接意图与间接意图，在重新决定这种区别在道德上是否严重到足以对刑事责任产生影响时会考虑到每一种语境。用相同方法解决这一问题几乎肯定是不合理的。因此，尽管在刑法总则提出这种概念可以被接受，但概念之间的关系仍须在分则进行具体分析。”④ 需要注意的是，塔德洛斯在理解犯罪行为与犯罪意图的关系

① ［英］维克托·塔德洛斯：《刑事责任论》，谭淦译，中国人民大学出版社 2009 年版，第 202 页。

② ［英］维克托·塔德洛斯：《刑事责任论》，谭淦译，中国人民大学出版社 2009 年版，第 234 页。

③ ［英］维克托·塔德洛斯：《刑事责任论》，谭淦译，中国人民大学出版社 2009 年版，第 258 页。

④ ［英］维克托·塔德洛斯：《刑事责任论》，谭淦译，中国人民大学出版社 2009 年版，第 262 页。

时，并没有将两者截然分开，甚至认为两者可以合二为一。“我认为，刑事不法行为应该包含对被告行为的恰当道德描述。这是不法行为的定义包含犯罪意图（mens rea）术语的充分理由，即使犯罪行为（actus reus）的实施本身就可以被认为是不法的。犯罪意图（mens rea）术语对肯定描述被告做过什么才重要，而不是纯粹的‘无’——那种当情况不同时才会有道德意义的情势特征。”①

主观心态还包括信念，这是与意图并不相同的概念。“如果被告的认识或信念不恰当地转化成行为，人们非常熟悉的一种不法行为实施方式就出现了。被告明知自己的行为给他人制造了不合理的重大危险，但还是实施了它；行为人明知财产是他人所有，但还是将它取走。而如果被告对形势产生错误信念，实施了如果这种错误信念真实就不会有争议的行为，则一种较不常见的不法行为实施方式就出现了。由于那些信念不真实，所以还是有不法行为被实施。”② 信念包括轻率、疏忽、恶意无视和偏见等。关于轻率、疏忽，在理解上并无特别之处。恶意无视存在于这样的场合，即“如果因非证据性理由而在信念形成中表现出了某种恶，该种恶通常就不是恰当追究刑事责任的类型，在它与违反刑法之间通常也不存在任何联系。尽管不诚实与残酷是刑事责任上典型的恶，至少虚荣与自大并不是刑事责任上恶的主要情形。但在恶意无视的场合，通常都会表现出自大或虚荣。”③ “偏见是一个人能够被他人侵犯的很具体的方式。偏见具有两个层面，既可以独立发挥作用，也可以共同起到作用。第一，一个人是被不当地作为某个群体的一员被判断，而不是因为他可能具有的任何人格特征。第二，群体被不当地与特定人格特征联系起来判断。对于持见之人，通常可以发现这两个方面共同起着作用。但值得注意的是，第一特征无须第二

① ［英］维克托·塔德洛斯：《刑事责任论》，谭淦译，中国人民大学出版社 2009 年版，第 252 页。

② ［英］维克托·塔德洛斯：《刑事责任论》，谭淦译，中国人民大学出版社 2009 年版，第 263 页。

③ ［英］维克托·塔德洛斯：《刑事责任论》，谭淦译，中国人民大学出版社 2009 年版，第 287 页。

特征就可以构成偏见；反之亦然。"[①] 恶意无视与偏见在含义上与过失并不存在区别。

塔德洛斯将辩护理由区分为正当事由、豁免事由和宽恕事由。对于正当事由与宽恕事由的区别，他认为，正当事由的真正观念关注的不是行为后果，而是行为理由。被宽恕的人是不能主张行为具有充分理由的人，即使因种种原因其行为不会产生刑事责任也是如此。被证明正当的人，则是行为有充分理由的人。正当事由观念首先关注的是被告能够对其行为给出什么样的解释：被告必须证明自己的行为有充分理由。如果事物不是看上去的样子，被告仍然能够相应解释自己行为的原因。因此，即使不同种类的正当事由之间还是有其他重要区别的，正当事由类别已足以包容范例与非范例的情形。[②] 至于豁免事由与宽恕事由，"核心的区别存在于具有有责行动者法律地位的人与没有这种法律地位的人之间。不具有恰当法律地位的人，应该被认为是刑事责任的豁免。确实具有恰当的法律地位但对特定行为没有责任的人，在刑法上应该被归入另一类别。如果他们实施了相应行为，则适合于他们的辩护事由就是宽恕事由"。[③] 正当事由包括禁令、正当防卫、紧急避险等；宽恕事由包括人格体和能力产生的免责事由，如醉酒、精神病、不可抗力等；豁免事由主要是指本不能承担责任的行为人的情形（见图7－2）。

- 犯罪
  - 责任要件
    - 犯罪行为：作为、不作为、因果关系
    - 主观心态
      - 犯罪意图：直接意图和间接意图
      - 信念：轻率、疏忽、恶意无视和偏见
  - 缺乏辩护理由
    - 正当事由：禁令、正当防卫、紧急避险等
    - 宽恕事由：因人格体和能力产生，如醉酒、精神病、不可抗力等
    - 豁免事由：不能承担责任的行为人

图7－2　维克托·塔德洛斯的犯罪论体系的基本框架

---

① ［英］维克托·塔德洛斯：《刑事责任论》，谭淦译，中国人民大学出版社2009年版，第290页。

② 参见［英］维克托·塔德洛斯：《刑事责任论》，谭淦译，中国人民大学出版社2009年版，第132页。

③ ［英］维克托·塔德洛斯：《刑事责任论》，谭淦译，中国人民大学出版社2009年版，第137页。

（四）其他学者的犯罪论体系的基本框架

1. 鲁珀特·克罗斯、菲利普·琼斯的犯罪论体系

鲁珀特·克罗斯、菲利普·琼斯在《英国刑法导论》一书中指出，犯罪构成要件包括责任基本要件和责任能力要件。责任基本要件即刑事责任基本要件，主要包括犯罪行为和犯罪意图；责任能力涉及不具有责任能力的几种情形，如儿童、精神错乱、减轻责任、不由自主的行为和其他非自愿行为、醉酒、法人等（见图7－3）。①

- 刑事责任
  - 责任基本要件
    - 犯罪行为
    - 犯罪意图：包括故意、疏忽、违法性认识、法律错误等
  - 责任能力要件，即不存在儿童、精神错乱、减轻责任、不由自主的行为和其他非自愿行为、醉酒、法人等缺乏责任能力的情形

图7－3　鲁珀特·克罗斯、菲利普·琼斯的犯罪论体系

2. 罗杰·吉里的犯罪论体系的基本框架

罗杰·吉里在《刑法基础》一书中，将犯罪构成要件划分为犯罪要件与缺乏辩护理由。犯罪要件包含犯罪行为和犯意；缺乏辩护理由指缺乏一般辩护理由的情形。一般辩护理由包括精神病、未成年、醉酒、错误、紧急避险、胁迫、正当防卫和刑法规定（1967年第3款第1条）、同意等。其中，1967年第3款第1条规定是指为了阻止犯罪或者逮捕犯罪而使用合理暴力的情形（见图7－4）。②

- 刑事责任
  - 犯罪要件
    - 行为
    - 犯意
  - 缺乏辩护理由
    - 精神病、未成年、醉酒、错误、胁迫、同意等
    - 紧急避险、正当防卫
    - 刑法规定（1967年第3款第1条）等

图7－4　罗杰·吉里的犯罪论体系的基本框架

---

① 参见［英］鲁珀特·克罗斯、菲利普·琼斯：《英国刑法导论》，赵秉志等译，中国人民大学出版社1991年版。

② See Roger Geary, *Essential Criminal Law* (*Second Edition*), Cavendish Publishing Limited.

第三节　英国犯罪构成论体系的重要问题

英国属于不成文法系国家，没有统一适用的、具有强制力的刑法典，刑法的主要渊源是普通法和单行的制定法，这些因素决定了犯罪成立必然有其独特性。与大陆法系国家的犯罪构成论体系相比，英国的犯罪构成论体系固然有其许多不同之处，但核心的、主要的区别有三：一是犯罪认定追求实质正义；二是判例制度；三是严格责任。正确理解这三个方面对于弄清英国犯罪构成论体系的本质具有重要意义。

一、犯罪认定侧重处罚必要性，追求实质正义

在英国，认定犯罪虽然需要制定法，但也强调犯罪的实质性依据，体现追求实质正义的价值诉求。法律是人们在通往公平、正义的理想道路上的阶梯，两者是手段与目的的关系。法官最佳判决就是与社会正义和公理相吻合，合理性是法律适用的首要目标。因此，一项刑事判决如果建立在连贯一致的价值形式和一系列相互协调一致的意识形态原则的基础上，体现各种社会文化因素的综合，符合社会一致性标准，就会产生良好的社会效果，最大限度满足社会对犯罪处罚的愿望，也是最为理想的先例类型。“这种理想类型的实现有助于确保纠纷的解决以及法律的建设都可以在社会通行的标准的基础上进行；协调法律运行的结果和个人的合理预期之间的关系；并通过论证法律的实质合理性来深化法律自身的正当性。我们称这种理想类型为社会一致的理想类型（the idea of social congruence）。”① 在英国，要想使定罪量刑符合社会一致性标准，就必须考察由道德规范、政策和经验命题组成的社会命题。

按照普通法的传统，罪行是需要加以惩罚的本质上不道德的行为。道德是判断行为对错的标准，法律作为评判行为利弊的尺度，与道德

① ［美］迈尔文·艾隆·艾森伯格：《普通法的本质》，张曙光、张小平、张含光译，法律出版社2004年版，第63页。

不应该有明确界限，法律责任其实就是道德责任，两者的调整对象不应该严格区分。不过，近些年来，关于行为是否因为其不道德性而成为罪行，在普通法系国家内部存在激烈争议。如英国沃尔夫丹（Wolfendan）同性恋犯罪和卖淫委员会认为，维护道德不应成为刑法的正当目的。“刑法的目的是：维护公共秩序和公共尊严，保护公民免受侵犯性或伤害性的行为的影响，为公民特别是那些特殊易受伤害的公民提供足够的保护防止他们受到其他人的利用和破坏。超出实现上述目的的必要之外干预公民的私人生活，或者试图推行任何特定的生活方式，这并不属于法律的功能。”① 英国西蒙兹法官则充分肯定道德之于刑法的重要性。“仍然留在法院手中的权力是，贯彻法律的最高的和基本的目的，不仅保持国家的安全和秩序，而且维护国家的道德利益。法院的职责在于，保卫国家免受那些花样翻新、难以预防而更加阴险有害的危害行为的侵袭。”② 如果排除社会道德作为刑法的保护目标，是否意味着“我们的立法活动是或者应该是受独立的纯粹理性的神明（Gods of Pure Reason）控制的，这种神明居住在我们的政治体制当中的某个地方，负有为社会解决此类问题的权力，并且不受不那么神明的普通人所不能摆脱的偏见的影响？”③ 这无疑更加难以把握。可见，“试图在道德责任和法律责任的调整对象之间加以区别，是以犯罪的正统模式的适当性为前提条件的。如果犯罪的客观要素和主观要素不能分离——如果不存在独特的犯罪的主观要素——使道德和法律的调整对象形成鲜明对照的基础则不能持久”。④ 道德规范的重要性对犯罪认定的影响在许多方面都是显而易见的，但这并不等于任何道德规范都可以成为认定犯罪的依据。只有当道德标准与建立、适用、改变普通法规则相关时，法院才应当适用社会道德。在普通法中，社会道

① ［英］J. C. 史密斯、B. 霍根：《英国刑法》，李贵方等译，法律出版社 2002 年版，第 23 页。

② ［英］鲁珀特·克罗斯、菲利普·琼斯：《英国刑法导论》，赵秉志等译，中国人民大学出版社 1991 年版，第 20 页。

③ ［英］J. C. 史密斯、B. 霍根：《英国刑法》，李贵方等译，法律出版社 2002 年版，第 24 页。

④ ［美］道格拉斯·N. 胡萨克：《刑法哲学》，谢望原等译，中国人民公安大学出版社 2004 年版，第 197 页。

德是具有普遍意义的公正和理性，是所有制定法都应该遵循的准则，制定法的任务就在于体现并遵循社会道德。因此，对于发生在一定情境中的犯罪事实，判决结果如果与该情境下的社会道德相吻合，就被认为是公正和理性的。

与道德标准将行为作为评判对象不同的是，政策把客观事实作为评判目标。道德把行为分成正确和错误两种，政策则将客观事实分为好的和坏的两种状态。不过，客观事物的好坏受诸多因素影响，且任何事物总是包含积极和消极两个方面，不存在绝对的好与绝对的坏，这就决定了政策并不像道德那样天生包容普遍规则，从而必然具有多样性与可变性。例如，一家严重资不抵债的公司，发起人或者股东基于个人目的不依法申请破产，从而严重损害他人利益的，可能会受到刑事制裁。但是，如果从便于充分就业的角度，用法律手段使公司免于破产，以投合国家有关就业的政策性目标，法官就可以认定行为不违法。“尽管在规则变化前的行为在规则变化之后不能更改，但变化政策仍然能够对这些行为产生事前影响。例如，进行最初的产品设计决策的企业在做盈利计划时，必须把预期的法律责任考虑在内。如果企业知道当产品或生产过程造成重大损害时会引起侵权责任的话，企业所作出的决策就会与企业有可能得到豁免情况下所作出的决策有本质不同。因此，当责任风险已极度依赖于侵权法的发展变化时，预期新的规则将适用于在新规则宣布前产生的伤害会对行为产生适当的影响……”①

除了道德和政策外，左右法官审判的因素还有经验。“经验命题是关于世界运行方式的命题。这种命题中很大的一类是描述社会次级群体中所遵循的日常行为模式命题。我们把这类命题称为习惯（usage）。就其关于人类行为的命题这一点而言，习惯类似于法律规则和道德规范。”② 建立在先例展现的经验命题基础上的普通法，对所谓的理论原则、法律科学等不感兴趣，这就注定只能由法官而非以权威人士身份

---

① See Louis Kaplow, *An Economic Analysis of Legal Transitions*, 99 Harv. L. Rev. 1986, p. 509.

② ［美］迈尔文·艾隆·艾森伯格：《普通法的本质》，张曙光、张小平、张含光译，法律出版社2004年版，第45页。

鼓吹宣讲法道的法学家们不可能充当传播法律真谛的使者。“年轻人若是立志从事法律职业，他们不是走大学这条康庄大道，也不是要用心去研读某本法律圣书，从教授们中得知什么是法律的确切含义；他们会进入某一律师公会（除非他们选择在教会执业或是从事外交工作），潜心聆听出庭律师和法官们的指教，通过观察法律在法学院中的实际操作来学习法律……学习法律的最佳方式，就是在法庭中学，在记录控辩理由的书本（年鉴）中学，以及在法官与出庭律师之间迅疾而精彩的争辩中学。”①

定罪侧重由道德、政策以及经验等命题组成的实质正义，这是英国犯罪构成论体系构建的重要根基。其意义在于，如果制定法虽规定的犯罪存在不合理乃至背离实质正义，就有可能被弃用。“有些法律可能是徒具空名的，因为它们‘在用语方面’徒具空名；例如，因为它们文字晦涩难懂，意义含混不清，内容前后矛盾，难以看清真实意义，或者难以适用于多种多样的情况。其次，有些法律可能在实质上确实是‘徒具空名’，例如，它们产生了不能接受的结果——不公正或极愚蠢，或者极少见，因为他们的效率低而费用高，或者在类似的案件之间产生前后矛盾或反常结果。”② 特别是内容不公正、非道德的刑法，常被法官弃用，成为导致刑事制定法实质无效的重要原因。就这种以实质正义为核心、坚持处罚必要的定罪模式而言，其哲理基础源于边沁的功利主义思想。边沁“使功利主义风行于19世纪的英国，如同理性主义风行于17、18世纪的欧美一样，以至于成为一个哲学运动被运用到各种不同领域，成为19世纪英国法治现代化的政治伦理基础”。③边沁从个人主义立场出发，认为法治政府只有用以减少更大的一个恶，一切权利都是法律创造而非天赋，立法和法治目的在于实现“最大多数人的最大幸福”，即能够实现生命、达到富裕、促进和平和维护安全

① ［比］R. C. 范·卡内冈：《法官、立法者与法学教授——欧洲法律史篇》，薛张敏敏译，北京大学出版社2006年版，第59~60页。

② ［英］P. S. 阿蒂亚：《法律与现代社会》，范悦等译，辽宁教育出版社、牛津大学出版社1998年版，第217页。

③ ［英］索利：《英国哲学史》，段德智译，山东人民出版社1996年版，第235页。

的社会目标。① 功利主义将法律作为“最大多数人的最大幸福”的工具，以便实现实质的公平、正义，则形式的制定法就不应该成为达到实质正义的障碍，这是导致英国刑事制定法实质无效的根源。

二、判例在认定犯罪中的独特功能

与普通法相辅相成的是先例制度，即法官在解决纠纷中创制出具有约束力的法律——判例。虽然判例不像制定法那样具有普遍强制力，但一个正式公布的判例，对后来的法官是可能具有“约束力”（“说服力”），法官也有义务遵循。如果一个已决判例成为法律上的判例，并因而作为其后判决的一个形式依据，那么后来的、适当级别的法官，如下级法院的法官，首先要将它视为权威。因而，这种判例就具备了我们通常所说的权威形式性。在判例成为形式推理的渊源后，受其权威约束力影响的法官有必要赋予它一定的强制形式性。

在英国，遵循判例的理由多种多样：对相似案例同等对待，体现法律面前平等；限制偏见、专断的范围；有利于当事人作出安排，增进信赖；有助于保护败诉方对法律的遵守；节省重新调查案件的资源，提高效率；促使法官决断时仔细考虑，认识自己担负的责任。② 判例主义不但是普通法的建立根据，而且是普通法规则的源泉。“刑事案件中判例原则的确立，一般来说与陪审团的裁断无关（陪审团的裁断可能是法官意料之外的，甚至与法官就适用法律的指导意见相反）。如果案件被提起上诉，则上诉法院所作出的与原法官就适用法律的指导意见直接有关的评论，就成为该案所创立的判例。上诉法院所作的其他关于法律的说明，则被称为‘附论’（不是裁决所必需的陈述）。这些附论虽然对以后的案件发生具有说服力影响，但它们决不能成为具有约束力的判例，其作用的大小取决于该法院的地位是否显赫。”③ 至于上

① 张彩凤：《英国法治研究》，中国人民公安大学出版社 2001 年版，第 122～123 页。

② 参见［美］P. S. 阿蒂亚、R. S. 萨默斯：《英美法中的形式与实质——法律推理、法律理论和法律制度的比较研究》，金敏、陈林林、王笑红译，中国政法大学出版社 2005 年版，第 96～97 页。

③ ［英］鲁珀特·克罗斯、菲利普·琼斯：《英国刑法导论》，赵秉志等译，中国人民大学出版社 1991 年版，第 9 页。

诉法院作出的判决，并非无条件成为具有法律约束力判例，而是存在某些例外。例如，上诉法院的判决必须以下级法院法官所确认的事实为基础，否则就可能不具有法律约束力。“治安法官在简易审判中所作的判决，以及经上诉以后由刑事法院作出的判决，都不能构成判例。……上诉中的判决将在治安法官或刑事法院确认已得到证明的事实的基础上作出，这种判决将构成具有法律约束力的判例。”①

法官遵循判例的另一重要原因是，他们被支持该判决的实质推理所说服。如果先例之判决有误，或者先例裁判法院认为有必要重新考虑或不遵守自己的先例是正确的，则可能被认为不具有权威拘束力。由此，我们不难理解英国法律体系中采纳的判例原则之于普通法的重大意义，这也是普通法在英国经久不衰的主要原因之一。直至今天，英国刑法法典化虽然还在进行，未有最终结果，但即便将来真正的刑法典出台，也并不等于普通法完全退出历史舞台。不过，“自从 1972 年上议院在‘克努勒股份有限公司诉检察长’一案中作出否决以来，法院创制罪名的情况不可能继续了。在该案中，上议院一致否决了法院在创制新罪名或扩大现有罪名以致把那些迄今还不受处罚的行为规定为应受处罚的犯罪行为方面所残留的权力”。②

判例制度的确立，为以诉讼程序为中心的普通法提供了有力保障，其与英国犯罪论体系中的程序化要件——免责辩护理由是相辅相成的。判例的形成具有能动性与开放性。能动性在于：尽管具备犯罪行为与犯意，只要存在实质合理的辩护理由，都可以成为否定犯罪成立的理由。这使得犯罪认定能够适应现实生活中千变万化的形势需要，不至于在形式化的制定法的制约下走向僵化，乃至落后于社会发展的需要。开放性在于：判例的形成不受特别的时间、条件等限制，只要是公认合理的认定犯罪成立的案例，都可以成为判例得到遵循。判例的上述特点，如果是在大陆法系国家是很难想象成为认定犯罪的依据的，但是，在英国则不存在问题。因为，作为免责的辩护理由完全能够充分

① ［英］鲁珀特·克罗斯、菲利普·琼斯：《英国刑法导论》，赵秉志等译，中国人民大学出版社 1991 年版，第 9 页。

② ［英］鲁珀特·克罗斯、菲利普·琼斯：《英国刑法导论》，赵秉志等译，中国人民大学出版社 1991 年版，第 11 ~ 12 页。

接纳判例，并可以随时随地使之成为犯罪认定过程中的理由和依据。

三、严格责任

在大陆法系国家，无罪过无犯罪是一项基本原则。但是，在英美法系国家，有时即使主观上没有罪过，也要承担刑事责任，这便是严格责任。“某些对于特定行为的一个或多个行动要件不要求故意、轻率、甚至疏忽的犯罪被称为严格责任犯罪，或者有时被称为‘绝对禁止之罪’。”① 相应地，严格责任是指在行为人主观上不存在故意、轻率、甚至疏忽的情形下，对自己的行为所承担的刑事责任，故严格责任属于无罪过责任。“在实体法的一些部分中，某些既不是故意也非预见到的伤害的后果被赋予了同样重要的意义。如果被告攻击原告，他所犯的罪是一项可处以六个月监禁的即决犯罪；但是如果他的攻击行为完全不可预见地造成了实际的身体伤害，犯罪者所犯的就是一项可起诉之罪，可处以五年以下的监禁。”② 早期的人类社会认定犯罪，主要考虑客观后果，而不是主观罪过，这在各国历史上都存在过。“有证据表明，在整个欧洲的古代时期，凡是给他人造成重大损害的行为都要受到神的严厉惩罚。”③ 特别是在原始社会，认定犯罪具有很大的随意性，主观罪过往往被忽视。“我们发现对犯罪据以惩罚的原则非常含混，执行惩罚的方式也是不确定的，更多的是为偶然性和个人情绪而非明确的制度机制所掌控。事实上，更重要的方式是非法律制度、习俗、巫术和自杀的安排与事件、首领的权力、魔法、禁忌的超自然后果和个人报复行为的副产品。”④

在英国刑法中，严格责任犯罪在普通法上很少，基本上源自制定法。严格责任主要存在于两类犯罪中：一是侵犯公共福利的犯罪。常

---

① ［英］J. C. 史密斯、B. 霍根：《英国刑法》，李贵方等译，法律出版社 2000 年版，第 114 页。

② ［英］J. C. 史密斯、B. 霍根：《英国刑法》，李贵方等译，法律出版社 2000 年版，第 6 页。

③ ［英］J. W. 塞西尔·特纳：《肯尼刑法原理》，王国庆、李启家等译，华夏出版社 1989 年版，第 6 页。

④ ［英］马林诺夫斯基：《原始社会的犯罪与习俗》，原江译，云南人民出版社 2002 年版，第 64 页。

见的有危险驾驶、使用虚假商业说明、出售伪劣烟草、出售腐败变质食品、污染环境等。例如，尼科尔斯诉霍尔案和坎迪诉勒考科案首先引入这样一种观念：对于某些犯罪，犯意不是犯罪构成的必要条件。在之后的谢拉斯诉德·鲁曾一案中，法官进一步确立了在普通法中犯意作为犯罪构成必要条件的规则存在例外情况。[①] 二是道德犯罪。历史上，英美法系国家刑法就有侧重保护道德规则的传统。“道德规则必然是不稳定的，在精确性上几乎始终是欠缺的，并且经常处于变动之中。因为道德规则体现了人类感情对外界环境的反应；并且，不应当期望从认为违反道德标准的现行规则是认定刑事犯罪必不可少的条件的那些时代遗留下来的法律判决和著作中能够产生任何精确的定义和区别，尤其是因为严格责任这个比较古老的规则当时没有并且甚至现在也确实没有完全丧失它的效力。”[②] 所谓“道德犯罪”，是指那些违反社会有关性或其他道德准则的犯罪，如法定强奸（与未成年少女发生性关系）、引诱未成年少女脱离其监护人的看管、重婚以及重罪——谋杀罪等。对“道德犯罪”之所以要适用严格责任，一方面是因为此类犯罪侵犯的是国家所要重点保护的特殊法益，另一方面还因为它具有较大的事先可责性。[③]

在英国，适用严格责任认定犯罪并非是随意、不受限制的，而是需要符合一定的条件。例如，在“（香港）加蒙有限公司诉香港律政司”一案中，英国上议院就说明了如何确定成文法所规定的犯罪，是要求证明犯罪意图还是属于严格责任犯罪：（1）法律假定一个人被认定有罪前要求其有犯罪意图。（2）该种犯罪是“真正的犯罪”时特别要求这一推定。（3）这一推定适用于成文法中的犯罪，只有明确规定或必要的暗指才可以不要这一推定。（4）不要这一推定的唯一场合，是成文法只关注社会关心的问题，如公共安全。（5）成文法即使关注这一问题，犯罪意图的推定仍然存在，“除非严格责任的创制有力地推

---

① 骆梅芬：《英美法系刑事法律中严格责任与绝对责任之辨析》，载《中山大学学报（社会科学版）》1999 年第 5 期。

② ［英］J. W. 塞西尔·特纳：《肯尼刑法原理》，王国庆、李启家等译，华夏出版社 1989 年版，第 30 页。

③ 参见刘仁文：《刑法中的严格责任研究》，载《比较法研究》2001 年第 1 期。

进成文法的目标，即通过严厉的警告阻止实施被禁止的行为”。[①] 一般说来，法院在决定是否适用严格责任时，主要考虑以下因素：一是从法条的历史演变、主题和前后文来看立法原意；二是与其他法规结合起来一并考虑；三是刑罚的严厉程度；四是行为对公众的危害性；五是被告人知道事实真相的几率；六是起诉方证明某一类犯罪的主观心态的难易程度；七是某类罪的起诉量。[②]

第四节　对英国犯罪构成论体系的评价

一、双层犯罪构成论体系：一个并不确切的称谓

对于包括英国在内的英美法系犯罪构成模式，学界存在诸多不同的理解。有学者认为，“在定罪过程明确预留了控辩双方的实体平台：控方指证主客观构成要件，辩方举证‘抗辩事由’，双方享有对等的进攻权。在法庭上，控辩双方利用对等的‘发球权’，通过若干回合的举证与反举证，实现双方攻防地位的转换，使得法官对案件事实存在与否、法律责任承担与否的判断愈加清晰明朗。所以，西方两大法系虽然犯罪构成模式不同，但确有异曲同工之妙，就在于它们都把辩护权在犯罪构成模式的意义上主动化、制度化了。”[③] 还有学者在肯定英美法系国家犯罪构成要件包括实体性犯罪构成要件和程序性犯罪构成要件的同时，认为英美法系犯罪构成体现的是诉讼因素对犯罪构成模式的渗透，并对其赖以形成的历史和现实原因进行了分析。“英美法系犯罪构成最大特色就是诉讼因素对犯罪构成的渗透和影响。……恰恰是不属于成文法系的英美法系，以其独特的历史经历和独到的法律体验给我们呈现另外一种犯罪构成模式。在这里，犯罪构成虽仍然首先是实体上的一种规定，定罪的一种规格，与其他法系一样仍然拥有本体上的犯罪要件，但最根本也最重要的是，在实体之外，英美法系的犯

① 参见赵秉志主编：《香港刑法纲要》，北京大学出版社1996年版，第20页。
② 参见刘仁文：《刑法中的严格责任研究》，载《比较法研究》2001年第1期。
③ 刘远：《犯罪构成模式的反思与重构》，载《中国刑事法杂志》2006年第5期。

罪构成更多地吸收了诉讼或程序上的因素。”① 论者还从普通法的历史沿革、避免真正危险的诉讼程序以及体现正义的价值诉求等方面，阐述诉讼因素渗透进犯罪构成的历史与现实原因。② 也有学者认为，英美法系与大陆法系在犯罪构成理论构建思路上一致。“英美法系的犯罪成立理论体系架构虽然外在表现不同，但是在构建思路上是一致的，都是针对犯罪的形式化成立要件的不足，形式化判断之后设置了修正性的判断阶段。而且作为修正判断的内容也具有相似之处：英美法系的正当事由与大陆法系的阻却责任事由具有实质的共同性，可得宽恕与阻却责任事由也基本上相同。”③

上述观点在一定程度上揭示了英美法系犯罪构成的基本内容，却都存在一定的误解，表明了难以割舍的犯罪构成实体法情结，值得商榷。理由在于：

首先，英美法系犯罪构成的责任充足要件属于程序性要件，而犯罪行为和犯罪心态组成的犯罪本体要件属于实体要件，两者法律性质有着根本不同，难以根据一个标准划分层次。同时，双层次犯罪构成之称谓，容易让人误认为犯罪本体要件处于核心、基础地位，而责任充足要件处于从属地位，这未必确切。

其次，认为“英美法系犯罪构成最大特色就是诉讼因素对犯罪构成的渗透和影响”，是对英美法系缺乏实质了解得出的结论。日本学者小野清一郎曾认为，“这一诉讼法性质的 Corpus delicti 概念传到英美法中后，直到现在，在有关口供、辅助证据方面，仍然使用着这一概念。我们在大战结束后都曾经学过。这令人不能不对它的持久生命力感到饶有兴趣”。④ 如果说小野清一郎对“Corpus delicti”在英美法中的“持久生命力”感到奇怪的话，只能说明他对英美法系犯罪构成的本质缺乏深刻了解。实质上，“Corpus delicti”（犯罪事实）作为程序性要件

---

① 陈兴良主编：《犯罪论体系研究》，清华大学出版社 2005 年版，第 103 ~ 104 页。

② 参见陈兴良主编：《犯罪论体系研究》，清华大学出版社 2005 年版，第 104 ~ 115 页。

③ 王志远：《犯罪成立理论原理——前序性研究》，中国方正出版社 2005 年版，第 133 页。

④ ［日］小野清一郎：《犯罪构成要件理论》，王泰译，中国人民公安大学出版社 2004 年版，第 3 页。

传到英美法中后至今仍被使用，主要原因在于其诉讼性质与英美法系普通法之程序性特性不谋而合，从而能够在英美法系的犯罪构成中永葆本色。那种认为“英美法系犯罪构成体现的是诉讼因素对犯罪构成模式的渗透”的观点，与小野清一郎的认识存在同样的先入为主的片面性。英美法系犯罪构成从来就没有像大陆法系那样呈现纯实体性，何谈诉讼因素渗透呢？与其说“英美法系犯罪构成体现的是诉讼因素对犯罪构成模式的渗透”，不如说“英美法系犯罪构成体现的是实体因素对犯罪构成模式的渗透”。

再次，表面要件与实质要件论看似有道理，实质并无现实意义。按照该观点，大陆法系国家犯罪构成同样存在表面要件与实质要件之分。前者指构成要件该当性，后者指违法性和有责性。行为符合构成要件该当性，犯罪表面成立；如果不存在违法阻却事由与责任阻却事由，犯罪实质成立。推而广之，必然也得出我国犯罪构成乃表面要件与实质要件的统一的结论。这样一来，对英美法系犯罪构成之分类，显然就没有体现其自身特征，如此分类当无现实意义。其实，该分类依据源于犯罪成立的形式与实质之别，乃中西方在犯罪成立上历来争论的课题之一，以此对英美法系犯罪构成要件分类，既非创新，亦没有揭示英美法系犯罪构成要件的本质，实无可取之处。

最后，构建等同论认为英美法系的犯罪成立在构建思路上与大陆法系犯罪构成是一致的观点，这实乃生搬硬套。“法系是指关于法的性质，法在社会和政治中的地位，法律制度的实施及其相应的机构，法律的制定、适用、研究、完善和教育的方法等等一整套根深蒂固的并为历史条件所限制的理论。法系与文化相勾连，而法系又是文化的一部分，法律制度被置于文化的视野而加以考察。”① 既然分属不同法系，英美法系与大陆法系在价值观念、历史背景、法律文化等方面具有显著不同，关于法的性质、法律制度的实施、法律的制定、适用等均有本质区别，何以在犯罪构成的构建上思路一致？

笔者认为，之所以出现上述误解，皆因人们习惯于站在实体法规

① ［美］约翰·亨利·梅利曼：《大陆法系》，顾培东、禄正平译，法律出版社2007年版，第2页。

定的犯罪构成要件的角度思考问题，从而偏离英美法系犯罪构成的实质。“熟悉大陆法的学者很容易也很自然地将法律视为一套规则体系，用自己熟悉的概念来理解普通法的相关概念。将普通法视为规则显然没有疑问，但是这远远没有抓住普通法的本质所在。”① 英美法系与大陆法系在对法的性质以及价值诉求上，历来存在经验论与唯理论的对立。与此相对应，在对犯罪的认定上，英美法系坚持以处罚必要为核心，侧重程序要件在犯罪构成的作用，体现的是以程序正义为核心的价值取向。应当说，认为英美法系犯罪构成乃实体要件与程序要件相结合的双层次模式，固然不存在差错，正如德、日等国犯罪成立要件并非纯正实体要件一样。② 但是，英美法系犯罪构成中的实体要件显然与程序要件不处于同一等级，更谈不上如大陆法系国家那样以刑法规定的“构成要件符合性”为犯罪成立的基础条件。

二、英国犯罪构成论体系的本质特征

在英美法系国家，程序要件始终处于犯罪成立的主导地位。在英国，由于缺乏统一适用的刑法典，许多犯罪成立的实体要件也并没有权威、统一的规范，倒是法官裁量具有重大影响。“虽然 1852 年被废除后，英国已经日渐从程序转向实体法，现在所强调的是实体法而不再是程序法，实体法得到了他们首要的关注，但是，由于几个世纪以来，英国法学家的注意力一直集中在诉讼程序、诉讼形式以及从普通法法院与衡平法法院可能获得的补助手段之类的问题，从过去继承下来的传统和感情却仍然坚持诉讼法是法律的中心和内核。在英国和美国法官心目中，程序是至为重要的东西：公正的审判，遵守正当法律程序被英国和美国法官认为与法院最终适用的实体法规则同等重要，甚至是更为值得注意的因素。”③ 在许多场合，即便是在单行法律中对行为有规定，要想区分犯罪与违法行为也是非常困难的，只有程序才

---

① 李红海：《普通法研究在中国：问题与出路》，载《清华法学》2007 年第 4 期。

② 例如，亲告罪之“告诉才处理”等要件，乃为程序性犯罪成立要件，非实体性要件。

③ 何秉松、王桂萍：《中国与加拿大刑法犯罪理论体系比较研究》，载《中加刑法理论国际研讨会论文集》2006 年，第 2 页。

能决定某一行为是犯罪还是违法行为。“任何区分犯罪和侵权的努力所遇到的困难与因为定义罪行本身而遇到的困难是完全相同的：大多数侵权同时也是犯罪，尽管有些侵权不属于犯罪和有些犯罪不属于侵权。区别不在于行为的性质，而在于诉讼程序的性质；同时既是侵权又是犯罪的行为可同时引发两种类型的诉讼。”① 这种根据程序定罪的特点，使得根据行为本身定义犯罪，并非是确切、可行的。“试图根据行为的性质定义罪行的作者，最后告诉我们只能是作者认为什么行为应该是罪行，而不是什么行为事实上是罪行；这并不是对于罪行的一个定义。”② “罪行是：一种能够继之以刑事诉讼并具有作为这些诉讼程序的必然结果中的一种结果的行为。”③

可见，认为英国的犯罪构成论体系具有浓厚的程序化特征，是符合现实情况的。相对来说，实体性要件在犯罪成立中虽然重要，却不是处于基础地位，只是在漫长的历史进程中通过不断渗透入犯罪构成体系中争取到一席之地。这与英美刑法双层次犯罪构成模式的历史成因有关。“英美法系以判例法为基础，判例法的一个重要特征就是分则性规范如具体犯罪定义详细具体，而总则性规定如刑事责任原则和免除刑事责任的情况等则缺乏法律化、系统化。”④ 普通法的特征，是决定英美法系犯罪构成具有典型程序性的主要原因。“国家的任务只有一个，这就是保障公民的性命、健康、自由和私有财产，抵御对这些公民权利的暴力侵犯。一切超出这一职能范围的政府行为都是罪恶。”⑤ 围绕这一目标，英美法系选择的是以实质正义为核心、以程序正义为主导的价值取向，这成为英美法系犯罪构成侧重程序要件的动力源泉。我们完全可以认为，英美法系犯罪构成在某种程度上属于程序性犯罪

---

① ［英］J. C. 史密斯、B. 霍根：《英国刑法》，李贵方等译，法律出版社2000年版，第25页。

② ［英］J. C. 史密斯、B. 霍根：《英国刑法》，李贵方等译，法律出版社2000年版，第26~27页。

③ ［英］J. C. 史密斯、B. 霍根：《英国刑法》，李贵方等译，法律出版社2000年版，第26页。

④ 储槐植：《美国双层次犯罪构成模式的构造与刑法价值》，载梁根林主编：《犯罪论体系》，北京大学出版社2007年版，第154页。

⑤ Ludwig Von Mises, *The Free and Prosperous Commonwealth*: *An Exposition of the Ideas of Classical Liberalism*, Princeton N. J.: D. Van Nostrand, 1962, p. 52.

构成。一方面，程序性犯罪构成之称谓，能够体现英美法系的普通法传统，揭示了英美法系以程序正义为目标的法治特色。另一方面，程序性犯罪构成之称谓，能够准确区分于大陆法系以及我国以实体要件为核心的实体性犯罪构成，具有鲜明个性。此外，程序性犯罪构成之称谓，还能纠正我国学者习惯于以实体法规定的犯罪构成作为理论研究基础的缺陷，为我国构建科学、合理的犯罪论体系提供有益参考。

对于构成要件以及犯罪构成及其理论，我们不应该只停留在德、日刑法及其理论研究的探讨层面。构成要件并非天生注定为刑事实体法的范畴，它可以归属于刑事程序法的范畴，甚至"'构成要件'可以离开成文刑法而存在"。[①] 同样的道理，犯罪构成以及犯罪构成理论，不仅是刑事实体法的范畴，同样也属于刑事程序法的范畴，虽然前者与后者相比更为成熟、丰满，却远远不能达到因噎废食的地步。大陆法系侧重刑法规定的实体要件在犯罪构成的作用，体现的是以实体正义为核心的价值取向。与此相对，英美法系侧重刑事程序要件在犯罪构成的作用，体现的是以程序正义为主导的价值取向。

即使今天的英国制定法普遍存在，但作为制定法规范的犯罪构成实体要件依旧没有取得基础性地位，唯独程序要件才是英美法系犯罪构成的基石。普通法法院通常用类推的理由适用先例，并从中滋生出犯罪认定规则和经验。这种类推，被成文法系国家视为与其尊崇的罪刑法定原则水火不容。绝对排斥类推的法规范主义，在普通法适用时是不能忍受的。基于这一点，有人认为普通法对待法规的方式，天生就产生很明显的司法敌意。在这种敌意的长久滋润下，满脑子普通法观念和思维模式的英美国家法官们，同样不可避免地对法规范产生敌意。这种排斥规范适用的"潜规则"，首先来自自命主持人间公道的普通法的精神实质，即普通法本来就是产生法律原则和正义的源泉，如此一来规范自然处于从属地位。普通法以体现公正为己任，赋予法官为追求正义享有创制法律的特权。普通法法官基于普通法的"神圣"与追求正义的"特权"，本能地对制定法具有排斥心理，不愿受到规范的制约。再者，制定法缺乏灵活性以及相对滞后性，给普通法发挥最

① 张明楷：《犯罪构成理论的课题》，载《环球法律评论》2003 年秋季号。

终作用提供了契机，因为博大精深的普通法可以灵活应对各种现实案例。故在英美法系国家，制定法离不开普通法，普通法却可以离开制定法。如果制定法与普通法相辅相成，互相补充，当然不存在排斥问题。

时至今日，制定法的大量滋生多少改变了普通法与制定法的力量对比，却丝毫没有改变普通法以程序为中心的实质。我们不应该只看到制定法的发展势头，忽略普通法深厚的历史与社会基础，乃至于将焦点集中在并非普通法精髓的实体法上。“当我们审视今天我们所进行的法律变革之路时就会发现，我们对于普通法的借鉴至今仍停留在具体的实体规则层面，而这又非普通法的精髓；即使是对于普通法司法方面的借鉴，也只是片面的制度效仿，并未达到通过司法进行社会治理的层次。”① 否则，就难以理解英美刑法犯罪构成的真正含义。正如有学者指出，“具体地说，刑法典必须将应当以刑罚惩罚保证其实施的行为规则实现（ex ante）告之公众；同时，刑法典必须事后（ex post）裁决任何违反这些规则的行为。在履行后一种功能时，法律的主要对象不是一般公众，而是刑事司法系统中受过培训和特别指导的参与人，主要是律师、法官和陪审员。这两种规则——行为规则和裁判规则——的内容和形式是迥异的，它们的不同点表明，必须有两种不同且各具特色的法典：一部是以公众能够理解和适用的方式起草的行为法典，另一部是为裁判者、律师、法官和陪审员所制定的更为复杂化和主观化的裁判法典。”② 笔者认为，这一见解确切地揭示了以英国为首的普通法系国家刑事制定法所处的境遇，充分表明其犯罪构成的程序性与裁判性特征。在普通法系国家，“有罪是一回事；被追诉和被惩罚时则是另一回事。一个人是否会被认定对一项特定的罪行承担责任，取决于程序性规则。这些规则决定着国家如何通过证明犯罪的发生、认定行为人有罪和惩罚那些应当对这个人犯罪负责的人，来执行刑罚”。③ 虽

① ［比］R. C. 范·卡内冈：《英国普通法的诞生》，李红海译，中国政法大学出版社 2003 年版，“译者序”，第 21 ~ 22 页。

② ［美］保罗·H. 罗宾逊：《刑法的结构和功能》，何秉松、王桂萍译，中国民主法制出版社 2005 年版，第 8 ~ 9 页。

③ ［美］乔治·P. 弗莱彻：《刑法的基本概念》，蔡爱惠、陈巧燕、江溯译，中国政法大学出版社 2004 年版，第 6 页。

然制定法在英美法系国家刑事法律中所占的比例越来越大，但其与普通法的联系不可能割裂，普通法作为宗法的地位难以在短期内动摇。“尽管刑事制定法与普通法无论在内容上还是在形式上均具有原则性区别，但是英美法系国家的刑事制定法与普通法仍然具有不可忽视的关联性。事实上，如果离开了普通法，刑事制定法有时候就无法正确适用。”①

① 何勤华、夏菲主编：《西方刑法史》，北京大学出版社2006年版，第458页。

第八章　美国犯罪构成论体系考察

第一节　美国犯罪构成论体系的历史沿革

如同美国刑法发展的时期一样，美国犯罪构成论体系的发展也经历了三个时期，即殖民地时期、美国独立以后到 20 世纪初以及 20 世纪初至今。

一、殖民地时期的犯罪构成论体系

美国独立以前的殖民地时期始于 1607 年英国取得北美大陆第一块殖民地，终止于 1776 年美利坚合众国诞生。在这一时期，英国普通法也同样也适用于美洲各殖民地。同时，为了适应各殖民地的情况，英国政府也允许各殖民地颁布法令和条例，但法令和条例必须服从英国的法律，至少不能相抵触。由于当时的英国法律主要是从封建社会中发展而成的，并不完全适用于美洲各殖民地的情况，所以各殖民地在适用英国法律的同时或多或少地结合本土的特殊情况作了一些修改。甚至个别殖民地还基于历史原因拒绝适用英国法律，如原为法国殖民地的路易斯安那州的刑事法仍遵循大陆法系的传统。[①] 也有观点认为，每一个殖民地由其独有的社会、政治、经济条件所决定，形成了不同的法律，因此 13 个殖民地就有 13 个独立的法律体系。但法律的基本成分有三个：一是定居者带到美国的英国法；二是土生土长的法律规范和法律实践，也就是由当地的自然条件、经济条件、社会习惯以及定居者特征等地方因素所决定的，为应对当地的实际问题而产生的法律；

① 参见朱华荣主编：《各国刑法比较研究》，武汉出版社 1995 年版，第 223 页。

三是由殖民地居民的意识形态所产生的法律，如清教徒掌权时就会制定一些与英国法不同，也与当地的自然、社会条件无关的，纯粹反映其信仰的法律。① 特定的历史时期和特殊的政治形势，使得殖民地时期美国的刑事法律中包含有大量的政治和经济政策，由此导致犯罪的认定充满不少变数，如公民的反抗并不一定是违法或犯罪行为。②

二、美国独立以后到20世纪初的犯罪构成论体系

1776年美国独立以后，逐渐形成了自己独立的法律制度。一方面，受国家主权原则所决定，1776年7月4日，英国法律在美国停止适用。但是，基于历史的联系，美国明显地接纳了英国的普通法。“在美国，法院和刑事领域的律师用到‘普通法’这一词时，其所指的是由英国法官们经由几个世纪发展而来并传入美国的法律。”③ 自美国独立至19世纪末的美国，普通法起主导作用。对此，《美国法注释》中这样写道：“对我们来说，普通法作为一个完整的体系，被这个国家的人民承认和采纳了。根据纽约宪法的一项明确规定，它被宣布为这块土地上的法律的一部分。”④ 美国刑事立法中对英国普通法的适用主要有以下几种形式：第一，在特定的制定法中认可英国普通法的某些部分；第二，制定总则性法规或者通过宪法性条款来接受英国法；第三，通过法院判例引进普通法的某些部分；第四，根据国家主权原则，通过联邦和州的制定法或法院判例接纳英国普通法。⑤ 英国法的任何特定部分的被接受或被拒绝都取决于各州的立法机关和司法机关。即使州或联邦通过了某项与英国法相似甚至完全相同的法律，那也是他们自己的立法或司法活动，属于主权行为。⑥ 另一方面，美国普通法的确立过程

---

① 何勤华、夏菲主编：《西方刑法史》，北京大学出版社2006年版。

② ［美］劳伦斯·M. 弗里德曼：《美国法律史》，苏彦新等译，中国社会科学出版社2007年版，第57页。

③ ［美］约书亚·德雷斯勒：《美国刑法精解》，王秀梅等译，北京大学出版社2009年版，第25页。

④ ［美］伯纳德·施瓦茨：《美国法律史》，王军等译，法律出版社2007年版，第11～12页。

⑤ 参见何勤华主编：《美国法律发达史》，上海人民出版社1998年版，第273页。

⑥ 参见储槐植、江溯：《美国刑法》（第4版），北京大学出版社2012年版，第11页。

是与法典化运动相交织的。受欧陆法尤其是法国法的影响，很多州出现了编纂刑法典以全部或部分地废除普通法的倾向。正是由于受法典化运动的影响，美国的刑事制定法呈现出强劲的发展态势。不过，此时的刑法法典化与大陆法系国家的法典化不可同日而语。此时的刑法典实际上只不过是把普通法和业已制定的刑法规范简单地堆砌在一起而形成的混合体。“到 1900 年止，尽管多数州仍然机械地承认普通法犯罪的可能，但有些州已制定成文法特意取消了这一概念。这些成文法明确规定，所有犯罪都列入刑法典，除此之外不是犯罪。在一些州里，法院通过解释刑法典（悄然地）取消了普通法犯罪。在这些州里，普通法犯罪概念虽然幸存下来，但却几乎不曾引用，刑法典实际上取得了完全的、独占的地位。”①

三、20 世纪初至今的美国刑法改革时期的犯罪构成论体系

到 20 世纪，受大陆法的影响，为反映现代社会的要求，美国的制定法主义倾向得到进一步强化，这使得普通法在美国的地位今非昔比。据美国学者介绍，许多州经常通过法规来废除普通法上的犯罪。在这些司法辖区，一个人因某一行为被起诉和获刑，仅因该行为系被制定法或其他立法文件界定为犯罪的行为。虽然一些州明确地承认普通法上的犯罪，但它们被禁止类似行为的成文法所取代。因此，尽管普通法上的犯罪在这些州并未被废除，但起诉这些犯罪已不太可能，除非现有的法律规定中真有漏洞，而从今天来讲，现有法律已很少存在漏洞。几乎所有的立法机关都发布了包含普通法上重罪和多数轻罪的制定法。② 不过，也有美国学者指出，没有一个州仍然准许法官制定犯罪，然而普通法在美国仍然很重要，这有几方面的原因。有一些州的刑法吸纳了普通法之罪的罪名，而没有给出它们的定义。根据所谓的“接收”法令，司法判决必须根据普通法来确定普通法之罪的诸要件。另外，因为有些法典仅仅是将以前存在的普通法原理予以编纂，在需

① ［美］劳伦斯 · M. 弗里德曼：《美国法律史》，苏彦新等译，中国社会科学出版社 2007 年版，第 57 页。

② 参见［美］约书亚 · 德雷斯勒：《美国刑法精解》，王秀梅等译，北京大学出版社 2009 年版，第 26 页。

要考证起草者立法原意的法典语言中的歧义时，可能需要审查该原理发展起源的案件；同样，普通法案件被提及还因为它们往往对最初规则背后的基本原理能够予以解释，而该规则的法典形式却做不到这一点。一名律师意图以对某一制定法条款的某一特别解释背后的政策来说服睿智或者愚钝的法庭，可能得依赖普通法案例来确立和解释该政策。①

为了统一各州的刑法规定，使刑法的概念术语规范化，成立于1923年的美国法学会（American Law Institute）决定草拟一部可供各州起草新的刑法典时参照适用的“模范刑法典”（Model Penal Code）。这项工作开始于1931年，当时由“改进刑事司法联合委员会”负责进行，但接下来的经济大萧条和第二次世界大战使其被迫中断。1951年，在洛克菲勒基金会的资助下，法典的起草工作得以恢复。在其后的十多年间，由法学教授、法官、监狱官员以及精神病学家、犯罪学家以及语言学家组成的起草小组和咨询委员会经过多次讨论，数易其稿，终于在1962年公布了一部完整的《模范刑法典最后建议正式草案》。《模范刑法典》本身并非具有约束力的法律，但它具有很高的学术价值和规范意义。《模范刑法典》附有对主要条文的释义，每一条评论都可以被视为一篇研究论文。《模范刑法典》的示范作用体现在，在它公布之后的20年间，就有半数州以它为蓝本对该州刑法进行了重大修订或重新制定，使之成为“现代刑法典”。② 据统计，现在全美2/3的州刑法典都是以《模范刑法典》为蓝本——当然在程度上有差别——而制定的。“有些州采纳该法典只是做了小小的修订，而其他州，特别是那些较早采纳该法典的州，只是借用了《模范刑法典》的风格和形式而重新编纂了既存原理。”③ 在近1/3的州，起草的刑法典未获立法通过，但日后仍可能被重新审议。《模范刑法典》的影响未局限于州法典的改革。数以千计的法庭意见还引用《模范刑法典》作为有说服力的权威

① 参见［美］波尔·H. 罗宾逊：《美国刑法的结构概要》，何秉松、王桂萍译，载《政法论坛（中国政法大学学报）》2004年第5期。

② 参见储槐植、江溯：《美国刑法》（第4版），北京大学出版社2012年版，第14页。

③ 参见［美］波尔·H. 罗宾逊：《美国刑法的结构概要》，何秉松、王桂萍译，载《政法论坛（中国政法大学学报）》2004年第5期。

来解释现行制定法，或者行使法院创制刑法原则的非经常性权力。《模范刑法典》的《正式释义》（Official Commentaries）甚至也影响深远。由于法院在解释州法典的规定时，不少州都只有很少的立法历史可供参考，所以如果州法典的规定出自《模范刑法典》或者受其影响，则《模范刑法典》的释义常常是探究其规定背后的推理和预期效果的最可利用的权威。《正式释义》也成为刑法学者一项重要的研究资源。释义总会对法典规定的深层次推理和学者对其的争议作出深刻和详细的说明。① 基于此，《模范刑法典》被认为是“美国刑法法典化的最成功样板”。除了个别重要的例外，《模范刑法典》代表了美国刑法的状况，这是其他任何一部州刑法典都难以望其项背的。对此，美国法学会项目主管郝伯特·威克斯勒认为，比较美国传统立法甚至欧洲的刑法典迄今所处理的刑法问题，《模范刑法典》的一般性规则所处理的刑法问题更多更广。近年来，这些规则在大量立法和司法活动中取得的认同正体现了《模范刑法典》的重大成就。②

在犯罪要件方面，《模范刑法典》以两种方式来简化杂乱无序的普通法犯罪规定，并使之合理化：第一，它采用一种后来被称为“要件分析”（element analysis）的方法，③ 仔细辨识犯罪的众多要件，如行为、附随情状、结果等；第二，它只认可和限定四种犯罪心态：蓄意（purpose）、明知（knowledge）、轻率（recklessness）和疏忽（negligence）。第一项创新用来消除普通法关于所谓特定犯罪的犯罪意图的混淆。法典起草者相信该混淆因普通法未能区别犯罪的数个要件

---

① 参见［美］保罗·H. 罗宾逊、马库斯·德克·达博：《导论》，载《美国模范刑法典及其评注》，刘仁文、王祎等译，法律出版社 2005 年版，第 9 页。

② 《美国模范刑法典及其评注》，刘仁文、王祎等译，法律出版社 2005 年版，“前言”，第 9 页。

③ 要素分析法是指把制定法中的可责性用语适用于具体刑法条文中每个关键要素的方法。当制定法没有对客观要素明确规定可责性要素时，对客观要素的可责性要素最低要求是轻率，严格责任除外。要素分析法是一种法律解释方法，是针对《模范刑法典》的具体规定，确定客观要素与可责性要素之间的对应关系。要素分析法要解决的问题是，制定法中的可责性用语适用范围是什么。客观要素与可责性要素之间的关系如何，刑法条文中的可责性要素所规制的客观要素的范围如何，如何确定刑法条文中客观要素的可责性要素等问题，需要在法律框架内得到解答，并且寻找到回答问题的逻辑关系，以指导司法者前后一贯地解释、适用刑法。参见陈银珠：《论美国刑法中的要素分析法及其启示》，载《中国刑事法杂志》2011 年第 6 期。

而致，而为了定罪，每个要件可能需要不同的犯罪心态。单独而言，区分不同的犯罪要件——再考虑到这项新颖的要求，即每个要件而不是仅一个犯罪都伴随犯罪心态——也许没有简化法律，反而使之变得更复杂。但第二项创新解决了这个问题，它只用四种犯罪心态取代普通法发展过程中层出不穷的犯罪心态。作为普通法核心原理之一的犯罪意图的剧烈变动，并没有招来评论家的批评，相反，事实证明它在州立法机关非常受欢迎。事实上，《模范刑法典》中此四种心态的规定有可能是法典对美国刑法改革最重要的贡献。凭借急剧地减少犯罪心态的数目，以及使某些犯罪心态的规定不再有规范意义，此规定使自身变得大大简化。为使法律尽量明确化，《模范刑法典》不顾（或者可能部分因为）模糊的“意图”（intent）和“故意”（intention）概念已在美国和其他国家的刑法中具有重要位置，干脆把这些词统统从术语中删除。①

第二节　美国犯罪构成论体系的基本框架

在美国刑法及其理论中，基本上不使用“犯罪构成”这一概念，与中国刑法理论中的“犯罪构成”这一术语相当或相近的术语是“刑事责任”，即 Criminal Culpability。也就是说，美国刑法理论通常是在“刑事责任”之下展开对犯罪成立条件（elements of a crime）问题的讨论。在论及具体情况下的刑事责任问题时，往往使用“liability”这一术语。②

一、美国正统犯罪构成论体系的基本框架

与英国一样，美国主流的犯罪构成论体系将犯罪构成的两个层次的要件称为犯罪要件和抗辩事由。在英美刑法教科书中，一般将两个层次

---

① 参见［美］保罗·H. 罗宾逊、马库斯·德克·达博：《导论》，载《美国模范刑法典及其评注》，刘仁文、王祎等译，法律出版社 2005 年版，第 16 ~ 17 页。

② 参见［美］利奥·卡茨、迈克尔·穆尔、斯蒂芬·莫尔斯：《刑法基础》，法律出版社 2005 年版，第 155 页。

的要件表述为“犯罪要件”（the elements of a crime）和“抗辩事由”（defenses）。其中，犯罪要件为基本的侧面，又包括“犯行”（actus reus）和“犯意”（mens rea）两个方面的要件；抗辩事由是在犯罪要件的基础上独立于犯罪要件的另一个侧面，又包括“正当性事由”（justifications）和“可原谅事由”（excuses）两种类型。①

二、美国学者罗宾逊的犯罪构成论体系

对于上述居于正统地位的双层次犯罪构成论，美国学者罗宾逊教授提出了批评。罗宾逊教授认为，当前美国刑法有两个基本构架，一是犯罪与抗辩理由的区分，二是犯罪行为和犯罪心理的区分。犯罪行为包括客观要素、因果关系、自愿作为、不作为，犯罪心理一般包括承担责任所要求的可责的心理状态和可责的疏忽，抗辩理由分为无责任（如未成年、精神病）、正当性理由（如自卫、执法权）、其他（如胁迫、时效、同意、情节轻微）。② 罗宾逊教授不同意犯罪与抗辩理由的区分，认为大多数刑法原理都围绕以下三种方式之一运作：首先，一类原理可以界定是什么构成了犯罪，这是犯罪的定义；其次，一类原理可以界定行为人尽管符合某一犯罪的要素也将被宣告无罪的条件，这是一般抗辩理由；最后，一类原理可以界定行为人不具备犯罪的要素也要承担责任的条件，这是归责原理。其中，归责原理的功能与抗辩理由正好相反。尽管行为人的行为缺失犯罪定义的要素，但如果根据归责原理仍可将缺失的要素归责于他，行为人也可能对某一犯罪承担责任。正如依据共犯原理能够将客观要素比如其他人的行为归责于被告人一样，通过自愿醉态原理也能够实现归责。即使行为人无论是实际上还是通过归责而符合了某罪的所有要素，但是，如果他符合一般抗辩理由的条件的话，仍可以被宣告无罪。③ 罗宾逊教授也不同意犯罪行为与犯罪心理的区分。他认为，犯罪行为与犯罪心理这种最基本

---

① 参见夏勇：《定罪与犯罪构成》，中国人民公安大学出版社 2009 年版，第 82～83 页。

② 参见［美］保罗·H. 罗宾逊：《刑法的结构与功能》，何秉松、王桂萍译，中国民主法制出版社 2005 年版，第 5 页。

③ 参见［美］保罗·H. 罗宾逊：《刑法的结构与功能》，何秉松、王桂萍译，中国民主法制出版社 2005 年版，第 15～16 页。

的架构区分是不协调的，与其说它对刑法理论有用，毋宁说它更为有害，因为它引发了论述中的歧义性，掩盖了刑法应对考虑的许多重要的原理性差别。① 首先，犯罪行为要件包含的行为要件、不作为责任的规则、自愿要件和犯罪概念的客观要素实际上是具有重要的理论性差别的、截然不同的诸原理的集合。② 其次，犯罪行为要件中的“客观”要素可能包含纯主观的心理状态，如抢劫罪中引起“恐惧”要件或强奸罪中的被害人不“同意”要件。在此，犯罪心理要件的“主观”性和“客观”要素作为“心理状态”的共同特征同样受到审视。③ 再次，也许是由于在将诸原理组合成犯罪行为的部分时所固有的理论混乱，“犯罪行为”一词在术语上极其混乱。这种混乱源出两端：其一，“犯罪行为”这个称呼常用来指称此概念中的四个有代表性的原理中的任何一个，而没有分辨要指称的是四个中的哪一个。其二，对这种称呼包含哪些内容存有异议。有时犯罪行为被单纯用来指称作为，但不作为也称为广为接受的追究刑事责任的方式。有时犯罪行为要件被用来指称自愿要件，有时又被用来指称每一个具体犯罪所禁止的具体的行为——对大多数罪来说，存在一个明确的和独立的犯罪行为要件。但是，犯罪的行为要件不是普适的，因为每一犯罪所要求的具体行为不同，而自愿要件却是普适的。有的将犯罪行为在狭义的作为意义上理解，这一犯罪行为要件就不是普适的要件，不作为责任就是一个明显的例外。有的将犯罪行为要件在作为—不作为意义上理解，那么犯罪行为要件就是普适的。有的在最广意义上理解犯罪行为，即犯罪行为是指除犯罪心态之外的所有要素，而有的认为结果不包含在行为的范围之内。最后，“犯罪心理”这个概念所引起的问题要少于“犯罪行为”概念所引起的问题，但是从另外一些方面来看，则存在的问题更多。“犯罪心理”这个词当用来指包括疏忽在内的意思时，就可引起误解。但是，如果使用“可责性”或“过错”要件这些现代词汇，似乎

① 参见［美］保罗·H. 罗宾逊：《刑法的结构与功能》，何秉松、王桂萍译，中国民主法制出版社 2005 年版，第 19 页。

② 参见［美］保罗·H. 罗宾逊：《刑法的结构与功能》，何秉松、王桂萍译，中国民主法制出版社 2005 年版，第 22 页。

③ 参见［美］保罗·H. 罗宾逊：《刑法的结构与功能》，何秉松、王桂萍译，中国民主法制出版社 2005 年版，第 21 页。

就避开了这个问题。①

基于此，罗宾逊教授认为，根据这些名目——犯罪行为和犯罪心态——对诸原理进行分类组合，对于每一类中的诸原理所具有的特征和功能并没有得以特别洞悉。事实上，这样分类反而易于遮蔽诸原理之间的重要区别，也产生了术语上的歧义。因此，罗宾逊教授主张抛弃犯罪行为——犯罪心态这种分析结构，以三分设计方案取而代之：

1. 客观要件。在犯罪定义中，行为要素、情节要素和结果要素等客观要件在性质和作用上具有理论上的相似性，某一犯罪的行为与结果要素之间的因果联系这一特殊要件也可以包括进来，因为它与这些客观要件联系紧密，界定了两个要件之间的必然联系。②

2. 可责性要件。《模范刑法典》界定了可责性的四种程度：故意、明知、不计后果和疏忽。以行为人对引起某一结果的可责性为例，根据《模范刑法典》，如果这一结果是某人意识的对象，他对结果就是“故意”作为；如果这一结果不是他的意识对象，而他实际上肯定他的行为将引起该结果，他对该结果就是“明知”而作为。这两个可责性程度之间细微区分的本质在于引起该结果的积极的渴望存在与否；故意要求一个超出对结果近于确定的明知的可责性。如果一个人对其行为将引起的结果近乎确信，他对该结果就是“明知地”作为；如果他仅认识到实质性风险，他对结果就是“不计后果地”作为。明知和不计后果之间的细微区分在于行为人所知道的风险的程度——“实际确信”对“实质性风险”。不计后果和两个较高程度的可责性（故意和明知）之间的区分在于，我们责难不计后果的行为人往往是因为他“不管不顾”，而对符合较高程度可责性的犯罪人予以谴责是因为他“故意的”行为。虽然明知可责性和不计后果可责性针对的都是引起结果的可能性——“实际确定”对“实质性风险”——但故意可责性对结果的可能性却没有予以考虑。故意要件的这个特点反映了它试图引起损害的本性，而不管其可能性如何。与相信损害将发生或可能发生而并

① 参见［美］保罗·H. 罗宾逊：《刑法的结构与功能》，何秉松、王桂萍译，中国民主法制出版社2005年版，第22～25页。

② 参见［美］保罗·H. 罗宾逊：《刑法的结构与功能》，何秉松、王桂萍译，中国民主法制出版社2005年版，第26页。

不希望它发生的作为相比，试图引起损害更应受到谴责。如果行为人有意识地忽略其行为可能引起结果的实质风险，他对结果就是不计后果地作为；如果他应当认识到实质性风险而没有认识到，他仅是“疏忽地”作为。问题并不在于行为人是否应当认识到该风险，而是事实上是否已经认识到了（并且他对风险的漠视是否为可责的）。不计后果和“疏忽”之间的细微区分在于行为人对风险的意识。疏忽和其他三个较高程度的可责性之间的区分是刑法中最至关重要的区分之一。一个故意、明知或不计后果地作为的人认识到使他的行为构成犯罪的情节，或者是认识到会产生的危害后果，因而应当予以谴责和威慑。相反，疏忽地作为的被告人并没有认识到情节或后果，因而，疏忽代表可责性的较低程度，与不计后果有质的区别。①

3. 作为—不作为要件。作为要件的主要作用是引发不作为责任的特殊要件，应把它视为不作为责任的特殊要件的组成部分。而持有责任则可以视为不作为责任的特例。②

在上述三分设计方案之下，最好把自愿要件作为免责抗辩理由体系的组成部分加以理论化。自愿要件与其说与犯罪行为的其他原理相同，不如说与刑法的免责理由类似，实际上是免责理由体系的一个组成部分。当行为被认定是外力作用的结果而不是行为人行使意志的结果时，自愿要件和免责抗辩理由，如精神病、非自愿醉态和胁迫，都使得行为人即使有犯罪行为也不受谴责。③

三、美国学者胡萨克的犯罪构成论体系

美国学者胡萨克教授对正统的犯罪构成论体系的修正立足于其对犯罪行为要件的质疑。在正统刑法理论中，犯罪行为要件，即表述为没有犯罪行为就不能追究责任的原则，最为根深蒂固，不可动摇。刑事责任要求被告人的举动包含有犯罪行为。每一犯罪必须包含若干有

① 参见［美］保罗·H. 罗宾逊：《刑法的结构与功能》，何秉松、王桂萍译，中国民主法制出版社 2005 年版，第 47 ~ 50 页。

② 参见［美］保罗·H. 罗宾逊：《刑法的结构与功能》，何秉松、王桂萍译，中国民主法制出版社 2005 年版，第 27 页。

③ 参见［美］保罗·H. 罗宾逊：《刑法的结构与功能》，何秉松、王桂萍译，中国民主法制出版社 2005 年版，第 42 页。

形的、外部的、客观的行为内容或明显表示，才能满足这一基本原则。认为普通法的历史上曾经有过没有犯罪就能够追究刑事责任的时期，这是值得怀疑的。对此，胡萨克教授认为，依据正统刑法理论，无法解释为什么要追究不作为犯、身份犯、持有犯等情况的刑事责任。因为，很多权威学者（包括大陆法系的刑法学家）都认为，不作为就是“没有去行为”，因此，很难说它是一种真正的行为。而身份犯，即刑法针对一个人所处的身份而不是他所采取的行为来确定刑事责任。人的身份或性格品质并不是有形的行为，因而不能作为犯罪。因此，身份犯的场合也很难说有犯罪行为。至于持有犯中的“持有”是否属于“行为”，则更令人生疑。因为，一般认为，“行为”是指身体的运动，而持有并不在专门的法律意义上构成一种行为。正统刑法理论还认为，坚持犯罪行为要件原则，就可以排除对无意识行为、思想等现象追究刑事责任。然而，根据胡萨克教授的分析，犯罪行为要件远没有发挥如此巨大的作用。英美学者对行为究竟是有意识的还是无意识的存在很多分歧。刑法学家格罗斯认为：“一种无意识的举动实在不能成为一种真正的行为，正如电影上的村庄并不是真正的村庄，一件艺术伪造品并不是一件真正的古典杰作一样。”但是《模范刑法典》却认为，即使是无意识的举动也可认为是作为。此外，在追究“未遂”犯罪的刑事责任时，对行为常常难以认定，很难确定被告人何时对其犯罪对象实施了足够的可以说明他犯罪未遂的行为。①

基于此，胡萨克教授提出了“无行为的刑事责任”这一命题，并主张以“控制原则”来取代犯罪行为要件。简单而言，“控制原则”是指把刑事责任施加于人们无法控制的事态即为不公正。显然，在“控制原则”中，行为为事态所取代。在胡萨克教授看来，“事态”一词对理解和适用“控制原则”不会带来困难。责任总是针对一些事情的，这些难以确定的“一些事情”就可以称作事态（事情的状态）。作为控制原则的关键词，控制的核心内容是：一个人，如果他不能防止事情的发生，就是对事态不能控制。如果事态是行为，他应该能够不为该

---

① 参见［美］道格拉斯·N. 胡萨克：《刑法哲学》，谢望原等译，中国人民公安大学出版社 1994 年版，第 12 ~ 14 页。

行为；如果是后果，他应该能防止其发生；如果是意图，他应该不具有这个意图等。[①] 反之，如果一个人能够不为“该行为”却实施了该行为，如果他能够防止某种后果他却没有防止，如果他能够不具有某种意图他却具有这个意图，那么他就违反了控制原则，并因此必须承担刑事责任。这样，似乎就避开了不作为、无意识、身份以及持有这类概念给行为带来的麻烦。只要某人对某事态应该控制且能够控制，却没有控制而令其发生了，人们就可以认定他违反了刑事法规，而不必考虑他是作为还是不作为，是有意识还是无意识，是身份还是行为。[②]

那么，什么时候一个人不能防止事态的发生，而根据控制原则能不负担责任呢？对此，胡萨克教授认为，把控制原则适用于犯罪行为原则不能自圆其说的四个刑事责任的方面，这个问题会得到最好的回答：

1. 关于不作为。人们对不作为产生的后果和对积极的作为产生的后果应有同样的控制。当这样的控制存在时，如果其他条件相同，用不作为来为没有防止危害的责任辩护，比用积极作为为其造成危害的责任作辩护更麻烦。只要是控制而不是犯罪行为被作为相关的变量，作为和不作为本身的区别就失去其被认为所曾具有的一切重要意义。

2. 关于身份犯。控制原则要求人们不能因不能控制的事态而受惩罚，而不管该事态是表现为身份还是行为。换言之，人们对能够控制的身份有义务加以控制，以免发生危害社会的后果，否则就应承担责任。为了说明这一问题，胡萨克教授列举了这样一个事例：假如某种致命的传染性疾病只能由生存于面部表面毛发中的细菌引起，国家颁布法令要处罚蓄胡须者。“蓄胡须”很难说是“行为”，而“蓄胡须者”显然是一种身份。既然“蓄胡须者”的身份是（典型地）受个人控制的，因此，有无犯罪行为对证明来说似乎并不重要。

3. 关于无意识行为。犯罪行为要件和控制原则对是否追究无意识举动的责任而言，可以说，都提供了令人满意的解释。但是，在涉及

---

① 参见［美］道格拉斯·N. 胡萨克：《刑法哲学》，谢望原等译，中国人民公安大学出版社 1994 年版，第 102～103 页。

② 参见谢望原：《道格拉斯·N. 胡萨克的刑法思想——兼评其〈刑法哲学〉》，载《法学家》1994 年第 4 期。

自导无能为力的案件（人们已预见到却不能采取合理措施去防止由其无意识举动造成危害的案件）上，控制原则更便于说明问题。如果一个人预见到即将发生无意识（如癫痫发作）情形而不采取合理步骤来防止危害后果，他就应该承担刑事责任。道理很简单，对他来说，控制是可以做到的（要求他实施控制是合理的）。

4. 关于思想。胡萨克教授认为，说任何思想的责任都不能容忍，也许会遭反对。刑法对意图的处罚本质上就是对思想的处罚；英美刑法中关于未遂的规定（特别是对“不能犯未遂”的处罚规定），很难说不是对思想（意图）的处罚。武断主张刑事责任从不适用于意图，已被关于未遂的法律证明是错误的（或至少是有问题的），犯罪行为仅仅是证明犯罪意图的证据。当意图的可靠证据不通过犯罪行为也能获得时，坚持必须有犯罪行为发生时始可追究刑事责任，是不明智的。但是，他也主张防止扩大惩罚思想的倾向，认为只有当被告人的犯罪计划越过了纯粹的梦想阶段，人们已不能控制意图，亦即意图已成为“坚定而明确的”时候，才能追究其刑事责任。而对于“坚定而明确的”意图，人们是能够控制的。①

第三节　美国犯罪构成论体系的重要问题

一、美国正统犯罪构成论体系中犯罪成立条件的称谓问题

关于美国正统犯罪构成论体系中 the elements of a crime 和 defenses 这两个层面要件的称谓问题，在我国刑法学界有不同的看法。根据我国学者储槐植教授的分析，美国刑法犯罪构成理论的研究对象是美国刑法中犯罪构成双层模式。双层模式包含两个层次，第一层次是犯罪本体要件，包含犯罪行为和犯罪心态；第二层次是责任充足条件，即诸种合法辩护的排除。犯罪本体要件，是种种具体罪行的抽象，形成行为样态，体现国家意志和权力，发挥规范行为和保护公共利益的刑

---

① 参见［美］道格拉斯·N. 胡萨克：《刑法哲学》，谢望原等译，中国人民公安大学出版社 1994 年版，第 104～110 页。

法功能。责任充足条件，是诉讼活动中辩护理由的总结，上升为实体范畴，体现国家权力的自我约束机制和保障公民权利的刑法功能。从法律角度观察，犯罪构成要件是指法律规定的犯罪定义的构成要件。就刑法分则性条款规定的种种犯罪定义而言，其多种多样构成要件被抽象为两方面内容——犯罪行为和犯罪心态，这就是犯罪本体要件。它是刑事责任的基础，所有犯罪都不得缺乏这两方面内容。在刑事司法中，公诉一方只需证明被告人行为符合犯罪本体要件，即可推定被告人具有刑事责任基础；如果被告人不抗辩，犯罪即告成立。在行为特征符合犯罪本体要件的情况下，如果被告人能说明自己不具有责任能力（responsibility），如未成年、精神病等，或者说明自己的行为正当合法（justification），不具有政策性危害，如正当防卫、紧急避险、执行职务、体育竞技等，或者说明有其他可宽恕（excuse）的情由，便可不负刑事责任。这些刑事诉讼中的合法辩护经过长期的司法实践，在此基础上加以理性总结，将诉讼原则上升为实体法中的总则性规范，是判例法（普通法）传统的产物。其从反面表明，要成立犯罪除应具有犯罪本体要件外，还必须排除合法辩护的可能，即具备责任充足条件。在理论结构上，犯罪本体要件为第一层次，责任充足条件为第二层次。[①] 储槐植教授关于美国犯罪构成论体系的上述分析在我国学界得到了普遍认同。比如，有学者指出："英美刑法的犯罪构成分为实体意义上的犯罪要件和诉讼意义上的犯罪要件。实体意义上的犯罪要件是指犯罪行为和犯罪意图，这种意义包含在犯罪定义之中。犯罪定义之外的责任要件是诉讼意义上的犯罪要件，通过合法抗辩事由体现出来。犯罪行为和犯罪心态，是犯罪本体要件。要成立犯罪，除应具有犯罪本体要件外，还必须排除合法辩护的可能，即具备责任充足条件。在理论结构上，犯罪本体要件（行为和心态）为第一层次，责任充足条件为第二层次。"[②] 有学者认为，犯罪本体要件，又称为"刑事责任基础"或者犯罪构成要素，其中包括犯罪行为和犯罪心态。责任充足要件，又称为"抗辩事由"或"抗辩理由"。这是英美法系犯罪判断的第

---

① 参见储槐植、江溯：《美国刑法》（第4版），北京大学出版社2012年版，第29~30页。

② 周光权：《犯罪论体系的改造》，中国法制出版社2009年版，第27页。

二个层次。[①] 有学者主张，英美国家的犯罪成立判断并没有形成理论上的体系，只是在实践中按照双层次的步骤来评价犯罪的成立与否。犯罪本体要件，又称为“刑事责任基础”，其中包括犯罪行为和犯罪意图。责任充足要件，又称为辩护事由。[②]

不过，在我国，也有学者将美国犯罪构成的两个层次的要件称为实体性犯罪构成要件和程序性犯罪构成要件。该学者认为，尽管中国学者所作的关于犯罪本体要件与责任充足要件的总结很好地反映了英美法系犯罪构成的特点与结构，但考察英美刑法著述，未见有如此理论上的总结和划分。结合英美法系犯罪构成模式自身的形成原因和特点，不如将之区分为实体性犯罪构成要件和程序性犯罪构成要件。英美法系犯罪构成中最主要、基本的两大要件是犯罪行为和犯意，即实体性要件。实体性要件之外，是被称为程序性要件的合法辩护。实体性犯罪构成要件的使用是以这样一个普遍推定为基础的，即实施符合犯罪构成要件的行为的人被推定为是有实际危害和有责任的。但这种推定在被告人针对刑事指控提出合法辩护事由、试图否定行为的社会危害性或刑事责任时就受到怀疑。如果被告提出的辩护事由成立，推定就会被推翻，被告人就会被宣告无罪。合法辩护除了关系到辩护的证明责任这一诉讼意义外，还有直接涉及刑事责任有无的实体法意义。犯罪实体性要件是各种具体犯罪定义的构成要件的抽象，形成行为样态，确立行为规范，体现国家意志，表现公诉机关的权力；犯罪程序性要件涉及价值评价，它把诉讼活动中的辩护事由加以总结，上升为实体范畴，然后以合法辩护的形式来充实刑事责任条件，完成特殊的犯罪构成模式，反映犯罪构成是动态的定罪过程，而不仅仅是“犯罪规格”两个层次的结合，体现了控辩双方的对等活动，充分展示了控辩对抗的激烈性和法官极力保持控辩平衡的倾向。[③] 还有学者认为，英美法系犯罪构成表现为实体要件与程序要件相结合，这是符合事实的。

---

① 李洁等：《犯罪构成的解构与结构》，法律出版社 2010 年版，第 88、118 页。

② 参见王志远：《犯罪成立理论原理——前序性研究》，中国方正出版社 2005 年版，第 128～129 页。

③ 参见陈兴良主编：《犯罪论体系研究》，清华大学出版社 2005 年版，第 96～143 页。

但将之归纳为双层次犯罪构成模式，显然受大陆法系三阶层犯罪构成之影响，表明了难以割舍犯罪构成的实体法情结，并不准确。理由在于：英美法系犯罪构成中，程序要件属于诉讼法性质，主要规定在宪法之中或者应用于诉讼程序中，实体要件属于实体法性质，主要由刑事制定法规定。既然实体要件与程序要件并非同质，谈不上层次之分。犯罪本体条件虽然是认定犯罪成立的前提条件，但并不意味着处于基础或者第一层次地位。相反，程序要件始终处于犯罪成立的核心地位。一方面，制定法中的犯罪本体要件由于深受普通法制约，其与民事行为等的界限并不像大陆法系那样划分得十分清晰，有时需要在诉讼程序中解决；另一方面，除了作为免责抗辩事由的程序要件外，英美法系国家还有许多决定犯罪成立的程序因素。①

而另有学者则在对以上两类称谓提出质疑的基础上主张将美国犯罪构成的两个层次的要件概括为犯罪表面成立要件和犯罪实质成立要件。该学者指出，前述学者所说的英美法系国家犯罪构成要件中的“本体要件”应当是指最根本的要件，也就是行为之所以被认定为犯罪的根本原因。如果仅仅从入罪的角度看，犯罪行为与犯罪心态当然是行为构成犯罪的原因所在，但正如英美法系国家刑法所昭示的，“辩护事由不存在”也是行为构成犯罪的原因所在。因此，我们没有理由因为特别重视犯罪行为与犯罪心态就将其置于本体地位，而将“辩护事由不存在”置于次要地位。顾名思义，“责任充足要件”是指有了该要件就说明行为人没有免责事由或可宽恕事由，加之行为人基于某种犯罪心态实施了犯罪行为，其行为就构成了犯罪。但从“责任充足要件”本身来看，似乎是说只要辩护事由不存在或不成立就有足够的理由要求行为人承担刑事责任。英美法系国家的辩护事由有正当化事由与可宽恕事由之分。一般认为，正当化的行为是正确的行为、社会期待的行为，该类行为根本就不存在责任问题；可宽恕的行为是基于行为人的特殊情况社会不予追究的错误行为。在存在正当化事由的情况下，既然不存在责任问题，自然也就不存在责任充足与否的问题。因此，

---

① 参见王瑞丽：《论英美法系犯罪构成的本质及根基》，载《佛山科学技术学院学报（社会科学版）》2009 年第 2 期。

我们只能在存在可宽恕事由的情况下谈论责任充足与否的问题。如此一来，“责任充足要件”的提法就有以偏概全之嫌。程序性犯罪构成要件的提法注意到了英美法系国家犯罪构成要件的程序性因素，这是值得肯定的，但将辩护事由归结为程序性犯罪构成要件的观点则值得商榷。在犯罪成立与否的司法判断中，我们当然要研究犯罪构成要件(犯罪行为、犯意和辩护事由)，但犯罪构成要件在此过程中只是一种研究对象，本身并不具有程序性的特点。也就是说，无论是犯罪行为、犯意还是辩护事由，都不具有顺序性、过程性的特点。犯罪行为与犯意这一犯罪构成要件确实是侦查主体在侦查过程中发现的，但在英美法系国家的司法实践中该犯罪要件是在法庭审理过程中向裁判者提出的，被告方也是此时才提出辩护事由的。从这个角度看，两者在诉讼中是没有程序性差异的。如果认为辩护事由因是在法庭审理过程中才被提出就具有程序性，那么犯罪行为与犯意这一构成要件也会因在法庭审理过程中被提出而具有程序性。果真如此，那么就会使犯罪构成要件均成为程序性要件而不存在实体性要件了。其实，辩护事由一直都是英美法系国家刑法学讨论的重要内容。事实上，在程序法中，学者们往往很少讨论辩护事由问题。由此可见，英美法系国家的刑法学者从来就不认为辩护事由具有程序的性质。基于此，该学者指出，在美国刑事审判制度中，控诉方必须证明特定的被告人实施了特定的犯罪行为及成文法规定的行为情节、损害是嫌疑行为所致。如果控诉方将某罪的外部因素与内部因素均证明到了排除合理怀疑的程度，那么被告人刑事责任就表面上（prima facie）成立了。控方将某罪的外部因素与内部因素均证明到了排除合理怀疑的程度，只能说明该罪表面成立。为了避免承担刑事责任，被告人将尽力为自己的行为辩护。如果其无罪辩护事由成立，那么其行为并不构成犯罪。所以犯罪要实质上成立就必须排除辩护事由的存在。①

对于上述三类关于犯罪构成论体系成立要件的称谓，有学者认为，三类称谓均有其合理性和各自的侧重，但“犯罪本体要件”与“责任

① 参见赖早兴：《英美法系国家犯罪构成要件之辨正及其启示》，载《法商研究》2007 年第 4 期。

充足要件”的概括影响更为久远，且实际上体现了英美法系犯罪成立条件所具有的“违法”与“责任”的双层次特点。① 而有学者则认为，英美法系国家的刑法学者关注的是如何解决实际问题，如何公平公正地处理案件，对于犯罪成立的构成要件如何排列组合，未必有太多的考虑，因此他们的论著中没有“犯罪构成”之类的提法，也没有“双层次”“控辩平衡式”“本体要件—责任充足条件”“实体要件—程序要件”“表面要件—实质要件”之类的概念，只有“犯罪要件（要素）”“一般辩护理由”之类的个别论述。我国学者仿照德日及我国刑法理论的思维方式，对英美法系的犯罪构成理论进行归纳总结，无疑有助于我们理解英美国家的刑法理论。不过，上述三类称谓都是值得商榷、容易引人误解的。(1) 所谓“本体要件—责任充足条件”的提法不足取。本体的东西无疑都是最重要的。相比而言，非本体的东西则不那么重要。但是，既然犯罪构成是犯罪成立的规格和标准，每一个条件都是犯罪成立不可或缺的条件，则各个要件在重要性方面应当是等价的，不能认为哪个是本体哪个是现象或附属。本体要件与责任充足要件的提法有自相矛盾之嫌。既然都充足了本体要件，还不能承担刑事责任，还不是责任充足，还要另外符合责任充足条件才能成立犯罪，则到底哪个要件才是最重要的本体？如果这种分类能够成立，则我国乃至大陆法系国家的犯罪构成要件同样可分为本体要件与责任充足条件，这显然没有意义。(2) “实体要件—程序要件”的提法明显是错误的。因为犯罪构成作为犯罪成立的唯一规格和标准，其各个条件，无论是从正面肯定犯罪成立的积极条件还是从反面否定犯罪成立的消极条件，都是实体法上成立犯罪必不可少的条件，诉讼程序上只是确认具体行为是否符合实体法上犯罪的各个成立条件而已，将如何认定犯罪、如何判断具体行为是否符合犯罪的主客观因素之类的程序问题当作犯罪成立的程序条件是错误的。不能因为在诉讼中需要证明而将实体法上的犯罪成立条件看成程序条件，甚至认为英美法系的犯罪构成要件主要是程序要件。如果说在刑事诉讼过程中存在程序条件，

---

① 参见付立庆：《犯罪构成理论：比较研究与路径选择》，法律出版社 2010 年版，第 145 页。

则被告人死亡、超过诉讼时效、外交特权和豁免等条件，可能是其适例，但是，这些条件明显不是犯罪成立的积极或消极条件，而是与犯罪行为无关的、影响刑事诉讼进程的一些条件，不应当将这些条件与犯罪成立条件相混淆。(3)“表面要件—实质要件”的提法更是本末倒置。将决定犯罪本质的东西视作表面要件，而将依照刑法理论或刑事政策之类的“依法不负刑事责任”的事由视作“实质理由”，甚至认为“犯罪成立的实质要件是无罪辩护事由的不存在”，明显颠倒了两者之间的关系。不过，无论是决定行为性质的要件，还是决定能否追究刑事责任的要件，既然刑法都把它们规定为犯罪成立要件，则在重要性上是等价的，因此，若反过来将刑事责任能力等辩护事由视作表面要件，而将犯罪行为和犯意视作实质要件，也是不必要的。①

笔者认为，“本体”是“本”和“体”两个独立的汉字组成的汉语复合词。“本”字的基本含义是植物的根，“本”字的引申义是事物的本源或来源。“体”字的基本含义是人的身体，“体”字的引申义是事物的身体或形体。“本体”这个汉语复合词在中国文化中的基本含义是事物的主体或自身，事物的来源或根源。② 由此，“责任本体要件”也就是责任根本要件，这就意味着在美国犯罪构成论体系中与辩护事由相比，犯罪行为和犯罪心态是更为重要的要件。问题是，虽然进入刑事司法程序的行为从终局状态上说大多是应予承担刑事责任的行为，但这毕竟是最终评价的一种结果。在得出最终的评价结果之前，要证明犯罪的成立，公诉方需要证明犯罪行为和犯罪心态的存在，而要否定犯罪的成立，辩护方则需要以辩护事由加以抗辩。在这一正一反、证明犯罪成立和否定犯罪成立的刑事司法活动过程中，很难说作为公诉方“进攻”武器的犯罪行为和犯罪心态就是更为重要的要件，而作为辩护方“防御”武器的辩护事由的重要性程度就略逊一筹。从诉讼的角度看，控诉方和辩护方在刑事诉讼中享有平等的法律地位，为此法律应当赋予双方相应的权利，规定相应的义务，以保证诉讼双方实

---

① 参见黄丽勤、周铭川：《“有罪—免责”双阶层犯罪构成体系研究》，法律出版社2014年版，第50～53页。

② http://baike.baidu.com/link?url=fhLBpLQ8TJHlot5JbsvLXgHCCws2Z_2U_Vfh1D-9N41ACtsWXhirSrJzlt5xg5zoO5oDKx3PxCV-1T21Y1Ri-NjUVSh8_CgIpjJLsNauwuO.

力上的平等，从而形成平等对抗的情势。而如果认为法律赋予控方的“武器”优于赋予辩方的“武器”，则显然就不利于控辩双方对等进行诉讼活动，也不利于控辩平等对抗的实现。再者，既然辩护事由的具备具有否定犯罪成立的意义，那么，与其将辩护事由称为“责任充足要件”，还不如说其是“责任排除要件”。而“责任充足要件”的提法则容易给人造成在具备辩护事由的前提下就能够追究刑事责任的误解。

实体性犯罪构成要件和程序性犯罪构成要件这一对称谓带有对犯罪构成要件属性的误解。众所周知，犯罪构成要件是认定犯罪成立的规格和标尺，而犯罪成立是刑事实体法意义上的概念。整个刑事实体法理论的犯罪论部分就是围绕着犯罪是如何成立而加以展开的，这也就决定了构成要件的概念是从实体法的意义上得以提出的。构成要件的观念起源于中世纪意大利纠问程序中的 corpus deliciti 这一概念，在 18 世纪德国刑法学者克莱因将其译为 Tatbestand 之前，仅具有诉讼法上的意义，直到 19 世纪德国学者费尔巴哈明确地将其引入刑法范畴，其才称为实体法上的一个概念。但是，诉讼法意义上的构成要件概念只具有起源上的意义，具有真正意义的构成要件应当是实体法上的构成要件。至于刑事诉讼程序，则无非是确认被告人的犯罪嫌疑人、被告人的行为是否具备犯罪行为和犯罪心态、是否具有辩护事由的过程。在此，并不适宜于将犯罪行为和犯罪心态称为实体性构成要件，将辩护事由称为程序性构成要件。显然，辩护事由是否定犯罪成立的要件，而并非是影响刑事诉讼程序进行的条件。如果说合法辩护具有关系到辩护的证明责任这一诉讼意义而可以将之称为程序性构成要件，那么，能否说犯罪行为和犯罪心态具有关系到控方的证明责任这一意义而也可以称其为程序性构成要件。如此说来，犯罪构成要件岂不全都是程序性构成要件？此外，虽然就辩护事由而言，在以判例法为基础的英国普通法的发展史上，其内容起初都是刑事诉讼过程中遇到的实际问题，随着司法经验的积累，这些问题逐渐被总结为诉讼法上的原则（辩护原则），直到晚近才被陆续纳入（上升为）实体法范畴，[①] 但是，这只是意味着辩护事由起源于诉讼原则，而不能由此认为辩护事由本

① 参见储槐植、江溯：《美国刑法》（第 4 版），北京大学出版社 2012 年版，第 55 页。

身就是诉讼原则。

与责任本体要件和责任充足要件的称谓相比，犯罪表面成立要件和犯罪实质成立要件这一对称谓可谓从一个极端走向了另一个极端。在这对称谓之下，犯罪行为和犯罪心态属于犯罪表面成立要件，而辩护事由则属于犯罪实质成立要件。如此说来，辩护事由的重要性就远远凌驾于犯罪行为和犯罪心态之上。这实际上等于不适当地拔高了辩护事由的地位，而无端降低了犯罪行为和犯罪心态的地位。

其实，从功能的角度看，犯罪行为和犯罪心态属于肯定犯罪成立的要件，而辩护事由则属于否定犯罪成立的要件。依据二者在功能层面的差别，将前者称为肯定犯罪成立的要件，将后者称为否定犯罪成立的要件，可谓切中要害，也形象生动、通俗易懂。

二、正当化事由与宽恕事由的区分问题

在英国法律史中，将辩护理由区分为正当化事由（justification）和宽恕（免责）事由（excuse）具有深远的实践意义。在重罪审判中，以正当化理由进行辩护的被告人是无罪的，然而对于以宽恕事由进行辩护的被告人来说，虽然他可以因国王的赦免而免去一死，但他会受到与宣判有罪的罪犯相同的惩罚（死刑和没收财产）。随着时间的流逝，两者间的区别也变得模糊了，因为越来越多的以宽恕事由进行辩护的被告人可以得到赦免，而且还可以通过归还令重获财产。但是，以宽恕事由进行辩护的被告人在地位上仍然不同于以正当化理由进行辩护的被告人。以宽恕事由进行辩护的被告人在申请赦免以及保留财产期间仍会被监禁，而以正当化理由进行辩护的被告人则不会承担任何法律责任。如今，这两种辩护理由在法庭上享受同等待遇，被告人都可以被无罪释放，不会因其行为而受到惩罚。因此，许多法院、立法机关以及评论人员都对继承过去的传统，即严格区别两种辩护理由不太在意，甚至有人认为“正当化事由”和“宽恕事由”这两个词可以同时使用。受此影响，美国《模范刑法典》虽然在形式上区分正当化事由与宽恕事由，但对于区分这两者的实质必要性持怀疑态度。起草者们甚至认为，区分两者对法律体系带来的复杂性会远远大于由此带来的利益。不过，不太在意这两种辩护理由区别的态度越来越受到

学者的反对和质疑。[①] 对此，美国学者弗莱彻指出："正当事由和可宥理由的概念现已成为刑事责任结构分析中不可或缺的角色。主张正当事由，就是承认行为符合构成要件，但却对行为是否违法提出质疑；主张可宥理由，就是承认行为违法，却寻求避免将违法行为归责于行为人。正当事由要证明的是行为的正义性；而可宥理由说的则是行为人是否应对已承认的违法行为负责。"[②] 按照弗莱彻的说法，正当化事由就相对于大陆法系刑法中的"阻却违法事由"。而宽恕事由则相当于大陆法系刑法中的"阻却责任事由"。美国学者罗宾逊指出，正当化事由，如较小危害、自卫和执法权，系根据行为人避免了更严重的损害或危害的理论免除罪责。即虽然行为符合某一犯罪的诸要素，但基于他的行为所带来的益处，他的行为应当被容忍甚至孤立。一个行为人在他人的土地上烧出一道防火墙而可能构成放火罪，但如果由于他的燃烧行为挽救了靠近森林大火的100条无辜的生命，这个行为人也可以拥有一个（较小危害）正当化事由。宽恕事由，如精神病和胁迫，系根据不同的理论免除罪责。行为人无疑已经引起了社会损害或危害，但因为他不能适当地对他的行为承担责任而被免责。正当化事由与宽恕事由之间的不同着眼点在于：一个是行为人的行为是正当的，另一个是行为人被免责。[③] 美国学者德雷斯勒认为，正当化事由与宽恕事由存在本质的差别。正当化事由的重点在行为上，即行为是否正确；而宽恕事由的重点则是行为人通过辩护阐明其在道德上不应因其错误行为而受到谴责或处罚。因而，免责事由本质上是即便行为人实施了危害社会的行为，但他仍不应该因此而受到指责或惩罚的一种情况。主张免责辩护的被告人可以宣称，简单地说，我承认（或者你排除合理怀疑地证明了）我实施了不合理的行为，但我仍然不应该因为这些错误行为而承担法律责任。例如，一位精神病患者并未否定控方证明其违法行为的相关要件，也未否认他这些行为是错误的、不可容忍的、

---

① 参见［美］约书亚·德雷斯勒：《美国刑法精解》，王秀梅等译，北京大学出版社2009年版，第188～189页。

② 参见［美］乔治·P. 弗莱彻：《反思刑法》，邓子滨译，华夏出版社2008年版，第551页。

③ 参见［美］保罗·H. 罗宾逊：《美国刑法的结构与功能》，何秉松、王桂萍译，中国民主法制出版社2005年版，第78～79页。

应受惩罚的（不正当的）。但他同样寻求免责，即通过证明其行为是因其精神失常或精神存在问题而作出的，因此，这个违法行为的实施者缺乏道德上的可受谴责性。①

关于支持区分正当化事由与宽恕事由的理由，美国学者德雷斯勒进行了阐释：（1）散发清晰的道德信息。刑法如同一个粗糙但重要的道德指南针，在特定环境中，人们运用它来决定选择哪一条道路。人们应该选择正当行为，而不是错误却可以免责的行为。如果刑法体系未能对两种行为、两条道路准确区分，就不可能很好地引导人们的行为。（2）提供的刑法理论具有一致性。对正当理由和宽恕事由的区分可以帮助立法者清晰地界定刑事犯罪。例如，普通法上的激情杀人由于缺乏适当的意图而在正当化事由与宽恕事由之间存在区别：该罪的一些因素在正当化事由的形式下能够得到最好的解释，而其他一些因素则能基于宽恕事由得到更好的解释。（3）共犯的刑事责任。假设D意图实施A行为，而D又需要帮手来实施它，因此她向X求助。如果X帮助了D，X应当承担何种刑事责任？如果A行为是合法的，D的行为自然也是正当的，则X因这种合法的共同行为而被认为是无罪的。因此，如果在自卫的前提下，X给D提供枪支杀死V，则X无罪。然而，如果D杀死V是因为精神失常，头脑清醒的X却给D提供枪支用于犯罪，尽管D因为精神原因而无罪释放，但没有任何理由使X不被定为杀人罪，因为她头脑清醒地提供了帮助。毕竟一个错误行为已经发生了。D因为头脑问题而免除刑事责任的事实不能阻止一个帮助其实施违法行为的正常人受到惩罚。（4）总体说来，正当化事由可以普遍适用，而宽恕事由仅适用于特定个体。例如，D为了自卫可以将V杀死，目击者X为了救D杀死V也是合法的。但是，如果D杀死V仅仅是可以原谅的，例如D是精神病患者，则X无权杀死V。X是正常人，也无任何理由证明其行为值得原谅，则他必然会受到起诉。（5）溯及力问题。假设行为A在D的受指控的行为中属于辩护事由。但在D接受审判之前该辩护事由被法律撤销，那么，D在审判中是否仍然可以

① 参见［美］约书亚·德雷斯勒：《美国刑法精解》，王秀梅等译，北京大学出版社2009年版，第185~186页。

主张 A 是一个辩护事由。这取决于 A 在取消之前是正当化事由还是宽恕事由：如果是正当化事由，则行为人仍然可以将之作为辩护事由加以主张。在一个正当化事由辩护中，作为理由的行为是社会提倡鼓励的，至少是能够容忍的，应该允许人们信赖这些正当化事由；如果是宽恕事由，行为人不能将之作为辩护事由加以主张。宽恕事由仅仅是认定在特定的环境下，可以免除行为人承担刑事责任，因为他自己不能控制自己的行为或者其行为在伦理上其行为不应受到谴责。（6）证明责任问题。从理论上看，一般认为控方应当承担正当化事由的说服责任，而辩方则承担宽恕事由的说服责任。这种区分的理由在于：控方承担对有关犯罪构成要件的说服责任，因为如果对于被告人是否实施了一个非法的行为存在合理怀疑的时候就不能惩罚他。而构成正当化事由的行为就是社会已经判定是或至少是可容忍的行为。简言之，就是合法行为。如果将关于正当化事由的说服责任分配给被告人，那么在陪审团并未排除合理怀疑地确信被告人实施了任何违法行为的情况下，他仍可能受到惩罚。相反，对于一个构成宽恕事由的行为，既然所有犯罪要件已经被证实，而且该行为也被认定为是不正当的，那么要求被告人来说服陪审团他不应当因自身的错误行为受谴责就是公平的。①

我国学者储槐植认为，正当化事由与宽恕事由之间有显著的差别：（1）社会价值不同。可得宽恕行为在客观上有害于社会，只是由于行为人主观上的原因，才得到宽恕；正当化事由行为在实际上无害于社会，甚至有利于社会（择小害以避大害），因而这类行为在实质上是正当的。（2）谁有权利？正当化事由的辩护权利是普遍的，属于任何一个处于这类情况的行为人；而可得宽恕的辩护权利只限于特殊的个人。（3）是否认识自己的行为性质。可得宽恕情况下行为人一般不认识自己行为的性质；正当化事由情况下行为人通常都认识自己行为的性质。②

我国学者童德华认为，之所以要区别两种辩护事由，主要原因在

① 参见［美］约书亚·德雷斯勒：《美国刑法精解》，王秀梅等译，北京大学出版社 2009 年版，第 199 ~ 201 页。

② 参见储槐植：《美国刑法》（第 3 版），北京大学出版社 2005 年版，第 65 页。

于：第一，它是由刑法的目的和价值决定的。由于刑法不仅惩罚犯罪之人，而且强调和突出社会的价值及其期待，所以，它应该分别确定行为的道义特征和将特定的人从刑事责任和惩罚下解脱出来的道义基础。在这方面，提出正当化事由就说明同意或者至少允许相关的行为。这样也有助于向社会提出明确的指导性规范，因为将一个辩护事由贴上宽恕的标签时，表明行为人尽管免于责难，但其行为是非法的，应当尽可能避免发生。如果不能正确认识正当化事由和宽恕事由的这种区别，就会给社会传递混乱或者矛盾的信息。第二，它们有不同的刑事司法效果。例如，在以胁迫和缺乏主观状态为宽恕事由时，一个帮助他人实施犯罪的行为人可能被判为从犯，而在相同案件中的主犯则可能被宽恕。相反，当所有情形一致时，如果主犯的正当化事由被认可了，所有的从犯就应当免于刑事责任。又如，不能以暴力抵制司法判决或者国家的权力行为，而国家法律的执行，有时候委诸于第三人，那么第三人受委托执行法律的行为就是正当的，不能受到暴力抵制。假如一个人用暴力抗拒第三人的合法逮捕，就是不正当的，因为这可能削弱更大的被保护利益。然而，由于宽恕事由并不否定行为的非法特征，所以，一个人可以用暴力对一个侵犯者进行反击。第三，涉及民事的效果不同。一个辩护事由是正当的还是可宽恕的，在涉及经济赔偿时会产生明显不同的后果，宽恕事由不免于赔偿责任，而在正当化事由的场合可能不存在向受害者赔偿的问题。第四，区别两者可以帮助完善或者改革刑事立法，因为立法可以将一些比较成熟的辩护事由以法规的形式确定下来，从而克服运用上的严重分歧。由此可见，区别的做法对于实践是必要的。至于两种辩护事由，在理论上也是可以区别的。这可以从如下几个方面反映出来：（1）适用的前提不同。正当化事由和宽恕事由理论的核心，是禁止性规范和归属性规范的区别。正当化事由不是非法的，所以，正当化事由是针对一般违反禁止性规范的行为，为了在特殊前提下修正为合法行为而提出来的。而归属性规范不是修正禁止规范的，它是用于对在特定情形下实施的尽管有危害的行为，给予和通常情形下发生的行为不一样的评价，对那些虽然触犯了法律禁令的行为人，提供法律宽恕基础的特殊规范。与正当化事由不同的是，归属性规范的角色不是引导行为，而是容许将道义谴责作为法律惩罚的先决条件的例外。宽恕也可被视为“对人性脆弱的退让”。（2）评价的对象不同。正当化事由与行为的客观特征有关，而宽恕事由与行为人的主观状态有关。当然，以宽恕事由为基础的辩护，并非单纯依靠主观认识，它也是以客观要件为基础的。什么是可宽恕的行为环境，通常是由裁判者根据为社会所接受的伦理标准和共同认识来决定的。（3）评价的结果不同。正当化事由与行为的客观评价有关，导致正当化事由的条件被认为与错误的或者不法的行为之前提不同，所以，一个通常被视为犯罪的行为，在正当化事由下，可以被认为是合法的，或者至少也是法律许可的。而合法的宽恕用于将一个具有刑事责任的人解脱出来，即便他承认自己有犯意。通常，行为人在对环境、可能的结果等事实有错误认识、不能意识或者不能控制自己的所作所为、受到特定的胁迫等等场合，他可以不承担刑事责任，但是他的行为错误性是不可否认的。①

我国还有学者认为，正当化事由和宽恕事由在可得适用的范围、被告承担的证明责任的大小以及辩护的内容和程度上均有不同。从字面意思来看，正当化事由赋予形式上符合犯罪实体性要件的行为以正当性。既然是正当的，就意味着行为不具有违法性，那么正当化事由就是违法阻却事由。当被告人以某种正当化事由进行辩护并成功时，就阻却了行为的违法性。行为不具有违法性，就不是刑法上禁止并予惩处的行为，行为人当然不用承担刑事责任了。宽恕事由则意味着尽管被告的行为构成犯罪，但行为人具有某种值得宽恕的情形，不予追究其刑法上的刑事责任或减轻其刑事责任。因此，宽恕事由可看作责任阻却事由。②

笔者认为，尽管将辩护事由区分为正当化事由和宽恕事由并未得到在美国具有重大影响力的《模范刑法典》的起草者的认可，但并不能由此否定这种区分的重大理论和实践价值。《模范刑法典》的起草者之所以排斥这种区分，可能与其所采取的实用主义的立场有关。既然从实践的角度看，以正当化事由和宽恕事由进行成功辩护的结果都是

---

① 参见童德华：《英美刑法理论中刑事辩护事由之间的区别》，载《人民检察》2005 年第 5 期。

② 参见陈兴良主编：《犯罪论体系研究》，清华大学出版社 2005 年版，第 120 页。

无罪，那么，这种区分的必要性就值得怀疑，否则只会给司法实践带来不必要的困扰。但是，这实际上只是考虑到了正当化事由和宽恕事由的区分对定罪结果的影响，而并未对这种区分对定罪过程的影响予以关注。综上所述，该种区分对证明责任的分配等问题有一定影响，这也就彰显了其对司法实践并非毫无裨益。从理论的角度看，正当化事由和宽恕事由大体上相当于德日三阶层体系中的违法阻却事由和责任阻却事由。这样，在美国的犯罪构成论体系中，在德日三阶层体系中通过“违法性”“有责性”得以区分的不法、罪责问题也便通过这种划分得以明晰，只不过这种区分在前者中是在同一层次（辩护事由）的内部得以实现的，而在后者中则是在不同层次（违法性、有责性）中得以明确的。

第四节　对美国犯罪构成论体系的评价

一、与立法的吻合性

美国通行的犯罪构成论体系与其刑事立法具有高度的吻合性。从一定意义上讲，美国通行的犯罪构成论体系是其刑事立法的产物。对此，美国学者罗宾逊指出，对于多数律师、法官和法典的起草者而言，基本的刑法架构区分是犯罪——抗辩理由与犯罪行为——犯罪心理的区分。[①] 这从《模范刑法典》的分析性结构中可见一斑。与大多数成功的刑法典相似，《模范刑法典》隐含规定的分析性结构给法官、律师和陪审员提供了一种评估刑事责任的决定程序。其三部分的结构可以被概括为以下三个问题：首先，行为人的行为是否构成犯罪？法典勾画出法律禁止的界限（以及——在引发作为义务的场合——法律的命令）。这是大众最熟知的领域和古老刑法典中最显著的部分，也是法典整个分则的唯一主题。其次，即使行为人的行为构成犯罪，是否存在特殊原因致使在这种情况下基于这些事实，行为不被视为违法？《模范

① 参见［美］保罗·H. 罗宾逊：《刑法的结构与功能》，何秉松、王桂萍译，中国民主法制出版社2005年版，第78~79页。

刑法典》第三节通过正当事由回答了此问题。这些抗辩虽承认行为已违反禁止性规范，但却提出抵销性的正当化规范。换言之，因目前处境的特事实而免除责任。最后，即使行为人的行为构成犯罪并且违法（不正当），行为人是否为此应受谴责？他/她是否应承担刑事责任和接受刑罚？这个问题主要由法典第二节和第四节的免责事由和可责性要求来回答。例如，违法行为发生时，行为人患有精神病，或者受胁迫，或者非自愿醉态，则其不具有足够的应受谴责性，不值得刑事判决谴责。①

二、与诉讼模式的对应性

美国刑事诉讼模式是对抗制诉讼模式。依据美国学者米尔建·R.达马斯卡的观点，“对抗制，是指一种裁判制度，其程序活动由当事人控制，而裁判者在此过程中基本上保持被动。在事实认定的范围内，这意味着由诉讼当事人及其律师决定什么样的事实必须提交。这还意味着，当事人及其律师要负责寻找作为证据的材料，为审判时使用该材料做准备并将该材料提交法庭”。② 这种对抗制的诉讼模式具有强有力实体法理论作支撑，这种理论就是美国的犯罪构成论。对此，美国学者弗莱彻指出，在犯罪和辩护之间区别背后的基本思想是，有一些说法是主张是嫌疑人入罪的（inculpate），而另一些说法是主张使他们出罪的（exculpate）。犯罪要素使人入罪，辩护事由使人出罪。这就是这种区别具有程序性含意的原因。比如，造成死亡表现为入罪，因此应作为杀人罪的要素进行归类。自我防卫和精神病的主张则表现为出罪，因此应作为辩护事由进行归类。起诉方通过在起诉书或者控诉书中的罪名（谋杀、强盗、盗窃）来指控犯罪；辩护方在答辩中提出一个或者多个的辩护事由。③ 我国诉讼法学者周长军指出，将犯罪要素与辩护事由截然二分的犯罪论体系带有强烈的私法诉讼的色彩，是当事

---

① 参见［美］保罗·H.罗宾逊、马库斯·德克·达博：《导论》，载《美国模范刑法典及其评注》，刘仁文、王祎等译，法律出版社2005年版，第13~14页。

② ［美］米尔建·R.达马斯卡：《漂移的证据法》，李学军等译，中国政法大学出版社2003年版，第35页。

③ 参见［美］乔治·P.弗莱彻：《刑法的基本概念》，蔡爱惠、陈巧燕、江溯译，中国政法大学出版社2004年版，第119页。

人主义诉讼传统影响的产物。犯罪要素与辩护事由截然二分的犯罪论体系是与英美当事人主义审判模式相契合的。当事人主义对抗式审判活动以控辩双方的庭审举证、质证和辩论活动为主线推进，法官在消极听审的基础上做出裁判，不参与法庭调查和辩论。作为控方的检察官虽然在法律上也处于客观的立场，但在以“相对原理”为理论基础构建的对抗式审判实践中，检察官往往具有很强的“派性”色彩，主要致力于对犯罪的指控和证明活动，对于被告人有利的证据则基本不予收集和调查。相应地，对于有利于被告人的合法辩护事由，则理所当然地由被告方承担证明责任。由此，犯罪构成要素由控方提起指控且负证明责任，诸如正当防卫、紧急避险、警察圈套、精神失常等辩护事由，则由辩方在诉讼过程中负责提出，且承担提出证据的责任乃至说服责任，使得犯罪构成要素与合法辩护事由分别对应于对抗性的诉讼双方，控、辩双方各负其责，分庭抗礼，法官则在消极听审的基础上做出判决。① 我国刑法学者夏勇指出，在英美定罪模式中，既能看到实体结构，也能看到诉讼结构。具体表现在，犯罪要件与抗辩事由既是英美定罪模式中的两个基本的要素方面，也是控辩双方诉讼角色的区分，即控方举证犯罪要件，辩方举证抗辩事由。在此，实体标准结构与诉讼对抗机制实现了高度的对应和契合。由于实体标准在诉讼双方之间作了分配，使得定罪模式的结构鲜明地体现了保护社会与保障人权的同一，也使得各负其责的双方可以集中精力地进行单向的诉讼证明活动，从而使得法庭上的控辩对决更加充分。②

三、要件功能上的正反结合性

从功能上看，美国通行的犯罪构成论体系中的犯罪要件与抗辩事由具有正反结合性。犯罪要件从正面肯定犯罪的成立和刑事责任的存在。可以说，犯罪要件的具备是确认刑事责任存在的基本条件。缺乏犯罪要件，刑事责任便不可能具备。但是，具备了犯罪要件，并非一

---

① 参见周长军：《犯罪论体系的程序向度：研究误区与理论反思》，载《清华法学》2008 年第 3 期。

② 参见夏勇：《定罪与犯罪构成》，中国人民公安大学出版社 2009 年版，第 85 ~ 86 页。

定存在刑事责任。要确认刑事责任的存在，还必须在具备犯罪要件的基础上排除抗辩事由的存在。这样，抗辩事由就是从反面否定犯罪的成立和刑事责任的存在。美国刑法通行的犯罪构成论体系中犯罪要件和抗辩事由与犯罪成立之间的关系，恰恰类似于德日三阶层犯罪论体系中构成要件符合性与违法性、有责性之间的关系，即构成要件符合性（相当于犯罪要件）是从正面肯定犯罪的成立，而违法性（正当化事由相当于违法阻却事由）、有责性（宽恕事由相当于责任阻却事由）则侧重于从反面否定犯罪的成立。正是这种要件功能上的正反结合性，为控辩双方在诉讼活动中的充分对抗打下了坚实的基础。

四、实用性

关于判断犯罪论体系优劣的标准，日本学者大塚仁曾经提出了两个标准，一是逻辑性，二是实用性。大塚仁指出："在这些错综的体系中，哪种立场是妥当的呢？必须根据其逻辑性和实用性对体系进行评价。犯罪论的体系应该是把握犯罪概念的无矛盾的逻辑，并且是在判断具体犯罪的成立与否上最合理的东西。"① 从实用性的角度看，美国通行的犯罪构成论体系的优势是十分明显的。其实用性源自实体上的犯罪成立模式与实践中的诉讼模式的对应性。如上所述，美国诉讼实践中对抗制诉讼模式中的对抗因素与实体上的犯罪成立模式的对抗因素相呼应，由此使得实体上的犯罪成立模式与诉讼实践的实际操作出现高度契合。这样，实体上的犯罪成立模式就为诉讼实践的展开提供了操作指南。

① ［日］大塚仁：《刑法概说》（总论），冯军译，中国人民大学出版社2003年版，第107页。

第九章　法国犯罪构成论体系考察

第一节　法国犯罪构成论体系的历史沿革

关于法国犯罪构成体系历史沿革，巴黎第十大学的雅克－亨利·罗伯尔教授曾在1977年法国《刑事政策与比较刑法学杂志》上发表了《犯罪构成要素的历史》一文。该篇论文比较系统地介绍了法国犯罪构成要素的产生及其争论，并在相关领域的研究中被广泛地引用。

一、犯罪构成要素的产生

在法国大革命之前的旧制度时期，刑法理论中没有犯罪构成要素的概念。但是，在大革命前夕写成的刑法学著作中已开始出现对犯罪人心理的细致分析和现代刑法某些基本原则的阐述。当时的学者穆雅尔·德·乌格朗认为不应该惩处没有发生后果的恶意，并认为“应将犯罪区分为行为和故意，没有故意的行为不受司法的惩处……犯罪由外部行为和故意结合而成”。[①] 这段话或许给予犯罪构成要素的发明者以一定的启发。

1791年的刑事法律开始将犯罪分为三等，即重罪、轻罪和违警罪，并着重肯定重罪的故意性特征及其在刑事诉讼中引起的重要后果，即刑事法庭的庭长有义务向陪审员提出“有关犯罪故意的问题”（1791年9月16日和29日法律第七篇第21条）。为了解释该法律，在1971年9月21日和10月21日的刑事诉讼解释政令中，议会再次

① ［法］穆雅尔·德·乌格朗：《按自然顺序排列的法国刑事法律》，1780年版，第2页。

明确了这个规则："由于重罪因故意引起，法律要求陪审员，不论对犯罪事实多么确定或认识行为人，都应能够仔细察看犯罪的动机、情节和品德。"

拿破仑主持颁布的1808年《刑事诉讼法典》中删除了犯罪故意的内容。对此，当时一些政府官员和专家却认为不应排除犯罪故意问题，并强调重罪甚至轻罪都是故意犯罪。根据记载，1806年至1824年曾担任最高法院刑庭庭长的巴里斯（Barris）先生在1808年《刑事诉讼法典》和1810年《刑法典》颁布之前未出版的笔录中就写道："任何轻罪都由两个要素构成：构成客观事实的犯罪行为，导致犯罪行为和确定品德的犯罪故意。"①

这就是犯罪的客观要素和心理要素。但在最初使用犯罪要素这个词语时，它只是用来强调犯罪故意重要性的一种便捷、醒目的方法，还未成为构建犯罪一般理论的工具，因而还尚不具备当今刑法理论赋予它的含义。所以，当时所使用的构成要素一词并未引起理论或实践的后果。在梅尔兰主编的《司法判例思考总汇》中对犯罪的客观性未做任何展开的论述。根据巴里斯庭长的观点，犯罪的客观性是相对于犯罪故意的另一个构成要件，仅此而已。因此，距离建立当今以构成要素为基本零件的犯罪构成抽象体系的路途还很遥远。②

在19世纪上半页，"构成要素"一词又出现在刑法分论中。阿道夫·肖沃和福斯坦·埃利在解释《刑法典》时习惯地使用"构成要件"一词，例如在注解第379条有关"盗窃罪"的规定时写道："从盗窃罪的定义中得出该罪存在的三个必要条件……我们将陆续阐述盗窃罪的这三个构成要件。"但是，这里提出的构成要件并未引起对刑法总论中犯罪构成要件的发现。实际上，肖沃所研究的刑法分论中的各个犯罪的构成要件彼此之间是不同的。根据这位学者的研究，盗窃罪和欺诈罪都有三个构成要件，杀人罪和伤害风化罪都有两个构成要件。例如，盗窃罪，由窃取行为、行为的欺骗性特征和占用被窃取财物的行为构成；欺诈罪，由使用欺骗手段、财物的交付和财物的侵占

---

① ［法］梅尔兰：《司法判例思考总汇》（第15卷），1826年第5版，第388页。

② ［法］雅克－亨利·罗伯尔：《犯罪构成要素的历史》，1977年版，法国《刑事政策与比较刑法学杂志》，RSC，第272页。

组成。而由这些构成要素的分解并不能得出犯罪构成一般要素的存在。

为了发明出我们今天所熟知的犯罪构成的一般要素，还需要刑法理论做出两方面的努力：首先，是对刑法总论中所有理论问题进行清点，然后在整体中区分当今犯罪要素内容的不同方面并为此找出确保每个犯罪要素同一性和严密性的概念。为了归纳出一般性的犯罪要素，刑法理论界还应摒弃注释法，而采用概括法。这是因为，注释法是通过对法条进行文理解释来适用法条的方法，它的存在通常妨碍概括法的适用，并在刑法的特殊情况下掩盖了某些问题，如认识错误理论和紧急避险理论，这些理论在当时刑法的一般规定中没有涉及。因此，学者们应采取教学、抽象的方法探索犯罪构成的一般要件，而这种方法存在于法学教育著作中，而不是面向法律实务工作者的对所有法典条款进行全面评注的注释汇编中所采用的方法。①

有关刑法总论理论问题的清点工作由巴里阿－圣－皮里（Berriat-Saint-Prix）和罗西（Rossi）启动。这些学者都开始摈弃注释法，并试图将刑法纳入到建立在几个概括性概念之上的总体系中。

刑法总论的体系化由维克多·莫利涅于1851年实现。为了阐述，这名学者再次使用了巴里斯（Barris）庭长曾运用的词语："法律所规定和惩处的犯罪有两个要素：由外部行为构成的事实要素和涉及行为人并构成有罪性的心理要素。"② 但莫利涅所表述的观点同巴里斯庭长的观点还是有所不同的。莫利涅所说的事实要素是一个坚实可靠的要件，在他的著作中以"仅与犯罪构成行为有关的犯罪"为标题进行论述，并涉及犯罪的三分类、犯罪未遂理论和刑法的严格解释理论等内容，而心理要素却未被提及。在莫利涅看来，心理要素不是犯罪构成要件，它"涉及行为人"，因此他在著作中将与事实要件相对称的内容以题为"应处罚、可宽恕和负有民事责任的人"加以论述。在这个部分中主要涉及共犯、免除刑事责任的主观事由（精神病、强制、认识错误）。总之，莫利涅的观点在于他将犯罪和犯罪人区分开来。

---

①［法］雅克－亨利·罗伯尔：《犯罪构成要素的历史》，1977年版，法国《刑事政策与比较刑法学杂志》，RSC，第273页。

②［法］维克多·莫利涅：《刑法课程大纲》，1851年第二部分，第87页。

莫利涅的著作出版三年后，特比第安在其1854年《刑法基础课程讲义》一书中使用了“构成要素”一词，并将第三篇冠以“客观行为是犯罪首个构成要素”的题目，第四篇题为“罪恶意念是犯罪第二构成要素”。但是在第四篇中，作者还论述了精神病、强制、正当防卫和犯罪人民事责任的内容。显然，心理要素作为犯罪构成要素的特征在此是比较模糊不清的。

在特比第安的著作首次出版后，奥特兰（Ortolan）于1855年出版了《刑法要素专论》。这名作者在其著作中拒绝使用“构成要素”的概念，因为这一概念同其恢复使用的犯罪行为和犯罪人的二分法难以协调。在其专论中，没有出现心理要素的概念，而是“犯罪人或犯罪主体”，与之对应的是“犯罪”。受这部书的影响，“构成要素”一词经历了一段衰落时期。

到1869年，比利时学者让－雅克·奥斯（Jean-Jacques Haus）在其编写的刑法教科书中又重新使用“构成要素”一词，而且他还再次使用巴里斯（Barris）曾使用过的旧词“犯罪的客观性”和“犯罪的道德性”作为书中相应章节的标题。但是，他同特比第安以及1877年出版《刑法基础课程讲义》的学者约瑟夫·勒弗尔（Joseph Lefort）一样，都将“犯罪条件”和“犯罪要素”作为等同词语使用。由此可见，犯罪要素在当时法国刑法理论中的地位并不重要。

1877年，艾德蒙·维莱（Edmond Villey）发表了《刑法课程摘要》，并首次得出犯罪要素构成犯罪的逻辑性结论。他删除了责任人的概念，而使用“故意要素”一词，后者即包含故意也包括行为人的自由和智力。他将刑罚处罚的主客观条件的全部内容都放在犯罪的两要素当中，并在题为“犯罪”的部分中对犯罪两要素的内容进行了论述。“犯罪”部分包含刑法理论，该部分第一章题为“犯罪定义”，其后的第二章题为“犯罪要素”，包括事实要素和故意要素。由此隐约地看出刑法也是犯罪构成不可分割的组成部分，这也许导致以后法律要素得以发明。

到了1879年，阿尔芒·莱内（Armand Lainé）在《刑法基础专论》中明确提出的犯罪的三要素，即法律要素、事实要素和心理要素。因此，犯罪构成的三要素不是一下子就诞生的，而是经历了五十多年中发生的两次刑法理论运动，其中事实要素和心理要素是同时产生的，如同一对孪生兄弟；法律要素则是后来产生的，是前两者的“小兄弟”。

对于犯罪三要素的形成，一些作者也提出了不同的观点。罗伯尔·伍安（Robert Vouin）认为：“可以排除法律要素，因为刑法就是作为惩处犯罪的一个因素而存在的。将其作为犯罪的构成要素只是一种非最佳的提醒罪刑法定原则的方式。”① 德高克（Decocq）也认为：“将法律作为犯罪的构成要素是难以接受的建议，因为一个规范不能被一个行为而且是非法行为所包含。实际上，法律条文是构成犯罪的主要条件……”②

阿尔芒·莱内，如同特比第安和奥斯一样，也没有注意将“要素”和“条件”作出区分。而且他也没有注意“犯罪”一词中的模糊含义。刑法学家对此作出两种建议性表述，即“法律设立的犯罪”和“犯罪人实施的犯罪”。在这两种情形下，犯罪的含义是不同的。立法机关设立的犯罪是抽象的描述的概念，犯罪人实施的犯罪是真实且具体的行为。意大利刑法的第三学派对此作出了明确的区分，并具有想象力地发明一个由法律工作者使用的新词汇，专指立法机关设立的犯罪，即行为的详细叙述。

从犯罪人实施的犯罪的角度，法律当然不是一个构成要素，最多是一个与之相关的处罚条件。但是，我们也有更多的理由认为法律是立法者颁布的对犯罪进行抽象描述的要素，而且是一个基本的要素。法律要素只属于立法机关规定的犯罪构成，并且人们将其与事实要件和心理要件相结合，因此这些要件都应该被当作是描述犯罪的组成部分而不是犯罪行为的组成部分。法律要件同事实要件及心理要件之间的关系是包含与被包含、形式与内容之间的关系。③ 阿尔芒·莱内在创设了法律要件的同时，并没有强调上述差异，而是主张这三要素之间是平等关系，其观点引起很大反响和争论。

---

① ［法］罗伯尔·伍安：《刑法教材》，1949 年版，第 231 页。

② ［法］德高克：《刑法总论》，1971 年版，第 61 页。

③ ［法］雅克－亨利·罗伯尔：《犯罪构成要素的历史》，1977 年版，法国《刑事政策与比较刑法学杂志》，RSC，第 277 页。

二、有关犯罪构成要素的争论

（一）关于犯罪构成三要素的争论

就犯罪构成三要件的观点而言，并不是所有学者都能接受。首先是加罗（R. Garraud），他曾受德国学者宾丁（Karl Binding，1841－1920）提出的“违法性”理论影响，主张增加“无合法根据”要素。但其观点也引起了刑法学界的争论和批评，这一点将在下一个问题中详述。

而有的学者认为，归根结底，“无合法根据”要件应当归结于“法有规定”要件并与之合并为一个要件。① 德高克（A. Decocq）则主张排斥法律要件，理由是法律的存在是犯罪行为的前提条件，将法律规范作为犯罪行为的一部分是不成立的。② 法国刑法典第111－3条第1款规定：“构成要件未经法律明确规定之重罪或轻罪，不得以其处罚任何人；或者，构成要件未经条例明确规定之违警罪，不得以其处罚任何人。”因此，刑法条文不是犯罪构成要件，因为该条文是事先对犯罪行为的构成要件进行的定义。其他学者如麦尔勒和维图（Merle 和 Vitu）则主张排除心理要件，认为它涉及人的意识和意愿，因此应与负有责任的行为人的个人品格相联系。他们强调犯罪行为是对刑法的事实违背，因此应将犯罪行为与有罪性分开进行研究，而心理要件是犯罪行为人有罪性的心理条件。③ 然而，通说认为，尽管犯罪行为的心理要件是与刑事责任相联系的主观要件，但并不影响从主观方面判断犯罪行为是故意或非故意，也不影响将心理要件作为犯罪行为构成的一部分。

（二）关于加罗“无合法根据”要素的争论

加罗的著作包括《刑法学摘要》和《法国刑法理论和实践专论》，分别于1881年和1888年第一次出版。直至加罗于1930年去世，这两

---

① ［法］卡斯东·斯特法尼等，《法国刑法总论精义》，罗结珍译，中国政法大学出版社1998年版，第213页。

② ［法］德高克：《刑法总论》，1971年版，第61页。

③ ［法］麦尔勒和维图：《刑法专论》，CUJAS出版社，1998年第7版，第572段及后文。

部著作分别经历 14 次和 3 次修订出版，并在该期间对法国刑法理论产生了重大影响。加罗采纳了莱内的观点，但又受到德国学者宾丁提出的“违法性”理论的影响，主张增加“无合法根据”要素（élément injuste），这是指犯罪行为缺乏任何合法证明的依据。违法性理论产生于对刑罚规范作出限制性定义。宾丁认为，刑法规范只限于涉及刑罚的规范。刑罚规范的职能是认可另一个超刑罚的规范，该规范对每个公民设立了遵守保护法益的义务性或禁止性规定。例如，刑罚规范对谋杀处以死刑，而该规范也确定了超刑罚规范，即禁止杀人。如果超刑罚规范在特定情况下因无法保护其通常关联的利益或因该利益不复存在而不再适用时，那么刑罚规范也不再对侵犯法律保护利益的人适用。因此，由于死刑犯的生命不再针对狱政机关的行为受到保护，那么刽子手可以将其处死。通常，这些证明事由是受害人处于不被保护的境地，因此受到不被制裁的侵害。

因此，犯罪的“无合法根据”要素，是对应适用的超刑罚规范所保护的利益的侵害。“无合法根据”理论的支持者并没有局限于证明事由的适用上，他们运用该理论解释一些因缺乏被保护的利益而不构成犯罪的特殊案件，如公务员在履行职责中实施了败坏名声的行为，人们对其作出的诽谤行为将不受到处罚；同样，从非法持有者那里盗取本属于自己物品的人，不构成盗窃罪，因为在物品所有人面前，法律不保护该非法持有人的利益。

这些犯罪的免责事由，被加罗称作特殊证明事由，为的是与一般证明事由，即阻碍所有犯罪发生的正当防卫和紧急避险相区分。但出自德国刑法理论的“无合法根据”要素并没有成功地在法国刑法学理论中安家落户。这一方面是关于加罗在著作中关于特殊证明事由的论述比较简短，以至于人们无从意识到“无合法根据”要素的用途和内容。另一方面，在德国刑法理论中，受保护利益的侵犯是刑罚的肯定条件，而加罗所讲的“无合法根据”要素则是刑罚的否定条件，当作缺乏证明事由，即加罗将一般证明事由当作行为人的权利或义务。这个定义影响了受保护利益概念的出现，并使其在证明事由的解释中变得多余，因此使得“无合法根据”要素失去了理论依据和实际用途。

加罗的失败不仅仅在于“无合法根据”要素。1900年至1925年，刑法学者对加罗的犯罪理论的依据展开批评。当时出版的刑法学著作中对犯罪构成理论存在两种学派，一派是奥特兰主张的“犯罪行为”和“犯罪人”研究，另一派与之对立的是加罗和阿尔芒·莱内主张的刑法总论的内容都可以包含在犯罪构成要件理论中。

维达尔（Vidal）、德格瓦（Degois）、胡（Roux）和比利时的缇里（Thiry）都参与到批评加罗观点的论战中。他们认为，犯罪心理学研究被完全纳入到犯罪人的理论中，犯罪心理要件显然不复存在。对于其他要件，这些学者中有的只保留了事实要件，有的甚至放弃了要素这一概念。

（三）关于居什犯罪构成理论的认可

1925年，犯罪构成要件重新获得刑法学家的认可，这要归功于居什作出的创新。他在犯罪构成三要件（法律、事实和心理）的分析和“犯罪行为—犯罪人”理论之间进行了和解。但问题是确定心理要素的稳定性，因为对于研究“犯罪行为—犯罪人”理论的学者，他们没有认可该心理要件。居什的解决办法是，将原来的“心理要素”予以拆分：其中一部分内容放入犯罪人的理论中，包括精神病人、未成年人的研究；其余部分，即故意、认识错误、强制、紧急避险的阐释，作为心理要素的内容。至于证明事实，它们属于法律要素的审查范围。

居什的这一理论获得很大成功。许多学者都接受了居什的观点并将其纳入到他们的课程讲义、教材和专论中。居什及其支持者所采纳的犯罪构成方案比较清晰地描述了精神病人的情况：即使未被处罚，精神病人仍是犯罪的行为人，其共犯将被判刑。这一个理论构建非常便利地解释了行为人和共犯因证明事由而被免责的情形，正如居什所讲授的观点，这些事由阻止了法律要素的成立。

然而，对于居什的理论，一些学者存在不同的意见。其中一个焦点问题是如何区分心理要素和刑事责任理论的界限。多那蒂厄·德·瓦布尔就认为“认识错误”具有混合性特征，因而不知将其放在哪里更合适。[1] 对于精神病人也提出同样的问题：居什认为，应将其完全置于故意中，即属于犯罪的心理要素范畴；但并不是所有的精神病人都是如此，有些精神病人对其所作所为失去了简单的识别能力，从而不具备心理要件。真是因为如此，德高克认为在赋予心理要素一个明确的概念之前，还需要进行更深入的分析。[2]

斯特法尼和勒瓦瑟将居什的犯罪构成要素理论纳入到其合著的《法国刑法总论精义》中。该书第一版本于1957年发行，如今历经多次修订，是法国比较权威的刑法教科书。

第二节 法国犯罪构成论体系的基本框架

法国的犯罪理论体系是相对晚近形成的以犯罪行为和犯罪人为基点的二元论体系。说其晚近是因为，起源于拿破仑刑法典的传统刑法注重犯罪行为和刑罚，没有将行为人纳入到理论体系中。随着19世纪人类科学的发展，犯罪行为人才逐渐地引起关注。实证主义学派尤其强调“犯罪人”在实施犯罪行为中的作用。1992年的刑法典确立了犯罪行为人在犯罪理论体系中的重要地位，将拿破仑法典的犯罪行为一元论体系发展成为犯罪行为和犯罪人的二元论体系。

法国犯罪构成二元论体系的通说代表作有卡斯东·斯特法尼等的《法国刑法总论精义》。根据该著作，法国的犯罪成立理论建立在犯罪行为和负刑事责任的犯罪人的二元论体系之上。犯罪行为，系指犯罪行为的构成要件，即由法律要件、事实要件和心理要件组成。负刑事责任的犯罪人，系指犯罪行为人必须有“罪过”（有罪性）且对于这种罪过可以归罪于犯罪人（可归罪性），这里主要涉及责任人的认定和责任减免的客观原因（法律命令、正当防卫等）和主观原因（精神紊乱、强制和错误等）。该理论的结构可用下列图9－1予以表示：

---

① ［法］多那蒂厄·德·瓦布尔：《刑法和比较刑法专论》，1937年版，第328段。
② ［法］德高克：《刑法总论》，1971年版，第205页。

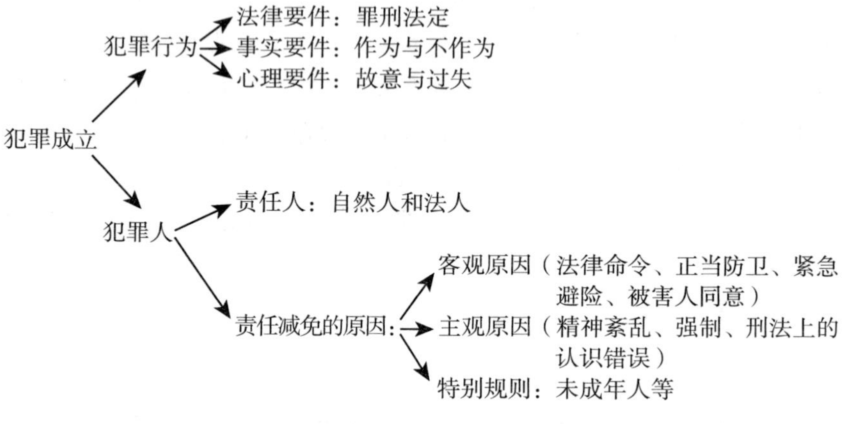

图 9－1　卡斯东·斯特法尼的犯罪构成图解

一、犯罪行为

犯罪行为是确定行为人刑事责任的基石之一。无论根据其广义或狭义的定义，犯罪行为都是刑事责任的起因或起因之一。因此，关于这个概念的范围，存在两种观点截然对立的学派。第一种学派在 20 世纪的德国盛行，它的观点倾向从纯客观的角度定义犯罪行为，认为犯罪行为是对刑法的客观违背。比如，冯·李斯特（Von Liszt）认为犯罪行为是“法律惩罚的事实状态”。另一种学派的范围更广，认为犯罪行为是认定行为人刑事责任前提的所有客观条件和主观条件。法国传统的理论分析，不但从犯罪行为的构成要件中发觉出法律要件和事实要件，还发觉出心理要件。① 20 世纪初的法国学者胡（J. －A. Roux）将犯罪行为定义为“体现积极违反法律的意图的错误行动，并且该行动由法律以刑罚的方式制裁”。

在法国，犯罪构成三要件学说出现的时间相对较晚。② 大约在 19 世纪末期，莫利涅（Molinier）提出事实要件和心理要件的概念。1925 年，居仕（Cuche）又在此基础上增加了法律要件。这位学者归纳分析

① ［法］麦尔勒、维图：《刑法专论》（第 7 版），CUJAS 出版社 1998 年版，第 14 页。

② ［法］罗伯尔：《犯罪行为构成要件的历史》，载《法国刑事科学和刑法比较法杂志》，1977 年版，第 269 页及后文。

了犯罪行为由法律要件、事实要件和心理要件构成，并建立了与犯罪行为理论相区分的轻罪犯理论。虽然有些学者认为很难区分心理要件和刑事责任之间的界限，但犯罪构成三要件的理论还是成功地被广大学者所接受。

（一）法律要件

罪刑法定原则（Nullum crimen，sine lege，无法律规定则无犯罪）由刑法典第113-3条规定如下："构成要件未经法律明确规定之重罪或轻罪，不得以其处罚任何人；或者构成要件未经法规明确规定之违警罪，不得以其处罚任何人。"法国刑法中，罪刑法定原则是最基本的要求之一。法官不能随心所欲地设立罪名，任意科以刑罚。只有法律才有此决断的任务，或者说原则上，唯有法律才是刑法的渊源。在具体介绍法律要件内容之前，有必要介绍其存在的理由。

1. 存在理由

罪刑法定原则在罗马法和中世纪法中就有所规定，法国1789年的《人权宣言》、1791年和1793年宪法都宣告和肯定了罪刑法定原则。1810年刑法典第4条对该原则作了正式规定。其理由分为两个层次。

（1）政治范畴的理由

罪刑法定原则是个人安全与自由的基本保证。由于这个原则的存在，公民事先了解了哪些行为是受到社会禁止的行为，同时也了解如果实施这些行为将受到何种处罚①。因此，如果立法机关命令惩罚已实施的合法行为，或者如果法官将法律没有规定的行为当作犯罪进行打击，那么针对权力专断的个人安全和保障就无从谈起。因此，刑事法制原则是针对权力专断的防御墙。

这个政治解释尤其与孟德斯鸠的三权分立学说相联系。根据该学说，由立法机关确定罪名和制定刑罚，由法官予以实施。罪刑法定原则具有绥靖价值。该原则的存在使得刑法受到绝大多数公民的赞同，他们信任保护他们的法律，从而排除了暴力作为刑事司法的手段。

① ［法］卡斯东·斯特法尼等：《法国刑法总论精义》，罗结珍译，中国政法大学出版社1998年版，第115页。

（2）心理范畴的理由

这些理由是人类科学家和犯罪学家得出的结论。罪刑法定原则首先具有教育功能，它描述应受指责的态度和行为，在它们之间建立真正的等级，并将它们与严重程度不同的刑罚相联系。因此，刑法具有社会价值法典的意义。为此，刑法的教育功能符合人们所讲的普遍预防功能。罪刑法定原则的教育价值还与犯罪学家普遍强调的第二个心理范畴理由相联系。这是指刑法的威慑功能。通过刑法禁令的预先存在，对人的意愿形成强烈约束，以抵消可能的犯罪倾向。

基于这些理由，法国学界也在长期探讨罪刑法定原则是否应具有宪法价值。1946 年和 1958 年的宪法序言都宣布维护 1789 年《人权宣言》中的原则，其中包括罪刑法定原则。宪法委员会也在多个决定中肯定了该原则是“具有宪法价值的规则”。但这些认可并没有从法律上全面肯定该原则的宪法价值。因为法官无权审查法律的合宪性，而且根据罪刑法定原则，法官只能按照立法者对犯罪行为的规定认定犯罪并对其进行惩罚。这样，法院将可能被迫适用与罪刑法定原则甚至与宪法相违背的法律。而宪法委员会的合宪性审查在法律颁布之前进行（事前审查），这实际上取决于在宪法委员会前享有诉权的议员们对法律合宪性审查的警惕性。另外，宪法委员会还可以在审查法律的修改条款时对法律的合宪性提出质疑。

2. 罪刑法定原则的内容

该内容同时涉及立法者和法官。对于立法者，只有立法机关可以制定刑法和刑事诉讼法的法律规范，而行政机关和司法机关则无权规定犯罪或刑事诉讼程序，并且法律内容要精确、清楚和易理解。同样，还禁止法律溯及既往。对于法官，禁止类比解释。《刑法典》第 111－4 条规定“刑法应严格解释之”。在刑罚方面，法官不能自行创设法律没有规定的刑罚，而只能按照法律的规定和赋予的裁量权适用刑罚。

但是，法国近期的立法实践和司法实践都明显地反映出刑事法制原则的衰退。这首先表现在相对于行政权扩大的衰退。自第三共和国开始，行政机关在实践中颁布具有法律效力的政府命令（décrets-lois）代替行使立法权的现象开始增多，并且自 1958 年成立第五共和国起，违警罪不再由法律规定，而由行政法规规定，这又被称为“违警罪的非立法化”；其次还表现为相对于法官权力的衰退，因为新刑法扩大了法官量刑的权力，监禁刑的替代性、刑罚的延免、普遍公益劳动、日罚金的出现，以及可减轻情节的取消，最高刑的规定等，都使法官享有更大的裁量权；最后这也是相对于维护超国家的法律渊源的利益的衰退，因为在法国，国际条约的效力高于国内法，随着法国签订的国际条约的增加，国际法律规范或直接或经转换后对国内适用，因此国内立法机关的权力被削弱了。

（二）事实要件

与探索人类意识和惩罚有罪意愿的道德不同，只有当犯罪意愿以外在的事实或行为表现出来，刑法才予以惩罚。这些揭露出犯罪意图的事实和行为构成犯罪的事实要件。1810 年刑法典中未专门涉及事实要件，但是新刑法典第 121 - 1 条规定：“任何人仅对其本人的行为负刑事责任”。刑法分则在对罪名进行定义时，也采用这样的表述，“……的行为，是……罪”。这正是犯罪事实要件的体现。该要件的理由显而易见，而其内容在近一段时期被明显地扩大。

1. 存在理由

理由包括两方面。首先是政治理由。了解内在的思想比较困难，任何社会混乱都是由表现为客观行为的思想引起的。而犯罪意图又是可以随时撤销的，因此需要犯罪以外在的客观事实或行为表现出来。其次是心理理由。通过不受惩罚的承诺，立法者希望将社会的下一个动乱窒息于萌芽阶段。另外，将非外在表现的犯罪意图作为确定刑事处罚的基础是非常不明确的做法。

但是，随着刑事政策的发展，犯罪行为的事实要件受到强烈的批判。根据实证主义学派和意大利刑法学家格拉玛第卡（Gramatica，1901 - 1979）社会防御理论思想，研究犯罪的客观性是要研究犯罪的萌芽状态、研究生理缺陷或社会心理缺陷，使得任何犯罪迹象即使是微小的迹象显露时，社会可以及时予以干预。相反，当代犯罪学主要注重行为的过程，在定罪时，明确地坚持要求犯罪的事实要件。

2. 内容

忠实于客观概念的 1810 年刑法典要求实施积极的行为。这是唯一能明显表现行为人反社会的特征，但它并不要求行为达到目的。对于非常严重或比较严重的犯罪行为才惩罚其未遂状态。实证主义学派和其后的现代主观法学理论认为，刑罚也应适用于那些没有表现出犯罪意图但其行为令人担心将要实施犯罪行为的个人。当代刑法扩大了事实要件的概念，并开始考虑主观概念，就是要考虑行为人的意图。这样，事实行为以两种形式表现，一种是具体化行为，另一种是虚拟化行为。

（1）具体化行为

具体化行为由刑法典第 121 – 4 条规定："下列之人为罪犯：1. 实施犯罪行为者；2. 实施重罪未遂，或者在法律有规定之场合，实施轻罪未遂者。"第 121 – 5 条规定："已着手实行犯罪，仅仅由于犯罪意志之外的情事而中止或未能得逞，构成犯罪未遂。"这些条款惩治已实施的犯罪行为和企图实现该犯罪的未完成事实。

当实施犯罪行为的客观性成立时，就不存在主要的证据问题，而犯罪未遂却存在这方面问题，即从犯罪过程中的哪个时刻起刑法可以介入。这涉及中断性未遂问题。有时即使行为人实施了所有计划的行为，却没有达到追求的结果，这种行为是否构成犯罪？这涉及无结果未遂问题。在解释该条法律过程中，法国司法判例从 19 世纪的客观观念过渡到今天的主观观念。

①中断性未遂

《刑法典》第 121 – 5 条规定中断性未遂需具备两个基本条件，即开始实施和并非自动放弃。"开始实施"要求行为人具有明确的犯罪故意，不存在模棱两可。在犯罪行为过程中，刑法只在其最后阶段介入。心理准备阶段和决定犯罪阶段不受刑法制裁，因为要鼓励自动放弃，并且对这两个阶段也难以实施调查、获得证据。在第二个阶段，行为人收集各种犯罪工具的预备行为同样不受刑事追究，理由是该行为有时性质模糊并可能引起行为人自动放弃犯罪计划。只有进入开始实施阶段才构成犯罪，因为根据司法判例，行为人距离犯罪行为非常之近，如果不被制止将肯定完成犯罪行为。"并非自动放弃"意味着，除了"开始实施犯罪"以外，还要求"由于行为人意志之外的原因而使犯罪实行中止或未实现其效果"，只有这两个条件同时具备才能成立中断性犯罪未遂。那么，自动中止的未遂不构成犯罪。但法官在对此判断上要求比较严格。

②无结果未遂

它要求行为人追求的结果没有达到，即行为人实施了所有旨在实现犯罪的客观行为，但是犯罪没有得逞。这个无结果的实施行为表现为“失败性未遂”和“不能犯之未遂”的轻罪。失败性未遂是由于行为人本身行为不熟练所致，其有罪性的成立不存在任何疑点。不能犯之未遂是由于行为人对实施行为事实的不可能性的无知（如朝死人开枪，将手伸向他人的空腰包行窃）。司法判例采纳了主观观念进行判断，即不能犯之未遂轻罪比犯罪未遂更体现行为人的犯罪故意。

（2）虚拟化行为

对虚拟化行为的惩罚是刑法学进步的结果，它揭示了犯罪故意同样可以从单纯的不作为行为或一个简单的行为中演绎出来。今天，人类团结一致的价值观要求惩罚特别严重的不作为行为（不救护、不作证、不揭发等）。犯罪学家们也发展出潜在犯罪的概念。危险状态的罪名在不断增多，如公路犯罪行为，将他人置于危险境地罪。这里考虑的是犯罪的潜在性。在这些不作为犯罪行为或危险状态的罪名发展之际，人们会对事实要件的存在性提出疑问：这个概念是否已经没有意义了？事实上，当立法者打算设立特殊措施时，他就不得不对将要达到的状况作出定义。换言之，立法者应该以危险行为为出发点确定犯罪前奏的危险状态，也就是说他应该描述反社会的态度或行为。那么，行为或态度再次处于首要地位。正如胡（Roux）所述，不应将“行为”一词同积极的活动联系起来。这个词语应在其所接受的最广泛的范围内表示意思，无论是积极的作为还是消极的不作为。但是，人们不得不承认传统的事实要件概念在当今已经发生了变质。

（三）心理要件

要使犯罪行为在法律上存在，只实施了刑法规定和处罚的事实行为还不够，还需要这个事实行为是行为人的意愿的结果。犯罪行为和行为人之间的这个关系在英国法中被称为“犯罪意愿”（la mens rea），它与“犯罪行为”（l’actus reus）相对应，这个关系构成心理要件。心理要件应同事实要件结合才构成犯罪。目前的法国刑法对于犯罪构成要求具备心理要件，而在旧的刑法体系中，只要求有犯罪行为的客观性就构成犯罪。当今的立法要求行为人的犯罪意图；在无主观意图情况下，如不可抗力，则不存在犯罪。根据刑法典，所有重罪和大部分轻罪都是故意犯罪，但是也有一些法定的非故意犯罪，包括过失犯罪和大部分违警罪。不过，通过旧法典和新法典确定心理要件的轮廓不是一件容易之事。

1. 旧刑法典

1810 年的刑法典并未要求心理要件。这一空缺导致所采取的解决措施缺乏调和性。当定罪的法律对特殊情况作出明确指示时，这个问题就很容易解决。当法律规定犯罪行为必须是在自愿的、明知故意的情况下实施的，毫无疑问，对于法院，故意的错误是不可缺少的条件。但是，当法律用“过失”一词，那么制裁将取决于对过失错误的认定。当法律对犯罪行为的心理要件问题未作规定时，理论上接受的解决办法是，法官要求控方出示故意错误的证明。

2. 新刑法典

1992 年的法典在第 121－3 条规定：“没有重罪故意实施的行为不构成重罪”。1996 年和 2000 年的法律对此进行了改革并具体规定了非故意犯罪的定义。第 121－3 条第 2 款规定：“但是，将他人蓄意处置于危险境地的情况，构成轻罪”。该条第 3 款规定，“在法律有规定时，在轻率不慎、疏忽大意或未尽法律或法规规定的谨慎或安全义务情况下，如果行为人未尽其任务、职责、权限以及权力或拥有的手段要求其付出正常的努力的事实成立，则构成轻罪”。该条第 4 款规定：“未直接造成损害的自然人，但为实现损害创造了条件或者没有采取措施避免损害发生，如果他们蓄意违反法律或法规规定的谨慎或安全之特殊义务的事实成立，或者他们犯有过错并将他人置于应知的特别严重的危险之中的事实成立，将负刑事责任。”

通过这些规定，立法者区分了不同类型的行为。对于重罪，绝对要求犯罪故意。对于轻罪，原则上要求犯罪故意，但是有两个例外，一个是蓄意将他人置于危险境地，另一个是轻率不慎、疏忽大意或未尽法律或法规规定的谨慎或安全义务。这是参照法条中没有提到的过错的概念，它存在上述两种形式。对于违警罪，过错是不言自明的条件。

（1）犯罪故意

对于犯罪故意存在两种概念：客观概念和主观概念。

①在客观概念中，这也是大多数刑法学家的观点，犯罪故意存在于实施犯罪行为的行为人的认知和意识中。这种分析将故意分为两个要素，即认知和意愿。认知要件涉及法律状况，即违反刑法的意识。根据箴言“任何人不能推脱不知国法”，这一点永远被推定为成立。只要行为人希望行为和其结果发生，则应受处罚。因此，犯罪故意如同一般的、客观的概念出现，对所有人都一样。

对意愿要件应以客观意思理解，犯罪动机是其外在表现。这个观点在 1956 年 12 月 13 日拉布泊（Laboube）诉讼案的判例中得到体现。最高法院刑庭认为，所有被指责的行为的成立需要行为人具有理解和意愿的能力。[①] 1959 年 5 月 27 日的判例重复了同样的解决措施，要求犯罪构成以自由意志为条件。

②相反地，根据主观概念，认为犯罪意图应通过行为人的个人品格予以衡量。该意图不是抽象的意图，而是具有理由和动机的意愿。只有行为人被确定出于不道德或反社会的动机，才能受到刑罚。这个从前由实证主义学派表述的观点，也是当代犯罪学家的观点。对于实证主义学派来讲，情绪化的罪犯是一种“英雄”体现，只应受到民事处罚，今天，许多犯罪学家认为刑罚应参照行为人的犯罪动机。

（2）过失

在修改新《刑法典》第 121－3 条后，过错存在三种不同的形式。在犯罪故意以外，首先是将人置于危险境地且无损害结果的过错。其次，是传统的过错，它要求损害的结果和对受保护的社会价值表现出的某种漠视。最后，级别最低的，是从犯罪行为的简单事实中演绎出的违警过错或客观过错，它用于认定较为轻微的犯罪行为。

因此，心理要件表现在多个方面。有些学者，主要是犯罪学家，认为传统的犯罪故意理论在当今没有科学根据，因为它重视的问题涉及对行为人的品格广泛和深入的研究。在这种分析下，心理要件的主要内容就会被挖空，因为在研究刑事责任过程中很大程度涉及对心理

① 在该案中，一个 8 岁的孩子过失将同学的一只眼睛打瞎。

要件的成分进行研究。

二、负刑事责任的行为人

法国1810年的刑法典首先关注的是犯罪行为和刑罚，对于行为人的年龄、性别只作了简单规定。而司法判例较早地得出了行为人责任的原则。

刑事责任概念由三个要件构成，第一个是“认识”或“识别”，即能够知道其行为的意义的能力；第二个是“自由”，即能够对于一种意义或另一种意义作出决定的权力；第三个是“有罪性”，即错误的选择。前两个要件还可以合并成为“可归罪性”的概念，即将一个犯罪行为记在某人账上的可能。负有责任，是由于行为人的错误行为而能够将犯罪与行为人相联系。

19世纪末的意大利实证主义学派促进了犯罪行为人研究的发展。菲力（Ferri）认为，犯罪人是“刑事司法的主角”。从严格的法律角度讲，犯罪人是犯罪行为的行为人，就是说实施或参加实施犯罪行为的人。在这个学派之后，犯罪学家强调犯罪行为的过程和行为人的刑事人格。

1992年的刑法典将负有责任的行为人与犯罪行为两个概念紧密地联系在一起，并在题为“刑事责任”的篇章（第二篇）中予以规定。其中第121－1条规定，“任何人仅对其本人的行为负刑事责任”。犯罪行为的行为人负责任，是因为该行为可以归罪于他，就是说由他负担。一旦行为按传统构成要件已经构成犯罪，法官只有在认定行为人能够领会其行为意义和有能力行动时才可处以刑罚。

（一）刑事责任的条件

确定行为人刑事责任成立，需要三个条件：行为人的精神自由，行为人责任的判断，实施犯罪的证明。

1. 行为人的精神自由

首先，刑事责任与犯罪人实施犯罪行为时的精神自由相联系。它建立在自由意志形而上学的公设基础上。只有在自由意愿和清晰意识支配下行动的个人，才能被追究刑事责任和处以刑罚。如果犯罪行为由犯罪人负担并可归罪于他，犯罪人将被追究刑事责任。其次，根据该时期的神秘主义和意愿自治的教义，可以得出这种刑事责任的设想具有非常个人化的特点。每个个人被推定为自由地作出决定，对自己的选择负责。最后，罪犯的刑事责任以实施犯罪行为的确切时刻来衡量：它具有瞬间的特点，是法律捕捉到的生活的一个切面，而不考虑行为人实施犯罪前后的精神状态。

由于精神自由公设构成刑事责任的基础，根据1810年刑法典，在缺乏精神自由的情况下，责任不能归罪于行为人。这是指不能归罪的原因。新刑法典和司法判例对精神自由采取略有区别的态度，认为缺乏精神自由不一定引起行为人完全不负刑事责任。这就是精神错乱和强制的情况。《刑法典》第122－1条规定："在行为发生之时患精神紊乱或神经精神紊乱，完全不能辨别或控制自己行为的人，不负刑事责任。"但该条第2款规定："在行为发生之时，患精神紊乱或神经精神紊乱，损害或有碍于辨别或控制自己行为的人，仍得惩罚之。"而司法判例显示法国法院越来越不接受将精神错乱概念作为免除或减轻刑事责任的因素。

强制由《刑法典》第122－2条规定："在其不可抗拒之力量或者不可抗拒之强制力下实施行为的人，不负刑事责任。"司法判例对于强制要求了两个条件：一个是不可抵抗的，另一个与之相关，是不可预见的。行为人事先有过错的，则要承担责任。

2. 行为人责任的判断

当代刑法区分客观判断和主观判断。

（1）客观判断

根据法国刑法典，法官需要判断行为人是在事实上还是在心理上负有责任。在对未成年人采取教育和帮助措施时也要考虑这些因素。最后，法官在作出免除刑罚、缓刑、取消或限制权利等决定前，需要对行为人的人格作出判断。

（2）主观判断

对于未成年人犯罪，法官需要进行社会调查。预审法官要对未成年人的人格以及经济、家庭或社会状况进行调查。对于重罪犯罪人，这项调查是必须的；对于轻罪犯罪人，调查是或选的。

行为人人格的判断可以简单地从犯罪的潜在性中推断出来。不作为犯罪以及对危险状态定罪的判断就属这种情形。

3. 行为人实施犯罪的证明

行为人的有罪性存在两种形式：确定有罪性和承认有罪性。

（1）确定有罪性

对于违警罪，有罪性从事实客观性的简单证实中推断出来（例如，在公共道路上违法停车）。对于轻罪和重罪，由检察官或民事当事人证明犯罪行为人的有罪意图。因此，这就加重了对行为人进行有罪证明的举证责任。立法者认为，在有些情况下，当行为事实的客观性显著，未受到犯罪嫌疑人的异议时，则可以减轻举证责任，以发展追究刑事责任的替代性方法。

（2）承认有罪性。

受 1993 年 1 月 4 日的法律所规定的调解赔偿制度启发，1999 年 6 月 23 日的法律赋予检察院在追诉时采取替代性方法，即刑事和解程序，而 2004 年 3 月 9 日的法律又借鉴英美国家的辩诉交易程序设立了事先承认有罪制度。在法国，对于这些追诉的替代措施也存在争议，支持者认为它们体现了司法的效率原则和宽严相济的刑事政策在司法中的灵活运用，而反对者则认为这些替代措施违背了无罪推定原则。

（二）刑事责任人

19 世纪以来，刑事责任人的范围不断扩大。1810 年的刑法典只接受成年自然人的刑事责任。1992 年的刑法典接受了法人的刑事责任。2002 年 9 月 9 日的法律最终承认了未成年人的刑事责任。

1. 自然人

（1）成年人的刑事责任

1992 年的《刑法典》在第 121 - 1 条中对个人刑事责任作了规定："任何人仅对其本人的行为负刑事责任。"这意味着，首先，不存在集体刑事责任，即不会由于集体内部一个成员犯罪而判处其他成员负担刑事责任。其次，从个人刑事责任原则中推理出刑罚的个人化原则。这样，家庭中的其他成员无须承担针对某个成员实施的个人刑罚（而 1789 年以前的规定则相反）。最后，新刑法典对犯罪行为人作了定义（这是旧刑法典所不具备的）。新《刑法典》第 121 - 4 条规定，"罪犯是实施犯罪行为者"，或当未遂也被入罪的情况下，为"试图实施犯罪的行为者”。

行为人的概念由于犯罪行为的多样性也呈现不同情况。作为犯罪的行为人与不作为犯罪的行为人之间没有什么联系。同样，相对于实施犯罪行为的客观行为人，还存在智力上的行为人，如种族灭绝犯罪的行为人就属这种情形。在此观点下，根据 2004 年 3 月 9 日的法律，新《刑法典》增加第 221－5－1 条，惩罚“向他人提供给予、许诺或建议赠予、礼物或好处，以使其实施谋杀或投毒的行为”。

（2）未成年人的刑事责任

2002 年 9 月 9 日的法律承认未成年人的刑事责任，其修改了《刑法典》第 122－8 条的规定。1945 年 2 月 2 日的政令被视为“关于青少年犯罪的宪章”，它提出了所有未成年人不负刑事责任的制度。未成年人犯罪原则上被看作是未成年人处于危险状态，他们应受到教育措施的处置而不是刑事处罚。1956 年法国最高法院的司法判例认为，“任何犯罪，即使是非故意犯罪，也要求行为人具有活动的辨别能力和意愿”。这就是要承认，应在与成年人同样的条件下宣布未成年人负有责任，应按照一般法律对未成年人的行为作出判断。1992 年新《刑法典》将这个判例的原则纳入到其第 122－8 条中，“经认定犯刑事罪的未成年人，依特别法律规定之条件，对其采取保护、救助、监督与教育措施”。该条文被列在“不负刑事责任或减轻刑事责任之原因”一章中，它没有提出有罪性，但似乎承认了未成年人的特殊责任。2002 年 9 月 9 日的法律重新撰写了第 122－8 条的规定：“具有识别能力的未成年人对重罪、轻罪和违警罪负有刑事责任，依特别法律规定之条件，对其认定有罪。”因此，未成年人不再不负刑事责任，包括 13 岁的未成年人。[①] 刑事责任成为打击犯罪行为的司法对策的依据。将根据行为人的识别能力确定刑事责任，这需要参考自由裁决人的概念，参考每个人认识和判断其行为意义的能力。

与识别相联系的是心理意识。1956 年 12 月 13 日的判例对确立未成年人的刑事责任起了重要作用，虽然未成年人与成年人都可被追究

① 根据法国法律，对 18 岁以下的负有刑事责任的未成年人可以采取教育措施，对 10～18 岁负有刑事责任的未成年人可以实施教育处罚，对 13～18 岁有刑事责任的未成年人可处以刑罚。

刑事责任，但是未成年人依法享有其特殊性。只有确定了未成年人的识别能力才能考虑其刑事责任。成年人被推定为具有这种识别能力，而未成年人则被推定不具有这种识别能力。新《刑法典》第 122 – 8 条在规定未成年人刑事责任的同时也指出，未成年人的刑事责任是被减轻的刑事责任。但是法国 2002 年的立法没有抓住时机满足《儿童权利公约》第 40 – 3 条规定的要求，该条约要求成员国“设立儿童具有触犯刑法的刑事能力的最低年龄”。

2. 负有责任的法人

1992 年新刑法典最具创新意义的改革就是增加了法人的刑事责任。第 121 – 2 条规定：“法人……对其机关或代表为其利益实施的犯罪行为负刑事责任。”

法国 1789 年以前的旧制度接受团体的刑事责任，大革命时期法律和 1810 年的刑法典排除了法人的刑事责任。法国最高法院曾经认为，“罚金是一种刑罚，而任何刑罚都是个人的，除非法律对此特殊规定。不能对法人处以罚金，后者只能承担民事责任”。自 19 世纪以来法人团体不受刑事处罚的理论发展很快。当团体实施犯罪时，人们只能在认定的范围内处罚其领导者。

为了弥补这个法律真空，立法机关在 1992 年确立了排除国家以外的法人负刑事责任的原则。但是《刑法典》第 121 – 2 条明确规定，负刑事责任必须是“在法律或条例有规定的情况下”。这个详细规定意味着，追究法人的刑事责任需要法律专门对法人的犯罪行为和处罚作出定义和规定。如果没有法律规定法人犯罪的条款，则不得追究法人的刑事责任。刑法典规定的法人犯罪涉及侵犯人身、财产、国家之重罪和轻罪，例如谋杀、毒品走私、盗窃、恐怖主义等，以后的法律不断增加法人犯罪的罪名。

2004 年 3 月 9 日的法律放弃了法人刑事责任的特殊性原则，规定了法人的普通刑事责任。该法律修改了《刑法典》第 121 – 2 条规定，删去了“在法律或条例有规定的情况下”这一规定。这样，无论犯罪的性质，都可追究法人的刑事责任。事实上，法人的刑事责任同时体现了间接性和个人性。间接性是由于法人的责任只能通过自然人的行为而受到质疑。个人性是由于犯罪由只能由法人机关或代表为了法人的利益实施。

第三节　法国犯罪构成论体系的重要问题

对于上述法国犯罪构成二元论体系的通说，一些学者也认为存在值得商榷的地方，主要焦点在于心理要素和刑事责任间划清界限，因为刑事责任的概念难以界定。

一、关于二元论体系的调整问题

有的学者认为应对居什的三要素理论体系进行调整。如雅克·博胥康在其《刑法和刑事诉讼法》的教材中就主张将犯罪构成体系划分为刑事法定原则、犯罪行为和刑事责任，其中刑事责任部分包括有罪性和可归罪性。这一观点在雅克·博胥康教授《法国二元论体系的形成和演变》一书的中文译著中再次得到确认。①

根据博胥康教授上述两部著作，其关于犯罪构成的理论可以通过以下图解表示：

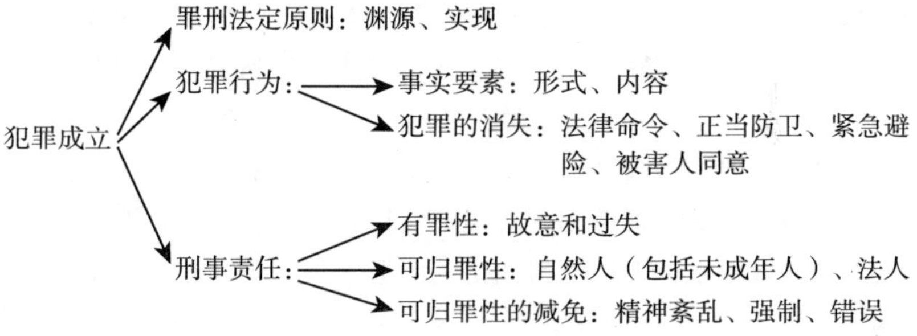

图9－2　雅克·博胥康的犯罪构成理论

博胥康教授主张的犯罪构成理论将通说中的犯罪构成三要件中的心理要件所包含的故意和过失移至刑事责任中的有罪性中，从而避免对该要件进行重复判断，同时，将刑事责任减免的客观事由，如法律命令、正当防卫等，移至犯罪行为中加以判断，从而将刑事责任紧紧

① 参见［法］雅克·博胥康：《法国二元论体系的形成和演变》，朱琳译，中国民主法制出版社2011年版，第30页。

围绕“犯罪”人的主观意识进行有罪性和可归罪性的判断。

二、关于刑事责任的新概念问题

传统的刑事责任概念与犯罪人实施犯罪时的精神自由相联系，它建立在自由意志形而上学的公设基础上。只有具有自由意愿和清晰意识的个人才能负刑事责任并受到刑罚。因此，传统的刑事责任具有个人性特征，并且通过行为人实施犯罪时的自由意愿和清晰意识加以判断，确定刑罚。而相当数量的法学家，以及较多的犯罪学家和人类学家长期批判刑事责任的传统概念。这些众多批评也开启了通往刑事责任概念新前景之路。

（一）刑事责任传统概念的批判

第一种批判涉及传统理论中的哲学先验，即对自由意志的笃信。这种批评观点认为，许多犯罪人知道他们做的是什么和体验到个人责任，他们只是有时精神不正常。即使是对于精神错乱者，精神病医生也越来越强调刑事责任的剩余感觉，甚至某种受罚的能力。

第二种主要批评涉及传统责任概念的僵硬性。这种僵硬的理念往往导致实践中采取不够科学且缺乏对社会利益保护的解决措施，尤其是在犯罪人处于精神错乱或具有某些人格异常的情况下更是如此。对于精神病人，如果法官认为行为人是《刑法典》第 122 – 1 条规定的精神错乱者，犯罪人将被宣布完全不负刑事责任，并逃避刑事司法的追究，而刑事司法处于束手无策的境地。这大概解释了最近判例中的一些现象：法院越来越不接受精神错乱的概念作为免除或减轻刑事责任的因素。

第三种批评涉及“刑事责任”一词表达的含混不清。有些学者认为，刑事责任应同可归罪性概念结合在一起。犯罪行为的行为人负有责任，是因为行为可以归罪于他。其他学者则认为，刑事责任是一个更广泛的概念，它包括有罪感（严格意义上的心理要件）和可归罪性：只有这两个要件俱全的情况下才得以成立。

根据斯特法尼（Stefani）教授的观点，心理要件对于惩治犯罪行为是必要的，因此它是不可或缺的要件。另外，1994 年新刑法典将不受处罚的事由规定在“刑事责任”的篇章中，而不是列在“犯罪行为”

的篇章中规定，但在分则部分，法典将每个犯罪行为都定义成“实施了……行为”或者“实施……”行为，这就表明对于刑法典的制定者而言，犯罪行为是一个行动，是与行为人心理方面不同的事物。①

（二）关于刑事责任概念的新观点

1. 新社会防卫学说的观点

安塞尔（Mark Ancel，1902－1990）坚持具体刑事责任的概念。但是他认为，司法官的作用不是对具体刑事责任作出评估并根据评估结果宣告刑罚。新社会防卫论否认只要确认了个人刑事责任就自动判处刑罚的观点，而是认为，惩罚应尽可能个人化，并应由意识到自身社会作用的法官选择和宣布。犯罪人对其责任的确切意识是重归社会过程的开始和动力，这涉及刑事责任真正的教育功能。不应该根据抽象责任要求犯罪人对其过去付账。罪犯对其责任的意识应该是在激励的治疗中为自我转换而进行个人努力的开端。②

2. 新传统学说的观点

麦尔勒和维图对传统学说进行了更新，形成了新传统学说的观点。他们对于将刑事责任与主观责任和将主观责任与自由意识紧密联系的观点持谨慎态度。他们不否定决定论对人类自由所起到的作用。在他们看来，刑事责任是一个动态和复杂的概念，受到犯罪人的过去和将来的影响。犯罪人的过去责任，传统上根据有罪性的概念（客观有罪性和心理有罪性）以实施犯罪日为准进行判断，并给国家的参与提供了法律依据。而犯罪人将来遭受刑罚或从刑罚中收益的能力，才是刑罚的实际标准，而非自由意识。他们认为，“重要的不是了解罪犯在实施犯罪行为那天有无自由意识，也不是在判决那天确定罪犯是否能够明白惩罚的必要性，能够承受惩罚和从中获益……”，③“现代的刑事责任，就是领会刑罚和从中收益的能力。实施犯罪行为的行为人要在治

---

① ［法］让－马丽·欧赛尔：《刑事责任的概念》，载《图卢兹法学院年鉴》，第106～108页。

② ［法］马克·安塞尔：《责任与社会防卫》，载《刑事责任》，斯特拉斯堡刑事哲学研讨会著作，1959年版，第366页。

③ ［法］麦尔勒和维图：《刑法专论》（第7版），CUJAS出版社1998年版，第470页。

疗康复所需的时间内，处于为改造接受必要治疗的境地”。[①]

3. 犯罪学家皮纳泰尔（Pinatel）的观点

许多犯罪学家认为，追究犯罪时的责任或在犯罪人到庭时追究其责任的传统刑事责任观点无益于有效地对犯罪人实施真正的治疗。其中，皮纳泰尔认为，法官应考虑到犯罪人个人品格的问题。关于精神异常的犯罪人，他认为，不是因为某人相对清醒或具有责任的个人意识，才宣告其应负刑事责任，而应该用病态人格的标准代替责任的标准；用适应性的概念代替可归罪性的概念；用刑事能力的概念代替有罪感的概念。[②] 根据皮纳泰尔的观点，应用犯罪学倾向于确定主体的“危险状态”而不是主体的“责任”，并将“危险状态”作为引起司法回应的依据。这些批评当中的一些观点被立法者采纳，对行为人品格测试的参照也被载入了新刑法典。

4. 乌得勒支（Utrecht）学派的观点

荷兰犯罪学家试图通过法律必要性和现代科学成果，更新刑事责任的概念。他们不赞成实证主义理论的决定论，也不赞成由危险状态理论中得出的社会责任概念。他们想要展示“有关自由的理论”可以非常好地与生物学、心理学和精神病学的近期发现相兼容。因此，该学派不主张废除旧概念，而是将其现代化。关于刑事责任，该学派的代表人物彭蒲（Pompe）建议“相对的”和“动态的”责任，认为对非正常犯罪人的治疗是为了发展其真实的责任感，此外，这种多少有限的真实责任感不只是针对不正常的犯罪人的治疗，而且要求所有人都应具备。[③] 他坚持保留个人责任概念的必要性，并认为责任的概念应从其过于僵化的桎梏中解脱出来，以便适应十分复杂的现实需要。

---

① ［法］麦尔勒和维图：《刑法专论》（第7版），CUJAS出版社1998年版，第488页。

② ［法］皮纳泰尔：《生物学和责任》，载《刑事科学与刑法杂志》，1968年版，第677页。

③ ［法］彭蒲：《刑事责任的新理论》，载《刑事科学的新流派：乌得勒支学派》，第61页及后文。

第四节　对法国犯罪构成理论体系的评价

一、关于犯罪构成理论体系的指导功能

在法国，关于犯罪构成理论体系，通常在各种刑法总论教科书的结构和论述中有所体现，或者一些学术论文会对理论体系中的某个问题进行论述，但总体印象是，与我国或德日等其他大陆法系国家相比，关于犯罪构成理论体系的专门论著较为缺乏。

然而，虽然法国学界关于犯罪构成理论体系缺乏较为深入、系统的论述，但是犯罪构成理论体系对实践的指导作用还是比较充分的。

在教学方面。法国的每一部刑法总论教科书结构都是按照一定的犯罪构成理论体系框架和逻辑编写的。例如在卡斯东·斯特法尼等著的《法国刑法总论精义》中，除了导言之外，包括“犯罪与犯罪人”和“制裁：刑罚与保安处分”两大部分，其中第一部分“犯罪与犯罪人”又由“刑法的重大原则”（罪刑法定原则）、“犯罪的特有构成要件”（事实要件、心理要件）、“犯罪人与刑事责任”（应负刑事责任的人、不负刑事责任从轻的原因）三篇内容组成。卡斯东·斯特法尼教授的观点被法国大多数学者接受，具有相当的权威性。当然，持不同观点或认为应对通说进行适当调整的刑法学者可以根据他们对犯罪构成理论的理解和观点编写刑法总论教材，对教材的结构做出不同的调整。因此，刑法学者将各自的犯罪构成理论体系框架反映在其刑法总论教科书的结构中。反之，刑法总论教科书的结构也体现了不同刑法学者关于犯罪构成理论体系框架的构建。

在立法方面。法国犯罪成立理论与其刑法典的规定是一致的。法国 1992 年刑法典的结构也受到犯罪构成理论体系的影响，其总论部分分为“刑法”、“刑事责任”和“刑罚”三篇。其中第二篇“刑事责任”下，共有两章：第一章是“一般规定”，依次规定了个人责任原则、应负责任的人（自然人与法人）、故意或过失、犯罪未遂与共犯；第二章是“不负刑事责任或减轻刑事责任之原因”，依次对精神紊乱、强制、错误、依法行为、正当防卫、紧急避险与对未成年人犯罪所采

取的措施作了规定。由此可见，刑法理论将犯罪成立条件分为构成要件与应负刑事责任这两个要件，这是与法国刑法典的规定相对应的。①

二、关于“二元论”的犯罪理论体系

从历史沿革方面来看，法国的犯罪理论体系经历了由“一元论”体系发展为“二元论”体系的过程，即由犯罪构成三要素的形成、犯罪构成要素与“犯罪行为—犯罪行为人”二分论的对立，到最终形成两者相协调后的“二元论”体系。这一进程体现了犯罪论体系从犯罪行为概念到刑事责任概念的理论飞跃。

正如前文法国学者的研究所述，犯罪理论体系基于刑法总论对犯罪构成进行探究。法国的犯罪构成三要件说，即法律要件、事实要件和心理要件，以概括、抽象的方式确定了刑法总论中犯罪构成一般要件。其中法律要件涉及罪刑法定原则，这里主要涉及刑法分则中所规定和宣告的各种罪名。因此，犯罪构成三要件说，是对刑法分论中各种犯罪构成要件的高度概括和总结并且适用于刑法分则中各个犯罪的一般要件的描述，是以犯罪行为为基点而建立的“一元论”学说。

但是，随着犯罪学和人类科学的发展，人们认识到，从刑法总论的角度对犯罪构成进行三要件的描述还不够，因为，实施了符合这三个构成要素行为的行为人并不一定都要受到相应的刑罚，这涉及犯罪行为人刑事责任概念，也就是说在犯罪行为和刑罚之间需要由行为人的刑事责任进行衔接。因此，这涉及刑事责任能力、刑事责任的减免事由等问题。法国学者达纳教授在1982年发表的《对于刑事犯罪概念的评论》中主张尽量具体且完全是法律性质的研究。他还提出：构建具体的犯罪概念只能从责任概念出发。② 从刑事责任的角度认识犯罪，不仅使刑法总论对犯罪的描述更加全面和完备，而且也符合社会有效打击和防治犯罪的需要。由此，在认识和研究犯罪的过程中引入了“刑事责任”的概念并在“一元论”的基础上增加“犯罪行为人”为第二个基点，“二元论”的犯罪体系得以构建。

---

① 李立众：《犯罪成立理论研究》，法律出版社2006年版，第38页。

② ［法］雅克·博里康：《法国二元论体系的形成和演变》，朱琳译，中国民主法制出版社2011年版，“引言”。

作为世界第一部近代刑法典的诞生地，法国犯罪成立理论有着不同于德日犯罪成立理论的风格：第一，法国犯罪成立理论中不存在德日刑法学中独立的“违法性”要件，“违法性”要件被认为属于“法有规定”要件之中。当然，也有部分法国学者主张“无合法根据”是成立犯罪的条件，但这种观点受到了批评。第二，法国犯罪成立理论中的不负刑事责任，类似于英美刑法中的辩护事由，包含了德、日犯罪成立理论中的违法阻却事由与责任阻却事由。可见，法国犯罪成立理论不存在德日刑法学那样明显的犯罪阶层性特征。第三，法国的犯罪成立理论中常常论及犯罪学，这一特色是德、日刑法学所没有的。①

综上所述，法国的犯罪二元论体系是以犯罪行为和行为人为基点的。这个二元论体系是从一元论发展而来的，以行为和行为人两个基点所形成的体系的内部构架也在不断运动发展。其中犯罪行为由法律要件、事实要件和心理要件构成的三要件学说一方面受到其他学者提出的异议，例如法律要件不应作为犯罪构成要件，心理要件的内容同行为人刑事责任的认定相混同或重复等；另一方面这个三要件学说的内容也在发生变化，例如罪刑法定原则相对于行政权、法官或超国家规范的衰弱，不作为犯罪赋予事实要件新的内容，过错也可成为犯罪构成的心理要件等。负刑事责任的行为人包括责任人的范围和刑事责任的认定，责任人的范围由旧法典规定的自然人扩展到法人，新近的立法又加入了未成年人。法国犯罪理论体系在动态发展过程中体现了对行为人的重视，研究犯罪人被提升到与研究犯罪行为同等重要的地位。另外，这个动态的变化趋势受历史、哲学、政治、法理、立法和司法实践等诸方面因素的影响和推动，目的是适应社会发展进步和犯罪现象复杂化的需要。

① 李立众：《犯罪成立理论研究》，法律出版社2006年版，第38～39页。

第十章　意大利犯罪构成论体系考察

第一节　意大利犯罪构成论体系的历史沿革

在意大利刑法理论中，“犯罪的法律（形式）概念”（il concetto formale di reato）与“犯罪构成理论”（la teoria della fattispecie incriminatrice）是紧密联系的。刑法中犯罪构成理论的全部内容都是对犯罪的形式概念进行逻辑分析、展开的结果。意大利刑法学家帕多瓦尼教授（Tullio Padovani）对此做了精辟的解读：“当人们把犯罪当作规范现象来考虑时，即作为一种符合法律规定的事实来考虑，就必须分析犯罪的不同侧面”。[①] 因此，将犯罪概念和犯罪构成割裂开来进行研究是不符合意大利刑法理论传统的，我们对意大利犯罪构成理论的沿革也从“犯罪的概念”（il concetto di reato）开始谈起。

意大利现行刑法典是1930年刑法典，而最先使用“reato”一词来表示刑事违法行为的是1889年的意大利刑法典。“reato”的本义是犯罪，是违反了《刑法典》第17条为“犯罪”规定的主刑（也包括军事《刑法典》第20条为“军职罪”规定的主刑）为制裁措施的法律规范的行为，即“Reato equivale ad illecito penale, e cioè alla violazione di una norma sanzionata con una delle pene principali indicate dall'art. 17 codice penale rispettivamente per i delitti e per le contravvenzione e, （nel caso di reato militare con una delle pene principali elencate nell'art. 22 c. p. m. p）”。[②] 由这

① Tullio Padovani, *Diritto Penale* (Ⅷ Edizione), op. cit., p. 23, Giuffrè Editore, Milano, 2006.

② Tullio Padovani, *Diritto Penale* (Ⅷ Edizione), op. cit., p. 73, Giuffrè Editore, Milano, 2006.

个概念可以看出，将犯罪行为与其他违法行为区分的界限不是我国刑法理论所认为的严重的社会危害性，而是刑事制裁措施，即以主刑为表现形式的刑事制裁措施。以制裁措施作为区分犯罪行为与其他行为之间的界限，既是保障正确适用刑法的首要条件，也是意大利刑法对于“犯罪”概念定性的独特之处。

关于犯罪的称谓，在 1889 年意大利《刑法》的起草过程中，人们都还经常使用“delitto”作为刑事违法的代名词，但后来主张使用“reato”一词的意见占了上风；在现在的意大利刑事立法中，“delitto”和“contravvenzione”分别表示两种不同类型的犯罪：重罪（delitto）和轻罪（contravvenzione），两者可以统称为“犯罪”（reato）。

意大利刑法中的重罪与轻罪是有着明确区分的，而且两者适用的法律条文也各不相同。意大利《刑法》第 39 条规定的是“犯罪：重罪与轻罪的区分”（Reato：distinzione fra delitti e contravvenzioni），具体规定为，“I reati si distinguono in delitti e cotravvezioni，secondo la diversa specie delle pene per essi ripettivamente stablite da questo codice”，[①] 意思为“由刑法典所规定的不同的刑罚种类来对重罪与轻罪进行区分”。意大利刑法典主要是通过规定不同的刑罚种类来区分重罪与轻罪：法定刑为无期徒刑（l’ergastolo）、有期徒刑（la reclusione）或罚金（la multa）的犯罪是重罪，而法定刑为拘役（l’arresto）或罚款（l’ammenda）[②] 的犯罪则是轻罪。由于意大利刑法在刑法的基本制度上都对重罪与轻罪进行了不同的规定，因而明确二者的区分具有重要的意义。

一、刑事古典学派的“二要件理论”

意大利古典学派学者主张犯罪的“二要件理论”（la teoria bipartite classica），认为犯罪是一个理性的实体（ente di ragione），由两种本体

① Luigi Alibrandi e Piermaria Corso，*Codice penale e di procedura penale e leggi complementari*，（Trantatreesima Edizione），op. cit.，p. 82，Casa Editrice La Tribuna，Piacenza，2011.

② 根据意大利《刑法》第 24 条和第 26 条的规定，罚金的数额一般是从 50 欧元到 50，000 欧元，而罚款数额则是从 20 欧元到 10，000 欧元。罚金是重罪的法定刑，而罚款是轻罪的法定刑。

性因素构成，即犯罪的“身体力”（forza fisica）和犯罪的“精神力”（forza morale），[1]这大体相当于现代刑法理论中的“客观要件”（elemento obiettivo）和“主观要件”（elemento soggettivo）。

意大利刑事古典学派的奠基人是卡拉拉（F. Carrara）和卡尔米纳尼（G. Carmignani），他们对犯罪构成都有系统的论述，例如卡拉拉的代表性著作《犯罪的构成要件》（Elementi del reato）和卡尔米纳尼的著作《犯罪的法律要件》（Elementa juris criminalis）等就是如此。

按照意大利古典学派的解释，“身体力”的主观方面即主体的行为，而“身体力”的客观方面则是指犯罪造成的危害结果；“精神力”的主观方面指的是行为人的意志，而“精神力”的客观方面则表现为犯罪造成的“精神损害”（如在社会造成恐慌等）。在这种二分模式中，犯罪的本体性因素与评价性因素结合成了一个整体。但是，作为犯罪构成重要因素的“合法化原因”（le cause di giustificazione）却无处立足，只好将其解释为因主体受“强制”而排除“精神力”的原因，而这种解释显然是不具有说服力的。

值得注意的是，刑事古典学派认为犯罪构成理论即是对犯罪进行理性分析的理论，其主张的犯罪“二要件理论”的基础并不是现实中的刑法。因为从实在法出发，“可归罪的事实”（imputazione civile）并不是一种本体性的存在，或者说犯罪的存在并不受所谓的“理性的实体”（ente di ragione）的限制。对某一事实“归罪”是法律规定的结果，是立法者理性地认为该事实本身具有危害性，并将其规定为可罚行为的结果。从这个意义上说，“二要件理论”的提出含有限制国家刑罚权发动的意思。

“二要件理论”的先天缺陷也很明显。首先是“正当化原因”或“合法化原因”的归属问题，这是犯罪构成中重要的一环，遗憾的是“二要件理论”难以做出合理的解释；其次是对行为“归罪”的原因（la punibilità del reato），也就是犯罪的可罚性，意大利古典学派认为是法律规定的结果，但是忽视了行为事实的本身是否具有归罪性。

---

① Tullio Padovani, *Diritto Penale* (Ⅷ Edizione), op. cit., p. 99, Giuffrè Editore, Milano, 2006.

二、“三要件理论”

由于“二要件理论”存在先天缺陷，德国刑法学界在“二要件理论”后提出了“三要件理论”（la teoria tripartita）。20世纪30年代，该理论经由戴理塔拉（G. Delitala）传入意大利。在“三要件理论”中，犯罪被分为三个基本的构成因素：典型事实（il fatto tipico）、客观的违法性（l’antigiuridicità oggettiva）和罪过（la colpevolezza）。“三要件理论”被认为是意大利刑法犯罪构成理论的雏形。

首先是典型事实，其是符合犯罪规范所描述的行为模型的具体事实。典型事实在构成体系中的作用是说明禁止性规范与命令性规范的具体内容，同时也是区别具有刑法意义的行为与非刑法意义行为的基础。然而意大利刑法学界对于典型事实的具体内容没有统一认识，“三要件理论”也据此呈现多种表现形式。

其次是客观的违法性，其是从满足整个法律秩序的客观需要出发，对典型事实所作的“违法性”评价。客观违法性问题与行为人的主观态度无关；行为人是否认识到自己的行为具有违法性质或是否是正确认识，都与客观违法性无关。客观违法性的价值在于，任何阻止客观合法的行为都不可能是刑法的行为，客观合法的行为不仅不应受刑事处罚，而且在实施时不应受到阻碍。

最后是罪过，其是行为主观方面的应受责难性，包含行为人的“认识能力和控制能力”（la capacità di intendere e di volere）、行为人与典型事实之间的心理联系（il nesso psichico）以及影响行为人意志形成的条件（le circostanze in cui si è formata la sua volontà）等内容。这是通过查明行为人在没有正当化理由的情况下是否具有客观违法性的典型事实，来作出是否归咎于行为人的判断。

然而，就上述三个要件包含的具体内容而言，仍然存在争论。其中争议最多的就是行为与行为人之间的心理联系（il nesso psichico）的归属问题，即其属于典型事实，还是属于罪过的内容。认为属于典型事实的观点，是目的行为论者的看法。他们认为，人的行为是由人的意志所决定的实体，因此该心理联系也应该属于典型事实的内容；而传统的三要件理论的支持者则认为行为与行为人之间的心理联系应当是主观的，放在罪过的内容中更为合适。

三、新的“二要件论”

新的“二要件论”（la nuova bipartizione）认为，客观违法性不是一个独立的犯罪成立的条件，因为它在实践中只是一个纯粹的否定性因素，即行为不具备正当化的理由（l'assenza di cause di giustificazione）。[①]对这样一个否定性的因素，没有理由给予特别的强调，即为了查明犯罪事实的存在，在实践中只要查明行为符合犯罪规范规定的所有条件，而且证明不存在任何排除可罚性的事实（如正当防卫等）。

广义的典型事实应该是犯罪成立的“肯定因素”（requisiti positivi）和“否定因素”（requisiti negativi）的“总和”（somma algebrica）。无论是缺乏肯定条件（如就盗窃行为而言，行为人所窃取的不是“他人”的财产），或是存在否定条件（如窃取财产的行为是为了执行合法的命令等），行为都不符合刑法规定的典型事实。

然而，这种理论是很难具有说服力的，原因就在于这种理论否定“违法性”作为独立的要件，将实质意义不同的事实相混淆。缺乏典型事实“肯定因素”的那些非典型事实，一般不具有危害，而包含“正当化理由”的事实，则包含损害某种利益的内容。包含“正当化理由”的事实之所以合法，就是因为在特定角度上具有值得肯定的价值。对此，帕多瓦尼教授举了一个很有意思的例子：打死一只苍蝇的行为是缺乏肯定因素的非典型事实（il fatto atipico per il difetto di un elemento positivo），而正当防卫的杀人行为是包含否定因素的非典型事实（il fatto atipico per la presenza di un requisito negativo），[②] 将两者混为一谈无疑是荒谬可笑的。可见，违法性要素应当是犯罪构成不可或缺的要素之一。

---

① Tullio Padovani, *Diritto Penale* （Ⅷ Edizione）, op. cit. , p. 101, Giuffrè Editore, Milano, 2006.

② Tullio Padovani, *Diritto Penale* （Ⅷ Edizione）, op. cit. , p. 101, Giuffrè Editore, Milano, 2006.

四、“犯罪构成多样性说”

“犯罪构成多样性说”（La considerazione separata delle fattispecie）是由“三要件说”发展的新的学说。具体包含以下内容：

首先，在行为的“违法性”（l’antiguiridicità）与“罪过”的评价方面，“犯罪构成多样性说”认为，由于法律规定的犯罪在实施方式上的差异，各种犯罪在结构上也有所区别。因此，对行为的“违法性”与“罪过”的评价只能根据具体的规定来进行。

其次，在“作为的犯罪构成要件”（le fattispecie commissive di azione）与“不作为的犯罪构成要件”（le fattispecie comissive di omissione）方式的区分方面，规定“作为”方式实施犯罪的规范不能混同于以“不作为”方式实施的犯罪的规范，因为二者的性质完全不同。“作为”是以积极的方式实施了符合构成要件的行为，而“不作为”则是消极的未履行自己所承担的义务。

再者，“故意的构成要件”（le fattispecie dolose）也应区别于“过失的构成要件”（le fattispecie colpose），因为故意与过失并非纯粹是罪过的构成要素，二者同样也是典型事实的构成内容；此外，过失行为必须以存在客观的注意义务为前提，而故意行为则不包含这一内容。

基于以上理由，“犯罪构成多样性说”认为，犯罪应当分为四种类型：以作为形式实施的故意犯罪（reati commissivi dolosi）；以作为形式实施的过失犯罪（reati commissivi colposi）；以不作为形式实施的故意犯罪（reati omissivi dolosi）和以不作为形式实施的过失犯罪（reati omissivi colposi）。因此，这四种类型的犯罪都应当有各自的独立的犯罪成立条件。“犯罪构成多样性说”的称谓也由此而来。

“犯罪构成多样性说”合理的成分在于，将犯罪按照作为与不作为、故意与过失分为四种类型。然而该理论将犯罪构成理论割裂成独立的片段，因而阻碍了人们对犯罪成立的条件形成统一认识。

比较起来，就以上各种犯罪构成理论而言，传统的“三要件理论”更具有说服力，也更为合理。“三要件理论”明确指出犯罪应当分为三个基本的构成要素，即典型事实、客观的违法性以及罪过，这与大陆法系的犯罪构成理论相对应；而且“三要件理论”还明确界定各个构成要件的具体内容，使其成为层次分明的科学的犯罪构成理论。

第二节 意大利犯罪构成论体系的基本框架

首先应当说明的是，分属不同学派的意大利刑法学家，对于犯罪论体系的建构也各自不同，其所包含的具体要素内容也不尽相同。在此着重介绍具有代表性但分属不同学派的意大利刑法学家的观点，以方便我们比较分析。

一、现实主义学派费南多·曼多瓦尼教授的“三原则的犯罪构成论”体系

意大利刑法现实主义学派的创始人是安东里惹（Antolisei）。佛罗伦萨大学的曼多瓦尼（Mantovani）教授也是现实主义学派的代表人物，也是目前在意大利与帕多瓦尼（Padovani）教授齐名的著名刑法学家，因此有必要将他的观点作一介绍。

（一）“三原则的犯罪构成论”的具体架构

曼多瓦尼教授在他的经典教材《刑法学》（Diritto Penale）[①] 中，与犯罪构成相关的内容包括：

1. 犯罪（il reato）

其中分别介绍分析的犯罪概念与统一的犯罪概念；三分论的犯罪概念与二分论的犯罪概念；形式违法与实质违法；犯罪的积极主体；法人犯罪的问题及公司企业的责任。

2. 犯罪构成三原则

曼多瓦尼教授将犯罪构成的内容放在三个原则中来讨论，具体包括：物质性原则（il principio di materialità）、侵害性原则（nullum crimen sine iniuria）以及主观性原则（il principio di soggettività）。

（1）物质性原则，包括行为（la condotta）、结果（l’evento）以及因果关系（il rapporto di causalità）等。

---

① Ferrando Mantovani, *Diritto Penale*（Ⅵ Edizione），Cedam，Padova，2009.

（2）侵害性原则，包括法律客体（l'oggetto giuridico）及侵害（l'offesa）、犯罪的消极主体（il soggetto passive del reato）、正当化原因（le scriminanti）等。

（3）主观性原则，包括罪过、故意（il dolo）、过失（la colpa）以及超意图（la preterintenzione）、轻罪的主观因素（l'elemento soggettivo nelle contravvenzione）、罪过的排除原因（le cause di esclusione della colpevolezza）、客观责任（la responsablità oggettiva）等。

曼多瓦尼教授对于犯罪构成的阐述是按照这三个原则展开论述的，每个原则的具体构成要素与大陆法系犯罪构成理论的具体构成要素大同小异。值得提出的是，曼多瓦尼教授在第二个原则即侵害性原则的具体内容上，除了正当化原因（le scriminanti）外，还包括法律客体（l'oggetto giuridico）及侵害（l'offesa）、犯罪的消极主体（Il soggetto passive del reato）。而下文将要谈到的 Padovani 教授则是在“犯罪的概念”中谈到“犯罪的法律客体”（l'oggetto giuridico del reato）以及“犯罪的主体”（il soggetto attivo del reato）与“被动主体”（il soggetto passivo del reato）的。

（二）“三原则的犯罪构成论”的独特之处

这里着重介绍曼多瓦尼教授不同于其他学派刑法学者关于犯罪构成的内容。具体说来，也就是法律客体、侵害以及犯罪的消极主体。

1. 犯罪的法律客体

犯罪的法律客体，直译为“法益或利益，是个人的或超个人的（也就是集体的或是公共的），是被犯罪规范所保护的”［l'oggetto giuridico penale, cioè il bene o interesse, individuale o sovrindividuale（collettivo, pubblico istituzionale）, che è tutelato dalla norma incriminatrice］。① 转译为，所谓法律客体，是指为犯罪规范所保护的个人的、集体的或者公共的法益或利益。

曼多瓦尼教授认为，法益（bene）和利益（interesse）是两个明显区分的概念，前者指的是由满足人类需要的行为所得到的；后者则是

---

① Ferrando Mantovani, *Diritto Penale*（Ⅵ Edizione）, op. cit., p. 192, CEDAM, Padova, 2009.

指利益与权利人之间的关系，也就是受保护的利益（“bene”e“interesse”siano concetti distinti，poiché il primo indica tutto ciò che è atto a soddisfare una esigenza ed il secondo la relazione tra il bene e il soggetto titolare，avente appunto“interesse alla sua tutela”）。[①] 简言之，法律客体就是法益或利益，前者是通过满足人类需要的行为获得的，后者则是受保护的利益。

2. 侵害

侵害，确切地说，是法益的侵害（l'offesa del bene giuridico）。按照曼多瓦尼教授的观点，如果说法益是“基石”（il supporto）的话，那么侵害就是一种“具体化”（la concretizzazione），其实质是侵害性原则。对法益的侵害包含：

（1）伤害

所谓伤害（una lesione），即对被保护法益的实际损害（un nocumento effettivo del bene protetto）；或是法益的破坏（la costruzione），例如杀人罪中的生命；或是法益的减少（la diminuzione），例如个人伤害罪中的身体的完整性。

（2）危险状态

危险状态（in pericolo），也就是法益的潜在损害（in un nocumento potenziale del bene），例如公共消防安全，而这种危险状态通常是来自威胁（minacciato）。因而犯罪包括：首先是“实害犯”（i reati di danno），实害犯存在于那些法益被破坏、减少或丧失的犯罪中（il bene tutelato sia distrutto，diminuito o perduto）；其次是危险犯（i reati di pericolo），存在于法益被威胁的（il bene sia minacciato）的犯罪中。

3. 犯罪的消极主体

犯罪的消极主体，也可以称为受害人（persona offesa o vittima），可以进行两种分类：一是被认为是合法的主体（il soggetto titolare del consenso scriminante）；二是提起诉讼的合法主体（il soggetto legittimato a proporre la querela e l'istanza）。犯罪的消极主体是法律保护而为犯罪

---

① Ferrando Mantovani，*Diritto Penale*（Ⅵ Edizione），op. cit.，p. 193，CEDAM，Padova，2009.

所侵害的对象。[1]并非遭受犯罪侵害的任何人都可以成为犯罪的消极主体，只有那些遭受构成犯罪的行为所实质侵害（l'offesa essenziale）的犯罪对象才可以构成。

鉴于犯罪的消极主体与法律客体之间的相互关系，可以分为：

（1）有确定消极主体的犯罪，这些犯罪侵害的是个人利益，比如杀人罪、盗窃罪等。

（2）消极主体不确定的犯罪，这些犯罪侵害的利益通常是不确定的集体利益（una collettività），因而侵害对象是不特定多数的个人，比如违反公共秩序的犯罪（I reati contro l'incoumità pubblica），破坏公序良俗（il buon costume）的犯罪，损害宗教感情（il sentimento religioso）的犯罪等。

（3）不存在消极主体的犯罪，这些犯罪与国家相关，而由立法者将其规定为犯罪，并没有特别侵犯某个人的某些利益。

犯罪的消极主体并不仅是自然人，也包括未成年人（minori）、精神病人（infermi di mente）等，同时也包括法人（le persone giuridiche）和做出集体性行为的单位（gli enti collettivi di fatto）等。国家也可以成为法律的消极主体，比如当犯罪侵害的是某些特定的法益，比如侵害国家安全罪、侵害公共管理秩序罪、侵害司法秩序罪等，就是如此。[2]

犯罪的消极主体也可能是多数主体（una pluralità di soggetti passivi），只要是被犯罪所侵害的权利人就可称为犯罪的消极主体。犯罪的消极主体不仅被实体刑法与程序刑法所重视，在犯罪学（criminologico）及政治犯罪学（politico-criminale）中其重要性也日益体现。

二、杜里奥·帕多瓦尼教授的“三要件的犯罪构成论”体系

帕多瓦尼教授认为，当人们把犯罪当作规范现象来考虑时，即作

---

① Antolisei，*L'offesa e il danno nel reato*，Bergamo 1930；Ramacci，*Reo e vittima*，in Indice penale，2001，7.

② Ferando Mantovani，*Diritto Penale*（Ⅵ Edizione），op. cit.，p. 225 – 226，CEDAM，Padova，2009.

为一种符合法律规定的事实来考虑，就必须分析犯罪的不同侧面，因为它们各自具有不同的意义。

（一）三要件的犯罪构成论的体系构成

首先，要分析犯罪的客观方面（la dimensione obiettiva），看其是否符合刑法规定的犯罪构成（la corrispondenza del fatto storico alla fattispecie incriminatrice）。犯罪是被刑法规定的典型化的抽象事实。这就意味着立法者必须明确规定犯罪的构成要件（la fattispecie incriminatrice），从立法角度保障刑法规范的确定性，以防止立法专横，发挥刑法的保障功能；同时刑法理论必须以刑法规范为研究对象，以系统分析各种犯罪构成为基础，抽象出具有一般意义的犯罪理论。犯罪是那些具体的完全符合法律规定的构成要件的事实，这也就意味着构成要件的符合性，缺少任何一个构成要件都可以排除犯罪的存在。

其次，要判断行为的实施是否有正当理由，即违法性的判断（una causa di giustificazione）。意大利刑法理论中的“违法性”主要是指客观的违法性，典型事实与法律规定的利益等级标准相冲突的状态就是客观违法；反之，则是客观合法。客观违法性与人的主观态度无关，与主观罪过是两个性质不同的价值判断。

最后，要查明行为人的“心理态度”（atteggiamento psicologico）以及是否具有可以宽恕行为人的特殊情节（le circostanze che scusino il soggetto），这相当于大陆法系刑法理论中的“有责性”判断。

（二）三要件的犯罪构成论的构成要素

1. “典型事实”

“典型事实”（il fatto tipico）是意大利刑法中独具特色的犯罪构成要素。所谓典型事实，是犯罪规范中对现实中发生的某种事实的描述（Il fatto tipico è costituito dalla descrizione di un accadimento di vita da parte di una norma incriminatrice）。[①]

典型事实首先必须是一种客观存在的人类行为，此即犯罪的“客观性原则”（il principio di materialità）。作为对生活中（以人的行为为

---

① Tullio Padovani, *Diritto Penale*（Ⅷ Edizione），op. cit.，p. 103，Giuffrè Editore，Milano，2006.

核心的）事实的一种描述，典型事实包括各种构成因素。按照帕多瓦尼教授的观点，典型事实包括行为（la condotta）、结果（l'evento）、因果关系（il rapporto di causalità）、危害（l'offesa）四个方面的要素。

2. 客观违法性

就违法性而言，意大利语为 l'antigiuridicità。所谓“客观违法性”（l'antigiuridicità obiettiva），就是指“典型事实”的客观方面与法律保护的“需要”（esigenze）的冲突，是一种关于犯罪与法律秩序之间关系的判断。违法性的存在意味着犯罪是受到法律否定的行为，即“L'antigiuridicità obbiettiva può dunque essere definita come il contrasto del fatto tipico e più propriamente della condotta tipica, perché solo i comportamenti umani possono essere conformi o contrari al diritto, con le esigenze di tutela dell'ordinamento, espresso in termini obiettivi, e cioè prescindendo dall'atteggiamento personale del soggetto verso la situazione di conflitto”①。在上述定义中，与“法律保护需要”相冲突的只是“典型事实的客观方面”，因为客观违法性问题与行为人的主观态度无关；行为人是否认识到自己行为具有客观违法性，行为人对客观违法性的性质是否有正确认识，都与客观违法性的存在没有关系。因此，客观违法性与主观罪过是两种性质根本不同的判断。

客观违法性具有以下意义：首先，客观合法的行为不仅不应受刑事处罚（包括刑罚和保安处分），同时也是一个不应该受阻止的事实，任何阻止客观合法的行为都不可能是合法行为；其次，具有客观违法性的事实，可以撇开其他共同犯罪人的主观罪过，单独成为共同犯罪的基础；最后，客观违法性在整个法律秩序中的意义，决定于这种判断的性质。该事实在“客观上”是合法还是违法，不可能仅在刑法领域内进行判断，只有将该事实放在整个法律秩序中才可能得出其客观方面是否合法的结论。因此，在刑法中客观合法的事实，在任何法律领域都具有合法性。

---

① Tullio Padovani, *Diritto Penale* (Ⅷ Edizione), op. cit., p. 140, Giuffrè Editore, Milano, 2006.

3. 罪过

"罪过"在意大利语中为"la colpevolezza"。意大利宪法（Costituzione della Repubblica Italiana）第27条第1款就规定"刑事责任是个人的"（La responsabilità penale è personale）的宪法原则。①

（1）故意

故意是最严重的罪过形式，也是罪过最为典型的表现形式，其实质是由对典型事实的预见（la presentazione）与意愿（la volonta'）② 构成。故意，作为一种行为人心理与典型事实之间的关系概念（concerto di realazione），要求有明确的"对象"。

意大利刑法中对于"故意"按照"重罪（i delitti）的故意"和"轻罪（le contravvenzioni）的故意"进行分别规定。"重罪的故意"规定在意大利《刑法》第43条，即"当行为人的作为或不作为所引起的，法律规定作为重罪存在根据的损害或危险结果，是行为人所预见和希望的自己作为或不作为的后果时，是故意或有意实施的重罪"（è doloso，o secondo l'intenzione，quando l'evento dannoso o pericolo，che è il risultato dell'azione od omissione e da cui la legge fa dipendere l'esisdenza del delitto，è dall'agente preveduto o voluto come conseguenza della propria azione od omissione.）。③ 该条第2款规定："除法律有明文规定的超故意（la preterintenzione）或过失重罪外，任何人不得因非故意实施的，被法律规定为重罪的事实而受处罚"（è preterintenzionale，o oltre la intenzione，quando dall'azione od omissione deriva un evento dannoso o pericoloso più grave di quello voluto dall'agente）。④

---

① Luigi Alibrandi e Piermaria Corso，*Codice Penale e di Procedura Penale e Leggi Complementari*（Trantatreesima Edizione），op. cit.，p. 83，Casa Editrice La Tribuna，Piacenza，2011.

② 意大利语中的 volontà 有"意志"与"意愿"两种含义，本人认为翻译为"意愿"更有助于理解。

③ Luigi Alibrandi e Piermaria Corso，*Codice Penale e di Procedura Penale e Leggi Complementari*（Trantatreesima Edizione），op. cit.，p. 83，Casa Editrice La Tribuna，Piacenza，2011.

④ Luigi Alibrandi e Piermaria Corso，*Codice Penale e di Procedura Penale e Leggi Complementari*（Trantatreesima Edizione），op. cit.，p. 82，Casa Editrice La Tribuna，Piacenza，2011.

“轻罪的故意”规定在《刑法典》第42条第4款，即“行为人对出于自己意识和意志的轻罪负责，故意或过失不论”（Nelle contravvenzione ciascuno risponde della propria azione od omissione consciente e volontaria, sia essa dolosa o colposa）①。

意大利刑法中构成故意的因素，与我国刑法类似，包括认识因素（il momento intelittivo）和意志因素（il momento voluttivo）。首先是故意的认识因素，是以构成典型事实的全部因素为对象，即主体心理上对这些构成因素的认识。故意的认识因素包括以下内容：一是作为行为前提的条件的认识。比如主体的身份、犯罪的时间、地点等存在于犯罪行为施行之前，但又为某些犯罪成立所必需的条件；二是对于行为本身的认识；三是犯罪行为自然意义上的结果，也就是说行为人必须知道这种结果将会作为自己的作为或不作为的后果出现。② 其次是故意的意志因素。行为（la condotta）可以分为作为（l’azione）和不作为（l’omissione），行为的整个过程都是意志因素的控制内容。就作为而言，故意要求所有构成要件意义的举动都必须是出于行为人的意志；就不作为而言，故意的意志因素则表现为主体希望用其他的行为来取代履行义务的行为。

（2）过失

过失是一种与故意截然不同的罪过形式。故意的内容由有关犯罪行为的“真实的”心理因素组成，而过失则基本上是一种法律评价，即对主体是否遵守与其行为相关的注意义务的判断。③意大利《刑法》第43条“犯罪的心理因素”（Elemento psicologico del reato）第3款规定了“过失”（la copla），即“犯罪是过失的，结果的发生是即使有所预见，不是出于行为人的希望，而是由于疏忽、不谨慎、无经验，或者不遵守法律、法规、命令或规定等原因”（è colposo, o contro l’intenzione, quando l’evento, anche se preveduto, non è voluto dall’agente e si verifica

---

① Luigi Alibrandi e Piermaria Corso, *Codice Penale e di Procedura Penale e Leggi Complementari* (Trantatreesima Edizione), op. cit., p. 83, Casa Editrice La Tribuna, Piacenza, 2011.

② Giovannangelo De Francesco, *Diritto Penale* (Seconda Edizione), op. cit., p. 398, G. Giappichelli Editore, Torino, 2011.

③ Tullio Padovani, *Diritto Penale*, op. cit., p. 203, Giuffrè Editore, Milano, 2006.

a causa di negligenza o imprudenza o imperizia，ovvero per inosservanza di leggi，regolamento，ordini o discipline）[①]。

就实质内容而言，“重罪的过失”规定在意大利《刑法》第42条第2款，即“只有在法律明文规定的情况下，无论是故意，过失，还是超故意的行为才会受处罚”（Nessuno può essere punito per un fatto preveduto dalla legge come delitto，se non l'ha commessa con dolo，salvi I casi di delitto preterintenzionale o colposo espressamente preveduti dalla legge）。[②] 申言之，对于过失行为，只有在法律明确规定该行为是犯罪的情况下才承担刑事责任。对重罪而言，处罚过失是属于例外或补充。而所应受处罚的重罪，一般都只是包含重要的法益。如果一种行为，在故意实施的情况下都不受处罚，法律为这种行为规定过失责任就显然不合情理。

过失的构成包含三个基本要素：违反客观的注意、谨慎、自我估价要求（L'inosservanza della regola obiettiva di diligenza，di prudenza o di perizia）；遵守规则的情况下危害结果的可避免性（L'evitabilità dell'evento mediante l'osservanza）；遵守规则的期待可能性（l'esigibilità dell'osservanza）。

轻罪的过失规定在意大利《刑法》第42条第4款，即“在轻罪中，每个人都对出于自己意识和意志的作为或不作为负责，不论是故意还是过失”（Nelle contravvezioni ciascuno risponde della propria azione od omissione cosciente e volontaria，sia essa dolosa o colposa）。从以上规定可以看出，轻罪的罪过形式既包括故意，也包括过失，而且轻罪的故意或轻罪的过失都是有着具体内容的。

“可原谅的事由”也属于罪过中应当讨论的内容，性质上大体相当于大陆法系刑法理论中的“过失”责任阻却事由，在意大利刑法里称为“le scusanti”。“可原谅的事由”包括有对刑法规定的不可避免的认

① Luigi Alibrandi e Piermaria Corso，*Codice Penale e di Procedura Penale e Leggi Complementari*（Trantatreesima Edizione），op. cit.，p. 83，Casa Editrice La Tribuna，Piacenza，2011.

② Luigi Alibrandi e Piermaria Corso，*Codice Penale e di Procedura Penale e Leggi Complementari*（Trantatreesima Edizione），op. cit.，p. 82，Casa Editrice La Tribuna，Piacenza，2011.

识错误（L'errore inevitalibe sulla legge penale）、执行不容驳斥的犯罪的命令（L'ordine criminoso insindacabile）、因他人威胁而造成的紧急避险状态（Lo stato di necessità determinato dall'altrui minaccia）以及不可抗拒的暴力（La violenza irresistibile）① 等内容。

三、刑法学家弗朗契斯科教授的犯罪构成论体系

弗朗契斯科（Francesco Palazzo）教授也是意大利知名的刑法学家，他的观点与帕多瓦尼教授的观点基本相同，认为犯罪论体系包括三个构成要素：典型事实（il fatto tipico）、违法性（l'antigiuridicità）及辩护事由（le cause di giustificazione）。②

与帕多瓦尼教授的观点不同的是，弗朗契斯科教授认为，典型事实除了包括行为、结果、因果关系外，还包括其他两个方面的要素，即主体（il soggetto attivo）以及不作为的因果关系（la causalità dell'omissione）等共五个方面的要素。③笔者认为，这只是体系安排的不同。相比较而言，弗朗契斯科教授将主体纳入犯罪构成论的体系中是合理的，不过将"不作为的因果关系"纳入，似乎就不具有代表性的意义。

第三节　意大利犯罪构成论体系的重要问题

一、犯罪的概念

犯罪的概念是意大利刑法理论中的重要问题，几乎所有的意大利刑法学教材都用较大的篇幅介绍犯罪的概念，这也是意大利刑法学的独有特色。原因在于意大利现在适用的还是1930年通过的刑法典。法西斯时代的刑法能够适用至今，意大利的宪法法院功不可没。正是依

---

① Tullio Padovani, *Diritto Penale*, op. cit., p. 234, Giuffrè Editore, Milano, 2006.

② Francesco Palazzo, *Corso di Diritto Penale* (Ⅳ Edizione), G. Giappichelli Editore, Torino, 2010.

③ Francesco Palazzo, *Corso di Diritto Penale* (Ⅳ Edizione), op. cit., p. 12 – 15, G. Giappichelli Editore, Torino, 2010.

赖战后确立的违宪审查制度，任何与意大利宪法不符合的刑法规范都可能因被判违宪而失去效力。这样就促使意大利的刑法学家们认真探讨并思索犯罪的实质与宪法所维护的利益之间的关系，犯罪概念的重要性也就不言而喻。

（一）形式的犯罪概念与实质的犯罪概念

1. 形式的犯罪概念（il concetto formale di reato）

形式的犯罪概念认为，犯罪即刑事违法，是指违反了刑法规范，即违反了以刑法典为“重罪”（i delitti）和“轻罪”（le contravvenzioni）规定的主刑为制裁措施的法律规范（“reato”equivale ad“illecito penale”, e cioè alla violazione di una norma sanzionata con una delle pene principali indicate dall’art. 17 del codice penale, rispettivamente per i delitti e per le contravvenzioni）。① 只有刑法才以适用刑罚作为惩罚手段，制裁措施的不同将犯罪行为与其他违法行为明确地区别开来，因而犯罪的概念是保障正确适用刑法的首要条件。

然而，犯罪的概念不能仅仅考虑形式标准，违法的实质内容也是非常重要的。例如，1981 年第 689 号法律（La legge 689/1981）一方面规定将所有仅仅应处财产刑的犯罪全部都转化为行政违法行为，另一方面又规定了不少例外。该法在规定这些例外时，有时并不是采取列举的方式，而只是规定属于例外的行为类型。在这种情况下，要确定某种违法行为是否犯罪行为，显然就必须先将该行为进行适当归类，然后才能作出正确的判断。②但正确划分犯罪与行政违法的界限，并非是容易的事；若有疑义，就应严格遵循罪刑法定原则，将其作为行政违法行为处理。

2. 实质的犯罪概念（il concetto sostanziale di reato）

形式的犯罪概念认为犯罪即刑事违法，法律规定的制裁措施是刑事违法行为（重罪与轻罪）与任何其他违法行为的首要区别。然而，犯罪的形式概念并不能解释选择该种制裁的理由和犯罪的实质。为什么立法者只为某些特定的违法行为而不为其他的违法行为规定刑罚这

① Tullio Padovani, *Diritto Penale*, op. cit. , p. 73, Giuffrè Editore, Milano, 2006.

② Tullio Padovani, *Diritto Penale*, op. cit. , p. 74, Giuffrè Editore, Milano, 2006.

种最严厉的制裁措施呢？犯罪的本质到底是什么？

任何概念，只要不能科学地概括法律规定的所有犯罪，就不是犯罪的实质概念。意大利刑法学家加罗法洛（G. Garofalo）将犯罪的实质描述为“用有害于社会的行为，侵犯了一般文明人所具有的怜悯和自制二种基本的利他主义感情”（violazione dei sentimenti altruistici fondamentali della pietà o della probità, secondo la misura media in cui ritrovano nell'umanità civile, per mezzo di azioni nocive alla collettività），提出了一个可以将大多数严重犯罪（如杀人、强奸、敲诈勒索等）包括在内的犯罪定义，但是，这个定义肯定不适用于“擅自进入他人地域内放牧”（意大利《刑法典》第636条），或者“妨碍国家元首特权”（意大利《刑法典》第279条）等犯罪行为，更不用说大部分的轻罪了。

意大利刑法学界的主流观点认为，犯罪的实质概念是一个法律科学不能回避的问题。不同的学派，对于犯罪本质的认识是不同的。现实主义学派的代表人物安东里惹（Antolisei）认为，犯罪的实质是“与国家所追求的目的相对立”。刑事古典学派代表人物卡拉拉（Carrara）将犯罪视为“对人类自然权利的侵犯”；刑事实证主义学派的加罗法洛将犯罪定义为“用有害于社会的行为，侵犯了一般文明人所具有的怜悯和自制二种基本的利他主义感情”；目的刑法学派则认为犯罪是“严重危害道德而国家不能容忍的事实”① 等。

概括起来，可将犯罪的实质概念可以分为两种类型：一是认为犯罪的本质在于“侵犯了社会生活根本条件”（文明社会和法律秩序赖以存在的条件）。犯罪实质概念的核心，是某些基本的社会价值（人与人之间的相互关系，如强调个人的生命、健康、人身自由、言论自由和性自由具有同等的尊严，维护一夫一妻制和宪法规定的国家制度等）。

二是认为，犯罪的本质是“违反了共同文明生活的基本规则”（如果没有这些规则，就不会有共同的文明生活或者这种生活会受到严重的损害），由此强调某些确保社会平静生活的基本规则的必要性。这两类犯罪概念的出发点却是一致的：规定犯罪的目的在于为社会关系

---

① ［意］杜里奥·帕多瓦尼：《意大利刑法学原理》，陈忠林译评，中国人民大学出版社2004年版，第71页。

（包括各种政治、经济、文化等方面的社会关系）的有序发展提供基本保障。

犯罪实质概念方面的最新发展，是在德国出现的试图从社会学角度（为立法者）提出一个指导性的犯罪概念的动向。这些犯罪实质概念，以各种关于现代社会国家的最新理论，重新修复了启蒙时期思想家提出的“社会危害性”概念。在他们看来，现代意义的“社会危害”，是指那些社会机能障碍的现象，或那些阻碍或妨碍现代社会制度有效地运转的现象。这个概念或其他类似的概念，显然同样不能为立法者提供一个明确的划分罪与非罪的标准。

帕多瓦尼教授不赞同犯罪的实质概念，认为不可能找到适用于所有犯罪特征，能够科学概括法律规定的所有犯罪的概念。犯罪的实质概念都是以内容极不确定的价值判断为基础，即使从道义的角度作为立法的标准，也很难成立。

3. 形式与实质相结合的犯罪概念

意大利刑法学家曼多瓦尼教授认为，“就意大利宪法而言，犯罪是指由不具有溯及既往效力的法律用明确的方式规定，以客观方式表现于外部世界，侵犯具有宪法意义的价值（或有悖于宪法），可从原因和心理上归咎于主体，因侵害的价值与非刑法性制裁不相称，而应受抽象的与宪法维护的价值相适应、具体与行为人人格相适应、符合人道并以对服刑人再教育为目的的刑罚制裁措施的事实”。①

按照曼多瓦尼教授的观点，这种以宪法规定为基础的犯罪概念，一方面主张判断一个行为是不是犯罪，“首先要看的是其是否涉及宪法维护的价值，而不仅是分析其在形式上是否符合法律的规定”；另一方面又坚持罪刑法定原则，强调“犯罪是符合宪法的法律规定为犯罪的行为”。所以，该概念在理论上能做到实质与形式的统一，实现公正与合法性兼顾；在实践中可为立法者规定犯罪和司法者认定犯罪提供基本指南，以保证宪法的价值和目的“在刑法中的实证化”。然而，如何准确定性宪法的价值，并使犯罪所侵害的价值与宪法所维护的价值相

① Ferraando Mantovani, *Diritto Penale*, op. cit., p. 103, Giuffrè Editore, Milano, 2006.

适应，这是以宪法规定为基础的犯罪概念必须明确的前提，曼多瓦尼教授的这个犯罪概念还不是尽善尽美。

（二）客观的犯罪概念与主观的犯罪概念

1. 客观的犯罪概念（Concezione oggettiva del reato）

“Concezione oggettiva del reato”，直译过来就是犯罪的客观论，将其译为“客观的犯罪概念”更为浅显易懂，而且“Concezione”除了学说、论点的翻译外，也有“概念”的意思。该论者认为，犯罪概念的核心是“法益”（bene giuridico）或“受保护的利益”（interesse giuridico）与犯罪之间的直接联系（il nesso di immedesimazione），犯罪是一种社会从外部“感觉”到的行为，其实质与犯罪行为人的意志无关，即“il nesso di immedesimazione tra reato e bene giuridico o interesse, rappresenta una concezione oggettiva del reato stesso, nel senso che il suo significato poggia su un dato indipendente dalla volontà di chi realizza il fatto crimninoso e percepibile *ab esterno* dalla comunità civile”。[①]

既然犯罪的核心是“法益”或“受保护的利益”与犯罪之间的直接联系，那么，何为法益？何为“受保护的利益”？所谓“法益”，是法律对某种物质性、伦理性或精神性东西的肯定性评价（inteso come punto di riferimento materiale, morale o spirituale di una valutazione positiva dell'ordinamento）。而“受保护的利益”（interesse giuridico）强调的是法律所肯定的东西与其所有人的利害关系（sottolinea il rapporto di pertinenza del bene al suo titolare che ha appunto interesse alla sua conservazione e tutela）。法益除一部分是物质性的以外，大部分都表现为观念的形态，即作为一种价值而存在。当然，那些以物质形态存在的“法益”之所以是“法益”，也绝不仅是因为它们的自然性质，而是由于人们对它们有肯定性的评价。

2. 主观的犯罪概念（Concezione soggettiva del reato）

“Concezione soggettiva del reato”，直译过来是“犯罪的主观论”，也可译为“主观的犯罪概念”。该论点是在法西斯统治时期提出的，其从维护专制国家的目的出发，将犯罪的实质归纳为违背忠于国家的义

---

① Tullio Padovani, *Diritto Penale*, op. cit., p. 79, Giuffrè Editore, Milano, 2006.

务。该论者认为每一社会成员都只能是有组织的社会集体的一分子，或者说是只能是实现社会整体目标的工具，为实现社会的目标服务是个人生存的意义。这样，犯罪就被理解为一种个人敢于反抗社会、敢于不服从社会的意志的体现。

就这种观点而言，行为是否体现了行为人违背忠诚义务的意志是判断行为构成犯罪的根本标准；而行为是否在实际上侵害了某种法益，或将某种法益置于危险之中，则无关紧要。如果坚持这种犯罪概念，立法者就不会以法益受侵害来确定犯罪的范围，并完全改变了“罪过”（colpevolezza）的内容，即不再以行为人的行为，而是以行为人整个的生活方式作为刑事责任的根据，这必然会从根本上导致刑事立法的无限扩张。

主观的犯罪概念所带来的痛苦已成为历史的插曲，人们现在普遍认为犯罪的实质在于对法益的侵害。这一概念违背个人自由的传统，而个人自由则是全部现代刑法赖以存在的根基。

二、意大利刑事立法中的犯罪类型

意大利刑事立法规定了两种犯罪类型，即重罪（i delitti）与轻罪（le contravvenzioni），而犯罪（i reati）是二者的总称。意大利现行刑法在一系列基本制度问题上，都对这两类罪分别作了不同的规定：例如犯罪成立的主观要件问题、犯罪未遂问题、消除犯罪和刑罚原因问题，等等。因此，如何区分重罪与轻罪，是研究犯罪概念时不可回避的问题。

重罪与轻罪的区分标准是“刑罚种类”，这个显然是形式标准。意大利《刑法》第 39 条对此作了详细规定：法定刑为无期徒刑、有期徒刑或罚金的犯罪是重罪；法定刑为拘役或罚款的犯罪则是轻罪。

还有一种实质标准来区分重罪与轻罪，即以犯罪的严重程度作为划分重罪与轻罪的根据：危害严重的犯罪入重罪之列，而情节轻微的则归轻罪。不过，这个标准却很令人信服。重罪所受的处罚的确可以大大地重于轻罪，但也有相反的情况，如一个仅被处以轻微罚金的重罪，与一个被处 3 年拘役的轻罪相比，绝不能说前者的危害就一定大于后者。同时，在通常情况下，轻罪不论故意、过失均可构成（《刑法典》第42条第4款），而重罪必须以故意为构成要件（《刑法典》第42条第2款）。这意味着，与重罪相比，轻罪应受处罚的范围更广；对此，似乎不能用重罪比轻罪危害更大来解释。可见，以犯罪的严重程度作为划分重罪与轻罪的标准并不能令人信服。

追根溯源，轻罪源于过去所谓的“违警罪”，即那些触犯了行政当局为维护各种具体部门的秩序，而采取的预防性惩治措施的行为。这类行为不同于各种以人的“自然”权利（如生命、健康、自由等）为侵犯对象的犯罪。

轻罪绝大部分仍然属于：（1）不遵守预防—保护性规范的行为（《刑法典》第677条）；（2）严重违反各种行政规范的行为（《刑法典》第666条）。当然，对某些特别严重的不遵守预防性规范或行政性规范的行为，立法者也会利用对重罪可以处以更重刑罚的可能性，将它们规定为重罪（《刑法典》第437条和第475条）。不过，即使如此，也毋庸置疑，惩治上述两类违法行为是刑罚规定轻罪的主要目的。从这一角度出发，无论出于故意、过失，轻罪都应处罚这一事实，就很容易得到合理的解释：因为这些行为都是违反预防性措施或是行政管理秩序的行为，从根本上说，它们都是行为人对法律规定的预防性措施或行政要求不在意的罪过心态的体现。

从原则上讲，在划分重罪与轻罪的界限时，必须注意轻罪的上述特点。尽管这是刑事政策中新出现的方向，但这种观点显然已为1986年2月5日总理府给各部立法办公室的通知所采纳。在谈及立法技术时，该通知采用并发展了上述观点，并要求以此作为“划分重罪与轻罪的指导性标准”。

三、典型事实

在意大利刑法理论中，不同的刑法学派对于犯罪构成的体系架构及各个要素的称谓是不同的，也并非所有的刑法学家都以典型事实作为犯罪构成的第一个要件。意大利刑法学家曼多瓦尼教授对于行为（la condotta）、结果（l’evento）以及因果关系（il rapporto di causalità）等要素是在“物质性原则”（il principio di materialità）中讨论的,[①] 而阿尔贝托·卡多皮（Alberto Cadoppi）与保罗·韦尼齐亚尼（Paolo Veneziani）教授则是在“类型性”（la tipicità）中论述的。[②] 对此，我们在前面已经有所论述。然而无论是物质性原则还是典型事实，只是犯罪构成论体系设置的不同，都是意大利刑法犯罪构成论中的第一个要件，也都包含行为、结果以及因果关系的内容。

比较起来，还是帕多瓦尼教授的体系设置更为合理，因而为其他意大利刑法学者所沿用，例如乔万南杰罗·德·弗朗切斯科（Giovannangelo De Francesco）[③] 教授就是如此，也更容易为我国刑法学界所接受，因而在此做重点介绍，而就其他教授的观点而言，凡与帕多瓦尼教授不同的，也会涉及并作简单地比较分析。

（一）概述

在意大利刑法中，典型事实被称为“il fatto tipico”，是意大利刑法中独具特色的概念或是犯罪构成要素。典型事实不仅具有区分刑法规定的各种犯罪的作用，更重要的是，典型事实是判断某一具体事实是否符合犯罪构成要件的唯一依据（所谓“典型”就是指某一特征可以作为判断某事物是否属于某类事物的标准）。

典型事实具体包括：行为（la condotta）、结果（l’evento）、因果关系（il rapporto di causalità）、危害（l’offesa）等四个方面的要素，有些学者认为还包括其他两个方面的要素，即主体（il soggetto attivo）以及不作为的因果关系（la causalità dell’omissione）。[④] 前四个方面的内容是大多数学者认为的“典型事实”（il fatto tipico）必须具备的要素。典型事实大体相当于大陆法系的构成要件该当性中的构成要件。

1. 典型事实的概念

按照意大利刑法学家帕多瓦尼教授的观点，典型事实是犯罪构成

① Ferrando Mantovani, *Diritto Penale* (Sesta edizione), Giuffrè Editore, Milano, 2006.

② Alberto Cadoppi, Paolo Veneziani, *Manuale di Diritto Penale* (terza Edizione), CEDAM, Padova, 2007.

③ Giovannangelo De Francesco, *Diritto Penale* (Seconda Edizione), G. Giappichelli Editore, Torino, 2011.

④ Francesco Palazzo, *Corso di Diritto Penale* (Ⅳ Edizione), G. Giappichelli Editore, Torino, 2010.

体系中的第一个构成要素。所谓典型事实，是犯罪规范中对现实中发生的某种事实的描述（Il fatto tipico è costituito dalla descrizione di un accadimento di vita da parte di una norma incriminatrice）。[①]

典型事实的最基本的功能，是准确地描述具有刑法意义的命令或禁令的内容。刑法规范对典型事实的描述，界定了具有刑法意义的行为与不具有刑法意义的行为的范围。作为法律规定，典型事实的内容必须是明确的，同时，作为判断具体事实是否有“典型性”的标准，它的含义又必须是“确定的”。

典型事实是一种客观存在的人类行为。从根本上说，刑罚是一种社会控制的工具，而在自由民主的体制中，社会控制的对象只能是人的行为，因为只有人的行为才可能危害、威胁、干扰社会的共同生活，侵犯社会共同生活必需的利益。人们的内心活动，如各种伦理道德或宗教的信仰、欲望、意图，从本质上说都不是法律调整的对象，更不可能成为刑法调整的范畴。受惩罚的是人的行为，这是理论上必须明确的前提。

2. 典型事实的构成因素

作为对生活中（以人的行为为核心的）事实的一种描述，典型事实包括各种构成因素。根据不同的标准，可以作若干分类：以表述典型事实的方式，构成要素可以分为“描述性因素”（elementi descrittivi）与“规范性因素”（elementi normativi）；根据被描述事实的性质，其构成要素可以分为“客观因素”（elementi obiettivi）和主观因素（elementi soggettivi）（在内支配主体行为的心理因素）；根据各种因素在构成要素中的作用，可分为犯罪成立的前提（presupposti）、行为（condotta）、结果（evento）和因果关系（nesso di causalità）等。对典型事实的上述分析并不是互相排斥的，任何一个因素都既可能同时从结构分析的角度分类，也可以根据其内容或功能来进行分类。

就典型事实的构成内容而言，按照Padovani教授的观点，典型事实包括行为（la condotta）、结果（l’evento）、因果关系（il rapporto di causalità）、危害（l’offesa）四个方面的要素。

---

① Tullio Padovani, *Diritto Penale*, Ⅷ Edizione, Giuffrè Editore, 2006, p. 103.

而按照 Francesco Palazzo 教授的观点，典型事实除了包括行为（la condotta）、结果（l'evento）、因果关系（il rapporto di causalità）还包括其他两个方面的要素，即主体（il soggetto attivo）以及不作为的因果关系（la causalità dell'omissione）等共五个方面的要素。

（二）行为

1. 行为的概念

典型事实的重要构成因素是行为。帕多瓦尼教授称为“典型行为”（la condotta tipica），即符合犯罪构成的人的举止（la condotta tipica è normalmente definita come il comportamento umano rilevante per l'intergazione delle fattispecie incriminatrice）。①

典型行为是典型事实不可或缺的基本内容。从原则上说，行为的概念应该具有下列作用：首先是分类功能（classificazione），即行为概念必须能够同时合理地解释行为的两种表现形式，即作为（l'azione）与不作为（l'omissione）。其次是限制功能或否定功能（limitiva o negativa），即作为界定具有刑法意义的人类举止的首要特征，能发挥排斥不具有刑法意义的人类举止的作用。最后是“教义与应用功能”（dogmativa e applicativa），即可用其作为理论与实践中判断行为统一性的标准。

2. 作为与不作为

作为与不作为都是行为，因为它们都是人类的某种举止（un comportamento umano）。就客观形式而言，作为通常表现为积极的外部活动（atti positivi di rilevanza obiettivo-esterna），而不作为则是一种刑法规范性的判断（un giudizio normativo），说明某人没有按照所负义务的要求实施特定的行为。

作为与不作为都是人类的某种举止。人类特定的举止是作为与不作为共同的参照系：就作为而言，作为的实质是违反了不得实施某种举止的义务；就不作为而言，不作为的基础是违背了某种行动的义务，其参照系是“命令指向的内容”（l'oggetto del comando）。重要的是，

① Tullio Padovani, *Diritto Penale*, Ⅷ Edizione, op. cit., p. 107, Giuffrè Editore, 2006.

在上述两种情况下都存在"一种行为人选择其他行为的可能性"。就作为而言，这种可能性表现为行为人必须有选择不实施该行为的可能性；就不作为而言，这种可能性表现为行为人必须有按照其义务的要求实施行为的可能性。正是这种行为人实施非刑法禁止行为的可能性，使作为与不作为具有了"人类举止"这一共同特征。

（1）"作为的统一性"（l'unità dell'azione）

在意大利刑法理论中，对"作为的统一性"（l'unità dell'azione）值得介绍，因为其与我国刑法理论的相关内容差异较大。意大利刑法理论认为，人的行为可以由行为人的一个单独的举动完成，也可以表现为一系列活动。将人的一系列动作视为一个整体，符合一个犯罪构成，即可认定为一罪；反之，如果是多个行为，符合多个犯罪构成，就认定为数罪。

如此一来，如何认定行为的统一性就显得尤为重要。衡量的标准是行为人的动作与被保护的法益之间的关系。如果侵犯的是同一法益，就可以认定为一个行为；如果侵犯了不同法益，则构成多个行为。要判明行为侵犯的是同一法益还是不同法益，就必须考虑法益与被害人的联系：如果法益具有高度的人身性，例如生命、健康、人身自由等，每一个被害人都代表一个独立的被侵害的法益。如果法益与被害人人身并无特别的联系，动作的连贯性就是判断行为的统一性标准。

这是与我国刑法理论不同的地方。举例说明，如果行为人连续的行为导致了多个人的死亡，按照中国刑法理论，就是连续犯，还是按照一罪论处。但是在意大利刑法中，由于生命权是最为重要的权利或法益，因而每一个引起被害人死亡的动作都单独构成一个独立的杀人行为，也就是符合多个犯罪构成，按照数罪论处。

（2）不作为的实质

关于不作为的行为性问题，也是争议很大的问题。意大利现在通行的刑法理论认为，不作为是一种法律判断（un giudizio normativo），是一种具有法律性质的规范性因素（elemento normativo）。而规定主体有作为义务的法律规范，就是判断不作为成立的标准。

Padovani 教授解释了不作为的发展沿革。"传统刑法是以维护现有的法律制度为主要目的，而只有积极的作为才可能侵犯他人的合法利益。现代的社会法治国家，以团结互助为基本原则，要求社会成员相互协作以实现法律的目的。”[①] 于是，刑法中关于行为人作为义务的规定增加，相应地，不作为的重要性也日益凸显。

比较而言，意大利刑法理论认为不作为是一种具有法律性质的规范性因素，是从规范意义的角度界定不作为的。而我国刑法理论则认为，不作为是因为行为人没有履行应该履行的义务而承担刑事责任的，更多的是从义务履行的角度来界定的。

3. 行为的前提条件（I presuppositi della condotta）

意大利刑法理论中的“行为的前提条件”也非常值得讨论。所谓“行为的前提条件”，是指那些根据法律规定逻辑上先于行为存在，并能决定犯罪能否成立的条件（I presupposti sono antecedenti logico-giridici della condotta，inseriti nella fattispecie incriminatrice，e tali da condizionarne la tipicità）。[②] 对此，帕多瓦尼教授举例进行说明，意大利《刑法典》第556条第1款规定的重婚罪（bigamia）必须以存在合法的婚姻条件为前提（Chiunque，essendo legato da matrimonio avente effetti civili）；[③] 或是意大利刑法典第314条规定的“盗用公款罪”（Peculato）等渎职罪要求主体必须具备公务员资格或从事公务（il pubblico ufficiale o l'incaricato di un pubblico servizio），[④] 否则就不能成立渎职罪。

这些条件是行为的前提，必须是先于犯罪行为而存在，这些条件在逻辑上又有决定犯罪性质的作用。如果行为时没有这些条件，就无犯罪可言。而且对行为的前提条件是否有认识，对犯罪故意的成立具有特殊的意义。在这个意义上而言，这些行为的前提条件又可以称为“行为的伴随条件”（concomitanti di condotta）。[⑤]

行为的前提条件可以是行为人的身份（la qualità）、个人特征（le

① Tullio Padovani，*Diritto Penale*，op. cit.，p. 114，Giuffrè Editore，Milano，2006.

② Tullio Padovani，*Diritto Penale*，op. cit.，p. 119，Giuffrè Editore，Milano，2006.

③ Luigi Alibrandi e Piermaria Corso，*Codice Penale e di Procedura Penale e Leggi Complementari*（Trantatreesima Edizione），op. cit.，p. 224，Casa Editrice La Tribuna，Piacenza，2011.

④ Luigi Alibrandi e Piermaria Corso，*Codice Penale e di Procedura Penale e Leggi Complementari*（Trantatreesima Edizione），op. cit.，p. 151，Casa Editrice La Tribuna，Piacenza，2011.

⑤ Tullio Padovani，*Diritto Penale*，op. cit.，p. 120，Giuffrè Editore，Milano，2006.

caratteristiche personali）等，也可以是“行为的物质客体”（oggetto materiale della condotta）存在的时间、空间或法律特征等。

（三）结果（l'evento）

意大利刑法中与“结果”相关的条款有第 6 条、第 40 条、第 41 条、第 42 条第 3 款、第 43 条第 1 款以及第 44 条等。意大利《刑法》第 40 条的规定是：“Nessuno può essere punito per un fatto preveduto dalla legge come reato，se l'evento dannoso o pericoloso，da cui dipende la esistenza del reato，non è conseguenza della sua azione od omissione。”① 意思为“任何人都不得受到刑罚处罚，如果他的行为被法律明确规定为犯罪，但是危害后果或是危险性的后果并不是由他的作为或不作为造成的”。

意大利刑法中的结果（l'evento）可以分为自然意义的结果（l'evento in senso naturalistico）和法律意义的结果（l'evento in senso giuridico）。需要说明的是，帕多瓦尼教授原来用的是自然的结果概念（la concezione naturalistica）。在他的最新修订版本上改用自然意义的结果（l'evento in senso naturalistico），这个更符合逻辑，也更合理。

1. 自然意义的结果（l'evento in senso naturalistico）

自然意义的结果是指由行为所引起的结果，具有心理联系性及法律相关性（Secondo la concezione naturalistica，l'evento si identifica nel risultato della condotta，ad essa casualmente connesso，e giuridicamente rilevante.）具体分析可知，刑法中的“结果”是一种由作为或不作为所引起的独立于行为人的客观现象。而且刑法中的“结果”是具有刑法意义的事实，一个行为可以引起无限的结果，只有其中具有法律价值的，才可以成为刑法中的结果（l'evento）。刑法中的结果可以分为三类，划分的标准是结果在刑法中的不同作用。首先是作为构成要件的结果（l'evento può essere costitutivo）。缺乏构成要件的结果，犯罪构成就不完整，就不能构成犯罪。但是并非所有的犯罪都需要结果的发生，因而作为构成要件的结果当然也不是典型事

① Luigi Alibrandi e Piermaria Corso，*Codice Penale e di Procedura Penale e Leggi Complementari*（Trantatreesima Edizione），op. cit.，p. 82，Casa Editrice La Tribuna，Piacenza，2011.

实的必备因素。

其次是作为加重情节的结果（l'evento può essere aggravatore）。缺乏作为加重情节的结果，行为同样可以构成犯罪，而这个结果只是作为加重处罚的依据。

最后是作为处罚条件的结果（l'evento può essere condizionante），即立法者出于刑事政策的考虑，规定这种结果对于某些犯罪的可罚性具有决定性的意义。值得注意的是，这个意义上的结果只是作为处罚条件，可以独立于犯罪行为之外。意大利《刑法》第44条规定有"在法律规定犯罪的可罚性要求某种条件时，即使促使这种可罚性发生的结果不是出于行为人的意愿，犯罪人仍应对犯罪承担责任"。

举例说明，意大利《刑法》第571条"滥用教育手段"（abuso dei mezzi di correzione o di disciplina）规定："针对因教育、培养、治疗、监督、看管、行使职业或技艺等原因而受其权利支配或者托付其照管的人滥用矫治或纪律手段的，如果行为导致发生身体或精神疾病危险，处以6个月以下有期徒刑。如果行为造成人身伤害，适用第582条和第583条规定的刑罚，并且可减少至三分之一；如果行为造成死亡，适用3年至8年有期徒刑。"[①] 该条规定的"滥用教育手段"只有在"如果行为有导致身体或精神疾病危险"（il pericolo di una malattia nel corpo o nella mente）的情况下，才是可罚的行为。

2. 法律意义的结果（l'evento in senso giuridico）

所谓法律意义的"结果"，不是客观的自然现象（un risulatato fenomenico），而是一种法律评价（un apprezzamento giuridico），即对行为已经对法益造成了损害或使被保护的利益处于危险之中的评价（L'evento deve essere inteso come offesa all'interasse protetto. Esso non si identifica cioè con un risulatato fenomenico, ma con un apprezzamento giuridico：quello in forza del quale si possa dire che un atto ha prodotto la lesione o la messa in pericolo del bene tutelato）。[②]

---

① Luigi Alibrandi e Piermaria Corso, *Codice Penale e di Procedura Penale e Leggi Complementari*（Trantatreesima Edizione）, op. cit., p. 228, Casa Editrice La Tribuna, Piacenza, 2011.

② Tullio Padovani, *Diritto Penale*, op. cit., p. 121, Giuffrè Editore, Milano, 2006.

按照这个理论，所有犯罪都是结果犯，因为它们都是对法益的侵害，例如杀人罪的“结果”是对生命法益的侵害（nell'omicidio l'evento giuridico è la lesione del bene alla vita），伪证罪的结果是对证据真实性法益的侵害（nella falsa testimonianza è la lesione dell'interesse alla veridicità della prova），等等。

值得注意的是，这种观点认为“所有的犯罪都有结果”的理论前提是，将结果理解为对法益的侵害，而且是一种法律评价。只有在这个前提下，且结果既然是法律评价，自然对于所有的犯罪都可以做出。也只有在这个理论前提下，该观点才是合理的，否则就无从解释行为犯、举动犯等并不要求结果发生的犯罪。

3. 评析

自然意义的“结果”（l'evento in senso naturalistico）和法律意义的“结果”（l'evento in senso giuridico）应该说是理解角度的问题。即使是持法律意义的“结果”观点的学者，也不反对有些法律条文中的结果就是自然意义的“结果”，而且还强调在某些刑法制度中只能在自然意义上解释“结果”。比如，在确定行为和结果之间的因果关系时，就不能将结果理解为对法益的侵害，因为这种评价必须以整个犯罪行为作为对象。因此，在意大利多数刑法学者的观点中还是在自然意义上理解刑法中的“结果”。

（四）因果关系（il rapporto di causalità）

1. 因果关系概说

意大利《刑法》第40条规定了作为、不作为以及行为与结果之间的因果关系，即“任何人都不得受到刑罚处罚，如果他的行为被法律明确规定为犯罪，但是危害后果或是危险性的后果并不是由他的作为或不作为造成的”（Nessuno può essere punito per un fatto preveduto dalla legge come reato, se l'evento dannoso o pericoloso, da cui dipende la esistenza del reato, non è conseguenza della sua azione od omissione）。[①]简言之，“结果”（l'evento）和行为（il fatto）之间必须具有相互依赖的

---

① Luigi Alibrandi e Piermaria Corso, *Codice Penale e di Procedura Penale e Leggi Complementari* (Trantatreesima Edizione), op. cit., p. 82, Casa Editrice La Tribuna, Piacenza, 2011.

因果关系，而且作为构成要件的结果必须是行为造成的结果。这一规定的实际意义在于，任何人不得因任何与其行为无关的结果承担责任。

2. 因果关系的最新理论

意大利刑法理论中关于因果关系的学说，也有“必要条件说”（la teoria della conditio sine qua non①）、相当因果关系说（la teoria della causalità adeguata）等，因为其与大陆法系及我国中的相关刑法理论相差无几，故不再赘述。在此着重介绍两种较为新颖的、独特的关于因果关系的理论。

（1）“人类的因果关系理论”（la teoria della causalità umana）

弗朗切斯科·安东里葸（Francesco Antolisei）是意大利当代著名的刑法学家，现实主义刑法学派创始人。他针对意大利现有刑法的规定，提出了“人类的因果关系理论”（la teoria della causalità umana）。②该论者认为，判断行为与结果之间因果关系的标准为两点：一是行为是结果的必要条件之一（quando ne sia condition sine qua non）；二是行为人能够阻止结果发生，即结果属于行为人的认识能力和控制能力可支配的范围（quando il risultato poteva esser impedito perchè la serie causale rientrava nell'ambito di dominabilità del soggetto in virtù dei suoi poteri congnitivi e volitivi）。如果事后的原因由于发生可能性极小而具有偶然性质，就不属于行为人可控制的范围。③

“人类的因果关系理论”的可取之处首先在于其汲取了条件说的合理内核，认为行为是结果的必要条件；其次是将行为人的认识能力和控制能力包含在因果关系内，这个也是合理的。而其问题在于，“人类的因果关系理论”以条件说作为标准之一，仍然没有解决条件说所面临的责难，即如何解决条件说的先天缺陷，即本身不可能解决行为是否具有原因力的问题；此外，如果在认定或排除因果关系时，

---

① “conditio sine qua non”是拉丁语，直译为“没有就不可能存在的条件”，现一般译为“必要条件”。

② Francesco Antolisei, *Manuale di Diritto Penale*, op. cit., p. 210, Giuffrè Editore, Milano, 2006.

③ Francesco Antolisei, *Manuale di Diritto Penale*, op. cit., p. 210, Giuffrè Editore, Milano, 2006.

以行为人能否支配因果过程为标准，则有将因果关系与罪过相混淆的危险。

（2）因果关系的包容性法则（il modello della sussunzione sotto leggi）

包容性法则，又可以称为“科学的包容法则”（leggi scientifiche di copertura）或是“原因一般化法则”（generalizzazioni causali），是判断某一事实是否属于由行为引起的结果，需要能够对结果进行原因性解释的科学法则。[1]

能够解释说明因果关系的法则（le leggi scientifiche）必须具有如下特点：一是在多数情况下该法则能够说明类似情况的因果联系；二是没有其他法则能对具体案情作出确切的解释。如果符合这两个条件，就可以运用统计性法则来确定刑法中的因果关系。

在评价因果关系时，不能运用那些具有或然性意义的法则标准。而在实践中，根据包容性法则来说明因果关系，实际上就是根据科学法则及人类经验，来说明行为是否是引起结果的原因。笔者认为，根据科学法则或人类经验来判断因果关系，对于一般性的案件是可以的，但是却忽视了具体个案的复杂性与特殊性。这是包容性法则的先天缺陷。

（五）危害（l'offesa）

1. 危害的概念

意大利语中的 l'offesa 具有多重意思：冒犯、得罪；危害、伤害；进攻等。刑法中的 l'offesa 翻译为“危害”较为合适，也与我国刑法理论中的危害相对应。一般人都认为，所谓危害是指典型事实的无价值。

危害是典型事实的实质（l'offesa rappresenta il risvolto sostanziale del fatto tipico），是将犯罪构成各要件连成一个整体的目的。正因如此，对犯罪的规定，才成为保护合法利益的工具（uno strumento di tutela）。例如“对引起他人死亡”者的惩罚，就意味着对生命的保护（punire chiunque cagiona la morte di un uomo，significa tutelare la vita）。[2]

---

① Tullio Padovani，*Diritto Penale*，op. cit.，p. 126，Giuffrè Editore，Milano，2006.

② Tullio Padovani，*Diritto Penale*，op. cit.，p. 133，Giuffrè Editore，Milano，2006.

2. 危害的分类

根据危害表现形式的不同，可以将危害分为实害犯（reati di danno）与危险犯（reati di pericolo）。这里的实害犯是指对行为对保护的法益的损害；而危险犯是造成实际损害的可能性。

（1）实害犯（reati di danno）

综上所述，所谓实害犯，是指对所保护的法益所造成的实际损害（l'offesa è costituita dalla lesione dell'interesse protetto）。[①]实害犯是“危害”的最主要表现方式，由于与我国刑法理论差异不大，不再赘述。

（2）危险犯（reati di pericolo）

危险犯可以分为具体危险犯（reati di pericolo concreto）和抽象危险犯（reati di pericolo astratto）。所谓“具体危险犯”（reati di pericolo concreto），是指法律直接将某种危险明确规定为犯罪构成要件的情况。例如意大利《刑法》第422条中“atti tali da porre in pericolo ”即“置……于危险中的行为”,[②] 第432条中的“pone in pericolo la sicurezza”即“置……安全于危险中的行为”等规定。[③] 这种作为构成要件的危险，必须由法官根据具体情况来加以认定。认定的标准是当时的科学法则以及经验，而判断的结论是行为危害法益的或然性已达到相当的程度。

而“抽象危险犯”（reati di pericolo astratto）是指立法者之所以规定某种行为为犯罪，是因为在一般情况下该行为都必然具有损害某种法益的危险的情况。例如，《刑法典》第437条第1款的规定是，“la punibilità di chiunque omette di collocare impianti, apparecchi o segnali destinati a prevenire disastri o infortuni sul lavoro…”,[④] 即“任何人不装设防止劳动事故或意外的设施、装备、标志……都应受处罚”。刑法这

---

① Tullio Padovani, *Diritto Penale*, op. cit., p. 133, Giuffrè Editore, Milano, 2006.

② Luigi Alibrandi e Piermaria Corso, *Codice Penale e di Procedura Penale e Leggi Complementari* (Trantatreesima Edizione), op. cit., p. 188, Casa Editrice La Tribuna, Piacenza, 2011.

③ Luigi Alibrandi e Piermaria Corso, *Codice Penale e di Procedura Penale e Leggi Complementari* (Trantatreesima Edizione), op. cit., p. 191, Casa Editrice La Tribuna, Piacenza, 2011.

④ Luigi Alibrandi e Piermaria Corso, *Codice Penale e di Procedura Penale e Leggi Complementari* (Trantatreesima Edizione), op. cit., p. 193, Casa Editrice La Tribuna, Piacenza, 2011.

样规定的原因在于，上述行为在一般情况下都对劳动环境中的人身安全构成威胁。

值得注意的是，被立法者规定为“推定危险犯”（reati di pericolo presunto）的行为，该行为类似于抽象危险犯。推定危险犯之所以被立法者规定为犯罪，是因为在一般情况下，该行为都必然具有损害某种法益的危险的情况。即使在具体的情况下不可能对法益造成实际的危险，也不能成为免罪的理由。在实践中，只要实施了这类法律禁止的行为，就可以认定具有推定的危险存在。这种危险不是针对特定法益的危险，而是可能造成一般损害的或然性。

从刑事政策的角度，行为犯意味着对法益“保护的提前”，对推定的危险犯来说就更是如此。要使推定危险犯适应自由民主的刑法制度的需要，必须符合下列条件：一是根据罪刑相适应原则，对重大法益必须进行提前保护；二是根据从属性原则，用规定具体危险的方式对保护的法益不能提供充分的保护；三是根据目的手段合理性原则，必须以确实的经验和公认的科学规则推定行为所具有的危险。可见，还是应该严格限制推定的危险犯的适用范围，方能真正保障人权，适应自由民主的刑法制度。

四、客观违法性

关于违法性，帕多瓦尼教授称其为“l’antigiuridicità”，而与之齐名的曼多瓦尼教授则称为“le scriminanti”。虽然称谓不同，但是具体涵盖的内容则大同小异，包括义务的履行（l’adempimento del dovere）、权利的行使（l’esercizio del diritto）、权利人的同意（il consenso dell’avente diritto），正当防卫（la legittima difesa）、紧急避险（lo stato di necessita’）、合法使用武器（l’uso legittimo delle armi）等。

（一）概述

意大利刑法理论中的“客观违法”（Obiettivamente antigiuridico），是指典型事实与法律规定的利益相冲突的状态（典型事实缺乏正当化原因的情况）。而如果是相反的情况，则是“客观合法”（obiettivamente lecito）。因此，所谓“客观违法性”（l’antigiuridicità obiettiva），就是指“典型事实”的客观方面与法律保护的“需要”（esigenze）的冲突

(L’antigiuridicità obiettiva può essere definita come il contrasto del fatto tipico con le esigenze di tutela dell’ordinamento personale del soggetto verso la situazione di conflitto)①

违法性的存在意味着犯罪是受到法律否定的行为。这是一种关于犯罪与法律秩序之间的关系判断。按照 Padovani 教授的观点，如果将上述定义中的“典型事实”换为“典型行为”，可能更为恰当，因为只有人类的举止才有符合或违背法律的问题。

客观违法性问题与行为人的主观态度无关；行为人是否认识到自己行为具有客观违法性，行为人对客观违法性的性质是否有正确认识，都与客观违法性的存在没有关系。因为与“法律保护需要”相冲突的只是“典型事实的客观方面”。因此，客观违法性与主观罪过是两种性质根本不同的判断。

在意大利刑法理论中，客观合法的行为不仅不应受刑事处罚（包括刑罚和保安处分），同时也是一个不应该受阻止的事实，任何阻止客观合法的行为都不可能是合法行为。例如，对履行职务的行为就不允许进行正当防卫。与此相反，缺乏正当化原因的典型事实，即使是在没有主观罪过的情况下实施的，也同样属于可以阻止的行为。

就具有客观违法性的事实而言，可以撇开其他共同犯罪人的主观罪过，单独成为共同犯罪的基础。例如按照意大利《刑法》第 119 条的规定，“排除可罚性的主观情节，效力只及于具备该情节的共犯人”(Le circostanze soggettive, le quail escludono la pena per taluno di coloro che sono concorsi nel reato hanno effetto soltanto riguardo alla persona a cui si riferiscono)。该条第 2 款规定，“排除可罚性的客观情节，效力只及于所有共同犯罪人” (Le circostanze oggettive che escludono la pena hanno effetto per tutti coloro che sono concorsi nel reato)。② 例如，教唆他人盗窃，如果不存在正当化原因，即使被教唆人拿别人东西时没有故意（没有罪过），教唆人也构成共犯。这是与我国刑法不同的地方。

---

① Tullio Padovani, *Diritto Penale*, op. cit., p. 140, Giuffrè Editore, Milano, 2006.

② Luigi Alibrandi e Piermaria Corso, *Codice Penale e di Procedura Penale e Leggi Complementari* (Trantatreesima Edizione), op. cit., p. 96, Casa Editrice La Tribuna, Piacenza, 2011.

客观违法性在整个法律秩序中的意义，决定于这种判断的性质：某行为事实在“客观上”是合法还是违法，不能仅在刑法领域内进行判断，只有将该事实放在整个法律秩序中，才可能得出其客观方面是否合法的结论。因此，在刑法中客观合法的事实，在任何法律领域都具有合法性的结论。

（二）正当化原因（le cause di giustificazione）

如前所述，正当化原因包括正当防卫（la difesa legittima）、紧急避险（lo stato di necessita'）、权利人的同意（il consenso dell'avente diritto）、义务的履行（l'adempimento del dovere）、权利的行使（l'esercizio del diritto）、合法使用武器（l'uso legittimo delle armi）等内容。

1. 正当防卫（la difesa leggittima）

正当防卫在意大利语中为“la difesa leggittima”，其规定在意大利《刑法》第 52 条，即“Non è punibile chi ha commesso il fatto, per esservi stato costretto dalla necessità di difendere un diritto proprio od altrui contro il pericolo attuale di un'offesa ingiusta, sempre che la difesa sia proporzionata all'offesa”,[①] 意思为“因防卫本人或他人的权利免受不法侵害的现实危险的必要而被迫实施行为的人，只要防卫与侵害相适应，不受处罚”。

侵害状态（la situazione aggressiva）和防卫反应（la reazione difensiva）是正当防卫应当具备的构成要素。首先是侵害状态，即不法侵害对防卫人或者第三人的权利所造成的现实危险。这里的权利不仅包括严格意义的主观权利，还包括主体的合法状态，如亲权、对权利的处分权和各种合法利益。

与我国刑法规定有所不同的是，意大利刑法中的正当防卫所保护的利益，只是公民的个人权利，而集体利益或更为广泛的利益（如公共秩序、环境保护等）都不是正当防卫保护的对象。因为正当防卫只是公民自卫的手段，而不是要公民来代行警察的权力，让他们去制止

① Luigi Alibrandi e Piermaria Corso, *Codice Penale e di Procedura Penale e Leggi Complementari* (Trantatreesima Edizione), op. cit., p. 84, Casa Editrice La Tribuna, Piacenza, 2011.

任何类型的犯罪。

对权利的侵害，包括对权利可能造成的侵害，即现实的危险（il pericolo attuale），也就是防卫行为实施时存在的危险。危险消失后实施的行为可称为反击，但不是防卫。意大利《刑法》第 62 条第 2 项的规定是，“l’avere reagito in stato di ira, determinato da un fatto ingiusto altrui”，意思为“受不法挑衅而犯罪的，作为减轻处罚的情节”。

正当防卫第二个方面的构成要素是防卫反应（la reazione difensiva），包括被迫（la costrezione）、必要（la necessità）、相适应（la proporzione）。正当防卫中的“被迫”，是受侵害人在“侵害”与“被侵害”之间必须进行选择的事实。由于正当防卫源于利害冲突，只有这样理解才能说明被迫的含义。而且行为人所作的选择是一种客观的存在，不能掺进任何行为人意志的因素。

就正当防卫中的“必要”（la necessità）及“相适应”（la proporzione）而言，要综合考虑下列因素：危险的程度、侵害者的主观心理态度（对故意、过失或是无罪过的侵害行为的防卫，当然要区别对待）、冲突的性质以及由此决定的防卫者“被迫”的程度、防卫手段的可选择性等。

事实上，为了正确判断侵害与防卫之间是否相适应，必须根据《刑法典》第 52 条的规定，对冲突的利益以及侵害和防卫行为的一系列构成要素进行全面分析，然后才能得出正确的结论。

2. 紧急避险（lo stato di necessità）

意大利《刑法》第 54 条第 1 款规定，“Non è punibile chi ha commesso il fatto per esservi stato costretta dalla necessità di salvare sé od altri dal pericolo attuale di un danno grave alla persona, pericolo da lui non volontariamente causato, né altrimenti evitabile, sempre che il fatto sia proporzionato al pericolo”,① 意思为“出于从非本人有意造成的，不可用其他方法避免的，严重损害个人的现实危险中拯救自己或他人的必要，而被迫实施行为的人，不受处罚”。

---

① Luigi Alibrandi e Piermaria Corso, *Codice Penale e di Procedura Penale e Leggi Complementari* (Trantatreesima Edizione), op. cit., p. 85, Casa Editrice La Tribuna, Piacenza, 2011.

“紧急避险”包括“必要的状态”（la situazione necessitante）和“必要的行为”（il fatto necessitato）两个方面的要素。所谓“引起必要的状态”，按照刑法的规定，是一种“能对个人造成严重损害的现实危险”（il pericolo attuale di un danno grave alla persona），这种危险不是本人有意造成的，并且不可用其他方法避免；而且这种“能对个人造成严重损害的危险”不仅指能对人的生命或健康造成损害，还包括能对《宪法》第2条规定的任何“不可侵犯的人权”（i diritti inviolabili dell'uomo）造成损害；严重损害有两个判断标准：一是危险的性质，即处于危险中的利益具有头等重要性，对这种利益的任何侵害都可以说是严重的损害；二是危险的程度，如果危险中的利益有量化的程度差别，可以根据量化标准进行比较。

“紧急避险”第二个方面的要素是“必要的行为”（il fatto necessitato），其要求必须是“被迫”、“必要”以及“适当”的行为。紧急避险中的“被迫”，是指紧急避险的成立，有两个方面的限制：危险的“非自愿性”和危险的“不可避免性”。从个人角度来看，利益的冲突必须具有涉及个人利益的性质。只有在危险与其本人利益相关的情况下，行为人才可以采取紧急避险的行为。紧急避险中的“必要”，除了指行为必须与排除危险相称之外，还意味着行为人在排除危险时，只能选择损害最小的手段。应当根据危险状态与避险行为的全部构成因素来对冲突的利益进行综合性的具体评价。由于紧急避险中受到损害的是无辜的第三者的利益，所以在衡量避险行为是否与损害结果相适应的问题时，就应当采用更为严格的标准：在任何情况下，被拯救的利益都必须等于或大于被损害的利益。

意大利《刑法》第54条第2款规定，“紧急避险不适用于负有特定的置身危险义务的人”（Questa disposizione non si applica a chi ha un particolare dovere giuridico di esporsi al pericolo），① 如警察、消防队员等本身就负有救助他人的职责，因而紧急避险不能对其适用。此外，对于“因他人的胁迫”而实施的避险行为，因为这种避险行为不具有客

① Luigi Alibrandi e Piermaria Corso, *Codice Penale e di Procedura Penale e Leggi Complementari* (Trantatreesima Edizione), op. cit., p. 85, Casa Editrice La Tribuna, Piacenza, 2011.

观的合法性，因而法律规定，胁迫者必须对这种行为承担刑事责任，受胁迫的人不受处罚。

3. 权利人的同意（il consenso dell’avente diritto）

意大利《刑法》第 50 条规定，“Non è punibile chi lede o pone in pericolo un diritto, col consenso della persona che può validamente disporne”,[①] 即“经有权处分人的同意，侵害权利或使权利陷于危险的人不受处罚”。

意大利《刑法》中的“权利人同意”有三种情况：①意大利《刑法》第 50 条规定，就作为正当化原因之一的“有权处分人的同意”而言，侵害人不受处罚。因为经权利人同意而受到侵害或被置于危险之中的权利，已不再是法律所保护的利益。②作为“减轻刑事责任”的“权利人的同意”。在某些刑法规范中，“权利人的同意”仅仅具有减轻刑事责任的作用，即原是本来较重犯罪的行为，由于权利人的同意而变为较轻犯罪的作用。例如经被害人同意而故意引起他人死亡的行为，应当适用《刑法典》第 579 条“经被害人同意杀人罪”（omicidio del consenziente）的规定，而不是第 575 条“故意杀人罪”（omicidio）的规定。③作为“排除典型事实”的“权利人的同意”。在某些刑法规范中，未经权利人允许本身就是某些犯罪典型事实的构成因素之一。例如，经主人同意进入他人住所，就不属于《刑法典》第 614 条规定的侵犯他人居所的行为，而第 50 条规定的“经权利人的同意”则涵盖了犯罪构成所有要件的内容。

就如何正确界定哪些权利属于权利人可处分的权利而言，必须根据权利的性质来分别处理。

（1）人身权利。在严格意义的人身权利中，权利人无权处分自己的生命。依据是意大利《刑法》第 579 条关于“经被害人同意杀人罪”。而对于健康，权利人处分自己的健康权，必须受民法典第 5 条的限制，即禁止那些可能引起身体永久性残损，或者违背法律、公共秩序或善良风俗的处分自己身体的行为。

---

① Luigi Alibrandi e Piermaria Corso, *Codice Penale e di Procedura Penale e Leggi Complementari* (Trantatreesima Edizione), op. cit., p. 83, Casa Editrice La Tribuna, Piacenza, 2011.

(2) 与家庭关系有关的权利。一般情况下，不能处分与家庭关系有关的权利，但是家长有权同意他人处罚自己做了错事的未成年子女，这个可能是唯一的例外。

(3) 财产性利益。与上述权利相反，财产性利益基本上都是承诺人有权处分的范围。但是，具有集体性质的财产（与公共秩序、公共安全或公共信用有关的财产）则不能擅自处分。

应当注意的是，就权利人同意中的“同意”而言，其法律效力取决于权利人是否具有行为能力，而且有效的“同意”必须是真实的意思表示；“同意”的形式可以多种多样，但是必须是事前的，事后的认可不是“同意”；在行为未实施之前，权利人随时可以撤销先前的同意。

4. 行使权利（l’esercizio di un diritto）和履行义务（l’adempimento di un dovere）

意大利《刑法》第 51 条第 1 款规定，“L’esercizio di un diritto o l’adempimento di un dovere imposto da una norma giuridica o da un ordine legittimo della pubblica Autorità, esclude la punibilità”,[①] 意思是“行使权利或者履行由法律规范或公共权力机关的合法命令赋予的义务，排除可罚性”。其中的“l’esercizio di un diritto”即为“行使权利”，“l’adempimento di un dovere”即为“履行义务”，而“esclude la punibilità”则为“排除可罚性”。

对于“行使权利”中的“权利”如何理解？按照《刑法典》第 51 条的规定，这种权利应该包括主体在特定情况下可以合法实施的任何行为，具体包括：亲权、对权利的处分权、私人的职能、合法的利益等。而严格意义的“主观权利”、合法的权能、公共机关的法定权力，则更应属于第 51 条规定的“权利”范围。

意大利《刑法》第 51 条第 1 款规定的“履行义务”（l’adempimento di un dovere），是履行法律规范或公共权力机关合法命令规定的义务，而“esclude la punibilità”则排除可罚性。

“履行义务”之所以排除可罚性，就在于避免主体出现相互冲突的

① Luigi Alibrandi e Piermaria Corso, *Codice Penale e di Procedura Penale e Leggi Complementari* (Trantatreesima Edizione), op. cit., p. 83, Casa Editrice La Tribuna, Piacenza, 2011.

义务而无所适从的情况。这里包括两种情况：一是法律规范规定的义务（l'adempimento di un dovere imposto da una norma giuridica）；二是公共权力机关合法命令规定的义务（l'adempimento di un dovere imposto da un ordine legittimo della pubblica Autorità）。[①]

意大利《刑法》第51条第2款规定，“Se un fatto costituente reato è commesso per ordine dell'Autorità，del reato risponde sempre il pubblico ufficiale che ha dato l'ordine”，其意思是“如果执行命令的行为构成犯罪，由颁布命令的官员承担刑事责任”。可见，规定义务的命令必须合法，才具有排除犯罪的效力。这样就必须符合两个条件：一是颁布命令和执行命令的人必须具有相应的职能，即形式合法；二是必须存在授权规范要求的事实和法律前提，并且命令应当符合涉及的公共利益，即实质合法。

意大利《刑法》第51条第3款和第4款对执行人也承担刑事责任的情况进行规定。第51条第3款规定，“Risponde del altresì chi ha eseguito l'ordine，salvo che，per errore di fatto，abbia ritenuto di obbedire a un ordine legittimo”，[②] 意思是“除因为事实认识错误而认为执行的是正确命令外，执行不合法命令的人也应对犯罪负责”。该条第4款规定，“Non è punibile chi esegue l'ordine illegittimo，quando la legge non gli consente alcun sindacato sulla legittimità dell'ordine”，[③] 意思是“在法律不允许执行人审查命令的合法性时，执行不合法命令的人不受处罚”。

5. “合法使用武器”（l'uso legittimo delle armi）

意大利《刑法》第53条规定了合法使用武器，具体是“除前两条规定的内容外，公务员为履行自己的职责义务而使用或者命令使用武器或者身体其他强制手段的，当这样做是出于抵御暴力、制服对权力

---

① Tullio Padovani，*Diritto Penale*，op. cit.，p. 154，Giuffrè Editore，Milano，2006.

② Luigi Alibrandi e Piermaria Corso，*Codice Penale e di Procedura Penale e Leggi Complementari*（Trantatreesima Edizione），op. cit.，p. 84，Casa Editrice La Tribuna，Piacenza，2011.

③ Luigi Alibrandi e Piermaria Corso，*Codice Penale e di Procedura Penale e Leggi Complementari*（Trantatreesima Edizione），op. cit.，p. 84，Casa Editrice La Tribuna，Piacenza，2011.

机关的反抗和阻止屠杀、失事、沉没、空难、铁路灾祸、故意杀人、武装抢劫和绑架等犯罪的需要时，不受处罚” （Ferme le disposizioni contenute nei due articoli precedenti, non è punibile il pubblico ufficiale che, al fine di adempiere un dovere del proprio ufficio, fa uso ovvero ordina di far uso delle armi o di un altro mezzo di coazione fisica, quando vi è costretto dalla necessità di respingere una violenza o di vincere una resistenza all'Autorità e comunque di impedire la consumazione dei delitti di strage, di naufragio, sommersione, disastro aviatorio, disastro ferroviario, omicidio volontario, rapina a mano armata e sequestro di persona）。[①] 意大利《刑法》第 53 条是专门为公务员制定的排除犯罪性的行为。针对第 51 条规定的“行使权利和履行义务”以及第 52 条规定的“正当防卫”，第 53 条的规定具有从属性的意义。也就意味着公务员在行使权利或履行义务的过程中，实施的排除暴力、制服抵抗的行为，只要符合第 51 条或第 52 条的规定，就可以按照行使权利或正当防卫的行为来处理。只有在上述两条不适用的情况下，才考虑是否适用第 53 条“合法使用武器”的问题。

“合法使用武器”正当化的原因在于，任何阻止公务员履行权力机关规定的公共义务的障碍，都应当予以排除，即“il fondamento della scriminante si basa sull'esigenza che l'adempimento dei doveri pubblici, da parte dell'autorità, possa avvenire nonostante gli ostacoli ad esso frapposti”。[②] 合法使用武器的构成因素有两个：一是“有必要使用武器的状态”（situazione necessitante），二是“必要的使用武器的状态”（situazione necessitata）。

“有必要使用武器的状态”（situazione necessitante）意味着存在“需要排除的暴力” （violenza da respingere）或“需要制服的反抗”（resistenza da vincere）。如果行为人使用暴力或胁迫是为了强制公务员实施违背其义务的作为或不作为，甚至仅仅是为了强制公务员履行职

① Luigi Alibrandi e Piermaria Corso, *Codice Penale e di Procedura Penale e Leggi Complementari* （Trantatreesima Edizione）, op. cit., p. 84, Casa Editrice La Tribuna, Piacenza, 2011.

② Tullio Padovani, *Diritto Penale*, op. cit., p. 166, Giuffrè Editore, Milano, 2006.

务，性质都是“需要排除的暴力”；如果行为人的目的在于抗拒公务员“履行职务”，则应归入“需要制服的反抗”的范畴。

而“必要的使用武器的状态”（situazione necessitata）是指出于“履行自己职责义务的目的”，而使用或者命令他人使用武器或其他身体强制性措施。法律规定使用武器必须是“出于履行自己职责义务的目的”，这样可以避免纯粹的报复行为。

至于使用武器是否应以“被迫”和“必要”为前提，就合法使用武器而言，如果利益的冲突还未直接涉及公务员，就不能说公务员受强迫。而这里的“必要”，是指如果职务上的义务可采用多种措施来履行，就应该采用损害最小的措施。

6. “正当化原因的过当”（l'eccesso nelle cause di giustificaizone）

意大利《刑法》第55条规定了“正当化原因的过当”问题。该条规定，“quando，nel commettere alcuno dei fati preveduti dagli articoli 51，52，53e 54，si eccedono colposamente i limiti stabiliti dalla legge o dall'ordine dell'Autorità ovvero imposti dalla necessità，si applicano le disposizioni concernenti i delitti colposi，se il fatto è preveduto dalla legge come delitto colposo”，意思为“实施刑法典第51、52、53、54条规定的行为，过失地超出了法律或权力机关命令规定的限制或必要的范围，如果该行为被法律规定为过失罪，适用该过失罪的规定”。

“正当化原因的过当”包括以下两种情况：一是目的过当（eccesso nel fine），即由于行为人主观上的估计错误而导致的“过当”。即在具备正当化原因的全部前提下，主体自认为是必要的行动过，但是实际上超出了正当化原因的限度；二是手段过当（eccesso nei mezzi），即主体明知自己的行为超出了正当行为的必要限度，但是由于缺乏能力或伴随行为等原因，未能将行为控制在合法的限度内。

实质上，如果正当行为过当，就不能成为正当化原因，其过当行为也就不再是合法行为。主体对过当行为承担刑事责任需要具备下列条件：一是行为人主观上存在对过当行为的过失；二是主体行为触犯的罪名在法律上有明确的规定。也就是说，行为人在主观上有过失，其过当行为构成犯罪，而且这种过当的行为在法律上有明确的处罚过失的规定。

五、罪过

"罪过"在意大利语中为"la colpevolezza"，在帕多瓦尼教授的《刑法学》中单列一章，题目就叫"la colpevolezza"，但在Mantovani教授的经典教材中，"罪过"被放在"il principio di soggettività"，也就是主观性原则中。应该说这只是刑法学教科书体系设置的不同。罪过在意大利刑法中占据着非常重要的地位。

（一）罪过（la colpevolezza）与罪过原则（il principio di colpevolezza）

按照字典的解释，"la colpevolezza"，意思是"罪过的状态"或是"有罪的"。[①] 罪过原则，即"il principio di colpevolezza"，其拉丁文为"nullum crimmen，nulla poena sine culpa"，可以直译为"没有罪过就没有任何犯罪，没有任何刑罚"。相应的，罪过原则是指如果要行为人对某一事实负责，该事实就必须在任何意义上都应理解为行为人的"行为"。

在意大利宪法中，就规定有"刑事责任是个人的"宪法原则。具体规定在宪法第27条第1款，即"La responsabilità penale è personale"，[②] 可译为"刑事责任是个人的"。意大利宪法规定刑法的相关原则，这是意大利宪法规定的特色。不仅是罪过原则，还包括有罪刑法定原则等，也在宪法中有所体现。

罪过原则，按照帕多瓦尼教授的观点，意味着只有在行为人确实应为其行为受谴责的情况下，即行为人在能控制自己不犯罪的情况下而选择了犯罪，刑罚才可能作为犯罪的"恶"的反应而存在（la pena è inlitta per compensare un male，il male che l'agente ha determinato）。[③] 如果行为人没有辨认能力与控制能力，或者主观上没有故意或过失，或者客观上存在免罪的理由，就没有理由对行为人进行谴责，也就没有

---

① "la colpevolezza"：*s. f.* stato di colpa；l'essere colpevole：*dimostrare la colpevolezza dell'imputato*.

② Luigi Alibrandi e Piermaria Corso，*Codice Penale e di Procedura Penale e Leggi Complementari*（Trantatreesima Edizione），op. cit.，p. 39，Casa Editrice La Tribuna，Piacenza，2011.

③ Tullio Padovani，*Diritto Penale*，op. cit.，p. 166，Giuffrè Editore，Milano，2006.

刑罚存在的根据。这也是罪过原则的意义之所在。

只有坚持罪过原则，刑法制度才能够从正面发挥刑罚预防功能的“积极”作用。就刑罚的一般预防作用（funzione di prevenzione generale）而言，在立法中规定刑罚只能以罪过为基础，只能以罪过的范围为限度，实际上是意味着立法者将社会成员视为能够再认识自己行为性质的基础上自行决定自己行为后果的人，是立法者相信公民能以维护法律规范的价值作为自己行为基础的表现；如果每人都知道这样一个与其个人直接相关的标准，社会生活就将因此而变得更为安定。在刑罚的特殊预防功能方面（funzione di prevenzione speciale），坚持罪过原则有助于正确地规划与实现对犯罪人的再社会化。

（二）罪过包含的因素

按照意大利最新的刑法理论，罪过主要是包含一些用来评价主体是否应因故意或过失的违法事实而受责难的因素，具体可分为作为刑事责任根据的因素、排除刑事责任的因素以及决定刑事责任轻重的因素。

首先，作为刑事责任根据的因素，包括行为人的辨认能力和控制能力（la capacità di intendere e di volere）以及行为人认识刑法禁止性命令的可能性（la possiblità di conoscere il divieto），这些因素都具有必须根据“某些主观化的参考标准”才能确定的性质。

其次，排除刑事责任的因素，也就是法律规定的“可宽恕事由”（l'imputalità）。这些因素本身带有客观的性质，例如意大利《刑法》第52条规定的“权利人的同意”（consenso dell'avente diritto）、第53条规定的“合法使用武器”（uso legittimo delle armi）、第54条规定的“紧急避险”（stato di necessità）① 等。

最后，影响刑事责任轻重的因素，一方面包括一些作用于不同的评价对象（如行为动机、个人条件等因素与刑事责任的根据或排除刑事责任等问题并无直接联系），另一方面又意味着对它们的评价只能严格以犯罪人人格为基础。值得注意的是，排除刑事责任的因素的性质

---

① Luigi Alibrandi e Piermaria Corso, *Codice Penale e di Procedura Penale e Leggi Complementari* (Trantatreesima Edizione), op. cit., p. 84 – 85, Casa Editrice La Tribuna, Piacenza, 2011.

与其他两种因素不同，这种因素不仅排除行为人的刑事责任，而且还排除行为人受保安处分的可能性。

1. 作为刑事责任根据的因素：行为人的刑事责任能力

意大利《刑法》第85条第1款规定，“如果行为时没有刑事责任能力，任何人不得因实施被法律规定为犯罪的行为而受处罚”（Nessuno può essere punito per un fatto preveduto dalla legge come reato，se，al momento in cui lo ha commesso，non era imputabile）。该条第2款规定，“有认识能力与控制能力的人有刑事责任能力”（E' imputabile chi ha la capacità d'intendere e di volere）。[①] 按照Padovani教授的观点，所谓“认识能力”（la capacità di intendere）是指了解自己行为意义的能力，即了解自己行为对自己与他人关系的价值的能力。而所谓的“控制能力”（la capacità di volere），是指根据行为的意义有目的地引导行为的能力。[②] 行为人的认识能力和控制能力是行为人刑事责任能力的基础。

按照意大利《刑法》的规定，涉及刑事责任能力的规定有如下几条：第88条规定的完全无刑事责任能力的精神病人；第95条规定的“病理性酒精中毒或麻醉品中毒者”、第96条规定的“聋哑人”的情况、第98条规定的“14岁以上18岁以下年龄阶段的未成年人等”。[③]

值得注意的是，意大利《刑法典》还规定了一些特殊情况。在这些特殊情况下，即使行为人在行为时没有或者只有部分辨认和控制能力，法律仍认为是具有完全刑事责任能力的人。例如，第90条规定的“激情和冲动状态下不排除也不降低刑事责任能力”、第92条规定的“自愿、过失或预谋性醉酒”、第93条规定的“在麻醉品药效下的行为”以及刑法典第87条规定的“有意使自己处于无责任能力状态”等。

---

① Luigi Alibrandi e Piermaria Corso, *Codice Penale e di Procedura Penale e Leggi Complementari* (Trantatreesima Edizione), op. cit., p. 92, Casa Editrice La Tribuna, Piacenza, 2011.

② Tullio Padovani, *Diritto Penale*, op. cit., p. 184, Giuffrè Editore, Milano, 2006.

③ Luigi Alibrandi e Piermaria Corso, *Codice Penale e di Procedura Penale e Leggi Complementari* (Trantatreesima Edizione), op. cit., p. 92, Casa Editrice La Tribuna, Piacenza, 2011.

之所以进行这样的规定，是因为以上因素要么是由于其自身原因导致的，例如第 87 条的规定，行为人有意使自己处于无责任能力的状态，要么是一些外在因素的干扰，从而降低或排除了行为人的认识能力和控制能力。具体可分为：（1）生理性因素，例如年龄、聋哑等；（2）精神性因素，如精神病或病理性酒精中毒等；（3）因酒精或麻醉品所引起的中毒性痛苦或习惯，如麻醉品中毒等。

2. 故意

故意，在意大利语中为“il dolo”。故意是最严重的罪过形式，也是犯罪意志最为典型的表现形式。从罪过的角度而言，故意的实质是对典型事实的预见（la presentazione）与意愿（la volontà）。由于没有意愿的预见是一种不完全的预见，而离开预见来谈意愿，则毫无意义。而且故意，作为一种行为人心理与典型事实之间的关系概念（concerto di realazione），要求有明确的“对象”。

（1）重罪故意与轻罪故意

意大利刑法中对于故意按照重罪的故意和轻罪的故意分别进行规定。重罪（delitto）的故意规定在意大利《刑法》第 43 条，即“当行为人的作为或不作为所引起的，法律规定作为重罪存在根据的损害或危险结果，是行为人所预见和希望的自己作为或不作为的后果时，是故意或有意实施的重罪”（Il delitto è doloso, o secondo l’intenzione, quando l’evento dannoso o pericoloso, che è il risultato dell’azione od omissione e da cui la legge fa dipendere l’esistenza del delitto, è dall’agente preveduto o voluto come conseguenza della propria azione od omissione）；该条第 2 款规定，“当产生于作为或者不作为的损害结果或者危险结果比行为人所希望得更严重时，重罪是超意图的或者超出意愿范围的”（è preterintenzionale, o oltre la intttenzione, qundo dall’azione od omissione deriva un evento dannnoso o pericoloso più grave di quello voluto dall’agente）。[①]

轻罪（le contravvenzioni）的故意规定在第 42 条第 4 款，“行为人

① Luigi Alibrandi e Piermaria Corso, *Codice Penale e di Procedura Penale e Leggi Complementari* (Trantatreesima Edizione), op. cit., p. 83, Casa Editrice La Tribuna, Piacenza, 2011.

对出于自己意识和意志的轻罪负责，故意或过失不论”（Nelle contravvenzione ciascuno risponde della propria azione od omissione cosciente e volontaria，sia essa dolosa o colposa）。[①]

（2）构成故意的因素

构成故意的因素，与我国刑法类似，包括认识因素（il momento intelittivo）和意志因素（il momento voluttivo）。

故意的认识因素是以构成典型事实的全部因素为对象，即主体心理上对这些构成因素的认识。而故意的认识因素包括以下内容：一是作为行为前提的条件的认识，比如主体的身份、犯罪的时间、地点等存在于犯罪行为施行之前，但又为某些犯罪成立所必需的条件；二是对于行为本身的认识；三是犯罪行为自然意义上的结果，也就是说行为人必须知道这种结果将会作为自己的作为或不作为的后果出现。值得提出的是行为人对规范性因素的认识。如果典型事实中含有规范性因素，因为行为人对于这种因素的评价是犯罪构成的必要因素之一，行为人必须对此清楚的认识。但是衡量的标准并不是那么苛刻，只要符合一般社会文化背景中的普通人所持的符合法律规定的看法，就足以做出正确的判断即可。帕多瓦尼教授举了关于盗窃罪的例子。所谓规范性因素，只要行为人知道自己偷的不是他自己的东西，就足以确认他对于盗窃罪的规范性因素有认识。

意大利刑法理论认为，就故意的意志因素而言，行为的整个过程都是意志因素的控制内容。行为可以分为作为和不作为。就作为而言，故意要求所有构成要件意义的举动都必须是出于行为人的意志。就不作为而言，故意的意志因素则表现为主体希望用其他的行为来取代履行义务的行为。至于“危害结果”是否是意志因素的内容，理论界存在争议，但是按照最通行的观点，行为人是否“接受危害结果发生的危险”，决定和限制可能故意成立的根据。[②] 行为人对危害结果有所预见但不希望也不接受其发生，是过失的典型特征。但是，如果行为人

---

① Luigi Alibrandi e Piermaria Corso，*Codice Penale e di Procedura Penale e Leggi Complementari*（Trantatreesima Edizione），op. cit.，p. 82，Casa Editrice La Tribuna，Piacenza，2011.

② Tullio Padovani，*Diritto Penale*，op. cit.，p. 195，Giuffrè Editore，Milano，2006.

对可能发生的结果持接受态度，尽管该结果只是其行为目的的附带结果，也可以说该结果是行为人所愿意发生的。

（3）故意的程度（l'intensità del dolo）

故意的程度（l'intensità del dolo），有学者将其翻译为“故意的强度”。相比较而言，似乎故意的程度更为合适。故意的程度规定在意大利《刑法》第133条第1款的第3项，即“… il giudice deve tener conto della gravità del reato，desunta：…dalla intensità del dolo o dal grado della colpa”，[①] 也就是说，“法官在量刑时必须考虑故意的程度以及过失的等级”。

故意的程度可以分为三级，一是突发故意（il dolo d'impeto），是指犯意突然形成并立即付诸实施的故意；二是决意故意（il dolo di proposito），即在犯意的形成与行为的实施之间有相对短的时间间隔的故意；三是预谋故意（il dolo premeditato），即行为人经过仔细考虑，认真权衡行动的细节与利弊后，付诸实施犯罪行为的故意。[②] 三种程度的故意比较起来，预谋故意的危害性应当更为严重。

3. 过失（la colpa）

过失是一种与故意截然不同的罪过形式。就实质内容而言，故意的内容由犯罪行为的“真实的”心理因素组成，而过失则基本上是一种法律评价，即对主体是否遵守与其行为相关的注意义务的判断。

（1）过失的法律规定

意大利《刑法》第43条第3款规定，“犯罪是过失的，结果的发生是即使有所预见，不是出于行为人的希望，而是由于疏忽、不谨慎、无经验，或者不遵守法律、法规、命令或规定等原因”（Il delitto è colposo，o contro l'intenzione，quando l'evento，anche se preveduto，non è voluto dall'agente e si verifica a causa di negligenza o imprudenza o

① Luigi Alibrandi e Piermaria Corso，*Codice Penale e di Procedura Penale e Leggi Complementari*（Trantatreesima Edizione），op. cit.，p. 98，Casa Editrice La Tribuna，Piacenza，2011.

② Tullio Padovani，*Diritto Penale*，op. cit.，p. 202 - 203，Giuffrè Editore，Milano，2006.

imperizia, ovvero per inosservanza di leggi, regolamenti, ordini o discipline)。[①] 第 2 款规定："Nessuno può essere punito per un fatto preveduto dalla legge come delitto, se non l'ha commessa con dolo, salvi I casi di delitto preterintenzionale o colposo espressamente preveduti dalla legge"，即"只有在法律明文规定的情况下，无论是故意，过失，还是超故意的行为才会受处罚"。这里的条文用的是"delitto"，也就是"重罪"。申言之，对于过失行为，只有在法律明确规定其是犯罪的情况下才承担刑事责任。对重罪而言，处罚过失属于例外或补充。所处罚的重罪，一般都只是包含重要的法益。如果一种行为在故意实施的情况下都不受处罚，法律要为这种行为规定过失责任显然不合情理。

（2）过失的构成要素（I momenti fondamentali della colpa）

过失的构成包含三个基本要素：违反客观的注意、谨慎、自我评价要求（L'inosservanza della regola obiettiva di diligenza, di prudenza o di perizia）；遵守规则的情况下危害结果的可避免性（L'evitabilità dell'evento mediante l'osservanza）；遵守规则的可期待性（l'esigibilità dell'osservanza）。[②]

过失的第一个构成要素是行为人违反客观的注意、谨慎、自我评价的要求。意大利《刑法》第 43 条第 3 款规定："犯罪是过失的，结果的发生是即使有所预见，不是出于行为人的希望，而是由于疏忽、不谨慎、无经验，或者不遵守法律、法规、命令或规定等原因。"该款中的"negligenza o imprudenza o imperizia"也即"疏忽、不谨慎、无经验"，指的是源于社会一般经验或科学技术经验的抽象规则，违反这些规则的过失即所谓的"普通过失"（colpa generica）。该款中的"inosservanza di leggi, regolamenti, ordini o discipline"也即"违反法律、法规、命令或规定"，指的是包含于专门规范中的具体规定，违反这些规定的过失即所谓的"特殊过失"（colpa specifica）。

第二个构成要素是行为人在遵守规则的情况下对于危害结果的可

① Luigi Alibrandi e Piermaria Corso, *Codice Penale e di Procedura Penale e Leggi Complementari* (Trantatreesima Edizione), op. cit., p. 83, Casa Editrice La Tribuna, Piacenza, 2011.

② Tullio Padovani, *Diritto Penale*, op. cit., p. 205, Giuffrè Editore, Milano, 2006.

避免性（L'evitabilità dell'evento mediante l'osservanza）。每一个预防性的规则都是一种手段性的命令，其目的在于通过规定特定的措施来防止某种结果的发生，因此，只有发生的结果属于规则企图防止的结果时，才可能以违反规则为由对主体进行谴责。有时会出现违反规则所引起的结果，（即使遵守规则的）合法行为也不能避免的情况。在上述情况中，尽管结果的发生的确属于预防性规则欲防止的“风险的具体化”，但由于遵守规则的结果同样也不能避免，防止该结果实际上不是预防性规则的目的。在这种情况下，必须将因不遵守规则的行为而引起的实际结果，与遵守规则也会发生的推定的结果进行认真地比较。只有遵守规则“肯定”，而不是“可能”也会产生同样的结果时，才可以排除行为人主观上的过失。

第三个构成要素是遵守规则的可期待性（l'esigibilità dell'osservanza）。遵守规则的可期待性，也可以称为违反规则的可归因性（l'attribuibilità dell'inosservanza），对此有两个判定标准：一般过失说与特殊过失说。对“一般过失”来说，采用客观标准作为衡量主体有无过失。在实践中，如果某种结果是一般人都能预见的结果，而行为人没有预见，就可以认定行为人的主观上有过失。就特殊过失而言，大多数情况下都触犯的是内容明确的“硬性”规则。如果属于这种情况，有关的预防性规则就应该是一个“规范的标准”，对任何从事该种活动的人都应一律适用。不过，“硬性”规定的预防性规则也有例外的可能。特殊过失要求行为人除了遵守特殊规则，还应遵守源于经验的一般规范；仅是遵守“硬性”的预防性规则，并不排除主体承担一般过失的可能。

（3）过失的程度（grado della colpa）

意大利《刑法》第 133 条中有“Gravità del reato”即关于“犯罪的严重程度”的规定。而该条第 1 款规定：“Nell'esercizio del potere discrezione indicato nell'articolo precedente，il giudice deve tenere conto della gravità del reato，desunta...”第 3 项规定，“dalla intensità del dolo o dal grado della colpa”，其意思是法官在具体量刑的时候，必须要考虑故意的强度（la intensità del dolo）与过失的程度（il grado della colpa）。

确切地说，过失的程度取决于下列条件，与过失的构成要素相对应：一是过失行为违背客观规则的程度（in rapporto alla regola obiettiva, rileva l'entità quantitativa dell'inosservanza e il numero delle inosservanze commesse in riferimento al fatto)。二是结果的可避免性(in rapporto all'evitabilità dell'evento)。如果遵守规则,结果绝对可以避免,则过失程度为最高;如果即使遵守规则,结果也还有发生的可能,过失的程度就较轻。三是行为人遵守规则的期待可能性(in rapporto all'esigiliblità dell'osservanza)。[①] 意思为行为人具有的能力越强,对问题的处理权越大、越有经验,过失程度就越高;反之,则过失程度越低。

4. 客观责任(la responsabilità obiettiva)

客观责任,顾名思义,是指既不存在故意,也不存在过失,仅仅根据行为与结果之间的因果关系(如果这种因素是客观责任的构成要件),或是根据某种事实的客观存在来确定行为人的刑事责任。

在法律制度内是否允许客观责任的存在是个争议问题。因为意大利《宪法》第 27 条规定的是罪过原则,即"La responsabilità è personale",这无疑在宪法原则的高度上强调了罪过原则,因此撇开罪过而谈论客观责任是违宪的。值得一提的是在意大利占有举足轻重作用的宪法法院,它虽然认为宪法第 27 条规定的是罪过原则,但同时又强调罪过原则没有"明确禁止客观责任",而罪过,至少就过失而言,仅与"最有意义的构成要件"有关,即实际上是将罪过视为行为人对犯罪危害应有的认识。

意大利《刑法》第 42 条第 3 款的规定是,"La legge determina i casi nei quali l'evento è posto altrimenti a carico dell'agente, come conseguenza della sua azione od omissione",[②] 意为"法律规定在哪些情况下行为人应当对因自己的作为或不作为而造成的结果以其他名义承担责任"。所谓客观责任,是指仅仅根据行为与结果间的因果关系,或者某种事实的客观存在来确定行为人的刑事责任。客观责任的成立既

① Tullio Padovani, *Diritto Penale*, op. cit., p. 211 – 212, Giuffrè Editore, Milano, 2006.

② Luigi Alibrandi e Piermaria Corso, *Codice Penale e di Procedura Penale e Leggi Complementari* (Trantatreesima Edizione), op. cit., p. 82, Casa Editrice La Tribuna, Piacenza, 2011.

不要求故意，也不要求过失，这在我们现在看来具有负面的意义。

5. 超意图（la preterintenzione）

La preterintenzione，有学者译为“超故意”，笔者认为译为“超意图”较为合理。超意图的罪过形态可以认为是故意和客观责任的混合（la tesi della preterintenzione quale dolo misto a colpa）。[①] 这在逻辑上是一句古老的法谚：qui in re illecita versatur，tenetur etiam pro casu，即“谁冒险违法，就应承担一切后果”。在这个逻辑之外，对于超故意的重罪（尤其是对于超故意的杀人）是没有任何意义的。[②]

意大利刑法中超意图的罪过形式只是极个别的情况，必须是法律有“明文规定”才处罚。属于这种情况的重罪只有两个：超意图的杀人罪（Omicidio preterinitenzionale）和超意图的堕胎罪（l’aborto preterintenzionale）。

超意图的杀人罪（Omicidio preterinitenzionale）被规定在意大利《刑法》第584条，即“任何人，以刑法第581条和582条规定的直接的行为方式，造成他人死亡的，处10至18年有期徒刑”（Chiunque，con atti diretti a commettere uno dei delitti preveduti dagli articoli 581 e 582，cagiona la morte di un uomo，è punito con la reclusione da dieci a diciotto anni）。[③] 第581条规定的是“殴打”，而第582条规定的是“人身伤害”，因而超意图的杀人罪是指以殴打或人身伤害的方式，导致他人死亡的情形。虽然殴打或人身伤害是出于故意，但是对于死亡的结果，可以是过失，也可以既无故意，也无过失，这种情况在意大利刑法理论上被称为“超意图”，即超出行为人本来的意图而发生更为严重的后果。

1978年第194号法律第18条规定的“超意图的堕胎罪”（l’aborto preterintenzionale）。该条第2款规定，“chiunque provochi l’interruzione

---

① Tullio Padovani，*Diritto Penale*（Ⅷ Edizione），op. cit.，p. 216，Giuffrè Editore，Milano，2006.

② Tullio Padovani，*Diritto Penale*（Ⅷ Edizione），op. cit.，p. 216，Giuffrè Editore，Milano，2006.

③ Luigi Alibrandi e Piermaria Corso，*Codice Penale e di Procedura Penale e Leggi Complementari*（Trantatreesima Edizione），op. cit.，p. 234，Casa Editrice La Tribuna，Piacenza，2011.

della gravidanza con azioni dirette a provocare lesioni alla donna”，即“以企图伤害妇女的行为引起被害人怀孕中断”。这里明确地说明行为人以行为直接伤害妇女的形式导致怀孕妇女流产的情况，属于超意图的堕胎罪。因为该行为时的罪过是故意伤害，然而其行为造成了其他超出原罪过的严重后果。

6. 可原谅的事由（le scusanti）

意大利刑法理论中在罪过内容里一般还要讨论可原谅的事由，这相当于大陆法系刑法理论中讨论的责任阻却事由，不过在意大利刑法里称为“le scusanti”。其包括有对刑法规定的不可避免的认识错误（L’errore inevitalibe sulla legge penale）、执行不容驳斥的犯罪的命令（L’ordine criminoso insindacabile）、因他人威胁而造成的紧急避险状态（Lo stato di necessità determinato dall’altrui minaccia）以及不可抗拒的暴力（La violenza irresistibile）等内容。

（1）“刑法规定的不可避免的认识错误”（L’errore inevitalibe sulla legge penale）

意大利《刑法》第 5 条规定，“Nessuno può invocare propria scusa l’ignoranza della legge penale”,[①] 其意为“任何人都不得以不知道刑法作为为自己辩护的理由”。该条的规定是建立在一般预防学说之上的，这种理论要求社会成员根据刑法的规定来限制自己的行为，如果对法律有错误的认识，应给予更严厉的处分，因为按这种理论的逻辑，了解刑法的规定是每个公民的“绝对”义务。

针对主体的法律认识错误，司法实践认为在下列情况下应作出有利于行为人的认定：首先是行为的实施得到有关主管机关的认可的（un provvedimento o un parere reso dalla pubblica Autorità competente in materia，e volto ad autorizzare il comportamento）。

其次是对同一主体以前实施的同一性质的行为，法院曾以“行为未被法律规定为犯罪”为由而宣判为无罪（la pronuncia，nei confronti dello stesso soggetto，di una precedente sentenza assolutoria，per

---

① Luigi Alibrandi e Piermaria Corso，*Codice Penale e di Procedura Penale e Leggi Complementari*（Trantatreesima Edizione），op. cit.，p. 237，Casa Editrice La Tribuna，Piacenza，2011.

un'identica condotta，con la formula “perché il fatto non è preveduto dalla legge come reato”)。

最后是有关主管机关对该种行为长期持容忍态度，从未进行司法干预（la persistente tolleranza manifestata nei confronti della condotta illecita da parte dell'Anutorità competente ad intervenire）。[①]

而就如何判定对法律的认识错误问题而言，意大利的宪法法院提出了一些原则性的标准。对于公民认识和了解刑法规定的义务范围问题，宪法法院采用的是客观标准，即以特定法律实际上的可认识性为标准，具体包括两个因素：一是法律的立法表述方式，二是决定行为人确信行为合法性的特殊原因。

按照这个标准，对于“自然犯”的刑法规定，一般不存在可原谅的认识错误问题，因为这些犯罪的违法性是不言而喻且客观存在的。而对于“行政犯”而言，因为“行政犯”范围经常变动，对于“行政犯”的刑法规定，也可能存在某些使人们发生错误认识的特殊情况，所以，对这类规定不应一概而论。

（2）执行不容驳斥的犯罪的命令（L'ordine criminoso insindacabile）

意大利《刑法》第 51 条第 4 款规定，“Non è punibile chi esegue l'ordine illegittimo，quando la legge non gli consente alcun sindacato sulla legittimità dell'ordine”，[②] 其意思为“执行不合法命令的人，在法律不允许他审查命令的合法性时，不应受处罚”。

值得注意的是，该款的规定只适用于“实质违法”（l'illegittimità sostanziale）的命令，而执行“形式违法”的命令则不属于可原谅的行为。因为在任何情况下，执行命令的人都有权对命令的形式提出异议。审查命令的形式要件是下属执行命令时必须履行的义务。如果命令不具备法律规定的全部形式要件，他就有权不执行命令。至于命令的内容是否属于执行人审查的范围，应该根据执行与发布命令人之间的从

---

① Tullio Padovani，*Diritto Penale*（Ⅷ Edizione），op. cit.，p. 216，Giuffrè Editore，Milano，2006.

② Luigi Alibrandi e Piermaria Corso，*Codice Penale e di Procedura Penale e Leggi Complementari*（Trantatreesima Edizione），op. cit.，p. 237，Casa Editrice La Tribuna，Piacenza，2011.

属关系来确定。具体做法是以规定这种关系的规范为标准，来确定执行命令的人是否，或在什么范围内，有法定的权力来评价命令的内容以及命令是否符合法律规定的目的。一般来说，军人或类似人员之间的上下级关系，不允许或严格限制对命令内容的审查，而一般民事从属关系中的下级人员，则在很大程度上拥有对命令内容的审查权。

首先是执行命令而不应受处罚的根据在于这种命令的约束性（la sua pretesa natura vincolante）。由于命令必须服从，所以执行人不应对违法刑法规定而承担责任。值得提出的是，在意大利刑法的法律体系中，存在很多对犯罪命令不仅不应该服从，而且还应该拒绝的明确的规定。例如 1975 年第 3 号共和国总统令（D. P. R 3/1957 “Statuto degli impiegati civili dello Stato”）第 17 条第 3 款规定：“l’impiegato non deve comunque eseguire l’ordine del superiore quando l’atto sia vietato dalla legge penale.” 该法律是“国家公务员章程”，该款规定是“在命令内容为刑法所禁止时，职员不得执行上级的命令”。

其次是 1987 年第 121 号法律（L. 121/1987 “relativo alla polizia di Stato”）第 66 条第 4 款的规定，“l’appartenente ai ruoli dell’Amministrazione della pubblica sicurezza, al quale viene impartito un ordine la cui esecuzione costituisce manifestamente reato, non lo eseguire ed informa immediatamente i superiori”，意思是“公共安全机关的成员接到如果执行明显构成犯罪的命令，应不执行并立即向上级报告”。

最后是 1986 年第 545 号总统令 D. P. R. 545 /1986（Regolamento di disciplina militare）即《军事人员纪律条例》。该条例第 25 条第 2 款规定，“ il militare al quale viene impartito un ordine manifestamente rivolto contro le istituzioni dello Stato o la cui esecuzione costituisce comunque manifestamente reato, ha il dovere di non eseguire l’ordine e di informare al più presto i superiori”，即“军事人员收到明显对国家制度的命令或者如果执行明显构成犯罪的命令，有不执行命令并尽快通知上级的义务”。[①]

在此，都要求命令的内容“明显构成犯罪”（la criminosità è

---

① Tullio Padovani, *Diritto Penale*（Ⅷ Edizione），op. cit.，p. 240，Giuffrè Editore，Milano，2006.

manifesta)，被命令的人就有拒绝执行的义务；如果不顾这种义务而执行命令，就应对构成犯罪的行为负责。

(3) 因他人威胁而造成的紧急避险状态（Lo stato di necessità determinato dall'altrui minaccia)。

意大利《刑法》第54条“紧急避险”（Stato di necessità）第3款规定，“La disposizione della prima parte di questo articolo dall'altrui minaccia; ma, in tal caso, del fatto commesso dalla persona minacciata risponde chi l'ha costretta a commetterlo”,[①] 其意思是“也适用于由他人的威胁而造成的紧急避险状态，但是，在那种情况下，被威胁人实施的行为由强迫他实施该行为的人负责”。

该款规定中的“威胁”（minaccia)，是指一种提出者能够决定是否实现的严重损害。威胁者利用这种可能实现的损害作为心理强制的工具，迫使被威胁者实施某种其本不愿意实施的行为，也就是指构成某种犯罪的行为。这种威胁还必须达到具体的“严重损害人身的现实危险”的强度，并且具有用其他方法不能避免的性质。只有符合上述条件，法律才认为行为人不可能按照自己的意志遵守刑法的规定。

这种行为不属于正当化的行为，因为这种行为在客观上具有明显的违法性，否则就不会让威胁者来承担刑事责任。但是，仅仅使用暴力或威胁来迫使或促使他人犯罪的行为，无论强度如何，都可以按照意大利《刑法》第611条第1款的规定来处罚。该款规定，“Chiunque usa violenza o minaccia per costringere o determinare altri a commettere un fatto costituente reato è punito con la reclusione fino a cinque anni”,[②] 其意思为“使用暴力或威胁来迫使或促使他人犯罪的行为，处5年以下有期徒刑”。

(4) 不可抗拒的暴力（La violenza irresistibile)

意大利《刑法》第46条“Costringimento fisico”（身体上的强制)

---

① Luigi Alibrandi e Piermaria Corso, *Codice Penale e di Procedura Penale e Leggi Complementari* (Trantatreesima Edizione), op. cit., p. 83, Casa Editrice La Tribuna, Piacenza, 2011.

② Luigi Alibrandi e Piermaria Corso, *Codice Penale e di Procedura Penale e Leggi Complementari* (Trantatreesima Edizione), op. cit., p. 251, Casa Editrice La Tribuna, Piacenza, 2011.

第 1 款规定："Non è punibile chi ha commesso il fatto per esservi stato da altri costretto, mediante violenza fisica alla quale non poteva resistere o comunque sottrarsi "，其意思是"因被他人以不可抗拒或无法避免的生理性暴力所强迫实施行为的人，应免除处罚"。该条第 2 款规定，"In tal caso, del fatto commesso dalla persona costretta risponde l'autore della violenza"，也即"在这种情况下，被强迫人实施的行为由使用暴力者负责"。这里的暴力是一种绝对的强制，即是一种能完全排除行为中意识和意志因素的强制。但是那些主体可以抗拒的暴力，如果抗拒会造成更为严重的人身伤害，而且与按强制者的意愿实施犯罪造成的危害相比，这种伤害具有更为严重的性质。这种情况也应属于第 1 款规定的范围。①

7. 排除心理联系的原因（le cause di esclusione del nesso psichico）

出于严格和准确地界定心理联系内容的目的，法律对排除心理联系的原因作了专门的规定。由于故意和过失是两种完全异质的罪过形态，这两种罪过形态也不可能有统一的表现形态：排除故意存在的心理原因，不能用来排除过失的存在；反之亦然。

（1）认识错误

认识错误（l'errore）是故意的对立面，是"la falsa rappresentazione o l'ignoranza di un qualunque dato della realtà naturalistica ogiuridica"，也即"对任何事实真实的自然或法律性质的不正确认识或忽视"。

根据错误的内容，可以分为"对事实的认识错误"（l'errore sul fatto）和"对法律的认识错误"（l'errore sul diritto）。

意大利《刑法》第 47 条第 1 款规定，"L'errore sul fatto che costituisce il reato esclude la punibilità dell'agente. Nondimeno, se si strata di errore determinato da colpa, la punibilità non è esclusa, quando il fatto è preveduto dalla legge come delitto colposo"，也就是说，"对构成犯罪的事实的认识错误排除行为人的可罚性，但是，因为过失引起的错误，在实施的行为时被法律规定的重罪时，不排除可罚性"。

---

① Tullio Padovani, *Diritto Penale*（Ⅷ Edizione），op. cit.，p. 234，Giuffrè Editore，Milano，2006.

该条第 2 款规定，“L’errore sul fatto che costituisce un determinato reato non esclude la punibilità come delitto colposo”，也就是说，“关于构成某种犯罪的事实的认识错误不排除对作为过失犯罪的可罚性”。

第 3 款规定，“L’errore su una legge diversa alla legge penale esclude la punibilità，quando ha cagionato un errore sul fatto che costituisce il reato”，① 也即“在引起对构成犯罪的事实的认识错误时，对非刑事法律的认识错误排除可罚性”。该款规定中的“非刑事法律认识”，实质上是指对犯罪构成中的规范性因素的认识。

按照现有意大利《刑法》的规定，在任何情况下，“对事实的认识错误”都排除行为人对有错误认识的事实的故意责任。但如果“对事实的认识错误”是由行为人的过失引起的，在其实施的事实被法律规定为过失重罪的情况下，行为人应承担过失责任；如果行为构成轻罪，则应根据《刑法典》第 42 条第 4 款的规定来确定行为人的可罚性问题。

（2）对排除犯罪性因素的认识错误（L’errore sulle sciminante）

意大利《刑法》第 59 条第 4 款规定，“Se l’agente ritiene per errore che esistano circostanze aggravanti o attenuanti，questo sono sempre valutate a favore di lui. Tuttavia，se si tratta di errore determinato da colpa，la punibilità non è esclusa，quando il fatto è preveduto dalla legge come delitto colposo”，② 其意思为“如果行为人因错误而认为存在排除刑罚的情节，应作出有利于他的评价。但是，如果属于因过失而引起的错误，在其行为被法律规定为过失重罪时，不排除可罚性”。

应予注意的是，对于因事实认识错误或法律认识错误而引起的关于“正当化原因的认识错误”（l’errore sulle cause di giustificazione），也应分为“对排除犯罪事实的认识错误”（l’errore sul fatto della sciminante）和“对禁止性刑法规范的认识错误”（l’errore sul divieto）。如果主体误认为存在的客观事实是真实存在的，他实施的行为就属于

① Luigi Alibrandi e Piermaria Corso，*Codice Penale e di Procedura Penale e Leggi Complementari*（Trantatreesima Edizione），op. cit.，p. 65，Casa Editrice La Tribuna，Piacenza，2011.

② Luigi Alibrandi e Piermaria Corso，*Codice Penale e di Procedura Penale e Leggi Complementari*（Trantatreesima Edizione），op. cit.，p. 87，Casa Editrice La Tribuna，Piacenza，2011.

排除犯罪性的行为，而这种认识错误就是“对事实的认识错误”。

“对禁止性刑法规范的认识错误”（l’errore sul divieto），包括主体误认为其实施的犯罪行为是排除犯罪性的事实或主体误认为正当化原因存在比法律规定的更广的适用范围。由于行为人对事实的客观性质都有正确的认识，对它们的法律性质却有误解，错将这些不属于正当化原因的事实当作是合法的行为。从根本上说，这些错误都是行为人对自己违反的刑法规范的适用范围有不正确的认识，或者说都属于对禁止性刑法规范的认识错误。

（3）意外事件（il caso fortuito）

意大利《刑法》第45条规定，“Non è punibile chi ha commesso il fatto per caso fortuito o per forza maggiore”，[①] 也就是说“因为意外事件或是不可抗力而实施的行为不受处罚”。

关于意外事件在刑法学体系中的地位，在意大利刑法学界还存在争论。目前占据统治地位的观点认为，意外事件是从一个侧面界定过失的标准，因为意外事件相当于是“不可预见”的。然而，以可预见性作为归罪的标准，只在认定一般过失时才有意义；如果将意外事件定位为使主体无法按注意规则要求行为的情况，那么就很难认为特殊过失与意外事件是完全的不相容的事物。从这个意义上说，将意外事件定义为因不可能遵守客观的注意规则而引起的不可避免的结果则更为合适。

第四节　对意大利犯罪构成论体系的评价

意大利的犯罪构成体系由“典型事实”、“违法性”以及“有责性”构成，这与大陆法系刑法理论中的“构成要件符合性”、“违法性”及“有责性”相近似，在此只着重评价意大利犯罪构成理论中独具特色之处。

---

① Luigi Alibrandi e Piermaria Corso, *Codice Penale e di Procedura Penale e Leggi Complementari* (Trantatreesima Edizione), op. cit., p. 83, Casa Editrice La Tribuna, Piacenza, 2011.

一、意大利刑法的特点

犯罪构成是犯罪论的核心，这无论是在意大利刑法理论中还是我国刑法理论中均是如此。评析意大利的犯罪构成理论，一定要从意大利独具特色的刑法制度谈起。意大利现行刑法典是1930年通过的，是法西斯时期的法律，至今在民主化程度非常高的意大利仍然适用，这无疑是个奇迹。是什么原因使具有鲜明时代烙印的意大利刑法典能长久不衰并且焕发青春？这无疑也是刑法学者感兴趣的问题。

首先，当时制定刑法典的学者和立法者强调法律应当与政治道德有着明显的区分界限，这样就保留了刑法本身的特色，使之具有自由刑法的灵活性与生命力。而且当时的刑法学者主张刑法典中只能规定那些危害明显、对公民具有普遍意义的犯罪规范，这是意大利刑事立法的主要倾向。

其次，意大利刑法学者卓越的立法技术，使刑法典能够超越时代的局限而具有极强的生命力。意大利刑法的主要修订方式并不是通过刑法修正案的方式，而且每年都补充新的内容。有的条文甚至下设多个“次条文”。比如，意大利《刑法》第133条，下设“133 – bis”“133 – ter”，翻译过来就是第133条、第133条之二、第133条之三，而且在该法条下面注明133条之二是1981年11月24日通过的第689号法律中的第100条；133条之三是2002年5月30日通过的第115号法律的第236条等。通过不断的修改革新，使意大利刑法典能够跟得上时代，常变常新。

再次，1930年意大利《刑法典》也就是现行刑法典的总则部分非常特殊，规定得非常详细，几乎对刑法理论所有涉及的问题都有规定，仅仅总则部分就有240条，将近我国刑法总条文的一半还多，由此就使“尽量不给法官、法学家解释法律留下余地”的指导思想得以全面贯彻。① 这样，即使社会千变万化，但是总则的指导性规定因为是原则性的规定，因而能够顺应时代变化而相应的改变，这也许也是意大利刑

① ［意］杜里奥·帕多瓦尼：《意大利刑法学原理》，陈忠林译评，中国人民大学出版社2004年版，第16页。

法典保持青春活力的原因所在。

最后，意大利刑法还有一个鲜明的特色，就是与宪法关系紧密，这个即使是在其他大陆法系国家也是不多见的。意大利宪法中规定了罪刑法定、罪责自负等刑法原则，由此使这些原则上升到宪法原则的高度，而且意大利的宪法法院权力非常大，经常进行的违宪审查制也使很多具有法西斯色彩的条文失效，并且使刑法学者对犯罪本质的思考由原来的社会领域、道德政治领域内转向法律制度内部的思考。由此使得刑法典能够与时俱进，散发蓬勃的生命力。

二、犯罪构成要件的层进关系

总体来说，意大利的犯罪构成体系是倒金字塔式的。判断一个行为是否为犯罪，需要三个要件层层剥离，逐个判断。也就是说，对于符合典型事实的违法的行为，还要判断其是否存在责任阻却事由，例如行为人的刑事责任能力，是否具有故意、过失等。只有在行为具备了典型事实、违法性及有责性之后，才能最终判断该行为是犯罪行为。

而我国的犯罪构成理论是四要件说，而且四个构成要件是有机统一，不可分割的整体，缺乏其中任何一个要件，其他三个要件均不成立，是一损俱损、一荣俱荣的关系。比如说正当防卫行为，防卫人不仅因为是为了保护国家利益、公共利益以及个人或是他人的人身和财产权利，所以不具备犯罪的主观方面要件而不是犯罪；与此同时，因为防卫行为不具有社会危害性，也就不符合犯罪的客观方面要件；因为防卫人是为了保护合法利益而实施的防卫行为，所以也就不符合犯罪主体要件；而防卫行为所保护的合法利益也就证明了防卫行为没有侵害犯罪客体，不符合犯罪的客体要件。由此可以看出，我国的犯罪构成四要件是主客观有机统一的整体，不存在层次递进的关系。

三、犯罪构成的体系构架

对于意大利刑法中的犯罪构成体系，国内多采用的是意大利刑法学家帕多瓦尼教授的观点，分为典型事实、违法性以及有责性。

如前所述，与帕多瓦尼齐名的刑法学家曼多瓦尼教授的观点在构架体系上则有所不同，其将犯罪构成论的具体内容分为三个原则，即物质性原则、侵害原则以及主观性原则。

此外，笔者还查阅了意大利其他多部较为著名的刑法学著作，比如 Francesco Palazzo 教授的《刑法学教科书》、Giovannangelo De Francesco 教授的《刑法学》、Alberto Cadoppi 和 Paolo Veneziani 教授的《刑法学教材》等，犯罪构成理论部分基本上与帕多瓦尼教授的体系构成相差不多。因此笔者也主要以介绍 Padovani 教授的体系构成介绍意大利犯罪构成理论。

四、意大利犯罪构成论争议问题评述

（一）客观责任

在意大利的刑法典中存在有关“客观责任”的条款。仅仅根据行为与结果之间的因果关系，或者某种事实的客观存在来确定行为人的刑事责任，是客观责任的典型特征。由于客观责任既不要求故意，也不要求过失，连 Padovani 教授也承认，客观责任在现代刑法制度中只具有负面意义。客观责任与我国刑法理论强调的主客观相一致的原则是违背的，也是笔者所不赞同的。

（二）超意图（la preterintenzione）

超意图的罪过形态，可以认为是故意和客观责任的混合。其逻辑起源是一句古老的法谚“qui in re illecita versatur, tenetur etiam pro casu”，即“谁冒险违法，就应承担一切后果”。

“超意图”规定在意大利《刑法典》第 43 条第 2 款，“当作为或不作为引起的损害或危险结果比行为人希望得更严重时，重罪是超意图的或者是超出意愿的”，即“è preterintenzionale, o oltre la intenzione, quando dall’azione od omissione deriva un evento dannoso o pericoloso più grave di quello voluto dall’agente（584）（1）”。①

应注意的是，该条文专门注明了“（584）和（1）”，其中“584”指的是刑法第 584 条规定的“超意图的杀人罪”，而其中的“（1）”指的是 1978 年 5 月 22 日第 194 号法律第 18 条第 2 款规定的“超意图的

① Luigi Alibrandi e Piermaria Corso, *Codice Penale e di Procedura Penale e Leggi Complementari*（Trantatreesima Edizione）, op. cit., p. 83, Casa Editrice La Tribuna, Piacenza, 2011.

堕胎罪”，即“si veda anche l’art. 18 secondo comma della L. 22 maggio 1978, n. 194, recante norme per la tutela sociale della materianità e sull’interruzione volontaria della gravidanza”①

可见，意大利《刑法》规定的超意图的重罪只有两个：超意图的杀人罪和超意图的堕胎罪。以超意图的杀人罪为例，规定在第584条，是指以殴打或人身伤害的方式，导致他人死亡的情形。虽然殴打或人身伤害是故意，但是对于死亡的结果，是超出行为人本身意图之外的，这种情况在意大利刑法理论上被称为“超意图”，即超出行为人本来的意图而发生更为严重的后果。

具体分析如下，以伤害或殴打的意图实施行为而导致他人的死亡，较轻的结果是伤害，罪过形式是故意，而严重结果是致人死亡，对于伤害的结果行为人主观上是故意，而对于较重的结果，超出了行为人的意图，意大利刑法就认为是超意图，因而行为人应当承担刑事责任。

如果对严重的后果是过失，则与我国刑法理论中的结果加重犯非常类似，对行为人追究刑事责任也符合主客观一致的原则。但是如果严重的后果超出了行为人本身能够预见的范围。也就是说，行为人对于伤害的结果是故意，但是对于死亡的严重结果既无故意也无过失，按照意大利刑法理论，因为行为与结果之间有因果关系，因而应当追究刑事责任，这种责任就是客观责任。而按照我国刑法理论，对于此种情况是不应该对超出其预见能力的严重结果承担责任的，因为其违背了主客观一致原则。

可见，超意图和客观责任是紧密联系的。虽然意大利宪法法院还是承认客观责任的，但是鉴于超意图仅仅局限于两种情形，并且其与宪法第27条规定的“罪过原则”不甚符合，所以将超意图和客观责任废除也不是不可以的，毕竟现代刑法制度是以保障人权，尊重民主自由为主旨的。

① Luigi Alibrandi e Piermaria Corso, *Codice Penale e di Procedura Penale e Leggi Complementari* (Trantatreesima Edizione), op. cit., p. 83, Casa Editrice La Tribuna, Piacenza, 2011.

第十一章　俄罗斯犯罪构成论体系考察

第一节　俄罗斯犯罪构成论体系的历史沿革

一、帝俄时期犯罪构成理论体系的发展

19世纪中叶，俄罗斯刑法学家将Thatbestand引入本国的刑法学研究中，将其译成犯罪构成（состав преступления）并在包含犯罪内、外两方面的一般意义上使用此法律术语。帝俄时代的刑法学者在多学科综合研究的基础上创造出关于犯罪构成理论体系的各种不同界说。其中，斯巴索维奇（В. Спасович）认为，犯罪构成综合了犯罪的外部的客观方面与内在的主观方面，意指犯罪概念中所包含的一切要件的总和。斯巴索维奇将犯罪构成要件学说概括为以下五个部分：（1）犯罪对象；（2）犯罪人，刑事责任能力概念；（3）犯罪的外部方面——行为及其后果；（4）犯罪的内部方面——意志和认识；（5）共犯及其相应责任。①

帝俄时期的另一刑法学者季斯甲科夫斯基（А. Ф. Кистяковский）认为，犯罪构成指的是构成犯罪不可或缺的实质—必要要件。他指出，“作为类概念的犯罪，其犯罪构成的实质—必要要件包括：（1）犯罪主体，或者犯罪的实施者；（2）客体，或者犯罪实施的对象；（3）主体对犯罪行为的意志态度，或者主体的内心活动；（4）行为本身及其后果，或者主体的外在活动及其后果。这四个要件是作为类概念的每个犯罪所固有的，因此它们被称为一般要件。所有这些要件及其中的每

---

① Спасович В. Учебник уголовного права. Т. 1. СПб., 1863. Первое издание. С. 89－90.

个要件都是犯罪构成的实质要件，缺少其中任何一个要件都不构成犯罪”。①

在俄罗斯犯罪构成理论发展过程中，帝俄时代塔甘采夫（Н. С. Таганцев）的功绩是不容忽视的。俄罗斯当代著名刑法学者纳乌莫夫（А. В. Наумов）在塔甘采夫所著的《俄罗斯刑法教程》2001年的再版序言中说道：“如果不研究塔甘采夫的教程，当代的法学家们未必能牢固地掌握刑法的这些方法，例如犯罪构成及其要素。”② 塔甘采夫认为，作为对现实存在的法律规范、对法律所保护的生活利益的侵害的犯罪行为是某种产生于侵害人和侵害对象之间的生活关系，这种关系包含独特的特点或要件，基于这些特点或要件，此种关系成为所有的法律关系中的一种，且作为刑事可罚的不法行为在其中占据独立的位置。表示犯罪行为的这些要件的总和在刑法学中，被称为犯罪构成。塔甘采夫把犯罪构成要件归结为三类：“（1）行为人——犯罪行为的实施者；（2）犯罪行为的指向——客体或犯罪侵害的对象；（3）从内部和外部来研究的犯罪侵害本身。”③ 有中国刑法学者将塔甘采夫的犯罪构成理论体系概括称为主体——客体的结构，即犯罪主体——中介——犯罪客体的结构（模式）。④ 而帝俄时代另一著名刑法学者布金斯基（С. Будзинский）认为犯罪构成是将行为认定为犯罪的必要条件。他将犯罪构成分为两个方面：“精神的和物质的，即内部方面和外部方面，认为每个行为的内部方面具有两个实质条件：意志和认识；外部方面的两个实质条件——行为和后果。”⑤ 布金斯基追随德国学者的理论将犯罪构成分为以下几个种类：一般构成与特殊构成；法律构成与事实构成；主观构成与客观构成。

可见，帝俄时代刑法学者将犯罪构成理论从当时的德国引入到俄国，

---

① Кистяковский А. Ф. Элементарный учебник общего уголовного права. Т. 1. Общая часть. Киев, 1875. С. 265 – 266.

② Таганцев Н. С. Русское уголовное право. Часть Общая. Т. 1. Тула, 2001.

③ Таганцев Н. С. Русское уголовное право. Лекции. Часть общая. Т. 1. СПб., 1902. С. 142.

④ 参见何秉松、［俄］科米萨拉夫、［俄］科罗别耶夫主编：《中国与俄罗斯犯罪构成理论比较研究》，庞冬梅、丛凤玲译，法律出版社2008年版，第451页。

⑤ Будзинский С. Начала уголовного права. Варшава. 1870. С. 65.

并且创造出了其独具特色的犯罪构成“五要件说”（В. Спасович）、“四要件说”（А. Ф. Кистяковский）、“三要件说”（Н. С. Таганцев）和“两要件说”（С. Бузинский）等不同的犯罪构成理论体系，为苏联及苏联解体后当代俄罗斯犯罪构成理论的发展奠定了坚实的理论基础。

二、苏联及苏联解体后犯罪构成理论的发展

“十月革命”的胜利和无产革命政权的建立标志着世界上第一个社会主义国家的诞生。新的社会主义刑法理论在适应无产阶级革命需要、正确确定无产阶级国家刑事政策基本方针的背景下也随之产生。苏维埃政权建立初期，“在刑法理论方面，对无产阶级国家刑事政策的重大原则问题，也就是关于刑法总则问题进行了一场争论”,[①] 苏维埃犯罪构成理论在这场大争论中得以萌芽。

根据革命后俄犯罪构成理论自身发展特点，笔者将苏联及其解体后的犯罪构成学说的发展历程分为以下四个阶段：（1）苏维埃犯罪构成理论的萌芽阶段（1917 年到 20 世纪 30 年代末）；（2）苏维埃犯罪构成理论初步发展阶段（20 世纪 30 年代末至 50 年代末）；（3）苏维埃犯罪构成理论的繁荣阶段（20 世纪 50 年代末至 1991 年苏联解体）；（4）俄罗斯联邦犯罪构成理论承继发展与创新阶段（1991 年苏联解体至今）。

（一）苏维埃犯罪构成理论的萌芽阶段（1917 年到 20 世纪 30 年代末）

苏维埃政权建立初期，由于受刑事社会学派思想的影响以及法律虚无主义的盛行，当时许多苏维埃刑法学者在解决刑事责任根据问题时，主要根据的是主体的危险状态，即“行为人的社会危险性”。比如，别尔曼（Я. Берман）在 1919 年就曾写道：“根据刑法中社会主义的思想原则，评定犯罪行为的危害性不是根据犯罪行为的性质、形式和种类，而是根据犯罪主体即犯罪人的性质。这一点应当是无可争议的。”[②] 持此类观点的代表性学者还有格罗金斯基（М. Гродзинский）

① Кудрявцев В. Н. Уголовное право. История юридической науки. М.: Издательство «Наука». 1978. С. 9.

② Берман Я. К вопросу об уголовном кодексе социалистического государства // Пролетарская революция и право. 1919. № 2 (12), 4 (14). С. 43.

和切利佐夫-别布托夫（Чельцов-Бебутов）。他们都认为，判刑时必须以违法者的危险性和反社会性的程度为根据。① 同一时期的埃斯特林（А. Я. Эстрин）也认为，在刑法学教程中应以“阶级危害性的客观特征”这一节取代“关于犯罪构成客观要件论”，而以“被追究责任的犯罪实施者阶级危害性的主观特征（犯罪人对待自己危害社会行为的主观态度）”这一节取代“关于犯罪构成主观要件论”。② 此外，对一切法律制度和结构持虚无主义态度的帕舒卡尼斯（Е. Б. Пашуканис）也认为：“……可以把与犯罪作斗争本身看做是一项医疗性质的任务。对于解决这项任务来说，什么法学家，什么‘犯罪构成’、法典、‘罪过’、什么‘完全责任能力或减轻责任能力’的概念，以及共犯、帮助犯、教唆犯之间的细微区别等，统统都是不需要的。如果说这种理论观点至今没有使得刑法典和法院被取消，那这只是因为消除法律形式主义不仅仅要跳出资产阶级社会的范围，而且要彻底摆脱这个社会的一切残余。”③

应当指出的是，这一时期虽然一些带有刑事社会学派思想烙印的文章得以公开发表，但同时也出现了不少正确揭露刑法领域社会学派思想和坚决反对这些思想渗入苏维埃国家刑法中的见解。比如，斯克雷普尼克（Н. Скрыпник）就明确指出：“苏维埃刑法要惩处的不是犯罪人，而是犯罪行为。受惩罚的不是犯罪人本身，而是犯罪行为，即破坏劳动人民政权或他们所建立的法律秩序或者使他们受到威胁的一切危害社会的作为和不作为。”④ 克拉西科夫（Красиков）在中央执行委员会的会议上所做的《刑法基本原则》草案的报告中也指出：“刑事立法的任务在于从司法审判方面保护劳动人民，使他们免遭社会危害行为的侵害。这里指的是行为，而不是分子。保卫方法不是用以对付某些个别人，而是对付危害社会的行为。”⑤

在上述时代背景下，仍有部分刑法学者在承继帝俄时代刑法学研

---

① Вестник советской юстиции Украины, 1922. № 1; Чельцов-Бебутов М. А. Преступление и наказания в истории и в советском праве.

② Эстрин А. Я. Уголвоное право СССР, РСФСР. М., 1931. С. 27.

③ Пашуканис Е. Б. Общая теория права и марксизм. М., 1924. С. 23–24.

④ Скрыник Н. А. Уголовная политика Советской власти. 1924. С. 24.

⑤ 苏联执行委员会第二次会议《会议公报》1924年第4期。

究成果的基础上继续进行自己的刑法学研究工作，并且涌现出了一些青年刑法学者，这些学者后来在俄罗斯刑法学研究领域都做出过杰出贡献。① 当时，在这些学者所著的刑法学教科书中已经出现了关于犯罪构成理论的论述。比如特拉伊宁教授在其1925年出版的《苏俄刑法教科书》中就指出，刑事责任根据问题必须与具体犯罪构成紧密联系起来加以研究。“有一条基本原则始终是不可动摇的，即行为只有符合分则罪状的规定的犯罪构成才能受刑事惩罚。”② 皮昂特科夫斯基在其1924年所著的《苏俄刑法》中也指出，具体人的刑事责任取决于其行为是否具备某种犯罪构成要件，他强调：“一般犯罪构成指每一犯罪所具备的基本要件，缺少其中任何一个要件就是不具备犯罪构成。犯罪的基本要件如下：（1）一定的犯罪主体；（2）一定的犯罪客体；（3）犯罪主体行为主观方面的一定特征；（4）犯罪主体行为客观方面的一定特征。”③ 可以看出，皮昂特科夫斯基此时提出的犯罪构成“四要件”结构与革命前帝俄时代刑法学者季斯甲科夫斯基（Кистяковский）的犯罪构成理论很相近。皮氏后来发展和完善了自己所主张的犯罪构成学说，他的“四要件”犯罪构成理论是苏联及当代俄罗斯联邦占通说地位的犯罪构成“四要件说”的雏形。因此，笔者将这一时期称为犯罪构成理论萌芽阶段。

（二）苏维埃犯罪构成理论的初步发展阶段（20世纪30年代末至50年代末）

20世纪30年代至50年代，虽然受苏联国内形势的影响，刑法学界教条主义盛行，但是当时也出现了一批杰出的刑法学者以及具有较高学术价值的刑法学著作。比如，特拉伊宁的《共同犯罪学说》（1941年）、《犯罪构成学说》（1946年）、《苏维埃刑法中的犯罪构成》（1951年）、《犯罪构成的一般学说》（1957年）；杜尔曼诺夫的《犯罪概念》（1948年）、《苏维埃刑法中的犯罪实施阶段》（1955年）；马尼科夫斯基的《刑法中的责任问题》（1949年）；乌捷夫斯基的《苏维埃刑法中

---

① Кутафин О. Е. и др. История юридических наук в России. Сб. М. , 2009. С. 446.

② Трайнин А. Н. Уголовное право РСФСР. Особенная часть. С. 93.

③ Пионтковский А. А. Уголовное право РСФСР. М. , 1924. С. 123.

的罪过》(1950年)；基利琴珂的《苏维埃刑法中错误的意义》(1952年)；沙尔高罗茨基的《刑事法律》(1948年) 等。这些刑法学著作中都或多或少地涉及犯罪构成理论问题的论述，其中的标志性著作是上述特拉伊宁所著的专门论述犯罪构成理论的三部著作。

特拉伊宁是苏维埃刑法学家中第一个对犯罪构成学说进行全面而综合研究的学者，他指出了犯罪构成在整个苏维埃刑法学体系中的作用。特拉伊宁的专著还研究了犯罪构成的分类，指出了犯罪构成要件与犯罪要件之间的相互关系。正如苏联及俄罗斯联邦科学院院士库德里亚夫采夫（Кудрявцев）教授所言："特拉伊宁的功绩在于，由于他提出了一系列有争议的问题，从而有助于展开热烈的讨论。这种讨论最终对于苏维埃刑法科学的发展产生了良好的影响，促进了社会主义法制的进一步加强。"①

在科学讨论过程中，大多数苏维埃刑法学家得出了一个结论，即"犯罪构成乃是苏维埃刑法规定的，说明社会危害行为（犯罪）特征的诸要件的总和。社会主义法制的一个基本原则是：追究一个公民的刑事责任的唯一根据是在他的行为中应具有刑事法律条文严格规定的犯罪构成"，这种观点在1952年出版的苏维埃刑法总则教科书第5版中得到了明确的体现。②

综上所述，这一时期，特拉伊宁的有关犯罪构成的三部著作对苏维埃刑法学中的犯罪构成理论进行了全面而深入的研究，同时，苏维埃刑法学理论界在这三部著作的基础上对犯罪构成理论进行了非常广泛的讨论，苏维埃犯罪构成理论也在此频繁的学术交锋中得以初步发展。

（三）苏维埃犯罪构成理论的繁荣阶段（20世纪50年代末至1991年苏联解体）

20世纪50年代末，随着苏联社会生活民主化的全面展开，社会学研究及法学研究的作用日益凸显，苏维埃刑法学研究也开始呈现繁荣景象，出现了百花齐放、百家争鸣的学术景观。

---

① Кудрявцев В. Н. Уголовное право. История юридической науки. М.: Издательство «Наука». 1978. С. 51.

② 参见［苏联］皮昂特科夫斯基等：《苏联刑法科学史》，曹子丹等译，法律出版社1984年版，第45～46页。

这一时期新涌现出许多杰出的刑法学者，比如，别利亚耶夫、布拉伊宁、盖尔采宗、卡尔别兹、科瓦廖夫、库德里亚夫采夫、库兹涅佐娃、克利盖尔、孟沙金、尼基费奥罗夫、诺伊、萨哈罗夫、斯密尔诺夫、斯特鲁契科夫、达格里、沃尔科夫、格林娜、库尔良兹基、奥尔洛夫、奥席波夫、普罗霍罗夫、季霍诺夫、鲍罗金、沃尔金娜、梁普诺夫、沃罗金、奥列霍夫等等。这些刑法学者对刑法学总则与分则的诸多理论问题（如刑法原则、犯罪构成及其要件理论、刑事责任及其根据、责任、罪过及其种类、共犯、数罪、刑罚及其有效性、刑事法律规范的适用等问题）进行了广泛而深入的研究，并提出了许多新的观点。此外，他们还对犯罪原因、犯罪人人身以及刑事政策和刑事社会学等相关问题进行了全面而有益的探讨。

这一时期对犯罪构成理论进行了综合研究，其中包括犯罪构成及其各要件的概念、结构、分类、意义、犯罪构成与刑事责任和定罪之间的关系等。在犯罪构成结构方面，出现了“两要件说”、“三要件说”和“四要件说”等不同主张，并且最终确立了犯罪构成四要件理论（客体、客观方面、主体、主观方面）在苏维埃刑法学中的通说地位；在犯罪构成理念方面，出现了“一元论”“二元论”“同一论”的争论以及一般犯罪构成与特殊犯罪构成、形式构成与实质构成、截短构成理论的交锋；对于犯罪构成与刑事责任、定罪之间的关系问题进行了深入研究，出版了专门论述犯罪构成与刑事责任之间关系的专著（如1974年出版的由卡尔普申与库尔良兹基所著的《刑事责任与犯罪构成》）和犯罪构成与定罪之间关系的专著（如1972年出版的库德里亚夫采夫所著的《定罪通论》）；同时也对犯罪构成各构成要素及其所包含的各要件理论进行了相当深入的研究，出版了这方面的代表性专著，比如，库德里亚夫采夫的《犯罪的客观方面》（1960年版），尼基费奥罗夫的《苏维埃刑法中的犯罪客体》（1960年版），奥尔洛夫的《苏维埃刑法中的犯罪主体》（1958年版），季霍诺夫的《犯罪的主观方面》（1967年版），奥雷姆巴耶夫的《犯罪的特殊主体》（1977年版），沃尔科夫的《意志问题与刑事责任》（1965年版）、《犯罪动机》（1982年版），达格里的《过失的刑事法律问题与犯罪学问题》（1976年版），科瓦廖夫与瓦西科夫合著的《苏维埃刑法中的因果关系》（1958年版)，库兹涅佐娃的《犯罪后果对于刑事责任的意义》（1948 年版），鲁恩兹的《无责任能力的理论问题与司法精神病学问题》（1966 年版），米合耶夫的《苏维埃刑法中的有责任能力与无责任能力问题》（1980 年版），米合林的《犯罪后果》（1969 年版），塔拉路恒的《犯罪行为的社会学与心理学特征》（1974 年版），杰尔－阿科波夫的《作为犯罪行为形式的不作为》（1980 年版），季梅伊科的《犯罪客观方面的一般学说》（1977 年版）、《苏维埃刑法中的有责任能力和无责任能力问题》（1983 年版）、《苏维埃刑法中的无责任能力人》（1981 年版），采列捷里的《刑法中的因果关系》（1963 年版）等。

综上所述，这一时期的刑法学者从宏观和微观的不同视角对犯罪构成理论进行了综合而细致的研究，提出了诸多不同的理论观点，苏维埃犯罪构成理论在这一时期由此得以繁荣发展，并为解体后的当代俄罗斯联邦刑法学的继续发展，其中包括犯罪构成理论的发展以及后来的刑事立法改革奠定了坚实的理论基础。

（四）俄罗斯联邦犯罪构成理论承继发展与创新时期（1991 年苏联解体至今）

20 世纪 90 年代末，随着苏联的解体，俄罗斯社会“由权力精英实施的自上而下的改革与社会基础层面为谋求生存而发生的自发性改革相互交织，相互作用”,① 这使得俄罗斯在政治、经济、法制等领域也进行着相应的变革与转型，其中法制改革主要体现在立法、司法与执法方面。法学理论，其中包括刑法学理论主要还是继承苏联时期的相关研究成果向前发展。在犯罪构成理论方面，当代俄罗斯联邦的刑法学者在承继苏联时期所积淀成果的基础上进行创新研究，在整体犯罪构成学说以及各构成要件的研究方面都取得了突破性的进展，提出了诸多新主张，这些理论创新主要体现在当代俄罗斯刑法学者所公开出版的学术论著中。

自苏联解体至今，俄罗斯学者在犯罪构成理论研究方面的代表性著作主要有：库兹涅佐娃与佳日科娃合著的《俄罗斯刑法教程》（1999 年版和 2005 年版）中阐述的犯罪构成系统论思想、贡达里的《刑法学

① 潘大渭：《俄罗斯的社会转型思考》，载《俄罗斯研究》2004 年第 1 期。

中作为现象与概念的犯罪与犯罪构成》(1997年)、《俄罗斯刑法百科全书》第4卷“犯罪构成”部分(2005年版)、阿加耶夫的《犯罪构成》(2008年版)、鲍伊科的《犯罪不作为》(2003年版)、伊戈纳多夫与克拉希科夫的《俄罗斯刑法》(2001年版)、卡兹洛夫的《犯罪概念》(2004年版)、鲁涅耶夫的《主观归责》(2000年版)、马利宁的《犯罪客观方面》(2004年版)和《刑法中的因果关系》(2000年版)、米合耶夫等著的《法人的刑事责任:赞成还是反对》(1999年版)、纳乌莫夫的《俄罗斯刑法》(2007年版)、诺瓦谢洛夫的《犯罪客体学说》(2001年版)、巴甫洛夫的《犯罪主体》(2001年版)、拉罗格的《主观方面与定罪》(2001年版)、库德里亚夫采夫的《定罪通论》(2007年版)和《犯罪的客观方面》、斯克里亚罗夫的《犯罪行为的罪过与动机》(2004年版)、库兹涅佐娃的《定罪问题》(2007年版)等。

当代俄罗斯联邦刑法学者在承继苏联犯罪构成理论研究成果的基础上进行创新性研究,以库兹涅佐娃教授为代表的俄罗斯刑法学者提出了“犯罪构成系统论”的思想,笔者称为“犯罪构成新论”(关于这一理论后文详述)。此外,其他学者在犯罪客体、客观方面、主体、主观方面等学说的研究方面都有所创新和突破,刑事责任理论与定罪理论得到进一步发展和完善。

第二节 俄罗斯犯罪构成论体系的基本框架

如前所述,虽然俄罗斯犯罪构成理论源于德国,但从帝俄时代开始,俄罗斯刑法学者便对犯罪构成理论进行了比较深入的研究并创造出了其独具特色的犯罪构成理论体系。苏维埃时期刑法学者在承继帝俄时代学者研究成果的基础上,对犯罪构成理论进行了更加深入且细致的研究。虽然苏联刑法理论中犯罪构成学说在特拉伊宁(A. H. Трайнин)的三部著作中进行了较详细的研究,① 但是,犯罪构成学说

① Трайнин А. Н. Учение о составе преступления. М., 1946; Состав преступления по советскому уголовному праву. М., 1951; он же. Общее учение о составе преступления. М., 1957.

仍是苏维埃刑法学术界争论的重要问题之一。一部分学者将犯罪构成解释为“立法模式”“科学抽象”。[①] 另外一些学者认为，犯罪构成是犯罪的结构，是它的系统化的社会危害性。[②] 皮昂特科夫斯基（A. A. Пионтковский）在20个世纪60年代也曾指出：“法学家们将犯罪构成的概念既用于说明表示刑事立法中一定犯罪的要件总和，也用于说明符合这些要件的具体行为”。[③] 当时的库德里亚夫采夫（B. H. Кудрявцев）写道：“当然，立法者构建的不是犯罪构成，而是对犯罪构成的要件进行不同程度的充分描述的刑事立法规范。这些要件本身是独立于人们的意识而客观存在的，是此具体犯罪本身实际所固有的，且立法者的任务在于将这些要件在法律中进行非常准确而深入的阐述与规定。”[④]

苏联及苏联解体后的俄罗斯刑法理论中对于犯罪构成结构的分析占有显著的地位。有俄罗斯学者认为，构成本身即是犯罪的结构，因此，对犯罪构成的分析即是对犯罪概念结构的分析。此学者还强调，理论中并不存在一个统一的构成，而只存在构成的许多方案，[⑤] 杜尔曼诺夫（Дурманов）称其为“形形色色的构成”。[⑥] 下面我们对苏联及当代俄罗斯犯罪构成结构的诸多“方案”作一简要回顾。

一、犯罪构成“两要件说”

苏联及当代俄罗斯持犯罪构成“两要件说”的代表学者有盖尔采宗（A. A. Герцезон）、费费洛夫（П. А. Фефелов）、阿列克谢耶夫

---

① Уголовная ответственность и состав преступления. Общая часть. Особенная часть: Курс лекций. Лекция 4 / Игнатов А. Н., Костарева Т. А.; Под ред.: Игнатов А. Н., Красиков Ю. А. - М.: Норма, Инфра-М, 1996. С. 26 – 27.

② Кузнецова Н. Ф. Преступление и преступность. М., 1969; Кузнецова Н. Ф. Состав преступления: Спорные вопросы // Вестник Моск. ун-та. Сер. 11. Право. 1987. №4.

③ Пионтковский А. А.. Учение о преступлении по советскому уголовному праву. М., Госюриздат, 1961. С. 120.

④ Кудрявцев В. Н. Объективная сторона преступления. М.: Госюриздат, 1960. С. 46 – 47.

⑤ Мальков В. П. Состав преступления в теории и законе // Государства и право. 1996. №. 7. С. 110.

⑥ Дурманов Н. Д. Понятие преступления. М. Л.: АН СССР, 1948. С. 4 – 5.

（С. С. Алексеев）。持此种观点的学者认为，犯罪构成反映的是某种法律事实，应当由主观方面与客观方面构成。其中，阿列克谢耶夫追随盖尔采宗的主张，认为“法学中通常所说的违法行为的结构（其中包括犯罪构成）不仅包含作为法律事实的违法行为的自身特征，而且还涵盖着作为责任之法律前提之一的法律主体（违法行为主体）以及法律所保护对象（社会关系）和法律秩序（违法客体）……如果将违法行为只看作是法律事实，则它就应当由客观和主观两个方面构成”。①

费费洛夫也将犯罪的主体和客体仅仅看作实现刑事责任和行为应受刑罚惩罚性的前提，认为由犯罪客观方面和主观方面所构成的犯罪构成作为法律事实是刑事责任的根据。费费洛夫在对犯罪构成要素与应受刑罚惩罚性的前提以及犯罪构成要素与刑事法律关系要素之间的相互关系进行详细分析的基础上，认为“表示犯罪主体特征的要件首先决定的是作为刑事可罚性前提之一的、实施犯罪的行为人的刑事权利能力（уголовная правоспособность）；犯罪客体与犯罪主体一样也不属于作为法律事实的犯罪构成的内容，因为客体不能既是犯罪构成的要素，同时又是此罪所侵害的客体。……只有两个要素（犯罪的客观方面和主观方面——笔者注）在犯罪实施时和刑罚适用时是保持不变的，因此只有这两个方面才能够表示作为法律事实的犯罪构成的特征，此法律事实既是刑事责任的根据，又是刑事法律关系产生的基础”。②费费洛夫认为，犯罪构成在内涵上要狭于犯罪整体，“因为犯罪构成——并非行为的所有主、客观因素的总和，而只是其中反映犯罪之社会危害性的因素总和。犯罪中除了犯罪构成的必要要素外，在任何犯罪中还包含着某些对于认定行为社会危害性并不重要的，从而不是犯罪构成要素要件的因素。因此，可以将犯罪构成的概念界定为——刑事法律所规定的、反映犯罪行为社会危害性和违法性的主、客观方面（要件）的统一体”。他接着指出“犯罪构成的这种界定为根据犯罪构成概念和

---

① Алексеев С. С. Проблемы теории права. Курс лекций. Т. 1. Свердловск. 1972. С. 354.

② Фефелов П. А. Общественная опасность преступного деяния и основание уголовной ответственности: основные методологические проблемы. Москва: «Юридическая литература». 1972. С. 118.

犯罪概念的方法论功能来确定犯罪的特征（社会危害性和违法性）与犯罪构成要素（主观方面和客观方面）的特征之间的相互关系提供了可能。这两个概念的特征反映的是同一个现象——犯罪行为。然而，犯罪概念是借助于违法性和社会危害性的特征来阐释刑事法律所规定行为之应受刑罚惩罚的必要性及其根据的，并因此而存在于法律适用过程当中。犯罪构成的特征（要件）则是通过具体犯罪行为的特征与法律中规定的特征之间的比照来认识具体的犯罪事实，并且通过抽象和概括来揭示社会危害性的内容和本质。从此立场出发，便无必要再强调犯罪构成的违法性和社会危害性的特征，因为作为认识犯罪行为之工具的犯罪构成的自身内涵中既已包含了犯罪行为的社会危害性以及法律禁止某种行为的事实（违法性）”。①

此外，在苏联时期还出现过另外一种结构内容的犯罪构成“两要件说”，即诺伊（И. С. Ной）所主张的“构成的结构由两要素组成——社会危害性和违法性”。诺伊从当时立法上对犯罪构成的阐释②出发，认为犯罪构成只能由社会危害性和刑事违法性这两个要件构成。他指出：“‘犯罪构成’概念与‘犯罪’概念之间的关系在理论上的阐释与其在立法中的含义存在着实质差别。……应当指出，法律上所规定的此概念的含义应当体现以下形式：犯罪构成——是由两个要件来表示犯罪特征的：即社会危害性和刑事违法性。”③

因为将犯罪构成结构界定为刑事违法性和社会危害性“两要件”的主张只限于诺伊于1982年在《苏维埃国家与法》第7期上发表的题为《主要刑事法律概念的新阐释》的一篇文章当中（第96～103页），之后并未出现过此种主张的追随者，所以我们在这里也只是做一简略

① Фефелов П. А. Общественная опасность преступного деяния и основание уголовной ответственности: основные методологические проблемы. Москва: «Юридическая литература». 1972. С. 122－123.

② 因诺伊的此篇文章发表于1982年，故他所指的立法应当是1960年苏俄刑法典第7条所规定的犯罪定义，即犯罪是“刑事法律所规定的、侵害苏联社会制度、侵犯政治和经济制度、侵犯社会主义财产、人身、政治权利、劳动权利、财产权利和其他权利以及公民自由的社会危害行为（作为或不作为），以及刑事法律所规定的其他侵犯社会主义法律秩序的社会危害行为”。参见 Уголовный кодекс РСФСР. М.，Ст. 7。

③ Ной И. С. Новое в трактовке основных уголовно-правовых понтий // Советское государство и право. 1982. № 7. С. 98－99.

介绍。

二、犯罪构成“三要件说”

苏联及其解体后的当代俄罗斯联邦时期关于犯罪构成“三要件说”的理论可分为两种：一种是以卡尔普申（М. П. Карпушин）、库尔良兹基（В. И. Курляндский）和马里科夫（В. П. Мальков）为代表的“主体—客体—行为（侵害本身）”之“三要件说”；另一种是以俄罗斯当代著名刑法学者库兹涅佐娃（Н. Ф. Кузнецова）关于犯罪构成理论的前期观点为代表的“客观方面—主观方面—主体”之“三要件说”。下面我们对“三要件说”的两种不同主张作一简要介绍。

（一）“主体—客体—行为”（侵害本身）的犯罪构成结构

关于“主体—客体—行为”犯罪构成结构的论述，我们在这里主要介绍马里科夫的主张。① 马里科夫认为，“构成本身即是犯罪的结构，因此，对犯罪构成的分析即是对犯罪概念结构的分析”。他认为，苏联及当代俄罗斯刑法学界所存在的犯罪构成“四要件说”（俄罗斯通说中的客体—客观方面—主体—主观方面结构）、“两要件说”（以盖尔采宗为代表的“客观方面及主观方面”结构和以诺伊为代表的“社会危害性与刑事违法性”结构）以及库兹涅佐娃所主张的“将犯罪客体从犯罪构成中移出”的“客观方面、主观方面、主体”的“三要件”结构（下文详述——笔者注）和以特拉伊宁为代表所主张的“将主体、客体归为犯罪的范畴，而将客观方面和主观方面归于犯罪构成范畴”的所有上述观点都是不符合犯罪的实际结构（不符合犯罪构成的结构）的。他认为，一般种类的犯罪可以界定为侵害法律所保护客体的主体的行为（作为或不作为），由此可以得出，犯罪不是由四要件构成，而是由三个基本要件：客体、主体和行为构成。

马里科夫指出，革命前俄罗斯著名刑法学者所主张和支持的正是

① 马里科夫的“三要件”说的阐释主要体现在他 20 世纪 90 年代在俄罗斯《国家与法》发表的一篇学术论文当中，即 Мальков В. П. Субъективные основания уголовной ответственности / Государство и право. 1995. № 1. С. 91 – 98。

此三要件结构。[①] 并且，只有行为本身可以分为客观方面和主观方面，而犯罪整体对客观方面和主观方面的区分则将它们从行为的次级要件变成犯罪的一级要件，行为本身在这种情况下则变成了自己客观方面的次级要件。反过来，行为又分为客观方面和主观方面："……作为犯罪概念体系基础的人的意志行为可以界定为人对其周围的外部世界的有意识、有目的的作用。从这个界定中可以看出，我们的意志行为有两个方面——客观的和主观的。"[②] 这样一来，犯罪中实际上存在两组客观方面和主观方面——它们分属于犯罪本身和犯罪行为。[③] 马里科夫认为，上述主、客观方面的名称原则上讲是没有根据的，因为无论在犯罪中还是在犯罪行为里都没有任何的客观方面和主观方面以及要件的存在，有的只是外部要素（约定称为物质要素 физические）和内部要素（心理要素）。后者只有从行为人的角度可以称为主观要素，而对于预审机关、侦查员、检察官、法官、律师、学者以及任何其他旁观者来说，这些要素都同物质要素一样属客观要素，因为它们同样地存在于上述人员的意识之外并且不受他们意识的限制。[④]

根据马里科夫的观点，物质要素与客观要素以及心理要素与主观要素的混同必然导致犯罪概念结构的继续杂乱无章。比如，客观方面包括后果、因果关系、地点、时间、实施犯罪的情况。但是理论上认为后果是行为对客体侵害所造成的损害的反映，[⑤] 因此，它应当属于客体，而不属于客观方面。后果在犯罪结构中正确位置的确定使得我们能够解决作为犯罪要件的因果关系的混乱问题。因果关系不能归为客

---

① 马里科夫这里所说的革命前的学者指的是涅克留多夫、谢尔盖耶夫斯基和塔甘采夫，他们的主张体现在如下著作中：Неклюдов Н. А. Общая часть уголовного права (Конспект). СПб., 1875. С. 22 – 24; Сергеевский Н. Д. Русское уголовное право. Часть общая. Вып. первый. СПб., 1882. С. 226; Таганцев Н. С. Русское уголовное право. Часть общая. Т. 1. СПб., 1902, с. 367。

② Церетели Т. В. Причинная связь в уголовном праве. М., 1963. С. 122.

③ Мальков В. П. Состав преступления в теории и законе // Государства и право. 1996. №. 7. С. 111.

④ 俄罗斯刑法学界持此种观点的还有杰恩切夫（Э. С. Тенчев）、库兹米娜（О. В. Кузьмина）等学者，详见 Объективная истина и суд присяжных / Государство и право. 1994. № 11. С. 33。

⑤ Михлин А. С. Последствие преступления. М., 1969. С. 3; Церетели Т. В. Причинная связь в уголовном праве. С. 41.

观方面，因为它是行为整体（物质要素与心理要素的统一）与作为客体要素的后果之间的联系。因此，因果关系中除了物质（客观）要素之外还应当包括心理（主观）要素，即表现为故意或过失形式的对后果的预见。但是，这并不能把它变成主观范畴。地点（空间）、时间在认识论中是物质及物质所派生的所有过程存在的客观形式，这其中也包括犯罪行为。因此，它们不可能属于其中的任何一个方面，而是与客体、主体或行为一样是犯罪的基本要素。实施犯罪的情况也是一样，指的是犯罪发生的物质环境。主观方面的基本要件是意识和（体现在目的和动机中的）意志，而刑法理论者则把它们替换成表现为故意或过失形式的罪过，它们是引起要素而具有限制性意义。①

根据马里科夫的主张，犯罪的法律构成作为用来定罪（通过犯罪构成要素或要件与所实施的犯罪行为的要件或要素的比较）的类型应当将其看成是样本、模型、模式或者看成是必须遵守的标准。法官及其他执法机关成员应当准确地遵循它的规定和法律精神。对此规则的任何偏离都是对作为刑法基本原则之一的法制原则的亵渎，也是对人权的侵犯，因为犯罪构成应当是这些权利的最可靠的保证。因此，犯罪构成的规定应当是明确而确定的。首先，犯罪构成应当包含定罪所必需的所有要件和要素，不允许其中任何一个要件或要素的缺失，但同时也不应当在犯罪构成中规定那些不参与定罪的要件和要素，以免妨碍犯罪的侦查。

（二）“客观方面—主观方面—主体”的犯罪构成结构

“客观方面—主观方面—主体”的犯罪构成“三要件”结构的理论阐释主要体现在库兹涅佐娃教授于1969年出版的专著《犯罪与犯罪性》一书的第二章第六节（犯罪、犯罪构成和刑事法律规范罪状）中。② 库兹涅佐娃认为，“将所实施的社会危害行为中现实存在的社会本质与其评价性的法律特征相割裂是没有根据的。……同时，无论是犯罪，还是犯罪构成都既是社会法律现象，又是概念。它们一方面包

---

① Мальков В. П. Субъективные основания уголовной ответственности / Государство и право. 1995. № 1. С. 91 – 98.

② Кузнецова Н. Ф. Преступление и преступность. М.: Изд-во Московского университета. 1969. 111 – 115.

含着独立于立法评价的客观存在的社会危害行为，另一方面也涵盖着法律中对此社会危害行为的法律评价。后者将现实的社会危害行为变成犯罪，而将构成社会危害行为的内容和结构的要件总和变成犯罪构成。……与此同时，任何概念，无论是犯罪构成概念、还是犯罪概念，如果是法律中规定的，便是立法抽象，如果是学术中界定的，便是科学抽象、是立法者或学者思维活动的结果。……所有立法界定和学术界定都根植于现实，都是建立在客观现实存在的社会现象基础之上的。……犯罪构成同时既是事实（社会）范畴，又是法律范畴”。社会危害行为的构成在立法者将其规定在规范罪状中并以适用刑罚的威胁相禁止之后，即成为犯罪构成。

库兹涅佐娃在上述论述的基础上将犯罪构成界定为“构成被刑事法律规范认定为犯罪的社会危害行为之内部内容的客观要件与主观要件的总和”。她指出：“犯罪构成并未穷尽犯罪的所有内容，它只是那些足以使社会危害性达到可以追究刑事责任的程度的那些基本的、必要要件的总和。”库兹涅佐娃认为：“犯罪构成是犯罪的结构，是由客观方面、主观方面和主体构成的集合……犯罪构成的理论概念将更详细而系统地揭示犯罪行为及其客观方面、主观方面和主体的内容。”“处于犯罪行为之外的客体当然不是犯罪的组成部分”，而犯罪构成又是犯罪的结构，所以她将犯罪客体排除在犯罪构成要件之外。这便是库兹涅佐娃教授所主张的“客观方面—主观方面—主体”的犯罪构成结构。这里需要指出的是，库兹涅佐娃教授的犯罪构成理论后来发生了变化，详见下文所述的“犯罪构成系统论”。

三、犯罪构成通说——“四要件说”

虽然苏联及其解体后的俄罗斯联邦时期在犯罪构成理论方面存在上述“两要件说”“三要件说”等不同的犯罪构成结构方案，但众所周知，无论是苏联刑法理论，还是当代俄罗斯联邦刑法理论中，在犯罪构成学说中占主导地位的一直都是四要件结构：客体、客观方面、主体、主观方面。

需要说明的是，俄罗斯刑法学通说中的四要件犯罪构成的俄语表述为“четырёхчленный состав преступления”，此表述中既未使用“要素”（элемент）也未使用“要件”（признак），而是使用“由四种成分组成”（четырёхчленный）一词。① 俄罗斯刑法通说中的术语“要素”意指犯罪的四个部分（犯罪客体、主体、主观方面和客观方面），而表示犯罪构成内容的术语则是“要件”② 或者“一组要件”（группа признаков）。从此观点出发，犯罪构成包含四组要件，这四组要件分别表示犯罪的四个相应要素的特征，这即是犯罪构成的结构基础。

如前文所述，在苏维埃政权建立初期的第一批苏俄刑法学者承继帝俄时代的犯罪构成理论构建了主、客观要件相统一的“四要件”的犯罪构成理论体系（如皮昂特科夫斯基 1924 年的犯罪构成“四要件说”）。在接下来出版的苏维埃刑法教科书中坚持了犯罪构成“四要件说”的理论结构，认为“每个犯罪构成都由下列四类基本的要件组成：（1）犯罪的客体；（2）犯罪的客观方面；（3）犯罪的主体；（4）犯罪的主观方面”。③ 这里应当指出的是，关于犯罪与犯罪构成结构要素问题在 20 世纪 50 年代曾一度引起当时学者的争论，此种争议主要体现在特拉伊宁 1957 年出版的关于犯罪构成的盖棺之作《犯罪构成的一般学说》中。特拉伊宁在此部著作中一再强调“应当在犯罪中划分客体与客观方面、主体与主观方面……而不是在犯罪构成中。犯罪构成的使命是揭示犯罪的具体内容，因此在构成中可以而且应当划分的是表明犯罪的客体及其客观方面、犯罪主体及其主观方面的因素”。④ 此外，还有的苏维埃刑法教科书认为，“每一个犯罪构成都包含有以下要件：（1）犯罪客体；（2）犯罪构成的客观方面；（3）犯罪主体；（4）犯罪

---

① 因为在俄罗斯刑法中在表达犯罪构成要素或要件时直接用术语“要素”（элемент）、“要件”（признак）或“分体系”（подсистема），而“四要件说”，“三要件说”等是中国学者对犯罪构成结构进行概括时的用语，俄罗斯学者在转译成俄文时便避开有争议的 элемент 与 признак 两个术语，直接使用了一个形容词“четырёхчленный”。

② Курляндский В. И. Вопросы основания уголовной ответственности // вопросы уголовного права. М.，1966. С. 39.

③ ［苏联］孟沙金总编：《苏联刑法总论》（下册），彭仲文译，大东书局 1950 年版，第 315 页。

④ ［苏联］特拉伊宁：《犯罪构成的一般学说》，薛秉忠等译，中国人民大学出版社 1958 年版，第 99 页。

构成的主观方面”。①

虽然在犯罪构成结构要素上存在这样或那样的争议，但是在苏维埃及当代俄罗斯刑法学中“犯罪构成是刑事法律所规定的并将社会危害行为认定为犯罪的客观要件与主观要件的总和”的犯罪构成“四要件说”一直占通说地位。正如俄学者所指出的那样，根据所反映的社会危害行为特征的不同性质而将犯罪构成要件区分为“客观要件和主观要件。犯罪构成的客观要件和主观要件表示着犯罪构成要素的特征。犯罪构成要素——是从某一方面表示犯罪特征的一组法律要件。犯罪构成中被公认地分为四个要素，此四要素的总和是一个相互作用的体系”。②

目前，在俄罗斯的法律文献中公认的事实是：“作为一定体系的犯罪是由四个同等必要的要素组成：犯罪所指向的对象（犯罪客体）；侵害的外部表现形式——行为（客观方面）；实施该行为的人（犯罪主体）和该人对所实施行为的一定的内在心理态度（犯罪的主观方面）。这些要素被区分出来是由于它们存在于犯罪中，而不取决于犯罪在性质和社会危害性程度方面的不同。……在表示上述犯罪的四个要素中的每一个要素的特征时，立法者是借助于四组要件：表示犯罪客体特征的要件；表示犯罪客观方面特征的要件；表示犯罪主体特征的要件和表示犯罪主观方面特征的要件。”③

根据通说观点，犯罪客体是社会危害行为所指向的，被造成损害或可能被造成损害的对象。其必要要件是客体自身，选择要件是补充客体、对象和被害人；犯罪客观方面是指在一定地点和条件下所实施的人的行为的外在方面，该行为对刑事法律所保护的客体造成损害或者造成损害的威胁。其内容包括社会危害行为（作为或不作为）、社会危害后果、行为与所发生后果之间的因果关系、实施犯罪的方式、工具、手段、地点、时间和环境；犯罪主体的必要要件是年龄和刑事责

---

① ［苏联］契希克瓦节主编：《苏维埃刑法总则》，法律出版社 1955 年版，第 205 页。

② Агаев И. Б. Состав преступления：понятие，элементы，значение：учебник. Пособие. М.：Юристь，2008. С. 11 – 12.

③ 参见何秉松、［俄］科米萨拉夫、［俄］利罗别耶夫主编：《中国与俄罗斯犯罪构成理论比较研究》，庞冬梅、丛凤玲译，法律出版社 2008 年版，第 25 页。

任能力，选择要件是特殊主体；犯罪主观方面的必要要件是罪过，选择要件是动机、目的和情绪状态。

四、犯罪构成新说——“系统论”

在帝俄与苏维埃刑法学中，一般都将犯罪构成界定为“……主、客观要件的总和”（关于犯罪构成“总和论”与“系统论”理念的争议问题参见下文“犯罪构成理念分析”部分，此不详述），而以库兹涅佐娃为代表的当代俄罗斯刑法学者在“总和论”的基础上又有所创新，提出了“犯罪构成系统论”（或“体系论”）的新观点。这里需要强调的是，库兹涅佐娃教授是在摒弃了她原来主张的关于犯罪构成“三要件说”的前提下，以犯罪构成“四要件”通说为基础构建的新犯罪构成理论——“系统论”（或称“体系论”）。

库兹涅佐娃认为“犯罪构成——这是行为的必要客观要素和主观要素的体系，它们形成行为的社会危害性，在结构上分为四个分体系，其要件在刑法典总则和分则规范的罪状中予以规定。作为体系，即若干事物的统一整体（而不单是总和），犯罪构成由一系列相互联系的分体系及其要素组成。缺少犯罪构成的任何一个分体系或者要素都会导致体系的解体，即整个犯罪构成的不存在”，“犯罪构成要素——是犯罪构成这个‘体系’的组成部分，是其基础分支。犯罪构成要素包括在以下四个分体系中：客体、客观方面、主体、主观方面。犯罪构成要素通常分为必要要素和任意性要素”，“要件——是犯罪构成的指标、标志、言语表示。刑法总则和分则对犯罪构成要素的各个要件进行描述。总则规定所有犯罪构成的普适要件。犯罪构成要素要件的特征规定在分则中”，“客体这一分体系作为犯罪的客体和刑法保护的客体，包括社会关系、社会利益……客观方面这一分体系包括的要素应具有刑事法律规范罪状中所描述的行为要件，即侵害某个客体并给客体造成损害（损失）的作为或不作为的要件。客观方面还包括行为外在行动的标志——实施犯罪的地点、方式、环境、工具……犯罪主体这一分体系描述诸如犯罪人的人身特征——年龄、心理健康状况（责任能力），在某些犯罪构成中犯罪的主体是专门的人，如公职人员、军人……主观方面包括罪过、动机、目的、情绪状态（如激情状态）等要件”。库兹涅佐娃强调，犯罪构成的四个分体系“相互有机地联系在一起并且相互作用。客体通过损失这一要素与客观方面相互作用。客观方面作为行为的动作与犯罪主体相互作用，因为主体正是实施对客体造成损害的某种作为或不作为的。主观方面与客观方面相互联系着，因为行为本身在其最原始的心理特征上就是受动机支配和追求一定目的的”。①

可见，根据库兹涅佐娃（Н. Ф. Кузнецова）的观点，犯罪构成是按照四个子系统——客体、主体、客观方面、主观方面的结构要素构成的一个完整的体系，此体系不仅是在描述（在规范的罪状中进行），而是构建了犯罪的社会危害性。此犯罪构成系统论的特点有三：第一，它反映了犯罪构成的现实性；第二，它强调不是所有的要素与要件都属于犯罪构成，属于犯罪构成的只是那些对于行为的犯罪化，对于认定犯罪构成是刑事责任和定罪根据的必要且充足的要素和要件；第三，它根据“构成”——“骨架”“框架”“全集”的词源反映出犯罪构成的四个子系统的结构性。

第三节　俄罗斯犯罪构成论体系的重要问题

俄罗斯刑法学界关于犯罪构成概念及其体系结构的论争一直存在，并形成了不同的犯罪构成理念。本节主要论述俄学界基于对犯罪构成概念内涵及其结构要素的不同理解而产生的关于犯罪构成理念问题的各种论争。俄罗斯刑法学者基于对犯罪构成概念内涵理解的不同而分别形成了“二元论”、“一元论”以及“同一论”等各种不同流派；同时，他们对于犯罪构成体系结构及其要素的不同理解又分别形成了“一般犯罪构成”和“特殊犯罪构成”、“形式犯罪构成”、“实质犯罪构成”和“截短犯罪构成”、“总和论”和“系统论”等犯罪构成理念的区分。

① 参见［俄］Н. Ф. 库兹涅佐娃，И. М. 佳日科娃主编：《俄罗斯刑法教程》，黄道秀译，中国法制出版社 2002 年版，第 178 ~ 180 页。

一、俄罗斯犯罪构成理念的“一元论”、“二元论”与“同一论”

（一）俄罗斯犯罪构成理念的“一元论”

俄罗斯犯罪构成理念的“一元论”或者将犯罪构成理解为抽象模式，或者认为犯罪构成是事实总和，因此，“一元论”理念又可分为“抽象论”与“实体论”两种不同主张。

主张“抽象论”的俄罗斯刑法学者将犯罪构成理解为立法抽象或者科学抽象、法律所规定的犯罪模式。持这种主张的主要学者有：杜尔曼诺夫（Н. Д. Дурманов）、库德里亚夫采夫（В. Н. Кудрявцев）、克利盖尔（Г. А. Кригер）、库利诺夫（Б. А. Куринов）、库尔良兹基（В. И. Курляндский）、采列捷里（Т. В. Церетели）等。库尔良兹基教授认为，犯罪构成是“立法者关于行为的社会危害性和刑事违法性的判断”。[①] 库利诺夫则发展了这一思想，认为“犯罪构成是科学抽象”、“犯罪构成是一定种类犯罪的立法模式”。[②] 克利盖尔教授也指出：“如果犯罪是人的行为的具体举动，是社会现实现象，则犯罪构成——是法律概念，是犯罪的立法特征（模式），是包含组成犯罪构成的、表示犯罪各个要件特征的法律要素（体系）总和的立法模式。”[③]

主张“实体论”的俄罗斯刑法学者则将犯罪构成理解为构成犯罪社会危害性的核心与体系的社会法律现实。其代表人物有：库兹涅佐娃、鲍尔得列夫（Е. В. Болдырев）、加尔金（В. М. Галкин）等。拥护“实体论”的学者指出，将犯罪构成只理解为犯罪的法律特征、立法模式，而不将其看成是社会法律现象和现实生活事实的主张至少会引起以下几方面问题：（1）“犯罪构成”概念究竟反映什么样的现实现象（事实）？（2）犯罪构成与刑事法律规范罪状之间具有什么样的区别？（3）犯罪与犯罪构成之间的相互关系又是怎样的？（4）刑事责任的根据是什么？鲍尔得列夫和加尔金在论及犯罪构成与刑事法律规范

① Советское уголовное право：Часть Общая. М.，1977. С. 92.

② Куринов Б. А. Научные основы квалификации преступлений. М.，1984. С. 34.

③ Кригер Г. А. Состав преступления и квалификация содеянного // Советская юстиция. 1985. №. 12.

的罪状之间的关系时指出："犯罪构成——并不是一种描述，而是事实的总和，而规范则将这些事实的总和与刑事法律后果联系起来"。[①]

上述两派学者之间进行了长期论战并且这种论战持续至今。"实体论"的代表学者库兹涅佐娃教授在批判那些不同意她所主张的"将犯罪构成理解为犯罪（包含犯罪构成所有要件的行为）"的刑法学者时，将他们都归入到她所极力反对的"规范法学派"之列。[②] 为了证明自己的观点，她还引证了持规范法学派观点的塔甘采夫（Н. С. Таганцев）和特拉伊宁的主张。在谈到特拉伊宁在其1957年出版的专著《犯罪构成一般学说》中所提出的犯罪构成理念时，库兹涅佐娃指出，特拉伊宁把犯罪构成既理解为客观现实，又认为它是犯罪的立法特征的主张在当时就引发诸多批评。[③] 她还强调，特拉伊宁所提出的犯罪构成学说有对此现象进行规范解释的成分，然而，后来，她又宣称，对犯罪构成的规范理解与特拉伊宁的学说并不相符，[④] 犯罪构成应当并且只能理解为构成其社会危害性的行为的主客观要素的现实存在的体系。

"一元论"两派学者之间的长期论战为犯罪构成理念"二元论"的解释提供了发展空间。

（二）俄罗斯犯罪构成理念的"二元论"

俄罗斯刑法学界对于犯罪构成理念的"二元论"解释最早出现在20世纪60年代，其代表学者是皮昂特科夫斯基。这里所说的"二元论"指的是犯罪构成概念既表示刑法规定的要件总和，同时又指符合上述要件的具体行为。正如皮昂特科夫斯基在其1961年出版的《犯罪学说》一书中所阐述的那样，"犯罪构成概念在法学家那里既被用来表征刑事立法规定的某种犯罪特征的要件的总和，又用来表示符合这些

---

① Болдырев Е. В., Галкин В. М. Уголовно-правовая норма и состав преступления // Проблемы совершенствования советского законодательства: Труды. М., 1977. Вып. 10. С. 131.

② Курс уголовного права. Общая часть. Т. 1. Учение о преступлении / под. Ред. Н. Ф. Кузнецовой, И. М. Тяжковой. М., 1999. С. 169 – 172.

③ Курс уголовного права. Общая часть. Т. 1. Учение о преступлении / под. Ред. Н. Ф. Кузнецовой, И. М. Тяжковой. М., 1999. С. 173.

④ Трайнин А. Н. Избранные труды / сост., вступ. Статья Н. Ф. Кузнецовой. СПб., 2004. С. 13.

要件的具体行为”。[①] 这种对犯罪构成的“二元论”解释受到了来自“一元论”学者的抨击。库兹涅佐娃明确指出，“对犯罪构成的二元解释之间是存在实质差别的，犯罪构成——或者是类似刑事法律罪状的犯罪的立法特征，或者是刑事法律行为，不能将二者用作同义词”。[②]

贡塔里（И. Я. Гонтарь）教授则从形式逻辑的立场对上述犯罪构成概念进行了分析。他认为，概念的内涵“法律所规定的、认定社会危害行为成立犯罪的主、客观要件的总和”表现为以下两个实质特征：（1）社会危害行为的主、客观要件的总和；（2）刑事法律对这些要件的规定。贡塔里将“刑法法律对要件的规定”解释为：在法律中描述、指出这些要件并由此推出，此概念的外延是由大量的其要件规定在刑事法律中的个体行为构成。贡达里教授认为，库兹涅佐娃所提出的犯罪构成概念正好包含了这样的内涵与外延，因此，库兹涅佐娃所主张的社会危害行为的主客观要素的“体系”指的就是总和，即某个整体各要素按照一定顺序分布并互相联系的结合体。[③]

（三）犯罪构成与犯罪的“同一论”理念

在这场关于将犯罪构成应当理解成客观实际，还是犯罪的抽象、立法模式的旷日持久的论争中，俄罗斯刑法学界还出现了另外一种主张——“同一论”，即认为刑法学中所提出的犯罪构成概念实际上只不过是犯罪概念的替代定义而已。持此种观点的学者从1960年苏俄刑法典中的犯罪界定[④]出发，认为从此犯罪定义中可以得出：犯罪——是社会危害行为，而社会危害行为的基本特征规定在刑事法律中；立法者又是通过在规范中反映行为的要件来规定行为本身的，故“犯罪——是基本特征规定在刑事法律中的社会危害行为”与“犯罪构成是规定

① Пионтковский А. А. Учение о преступлении. М. , 1961. С. 120.

② Кузнецова Н. Ф. Состав преступления：спорные вопросы //Вестн. моск. ун-та. сер. 11. Право. 1987. № 4. С. 21.

③ Гонтарь И. Я. Концепция состава преступления в российском уголовном праве：сложившееся понимание и перспектива дальнейшего развития / Прововедение. 2008. № 3. С. 43.

④ 1960年苏俄刑法典第7条规定：“犯罪是指刑事法律规定的、侵犯苏联社会制度及其政治与经济体系、侵犯财产、人身、侵害公民的政治、劳动、财产和其它权利与自由的社会危害行为（作为或不作为），以及刑事法律规定的侵犯社会主义法律秩序的社会危害行为。”

在刑事法律中的社会危害行为的要件的总和”的表述在内涵与外延上是同一的，它们所反映的是同一类现象，实质上是同一个概念的不同语言表达形式。①

笔者比较赞同对犯罪构成进行“二元论”的解释，因为从方法论的角度出发，任何概念，无论是立法概念还是科学概念，都是对现实的相应反映。作为概念自身来说，都是反映事物本质属性和特征的思维方式，是人类理论思维的最重要的工具，因此，它在形式上是主观的、抽象的模式。但是，就概念的内容来说，它毕竟来自客观事物，是对客观事物的反映，它又是客观的。概念是主观和客观的统一，是主观的思维模式与客观内容的统一。犯罪构成这个概念也是如此。法律（其中包括刑事法律）所调整的现象与概念的特点在于它们都总是包含着立法评价。犯罪中的立法评价反映在社会危害行为的违法性特征上，即犯罪是刑事法律规定的并受刑罚相威胁的行为。由此可见，无论是现象，还是有关犯罪、犯罪构成、共犯、盗窃等的概念都不只具有社会性，而是具有社会法律性质。因此，概念“犯罪”反映作为社会法律现实的犯罪，相应地，概念“犯罪构成”反映的便是作为社会法律现实的犯罪的构成。因此，仅将犯罪构成理解为立法模式、犯罪的立法描述或者只将其理解为客观存在的事实的做法都是不科学的，不符合主、客观相统一的犯罪构成概念的内涵与外延，故应当坚持犯罪构成的二元理解模式。

二、一般犯罪构成与特殊犯罪构成理念

在俄罗斯，把犯罪构成区分为一般犯罪构成与特殊犯罪构成的理念是从帝俄时代的刑法学家们开始的。

帝俄时代的刑法学者斯巴索维奇（В. Спасович）在其1863年出版的《刑法教科书》中就对一般犯罪构成与特殊犯罪构成的区分进行了较为详细的论述。他认为：“犯罪构成可以分为一般犯罪构成和特殊犯罪构成，这取决于犯罪是作为一般的类的概念还是作为个别的种的概

---

① Гонтарь И. Я. Концепция состава преступления в российском уголовном праве: сложившееся понимание и перспектива дальнейшего развития / Прововедение. 2008. № 3. С. 44.

念（如杀人、放火、盗窃）进行规定的。在实际生活中我们打交道的都是某‘种’具体犯罪（特殊犯罪构成——笔者注），而将这些‘种’犯罪本身所具有的共同特征予以概括便形成了一般的‘类’的概念（一般犯罪构成——笔者注）。我们正是用这种方式抽象出了一般犯罪构成，且在每个单个犯罪中对其附加了此犯罪本身所固有的、赋予其独具特色的新特征（个别犯罪——笔者注）。在刑法总则中我们与之打交道的便是一般犯罪构成。我们应当将一般犯罪构成分成各个组成要素并细化为各个部分，对每个部分都要进行特别详细的研究。”①

帝俄时代另一刑法学者季斯甲科夫斯基（А. Ф. Кистяковский）则对一般犯罪构成与特殊犯罪构成进行了更加详细的论述。他认为，犯罪构成的四个实质必要要件②是“作为类概念的每个犯罪所固有的，因此它们被称为一般要件。所有这些要件及其中任何一个要件都是犯罪构成的实质要件，缺少其中任何一个要件都不构成犯罪。……除了作为类概念的犯罪的这四个基本要件外，每种犯罪都有决定其作为种现象特性的特别要件，这些要件为区别于一般要件而被称为特殊要件，比如杀人、偷盗，抢劫等每种犯罪除了具备一般要件外都有其自身的特殊要件。特殊要件分为实质要件与非实质要件。第一类要件（特殊要件中的实质要件——笔者注）的实质在于，此类要件的缺失便不成立本犯罪：例如，盗窃罪中，如果缺少了窃取别人东西便不能成立此罪。第二类要件（特殊要件中的非实质要件——笔者注）的实质在于它只赋予犯罪以特殊性质，成立此罪可以具备这些要件，也可以没有：例如，以撬锁方式窃取他人财物的盗窃罪中的撬锁行为便是盗窃罪的非实质要件，即使没有撬锁行为也可构成盗窃罪。特殊实质要件决定‘种’犯罪的概念和犯罪成立与否；特殊非实质要件只是决定某种犯罪的不同类别，影响刑罚措施。作为类概念的犯罪构成的一般要件是阐释犯罪的总则所表述的对象，而犯罪构成的特殊要件，包括实质要件

---

① Спасович В. Учебник уголовного права. Т. 1. СПб. , 1863. С. 91.

② （1）犯罪主体，或者犯罪的实施者；（2）客体，或者犯罪实施的对象；（3）主体对犯罪行为的意志态度，或者主体的内心活动；（4）行为本身及其后果，或者主体的外在活动及其后果。详见：Кистяковский А. Ф. Элементарный учебник общего уголовного права. Т. 1. Общая часть. Киев, 1875. С. 265。

与非实质要件则是规定各种犯罪的分则所阐述的对象”。[①] 此外，帝俄时代的其他刑法学者也对一般犯罪构成与特殊犯罪构成的理念进行了类似阐释。

苏联时期及苏联解体后的俄罗斯刑法学界对于一般犯罪构成与特殊犯罪构成的区分理念出现了“肯定说”、“否定说”与“替代说”三种不同主张。

持“肯定说”的学者继承了帝俄时代关于一般犯罪构成与特殊犯罪构成的划分理念，即将犯罪构成区分为一般构成——任何犯罪都必须具备的要件和特殊构成（或种构成）——只规定确定此种犯罪的那些要件。[②] 一般构成属于基本构成，其构成要件又分为必要要件和选择要件，必要要件是所有犯罪必须具备的，而选择要件只是部分犯罪具有的特征。至于“特殊”（或种的）构成，则其构成要件是此种犯罪的必要要件。

“否定说”的刑法学者则认为，“一般构成”的存在与犯罪构成的界定之间存在矛盾，即犯罪构成指的是作为犯罪类概念的社会危害行为的要件总和。热列布金（В. Е. Жеребкин）认为，犯罪构成是一个刑事法律范畴，即它是此知识领域内一个特别广义的概念，在犯罪构成之上不可能再存在什么一般构成的概念。根据他的观点，“一般犯罪构成”——是一个臆造的概念并且是实践中所不需要的。[③] 玛里科夫（В. П. Мальков）比较赞同热列布金的主张并且补充道：“一般概念并非某种事物的概念，而是一定种类事物的特征总和。”[④]

“替代说”的代表学者是特拉伊宁，他建议用犯罪构成的一般概念代替术语“一般构成”，而“特殊构成”替换为具体构成的概念，然而内容并不发生改变，即犯罪的一般概念的内容是犯罪行为的要件总和，而犯罪种概念的内容则是种犯罪要件的总和。[⑤] 玛里科夫在批判“替代

---

① Кистяковский А. Ф. Элементарный учебник общего уголовного права. Т. 1. Общая часть. Киев, 1875. С. 266 – 267.

② Герцезон А. А. Уголовное право. Часть общая. М. , 1948. С. 284.

③ Жеребкин В. Е. Логический анализ понятий права. Киев. 1984. С. 27.

④ Мальков В. П. Состав преступления в теории и законе // Государства и право. 1996. №. 7. С. 107.

⑤ Трайини А. Н. Общее учение о составе преступления. 1957. С. 98 – 99.

说"的主张时指出："特拉伊宁关于一般概念之所以区别于具体概念（确切地说是个别概念）是因为这两个概念具有不同要件的主张是不正确的，他在这里犯了一个逻辑上的错误，实际上，上述两个概念之间的区别在于它们的外延不同：一般概念所涵盖的是整组或整类的事物，个别概念则仅指一个具体事物，当然，它们在内容上是有所区别的，但此种情况下这种区别并不起决定作用。"①

笔者认为，俄罗斯刑法学中一般犯罪构成与特殊犯罪构成的区分理念具有重要的理论价值与实践意义。此种划分理念的哲学基础是一般、特殊、个别的辩证法原理。它是根据事物本身所包含的环节，或者一个事物与其他事物之间的联系来区分的。个别指个体或其个性。一般即普遍，指具有共同属性的许多事物的类，或指同类事物的共性。特殊是个别与一般之间联系的中介。个别、特殊、一般三者相比较而存在。三者都必须有自身的明确界定，才能说明它们之间的联系与区别，并进行推理和判断。这也正是将犯罪构成区分为一般犯罪构成与特殊犯罪构成的哲学根据所在。

三、"形式犯罪构成"、"实质犯罪构成"和"截短犯罪构成"

俄罗斯刑法理论界将犯罪构成分为形式犯罪构成、实质犯罪构成和截短犯罪构成。对于犯罪构成的此种划分在俄罗斯刑法学界一直都是有争议的，分为肯定说和否定说两种主张。

（一）肯定说

持肯定说的俄罗斯学者认为："一个人的任何活动，包括他所实施的社会危害行为，都要经过一系列的阶段—行为的准备、行为本身的实施以及行为产生的结果。立法者可以把犯罪终了的时间与这其中的任何一个阶段联系起来，这便是将犯罪构成分为实质的、形式的和截短的构成的根据所在。"② 如果立法者不仅把行为，而且把这种行为所产生的社会危害后果也归于说明犯罪的要件，并以此种方式架构犯罪

① Мальков В. П. Состав преступления в теории и законе // Государства и право. 1996. №. 7. С. 106－107.

② Беляев Н. А. и Ковалёв М. И. Советское уголовное право. Общая часть. -М.: Юридическая литература, 1977. С. 255.

构成，则这种犯罪构成就是实质的犯罪构成，比如杀人、盗窃以及其他许多犯罪都属于实质的犯罪构成。在实质的犯罪构成中，结果是构成的必要要件。如果社会危害行为没有造成危害社会的结果，就不能构成既遂犯罪，犯罪人只对未遂罪承担责任。如果立法者只规定了行为要件，而未把结果要件归于犯罪构成，则此构成为形式的犯罪构成。此时，只要完成犯罪构成中的行为，即告既遂罪成立。俄罗斯联邦刑法典中所规定的勒索罪（《刑法典》第163条）、诽谤罪（《刑法典》第129条）、脱逃罪（《刑法典》第338条）等犯罪都属于形式的犯罪构成。在犯罪活动的一切可能发展阶段里，当犯罪构成仅仅包括预备行为或者包括旨在造成危害社会结果的某个行为的过程本身时，即属于截短的犯罪构成。在此种情况下，构成既遂罪并不需要造成社会危害的结果，也不需要将能够引起这些结果的行为实施完，有时甚至不需要实施所规定的行为本身。如俄罗斯联邦刑法典中规定的抢劫罪（《刑法典》第162条）、武装匪帮罪（《刑法典》第209条）等犯罪的犯罪构成就属于截短的犯罪构成。

（二）否定说

持否定说的俄罗斯学者认为，形式构成与实质构成的分类将犯罪构成与刑法规范的罪状混为一谈，是将犯罪与犯罪构成完全对立起来的结果。如果按照肯定说的观点，因为刑法规范的罪状确实并不总是规定危害社会的后果，所以没有提到危害社会后果的犯罪构成就被称为形式构成。然而，没有后果，没有损害的犯罪在自然界是不存在的。规范的罪状并不总是、甚至在所谓的实质的犯罪构成中也不总是规定犯罪的后果。行为（不作为）不造成损害就不能侵害客体，于是客体与犯罪客观方面的联系就中断了，而犯罪构成作为一个体系就解体了。“形式主义者”没有考虑侵害客体的特点。[①] 损害或损失指的是由于犯罪的侵害而使客体发生的社会危害性质的改变，因此，侵害客体的内容取决于某种犯罪所造成的改变的内容。在客体为所有权的犯罪构成中，损失分别是物质的、财产的、经济的。在以人、人的生命、健康、

---

① Курс уголовного права. Общая часть. Том 1：Учение о преступлении / Под ред. Н. Ф. Кузнецовой и И. М. Тяжковой. М.，2002. С. 180.

名誉为客体的犯罪构成中，损失分别是身体损害或心理损害。而在其他大多数客体中，危害社会的后果是有破坏性的，它们破坏相关的社会关系——国家制度的基本原则、审判工作、社会秩序、国家安全等，使它们的功能失调。[①] “无可争辩的是，任何所谓的形式犯罪构成都不可避免地侵犯刑法所保护的社会关系，都会造成一定现实性的反社会后果，但是基于立法技术方面的考虑在刑法规范的罪状中不规定这些后果，因为证明在行为中存在这样的后果实际上是不可能的。立法者推定它的存在……这只不过是在构架《俄罗斯联邦刑法典》分则中刑法规范时的一个立法技术问题，意在考虑执法机关认定犯罪后果的量与质的参数的实际可能性。”[②]

否定形式构成与实质构成的俄罗斯学者也同样反对将犯罪构成分为“截短的”构成和“非截短的”构成，他们认为，截短的犯罪构成指的是造成损害威胁的构成，而非截短的犯罪构成指的是消极地造成损害的构成。以强盗罪为例，立法似乎“截掉了”财产损失，将犯罪构成构架成了以侵占他人财产为目的而进行的袭击。实际上这里没有任何的截短。就其实质而言，强盗就是进行袭击，同时造成健康损害或精神损害的威胁。除了立法者，任何人都不能担负起架构犯罪构成的职能。强盗自袭击之时起即构成既遂犯罪，而盗窃武器的犯罪构成则自实际侵占武器之时起构成既遂犯罪。[③] 持此主张的学者认为将犯罪构成分为有实际损害的构成和造成损害威胁的构成是较为正确的。

需要强调的是，关于形式犯罪构成与截短犯罪构成的问题仅限于俄罗斯刑法理论界的争论，并不适用于俄罗斯的司法实践。因为，早在苏联时期所颁布的《苏联与各加盟共和国最高法院全体会议的指导决议》中就明确规定：在法院的具体案件的判决与决定中不能援引“形式构成”与“截短构成”。可以说，从特拉伊宁的著作开始，直至当代的俄罗斯联邦刑法学界都一直存在对上述关于无损害、无后果的

---

① Курс уголовного права. Общая часть. Том 1：Учение о преступлении / Под ред. Н. Ф. Кузнецовой и И. М. Тяжковой. М.，2002. С. 182.

② Уголовное право. Особенная часть/Под ред. Н. И. Ветрова и Ю. И. Ляпунова. М.，1998. С. 592.

③ ［俄］Н. Ф. 库兹涅佐娃，И. М. 佳日科娃主编：《俄罗斯刑法教程》，黄道秀译，中国法制出版社 2002 年版，第 189 ~ 190 页。

犯罪构成观点的批判。而持肯定说的俄罗斯刑法学者则认为，将犯罪构成区分为形式的和实质的构成不仅具有重要的刑法学意义，而且事实上也具有非常重要的刑事诉讼法意义。这种区分是非常重要的，而且随着时代的发展具有越来越显著的实践意义，因为现在对后果的理解在不断地发生变化并且出现了刑事法律禁止性规范越发倾向于对可能产生后果的根源——行为本身的规定。① 虽然，俄罗斯的司法实践中并不采用“实质的”、“形式的”或是“截短的”犯罪构成术语，但这种犯罪构成理念却一直存在于俄罗斯刑法理论界说当中，无论是苏联时期的教科书，还是当代俄罗斯犯罪构成方面的著作，甚至是帝俄时代的刑法学著作②都会专门论及此问题，或予以肯定，或予以否定。这种学术交锋在俄罗斯刑法学理论界将会一直持续下去。

四、“总和论”与“系统论”理念

俄罗斯刑法学中对犯罪构成概念的界定大体上可以概括为两类：总和论和系统论。

（一）总和论

如前所述，帝俄时代的刑法学者将犯罪构成界定为刑法所规定的表示犯罪行为特征的要件总和；苏联时期的刑法学者继承了帝俄时代刑法学者关于犯罪构成“总和论”理念的界定。比如，1939 年，莫斯科大学集体编写的第一部教科书提出了这样一个犯罪构成定义：“犯罪构成是构成该犯罪的要件（要素）的总和”；③ 特拉依宁在 1957 年出版的《犯罪构成一般学说》中说：“犯罪构成乃是苏维埃法律认为决定具体的、危害社会主义国家的作为（或不作为）为犯罪的一切客观要件和主观要件的总和”；④ 苏共 20 大以后，1977 年，别利亚耶夫（Н. А.

① Уголовное право：Учебник：В 3 т. Т. 1. Общая часть / Под общ. ред. докт. юрид. наук，проф.，засл. деятеля науки РФ А. Э. Жалинского. -М.：Издательский Дом «Городец»，2011. С. 363.

② 参见克鲁格列夫斯基（А. М. Круглевский）：《财产犯罪》，圣彼得堡，1913 年版；莫克林斯基（С. П. Мокринский）：《刑罚及其目的与设想》，第 2 卷，托木斯克，1902 年版。转引自何秉松、［俄］科米萨罗夫、［俄］科罗别耶夫主编：《中国与俄罗斯犯罪构成理论比较研究》，庞冬梅等译，法律出版社 2008 年版，第 492 页。

③ Уголовное право. Общая часть. М.，1939. С. 41.

④ Трайнин А. Н. Общее учение о составе преступления. М.，1957. С. 59－60.

Беляев）教授和科瓦廖夫（М. И. Ковалев）教授在其主编的《苏维埃刑法总论》中认为，“犯罪构成就是刑事法律规定的危害社会行为，即犯罪要件的总和”。[①] 苏联解体后，犯罪构成“总和论”的理念一直居于通说地位。比如，1996 年《俄罗斯联邦刑法典》公布后，在 1997 年最先出版的教材中，库德里亚夫采夫（В. Н. Кудрявцев）院士将犯罪构成界定为：“根据刑事法律，将危害社会行为认定为犯罪并是刑事可罚的危害社会行为的要件的总和。”[②] 这个观点得到了大部分俄罗斯学者的赞同。[③] 总之，苏联及当代俄罗斯刑法学者一般认为：“犯罪构成是刑事法律所规定的并将危害社会行为认定为犯罪的客观与主观要件的总和。”[④] 上述的犯罪构成定义，是俄罗斯在不同历史时代占主导地位的、有代表性的观点。

（二）系统论

俄罗斯犯罪构成“系统论”的萌芽可以追溯到帝俄时代，当时的刑法学者季斯甲科夫斯基（А. Ф. Кистяковский）在其 1875 年所著的《普通刑法基础教程》中就提出，犯罪构成的“四个组成部分只是在思维领域的划分，而实际上犯罪是一个整体，其内部的各个组成部分是有机地融合在一起的，因此犯罪的内部方面是根据其外部表现来判定的，并且从另一方面来看，离开了犯罪的内部方面，其外部方面也是不可思议的”。[⑤] 由此可以看出，季氏的论述中已经包含了系统论的思想。这种“系统论”理念在苏联及当代俄罗斯刑法理论界得到进一步发展。如前文所述，其代表学者是库兹涅佐娃教授。她指出：“犯罪构

---

① ［苏联］Н. А. 别利亚耶夫、М. П. 科瓦廖夫：《苏维埃刑法总论》，马广秀、张广贤译，群众出版社 1987 年版，第 78 页。

② Российское уголовное право：Общая часть：Учебник/ Под ред. В. Н. Кудрявцева. - М.，1997. С. 84.

③ Малини В. Б. Энциклопедия уголовного права. Т. 4. Состав преступления. СПб，2005. С. 6；Уголовное право России. Общая часть / Под ред. Н. М. Кропачева，Б. В. Волженкина，В. В. Орехова. СПб.，2006. С. 363；Иногамова-Хегай Л. В.，Комиссаров В. С.，Рарог А. И. Российское уголовное право. Том 1. Общая часть：Учебник. - М.：Инфра-М，2007. С. 101；Наумов А. В. Российское уголовное право. Курс лекций. Том 1. Общая часть：- М.：Волтерс Клувер，2007. С. 293.

④ Юридическая энциклопедия. М.，2001. С. 1019.

⑤ Кистяковский А. Ф. Элементарный учебник общего уголовного права. Т. 1. Общая часть. Киев，1875. С. 266.

成是其要件规定在刑法典的总则与分则中、决定行为的社会危害性并架构成四个子系统的行为的主、客观必要要素的体系”。① 库兹涅佐娃教授在其2005年出版的教科书中继续坚持她的“系统论”思想：“与任何体系一样，犯罪构成包括完整的许多分体系和要素。犯罪构成中的分体系有四个：客体、主体、犯罪构成的客观方面和主观方面。哪一个必要要素不存在，更不用说一个分体系不存在，就会导致整个犯罪构成体系的瓦解，就会导致人的行为不存在犯罪构成。犯罪构成要素是犯罪构成的组成部分。犯罪构成要素的要件决定它们的特点，使人们能够将一犯罪构成区别于另一犯罪构成，以及划清罪与非罪的界限。犯罪构成要素和分体系的要件规定在刑法典总则和分则的规范当中。”②

第四节　对俄罗斯犯罪构成论体系的评价

一、“主、客观相统一”的整体发展路径

俄罗斯犯罪构成理论体系是在坚持“主、客观相统一”的原则立场并沿着“帝俄——苏俄——当代俄罗斯”历史空间维度的承继发展路径逐步完善的。如前所述，“Thatbestand”一词由俄国刑法学者引入实体法，意指违法行为中所包含的各个行为的或事实的诸要件的总和，是包含主观和客观诸要件的总和。

帝俄时代的刑法学者将 Thatbestand 译成犯罪构成（состав преступления），并在既包含犯罪的外部方面又包含其内部方面的一般意义上使用“Thatbestand”一词。斯巴索维奇是俄罗斯最先注重分析犯罪构成理论的学者之一。他指出：“‘犯罪构成’一词已完全摆脱了其

① 参见［俄］Н. Ф. 库兹涅佐娃，И. М. 佳日科娃主编：《俄罗斯刑法教程》，黄道秀译，中国法制出版社2002年版，第178页；Курс уголовного права. Том 2. Общая часть. Учение о наказании / Под ред. Н. Ф. Кузнецовой, И. М. Тяжковой. М.: ИКД “Зерцало-М”, 2002. Глава Ⅵ.

② Курс уголовного права. Общая часть. Том 1: Учение о преступлении / Под ред. Н. Ф. Кузнецовой и И. М. Тяжковой. М., 2005. С. 143 – 144.

诉讼法意义，具有纯刑法学意义。它集犯罪的外部客观方面与内部主观方面于一身，意指犯罪概念中所包含的所有要件的总和。”① 对犯罪构成进行类似解释的还有俄罗斯革命前的其他刑法学者。②

对犯罪构成的这种理解首先被社会主义理论所接受。A. A. Пионтковский 当时所写的第一批刑法教科书中是这样表述犯罪构成的：“每个犯罪中都含有的犯罪的那些基本要件是一般犯罪构成，缺少其中任何一个要件就不成立犯罪构成，也不成立犯罪。这样的基本要件…… (1) 一定的犯罪主体；(2) 一定的犯罪客体；(3) 行为主观方面的一定特性和行为客观方面的一定特性。”③ 特拉伊宁是犯罪构成上述理解的一贯拥护者，他在 1938 年出版的一本教科书中写道：“犯罪构成是构成此种犯罪的要件总和。”④ 类似的表述还出现在特拉伊宁参加编写的其他教科书中。⑤ 特拉伊宁所著的关于犯罪构成的三部专著的内容证明，它们首先要阐明的是刑事责任的根据问题。特拉伊宁最终给犯罪构成下的定义是“根据苏维埃法律决定危害社会主义国家的具体社会危害行为成立犯罪的所有主、客观要件（要素）的总和”。⑥ 应当说，特拉伊宁是承认费尔巴哈对犯罪构成界定的先进成果

---

① Спасович в. Учебник уголовного права. Т. 1. СПб. , 1863. С. 90.

② 比如，季斯甲科夫斯基认为“犯罪构成指的是构成犯罪不可或缺的实质—必要要件”——详见季斯甲科夫斯基：《普通刑法基础教程》，总则第 1 卷，基辅，1875 年版，第 265 页（Кистяковский А. Ф. Элементарный учебник общего уголовного права. Т. 1. Общая часть. Киев, 1875. С. 265）；塔甘采夫认为“表示犯罪行为特征的要件的总和在刑法学中，特别是在德国文献中被称为犯罪行为的构成。……由于任何犯罪行为都可以从其类概念或其种概念上进行考察，那么就相应地区分出一般的和特殊的，或者类的犯罪行为构成：将某种行为认定为犯罪和可罚的行为所具备的要件的总和被称为一般构成。将某种犯罪行为认定为杀人罪、盗窃罪或者更具体些，如入室盗窃、同意杀人等被称为特殊构成”——详见塔甘采夫：《俄罗斯刑法讲义》，总则第 1 卷，圣彼得堡，1902 年版，第 142 页（Таганцев Н. С. Русское уголовное право. Лекции. Часть общая. Т. 1. СПб. , 1902. С. 142. ）；鲍兹内舍夫认为“每个犯罪都可以分为四个实质要件，其总和构成所谓的一般犯罪构成，缺少其中的任何一个要件都不能构成犯罪”——详见鲍兹内舍夫：《刑法学基本原理》，1912 年版，第 127 页（Познышев С. В. «Основные начала науки уголовного права», 1912 г. С. 127. ）。

③ Пионтковский А. А. Уголовное право РСФСР. М. , 1924. С. 123.

④ Уголовное право. Общая часть / авт. кол. : А. А. Герцензон, Н. Д. Дурманов, М. М. Исаев и др. М. , 1938. С. 241.

⑤ Уголовное право. Общая часть / отв. ред. А. А. Герцензон, Б. С. Оширович, А. А. Пионтковский. М. , 1939. С. 162.

⑥ Трайнин А. Н. Общее учение о составе преступления. М. , 1957. С. 59 – 60.

的，即费氏认为犯罪构成是法律视角的违法行为中所包含的行为或事实的要件总和。①

应当承认，俄罗斯刑法中社会危害行为要素（客体、主体、客观方面、主观方面）的特征在革命前的理论中进行了广泛的研究，并且这些研究成果一直成功地沿用至今。库兹涅佐娃指出："与任何体系一样，犯罪构成包括完整的许多分体系和要素。犯罪构成中的分体系有四个：客体、主体、犯罪构成的客观方面和主观方面。哪一个必要要素不存在，更不用说一个分体系不存在，就会导致整个犯罪构成体系的瓦解，就会导致人的行为中不存在犯罪构成。犯罪构成要素是犯罪构成的组成部分。犯罪构成要素的要件决定它们的特点，使人们能够将一犯罪构成区别于另一犯罪构成，以及划清罪与非罪的界限。犯罪构成要素和分体系的要件规定在刑法典总则和分则的规范当中。"②

综上所述，当代俄罗斯刑法理论通说将犯罪构成理解为法律所规定的、确定社会危害行为成立犯罪的主、客观要件的总和。③ 这与帝俄时代法学家给犯罪构成下的定义很接近，即"……犯罪构成是决定犯罪行为作为刑事可罚的不法行为参与法律关系的独特要件或要素的总和"。④ 库兹涅佐娃教授所主张的"犯罪构成是其要件规定在刑法典的总则与分则规范中、决定行为的社会危害性并架构成四个子系统的行为的主、客观必要要素的体系"，⑤ 即犯罪构成的"系统论"（或"体系论"）得到一些当代俄罗斯刑法学者的支持，即用"要件体系"代替"要件总和"，但大部分俄罗斯学者则认为"体系论"与"总和论"所界定的犯罪构成概念并无实质差别。虽然犯罪构成"系统论"并未成为当代俄罗斯刑法学界的通说，⑥ 但是，笔者认为，犯罪构成"系统

---

① Трайнин А. Н. Общее учение о составе преступления. М., 1957. С. 19.

② Уголовное право России. Общая часть: Учебник для вузов / Под ред. проф. Н. Ф. Кузнецовой и И. М. Тяжковой. М., 2005. С. 143 – 144.

③ Юридическая энциклопедия / отв. ред. Б. Н. Топорнин. М., 2001. С. 119.

④ Таганцев Н. С. Русское уголовное право. Лекции. Часть общая. Т. 1. СПб., 1902. С. 141.

⑤ Уголовное право России. Общая часть: Учебник для вузов / Под ред. проф. Н. Ф. Кузнецовой и И. М. Тяжковой. М., 2005. С. 143.

⑥ Агаев И. Б. Состав преступления: понятие, элементы, значение: учеб. пособие. - М.: Юристь, 2008. С. 6.

论”比犯罪构成“总和论”更具科学性，它将是俄罗斯犯罪构成学说发展的趋势所在。

二、“四要件”体系结构的稳固框架

任何犯罪构成都有其本身所固有的某种结构，这种结构应当理解为其构成要件之间联系的性质、类型以及各要件相结合的不同种类。构成的要件各不相同并且彼此间有着不同的组合状态，这便导致了犯罪构成结构体系的多样性。

犯罪构成结构方面的区别不仅决定于一些单个要件的内容，而且更取决于构成中的更大结构——表示一定犯罪要素特征的要件体系。布拉伊宁（Я. М. Брайнин）认为：“犯罪构成的结构基础是由其要素体系：客体、客观方面、主体和主观方面构成的”。[①] 这里需要厘清术语“要素”与“要件”之间的区别。

如前所述，俄罗斯刑法学界对于“要素”（элементы）与“要件”（признаки）两个概念的论争是一直存在的，迄今为止仍未达与一致意见。纳乌莫夫（А. В. Наумов）认为：“四组理论上称之为犯罪构成要素的要件构成犯罪构成的概念”。[②] 很显然，纳乌莫夫将犯罪构成要素与要件置于平等位置。还有一些俄罗斯学者认为，在表示犯罪构成的特征时可以只使用“признак”一词，因而科瓦廖夫（М. И. Ковалев）宣称：“将以下要素：犯罪客体、客观方面、主体和主观方面归于一般犯罪构成的说法是公认的”。[③] 而玛里采夫（А. Мальцев）教授则认为，不能将要素与要件混为一谈。要素是指某复杂整体的组成部分，而要件指的是某种现象的本质方面。要素是名词，回答“是什么”的问题，而要件则是形容词词性，回答“什么样”的问题。犯罪构成是一种复杂的法律现象，其内部确实包含有要素与要件，但是“表示犯

---

① Брайнин Я. М. Уголовная ответственность и ее основание в советском уголовном праве. С. 162.

② Наумов А. В. Уголовное право：Курс лекций. М. , 1996. С. 136.

③ Ковалев М. И. Понятие преступления в советском уголовном праве. Сведловск, 1987. С. 172.

罪客体或者犯罪客观方面特征的要件”的说法是不准确的。① 库兹涅佐娃教授则将犯罪构成看成是一个体系，将“要素”看作属于同一体系内的子系统。她认为：“‘子系统’——‘主观方面’包括这样一些要件：罪过、动机、目的、情感状态”。②俄罗斯刑法理论的通说认为，“要素”意指犯罪的四个部分（犯罪客体、主体、主观方面和客观方面），而表示犯罪构成内容的术语则是“要件”③ 或者“一组要件”（группа признаков）。从此观点出发，犯罪构成包含四组要件，这四组要件分别表示犯罪的四个相应要素，这即是犯罪构成的结构基础。

但是，对俄犯罪构成理念只作上述结构区分还不全面。犯罪构成的结构还由一些较小的要件组构成，这样的“要件群”所表示的是所有或者多数犯罪本身所固有的一些独立要件的概括性特征，这里指的不是具有内涵的要件本身，而是要件的范畴或者要件类别。④ 比如，犯罪的客观方面包括作为或者不作为、损害后果等，“行为”（或者“不作为”）便是包含各种形式行为的类（范畴）。

只具备上述某些要件范畴还不足以阐明犯罪构成的全部特征，因为范畴指的是要件的类属性，并没有涵盖具体要件的特征：为了描述某个犯罪构成，不仅需要指出“行为”中包含什么，而且需要揭示此概括要件的内涵，即应当确定它指的是秘密窃取财物或者违反防治流行病的规则。因此，上述所列举的犯罪构成的要件范畴还没有揭示出构成的内容，但却指出了构成的体系结构。

俄罗斯法学文献中不止一次地强调，对于作为刑事法律规范要素的犯罪构成内容，立法者只规定了表示此类犯罪本质特征并且能够证明犯罪社会危害性的存在及其性质和程度的那些要件的总和。布拉伊宁则扩展了上述定义。他指出：“将犯罪构成的作用仅归于行为的社会

① Марцев А. Состав преступления: структура и виды // Уголовное право. 2005. № 2. С. 48.

② Российское уголовное право: Курс лекций. Т. 1. Владивосток, 1999. С. 280 - 281.

③ Кудляндский В. И. Вопросы основания уголовной ответственности // вопросы уголовного права. М., 1966. С. 39.

④ Кондаков Н. И. Логический словарь. М., 1971. С. 214.

危害性特征则缩小了犯罪构成的意义。”① 犯罪构成要件实际上表示的不仅是行为的社会危害性特征，而且也是表示行为人罪过特征的要件。这些要件将此罪与彼罪予以区分。因此，较为正确的犯罪构成的界定应当强调犯罪构成是根据刑事法律确定社会危害行为是犯罪行为和刑事可罚行为的要件总和。②

俄学者认为，犯罪构成有别于犯罪概念，其要件按照某种严格的逻辑性分别归属于一定的犯罪要素，而这绝不是犯罪概念的特性。换言之，犯罪与犯罪构成之间的区别在于它们的内部结构以及其各要件的有序程度。正如库兹涅佐娃所言，犯罪构成是一定范畴犯罪的“核心和结构（骨架、框架）”。③ 犯罪构成不只是犯罪要件的总和，而是犯罪要件的严格体系。构成反映的是犯罪构成要素所特有内部联系。刑法科学的一大功绩便是发现了所有犯罪统一的共同结构并在此基础了构建了由四组基本要件所组成的犯罪构成，这四组要件分别表示犯罪的客体、主体、客观方面和主观方面的特征。犯罪构成的结构性质对于定罪具有原则性意义，因为它为制定定罪的一些共同原则提供了可能。犯罪构成是认定一个人实施相应犯罪所必要的和充足的要件体系。这些要件之所以必要，是因为其总和中若不具备构成的所有要件便不可能认定行为人有罪，并因此也不能追究行为人的刑事责任；这些要件之所以充足，是因为没有必要再确定某种补充条件来认定行为人实施犯罪的事实。

总之，客体、客观方面、主体、主观方面的“四要件”犯罪构成结构是俄刑法学界所公认的。犯罪构成要素的种类具有绝对稳定性，无论现实社会和刑事立法发生什么样的变化，都不会影响客体、客观方面、主体、主观方面这四个要素。而各要素的内容则带有历史变迁

---

① Брайнин Я. М. Уголовная ответственность и ее основание в советском уголовном праве. М. , 1963. С. 94.

② Курс советского уголовного права. Часть Общая. Т. 2. / Под ред. А. А. Пионтковского. М. , 1970. С. 89; Российское уголовное право. Общая часть. / Под. ред. В. Н. Кудрявцева, А. В. Наумова. М. , 1997. С. 84.

③ Кузнецова Н. Ф. Преступление, состав преступления, диспозиция уголовно-правовой нормы // Вестн. МГУ. Сер. Право. 1967. № 4. С. 40; Жеребкин В. Е. Логический анализ понятий права. Киев, 1976. С. 62.

性。比如，苏联解体前犯罪客体要素的内容是社会主义社会关系，而解体后的俄罗斯联邦则将客体的内容变为社会关系，因为社会主义社会关系的叫法已不合时宜。犯罪主体的内容也是可以变化的，比如当今俄罗斯联邦刑法立法中并不承认法人的犯罪主体地位，而如果俄罗斯立法者承认法人可以负刑事责任时，则主体的内容就由自然人变为自然人和法人。

三、俄罗斯犯罪构成论体系的功能介述

科学上对于“功能”概念的界定有两种：一般哲学意义上的功能概念和社会学上的功能概念。社会学上的功能概念反映社会群体的需求，当然更贴近人、团体以及整个社会的现实生活。然而，抛开哲学方法来界定“功能”概念，进而探讨刑法学的理论问题，则会导致所论问题的肤浅与苍白，更何况，任何部门法律科学以及整个法学理论都带有方法论的性质。因此，我们在论述犯罪构成的功能问题时离不开哲学方法论的导引。

虽然《俄罗斯联邦刑法典》第 2 条规定的并非刑法的功能，而是刑法的基本任务，但是，功能与任务这两术语之间并不存在原则性的差别。唯物主义哲学认为，功能是某种客体（现象、过程）的性质在此关系体系中的外部体现。刑法在整个法学体系中的外部体现正是刑法功能的实现，这里首先指的是刑法的保护功能和调整功能，而刑法功能的实现是通过立法者所规定的刑法任务的实现来体现的。刑法的任务和功能是密切相关、相互联系的一对概念，因为功能的基本目标就是最大限度地保障基本任务的全面实现。①

上述结论对于犯罪构成功能的论述是非常重要的并且也得到了其他俄罗斯学者的赞同：“刑法功能与其任务是紧密地联系在一起的，并且，正是功能决定着任务的特征，因而，具有调整功能的刑法才能够将保护社会关系不受犯罪侵犯规定为自己的任务。”②

① Ляпунов Ю., Родина Л. Функция состава преступления // Уголовное право. 2005. 44.

② Разгильдиев Б. Т. Задачи уголовного права Российской Федерации и их реализация. Саратов, 1993. С. 4.

在论述犯罪构成功能问题时，除了运用一般哲学的方法外，同时也不能忽视“功能”的社会学概念，因为它直接归入所有社会科学的内容，当然这里也包括法律科学，而且在这里它在很大程度上预先决定着犯罪构成功能的方法论基础。

社会学乃至任何一门社会科学，其中也包括法学中的功能指的是一定制度相对于某些组织或利益的比较高级的社会系统的需求而发挥的作用。[①] 根据此种意义，俄罗斯刑法的每条规范、每个制度都执行着一定的功能（或一系列功能）以便成功完成作为法律子系统的俄罗斯刑事法律的任务。相应地，刑事法律同时也是国家整个法律体系不可分割的组成部分。

犯罪构成作为经典刑事法律制度，无论对于立法活动，还是对于司法机关刑事案件的提起方面的作用与意义都是难以估量的。犯罪构成具有广泛而巨大的功能潜力。可以认为，犯罪构成是一个多功能范畴。俄罗斯学术期刊上通常将犯罪构成的功能归纳为 3 ~ 4 种。而一些俄罗斯学者认为这是完全不符合实际的，甚至认为这实质上是在人为地匮乏犯罪构成的功能、贬低犯罪构成的作用，从而使得刑法实现的机制不能得以全面地予以揭示。他们还认为，对于犯罪构成功能问题研究的疏漏是刑法学说中的实质漏洞。[②]

俄罗斯学者认为，犯罪构成无论是在理论上，还是在实践中，其功能潜力是相当巨大的，它在各种刑事法律制度中都有所体现，其功能可以从多方面予以论述与揭示。根据俄罗斯学者的论述，俄罗斯刑法中犯罪构成的功能可以概括为以下几个方面：

（一）犯罪构成在刑法规范体系中的构成要素功能

犯罪构成最重要的功能是立法机关通过复杂的认识、预测和评价过程，并通过一定必要的立法程序而对《俄罗斯联邦刑法典》分则的构建。相应犯罪构成的确定是国家立法机构进行刑事立法的基础，同时也是国家立法机构职业水平的指标之一。立法者缺少这种内在的品质将导致刑事立法体系中出现古罗马时的 lex imperfect（不完善的

---

① ［俄］《刑法百科词典》，1983 年版，第 751 页。

② Ляпунов Ю., Родина Л. Функция состава преступления // Уголовное право. 2005. 45.

法律）。

规定相应犯罪构成的刑事法律有可能会不足以适应变化的社会生活条件和司法实践的要求，并因此而出现法律漏洞，从而需要对其内容进行修改。如出现一些普遍性的新的社会危害行为，客观上便要求立法者通过确定相应的犯罪构成而对这些行为进行犯罪化的规定。

因此，在社会危害行为犯罪化的过程当中——无论是修改还是补充基本的或是加重的构成要件，还是规定新的犯罪构成从而扩大犯罪侵害圈——犯罪构成在这个立法过程中都执行着最重要的功能，即作为俄罗斯刑法规范实体的体系构成要素的功能。

此种功能最明显的例证体现在对1996年《俄罗斯联邦刑法典》的历次修订中。如2003年12月8日俄罗斯162号联邦法律对《俄罗斯联邦现行刑法典》进行了260多处的修改与补充，这其中的许多修订都是直接针对各种犯罪构成的，也就是说，新法典通过七年之后，其内容发生了实质的变革。这当然不符合法律稳定性原则，同时也证明了1996刑法典规范的社会制约性处于较低水平。显然，俄罗斯国家杜马编纂的1996年刑法典对于其国内的变化实际、社会生活中的经济条件与精神条件缺乏应有的适应度。

（二）犯罪构成在完善现行法律方面的推介功能

俄罗斯革命前的伟大刑法学者谢尔盖耶夫斯基（Н. Д. Сергеевский）就曾强调过法律科学中推介功能的意义。他写道："源于其任务的法律研究的目的共有三个方面：第一，为生活中所遇到的私人事件受法律一般规定的调整之司法实践提供指导；第二，为立法者正确建构法律提供指导；第三，通过对实证刑事法律历史的研究为现行法律整体与部分的理解与评价提供开启的钥匙。"①

事实上，学理上以专著或学位论文的形式对某种犯罪构成进行理由充分且有益的界定在促进立法者的法律创制过程、加强法律科学与立法活动之间的联系方面具有重大的功能。然而，正如巴别加伊洛（Э. Ф. Побегайло）教授所指出的那样，近年来，俄罗斯法学学者们并

① Таганцев Н. С. Русское уголовное право. Часть Общая. Т. 1. Тула. 2001. С. 24.

未关注立法机关的草案制定，也未曾关注其更深入的犯罪学鉴定，从而导致国家杜马通过的联邦法律质量下降且根据不足，这其中也包括2003年12月8日的162号联邦法律，此部法律实质上是对俄罗斯刑事立法进行的一次小型改革。[①] 而立法机关对于学术界意见的忽视对于其所通过的规范法案的质量则产生了消极影响，从而降低了与犯罪作斗争的有效性而使犯罪规模空前发展。

（三）犯罪构成在法律适用中保障法制原则实现方面的促进功能

《俄罗斯联邦1996年刑法典》在俄罗斯刑法史上第一次以刑事立法的形式将法制原则作为独立原则与刑法的其他四个基本原则予以并列规定。[②] 法制原则在加强法律秩序方面起着重大作用。它是预审机关、侦查机关、检察院和法院进行执法与法律适用活动的指导思想、基本原则。[③] 此外，法制原则还有一个非常重要的客观视角，即刑事法律自身的质量、完善以及它的无漏洞性、高水平的社会制约性，要件解释的一致性、犯罪现象的涵盖量、立法技术规范的适应性等。

可以肯定，法制与法律之间是一种互相制约的关系：法律越完善、越准确地反映国家与社会发展的每个阶段存在的社会经济与道德—精神现实、越是有机地规定在俄罗斯社会成员生活及各种制度运行的法律体系中，则法制原则就越能够得以全面实现。[④]

犯罪构成往往规定在刑法典分则的条款中，因此，如果犯罪的法律构成反映着社会的迫切需要和护法机关的实践需求，则犯罪构成便执行着其另外一个重要功能，即全力促进法制原则在刑事案件司法机

① Побегайло Э. Ф. Кризис современной российской уголовной политики // Уголовное право. 2004. № 3. С. 132 – 133.

② 即《俄罗斯联邦刑法典》第3条规定："1. 行为是否构成犯罪，是否应受刑罚处罚以及发生其他法律后果，只能由本法典予以规定；2. 不允许类推适用刑事法律。"

③ Кудрявцев В. Н. , Келина С. Г. О принципах советского уголовного права / Проблемы советской уголовной политики. М. , 1984; Кудрявцев В. Н. , Келина С. Г. Принципы советского уголовного права. М. , 1988.

④ Ляпунов Ю. И. Законность как основополагающий принцип советской уголовной политики / Труды Академии МВД СССР. Вып. 2, 1979; Законность и уголовный закон // Советское государство и право. 1989. № 2; Принципы уголовного законодательства // Соц. Законность. 1989. № 2.

能行使过程中的实现与强化。这一并不引人注目的功能在与犯罪作斗争的现实体现中将犯罪构成提高到刑法基本原则之一的法制原则的高度。

(四) 犯罪构成在定罪中的法律根据功能

与犯罪构成上述作用紧密相邻的是它的另一个功能——犯罪构成作为定罪的法律根据的功能。

俄罗斯刑法理论中的定罪问题在库德里亚夫采夫（В. Н. Кудрявцев）院士的三部著作①以及库利诺夫（Б. А. Куринов）和卡德尼科夫（Н. Г. Кадников）教授②的优秀学术著作中都进行了详细而深入的研究。以上著作足以说明犯罪构成在定罪中的无可替代的作用。需要指出的是，犯罪构成在定罪中不仅表现为具有严格结构的法律构成以及人人都应遵守的立法模式，或者说是“犯罪的架构”，而且犯罪构成还是两个核心刑法量进行比较的独特标准，这两个刑法量便是一切法律意义上的犯罪要件与犯罪法律构成的基本要件。如果遵守此标准并且实施犯罪的这些事实情状与法律规定的犯罪构成要件（除了基本构成外，还包括加重情节的构成、特别加重情节的构成）完全符合并确定它们之间相一致，则对犯罪侵害的法律评价之定罪过程即告完成。当然，如果这之后还有新案情得以确定，则此定罪在整个诉讼过程中还可能发生变化，包括发现新情况而导致案件审理阶段的改变。

(五) 犯罪构成对于相邻犯罪的区分功能

《俄罗斯联邦刑法典》中没有、也不可能规定同一的犯罪构成。任何一部有关俄罗斯联邦刑法典分则的著作都有专门部分（章节）对相似的与相邻的构成进行区分。相似犯罪构成的划分不仅是理论层面的问题，而且是实践部门、特别是执法机关所面临的重要任务。

---

① ［苏联］库德里亚夫采夫：《定罪的理论根据》，莫斯科，国家法律出版社 1963 年版；《定罪的一般理论》，莫斯科，法律文献出版社 1972 年版；以及《定罪的一般理论》（修订版），莫斯科，法律人出版社 1999 年版（Теоретические основы квалификации преступлений. - М.：Госюриздат，1963；Общая теория квалификации преступлений，- М.：Изда-во «Юридическая литература». 1972；Общая теория квалификации преступлений. 2-е изд.，перераб. и доп. М.：Юрист，1999）。

② Куринов Б. А. Научные основы квалификации преступлений. - М.：Изд-во МГУ，1976. Н. Г. Кадников Квалификация преступлений и вопросы судебного толкования. - М.：Изда-во «Юриспруденция». 2009.

俄罗斯联邦1996年刑法典中规定了许多主要是在客观要件方面相近的犯罪规范。我们看一下几个外部相似的犯罪：非法剥夺自由罪（《刑法典》第127条）、绑架罪（《刑法典》第126条）、劫持人质罪（《刑法典》第206条）。这几个犯罪的客观表现是一样的，只是在法律规定上互有差别，因为它们的法律构成包含在实质的区分要件中，这些要件的确定对于有经验的司法者来说是不容许违反法制原则而对事实上没有实施此罪的人追究刑事责任的。

被提升至法制原则高度的上述事实，实质上是源于对犯罪构成要件的准确界定及对犯罪构成功能作用的明确表示，即刑法理论中所称的“犯罪构成的区分功能”。此功能不可小觑。俄罗斯的司法侦查实践表明，许多审判错误皆源于对犯罪人行为的不正确评价，对其归罪的不是他事实上实施的犯罪，而是他事实上没有实施而在客观侵害方面相邻或相近的犯罪。

按照库德里亚夫采夫院士的形象说法，犯罪构成的区分功能是“定罪的另一面”。这是司法过程中的重要功能，而且它还具有法制原则实现的要素之意旨从而具有特别的刑事法律意义，因为它影响着人在法律上的命运。任何社会中基础性的法制基本原则与其实现的“工作”工具（这里指的是定罪及犯罪的区分）本身便是刑法理论中有争议的要素之一。

（六）犯罪构成的刑事责任根据功能

俄罗斯刑法学界经过长期而激烈的关于刑事责任根据的论争后，终于在十月革命后的刑事立法发展中第一次力排众议，在俄罗斯联邦1996年刑法典第8条中规定“刑事责任的根据是实施含有本法典规定的所有要件的行为”。刑事责任根据是犯罪构成的最重要功能之一。它的特殊意义在于它是个人基本法律地位的保障，其中包括依照法律程序对公民进行追查的合法性以及使公民免受国家强制措施适用的威胁。

犯罪构成的此项功能需要进一步进行阐述，这主要是对俄罗斯刑法学中的一些观点进行批判。1960年《苏俄刑法典》与现行的1996年刑法典不同，其第3条规定了多数形式的“刑事责任根据”。克利盖尔（Г. А. Кригер）违背当时大多数苏维埃学者关于犯罪构成是刑事责任的唯一且充足根据的观点，而立足于当时的法律规定（当时的1960年苏俄刑法典）提出了统一于一体的刑事责任双重根据的理论（此理论在前文已有论述，故此不再赘述）。

对上述立场持反对意见的俄罗斯学者认为，上述观点从方法论的角度来说是毫无根据的，[①] 其基本理由如下：第一，法律上，其中包括刑事法律，社会现象不可能存在于其法律形式之外。社会现象只有在规范形式中有所反映的情况下才具有法律意义。第二，如果规范形式在具体情况下没有规定或没有反映社会现象，则规范形式本身便无任何刑事法律意义可言。正如马克思所言，法律形式既不能创造自己的内容，也不能创造其内部所存在的关系，[②] 因此，“形式便丧失了任何价值，如果它不是内容的形式”。[③] 第三，将法律形式界分为责任的独立根据，会制造一种它可以独立于其社会内容而存在的假象，而这在法律上是不可能的。第四，按照这种思路，应当承认将实体内容界分为责任的独立根据的尝试也是不能让人信服的，因为处于其立法形式之外的此项内容，由于《俄罗斯联邦刑法典》第 1 条和第 3 条的直接规定而不具有任何刑事法律意义。[④] 作为刑事法律范畴的行为的社会危害性只可能存在于刑事违法性的框架之内。作为形式的违法性本身不仅是上述内容反映的方式，它还执行着最本质的结构功能，即违法性通过“犯罪的法律构成”范畴从内部组织、调整、形成社会内容，限制其一定结构的严格框架，此结构也是法律形式的一种变形，而这种法律形式具有较深入的、反映反社会现象实质的体系结构程序，这里所指的是社会危害行为的构成。

（七）犯罪构成的刑事法律关系源起功能

犯罪具有法律所禁止的并以刑罚相威胁的形式只能通过犯罪构成。离开犯罪构成，任何一个社会危害行为都不可能被认为是犯罪。由此可以认为，实际上是犯罪构成引起否定社会关系的产生，而这种社会

---

① Ляпунов Ю. , Родина Л. Функция состава преступления // Уголовное право. 2005. 46.

② 《马克思恩格斯选集》第 27 卷，第 99 页。

③ 《马克思恩格斯选集》第 1 卷，第 159 页。

④ 《俄罗斯联邦刑法典》第 1 条规定：“1. 俄罗斯联邦的刑事立法由本法典构成。规定刑事责任的新法律应列入本法典；2. ……”第 3 条规定的是法制原则：“1. 行为是否构成犯罪，以及是否应受刑罚以及发生其他刑法后果，只能由本法典规定；2. ……”

关系受规定犯罪构成要件的刑事法律规范的调整而具有刑事法律关系的法律形式。某种形式的刑事责任正是在上述法律关系中得以实现的。

刑事法律关系是消除社会与犯罪人之间尖锐冲突的必要工具。可见，犯罪构成的此项功能与其上述各项功能是紧密联系的，按照法律逻辑，则犯罪构成的此项功能与通过刑事法律规范的作用而实现的调整过程是有机协调的。

（八）犯罪构成在犯罪本质特征中的主导功能

俄学界认为，犯罪构成的主要功能之一是它作为犯罪本质特征——社会危害性的系统结构因素的决定或者主导作用。此项功能既是主导功能，同时又是普适功能，因为被认定为犯罪的行为的社会危害性贯穿于刑事立法总则与分则的整个规范体系。

当然，在论述犯罪构成的这个主要功能时，必须特别强调，作为客观实在的现实的反社会现象的犯罪事实构成与刑法典分则规范罪状中所规定的、作为其规范概念（模式、结构）的犯罪构成是不能同一而论的。它们之间是现象与关于现象的概念之间的关系，这些概念或者规定在法律中，或者体现在刑法理论中。俄学者认为，犯罪构成概念界定中的任何一个字母，任何一个单词都不包含社会危害性的成分，它们只是对社会危害性进行反映。这是很自然的道理，因为立法抽象（刑法典条款）或是科学抽象本身都不能包含现实的社会危害性，因此，不能够同意捷克刑法学者巴拉切克（Ф. Палачек）的“行为的社会危害性包含在构成要件的总和里”的观点。①

在谈及犯罪构成的功能时，应当明确区分作为客观实在的反社会现象的构成与关于它的概念的同名术语，无论立法者是否将它规定在刑法规范的罪状中或者体现在刑法科学中。社会危害性只包含在第一种意义上的犯罪构成当中，质言之，第一种意义上的犯罪构成是含有俄罗斯联邦刑法典分则的一定条款所规定的犯罪构成所有要件的具体的社会危害行为。此种意义上的犯罪构成是四个相互联系的要件——侵害的客体、客观方面和主观方面、主体所构成的结构化的社会法律

① Палачек Ф. Состав преступления по чехословацкому уголовному праву. М., 1960. С. 91 – 92.

体系，其中的每个要件都对刑事可罚行为的社会危害性的总量做出自己的贡献。犯罪客体在这里占有特殊的地位。犯罪客体作为具有较高价值的社会利益，其本身自然不包含任何的社会危害性，但是它却以一种特殊的方式用其价值论的性能影响着行为危害性的程度：越是有价值的、重要的、有意义的保护客体，对其所造成侵害的危害性就越大。

俄学者基于上述阐释而得出结论认为，社会危害性分布在犯罪构成的所有要素当中（除了客体）。① 每个单独要素及其构成要件的危害性以一种特殊的方式聚集于行为社会危害性的总和量内，每个法律适用者只有通过犯罪构成（罪与非罪的唯一标准）将行为评价为犯罪。

作为系统的犯罪构成中的所有必要要件都保证着社会危害性的存在并赋予它以量（程度）与质（性质）的规定性。然而，有些俄罗斯学者对犯罪主观要素的意义评价过高，这实际上是反系统论的，因为此种主张忽略了一个明显的事实，即危害性的根源是在刑事法律所保护的社会关系体系中起破坏作用的人的行为本身。持这种观点的代表学者是费费洛夫教授（П. А. Фефелов）。根据他的观点，“主观方面（罪过）是社会危害性的核心并且是其最重要的要素”。② 他还认为“犯罪活动的社会危害性首先在于它带有否定的价值取向并因此而成为将来重复类似活动的先例”。③ 这种实质上对犯罪构成客观要件与要素（客体、行为、后果等）的忽视引起了其他俄罗斯刑法学者的反对，因为它破坏的不仅是体系本身，而且也破坏了作为任何犯罪的本质属性——社会危害性的产生机制。持上述主张的作者同时也忽视了大量过失犯罪的存在。在过失犯罪中，不仅是旁观者，就是犯罪者本人当时也没有意识到他是在实施刑事可罚行为。

---

① Ляпунов Ю. И. Общественная опасность как универсальная категория советского уголовного права. М. , 1989. С. 58 –68.

② Фефелов П. А. Общественная опасность преступного деяния // Сов. государство и право. 1977. № 5. С. 136.

③ Фефелов П. А. Общественная опасность преступного деяния и совершенствование системы наказания // Сов. государство и право. 1987. № 12. с. 94 –95.

（九）犯罪构成在刑事责任细化与刑罚个别化方面的功能

犯罪构成的另一个相对独立功能是它对于行为社会危害性程度的作用，即在俄罗斯联邦刑法典分则相应条文的第1款中所规定的基本的犯罪构成之外是否还有加重责任情节（加重要件或特别加重要件）的规定。这些要件被立法者根据情节自身的危害性大小而规定在相应的条款中，并规定有独立的特别严厉的制裁。《俄罗斯联邦刑法典》中此类条款中多数规定为2款、3款，有些情况下还规定为4款。

对于具有减轻情节的犯罪构成，俄罗斯国家杜马则采取了另外一种立法技术手段：将其规定为表示较低社会危害程度的独立构成。如《俄罗斯联邦刑法典》第106、107、108、113、114条的规定。[①] 不难发现，犯罪构成的此项功能与刑法最重要原则之一的刑事责任细化直接相关。申言之，正是犯罪构成的这一功能使得法律适用者能够更准确地定罪，而法院在判处被告公正合理的刑罚时才能明确地细化刑事责任，而这正是法律和刑罚个别化的要求。

（十）犯罪构成的其他隐性功能

普通社会学还区分出某种现象或过程的“隐性功能”概念，它通过另外一些情状或范畴间接地表现出来。此种功能不流于表面，而是通过其他社会进程而体现出来。俄学者认为，犯罪构成本身也具有一些类似的功能。犯罪构成通过社会危害性及其在法律规范制裁中的官方评价在对犯罪人因实施刑事违法行为而判处刑罚时起着一定的功能作用，这些刑事可罚行为可以是未完成犯罪的构成（《俄罗斯联邦刑法典》第66条），也可以被判缓刑的构成（《俄罗斯联邦刑法典》第73条），甚至可以是按照处刑一般原则所判犯罪的构成（《俄罗斯联邦刑法典》第60条）。因为不是制裁决定犯罪构成的要件与要素体系，而恰恰相反，制裁是立法者对上述构成要件要素进行评价的结果，立法者将关于行为整体危害性程度的结论规定在相应的立法规范

① 《俄罗斯联邦刑法典》第106条规定的是母亲杀死新生儿罪；第107条规定的是“激情状态下杀人罪”；第108条规定的是“超过正当防卫限度或者超过拘捕犯罪人所必需的方法的杀人罪”；第113条规定的是“激情状态下严重损害或中等损害他人健康罪”；第114条规定的是“超过正当防卫限度或者超过拘捕犯罪人所必需的方法而严重损害他人健康或中等损害他人健康罪”。

的制裁部分。

俄学者还指出，犯罪构成的上述基本的、对于理论与实践都具有重大意义的功能是派生的，它源于刑法的基本功能——调整、保护、预防和教育。犯罪构成作为刑法的最重要范畴在各方面都起着最主要的功能作用：即作为保障并全面实现刑法基础功能的最重要的法律工具，其宗旨体现在公民生活与国家社会实践中——全力促进对个人、社会和国家利益的有效保护。

四、俄罗斯犯罪构成论体系的未来发展路径

帝俄时代的刑法学者斯巴索维奇（B. Спасович）认为，刑法学的研究必须采用多学科的综合研究方法，其中包括哲学、人类学、政治学、历史学、自然科学以及语言学。他认为，刑法学根植于刑法哲学，而刑法哲学又是哲学体系的一个组成部分。刑法学的所有概念的根源都蕴含在法哲学当中。[①] 斯巴索维奇的刑法学研究是建筑于深厚的哲学基础之上的。他在其1863年出版的《刑法教科书》总则的导言部分（总§5）阐述道："总则的内容和章节分布应当由总则领域的研究对象来确定，而这些对象是指：刑事法律、犯罪、刑罚、犯罪与刑罚的方程式或者刑罚措施。而所有这些概念都根源于法哲学。脱离了哲学方法便无法解释这些概念……这些概念的结论又派生出各种在其基本观点以及实践应用方面具有差别性的刑法理论。因此，在对总则对象进行分析之前应当对刑法理论进行批判的选择。"[②]

俄罗斯犯罪构成理论体系在继承费尔巴哈的犯罪构成理念之后，一直沿着系统的整体性思维方式向前发展。帝俄时代的刑法学者季斯甲科夫斯基就曾明确指出："犯罪是一个整体，其内部的各个组成部分是有机地融合在一起的"，[③] 而当代俄罗斯著名刑法学者库兹涅佐娃教

① Спасович В. Учебник уголовного права. Том I. Санктпетербург, 1863, выпуск первый, С. 6 – 7.

② Спасович В. Учебник уголовного права. Том I. Санктпетербург, 1863, выпуск первый, С. 6 – 7.

③ Кистяковский А. Ф. Элементарный учебник общего уголовного права. Т. 1. Общая часть. Киев, 1875. С. 266 – 267.

授则明确地提出并阐述了犯罪构成的系统论思想。①

系统的整体性原理指的是，系统是由若干要素组成的具有一定新功能的有机整体，各个作为系统子单元的要素一旦组成系统整体，就具有独立要素所不具有的性质和功能，形成了新的系统的质的规定性，从而表现出整体的性质和功能不等于各个要素的性质和功能的简单相加。一般系统论的创始人贝塔朗菲这样写道："亚里士多德的论点'整体大于它的各个部分的总和'是基本的系统问题的一种表述，至今仍然正确。"② 一般系统论就是对"整体"和"整体性"的科学探索，从而把以前被看作形而上学的、哲学思辨的概念变成为一个可定量描述的、可实证研究的科学概念。③

系统论是对系统科学、一般系统论进行的哲学概括，是系统科学与辩证唯物主义联系的桥梁。系统论思维是与人类思想史交织发展的一种思维方式，无论是中国古代哲学，还是上古时代的欧洲哲学及其之后的发展历程中都存在系统的概念和系统的思维方式。因此，笔者认为，既然刑法学根植于刑法哲学，而刑法哲学又是哲学体系的一个组成部分，而系统论又是伴随哲学发展的一种思维方式，那么，作为刑法学重要组成部分的犯罪论体系的构建就应当遵循系统论的当代科学思维方式而摒弃形而上学的思辨模式。

虽然系统论代表的是一种当代科学思维方式，它以系统性思维和互补性思维为基本内容，系统性思维的整体观念是系统观：认为事物是一个系统。但是，库兹涅佐娃所主张的犯罪构成概念的"系统论"观点并未在当代俄罗斯刑法理论界取得通说地位，这主要是因为大多数俄罗斯刑法学者认为"系统论"与"总和论"所界定的犯罪构成概

---

① 库兹涅佐娃教授在其1999年和2005年分别出版的两部教科书中"犯罪构成"一章详细论述了自己的犯罪构成系统论思想：Курс уголовного права. Общая часть. Т. 1. Учение о преступлении / под. Ред. Н. Ф. Кузнецовой, И. М. Тяжковой. М., 1999. М.; Уголовное право России. Общая часть: Учебник для вузов / Под ред. проф. Н. Ф. Кузнецовой и И. М. Тяжковой. М., 2005. С. 136－145。

② ［美］贝塔朗菲：《普通系统论的历史和现状》，载中国社会科学院情报研究所编：《科学学译文集》，科学出版社1980年版，第309页。

③ 魏宏森、曾国屏：《系统论——系统科学哲学》，中国出版集团·世界图书出版公司2009年版，第206～207页。

念并无实质差别,[①] 指的都是犯罪构成各要件的有机统一整体。

然而，从严格意义上讲，总和论代表的是一种经典科学思维方式，它的总特征是机械论，它的整体观念是机械累加的整体观念，即认为事物的整体是由其各个部分加合组成的，分别研究各个隔离的组成部分，就能把握事物的整体。所谓“犯罪构成乃是一系列要件的总和”，就是这种观念在犯罪构成定义中的典型表述。这种把事物看作是机械的累加的观念，只在十分有限的范围内才是合理的、有效的。然则，系统论代表的则是一种当代科学思维方式，它以系统性思维和互补性思维为基本内容。系统性思维的整体观念是系统观：认为事物是一个系统。经典科学思维方式，是与十八九世纪以牛顿理论为核心的近代自然科学相适应的，但是，进入 20 世纪以后，这种传统的思维方式由于落后于当代科学的飞速发展，严重限制和阻碍了人们对世界的认识而被扬弃。科学思维方式是与当代科学发展整体化趋势相适应的，它在自然科学和社会科学的各个领域发挥着巨大的作用，而且毫无例外地取得了重大的成就。用当代科学思维方式取代经典科学思维方式，是历史发展的必然。因此，可以预言，以犯罪构成系统论取代犯罪构成总和论是当代俄罗斯犯罪构成理论的发展趋势所在。

① Куринов Б. А. Научные основы квалификации преступлений. М. , 1984. С. 32; Советское уголовное право. Общая часть. М. , 1988.

第十二章　国外犯罪构成论体系的比较与反思

第一节　国外犯罪构成论体系的比较

现代各国的犯罪构成理论繁杂，不仅有以英美为代表的二元犯罪结构模式、以德日为代表的三元犯罪结构模式和以俄罗斯为代表的四元犯罪结构模式等主要犯罪构成体系，[①] 也有法国、意大利独具特色的犯罪构成理论，还有各国学者在不断论争中提出的犯罪构成理论，令人目不暇接。不过，犯罪构成理论体系虽多，但分歧却主要体现在犯罪构成的要件、结构和功能上。

一、犯罪构成要件之比较

在不同的犯罪构成理论体系中，“构成要件”的含义差别很大，但就犯罪构成这一体系的组合要素而言，其含义则是一致的，包含了构成犯罪的各种因素。从形式上看，不同犯罪构成论体系的要件差别很大：德日三阶层理论体系强调“构成要件该当性”、“违法性”和“责任”，英美二元犯罪论体系强调“犯罪本体要件（行为和心态）”和“责任充足要件”，[②] 而俄罗斯的四要件犯罪构成包含“犯罪客体”、“犯罪客观方面”、“犯罪主体”和“犯罪主观方面”四要件。但如果深化到要件内部，我们会发现，各种犯罪构成的要素却是基本相同，既包括了犯罪的客观要素，如行为、结果、因果关系、行为主体、行

---

① 彭文华：《犯罪构成范畴论》，中国人民公安大学出版社 2009 年版，第 180 页。

② 参见储槐植：《美国刑法》，北京大学出版社 1996 年版，第 51 页。

为的客体、行为环境等，也包括了犯罪的主观要素，如故意、过失、主观的违法要素、目的、动机等。[①] 不同之处主要体现在以下三个方面：

（一）排除犯罪性事由是否属于犯罪构成要素

在德日犯罪论体系中，违法性是该当构成要件后犯罪成立的第二个要件。由于构成要件是违法类型，该当构成要件的行为通常都具有违法性，所以一般情况下无须对违法性作特别的判断，只在特定情况下才对违法性采取有无违法阻却事由的方式进行判断。[②] 排除犯罪性事由（阻却违法事由）形式上不是犯罪成立的要件，但通过违法性判断实际地成为了犯罪成立的要素。在英美犯罪构成理论中，犯罪的成立除了必须具备“犯罪本体要件”，还必须排除辩护理由，包括未成年、精神病、错误、醉酒、胁迫与强制、紧急避险、正当防卫、上级命令、不可能性、不遵循共同体法律等。[③] 因此，德日犯罪论体系与英美犯罪构成理论对排除犯罪性事由的处理方式相似，“都是针对犯罪的形式化成立要件的不足，在形式化判断之后设置了修正性的判断阶段”。[④]

在法国和意大利，排除犯罪性事由也是犯罪构成的内容，但在归属上略有不同。在意大利通行的“典型事实”“客观违法性”“罪过”三要件理论体系中，排除犯罪性事由是客观违法性的主要内容。[⑤] 但在意大利“物质性”“侵害性”“主观性”之“三原则的犯罪构成论”中，排除犯罪性事由则被分散在“侵害性”原则和“主观性”原则之中，成为判断原则成立与否的因素。类似的因素在法国犯罪构成理论体系中则被放入了“负刑事责任的犯罪人”要件之中，成为不负

① 参见马克昌：《比较刑法原理：外国刑法学总论》，武汉大学出版社 2002 年版，第 133～136 页。

② 参见赵秉志主编：《外国刑法原理（大陆法系）》，中国人民大学出版社 2000 年版，第 116 页。

③ 参见［英］J. C. 史密斯、B. 霍根：《英国刑法》，李贵方等译，法律出版社 2000 年版，第 215 页。

④ 王志远：《犯罪成立理论原理——前序性研究》，中国方正出版社 2005 年版，第 133 页。

⑤ 参见［意］杜里奥·帕多瓦尼：《意大利刑法学原理》，陈忠林译，法律出版社 1998 年版，第 149～178 页。

刑事责任或责任从轻的原因。[①] 因此，在意大利和法国，排除犯罪性事由也是犯罪构成的要素，只不过在处理方式上与德日、英美略有不同。

不过，俄罗斯犯罪构成理论对排除犯罪性事由等消极要素的处理却与上述国家的做法完全不同。一方面，未成年、错误、意外事件等与构成要件密切相关的因素被纳入了犯罪构成体系内进行考虑，成为判断构成要件存在与否的因素。[②] 另一方面，正当防卫、紧急避险等事由则被放到了犯罪构成体系之外，作为排除犯罪性（违法性）事由加以对待。[③] 这“使犯罪构成处于一种分离状态：形式上符合与实质上不符合之间对应，由此而使犯罪构成形式化，即符合犯罪构成的四个要件但却还不一定构成犯罪”，[④] 并因此饱受诟病。

（二）犯罪客体是否犯罪构成要件

犯罪客体是俄罗斯犯罪构成理论的称谓，它相当于德日刑法理论中经过抽象化、精神化处理的保护客体，[⑤] 是犯罪的本质体现。在德日犯罪论体系中，犯罪客体（法益侵害性）不是犯罪论体系的要素，但却是违法性和有责性判断的实质依据。“构成要件是违法并且有道义责任的行为的定型”，“违法性和道义责任，同时属于伦理的、规范的判断”。[⑥] 因此，犯罪客体尽管不是德日犯罪论体系的要素，但却对德日犯罪论体系具有非常重要的解释论意义。“法益的侵害，揭示了犯罪行为的实质危害，在解释论上意义重大。”[⑦] 英美的犯罪论体系与德日相似，犯罪客体不是犯罪构成的要件，但却对定罪有着重要影响。英美

---

① 参见［法］卡斯东·斯特法尼：《法国刑法总论精义》，罗结珍译，中国政法大学出版社 1998 年版，第 336 页。

② ［苏联］A. H. 特拉伊宁：《犯罪构成的一般学说》，薛秉志等译，中国人民大学出版社 1958 年版，第 161 页。

③ 高铭暄、马克昌主编：《刑法学》（第 5 版），北京大学出版社、高等教育出版社 2011 年版，第 126 页。

④ 陈兴良：《四要件犯罪构成的结构性缺失及其颠覆——从正当行为切入的学术史考察》，载《现代法学》2009 年第 6 期。

⑤ 参见［日］奈良俊夫：《李斯特的法益论及其现代意义》，载《法学新报》1977 年第 84 卷。转引自张明楷：《法益初论》，中国政法大学出版社 2000 年版，第 38 页。

⑥ ［日］小野清一郎：《犯罪构成要件理论》，王泰译，中国人民公安大学出版社 2004 年版，第 29～30 页。

⑦ 肖中华：《论犯罪构成要件类别的界定》，载《中国法学》2000 年第 6 期。

犯罪构成论体系构建的重要根基是道德、政策以及经验等命题组成的实质正义。“仍然留在法院手中的权力是贯彻法律的最高的和基本的目的，不仅保持国家的安全和秩序，而且维护国家的道德利益。”① 犯罪客体是英美犯罪构成理论的实质依据。

与上述立场不同，意大利曼多瓦尼教授认为，犯罪客体（“犯罪的法律客体”）是为犯罪规范所保护的个人的、集体的或者公共的法益或利益，是“侵害性原则”的重要内容。② 俄罗斯犯罪构成理论则将犯罪客体的地位进一步提升，将其视为与犯罪主体、犯罪主观方面、犯罪客观方面平行的基本要件。“犯罪客体是构成犯罪的必备要件之一。行为之所以构成犯罪，首先就在于侵害了一定的社会关系，而且侵犯的社会关系越重要，其对社会的危害性就越大。如果某一行为并未危害刑法所保护的社会关系，就不可能构成犯罪。”③ 不过，近年来中国犯罪构成理论上存在一种去“犯罪客体”要件的倾向，不少学者主张将犯罪客体从犯罪构成中去除出去，其主要理由为：一是犯罪客体要件过于抽象，没有具体的内容。“作为犯罪构成要件的事实要素必须具有具体性，而绝大部分犯罪的犯罪客体只是理论的概括、作为‘社会关系’也是抽象的，因而并不存在所谓犯罪客体要件。”④ 二是犯罪客体要通过犯罪客观要件、主体要件和主观要件综合反映出来，没有犯罪客体不会影响犯罪的认定。“行为符合犯罪客观要件、主体要件和主观要件，就必然出现犯罪客体，不会出现符合这三个要件却没有客体的现象。”⑤ 因此，犯罪客体的有无并不影响犯罪的认定，没有必要将其作为犯罪构成的要件。

---

① ［英］鲁珀特·克罗斯、菲利普·琼斯：《英国刑法导论》，赵秉志等译，中国人民大学出版社1991年版，第20页。

② Ferrando Mantovani, *Diritto Penale* (Ⅵ Edizione), op. cit., CEDAM, Padova, 2009, p. 192.

③ 高铭暄、马克昌主编：《刑法学》（第5版），北京大学出版社、高等教育出版社2011年版，第52页。

④ 参见唐世月：《犯罪客体不应作为犯罪构成要件》，载《法学杂志》1998年第6期。

⑤ 参见张明楷：《刑法学》（第2版），法律出版社2003年版，第134页。

（三）法律（刑法）要素是否犯罪构成要件

规范的要素表明了某种社会的、法律规则的特征，[①] 具有两个明显特点：非自然感官感觉性和价值评判的必须性。[②] “有时要依靠有刑法以外的法律评价，有时要服从道德的、社会的、经济的评价。”[③] 规范的要素是犯罪构成的要素。但通常认为，这里的“规范”不包括刑法规范要素。而法国通行的犯罪构成理论却在此基础上迈出了一大步，直接将刑法要素作为了犯罪构成的要件。

法国通行的犯罪构成理论认为，法律要素、事实要素和心理要素是犯罪构成要件。“行为或不行为，只有在法律有规定并且对其惩处的情况下，才构成犯罪。正是从这个意义上，法律本身即是‘从总体上考虑’的犯罪的构成要件。” “既然可以说‘没有法律规定就没有犯罪’，那么我们说‘法律是犯罪的必要要件’，也就并非不准确。”[④] 尽管也有学者对此提出反对意见，但法国刑法理论中的通行观点仍然认为，法律是立法者颁布的对犯罪进行抽象描述的要素，是犯罪构成的一个基本要件。法律要件同事实要件及心理要件之间的关系是包含与被包含、形式与内容之间的关系。[⑤]

二、犯罪构成结构之比较

犯罪构成结构制约着犯罪构成要件，是真正影响犯罪构成评价的方面。目前关于各国犯罪构成结构的分歧主要体现在以下三个方面：

（一）构成要件的层次：二层次抑或多层次

犯罪构成要素很多，仅常见的就有十余种。对各种犯罪构成要素进行归类是所有犯罪构成理论通行的做法，并由此形成了不同的犯罪

---

① Kindhäuser, Strafgesetzbuch (Lehr-und Praxiskommentar), 4Aufl., Nomos, 2010, S. 91.

② 参见刘艳红：《开放的犯罪构成要件理论研究》，中国政法大学出版社 2002 年版，第 78 页。

③ ［日］泷川幸辰：《犯罪论序说》，王泰译，载高铭暄、赵秉志主编：《刑法论丛》（第 3 卷），法律出版社 1999 年版，第 195 页。

④ ［法］卡斯东·斯特法尼等：《法国刑法总论精义》，罗结珍译，中国政法大学出版社 1998 年版，第 113 页。

⑤ Robert (J.-H.), L'histoire des éléments de l'infraction, Rev. sc. crim. 1977, p. 277.

构成要件层次。

目前各国对犯罪构成要件层次的划分，多采取二分法。德日通行的犯罪论体系是在“构成要件该当性”、“违法性”和“有责性”三个要件之下再细分为若干要素。俄罗斯通行的犯罪构成体系也是对构成要件采取二层次划分，即在“犯罪客体”、“犯罪客观方面”、“犯罪主体”和“犯罪主观方面”四个要件之下再细分为若干要素，并形成了“要素”、“要件”和“犯罪构成”三个不同的概念。“从具体到抽象地判断危害行为是否构成犯罪时，就是一个从要素到要件，从要件到‘犯罪构成’的判断与评价过程。”[①] 德日和俄罗斯国内学者对构成要件的层次也存在一定的争论。例如，德日有不少学者主张将行为由犯罪构成的要素上升为与“构成要件符合性”或者“违法性”并列的要件。[②] 由于行为之下再无因素，这使犯罪构成内部的要件层次多元化。

英美通行的犯罪构成理论对构成要件采取的是三层次论。其“犯罪本体要件”包含了“犯罪行为”和“犯罪心理”，犯罪心理又包括了蓄意、明知、轻率和疏忽四种。[③] 这样一来，犯罪构成的要件就包含了三个层次。在英美，也有学者抛弃“犯罪本体要件”和“责任充足条件”这两个层次，直接将犯罪构成的要件分为“犯罪行为”、“犯罪心理”和“辩护理由”，而且这种“三元结构的研究方法反映了一种获得更广泛支持的观点”。[④] 法国的犯罪构成要件也多采取三层次论。其犯罪成立理论建立在犯罪行为和负刑事责任的犯罪人的二元论体系之上，犯罪行为由法律要件、事实要件和心理要件组成，其中事实要件和心理要件又可分为若干要素。[⑤]

（二）构成要件的组合方式：合取还是排除

犯罪构成要件的组合方式涉及构成要件的排列方式。对此，目前

---

① 曲新久：《刑法学》，中国政法大学出版社 2009 年版，第 78 页。

② 参见马克昌：《比较刑法原理：外国刑法学总论》，武汉大学出版社 2002 年版，第 105 页。

③ 参见储槐植：《美国刑法》，北京大学出版社 1996 年版，第 77 页。

④ ［英］艾伦·诺里：《刑罚、责任与正义：关联批判》，杨丹译，中国人民大学出版社 2009 年版，第 183 页。

⑤ ［法］卡斯东·斯特法尼等：《法国刑法总论精义》，罗结珍译，中国政法大学出版社 1998 年版，第 214、250 页。

主要有两种不同的做法：合取式和排除式。

合取式是一种数学上的交集思维，要求构成要件同时具备才能成立“犯罪构成”，构成要件与犯罪构成之间是部分和整体的关系。其数学表达是“$A \cap B$”。俄罗斯犯罪构成体系是这种方式的典型代表。它由四个部分组成，“各要件之间互为前提、互相作用，任何一个方面的要件，如若离开其他三个方面的要件或其中之一，都难以想象，要件的齐合充分体现在要件的同时性和横向联系性。”① “作为一定体系的犯罪是由四个同等必要的要素组成：犯罪所指向的对象（犯罪客体）；侵害的外部表现形式——行为（客观方面）；实施该行为的人（犯罪主体）和该人对所实施行为的一定的内在心理态度（犯罪的主观方面）。这些要素被区分出来是由于它们存在于犯罪中，而不取决于犯罪在性质和社会危害性程度方面的不同。”②

排除式是指犯罪构成要件之间存在一定的排斥关系。英美犯罪构成体系中的“犯罪行为”“犯罪心理”“辩护事由”之间就是一种排斥关系，不能同时存在。“犯罪本体要件和排除合法辩护（责任充足条件）相结合形成了美国刑法犯罪构成双层模式。”③ 而德日犯罪论体系的要件之间也体现为一种排除式关系，“违法性”和“有责性”实际上是对“构成要件该当性”的排除性判断。“构成要件从正面积极评价行为是否具有该当性，违法性与有责性从反面消极否定违法与责任阻却事由。”④ 意大利的“典型事实、客观违法性和过失”或者“典型事实、违法性及辩护事由”三要件论对犯罪构成要件也采取了排除式的做法。

（三）构成要件的位阶：平面还是递进？

犯罪构成要件的位阶性与其要件的组合方式密切相关。对构成要件排列采取合取式的犯罪构成体系，由于各构成要件之间是一荣俱荣、一损俱损的关系，它们之间是否存在一定的位阶关系，往往显得不太

① 肖中华：《犯罪构成及其关系论》，中国人民大学出版社 2000 年版，第 213 页。

② 参见何秉松、［俄］科米萨罗夫、科罗别耶夫主编：《中国与俄罗斯犯罪构成理论比较研究》，庞冬梅等译，法律出版社 2008 年版，第 25 页。

③ 储槐植：《美国刑法》，北京大学出版社 1996 年版，第 88 页。

④ 劳东燕：《罪刑法定视野中的犯罪构成》，载陈兴良主编：《刑事法评论》（第 8 卷），中国政法大学出版社 2001 年版，第 342 页。

重要。但对构成要件排列采取排除式的犯罪构成体系，由于排除须以一定的积极要件存在为前提，并且必然是积极要件在先、消极要件在后，它们之间自然会形成一定的位阶关系。“某一行为是否与构成要件符合，须首先加以判断，然后依次为违法判断与责任判断，自外表深入内部，即所谓‘立体重合关系’。”①

不过，在合取式犯罪构成中，构成要件之间的位阶关系不重要但并不意味着没有。俄罗斯通行的犯罪构成理论就按照认定犯罪的过程确定了“犯罪客体—犯罪客观方面—犯罪主体—犯罪主观方面”的排列顺序，也有学者按照行为产生、发展的过程将四要件的排列顺序确定为“犯罪主体—犯罪主观方面—犯罪客观方面—犯罪客体”。② 犯罪构成要件因而表现出了一定的次序和位阶。

三、犯罪构成功能之比较

犯罪构成体系总是为一定的功能而存在。不同犯罪构成的体系差异也会导致其功能的不同，并主要体现在其作为核心的定罪功能和作为辅助的其他功能上。

（一）定罪功能：侧重出罪还是侧重入罪

犯罪构成体系解决的是行为是否构成犯罪的问题。“犯罪的构成要件，就是犯罪的成立要件。当犯罪的构成要件全部具备时，犯罪就应当成立。”③ 但不同的犯罪构成体系在认定犯罪的逻辑思路上存在一定差异，一些学者据此认为，不同犯罪构成体系在定罪功能上也存在差距。

德日和英美通行的犯罪构成理论体系采取的是排除式结构，犯罪的认定过程是一个由积极要件到消极要件的限缩过程。不少学者认为这种犯罪构成体系侧重于出罪。如有学者认为，“德日犯罪构成三元结构与美国犯罪构成双层次模式，在实质上都反映刑事责任追究范围逐

---

① 高仰止：《刑法总则之理论与实用》，台北，五南图书出版股份有限公司1986年版，第59页。

② 参见赵秉志主编：《刑法新教程》（第4版），中国人民大学出版社2012年版，第64页。

③ 侯国云：《德日犯罪构成理论批判》，载《中国政法大学学报》2011年第4期。

步收缩的定罪过程，由刑法两大功能（维护秩序和保障人权）体现出来的犯罪构成内在制约机制”,① 由此体现出更明显的出罪功能。

相反，俄罗斯犯罪构成理论体系似乎更侧重入罪。一方面，俄罗斯犯罪构成的四要件之间是一种合取关系，在认定犯罪的过程中，更侧重于选取四要件中符合犯罪构成的内容，在思路模式上有往构成犯罪方面靠拢的趋势；另一方面，俄罗斯犯罪构成理论是一个缺少出罪事由的犯罪构成，正当防卫、紧急避险等排除犯罪性事由没有被放在四要件的犯罪构成体系中讨论，不承认排除犯罪性行为是犯罪构成的一个要件。② 而且俄罗斯的四要件理论强调主观与客观要件的统一，容易从文义中的主观在前客观在后，发展出从主观到客观的定罪思路，并“导致借以‘主客观相统一’之名得出倾向于‘主观主义’的结论”,③ 其结果是，以主观为主导的主客观相统一的定罪模式在实践中大行其道，容易导致犯罪认定中的入罪化。④

（二）辅助功能：是否特殊形态的基准

犯罪构成的全部功能似乎都在于为刑事司法认定某种行为是否构成犯罪提供一个固定的规格与标准。⑤ 但通说也认为，犯罪构成理论不仅是正确认定犯罪的理论基础，同时对于深刻分析诸如共同犯罪、犯罪停止形态、一罪与数罪、刑法分则的体系等问题都有重要的指导意义。⑥ 犯罪构成的后一功能是其定罪功能的延伸。

不过，德日和英美通行的理论都以“修正”的形式对特殊形态中的犯罪构成功能进行了否定。“未遂犯与共犯的构成要件则是以基本的构成要件为前提，基于实质的必要性与政策的理由而扩大处罚范围，就行为的发展阶段或复数行为者的参与形态进行的部分修正。”⑦ 这种

---

① 储槐植：《美国刑法》，北京大学出版社 1996 年版，第 52 页。

② 陈兴良：《犯罪构成论：从四要件到三阶层——一个学术史的考察》，载《中外法学》2010 年第 1 期。

③ 郑军男：《论定罪中的“主客观相统一原则”——解读刑法理论中的主观主义与客观主义》，载《法制与社会发展》2005 年第 4 期。

④ 刘艳红：《犯罪构成体系平面化之批判》，载《法学研究》2011 年第 5 期。

⑤ 参见杨兴培：《犯罪构成原论》，中国检察出版社 2004 年版，第 60 页。

⑥ 参见高铭暄、马克昌主编：《刑法学》（第 5 版），北京大学出版社、高等教育出版社 2011 年版，第 50 ~ 51 页。

⑦ 张明楷：《外国刑法纲要》，清华大学出版社 1999 年版，第 79 页。

修正的后果是，无论犯罪的未完成形态还是共犯、罪数，都不要求具备完整的犯罪构成。这就使得犯罪的特殊形态与犯罪构成的关系日渐疏离：一是未完成罪理论与犯罪构成理论疏离。从根本上看，“未完成罪与完成罪的区别与犯罪构成没有关系，而在于两者对行为要素与结果要素的要求不同”。[①] 二是共同犯罪理论与犯罪构成理论疏离。德日通行的共同犯罪理论是以行为共同说为根据，这里的行为只是构成要件该当性意义上的行为，是“实现犯罪构成要件之外在、客观事实限度内之实行行为”，[②] 它不考虑行为人的主观和责任能力，只取了犯罪构成的半截，与犯罪构成理论并无多少关联。三是罪数理论与犯罪构成理论疏离。德日犯罪个数的确认并不完全以犯罪构成而主要是以犯意、行为、法益或者构成要件作为标准，并因而形成了犯意标准说、行为标准说、法益标准说（结果标准说）与构成要件标准说，[③] 与犯罪构成整体的关系并不大。

相比之下，俄罗斯犯罪构成理论在共同犯罪和罪数上贯彻得较为彻底，都以犯罪构成整体作为共同犯罪、罪数的判断标准。其中，共同犯罪的成立要求各行为人必须具备共同的犯罪故意和共同的犯罪行为，坚持犯罪共同说；罪数标准坚持的是犯罪构成标准说，以符合犯罪构成的个数作为一罪与数罪的标准，行为人的犯罪事实具备一个犯罪构成的为一罪，具备数个犯罪构成的为数罪。[④] 犯罪构成理论的彻底贯彻给共同犯罪的成立和罪数的认定提出了更高的要求，这也导致了在间接正犯、片面共犯、并罚原则等问题上受到了一些学者的诟病。有学者据此提出，在现有的犯罪构成判断体系当中，就某些特定犯罪（主要是指窝藏、包庇罪，赃物犯罪，徇私枉法罪等以存在其他犯罪为前提的犯罪）而言，应当提倡一种不以行为人具备刑事责任能力，而仅以行为人的行为大致符合了犯罪构成客观方面（包括犯罪客体）为内容的犯罪概念。这种犯罪，只要求在本质上对刑法所保护的法益造

① 李晓明主编：《中国刑法基本原理》，法律出版社 2010 年版，第 233～235 页。

② ［日］山口厚：《刑法总论》（第 2 版），付立庆译，中国人民大学出版社 2011 年版，第 304 页。

③ 张明楷：《外国刑法纲要》，清华大学出版社 1999 年版，第 337 页。

④ 参见赵秉志主编：《刑法新教程》（第 4 版），中国人民大学出版社 2012 年版，第 170、186 页。

成了实际损害或者现实威胁即可，至于行为人是否具有刑事责任能力、犯罪数额是否达到了犯罪的要求，则可以不考虑。[①] 这实际上也反映出犯罪构成功能的局限性。

第二节　国外犯罪构成论体系的反思

一、犯罪构成要件反思

犯罪构成要件是犯罪构成的下位概念。它始终围绕犯罪的认定而展开，代表了犯罪构成不同方面的特征和属性，是犯罪认定的基础。就犯罪构成需要多少要件和哪些要件而言，完全是由犯罪构成概念的内在属性所决定的。从认知的角度看，排除犯罪性事由和犯罪客体应当是犯罪构成的要件（要素），而法律（刑法）要素则不应作为犯罪构成的要件（要素）。

（一）排除犯罪性事由应当是犯罪构成的要素

对排除犯罪性事由的处理方式差异是俄罗斯犯罪构成理论与德日、英美在犯罪构成要件上的最大不同。俄罗斯是在犯罪构成之外研究排除犯罪性事由，认为正当防卫、紧急避险等行为形式上符合犯罪构成，但实质上没有社会危害性。[②] 有学者认为，这种安排对俄罗斯犯罪构成理论体系而言是一种现实的选择：一是由于该部分内容庞大，置入任一要件中进行分析均显体例失调，可能冲淡对“要件”自身核心意义的理解；二是因其至少涉及两方面要件（客体与主观方面），单独列示更便于以不同要件之规定性分别深入剖析，以从不同角度完整地揭示出罪理由；三是由于其本身在刑法性质上亦属同犯罪直接相关的一种特殊行为形态，将其置入“特殊形态”部分专门阐述，则可使犯罪论

① 黎宏：《我国犯罪构成体系不必重构》，载《法学研究》2006 年第 1 期。

② 参见高铭暄、马克昌主编：《刑法学》（第 3 版），北京大学出版社、高等教育出版社 2007 年版，第 138 页；马克昌主编：《犯罪通论》，武汉大学出版社 1999 年版，第 709 页。

内部三大块之逻辑关系更为清晰。[①] 但这种安排也存在明显的问题，容易导致认知的困难。

第一，将排除犯罪性事由排除出犯罪构成，会导致犯罪构成概念的不确定。现代心理学认为，概念必须靠其属性来界定，没有属性的事物，无法获致概念。概念的属性愈少，其所“概”的范围就愈大，其所指涉的事物就愈不肯定；概念的属性愈多，其所“概”的范围就愈小，其所指涉的事物就愈肯定。[②] 将排除犯罪性事由从犯罪构成中排除出去，其最直接的结果是导致犯罪构成的属性减少。俄罗斯刑法理论一般认为，犯罪构成是依照刑法的规定，决定某一具体行为的社会危害性及其程度，而为该行为构成犯罪所必需的一切主观要件和客观要件的有机统一。[③] 从“犯罪构成”概念的内涵上看，排除犯罪性事由客观上无疑具有“决定某一具体行为的社会危害性及其程度”的意义，并可反映在犯罪的要件上。将排除犯罪性事由放在犯罪构成要件之外进行探讨，实际上减少了犯罪构成的概念属性，客观上增加了犯罪构成概念的不确定性，即人们不能根据犯罪构成的四个要件对行为是否成立犯罪作出肯定的回答。这造成了一种逻辑上的矛盾：“犯罪构成是认定犯罪的唯一依据，但符合犯罪构成的行为也不一定构成犯罪；犯罪构成是说明社会危害性的，但符合犯罪构成也可能没有社会危害性。”[④]

第二，将排除犯罪性事由作为犯罪构成的要件（要素）符合犯罪构成概念界定的要求。一般认为，犯罪构成的要件（要素）都应当是积极的因素。消极的要素是犯罪构成不应当具有的因素，因而似乎不宜将其作为犯罪构成的要件（要素）。但实际上，在概念的界定中，消极因素完全可以成为概念的属性之一。现代认知心理学理论通常将一个概念的诸语义特征分成两类：一类为定义性特征，即定义一个概念所必需的特征；另一类为特异性特征，它们对定义一个概念并不必要，

① 冯亚东：《犯罪构成与诸特殊形态之关系辨析》，载《法学研究》2009 年第 5 期。

② 参见张春兴：《现代心理学》，上海人民出版社 1994 年版，第 319 页。

③ 参见高铭暄主编：《新编中国刑法学》（上册），中国人民大学出版社 1998 年版，第 88 页。

④ 张明楷：《违法阻却事由与犯罪构成体系》，载《法学家》2010 年第 1 期。

但也有一定的描述功能。[①] 每一概念都是由独特的必要特征和共同的充分特征构成的。[②] 这里的“定义性特征”当然包含消极要素。以“鸡”的概念为例，我国现代汉语词典对“鸡”的解释是“家禽，品种很多，嘴短，上嘴稍弯曲，头部有鲜红色肉质的冠。翅膀短，不能高飞”。[③] 其中，“不能高飞”就是一个消极要素，但却是“鸡”这一概念的重要属性。从这个角度看，将排除犯罪性事由作为犯罪构成的要件（要素）是犯罪构成概念界定的要求，客观上有利于更好地明确犯罪构成的内涵，因而是适当的。

（二）犯罪客体应当作为犯罪构成的要件

就犯罪客体应否作为犯罪构成的要件而言，从根本上看，在于该要件是否属于“犯罪构成”概念的定义性特征，离开了该要件的犯罪构成内涵是否完整。对此，否定论者认为，“一个犯罪行为侵犯了什么法益，是由犯罪客观要件、主体要件与主观要件以及符合这些要件的事实综合决定的；区分此罪与彼罪，关键在于分析犯罪主客观方面的特征”。“主张犯罪客体不是要件，并不会给犯罪定性带来困难。”[④] 不过，从认知的角度看，笔者认为，离开了犯罪客体要件，人们就无法准确认知犯罪构成，犯罪客体应当作为犯罪构成的要件。

第一，犯罪概念与犯罪构成的关系决定了犯罪客体应是犯罪构成的要件。中外刑法理论一致认为，犯罪概念与犯罪构成的关系是一种抽象与具体的关系，犯罪构成是犯罪概念的具体化，是犯罪认定的规格。犯罪概念、犯罪构成和犯罪构成要件（要素）三个概念之间是一个由抽象到逐步具体、细化的关系。认知心理学认为，概念包括两个因素：（1）概念的定义性特征，即一类个体具有的共同的有关属性；（2）诸定义性特征之间的关系，即整合这些特征的规则。这两个因素有机地结合在一起，组成一个特征表。[⑤] 犯罪构成要件（要素）必须体现犯罪概念的所有属性。对于犯罪客体与犯罪概念的关系，否定论者

---

① 参见王甦、汪安圣：《认知心理学》，北京大学出版社 1992 年版，第 189 页。

② 参见韩劢：《认知心理学中概念结构观的演变》，载《淮北煤炭师范学院学报（哲学社会科学版）》2004 年第 3 期。

③ 《现代汉语词典》，商务印书馆 1983 年版，第 524 页。

④ 张明楷：《刑法学》（第 2 版），法律出版社 2003 年版，第 134 页。

⑤ 参见王甦、汪安圣：《认知心理学》，北京大学出版社 1992 年版，第 262 页。

也认为，“犯罪客体实际上是保护客体，即刑法所保护的法益，它属于犯罪概念的内容”。[①] 从概念认知的角度看，既然犯罪客体是犯罪概念的内容，而犯罪构成又是犯罪概念的具体化，那么犯罪构成无疑应将犯罪客体作为其要件，以充分揭示犯罪概念的属性。

第二，犯罪构成的主体、主观和客观要件无法充分揭示犯罪客体。无论是将犯罪客体的内容界定为社会关系、权利还是法益，犯罪客体体现的都应该是一个整体的法秩序或法益。只有在整体法秩序或法益受到侵害的情况下，具体法秩序或法益是否受到侵害的判断才有意义。从这个角度看，笔者不赞同我国通说认为的正当行为在形式上符合犯罪构成的观点。犯罪客体的判断应该是整体法秩序或法益基础上进行的具体判断。基于此，“某些正当行为，如正当防卫、紧急避险、自救行为、经被害人承诺的侵害行为中，单纯考察行为主体特征、行为人的客观行为以及主观心理态度，可能判定行为符合犯罪的主体要件、主观要件和客观要件，如果此时不考虑行为是否侵害合法权益的一面，显然会出现错误”。[②] 换言之，这些正当行为完全符合犯罪的主体要件、主观要件和客观要件，但不构成犯罪，因为它们在整体上没有侵害刑法的保护客体，不符合犯罪的概念和本质。可见，离开了犯罪客体，犯罪构成往往难以明确。

（三）法律（刑法）要素不应成为犯罪构成的要件（要素）

关于法律（刑法）要素应否作为犯罪构成的要件（要素）问题，目前只有法国的犯罪构成理论对此持赞成态度。从限制司法权滥用的角度看，这有其积极意义。不过，从认知的角度看，将法律（刑法）要素作为犯罪构成的要件（要素）并不妥当。按照认知心理学的观点，司法的定罪过程实际上是一个法定犯罪构成与犯罪构成事实的匹配过程，两者处于不同的心理层面，不能相混淆。

认知心理学认为，特征和特征分析在认知过程中起着关键作用。外部刺激在人的长时记忆中是以其各种特征来表征的，在认知过程中，首先要对刺激的特征进行分析，也即抽取刺激的有关特征，然后将这

---

① 张明楷：《刑法学》（第2版），法律出版社2003年版，第134页。

② 高铭暄主编：《刑法专论》（第2版），高等教育出版社2006年版，第145页。

些抽取的特征加以合并，再与长时记忆中的各种刺激的特征进行比较，一旦获得最佳的匹配，外部刺激就被识别了。① 在此心理过程中，法律（刑法）要素是作为已有的知识贮存在长时记忆之中，是认知匹配的标准，犯罪构成事实则是认知匹配的对象。将法律（刑法）要素纳入犯罪构成要件（要素），使得定罪过程的标准和对象合二为一，将导致整个认知活动无法实现。实际上，不少法国学者也认识到了这一点。法国学者罗伯尔·伍安（Robert Vouin）认为："可以排除法律要素，因为刑法就是作为惩处犯罪的一个因素而存在的。将其作为犯罪的构成要素只是一种非最佳的提醒罪刑法定原则的方式。"② 德高克（Decocq）也认为："将法律作为犯罪的构成要素是难以接受的建议，因为一个规范不能被一个行为而且是非法行为所包含。"③

二、犯罪构成结构反思

结构体现的是要件（要素）之间的组合规则。认知心理学认为，概念规则在概念结构中是非常重要的因素。一个概念只有定义性特征是不够的，还必须有整合这些特征的规则。④ 从认知的角度看，犯罪构成要件之间的结构关系必须合理，这样才能更有利于其实践运用。

（一）犯罪构成要件应具有层次性

将犯罪构成要件分层次是各国犯罪构成理论的普遍做法。这符合人的认知规律。认知心理学上的层次网络模型认为，语义记忆的基本单元是概念，每个概念具有一定的特征。这些特征实际上也是概念，不过它们是说明另一些概念的。有关概念按逻辑的上下级关系组织起来，构成一个有层次的网络系统。在每一级概念的水平上，只贮存该级概念独有的特征，而同一级的各概念所具有的共同特征则贮存于上一级概念的水平上。⑤ 因此，将犯罪构成要件分层，有助于人们更好地掌握犯罪构成要件和犯罪构成的概念。但问题是，将犯罪构成要件分

---

① 参见王甦、汪安圣：《认知心理学》，北京大学出版社1992年版，第56页。

② Robert Vouin, Manuel de droit criminal, Librairie générale de droit et de jurisprudence, 1949, p. 231.

③ A. DECOCQ, Droit pénal général, Ed. Armand Colin, Coll. U, 1971, p. 61.

④ 参见王甦、汪安圣：《认知心理学》，北京大学出版社1992年版，第262页。

⑤ 参见王甦、汪安圣：《认知心理学》，北京大学出版社1992年版，第175页。

多少层更合适？每一层次的构成要件应如何分布？

第一，将犯罪构成要件分两层次更为合理。当今各国通行的犯罪构成要件大多分为两个层次，也有的分为三个层次。从总体上看，犯罪构成要件的两层次划分更为合理：一方面，将犯罪构成要件分为两层次后，犯罪构成内部将形成四个层次的概念体系，即犯罪构成——第一层次的犯罪构成要件——第二层次的犯罪构成要件（要素）——作为犯罪构成要素的基础概念。如果再作层次上的增加，将导致犯罪构成概念体系的层次过多。另一方面，犯罪构成要件层次过多将导致不同层次的构成要件之间连接的削弱。认知心理学上的激活扩散模型认为，在认知过程中，当一个概念被加工或受到刺激，在该概念结点就产生激活，然后激活沿该结点的各个连线，同时向四周扩散，现扩散到与之直接相连的结点，再扩散到其他结点。① 连接的紧密是概念快速激活的前提，也是认知的重要基础。在犯罪构成要件层次增多的情况下，不同层次之间的构成要件（要素）的连接必然削弱，这将影响对犯罪构成概念的加工过程和速度。因此，将犯罪构成要件分为两个层次，即“构成要件——构成要素”，更为妥当。其中，“构成要件是上位概念，构成要素是下位概念，构成要素包含在构成要件之中，数个具有相同属性的构成要素，组成一个构成要件”。②

第二，同一构成要件下的构成要素内容要适中。通常情况下，犯罪构成要素的数量与认知加工的时间和深度成正比。俄罗斯犯罪构成理论在要件上面临的最大问题是犯罪客体要件下的构成要素缺乏。根据认知的简便性原则，犯罪客体在认知加工过程中必定处于次要地位，人们会将更多的时间用于犯罪主体、犯罪主观方面和犯罪客观方面等要素较多的要件加工之中，这一方面会弱化犯罪客体的要件地位，另一方面也会不当地增加其他构成要件的认知加工进程，不利于认知任务的平衡。也正因如此，才有学者以“犯罪客体不具有具体性”为由主张将其排除出犯罪构成要件的范畴。因此，如何合理安排不同构成要件（尤其是犯罪客体）下的要素内容是犯罪构成要件设置所必须考

① 参见王甦、汪安圣：《认知心理学》，北京大学出版社 1992 年版，第 175 页。
② 侯国云：《当今犯罪构成理论的八大矛盾》，载《政法论坛》2004 年第 4 期。

虑的问题。

(二) 合取式犯罪构成要件的认知更快捷

犯罪构成要件的组合方式决定了犯罪构成的结构，也体现了认知过程中更高水平的抽象过程。当今各国犯罪构成在要件的组合方式上主要有合取式和排除式两种。从总体上看，俄罗斯合取式犯罪构成与德日排除式犯罪构成相比，在认知上要更为快捷。

第一，在认知难易程度上，构成要件的合取式与排除式相比，要更容易。认知心理学上的特征表说将否定、合取和析取看作认知的基本逻辑操作，并且认为，一个人对逻辑概念诸特征间的关系的理解，必须要减缩到这些基本操作的某种结合，而任何一个特定概念的难易程度取决于该概念的掌握需要多少基本的逻辑操作。诸概念规则按其难易程度分为3个水平：第一个水平，也即比较容易的概念规则为肯定和否定；第三个水平，也即最难的概念规则为排除性析取和双重条件，其余均属中间的第二个水平。[①] 从认知的基本逻辑操作来看，俄罗斯合取式犯罪构成在构成要件层面只需要一个基本逻辑操作（合取）即可完成，而德日、英美的犯罪构成则至少需要两个基本逻辑操作（否定、合取）才能完成。因此，在犯罪构成要件这一层次上，俄罗斯合取式的犯罪构成与德日的排除式犯罪构成相比，其思维操作更容易。

第二，在规则运用的次数上，德日犯罪构成理论运用排除规则的次数要多于俄罗斯犯罪构成理论。一般而言，德日的犯罪构成理论至少要在犯罪构成要件和犯罪构成要素两个层次上分别运用排除规则进行判断。例如，在犯罪构成要素层次上，需要首先运用排除规则对主体、行为、客体以及作为构成要件的故意、过失等要素进行判断，在具备构成要件符合性的基础上，还要在犯罪构成要件的层次上，运用两次排除规则进行违法阻却与责任阻却的判断。相比之下，俄罗斯的犯罪构成理论只需要在犯罪构成要素的层次上运用排除规则进行判断；在犯罪构成要件的层次上，它采取的是合取规则。因此，俄罗斯犯罪构成理论与德日犯罪构成理论相比，在心理操作上要更为容易和便捷。

① 参见王甦、汪安圣：《认知心理学》，北京大学出版社1992年版，第264～265页。

从这个角度看，那种认为“三阶层的犯罪论体系所具有的位阶式思维能够提供一个较为经济的思维方法”的观点并不符合认知的实际操作过程。[①]

（三）递进式犯罪构成模式并不优于平面式

刑法理论上一般认为，德日的犯罪构成要件之间具有明显的位阶性，构成要件该当性、违法性和有责性三个阶层的评价依次进行；前一要件是后一要件的前提，无此前提则不能进入后一要件的判断，后一要件则依附于前一要件而存在；犯罪构成三个要件之间的位阶关系十分明确，这对于定罪过程中充分发挥犯罪构成的人权保障功能具有重要意义。[②] 应该承认，单就犯罪构成要件之间的位阶性而言，德日犯罪构成理论与俄罗斯犯罪构成理论相比，无疑更为明显，认知的阶段性更清晰。不过，从认知的角度看，笔者认为，由此并不能得出递进式犯罪构成模式一定优于平面式犯罪构成的结论。

第一，自上而下的认知加工不受犯罪构成要件的位阶性影响。认知心理学认为，心理的信息加工方式包含了互相联系的自下而上加工和自上而下加工过程。前者是基于刺激驱动的加工，有一系列的程式；后者是基于概念驱动的平行加工，受过去知识和经验所影响。[③] 从形式上看，德日犯罪构成要件的位阶性反映的只是自下而上的认知加工过程，并没有反映认知的自上而下加工过程。而事实上，自上而下的加工在司法实践中的运用十分常见。司法者对案件事实的判断都会有一定的假设或者预期，定罪过程实际上就是一个司法者假设或者预期的验证过程。例如，对于发生的死亡事件，司法者首先会假设该事件符合故意杀人罪或者故意伤害罪，然后使用故意杀人罪或者故意伤害罪的构成要件进行比对验证。它是一个自上而下的过程。司法者的预期会产生一个先前判断，进而影响对犯罪构成要件的分析。尤其是在要件特征不明显（认知条件恶化）的情况下，自上而下加工的参与将逐渐增多。[④] 递进式犯罪构成无法反映或者限制司法者的这种自上而下的

---

① 陈兴良：《犯罪论体系的位阶性研究》，载《法学研究》2010 年第 4 期。
② 陈兴良：《论犯罪构成要件的位阶关系》，载《法学》2005 年第 4 期。
③ 参见王甦、汪安圣：《认知心理学》，北京大学出版社 1992 年版，第 26～27 页。
④ 参见王甦、汪安圣：《认知心理学》，北京大学出版社 1992 年版，第 39 页。

加工过程，因而难言更为优越。

第二，犯罪构成要件的位阶性无助于解释定罪过程中的熟悉效应和典型性效应。熟悉效应和典型性效应是认知过程中常见的心理现象。前者是指人们对较熟悉的对象判断较快，原因在于概念联系的频率反映出主观的概念间的距离，在某些情况下，它与客观的概念的层次距离不一致，并越过后者而起作用；[①] 后者是指对一个范畴或概念的典型成员的判断要快于对非典型成员的判断。[②] 在定罪过程中，熟悉效应和典型性效应十分常见。例如，专门承办经济犯罪案件的司法者对于自己熟悉的经济犯罪案件的判断往往非常迅速，无须借助犯罪构成要件的位阶进行分析；同样，对于典型的犯罪案件（如典型的杀人案件），司法者的定罪过程也会很快，也无须借助犯罪构成要件的位阶进行逐步的分析。这是一种捷径式思考，它的特征是“根据以往处理同类问题成败的经验，不完全遵循一定的程序与步骤去思考推理；靠经验法则，以抄捷径的方式，达到解决问题的目的”。[③] 在这种思维过程中，递进式犯罪构成理论设定的程式难以发挥作用。赞同德日三阶层犯罪论体系的学者也认识到了这一点，进而认为三阶层犯罪论体系的优越性主要体现在对疑难案件的判断上。[④]

第三，犯罪构成要件的位阶性在疑难案件的解决中也不具有优势。定罪的过程是法定的犯罪构成与犯罪事实的匹配过程。认知心理学上的特征比较模型认为，认知的加工过程包含了两个阶段。当要判断一个句子的真伪，如“麻雀是鸟”时，第一个阶段是提取该句的主语和谓语两个概念的特征，将两者的全部特征包括定义性特征和特异性特征加以总体比较，并确定两者的相似程度。如果两者高度相似即有很多共同的语义特征，就会做出肯定反应；如果两者极不相似即没有或很少共同的语义特征，则会作出否定反应。第二个阶段撇开主语和谓语两个概念的特异性特征，只对两者的所有定义性特征进行比较，如

① 参见王甦、汪安圣：《认知心理学》，北京大学出版社 1992 年版，第 179 页。
② 参见王甦、汪安圣：《认知心理学》，北京大学出版社 1992 年版，第 179 页。
③ 参见张春兴：《现代心理学》，上海人民出版社 1994 年版，第 325 页。
④ 陈兴良：《犯罪论体系的位阶性研究》，载《法学研究》2010 年第 4 期。

果两者匹配，就可判定为真，否则判定为伪。[①] 司法者对“某某杀人是否构成故意杀人罪”的判断，也会遵循一个由总体比较到具体计算的过程。疑难案件之难并不是整个犯罪事实特征的认定都难，而只难在某一、二个犯罪构成要件的事实认定方面。在此类案件处理中，司法者首先会将明显符合法定构成要件的事实加以确认，然后将关键性的疑难事实与法定犯罪构成要件（要素）进行认真的比较、匹配。因此，无论犯罪构成要件之间是否具有位阶性，案件最终处理的关键还是在于个别要件与事实的匹配性认定，而这与位阶并无关联。在此，递进式犯罪构成理论所强调的位阶性优势也就不复存在。

三、犯罪构成功能的反思

德日、英美犯罪构成理论与犯罪特殊形态（未完成形态、共犯形态和罪数形态）之间并不完全对应，犯罪构成理论对犯罪特殊形态的辅助功能有限，同时在罪刑法定原则的指导下，犯罪构成作为一种定型，能够将不符合法定犯罪构成的事实排除出犯罪的范畴，具有出罪的价值和功能。因此，犯罪构成功能分歧的关键不在于其辅助功能，而在于德日、英美犯罪构成理论是否与俄罗斯犯罪构成理论相比具有更显著的出罪功能。但从认知的角度看，笔者认为，对此难以得出肯定的结论。

第一，既存的自上而下加工方式决定了德日、英美犯罪构成理论出罪功能的有限性。应当说，在自下而上的加工方式中，德日、英美的犯罪构成理论具有更严格的程式化特征。在德日三阶层的犯罪论体系中，出罪与入罪要经过三重审查：在构成要件该当性阶层，将那些不具备构成要件的行为予以删除；在违法性阶层，将那些虽然具备构成要件该当性但不具有违法性的行为予以排除；在有责性阶层，将那些虽然具备构成要件该当性和违法性，但不具备有责性的行为予以删除。[②] 但正如前所述，人的认知加工不仅有自下而上的加工方式，也有自上而下的加工方式。认知心理学强调过去的知识经验和现实刺激都

① 参见王甦、汪安圣：《认知心理学》，北京大学出版社 1992 年版，第 192 ~ 193 页。

② 陈兴良：《犯罪论体系的去苏俄化》，载《政法论坛》2012 年第 4 期。

是产生知觉所必需的，因此它认为认知过程包含相互联系的两种加工：自下而上加工和自上而下加工。自下而上加工由外部刺激开始，通常先对较小的认知单元进行分析，然后再转向较大的认知单元，经过一系列连续阶段的加工而达到对感觉刺激的解释。而自上而下加工是由有关认知对象的一般知识开始的加工，由此可以形成期望或对认知对象的假设。这种期望或假设制约着加工的所有的阶段或水平。[①] 在自上而下的加工方式中，已经形成的“期望或者假设”会对认知加工的阶段和水平产生制约。例如，在“故意传播艾滋病病毒的行为是否构成故意杀人罪”的判断中，司法者首先会对该行为的危害性与普遍性产生一个总体印象，并感觉该行为能构成故意杀人罪。在具体加工过程中，司法者的这种印象或者期望会对行为的判断产生影响，继而会对“传播艾滋病病毒的行为是否属于杀人行为”作出带有一定偏向的判断，如两者在实质上都可构成对生命的侵犯或者威胁，进而可能认为两种行为具有高度的重合，并对“故意传播艾滋病病毒的行为是否构成故意杀人罪”命题作出肯定的判断。可以说，这种自上而下的加工方式在任何一种犯罪构成理论中都无法避免。德日、英美的犯罪构成理论也不例外，它们并不比俄罗斯的犯罪构成理论更优越。

第二，俄罗斯犯罪构成理论也存在明显的排除式判断思维。从相关学者的论述来看，德日、英美的犯罪构成理论之所以更具出罪功能，是因为它们在构成要件层面存在排除式的判断思维过程。这种排除式判断在形式上与出罪更具契合性。但值得指出的是，俄罗斯的犯罪构成理论体系中也存在明显的排除式判断思维过程，只不过它主要存在于犯罪构成要素层面。一方面，无论是犯罪主体、犯罪主观方面还是犯罪客观方面，犯罪构成要素的判断过程都存在排除式判断思维。例如，犯罪主体的“人——未成年人、精神病人”之间就是一种排除关系，犯罪主观方面的“故意、过失——意外事件、不可抗力、上级命令[②]、认识错误”、犯罪客观方面的“行为——强制、无意识行为”也

① 参见王甦、汪安圣：《认知心理学》，北京大学出版社 1992 年版，第 38 页。

② 美国《模范刑法典》第 2 · 10 条规定：“行为人实行受追诉的犯罪行为时，如果是执行军务上的上司命令，而又不知道其命令违法时，为积极的抗辩事由。”参见赵秉志主编：《英美刑法学》（第 2 版），科学出版社 2010 年版，第 113 页。

都是一种排除关系，对之可以进行充分的出罪式判断。另一方面，将排除犯罪性行为纳入犯罪客体后，犯罪客体中也将存在“法益受侵害——排除法益侵害性事由”的排除关系。因此，俄罗斯的犯罪构成理论也存在“出罪”式的排除性判断。只不过，俄罗斯犯罪构成理论将这一判断过程放在了犯罪构成要素层面，而德日、英美犯罪构成理论将这一判断过程提升到了犯罪构成要件层面。但并不能说，犯罪构成要件层面的排除性判断思维就一定比犯罪构成要素层面的排除性判断思维更高明。实际上，任何一个犯罪构成理论体系，只要它能完成这种排除性判断的思维过程，它的出罪过程也就完成了。

因此，在出罪功能上，德日、英美的犯罪构成理论并不比俄罗斯的犯罪构成理论更优越。

下　编

中国犯罪构成论体系考察与完善

第十三章　中国犯罪构成论体系考察

第一节　中国犯罪构成论体系的历史沿革

一、中国犯罪构成理论的历史渊源

必须承认，中国通行的犯罪构成理论最初是20世纪50年代起在学习苏联社会主义法制建设的经验基础上直接从苏联刑法学中引进并加以本土化的。① 那么，欲了解中国犯罪构成理论的历史渊源，就必须先对苏联的犯罪构成理论的发展脉络做一扼要梳理和概括。

从19世纪开始，西欧主要国家走上了资本主义道路。在西欧资本主义经济的影响下，沙皇俄国逐渐开始农奴制改革，其中重要的一项就是司法改革。1881年，沙皇政府开始起草刑法典，该刑法典的起草由H. C. 塔甘采夫主持，其内容和体系主要是以1810年《法国刑法典》为蓝本的。应该承认，19世纪沙皇俄国的司法改革和刑法典起草在一定程度上推动了俄国刑法理论的发展。在那个时期，许多俄国学者都是在德国大学毕业并获得硕士学位，他们带回了当时德国的刑法理论，包括费尔巴哈等人的关于犯罪成立的理论学说。而这个时期出版的俄国刑法论著也大多接受了费尔巴哈的观点。如1875年，A. O. 基斯佳科夫斯基将犯罪行为不可缺少或缺一不可的必要要件称为犯罪构成，其中包括主体、客体、主体的内在活动和外在活动以及活动的后果。1875年，季斯甲科夫斯基编写的《普通刑法初级读本》论述了犯罪构成的理论体系。他认为，作为类的犯罪构成要件，是由（1）犯罪主体或犯

① 参见高铭暄主编：《刑法学原理》（第1卷），中国人民大学出版社1993年版，第455页；肖中华：《犯罪构成及其关系论》，中国人民大学出版社2000年版，第36页。

罪实施人，（2）客体或犯罪加于其上的对象，（3）主体的意志对犯罪行为所持的态度，或是他所表现的活动以及（4）行为本身及其后果，或是主体的外部活动及其结果所组成的。①

在这一时期，沙俄刑法学者还没有对犯罪构成理论进行专门的研究。“革命前的俄罗斯科学中还没有研究犯罪构成的专门性著作，但是在教科书中却有着对犯罪构成理论的阐述。”② 可以说，俄罗斯的早期犯罪构成理论应该是在这个时期产生的。在这一时期的刑法学者中，H. C. 塔甘采夫的理论备受关注。他在自己的教科书中对犯罪构成提出了独到的见解。1874 年，H. C. 塔甘采夫在《俄罗斯刑法教程：总论》中指出：“作为刑事程序制度的‘犯罪构成’这一范畴产生在16 世纪。……犯罪构成表明了在实施的犯罪行为中能够被证明的那些特征的总和，为了在这之后便可以对犯罪进行特别的纠问。……在 19 世纪时，犯罪构成被用到了刑事实体法上。……从费尔巴哈起，一部分刑法学家将犯罪的特征的总和看作是犯罪构成。……犯罪行为，作为对现实存在的法律规范和对法律所保护的生活利益的侵害，是那种产生在侵害者和被侵害对象间的某种生活关系，在这种生活关系中包含了某些特征，并在这些特征的基础上，犯罪行为进入法律关系的范畴之内，并且在法律关系范畴内犯罪行为作为应受到刑法惩罚的不法而具有了独立地位。”这样，H. C. 塔甘采夫便以犯罪行为具有的特征来表述犯罪构成。他进而指出：“在刑事法律科学上，尤其是在德国的著作中，这些表明犯罪行为特征的总和，被称作犯罪构成。”③

由上述可知，在 H. C. 塔甘采夫看来，犯罪构成要件包括三类：行为人即犯罪行为的实施者；犯罪行为的指向即客体或犯罪侵害的对象；从外部和内部研究的犯罪侵害本身。H. C. 塔甘采夫的这些观点，对后来苏俄犯罪构成理论的形成具有极为重要的影响。苏俄时期的“四要件”犯罪构成理论，便是以革命前的沙俄刑法犯罪构成理论为基础而

① 参见 2007 年北京“全球化时代的刑法理论新体系”国际研讨会文件之二：《犯罪论体系》，中国政法大学 2007 年版，第 178 ~179 页。

② 董玉庭、龙长海：《俄罗斯刑法理论上关于犯罪构成结构的争议性问题》，载《北方法学》2008 年第 4 期。

③ 董玉庭、龙长海：《俄罗斯刑法理论上关于犯罪构成结构的争议性问题》，载《北方法学》2008 年第 4 期。

发展起来的。根据史料追根溯源，H. C. 塔甘采夫的犯罪构成理论在很大程度上受到了德国刑法理论的影响。由此可以断定，沙俄的犯罪构成理论来源于德国并被改造的论断是可以成立的。

在十月革命以后，苏维埃政权建立初期，法制工作及其理论研究刚刚起步，当时苏联刑法学者的中心工作是研究如何解决实践中存在的与革命敌人进行斗争的问题以及如何在理论上对刑法与马克思主义的关系进行论证，对犯罪构成问题则少有论及。在这种情况下，革命前 H. C. 塔甘采夫的犯罪构成理论自然会或多或少对当时的苏俄刑法理论产生影响。1922 年，第一部《俄罗斯共和国刑法典》颁布，尔后，在刑法领域相继出版了一些涉及犯罪构成问题的刑法教科书及一些有关犯罪构成的论文。如 1925 年 A. H. 特拉伊宁在《苏俄刑法教科书》（分则）中认为，刑事责任的根据问题，必须与具体犯罪构成紧密联系起来加以研究。“有一条基本原则始终是不可动摇的，即行为只有符合分则罪状规定的犯罪构成才能受到刑事惩罚。”① A. A. 皮昂特科夫斯基也提出，具体人的刑事责任取决于其行为是否具备某种犯罪构成要件；犯罪的基本条件如下：（1）一定的犯罪主体；（2）一定的犯罪客体；（3）犯罪主体行为主观方面的一定特征；（4）犯罪主体行为客观方面的一定特征。A. H. 特拉伊宁所提出的关于犯罪构成是刑事责任根据的观点引发了激烈的论战。皮昂特科夫斯基等是坚决支持者，克雷连科、艾斯特林等人则是反对者，而帕舍卡尼斯的立场摇摆不定。交锋的结果是确立了犯罪构成作为刑事责任的基础的意义。② 但是，在这一时期，学者们尚未对犯罪构成问题予以高度重视，没有把犯罪构成理论视为核心问题或基础理论来论述，更谈不上建构系统、完整、结构严谨的犯罪构成理论体系。③

1929 年到 1936 年，苏联法律虚无主义泛滥，轻视法律的倾向基本上占据了统治地位。自然，对犯罪构成问题的研究在这一时期基本停

---

① 参见［苏联］A. A. 皮昂特科夫斯基等：《苏联刑法科学史》，曹子丹等译，法律出版社 1984 年版，第 40 页。

② 参见［苏联］A. A. 皮昂特科夫斯基等：《苏联刑法科学史》，曹子丹等译，法律出版社 1984 年版，第 39 ~ 40 页。

③ 参见肖中华：《犯罪构成及其关系论》，中国人民大学出版社 2000 年版，第 29 页。

滞。1938 年，由全苏法学研究所集体编写、供法律高等院校使用的《刑法总则教科书》初次出版。该书提出了犯罪构成是“构成犯罪的诸要素的总和”的观点，并指出：“为了认定有责任能力的人应对其犯罪行为负担责任，仅仅查明犯罪行为由该人实施是不够的，还需要查明该人实施这种犯罪时有无罪过。”但是，该书只是将罪过看成是犯罪主体的要件，而没有把它当作犯罪主观方面的要件。①

1946 年，特拉伊宁的专著、苏联专门论述犯罪构成学说的第一部基础性著作《苏维埃刑法上的犯罪构成》出版。该书后来修订两次，而在 1957 年修订后第三版时，改名为《犯罪构成的一般学说》。在该书中，特拉伊宁首次综合地研究了犯罪构成学说中的所有问题，指出犯罪构成在整个苏维埃刑法体系中的作用，并从破坏资产阶级法制的角度对资产阶级犯罪构成理论进行批判。特拉伊宁提出了一系列有争议的问题，从而使关于犯罪构成的各种问题在刑法学界得以展开热烈讨论，由此大大推动了犯罪构成理论的发展。在这一讨论的过程中，特拉伊宁本人对自己的某些观点也作了诸多改进。由此，比较完善、成熟的犯罪构成理论得以形成。该书的面世，标志着苏联的犯罪构成理论已趋于成熟和完善。②

1949 年中华人民共和国成立后，新中国的刑法学进入初步发展时期，而这一时期也正是新中国全面学习苏联的时期。当时，中国一些学者把苏联的一些重要刑法著作和教科书翻译成中文出版，将苏联的犯罪构成理论介绍到迫切需要马克思主义法学理论的新中国，其中的著作主要有《苏联刑法总论》、《苏维埃刑法总则》、《苏维埃刑法论文选译》以及《犯罪构成的一般学说》等。这些译著为中国的犯罪构成理论提供了宝贵的素材和经验。中国刑法学界也正是在全面学习苏联刑法中的犯罪构成理论的基础上，开始了对中国犯罪构成理论的初步探讨。

在为创建中国犯罪构成理论而进行域外译介的过程中，最为值得

① 参见肖中华：《犯罪构成及其关系论》，中国人民大学出版社 2000 年版，第 30 ~ 31 页。

② 参见肖中华：《犯罪构成及其关系论》，中国人民大学出版社 2000 年版，第 31 ~ 32 页。

关注的是，特拉伊宁所著的《犯罪构成的一般学说》一书由薛秉忠、王作富等翻译并由中国人民大学出版社于 1958 年出版。可以说，该书的翻译和出版对于中国犯罪构成理论的形成具有巨大影响；即便是在当今中国的犯罪构成理论中，也还处处留存着特拉伊宁犯罪构成思想的浓重痕迹。《犯罪构成的一般学说》不仅使苏联的犯罪构成理论成为中国犯罪构成理论最为重要的理论资源，而且成为沟通中国犯罪构成理论与苏联犯罪构成理论的桥梁，由此使苏联的犯罪构成理论成为中国犯罪构成理论的重要范本和理论渊源。根据有的学者的归纳，特拉伊宁所著的《犯罪构成的一般学说》一书对中国犯罪构成理论的正面影响，主要有以下几个方面：①

第一，指出社会主义刑法及刑法学必须重视犯罪构成。犯罪构成对于保障公民人权具有重要意义。在苏联，也曾有人否定犯罪构成的地位，② 但是，自该书确立犯罪构成理论地位时起，苏联保持了这种地位。“文化大革命”之后，经过拨乱反正，中国重新认识到罪刑法定原则及犯罪构成的重要地位，因此，也能够体会到强调犯罪构成地位的正确性。

第二，强调犯罪构成与犯罪概念的本质特征紧密联系。苏联与中国的犯罪构成是犯罪本质特征的具体体现，犯罪构成各要件相互结合作为一个整体反映犯罪的社会危害性，犯罪构成与犯罪概念在内涵与外延上具有一致性，由此形成犯罪构成理论的鲜明特色，以区别于大陆法系和英美法系的犯罪成立模式。

第三，主张犯罪构成是四个方面要件的总和或有机统一整体。无论苏联刑法学者对犯罪构成几个方面的要件如何表述，特拉伊宁所阐述的四个方面是得到公认的。四个方面的要件对于犯罪构成都是不可缺少的，它们没有主次轻重之分，其间是并列平行关系。中国的犯罪构成理论承袭了这种框架，并基于此种框架而展开。近年来，虽然有不少学者试图对犯罪构成的结构做一些新设计，但也限于对个别要件

---

① 参见夏勇：《特拉伊宁的〈犯罪构成的一般学说〉与我国的犯罪构成理论》，载《中南法律评论创刊号》（第 1 卷），法律出版社 2000 年版，第 471 ~ 473 页。

② 参见［苏联］A. A. 皮昂特科夫斯基等：《苏联刑法科学史》，曹子丹等译，法律出版社 1984 年版，第 39 ~ 40 页。

的取舍或改造以及排列顺序上的调整。① 可以说，犯罪构成四要件的模式在中国基本上已经定型。

第四，坚持犯罪构成是主客观要件的统一。苏联刑法学者提出的该原理在中国刑法学理论中得到普遍承认和重点强调。一方面，中国刑法学界反对“主观归罪”和“客观归罪”的片面论；另一方面，中国刑法学界也反对不讲主客观内容之对应关系的割裂论。

第五，认为犯罪构成是刑事责任的唯一根据。在苏联，大多数刑法学者都承认，犯罪构成乃是苏维埃刑法规定的、说明社会危害行为（犯罪）特征的诸要件总和。追究一个公民刑事责任的唯一依据是，他的行为具有刑事法律条文严格规定的犯罪构成。② 中国刑法学界对此基本上表示赞同：“所谓犯罪构成，通俗地讲，也就是构成犯罪的规格和标准。追究一个人的刑事责任必须根据这个规格和标准，查明该人的行为具有法律所规定的某种犯罪构成。”③

第六，提出犯罪构成及其要件必须由刑法明文加以规定。在苏联刑法和刑事诉讼法中均未出现“犯罪构成”的概念，但苏联的刑法理论通说都认为犯罪构成是由刑法规定的。由于中国刑法学者都公开坚持罪刑法定原则，那么，“犯罪构成”必须由法律规定就成为一种必然的结论。

在吸收特拉伊宁所著的《犯罪构成的一般学说》及苏联其他相关理论成果的基础上，1956 年问世的《中华人民共和国刑法大纲》④ 和《中华人民共和国刑法基本问题讲稿》⑤ 初步简要勾勒了中国犯罪构成理论的基本轮廓。1957 年 2 月，中国人民大学法律系刑法教研室编写并（内部）出版了《中华人民共和国刑法总则讲义（初稿）》。该书首次较为系统地构建了新中国刑法学中犯罪构成理论的基本框架和主要

---

① 参见刘生荣：《犯罪构成原理》，法律出版社 1997 年版；肖中华：《犯罪构成及其关系论》，中国人民大学出版社 2000 年版；赵秉志：《刑法基本理论专题研究》，法律出版社 2005 年版。

② 参见［苏联］A. A. 皮昂特科夫斯基等：《苏联刑法科学史》，曹子丹等译，法律出版社 1984 年版，第 45～46 页。

③ 高铭暄主编：《刑法学》，法律出版社 1982 年版，第 101 页。

④ 该大纲由中国人民大学刑法教研室和北京政法学院刑法刑诉教研室共同编订，由法律出版社于 1956 年出版。

⑤ 该讲稿由中央政法干部学校刑法教研室于 1956 年编印。

内容，认为中国的犯罪构成就是“中国刑法所规定的，决定某一具体行为的社会危害性及其程度而为该行为成立犯罪所必要的一系列事实特征（这些事实特征叫作犯罪构成的要件）的总和，这些总和是追究行为人的刑事责任的唯一依据”；犯罪构成的要件，包括犯罪客体、犯罪客观要件、犯罪主体和犯罪主观要件。1957 年晚些时候，其他三所院校编著问世的三种刑法读本或教材，[①] 也大体叙述了中国刑法学中犯罪构成理论的基本内容。由此，新中国犯罪构成理论基本形成。应当指出，这种犯罪构成理论，在当时可以说是刑法学研究中的重要成果，为当时的刑事立法和刑事司法工作起到了非常重要的作用，也为以后的犯罪构成理论的研究、发展和争鸣奠定了基础，其历史意义不容抹煞。

通过对中国犯罪构成理论发展脉络的简要回顾可以看出，中国犯罪构成理论基本上是从苏联引进的，中国的犯罪构成理论与苏联的犯罪构成理论之间存在一脉相承的关系，以特拉伊宁为代表的苏联犯罪构成理论是中国犯罪构成理论的权威性知识来源与重要理论渊源。那么，中国为什么当时很容易就接受了苏联的犯罪构成理论呢？

我们认为，这与当时中国所处的国内国际环境有关，也是历史的一种必然。第二次世界大战后，由于各种国际政治力量对比发生变化，世界形成了以美苏为中心两大阵营对抗的新格局。面对这样的国际格局，新生的中华人民共和国将如何着手建立外交关系，能否在对抗的两大阵营面前不作倾向性的选择？中国的历史和现状表明，这种可能性是不存在的。除此之外，新中国成立初期，百废待兴，必须争取和平稳定的环境进行经济、政治和文化、法治建设，而苏联进行的社会主义建设已经有 30 多年的历史，并取得了巨大的成就，积累了丰富的经验。特别是苏联在“二战”中战胜了强大的法西斯德国，取得了卫国战争的胜利，受世界瞩目，苏联所走过的社会主义道路和模式，自然成了社会主义新中国建设最值得学习借鉴的标本和榜样。因此，新

---

① 这三种书是：张中庸编：《中华人民共和国刑法》，东北人民大学 1957 年 4 月出版；中央政法干部学校刑法教研室编著：《中华人民共和国刑法总则讲义》，法律出版社 1957 年版；西南政法学院刑法教研室编印：《中华人民共和国刑法总则讲义》（初稿）。

中国断然奉行联苏抗美的“一边倒”的国际战略，在政治上和苏联结成联盟，在经济建设、文化教育建设、国防建设等方面更多地依靠苏联的帮助。具体到建立法制和刑法学理论中，同样也存在这样的情况。由于特拉伊宁及其著作在当时苏联刑法学界占有突出地位和广泛影响，新中国刑法学在向苏联刑法学学习时，特拉伊宁的犯罪构成理论就不可能不是主要的参照系。而且，其著作作为当时苏联刑法学犯罪构成理论的集大成者，也最能代表那些对中国法学发生影响的苏联成果。正如中国学者所评价的，“特拉伊宁是苏联刑法学中最先努力以犯罪构成理论为核心来建立犯罪论体系乃至整个刑法学理论体系的代表人物，其著作《犯罪构成的一般学说》是全面、系统论述社会主义刑法学中犯罪构成理论的代表作”。① 所以，在当时的历史环境下，采纳苏联的犯罪构成理论成为一种历史的必然，也是完全必要的。②

二、中国犯罪构成理论的发展历程

苏联的犯罪构成理论对中国犯罪构成理论的形成产生了巨大影响。对此，中国刑法学者基本上没有什么争议。但是，在评价这种影响的程度时却有两种不同的观点。一种观点认为，中国的犯罪构成理论是从苏联照搬来的，对此可称为“照搬论”。该观点认为，“中国的犯罪构成理论不是直接从中国的土地上土生土长的而是把苏联的犯罪构成理论移植过来的”。“因此，它并不完全符合中国的国情”，“忽视了中国的实际情况”，在实际运用中“反映出这种理论本身固有的缺点”，因此要“从中国的实际出发，根据中国同犯罪作斗争的基本经验来检验、改造和丰富现有的犯罪构成理论，建立新的符合实际情况的，具有中国特色的犯罪构成理论”。③ 另一种观点认为，“中国的犯罪构成理论并未机械照搬苏联当时的犯罪构成理论。我们在建立自己的犯罪构成理论的过程中，摒弃了苏联犯罪构成理论中的糟粕，只吸取其中的

① 马克昌主编：《犯罪通论》，武汉大学出版社 1999 年版，第 64 页。

② 参见何秉松：《犯罪构成系统论》，中国法制出版社 1995 年版，第 45～46 页。

③ 何秉松：《建立具有中国特色的犯罪构成理论新体系》，载《法学研究》1986 年第 1 期。

精华”。“对于显然不合理的观点，我们在建立自己的犯罪构成理论时都未加采纳。”“现在我们对犯罪构成理论进行深入研究，促其发展完善，是因为它同其他科学一样，目前尚有不完善的地方，应该不断发展，而绝不是因为它是照搬苏联而来的，不适合中国国情。”① 对此，可称为“吸收论”。可见，就苏联犯罪构成理论对中国犯罪构成理论的影响程度所作的评估，直接关系到如何认识中国犯罪构成理论所存在的缺陷及其原因，甚至影响到中国犯罪构成理论的发展路径以及未来趋势。②

我们认为，从根本上讲，“照搬论”与“吸收论”的对立，是由于存在视角上的差异；两种观点在对中国犯罪构成理论具体发展走向的认识上是难以调和的。从犯罪构成理论涉及的基本概念、基本原则、结构框架、组成部分、主体内容和观点甚至研究方法以及哲学基础来看，“照搬论”是有一定道理的。可以说，中国的犯罪构成理论在上述内容上与苏联的犯罪构成理论基本上无异。在前文中我们也谈到，中国的犯罪构成理论与特拉伊宁的《犯罪构成的一般学说》为主要代表的犯罪构成理论之间确实存在一脉相承的关系。事实上，持“吸收论”的学者也承认，“总的来看，我们的犯罪构成理论，虽然对苏联的犯罪构成理论有所修正，但基本上还没有突破苏联的理论模式，因而应当怎样建立符合中国国情的犯罪构成理论体系，值得我们深入思考和研究”。③ 但是，“照搬论”的观点过于绝对。毕竟，中国社会的实际情况和司法实践需要使得中国刑法学者不可能完全照搬苏联犯罪构成理论观点及其所有具体内容。一方面，在当时苏联的刑法学界，学者对犯罪构成理论中的一些宏观问题或微观问题，如犯罪客体是不是犯罪构成要件、刑事责任是不是以犯罪构成为依据等，亦存在争议，特拉伊宁的犯罪构成理论只是其中具有代表性的一种。这样一来，新中国刑法学者在学习苏联时便不可能不做出取舍和选择。如在20世纪五六十

① 高铭暄、王作富主编：《新中国刑法的理论与实践》，河北人民出版社1988年版，第170～172页。

② 参见夏勇：《特拉伊宁的〈犯罪构成的一般学说〉与我国的犯罪构成理论》，载《中南法律评论创刊号》（第1卷），法律出版社2000年版，第471～473页。

③ 高铭暄、马克昌主编：《刑法学》（上编），中国法制出版社1999年版，第85页。

年代的苏联刑法学界，将犯罪概念和犯罪构成相割裂的“二元论”十分流行，认为犯罪概念只是对犯罪行为作出的“政治上的评价”，而犯罪构成则是“犯罪的法律概念”，即便是特拉伊宁也没有摆脱这种倾向；而新中国刑法理论将犯罪概念和犯罪构成进行统一性理解，这是对苏联犯罪构成理论的重要修正。① 另一方面，在借鉴特拉伊宁所著的《犯罪构成的一般学说》时，新中国刑法理论并没有把特拉伊宁关于犯罪主体仅指特殊主体的观点引进过来，也没有像特拉伊宁那样刻意地将犯罪构成的四个方面称为“表明犯罪客体的构成因素”“表明犯罪客观方面的构成因素”“表明犯罪主体的构成因素”“表明犯罪主观方面的构成因素”，而是接受了特拉伊宁在该书中所批判和否定的说法：即认为犯罪主体的内容首先是刑事责任能力和刑事责任年龄，而四个方面的构成要件是犯罪客体、犯罪客观方面、犯罪主体和犯罪主观方面。②

从这种局部的、个别取舍的视角来看，“吸收论”也是成立的。必须承认，新中国刑法学在接受苏联犯罪构成理论时已经有了一些创新的看法和观点。事实上，即使受德国犯罪成立理论影响十分深刻的日本，其理论与德国的理论也有相当的差别，其中有发展，也有取舍和扬弃，但这并不足以否定两者之间所具有的传承关系。

总的来看，“照搬论”忽视了新中国犯罪构成理论对苏联犯罪构成理论继承基础上的发展和修正，亦即忽略了新中国犯罪构成理论的“吸收”成分；而“吸收论”则有意无意地忽略了新中国犯罪构成理论在整体架构方面对苏联理论的继承和移植。但对在中国现有的犯罪构成理论存在缺陷并需要发展的认识上，这两种观点的基本主张是一致的，即都认为中国的犯罪构成理论并不是尽善尽美的，而是需要发展的。“照搬论”强调要突破现有犯罪构成理论以实现改革；“吸收论”则强调在继承现有犯罪构成理论的基础上促其完善。“照搬论”的

---

① 参见高铭暄主编：《刑法学原理》（第1卷），中国人民大学出版社1993年版，第457页。

② 参见［苏联］A. H. 特拉伊宁：《犯罪构成的一般学说》，薛秉忠、王作富等译，中国人民大学出版社1958年版，第60、98～99页。

突破和改革也是主张以“现有的犯罪构成为基础”的；[①] 同样，“吸收论”亦主张“对犯罪构成理论进行深入研究，促其发展完善”，这里的继承和完善显然是一个“不断发展”的过程。[②] 不过，两种观点在交锋时都将对方的倾向有所夸大。一方面，“照搬论”被误解成要“破除”现有的犯罪构成理论，[③]“以‘改革’为借口否定中国传统犯罪构成理论的存在合理性”，故两种观点之争被说成是对中国犯罪构成理论是“存”还是“废”的争鸣；[④] 另一方面，“吸收论”也被误解成是“反对改革传统犯罪构成理论的立场”，两种观点之间的争论被说成是“在犯罪构成理论的发展方向和道路上存在着两种截然相反的立场和态度”。[⑤]

对于上述争论，我们认为，其间真正的分歧在于：中国通行的犯罪构成理论到底是苏联的翻版，还是自己在继承基础上创建发展的犯罪构成理论？两者均是既讲继承也讲发展。当然，由于视角不同，在发展的具体走向上是有重大差异的。因此，我们没有必要过多地纠缠于两种观点非此即彼的对立之间，[⑥] 而应当着力研究中国通行犯罪构成理论是如何继承和发展的，具体发展了多少，以及今后发展的基础和走向问题。客观地说，自从新中国自 20 世纪 50 年代引进苏联的犯罪构成理论以来，除了在特定年代外，对犯罪构成理论的探讨基本上一直在进行，数种具有代表性的关于犯罪构成理论的著作的问世对中国犯罪构成理论的进一步发展和完善提供了重要的理论资源和前进方向，其功绩是值得充分肯定的。在此，我们对新中国犯罪构成理论在 20 世纪 50 年代初创之后迄今的发展作一简要概括：

---

① 参见何秉松：《建立具有中国特色的犯罪构成理论新体系》，载《法学研究》1986 年第 1 期。

② 参见高铭暄、王作富主编：《新中国刑法的理论与实践》，河北人民出版社 1988 年版，第 171 页。

③ 参见高铭暄、王作富主编：《新中国刑法的理论与实践》，河北人民出版社 1988 年版，第 172 页。

④ 参见肖中华：《犯罪构成及其关系论》，中国人民大学出版社 2000 年版，第 63 ~ 66 页。

⑤ 何秉松：《犯罪构成系统论》，中国法制出版社 1995 年版，第 49 ~ 50 页。

⑥ 参见夏勇：《特拉伊宁的〈犯罪构成的一般学说〉与我国的犯罪构成理论》，载《中南法律评论创刊号》（第 1 卷），法律出版社 2000 年版，第 471 ~ 473 页。

从1957年“反右”运动开始到1976年“文化大革命”结束，法学研究基本上处于停滞状态，直到中共十一届三中全会启动社会主义法制建设新阶段之后，犯罪构成理论才又成为中国刑法学研究的重要课题。1982年5月，由高铭暄教授主编的第一部全国统编刑法教材——高等学校法学试用教材《刑法学》由法律出版社出版。该书继承并发展了新中国20世纪50年代的刑法教科书体系，吸收刑法学最新研究成果，在体例和内容上均有所突破，在犯罪构成问题的论述上也有所发展。有关犯罪构成理论的论述作为该书的重要内容基本上得到了广泛的赞同，并为此后学者研究犯罪构成理论提供了基本框架。

以1979年刑法典的颁行为标志，在20世纪80年代，中国刑法学界对犯罪构成理论进行了较为深入的探索，取得了一定的突破。在近10年的时间里，学者们主要对犯罪构成的概念、犯罪构成的要件等具体问题和整个犯罪构成体系做了深入的探讨和争论。例如，关于犯罪构成的概念，出现了“法定说”“理论说”“折中说”等观点；关于犯罪构成的要件，出现了“二要件说”“三要件说”“五要件说”等主张；关于犯罪构成体系或系统如何构造，有学者提出建立犯罪构成的层次结构与具体模型的观点，认为犯罪构成可以划分为“犯罪构成”“构成部分”“构成方面”“构成要件”四个层次。①

从20世纪80年代后期开始，中国刑法学者逐步推出了一些专门研究犯罪构成问题的著作，并在相关著作中也对犯罪构成问题给予了较多的关注。

1987年8月，由樊凤林教授主编的《犯罪构成论》由法律出版社出版。这是新中国第一部系统研究犯罪构成理论的学术著作，其学术贡献突出。该书对犯罪构成的理论和实践中的问题，诸如犯罪构成的概念和犯罪构成要件问题、犯罪构成与两类矛盾问题、犯罪构成与政策策略问题、犯罪构成在司法实践中的应用问题、犯罪构成与正确确定犯罪的其他重要问题等进行了较为系统、深入的研究。笔者认为，犯罪构成的概念和与犯罪构成理论的概念应该进行区分；犯罪构成要

① 参见高铭暄主编：《新中国刑法科学简史》，中国人民公安大学出版社1993年版，第83~89页。

件四分法基本上符合中国司法实践；刑法因果关系具有法律性，是犯罪构成客观方面的选择要件；法人不能成为犯罪主体；以表现形态为标准，可以将犯罪构成分为一般形态的犯罪构成与特殊形态的犯罪构成，前者即刑法分则对某一犯罪的既遂犯和单独犯规定的犯罪构成，后者即犯罪的预备、未遂、中止的犯罪构成和共同犯罪的犯罪构成；犯罪的预备、未遂、中止的犯罪构成不是缺少要件的犯罪构成，而是缺少既遂犯的构成要件；未完成犯罪既遂状态的那种犯罪结果，是犯罪未遂与犯罪既遂区别的标志，等等。①

1988 年 2 月，由曾宪信、江任天、朱继良三位教授编写的《犯罪构成论》由武汉大学出版社出版。这部篇幅不大的专著对犯罪构成理论涉及的主要问题进行了探讨，并且提出了一些独到的见解，如刑法的因果关系不是犯罪构成的客观要件；正当防卫、紧急避险等行为并不是形式上符合犯罪构成的行为，宜以“没有社会危害性的行为”概括这些行为；等等。②

1991 年 8 月，马克昌教授主编的《犯罪通论》一书由武汉大学出版社出版。该书对犯罪构成理论进行了较为深入的专题性研究，提出犯罪构成是所有要件的“有机统一整体”，认为应该对犯罪构成要件作三个层次的划分，并对犯罪构成的分类、犯罪构成四要件的一些具体争议问题做了探讨。③

1991 年 10 月，张明楷教授所著的《犯罪论原理》由武汉大学出版社出版。该书指出了中国犯罪构成理论中一些有待克服的缺点。作者指出，中国犯罪构成理论说明了犯罪构成与犯罪的社会危害性之间的基本关系，但未能贯彻到底；说明了犯罪构成是主观和客观的统一，而没有说明统一的内部结构与根据；提出犯罪构成是刑事责任的基础，但也未能贯彻到底。④ 这些反思性的观点对于中国犯罪构成理论的进一步发展具有启迪作用。

---

① 参见樊凤林主编：《犯罪构成论》，法律出版社 1987 年版，第 7、9、57～59、150、236 页。

② 参见曾宪信等：《犯罪构成论》，武汉大学出版社 1988 年版，第 33、122～126 页。

③ 参见马克昌主编：《犯罪通论》，武汉大学出版社 1991 年版，第 65～67 页。

④ 参见张明楷：《犯罪论原理》，武汉大学出版社 1991 年版，第 112～117 页。

1993年12月，高铭暄教授主编的《刑法学原理》（三卷本）由中国人民大学出版社出版。该书是国家哲学社会科学“七五”规划重点项目“中国刑法理论与实践”的最终研究成果，对中国刑法学的发展具有深远影响。该书用一定篇幅对犯罪构成理论和中国犯罪构成理论中亟待解决的问题等进行了专门探讨，对中国犯罪构成理论及当时的有关学术争鸣作了恰当的评价，指明了中国犯罪构成理论的发展方向。作者指出，在中国犯罪构成理论的研究中，必须注意以下三个问题：要正确看待我国目前的犯罪构成理论；要发展我国目前的犯罪构成理论，而不仅是花样的变换；要正确处理“破”与“立”的关系。[①] 直至今天，该书仍具有重要的理论价值。

1995年，何秉松教授所著的《犯罪构成系统论》由中国法制出版社出版。这是一部具有代表性的犯罪构成专题著作。作者自20世纪80年代中期时即开始倡导建立中国犯罪构成理论新体系，该书是作者有关主张的集中反映。作者认为，“中国的犯罪构成理论，从一开始就是从苏联移植过来，无论从理论体系和内容观点上基本相同，直至80年代，仍未发生根本性变化”，“在新的历史条件下，尤其应当致力于对它的改革而不是致力于维护”。因此，作者提出“犯罪构成系统论”的理论体系，力图对中国犯罪构成理论进行改革和修正。[②] 但实际上，该书所论述的内容并不完全是犯罪构成理论本身的问题，如对法人犯罪、“犯罪构成过程的特殊形态”、共同犯罪、排除犯罪性的行为、定罪、刑事责任的探讨等，并非犯罪构成理论研究的范围，而只是与犯罪构成理论密切相关而已。该书的出版，尤其是书中“建立有中国特色的犯罪构成体系”的观点，促使中国刑法学者进一步反思、评判中国的犯罪构成理论，在一定程度上推动了中国犯罪构成理论的发展，对中国刑法学理论的整体发展与繁荣具有重要的促进作用。

1997年，刘生荣博士在其博士论文基础上撰写的《犯罪构成原理》一书出版。该书共分八章，对犯罪构成观、犯罪构成体系、犯罪主体、

---

① 参见高铭暄主编：《刑法学原理》（第1卷），中国人民大学出版社1993年版，第454～457页。

② 参见何秉松：《犯罪构成系统论》，中国法制出版社1995年版，第55～57页。

犯罪客体、犯罪客观要件、犯罪的主观要件、犯罪构成的选择要件和特殊形态犯罪的构成要件等问题作了较为全面的研究，但由于所涉问题太多且篇幅有限，研究深度显然有所欠缺。

2000 年，肖中华博士在其博士论文基础上修改而成的《犯罪构成及其关系论》一书由中国人民大学出版社出版。这是一部有分量、有见解的研究犯罪构成问题的专题著作。该书对中国通行犯罪构成理论中诸多争议和疑难问题进行了深入探讨，并进行了较为合理的解释，得出了一些令人信服的结论，在一定程度上推动了中国通行犯罪构成理论的深入发展。在该书中，作者对犯罪构成理论的内部关系，包括犯罪构成的概念、层次和分类、属性、要件及其组合与排列结构等做了深入探讨，而且还立足于犯罪构成理论体系，以犯罪构成形态为中心，就犯罪构成与阻却责任事由、犯罪构成与犯罪停止形态、犯罪构成与共犯形态、犯罪构成与不作为犯罪形态以及犯罪构成与罪数形态等有关理论问题展开讨论。其中，不乏有对犯罪构成理论的重要发展。如对于犯罪构成的层次和分类，笔者认为，“一般的犯罪构成”与“具体的犯罪构成”并不是对犯罪构成的分类，而是从两个不同层次阐述犯罪构成；所谓普通的犯罪构成与加减犯罪构成、单独犯罪构成与共同犯罪构成之间，不存在犯罪构成性质的差别，而是在符合同一犯罪构成的前提下存在事实因素或构成类型上的差别。[①] 同时，笔者认为，中国刑法学界长期把犯罪构成要件所寓居的方面、犯罪构成要件本身与组成各个犯罪构成要件的要素加以混淆，这种做法造成了犯罪构成系统结构的混乱，也使得犯罪构成理论与相关理论出现矛盾和冲突。如犯罪未遂实际上缺少的不是构成要件，而是要素，但是由于要件和要素被人们混淆，所以要件齐备、只是缺少要素的犯罪就被认为是“缺少要件的犯罪”。而在作者看来，犯罪构成要件要素是法律从案件事实中提炼出来的、构成某种犯罪所必需的最基本的因素，如某种危害结果是某种犯罪客观要件的要素；犯罪构成要件则是位于犯罪构成要素上一层次的作为要素的集合体；犯罪构成的方面是构成要件所存

---

① 参见肖中华：《犯罪构成及其关系论》，中国人民大学出版社 2000 年版，第 106、120～121 页。

在的不同空间，“方面”所包括的东西不一定就是成立犯罪所必需的要件和要素，如无论在主观方面还是客观方面，除了构成要件，都存在一些不影响定罪但影响到量刑轻重的因素。[①]

2004 年，由中国检察出版社出版的杨兴培教授所著的《犯罪构成原论》，是又一部研究犯罪构成问题的专题力作。该书对犯罪构成的属性和功能、规格和模型、立法依据以及历史发展进行了详细的论述，对中国通行的犯罪构成要件以及犯罪客体进行整体性反思和重新评价与定位，提出重建中国的犯罪构成理论的论断，并认为中国的犯罪构成理论应采取包括客观要件与主观要件的新“二要件说”；在对犯罪构成理论反思和重新定位的基础上，作者对与犯罪构成理论关系密切的犯罪阻却事由、犯罪停顿状态、共同犯罪以及罪数形态问题进行了深入的探讨，并提出了犯罪构成的实践应用问题。该书的出版对于中国犯罪构成理论研究的深入发展具有一定的推动作用。

自 2005 年以来，关于中国犯罪构成理论的著作仍在不断问世，其中包括于跃江博士的《犯罪构成基本理论研究》(四川科学技术出版社 2005 年版)、王志远博士的《犯罪成立理论原理——前序性研究》(中国方正出版社 2005 年版)、童伟华博士的《犯罪构成原理》(知识产权出版社 2006 年版)、李立众博士的《犯罪成立理论研究——一个域外方向的尝试》(法律出版社 2006 年版)、包雯教授的《犯罪构成若干问题研究》(中国方正出版社 2006 年版)、方泉博士的《犯罪论体系的演变——自“科学技术世纪”至“风险技术社会”的一种叙述和解读》(中国人民公安大学出版社 2008 年版)、彭文华博士的《犯罪构成范畴论》(中国人民公安大学出版社 2009 年版)、夏勇教授的《定罪与犯罪构成》(中国人民公安大学出版社 2009 年版)、周光权教授的《犯罪论体系的改造》(中国法制出版社 2009 年版)、冯亚东教授等的《中国犯罪构成体系完善研究》(法律出版社 2010 年版)、付立庆博士的《犯罪构成理论——比较研究与路径选择》(法律出版社 2010 年版)、彭文华博士的《犯罪构成原论及其本土化研究——立足于文华视角所展开的

① 参见肖中华：《犯罪构成及其关系论》，中国人民大学出版社 2000 年版，第 145 页。

比较与诠释》（中国人民公安大学出版社2010年版）、文海林副教授的《犯罪论的基本体系》（中国政法大学出版社2011年版）、王俊的《犯罪论的核心问题》（北京大学出版社2014年版）、邵维国教授的《犯罪判断学》（社会科学文献出版社2012年版）、蔡鹤的《犯罪概念制约下的犯罪构成体系研究》（法律出版社2013年版）、唐稷尧教授的《从文本中的刑法到司法中的刑法：定罪视野下犯罪成立要件确定机制研究》（法律出版社2014年版）、胡江博士的《文化视野下的犯罪论体系研究》（法律出版社2014年版）和黄丽勤博士与周铭川博士的《“有罪—免责”双阶层犯罪构成体系研究》（法律出版社2014年版）等，这些专著都从不同角度对犯罪构成领域的研究做出了积极的学术贡献。除此之外，中国刑法学界还召开了多个关于犯罪构成理论的专题性和国际性研讨会，发表了多篇关于犯罪构成宏观或微观问题的论文。这些论文或在维护通行的犯罪构成理论的基础上提出了一系列新观点，对通行的犯罪构成理论进行修正，或提出借鉴大陆法系的犯罪成立理论对中国犯罪构成理论进行改造或重构。

不过，需要强调的是，尽管近年来有极少数刑法学者极力主张我国刑法理论应当借鉴大陆法系的犯罪成立理论对中国犯罪构成理论进行改造或重构，甚至提出全盘引进“三阶层”犯罪论体系，但在刑法理论界及司法实务界对此却反应甚为冷淡。此种观点根本没有形成气候，更没有成为通说。通行的四要件犯罪构成理论依然是具体指导我国司法实践的核心与基础理论。

第二节　中国犯罪构成论体系的发展模式与路径

一、中国犯罪构成理论的发展模式与路径概述

在当下中国，犯罪构成理论已经成为刑法学界一个十分重要的话题。学者们纷纷著书立说，不断地提出或更新自己的理论设想或体系建构，刑法学界也不断地召开关于犯罪论体系的各种研讨会。各种观

点林林总总，大体可以将其归纳为三大模式、八种路径。[①]

第一种模式即完善通行犯罪构成理论的模式，对之可以简称为“完善模式”。该模式认为，虽然传统的观点尚需要完善和改进，但总体上是科学合理的。因此，“中国犯罪论的体系不必重构”，[②] 而应致力于对通行犯罪构成理论的完善。前文所提到的“照搬论”和“吸收论”都可以归入此种模式之中。这种模式可以分为三种路径：路径之一是增减构成要件，先后形成了二要件说、三要件说、五要件说[③]以及目前新形成的“二要件说”，即认为犯罪应该由犯罪客观要件和主观要件构成。[④] 路径之二是重新排列构成要件顺序。这种观点的主要特点是在保留四大构成要件的前提下，对其根据不同的逻辑顺序重新加以排列。赵秉志教授曾提出并坚持犯罪构成要件的顺序应该是“犯罪主体——犯罪主观方面——犯罪客观方面——犯罪客体”。[⑤] 路径之三是在前两者的基础上进一步深化，即在删减客体要件的基础上重新排列构成要件的顺序。

第二种模式是直接引进模式。该模式在部分具有留学德日背景的中青年学者中较为盛行，其代表性观点即为直接引入大陆法系的阶层论犯罪论体系。并且，中国已经有教科书开始全面、系统采用阶层式犯罪论体系。该书认为：“大陆法系递进式的犯罪成立理论体系，反映了定罪的逻辑过程，也使得被告人获得了较多的辩解机会，具有理论上的优越性。在这种情况下，我们在刑法学教科书中首次直接采用了大陆法系的递进式犯罪成立理论。”[⑥]

第三种模式是重构模式。其路径之一是直接重构，如有学者主张建立罪体、罪责与罪量的三位一体的体系。[⑦] 还有学者主张犯罪构成应

---

① 关于此处的归纳，笔者部分地借鉴了李洁教授的论文——《犯罪构成理论体系设定需要厘清的基本问题》（载《湖北警官学院学报》2007 年第 1 期）中的观点。

② 黎宏：《我国犯罪构成体系不必重构》，载《法学研究》2006 年第 1 期。

③ 参见赵秉志主编：《刑法争议问题研究》（上卷），河南人民出版社 1996 年版，第 174 ~ 194 页。

④ 参见杨兴培：《犯罪构成原论》，中国检察出版社 2004 年版，第 61 ~ 129 页。

⑤ 参见赵秉志：《论犯罪构成要件的逻辑顺序》，载《政法论坛》2003 年第 6 期。

⑥ 陈兴良主编：《刑法学》，复旦大学出版社 2003 年版，“序言”，第 1 页。

⑦ 参见陈兴良：《规范刑法学》（第 2 版）（上册），中国人民大学出版社 2008 年版，第 113 ~ 199 页。

包括两大要件，一是事实要件，二是违法性要件。① 路径之二是依托英美法系犯罪成立理论的间接重构模式，主张犯罪构成体系可由犯罪基础要件和犯罪充足要件两个层次构成。② 路径之三是依托大陆法系犯罪成立理论的间接重构模式，主张在借鉴大陆法系三要件的基础上，以罪状为中心展开犯罪构成理论，以罪状论、违法论和罪责论（主观罪过）来依法定罪。③ 还有学者认为，对于中国通行犯罪构成理论应进行重大修正，赋予传统要件以不同的含义：把犯罪构成的客观方面和主观方面中无须深入行为人内心即可进行一般性判断的主观心态视为构成要件符合性；把排除犯罪性的正当化事由视为违法阻却事由，作为对犯罪判断的第二个层次；保留主体中的责任能力，把它和主观要件的剩余部分（需要深入行为人内心进行判断）合并成为有责性事由。④ 与之类似，还有学者认为重塑后的犯罪构成模式可分为以下三个阶段：第一阶段，评价行为、结果、行为与结果之间的因果关系。这一阶段主要解决行为的形式违法性问题。第二阶段，根据法益理论，由法官进行实质违法性判断。这一阶段主要是根据法益衡量原则判断一个行为是否具有违法阻却事由，从而得出行为是否具有实质违法性的结论。第三个阶段，责任判断，从消极的角度进行旨在出罪的判断，主要包括行为人的刑事责任年龄与刑事责任能力、罪过以及是否存在法定的责任阻却事由和超法规的期待可能性。⑤ 还有学者在参照大陆法系犯罪成立理论的基础上，在自己的教科书中提出了关于犯罪论体系的客观（违法）构成要件和主观（责任）构成要件的“新二构成要件说”。⑥ 另有学者在原则上赞同德日刑法学中的“三阶层论”的基础上，提出

---

① 参见杜永浩：《犯罪构成理论批判与重构——兼及犯罪构成二重结构论》，载《山东公安高等专科学校学报》2002 年第 6 期。

② 参见田宏杰：《刑法中的正当化行为与犯罪构成关系的理性思考》，载《政法论坛》2003 年第 6 期。

③ 参见阮齐林：《评特拉伊宁的犯罪构成论——兼论建构犯罪构成论体系的思路》，载陈兴良主编：《刑事法评论》（第 13 卷），中国政法大学出版社 2003 年版，第 21 页。

④ 参见罗翔：《犯罪构成理论的创造性转换》，载《中国青年政治学院学报》2003 年第 3 期。

⑤ 参见梁根林、付立庆：《刑事领域违法性的冲突及其救济——以社会危害性理论的检讨与反思为切入》，载陈兴良主编：《刑事法评论》（第 10 卷），中国政法大学出版社 2002 年版，第 56 ~ 58 页。

⑥ 参见张明楷：《刑法学》（第 3 版），法律出版社 2007 年版，第 115、203 页。

了“新三阶层论”。这种观点将犯罪成立要件分为犯罪客观要件、犯罪主观要件、犯罪阻却事由三个阶层。犯罪客观要件主要讨论实行行为、危害后果、因果关系与行为的时间、地点、方式等反映犯罪客观方面的构成要件要素。犯罪主观要件主要讨论犯罪的故意、过失、认识错误、无罪过事件以及犯罪的动机、目的等构成要件要素。犯罪阻却事由则研究违法阻却事由和责任阻却事由。① 路径之四是在吸收大陆法系和英美法系犯罪成立理论优势的基础上创立的间接创新模式。该观点主张将犯罪主观方面和犯罪客观方面改为行为的主观方面和行为的客观方面，以此作为犯罪构成体系中的第一层次要件，即事实要件；将形式的违法性作为第二层次的违法性评价，并将正当防卫等置于其中，成为违法阻却事由或合法辩护事由；将通行犯罪构成理论中的犯罪主体要件构建为责任领域，以此作为第三层次的有责性评价，未成年、精神错乱等阻却责任事由或合法辩护事由放在此。②

由上可见，各种体系构建的思路可谓见仁见智。

二、对中国犯罪构成理论的发展模式与路径的评价

关于犯罪成立模式如何评价与选择的问题，我们认为，其前提和基础应是对中国犯罪构成理论、大陆法系的犯罪成立理论以及英美法系的犯罪成立理论有一个全面而客观的认识，对各种犯罪成立理论的优劣利弊有一个清晰而明确的评价。

就英美犯罪成立理论所存在的文化基础来看，该理论以判例法为基础而产生，与普通法传统密切相关；以法官的作用为主导而产生；与当事人主义的诉讼模式紧密相连。这些特点，是由英美的法律文化特点所决定的。而在中国，制定法是唯一的法律渊源，根本不存在判例法；中国法官的整体素质有待进一步提高，法官的运用法律能力与普通法所要求的解释法、创造法的能力相差甚远；中国刑事诉讼模式还远未达到英美法系当事人主义那样的水平，实务部门对诉讼程序重要性的认识还相当不够，甚至连无罪推定这样的基本理念也没有深入

---

① 参见周光权：《刑法总论》，中国人民大学出版社 2007 年版，第 104 页。

② 参见劳东燕：《刑法基础的理论展开》，北京大学出版社 2008 年版，第 170 ~ 178 页。

人心。这意味着，中国现阶段学习、引进英美法系犯罪成立理论或以此为参照重构中国犯罪构成理论的可能性与成功率不大。应当看到，离开了判例法，离开了高素质的法官，离开了当事人主义的诉讼模式，英美法系的犯罪成立理论就失去了其文化根基，在中国这样的环境下必然无法发展。

自清末法制改革以来，中国对大陆法系刑法文化的承袭较多，而与英美法系的法律文化则相隔甚远。直至今天，中国对外国刑法的研究依然主要是围绕日本、德国、法国这样的典型大陆法系国家的刑法理论而展开的，对英美刑法的研究尚处于起步阶段，除了寥寥几本介绍性的教科书和译著之外，专门针对英美刑法理论的探讨和研究并未深入展开。在现阶段中国并没有全面介绍、深入研究英美刑法理论的状况下，借鉴英美犯罪成立模式来重构中国犯罪构成理论，似乎也不够慎重。当然，随着中国对英美刑法学理论的不断介绍和引进，在对英美刑法学有一定深入研究之时，以英美法系的犯罪成立理论为参照之一来探讨中国犯罪构成理论的重构，则是可能的。

因此，在当下中国，如何选择犯罪构成理论的模式和路径，其实质和关键就在于如何认识和评价中国通行的犯罪构成理论与大陆法系的犯罪成立理论。

我们认为，中国通行的犯罪构成理论与大陆法系极具代表性的"三阶"即三层次犯罪论体系在体系构建以及方法论上的确存在巨大差别，即两种犯罪构成理论在犯罪成立要件划分的出发点和对理论与法律实定关系的处理上均存在较大差异。① 具体而言，在划分犯罪成立要件的出发点上，中国的犯罪构成理论以唯物辩证法为指导观点，从实体的角度将犯罪构成的组成部分划分为四个相对独立但又绝对互相依存、互相作用的单元，即四个方面的要件，这四个方面的要件在审查行为是否构成犯罪时具有分析的功能。当某个行为同时符合四个方面的要件时，便综合得出行为成立犯罪的结论。这种理论把预定的"犯罪"分割为四个要件，分别填充、一一对号入座并综合认定犯罪，其

① 参见肖中华：《犯罪构成及其关系论》，中国人民大学出版社2000年版，第47～50页。

“齐合填充”色彩十分明显。这种同时、分割性的齐合填充式的行为审查，决定了行为成立犯罪的评价过程必定是综合性的。与中国通行犯罪构成理论不同的是，以“三阶”体系为代表的大陆法系犯罪成立理论，并不是在观念上首先将一个预定的“犯罪”分割成若干单元，而是始终将行为作为一个整体，“犯罪成立要件”的内容不是行为分割后的单元，而是“整体的行为是否具有某种性质”——即构成要件该当性、违法性与有责性。因此，中国犯罪构成理论是将行为的不同部分划分为各个构成要件，而大陆法系犯罪成立理论则将行为整体的不同意义划分为不同的犯罪成立条件。[①] 在对理论与法律实定关系的处理上，中国犯罪构成理论鲜明地体现了犯罪构成理论对犯罪构成的法律实定的直接概括，体现了理论与法律规定的一致性。但是，相对于法律实定来说，大陆法系三层次的犯罪成立理论对犯罪成立要件的厘定具有间接概括的特征，并高于法律对犯罪成立的规格和标准的实定，是对法律规定的犯罪成立规格和标准的一种思维抽象和思辨。尽管所谓刑法总则规定“犯罪成立要件”或“一般犯罪构成要件”为大陆法系国家的刑法学者赞同，但是，从严格意义上说，刑法总则是不可能直接规定“构成要件该当性”、“违法性”和“有责性”的。对这三个层次中需要审查的内容，刑法是可以规定的；但犯罪成立理论提出的这三个层次，乃是由理论高度概括后的产物。在法律规定中不存在这种层层递进的次序；“构成要件该当性”、“违法性”和“有责性”三者层层递进的格局，是理论本身逻辑的升华结果。

在承认中国犯罪构成理论与大陆法系犯罪成立理论存在巨大差异的同时，我们还应当看到，两种理论在实质内容上也存在对应性。大陆法系国家犯罪成立理论中的“构成要件”中的因素，大多与中国犯罪构成理论中的犯罪主体、主观要件和犯罪客观要件中的相关要素具有实质联系和对应关系。如行为主体的特定身份要素与中国犯罪构成理论中犯罪主体的特殊身份相对应；行为客体与中国犯罪构成理论中的犯罪对象相对应。在大陆法系国家犯罪成立理论之“违法性”的判

---

① 参见李洁：《三大法系犯罪构成体系性特征比较研究》，载陈兴良主编：《刑事法评论》（第2卷），中国政法大学出版社1998年版，第441、447页。

断中，形式的违法判断中的阻却事由与中国刑法理论中的排除犯罪性行为具有对应性，但在中国刑法理论中，“排除犯罪性行为”不是犯罪构成理论本身的内容，只不过对是否具有这种阻却犯罪性的行为的情形，在对行为作是否符合犯罪构成要件的审查时又必须予以考虑。实质的违法判断，是就构成要件该当行为之整体是否侵害法益或违反规范所作的判断。在中国刑法理论中，犯罪概念中的社会危害性与实质的违法判断基本上对应。但是，大陆法系国家犯罪成立理论中的实质违法性一般没有程度差别，只有“是”与“否”的问题；而在中国刑法理论中，犯罪概念中社会危害性不仅存在“是”与“否”的问题，而且存在程度问题。又如在“责任”判断领域，大陆法系犯罪成立理论包括责任能力、责任的故意和过失、期待可能性。[①] 其中，责任能力与中国犯罪构成理论之犯罪主体要件下的责任能力具有对应关系；责任的故意与过失与中国刑法理论中的犯罪主观要件的罪过具有对应关系。

大陆法系犯罪成立理论与中国犯罪构成理论存在差异，这是由两种理论的哲学基础、价值观和立足点不同造成的，我们很难说其中哪一种理论无一是处。这种差异性，必然使得两种理论相对立而存在。然而，两种理论之间又存在实质的对应性，因为无论在什么法系、什么国家，其犯罪成立理论的宗旨无疑都是共同的，这就是为追究犯罪、认定行为是否构成犯罪提供一套尽可能条理分明、逻辑严密、内部协调的理论体系，并求得与相关刑法理论的相互和谐。这种一致性，是两种犯罪成立理论相互比较而存在、相互吸收而发展的前提条件。

在简要分析中国犯罪构成理论与大陆法系犯罪成立理论的异同之后，我们必须客观而全面地评价两种犯罪成立理论的利弊优劣。惟其如此，才能正确认识和把握其理论和实践功能，为中国犯罪构成理论的未来模式与路径选择提供正确、科学、合理的指导方向。

中国的犯罪构成理论预先根据经验，将作为判断行为是否成立犯罪的标准、模型——犯罪构成分成四大部分。由此，构成要件被视为

---

① 关于期待可能性在责任中的位置及其与故意、过失的关系，在大陆法系刑法理论中存在较大争议。

保证犯罪成立所必需的各种主客观因素的单元或区域，以便逐个以这四方面的要件对行为各个方面进行审查，并最终把原本结合在一起而密不可分的主客观要件统一起来判断犯罪成立与否。其优点在于，不仅能够通过各种相互联系、相互作用的要件及其要素，充分反映出社会危害性这一犯罪的本质（尤其是通过提出作为犯罪成立条件之一的“犯罪客体”概念发挥这一作用），揭示犯罪行为内部组成要素的有机统一性质，而且这种犯罪构成的理论体系，总体上避免或至少减少了许多对行为是否构成犯罪而作的繁琐的重复评价。[①] 再者，从刑法对犯罪构成的规定来看，任何犯罪的构成要件的确可以划分为几个方面的要件；中国现行犯罪构成理论所确立的犯罪构成要件的结构模式，使犯罪构成理论与犯罪构成的法律实定较为完美地达到了和谐与协调；构成要件的内容，直接就是犯罪成立的要素。这样，犯罪构成理论就在逻辑上以立法为依托，且便于司法实际操作和掌握，极具实践品格。

众所周知，近年来有学者以大陆法系犯罪成立理论为参照，批评中国犯罪构成理论“罪与非罪认定标准混乱，内容相互矛盾”“判断过程缺乏层次性”“是封闭的犯罪构成，而不是开放的犯罪构成，不能体现控诉与辩护的统一”“将客体作为犯罪构成要件，导致先入为主”。有学者指出，这些批判很大程度上不是中国犯罪构成理论本身的问题，而是源于批判者对中国犯罪构成理论以及大陆法系犯罪成立理论的不同程度的误解以及学者对概念下定义时所犯的循环定义的毛病。[②] 我们认为，这一见解是有见地的。总之，中国通行的犯罪构成理论表现出形式与实质的统一、立法与司法的统一、主观与客观的统一。从总体上说，作为一个理论体系，中国的犯罪构成理论确有其可取之处。[③]

大陆法系的“三阶”犯罪论体系虽然注重理论的抽象研究，与法律对犯罪诸要素的规定不具直接联系，但其逻辑思考过程严密、先后有序、不可互易，这使得犯罪成立理论上对犯罪成立要件的叙述，与

---

① 参见赵秉志、肖中华：《我国与大陆法系犯罪构成理论的宏观比较》，载《浙江社会科学》1999 年第 2 期。

② 参见黎宏：《我国犯罪构成体系不必重构》，载《法学研究》2006 年第 1 期。

③ 参见张小虎：《中国犯罪构成理论思想探究》，载《河南省政法管理干部学院学报》2003 年第 6 期。

实践中认定犯罪的过程之实际情况基本保持了形式的一致，反映了理论与实践的统一，对犯罪的认定比较严格，对于犯罪人的人权保障具有一定的积极意义。[①] 另外，构成要件该当性、违法性到责任的递进，体现的是一种从外表、客观为主到内在、主观为主的评价过程和顺序。这种直观地反映刑事诉讼循序渐进过程的特质，在中国犯罪构成理论中难以体现，因为在中国刑法理论中，主体、主观方面的东西可以归入有责判断事由之中，很难说什么被考虑在前，什么被考虑在后。总之，大陆法系的犯罪成立理论在逻辑上具有递进性，有助于明确要件之间的逻辑关系；具有层次性和动态性，能够厘定各种要件之间的界限；在一定程度上具有高度的理性和抽象性，有助于较好地维护法律适用的安全性，有助于实现结果的正义性。[②]

由于完全以法律为依托，中国的犯罪构成理论也存在一些在大陆法系犯罪成立理论中所不存在或可以避免的不足和疑惑。例如，犯罪构成理论与犯罪构成极易发生混淆；在犯罪的认定方面，有罪推定的可能性远大于大陆法系的犯罪成立理论；在犯罪构成的要件排列顺序方面存在一定的内在逻辑上的困难；在解释排除犯罪性行为为何不是犯罪时容易出现体系性的矛盾，如在解释紧急避险时说其不具有社会危害性，的确缺乏理由进行强有力的说明；犯罪构成要件的填充性与责任的评价一体进行，容易使刑事责任的地位和内容虚置。[③]

大陆法系的犯罪成立理论没有把主观要件与客观要件统一或完全统一在构成要件中，而是对行为进行三个层次和阶段的评价，这不仅使要素的评价发生不必要的重复，而且还使得构成要件、违法与责任之间的关系与内在联系难以在理论上取得一致的解释，并由此也使得这三个要件的含义莫衷一是，构成要件理论学说纷争异常复杂。随着德日刑法理论中目的主义犯罪论体系的发展，许多学者认为一般故意

---

① 当然，具体的要素的认定过程，有时候具有跨越性。如在责任能力明显欠缺的场合——一个未达责任年龄的儿童实施该当某种构成要件的行为，则无须先去细致考察行为的违法与否。

② 参见许玉秀：《当代刑法思潮》，中国民主法制出版社 2005 年版，第 56～63 页。

③ 参见肖中华：《犯罪构成及其关系论》，中国人民大学出版社 2000 年版，第 58～59 页；李立众：《犯罪成立理论研究——一个域外方向的尝试》，法律出版社 2006 年版，第 28～32 页。

犯的“构成要件”部分应当分为主观面和客观面，客观面自然为侵害法益的行为，主观面则包括动机、目的、倾向以及故意，一反以往公认的故意为责任要素的观点。很多学者认为，构成要件不仅是违法类型，也是责任类型，因此，故意和过失在决定犯罪行为类型方面也有重要作用。由此，犯罪的故意和过失被分割到“构成要件”和“责任”两部分当中。如此，“构成要件”随着理论的发展其范围不断扩大，“构成要件该当性”作为犯罪成立的第一要件，实际上已经包揽了绝大部分要素，反而失去了其分析犯罪成立要素的作用。① 这正如有学者所指出：“建立阶层递进的犯罪论的初衷，就是本着先易后难的认识规律，将一般性的形式判断放在构成要件符合性的阶段进行，而将具体的实质判断委诸违法性和有责性的判断，以防止法官在定罪上的任意性和肆意性，体现罪刑法定原则的宗旨。但是现在情况已经发生了戏剧性的变化，什么时候进行形式判断，什么时候进行实质判断，顺序已经完全颠倒。构成要件符合性的判断承担了犯罪判断的大部分任务，而在违法性判断和责任判断阶段，则仅仅进行一些消极的排除性工作，以至于有日本学者认为，完成了构成要件符合性的判断，犯罪行为的甄别工作就已经完成了大半。”② 这一点，充分显示了以行为整体的不同意义作为划分要件标准、对行为所有要素不加分割而层层过滤的大陆法系犯罪成立理论的困惑。另外，晚近有学者提出，大陆法系犯罪成立理论在体系上存在冲突，存在“构成要件的推定机能在正当防卫、紧急避险等场合失灵的情况”，以及“在有关违法性、有责性判断上，有先入为主的倾向”；存在唯体系论的倾向，偏离了现实的司法实践。大陆法系阶层式的犯罪论体系，其初衷是为了给法官在判断现实生活中所发生的具体事实是否为犯罪时，提供一个合理的思考方法和方向，尽量将与犯罪有关的各种要素进行合理分配，以限制法官在犯罪认定过程中的肆意性和任意性，从而实现罪刑法定原则的宗旨。但是，这套体系在其适用过程中，却导致了两个意想不到的结果：一是为了体

---

① 参见韩忠谟：《构成要件与刑法理论之体系》，载台湾《刑事法杂志》（第 9 卷）第 1 期。

② ［日］前田雅英：《刑法总论讲义》，东京大学出版会 1999 年版，第 59 页。转引自黎宏：《我国犯罪构成体系不必重构》，载《法学研究》2006 年第 1 期。

系而体系的唯体系论的倾向；二是为了维护体系而置刑法在现实的司法实践中的应用情况于不顾的情况。[①] 这便导致阶层理论过于繁琐、脱离司法实际，以至于英美法系的学者对大陆法系学者所构建的犯罪论体系产生质疑和感叹，认为“区分阻却违法事由、阻却责任事由和阻却刑罚事由，是否其实只是一场益智游戏？最终要决定的都是应该处罚与否，根据犯罪阶层构造得出来的结论，多半不过是概念的区别而已，并没有非如此不可的道理存在”。[②]

综上所述，中国犯罪构成理论与大陆法系国家犯罪成立理论在体系及其表现的价值观念直至哲学基础上存在较大差距，这是历史、社会、政治、文化等多种原因综合作用的结果。在学术研究的过程中，对每一种体系的存在根基、合理性及其功能都应该充分考虑并深入研究。只有这样，并在对不同的犯罪成立理论进行全方位的比较和鉴别的基础上，才能真正客观而全面地认识各种理论的优劣利弊，为中国犯罪构成理论的发展提供科学的理论支持。

第三节　中国犯罪构成论体系的发展方向

近年来，随着中国刑法学研究的深入，某些中青年学者对中国通行的犯罪构成理论进行了猛烈的批判，在少数中青年学者那里甚至形成了以批判为“时尚”的潮流。在这样的背景下，极少数中青年学者提出了以前述的“重构模式”或“引进模式”取代通行的四要件犯罪构成理论的观点。

在我们看来，要以“重构模式”或“引进模式”取代通行的四要件犯罪构成理论，就不得不直面以下三个基本问题：其一，通行的四要件理论是否确实存在重大缺陷？其二，通行的四要件理论能否有效地指导刑事司法实践？其三，重构或引进后的犯罪论体系是否明显优于通行的四要件理论？

---

① 参见黎宏：《我国犯罪构成体系不必重构》，载《法学研究》2006 年第 1 期。

② 参见许玉秀：《当代刑法思潮》，中国民主法制出版社 2005 年版，第 57 页。

通过对这几个问题的反复思考，我们认为，我国刑法理论不需要重构犯罪构成理论，更不需要引进德日的犯罪成立理论。

首先，以四要件犯罪构成理论为核心和基础的新中国刑法学体系已建立半个多世纪，在我国早已广为传播、深入人心。作为新中国刑法学体系的核心和基础，四要件犯罪构成理论历经50多年的发展，早已成为理论研究工作者普遍接纳的主流观点。可以说，四要件犯罪构成理论是新中国几代刑法学者智慧的结晶。该理论甚至被国外学者认为是当代中国刑法基础理论的特色和标志。尽管该理论曾受到过一些质疑，但这些质疑至多也只是“犯罪客体是否有必要作为一个要件而存在”“犯罪主体是犯罪构成的要件还是犯罪成立的前提”“四要件应如何排列”等非根本性问题，而对该理论的根本性质疑则极为鲜见。由此，该理论通行观点的地位几十年来、迄今也从未动摇过。这说明，四要件理论不仅具有历史的必然性，也具有现实的合理性。

其次，犯罪构成理论的优劣不能仅由理论研究工作者所定夺，还要取决于司法实务工作者的反应和评价。四要件犯罪构成理论不仅在我国刑法理论研究者中居于通说地位，而且也得到了我国司法实务界的普遍认同。“实务界普遍的观点是四要件犯罪构成理论方便、实用。目前，尚未见到有实务界的人士明确提出，由于运用四要件犯罪构成理论，导致重大冤案、错案的发生。”① 由此也就不难理解，以“重构模式”或“引进模式”取代四要件犯罪构成理论的观点不仅未能在刑法理论界形成气候，我国司法实务界也对此反应甚为冷淡。其实，完全有理由相信，让刑事司法人员放弃本已熟练掌握和运用的四要件犯罪构成理论，转而采用所谓“重构”的或者“引进”的德日之犯罪成立理论，必将会使司法实务界无所适从，并严重干扰国家刑事司法工作的正常开展。

最后，重构或引进后的犯罪论体系也很难说明显优于通行的四要件理论。以我国极少数学者所全盘接受并极力推崇的“三阶层”犯罪论体系为例。“三阶层”犯罪论体系源于百余年前的德国刑法学界，被

---

① 高铭暄：《论四要件犯罪构成理论的合理性暨对中国刑法学体系的坚持》，载《中国法学》2009年第2期。

当代日本部分刑法学者所接受并有所发展，此外并未受到大陆法系其他主要发达国家（如法国、意大利等）刑法学界的青睐，因而被称为德日犯罪论体系。即便在当代德日刑法学界，三阶层犯罪论体系也因为存在理论体系前后冲突、发展现状与建立初衷背离、过于强调纯理论体系而偏离司法实践等诸多弊端而受到质疑。从我国近年来已翻译出版的德日刑法教科书来看，采用“三阶层”犯罪论体系的其实寥寥无几。在我国台湾学者许玉秀教授的专著《当代刑法思潮》所介绍的多达 14 种的犯罪阶层体系中，“三阶层”犯罪论体系仅仅是其中最早的一种。① 由此可见，某些学者所认为的“三阶层”犯罪论体系所具有的“先进性”“现代性”“优越性”，显然是言过其实的。

实际上，每一种犯罪成立理论都有自己的优点，也都有自己本身的局限性。对此，我们必须有清醒的认识。在对待我国通行的四要件犯罪构成理论的态度问题上，我们既不可夜郎自大，更不可妄自菲薄。夜郎自大，会使我们因漠视通行理论的不足而固步自封，从而丧失发展的机遇；妄自菲薄，则会使我们因无视本国通行理论的合理性而迷失自我，从而陷入自我矮化的境地。

就我国通行的四要件犯罪构成理论而言，在充分肯定其合理性、实用性的基础上，也应当认识到其并不是完美无缺的，还存在诸多应当改进之处。当前亟需取得较大突破的是犯罪构成与犯罪概念之间的关系、犯罪构成与违法阻却事由之间的关系以及犯罪构成的动态性、精确性及阶层性问题等。在研讨这些问题的过程中，应当注意汲取其他国家和地区犯罪成立理论模式的营养成分，通过与其他犯罪成立理论模式的比较，分析我国通行的四要件犯罪构成理论的不足，以期促进我国四要件理论的发展和完善。

① 参见许玉秀：《当代刑法思潮》，中国民主法制出版社 2005 年版，第 153 ~ 165 页。

第十四章　中国传统犯罪构成论体系的完善

完善中国传统犯罪构成理论体系的研究已经持续多年，成果颇丰。伴之而来的，是林立的观点、纷纭的众说、不断的争论，由此展现出一派繁荣而又略显混乱的景象。尽管前人的研究已经很深入、细致、具体了，我们仍有必要在此基础上展开新一轮思考，并尽可能提出更具有合理性和可行性的理论体系。我们的立场建立在对中国传统犯罪构成理论体系进行完善而不是推倒重来的基础上，因此，在此不涉及大陆法系三阶层犯罪论体系以及美国双层次犯罪构成模式的探讨。

第一节　中国犯罪构成论体系的完善标准

正如有学者所指出，对中国传统犯罪构成论体系进行完善是一项争取由实然状态向应然状态转变的任务。要完成这项任务，首先必须明确任务的目标，即必须清楚犯罪构成体系的应然状态，以此作为完善的标准。犯罪构成论体系首先是一种理论体系，应当有理论高度，应当思路清晰、逻辑严密。同时，犯罪构成论又是一种旨在解决犯罪认定问题的应用性理论体系，应当具有实用性。过分注重体系结构各要素的全面性和协调性，难免导致体系庞杂、损害其实用性；过分注重实用性又可能造成体系要素零散甚至相互矛盾。① 因此逻辑性与实用

① 参见冯亚东等：《中国犯罪构成体系完善研究》，法律出版社2010年版，第169～170页。

性二者如何兼顾和抉择，是完善传统犯罪构成论体系首先需要解决的问题。

一、现有观点简介

一种观点认为，中国传统犯罪构成论只具有描述犯罪规格的功能，缺乏逻辑导向的功能，直接影响刑法功能的实现程度。这种缺陷是由传统犯罪构成的封闭型结构所导致的。封闭型结构的致命弱点在于：结构内不包含出罪机制，排除犯罪之事由只能在犯罪构成体系之外进行探讨，无法从体系中得到逻辑分析框架，以致其适用在实践中常常出现问题，影响刑法功能尤其是人权保障功能的实现。相比之下，大陆法系的阶层递进模式和英美法系的双层次模式都具备开放型的结构。犯罪构成体系中包含了出罪机制，具有明显的逻辑导向功能。① 逻辑导向功能决定了犯罪构成理论的科学性，因此完善中国传统犯罪论体系应当注重其逻辑性。

另一种观点认为，犯罪构成理论是指向现实的学问，对其构建和完善应当追求实践的可操作性。理论应当回应实践的期待与需求，不能走纯粹理性主义道路，沦为概念游戏。② 中国目前处于法治初创阶段，理论体系构建应侧重于解决实际问题。当实用性与逻辑性发生难以调和的矛盾时应选择一种务实的态度，以解决问题为优先考虑。③

还有观点认为，逻辑性与实用性缺一不可，应当并重。有学者提出犯罪构成体系必须保持唯一性和有效性。唯一性是指犯罪构成是认定行为是否成立犯罪的唯一标准，不应当在其之外另设出入罪的标准，换句话说就是要保持犯罪构成体系的逻辑自足。有效性是指运用犯罪构成理论能正确认定犯罪，实现刑法的社会保护和人权保障机能，即

---

① 参见宗建文：《论犯罪构成的结构与功能》，载《环球法律评论》2003 年第 3 期。

② 参见高铭暄：《关于中国刑法学犯罪构成理论的思考》，载《法学》2010 年第 2 期。

③ 参见冯亚东等：《中国犯罪构成体系完善研究》，法律出版社 2010 年版，第 170 页。

犯罪构成理论要能解决实际问题。[①] 还有学者在逻辑性和实用性之外提出“法的实质安全性”标准，即体系自身特性能有效阻止因思维惯性或对某些事项的不完全把握而导致的对法律的误解。[②] 实质安全性标准要求犯罪构成体系对解释法律、认定犯罪给出逻辑指引，从而保证实际运用的有效性，实质上就是逻辑性与实用性的综合，体现了两者兼顾的态度。

我们认为，逻辑性与实用性兼顾是完善中国传统犯罪构成论体系的目标。一种理论体系如果缺乏严谨的内在逻辑性，就缺乏科学性。缺乏科学性的理论体系是无论如何不能作为我们的终极目标。同时，考虑到犯罪构成论要解决的是定罪这一实务问题，该理论的实用性也是不可或缺的。如果一种犯罪构成理论不能很好地区分行为的罪与非罪，就丧失了它的存在价值。

二、传统犯罪构成论在逻辑上的完善

逻辑性标准要求从逻辑思维方式的角度探讨犯罪构成理论体系的基础。有学者超越传统的三段论定罪思维，提出应当以辩证推理作为基本思维方式，初步确定行为是否构成犯罪，然后通过对辩证推理结论的证成与修正，排除为社会一般价值所允许的行为，最终确定定罪结论。[③] 在这种思维方式的指导下，辩证推理就是入罪过程，证成与修正就是出罪过程。犯罪构成体系应当包含入罪与出罪两个层次。有学者从我国现行犯罪构成理论体系的事实判断与价值判断一体化特点出发，指出行为论与犯罪论是一体的。这种一体的特点使得两者的机能都无法实现，所以要将行为论与犯罪论分离，行为论只讨论行为是否存在，犯罪论则讨论行为是否构成犯罪。[④] 因此也要建立阶层式的犯罪

---

① 参见卢节来：《论一元性犯罪构成体系的构建》，载《安徽工业大学学报（社会科学版）》2010 年第 6 期。

② 参见李洁：《中国通论犯罪构成理论体系评判》，载《法律科学（西北政法学院学报）》2008 年第 2 期。

③ 参见李洁、王志远：《前见的证成与修正：传统定罪思维之超越——兼论犯罪构成理论模式之选择》，载《政治与法律》2008 年第 6 期。

④ 参见王充：《中日犯罪论体系的比较与重构——以行为论与犯罪论的关系为视角》，载《中国法学》2006 年第 6 期。

构成理论体系。还有学者认为犯罪活动是人实践活动的一种，因此也具备对象化的特点，所以应当建立“主体——行为——客体”模式的犯罪构成理论体系，将主观方面和客观方面归入“行为”要件中加以探讨。①

我们认为，传统犯罪构成论与德日阶层式犯罪构成论的主要区别在于，前者是平面耦合式的，后者是递进式的。如果说把传统犯罪构成论也改造成阶层式的，它就失去了其根本特征，也就不再是完善，而是推倒重建了。因此，阶层式的犯罪构成论体系不宜作为我们完善传统犯罪构成论的逻辑选择。正确的道路，应该是以实用性标准为指导，对平面耦合式的犯罪构成论的内在逻辑结构进行重新排列和建构。

三、传统犯罪构成论在实用性上的完善

实用性标准要求从方便司法操作、服务刑事诉讼的立场出发构建犯罪构成理论体系。正如有学者所指出，犯罪构成能用于认定犯罪，能指明一类犯罪区别于其他犯罪的客观属性，上述功能的存在使得犯罪构成论能够成为连接刑法理论与刑事诉讼实践的桥梁。② 合理的犯罪构成体系应当为刑事诉讼中的犯罪认定提供动态的操作规程。③ 有学者更进一步指出，从犯罪构成应当用于认定犯罪这一视角出发，犯罪构成论应当反映控辩审三方的互动，④ 应当具有推定机能，⑤ 应当为证明责任的分配提供实体法基础，⑥ 应当遵循从客观到主观的认定顺序⑦等

---

① 参见何秉松：《“回到塔甘采夫去”：中俄与德日犯罪论体系之战》，载《中国社会科学报》2009 年 7 月 2 日。

② 参见吴纪奎：《犯罪论体系与刑事诉讼模式》，载《中国刑事法杂志》2009 年第 3 期。

③ 参见关振海：《犯罪构成体系的比较与反思》，载《福建警察学院学报》2008 年第 5 期。

④ 参见刘远、葛进：《以人权保障为视角看犯罪构成》，载《法学》2005 年第 4 期；刘远：《犯罪构成模式的反思与重构》，载《中国刑事法杂志》2006 年第 5 期。

⑤ 参见聂昭伟：《论我国犯罪构成诉讼功能的复归——兼论我国犯罪构成体系的完善》，载《四川大学学报（哲学社会科学版）》2006 年第 6 期。

⑥ 参见赖早兴：《英美法系国家犯罪构成要件之辨正及其启示》，载《法商研究》2007 年第 4 期。

⑦ 参见毛冠楠：《我国犯罪构成体系的再反思》，载《江苏警官学院学报》2006 年第 1 期。

要求。无论最终的观点是否为我们所赞同，这种基于实用性的立场来完善犯罪构成论的思路是值得肯定的。

第二节　中国犯罪构成论体系的要件完善

完善传统犯罪构成论的具体建议，主要围绕四要件的取舍以及排列顺序的确定两个方面展开。

一、客体要件的存废问题

犯罪构成体系中客体要件的存废问题是学界争议的焦点，有人主张将客体要件从犯罪构成体系中剔除，有人则认为应当予以保留。

（一）剔除说的观点简介

主张剔除的学者对客体要件进行了以下批判：第一，从犯罪构成体系的逻辑性方面来说，犯罪客体是揭示犯罪本质，指导对其他构成要件的解释的概念，而其他要件是描述犯罪现象的一系列主客观事实情况。因此，犯罪客体与其他构成要件不处于同一层次。将犯罪客体纳入构成要件体系，打乱了各要件之间的逻辑层次。[①] 第二，从犯罪构成体系的实用性方面来说：（1）犯罪客体并不是犯罪的客观事实，而是人们对犯罪的认识。人的认识完全可能因个体差异而产生分歧，而且认识的对象越复杂，分歧就会越大。面对犯罪这样一种复杂的现象，若以人对其认识为认定标准，必然导致标准的不确定性，从而缺乏可操作性。[②]（2）犯罪客体是无法被直接证明的，只能通过其他要件加以说明。在刑事诉讼的实际操作中，控方也只针对犯罪客体以外的要件举证，证明了其他要件也就说明了犯罪客体。对犯罪客体的判断只能是一种事后的判断，只能在其他要件认定以后才能确定。[③] 或者说对犯

① 参见于改之、郭献朝：《两大法系犯罪论体系的比较与借鉴》，载《法学论坛》2006 年第 1 期。

② 参见陈忠林：《现行犯罪构成理论共性比较》，载《现代法学》2010 年第 1 期。

③ 参见毛冠楠：《我国犯罪构成体系的再反思》，载《江苏警官学院学报》2006 年第 1 期。

罪客体的认定其实可以由对其他要件的认定所替代，并不能成为一个独立的认定过程。[①] 所以犯罪客体作为构成要件只能是一项摆设，不具备可操作性。[②] （3）犯罪客体被界定为刑法所保护的社会关系，而社会关系不是一个规范性的概念，不受刑事规范的限制。将犯罪客体作为构成要件之一便取消了犯罪构成体系本身的规范性，不利于其发挥限制司法擅断的功能。[③] （4）在传统理论中，关于犯罪客体的论述往往只限于一般客体、同类客体和直接客体的分类问题，没有更加具体的内容。这体现出犯罪客体理论本身内容苍白。[④]

（二）保留说的观点简介

主张保留客体要件的学者认为客体要件无法排除在我国犯罪构成体系之外。原因在于：第一，从逻辑性来说：（1）我国的犯罪构成的基本特征是形式与实质相结合，客体要件主要代表着实质判断，将其剔除则会使犯罪构成体系成为徒具形式内容的空壳；[⑤] （2）实质违法性审查的任务只能由进行实质判断的客体要件来承担，若将其剔除，我国犯罪构成体系则缺少了实质违法性判断的依据，在逻辑上更加不周延。[⑥] 第二，从实用性来说：（1）司法实践活动在实体规范的适用方面或多或少都首先对案件进行着实质判断，即以行为的危害对应刑法所保护的法益作切入点，具体认定犯罪。犯罪构成体系之设置应当遵循这一客观过程。[⑦] （2）客体要件承担着区分罪与非罪，此罪与彼罪的重要机能。[⑧]

在竭力为客体要件在犯罪构成体系中的应有地位辩护的同时，保

---

① 参见夏勇：《刑事诉讼对犯罪构成的要求》，载《法学》2005 年第 4 期。

② 参见刘远：《犯罪构成模式的反思与重构》，载《中国刑事法杂志》2006 年第 5 期。

③ 参见徐凯：《德国犯罪论体系的流变及其对我国犯罪构成理论的启示》，载《四川警察学院学报》2009 年第 6 期。

④ 参见于改之、郭献朝：《两大法系犯罪论体系的比较与借鉴》，载《法学论坛》2006 年第 1 期。

⑤ 参见黎宏：《我国犯罪构成体系不必重构》，载《法学研究》2006 年第 1 期。

⑥ 参见鲁杰、许江：《我国犯罪构成理论逻辑缺陷及其完善》，载《江苏警官学院学报》2007 年第 6 期。

⑦ 参见冯亚东：《对我国犯罪构成体系的完善性分析》，载《现代法学》2009 年第 4 期。

⑧ 参见黎宏：《我国犯罪构成体系不必重构》，载《法学研究》2006 年第 1 期。

留论的学者们并未否认传统理论对客体要件的刻画所存在的缺陷，因此主张在保留客体要件的基础上对其进行修正。

第一，针对其逻辑自足性，关于犯罪客体的定义，有学者提出，将犯罪客体定义为刑法所保护的犯罪行为所侵犯的“社会关系”太过笼统，对司法裁判难有明确的指示意义，且“关系”一词易造成规范注释层面的误解。相较而言“法益”一词体现了刑法评价，具有规范性，[①] 既直观、能避免歧义，又与外国刑法理论术语一致且涵盖范围也不逊于“社会关系”，因此不如将“社会关系”改为“法益”。[②] 也有学者认为，作为犯罪客体的“法益”不需要用“为犯罪行为所侵害”加以修饰，因为法益是先于犯罪而存在的，即使没有受到犯罪行为之侵害也是客观存在并受刑法保护的。[③] 还有学者提出，“法益”本身不是构成要件，而只是犯罪侵害的对象，法益受到了犯罪之侵害这一事实才是构成要件。将犯罪客体定义为行为对法益的侵害才能使该要件具有实质违法性审查的功能。[④]

第二，为满足实用性标准，应对客体要件的具体内容进行大力充实。有学者提出将犯罪对象纳入客体要件中进行讨论。犯罪构成体系所着眼的对象并不是行为一般的物理对象，而是能体现法益侵害的对象。在法律专门规定了犯罪对象的情况下，认定对象实际上就认定了行为对法益的侵犯，再浓墨重彩地描述客体就只有务虚意义。由此可见对象与客体是高度融为一体的，所以应将犯罪对象归入客体要件。[⑤] 也有学者提出将违法性阻却事由纳入客体要件讨论。我国目前法定的违法性阻却事由都是形式上满足犯罪客观方面要求，实质上却没有侵害犯罪客体的行为，其与客体要件有着密切的联系。将违法性阻却事由纳入客体要件能充实其内容，也能实现在犯罪构成体系内建立出罪

---

① 参见鲁杰、许江：《我国犯罪构成理论逻辑缺陷及其完善》，载《江苏警官学院学报》2007 年第 6 期。

② 参见冯亚东：《对我国犯罪构成体系的完善性分析》，载《现代法学》2009 年第 4 期。

③ 参见黎宏：《我国犯罪构成体系不必重构》，载《法学研究》2006 年第 1 期。

④ 参见鲁杰、许江：《我国犯罪构成理论逻辑缺陷及其完善》，载《江苏警官学院学报》2007 年第 6 期。

⑤ 参见冯亚东：《对我国犯罪构成体系的完善性分析》，载《现代法学》2009 年第 4 期。

机制的目的。①

（三）我们的态度

犯罪客体与犯罪本质确实有着紧密联系，它对于揭示犯罪本质具有不可替代的作用。不过，这不能成为犯罪客体属于犯罪构成要件的理由。犯罪客体应当成为犯罪构成要件的原因在于，它对于认定犯罪是否成立也具有不可替代的作用，这种作用突出体现在犯罪客体能够指导我们认识犯罪客观方面，正确划定犯罪圈，防止不适当地扩大或者缩小刑法的打击范围。在这一点上，犯罪客体与犯罪客观要件、犯罪主观要件以及犯罪主体并无不同。虽然犯罪客观方面、犯罪主观方面，犯罪主体三方面的犯罪构成要件都从不同角度对犯罪客体进行说明，但这并不妨碍犯罪客体成为犯罪的一个独立要件。离开犯罪客体，只剩下其他三个要件，将给我们揭示个罪的性质增添很大麻烦，并且容易导致司法实践偏离正确的轨道。忽视犯罪客体的态度在司法实务中已经产生负面后果。其表现之一是对罪与非罪的认定发生错误。例如，司法实务中，对非法经营罪的查处就经常偏离法律的规定。根据《刑法》对非法经营罪的规定，只有在破坏了市场经济秩序中的国家特许经营制度的情况下，才能以该罪论处，而司法实践中，有的行为连市场秩序都没有破坏，却被以非法经营罪论处。如果司法实务中强调犯罪客体这一要件，就能够有效制止这类违反罪刑法定的司法活动。表现之二是对此罪与彼罪的区分已经越来越混乱。例如，一些司法机关将典型的故意伤害行为按照寻衅滋事罪或者以危险方法危害公共安全罪来处理，将与市场经济秩序完全无关的行为按照非法经营罪来处理，将与公共安全无关的行为按放火罪或者爆炸罪来处理。上述种种错误做法之所以会层出不穷，一个重要原因就是司法人员没有认真审查危害行为所侵犯的法益是什么，以致定性错误。将犯罪客体作为构成要件之一加以明确，并以此指导刑事司法活动，可以很好地解决当前日益混乱的此罪与彼罪的区分问题。

至于对犯罪客体内涵的界定，我们主张采取法益说，即犯罪客体

① 参见郭莉：《我国犯罪论体系重构之检讨》，载《黑龙江省政法管理干部学院学报》2009 年第 3 期。

是刑法所保护而为犯罪行为所侵犯的权益，主要理由有二：

第一，将犯罪客体定位为社会关系过于抽象，不利于对该概念的理解。社会关系是人类在共同活动过程中结成的人与人之间的关系。这种关系是哲学家经过抽象思维而总结出来的。许多领域的社会关系都十分复杂，需要经过繁琐的逻辑推论才能得出结论。以如此深奥的概念作为犯罪客体的属概念，不利于对犯罪客体的理解。例如，刑法分则第六章第六节的破坏环境资源保护罪从本质上来看，破坏的是人与自然和谐相处的状态。然而，如果将本类罪的犯罪客体直接界定为人与自然和谐相处的关系，难免过于深奥，令人难以准确把握这类犯罪的基本特征。正如有学者指出，将犯罪客体的内容概括为社会关系或社会主义社会关系，必然造成犯罪客体内容的精神化，即造成大陆法系国家刑法理论所反对的“法益概念的精神化”。因为社会关系归根结底是指人与人之间的关系，这种关系常常不是具体的实在，而是抽象的东西，并且是观念的产物。正如持社会关系说的人们所说：“犯罪客体是犯罪行为所侵犯的社会主义社会关系，非直观所能认定，必须通过理性认识和分析，才能加以把握。”① 然而，如果说犯罪客体是要件，要件又是需要确定和认定的，那么，犯罪客体就应当是具体的、容易认定的现象，所以，应当尽量克服犯罪客体的精神化。② 事实上，即便是主张社会关系说的学者，也难以将其观点贯彻于对个罪的犯罪客体的描述中。在陈述故意杀人罪的犯罪客体时，学者们无不认为是他人的生命权，而没有人再去追寻生命权背后的社会关系。可见，将犯罪客体定位为社会关系过于抽象，不利于对该概念的理解。

第二，将犯罪客体界定为刑法所保护、而为犯罪行为所侵犯的权益，可以有效揭示犯罪的性质。犯罪客体作为犯罪构成要件的目的在于揭示犯罪的性质，犯罪的性质是由犯罪所侵犯的权益的性质决定的。犯罪所侵犯的利益的性质以及对利益所侵犯的程度，能够清楚地揭示犯罪的性质及其社会危害性的大小。因此，将犯罪客体界定为刑法所保护而为犯罪行为所侵犯的利益，足以完成犯罪客体的使命。虽然犯

---

① 高铭暄主编：《中国刑法学》，中国人民大学出版社 1989 年版，第 94 页。
② 张明楷：《法益初论》，中国政法大学出版社 2000 年版，第 184 页。

罪对象相对于权益而言更为直观，但犯罪对象无法准确说明犯罪的性质及其社会危害性的大小。而社会关系又过于抽象，不利于对犯罪性质的理解。因此，将犯罪客体界定为刑法所保护而为犯罪所侵犯的权益，可以最有效地揭示犯罪的性质，实现犯罪客体作为犯罪构成要件的价值和任务。

二、客观方面要件的完善

传统观点认为，客观方面要件是指刑法规定的行为成立犯罪必须具备的外在事实特征。这一认识是正确的，体现了客观方面要件区别于其他要件的“外在”特性。但传统观点并未将这一正确态度贯彻到底。客观方面要件中最基本的要素便是危害行为，行为是成立犯罪的必备要素。传统理论确立了客观方面要件的外在性，却在定义危害行为时混入了明显不具有外在性的“有意性”特征。在客观方面要件中讨论危害行为，我们仅需关注其物理上的外观形象，而不是其整体面貌。行为是否受意识支配，应当在主体和主观方面要件中加以考虑，如此四要件才能各司其职，体现分工的意义。因此，有学者认为应当将危害行为定义为人所发出的危害社会并为刑法禁止的身体动静。①

在认识客观方面要件时，我们可以借鉴德日三阶层犯罪构成理论，以刑法分则所规定的危害行为的客观特征作为认识犯罪客观方面要件的根据。这样做的意义在于可以避免将某些既无刑法分则的根据、也无刑法总则的补充的危害行为想当然地纳入犯罪圈之中。例如，教唆他人自杀的行为，由于这种行为既非刑法分则所规定的故意杀人罪的实行行为，也不是刑法总则所规定的共犯行为或者预备行为，在现有刑法框架下，是不应当作为犯罪来处理的。但是，司法实务中却一致将这种行为按故意杀人罪来处理。如果明确了作为犯罪客观方面要件的危害行为只能是刑法分则所规定的实行行为或者刑法总则所规定的共犯行为或者预备行为，则可以在很大程度上减少这种错误定罪现象的发生。

---

① 参见冯亚东：《对我国犯罪构成体系的完善性分析》，载《现代法学》2009 年第 4 期。

三、主体要件的完善

同犯罪客体一样，对于犯罪主体在犯罪构成体系中的地位，学界也有剔除论和保留论之争。剔除论认为单列主体要件会导致犯罪构成体系逻辑的不协调：第一，一般认为主体要件包含行为人的身份和刑事责任能力这两大要素。根据罪过的认识因素原理，故意的成立要求行为人对属于犯罪构成的客观事实有所认识，对主观内容不需要有所认识。在主体要件中，行为人的身份是认识的对象，属于客观事实，而行为人的刑事责任能力则不是认识的对象，属于主观内容。① 身份要素是行为人客观外在的属性，应当归入客观方面要件。刑事责任能力是判断主观罪过的前提，没有责任能力就没有罪过，应当将其与罪过共同纳入主观方面要件加以讨论。② 由此可见，主体要件单独存在不但没有实际意义，而且减弱了其他要件的完整性，导致逻辑不完善。第二，将主体要件单列还会引起到底是主体先于行为而存在还是行为先于主体而被评价的问题。然而，对这个问题无论如何回答都会导致逻辑困境：若主体优先，则每一个具备刑事责任能力的人都是犯罪主体；若行为优先则不具备刑事责任能力的人也有可能实施犯罪行为。③ 综上所述，剔除论学者主张取消主体要件，将其中的要素分至客观方面要件和主观方面要件进行讨论。

保留论者认为主体要件与其他三大要件并列的列示方式简单直观，便于诉讼操作：第一，主体要件中的刑事责任年龄、特定身份要素十分直观，便于司法认定；第二，主体要件中的特定身份要素还与主观方面要件中的罪过有对和关系，刑事责任能力要素正好能给随后的主观方面要件的认定提供必要前提。④ 因此，在有顺序的构成要件认定过

---

① 参见郑丽萍：《构建我国犯罪论体系之思考》，载《中国刑事法杂志》2007 年第 1 期。

② 参见郭莉：《我国犯罪论体系重构之检讨》，载《黑龙江省政法管理干部学院学报》2009 年第 3 期。

③ 参见周光权：《犯罪构成理论：关系混淆及其克服》，载《政法论坛》2003 年第 6 期。

④ 参见冯亚东：《对我国犯罪构成体系的完善性分析》，载《现代法学》2009 年第 4 期。

程中，单列主体要件是有积极意义的。

保留论者同样认为传统的主体要件理论存在缺陷，应当予以修正。

第一，从定义上来说，传统理论为主体加上了“实施了危害行为”或“实施了犯罪行为”的定语，再次犯了定义危害行为时所犯的错误，即未注意到四要件的分工。主体要件中只需考察行为人的一般资格，没有必要再讨论客观方面要件中已经讨论过的行为要素。因此，宜将犯罪主体定义为具备刑事责任能力的自然人。①

第二，从内容上来说，保留论者内部对于刑事责任能力要素在主体要件中的地位也有争议。如前所述，有学者认为在主体要件中讨论刑事责任能力能为随后主观方面要件的认定提供基础，但也有学者认为不应当在主体要件中讨论刑事责任能力的问题。因为刑事责任能力没有类型化的功能，与其他有类型化功能的要素（如身份）并列会造成逻辑上的不协调，所以应将主体要件中身份要素保留，而将刑事责任能力要素归入犯罪成立的消极要件加以考虑。②

我们认为，传统四要件犯罪构成理论相比于德日三阶层犯罪论体系的优势之一，就是将三阶层犯罪论体系中的责任要件进行了分解，将主体要件和罪过要件独立为犯罪构成的两大支柱，从而有机会对二者进行充分的研究。主体身份、主体年龄以及主体辨认控制能力等事项，都是对主体特征的揭示，都属于客观外在的事物而非主观心理活动，具有同一性。主张对传统的主体要件进行分解，将身份要素归入客观方面要件，将刑事责任能力与罪过共同纳入主观方面要件的观点，实际上是将一个逻辑清晰、内容合理的体系拆散，同时将两个性质完全不同的事物，即刑事责任能力这一客观事物与罪过这一主观心理态度强行扭在一起，完全不可取。因此，我们认为，传统犯罪构成体系中的主体要件的内容无须调整，至多只需对犯罪主体的内涵进行适当调整，使其内容更为明确，与其名称更加相符。

---

① 参见冯亚东：《对我国犯罪构成体系的完善性分析》，载《现代法学》2009 年第 4 期。

② 参见徐凯：《德国犯罪论体系的流变及其对我国犯罪构成理论的启示》，载《四川警察学院学报》2009 年第 6 期。

四、主观方面要件的完善

传统理论对主观方面要件的阐释包括罪过、动机、目的、意外事件、不可抗力、认识错误等几个方面。对此学界争议较小，一般认为这种内容设置及分析序列是适当的。仅有少数学者如前所述，认为应当将传统理论主体要件中的刑事责任能力要素纳入主观方面要件讨论。

五、正当行为的归属

正当行为在传统犯罪构成理论体系中并不是一个独立的要件，但其与犯罪构成各要件之间又有密切联系（一般认为其是形式上符合犯罪构成，但实质上不具有严重社会危害性因而不构成犯罪的行为），且其定位和归属是我们在完善传统犯罪构成理论体系的道路上不可回避的问题，因而需要将其作为一个特殊问题与构成要件一起探讨。

不少学者认为，传统理论中，正当行为通常是在犯罪构成论之外进行讨论的，如此定位存在缺陷。第一，从逻辑性来说，传统理论认为犯罪构成是判断行为是否成立犯罪的唯一标准，即行为符合犯罪构成一定成立犯罪，然而又将正当行为置于犯罪构成以外进行讨论，说明行为符合犯罪构成不一定成立犯罪，由此形成逻辑上的矛盾。[①] 第二，从实用性来说，犯罪构成体系中不包含排除事由，（1）制约了被追诉人辩护权的行使，不利于对刑罚权进行限制，不利于刑法人权保障机能的实现；[②]（2）无法为控辩双方证明责任的分配提供实体法的基础，没有为刑事诉讼提供动态的操作规程。[③]

针对以上批评，有学者提出了反驳，但反驳的观点也有所不同，主要有四种观点。第一种观点认为，正当行为不需要纳入犯罪构成予以讨论。中国传统理论中的犯罪构成是以社会危害性为基础的实质构

① 参见付立庆：《犯罪构成理论体系改造研究的现场叙事——兼对一种改良论主张的若干评论》，载《法律科学（西北政法大学学报）》2009年第2期；卢节来：《论一元性犯罪构成体系的构建》，载《安徽工业大学学报（社会科学版）》2010年第6期。

② 参见关振海：《犯罪构成体系的比较与反思》，载《福建警察学院学报》2008年第5期。

③ 参见赖早兴：《英美法系国家犯罪构成要件之辨正及其启示》，载《法商研究》2007年第4期。

成，正当行为在其中没有立足之处，也无须纳入其中。相反，独立讨论正当行为正是中国刑法理论区别于德日的特色所在。[①] 第二种观点认为，中国的犯罪构成体系中已经包含了正当行为的内容。（1）正当行为并不是独立于犯罪构成而存在的出入罪标准，正当行为不成立犯罪即是因为其不符合犯罪构成，[②] 犯罪构成依旧是判断行为是否成立犯罪的唯一标准。（2）犯罪构成体系是可以涵盖正当行为的。将正当行为单独讨论只是传统理论的一种叙述体例。批评者以这种体例为依据而产生的认为正当行为独立于犯罪构成体系之外的观点是对传统理论的误解。[③] 第三种观点认为，传统构成要件理论中，正当行为确实被置于了犯罪构成体系之外，这是一大缺陷，应当将正当行为纳入已有的犯罪构成要件中进行讨论。在认定犯罪的过程中，每个构成要件都有或符合或不符合两种情形，即都有或肯定或否定两种评价，构成要件的否定性评价功能与正当行为这种消极成立条件是相容的，因此，将后者的内容归入前者是可行的。[④] 这种观点又可细分为两种意见：一是独立要件评价说，即认为社会危害性的评价与犯罪构成中的客体要件相合，应当将正当行为归入客体要件进行讨论。[⑤] 二是综合评价说，即认为传统的犯罪构成体系是以社会危害性为基础的，体系中各个要件都体现着社会危害性。因此正当行为应当由多个要件进行综合评价。[⑥] 第四种观点认为，传统构成要件理论中，正当行为确实被置于了犯罪构成体系之外，应当在犯罪构成体系之内、传统构成要件之外，设立独立的要件讨论正当行为。第一，从认定犯罪的逻辑来看，一般都是先判断行为形式上是否符合犯罪成立的基本条件，再进一步判断其是否

---

① 参见高铭暄：《关于中国刑法学犯罪构成理论的思考》，载《法学》2010 年第 2 期。

② 参见何秉松：《“回到塔甘采夫去”：中俄与德日犯罪论体系之战》，载《中国社会科学报》2009 年 7 月 2 日。

③ 参见黎宏：《我国犯罪构成体系不必重构》，载《法学研究》2006 年第 1 期。

④ 参见马荣春：《论四要件犯罪论体系的可取性与可改进性——兼与陈兴良教授商榷》，载赵秉志主编：《刑法论丛》2009 年第 4 期，法律出版社 2009 年版，第 14 页。

⑤ 参见郭莉：《我国犯罪论体系重构之检讨》，载《黑龙江省政法管理干部学院学报》2009 年第 3 期；鲁杰、许江：《我国犯罪构成理论逻辑缺陷及其完善》，载《江苏警官学院学报》2007 年第 6 期。

⑥ 参见黄先、周高艳：《我国犯罪构成的逻辑问题及出罪机制探析》，载《太原师范学院学报（社会科学版）》2010 年第 4 期。

真的构成犯罪。传统构成要件可以起到认定形式条件符合性的作用，而实质判断则由单独的正当行为要件来承担，如此安排逻辑顺畅严密。[①] 第二，从实用性来看，在刑事诉讼中，传统构成要件是控方用以入罪的利器，而正当行为则是辩方进行辩护的重要依据。单独设立正当行为要件既能增强诉讼的对抗性，又能为控辩双方证明责任的分配提供实体法依据。[②]

我们认为，在对传统犯罪构成理论进行改造之后，犯罪构成的四要件已经不再是一种“一有俱有、一无俱无”的关系，这就为正当行为进入犯罪构成体系创造了条件。具体而言，在改良后的传统犯罪构成论当中，正当行为完全可以作为犯罪构成的否定性要件，置于四要件之后，与四要件一起，共同组成一个逻辑清晰、实用性强的犯罪构成体系。

第三节　传统犯罪构成体系的结构完善

一、犯罪构成体系的层次性问题

中国传统犯罪构成理论体系与德日体系不同，德日体系注重犯罪构成评价的层次性因而被称为“阶层式”体系，而中国传统体系因其中犯罪构成各要件的分布是平面化的，所以被称为“耦合式”体系。耦合式犯罪构成体系近来受到许多学者的批判。他们认为，耦合式体系（1）未能体现控辩审三方的互动，只描述犯罪规格，不反映定罪过程。[③]（2）使得犯罪构成推定性机能丧失，不利于合理分配控辩双方的证明责任。[④]（3）形式判断与实质判断一次完成，不符合一般

① 参见李洁：《中国通论犯罪构成理论体系评判》，载《法律科学（西北政法学院学报）》2008 年第 2 期。

② 参见李永升、刘沛谞：《重返犯罪构成原点——以犯罪构成塑成刑事法学研究新范式》，载《时代法学》2007 年第 5 期。

③ 参见刘远：《犯罪构成模式的反思与重构》，载《中国刑事法杂志》2006 年第 5 期。

④ 参见聂昭伟：《论我国犯罪构成诉讼功能的复归——兼论我国犯罪构成体系的完善》，载《四川大学学报（哲学社会科学版）》2006 年第 6 期。

思维习惯。[1]（4）缺乏层层证否的逻辑指引，不利于限制司法权，保障个人自由。[2]（5）不能容纳超规范的正当事由和期待可能性，导致出罪功能不足；[3] 而阶层式体系可以克服以上缺点。因此应当将传统耦合式的犯罪构成体系改造为阶层式体系。

亦有学者为耦合式体系辩护，认为（1）运用传统犯罪构成体系定罪并非是一步到位，而在四要件间逐项筛选；[4]（2）虽然传统犯罪构成体系是形式与实质的合体，但是在具体认定犯罪时并不是同时完成两种判断，细分起来也是先进行形式判断后进行实质判断。且既然是两种判断，就不可能是同时完成的；[5]（3）传统理论的各个要件并不是随机排列的，而是有一定逻辑顺序的，能反映定罪过程。[6]

我们认为，正如高铭暄教授所指出，传统犯罪构成体系在评价行为时，并非是一步到位，而是按照一定的逻辑顺序进行层层筛选。这种体系的缺陷在于传统理论对四要件赋予了某些本不应当赋予的内涵，以致四要件之间形成了一种“一有俱有、一无俱无”的不正常关系，影响了这种筛选功能的发挥。传统犯罪构成体系经过改良后，四要件之间已经不再是“一有俱有、一无俱无”的关系，各要件本身都有出罪和入罪两种功能，这就使得它的层层筛选功能得以发挥，特别是将正当行为纳入犯罪构成体系之后，这种功能将发挥得更为充分。因此，不能得出阶层式体系明显优于耦合式体系的结论。

二、构成要件的排列顺序

一般认为，中国的耦合式体系中各要件都处于同一层面，同等重

---

① 参见邢彦明：《犯罪要素体系化比较》，载《北京政法职业学院学报》2009 年第 1 期。

② 参见李永升、刘沛谞：《重返犯罪构成原点——以犯罪构成塑成刑事法学研究新范式》，载《时代法学》2007 年第 5 期。

③ 参见徐凯：《德国犯罪论体系的流变及其对我国犯罪构成理论的启示》，载《四川警察学院学报》2009 年第 6 期。

④ 参见高铭暄：《关于中国刑法学犯罪构成理论的思考》，载《法学》2010 年第 2 期。

⑤ 参见马荣春：《论四要件犯罪论体系的可取性与可改进性——兼与陈兴良教授商榷》，载赵秉志主编：《刑法论丛》2009 年第 4 期，法律出版社 2009 年版，第 21～22 页。

⑥ 参见高铭暄：《关于中国刑法学犯罪构成理论的思考》，载《法学》2010 年第 2 期。

要，缺一不可，但其排列并不是随机的，而是有其内部逻辑的。[①] 目前学界关于犯罪构成要件的排列顺序主要有三种观点：

1. 从客观到主观

许多学者认为，构建科学的犯罪构成体系要贯彻客观优先的理念。因为，第一，犯罪构成是以客观主义刑法观为基础的罪刑法定原则的产物。客观主义强调行为人的行为才是对其定罪量刑的实在依据，无行为无危害则无犯罪，因此要以客观的行为及其危害作为第一序列。[②] 第二，主观主义刑法观注重评价犯罪行为人。从主观出发，过于重视行为人的主观恶性，易忽略犯罪法益侵害的本质，致主观归罪，难以限制司法权，不利于保障个人的自由。[③]

传统理论对各构成要件顺序的安排是：客体—客观—主体—主观。这一排序的依据是公安司法机关认定犯罪的过程：先发现侵害，随后调查事实原委，查明行为实施者最后弄清楚其行为时的心理状态。有学者认为这种排列符合客观优先的理念，[④] 能与刑事诉讼实践保持一致，[⑤] 是恰当的。

有学者主张在犯罪构成体系中剔除客体要件。该观点认为，三段论的定罪思维逻辑要求以法律规定为大前提，待判断的客观事实为小前提，最后得出结论。因此客观方面要件应当置于首位。其次，主体是物质性的，心理状态是意识性的。物质是基础，意识依附于物质，所以应当先讨论主体要件再讨论主观方面要件。综上所述，该观点对构成要件排序的结论为客观—主体—主观，与传统理论基本相符。[⑥]

有学者主张在犯罪构成体系中剔除主体要件，将其中要素分入客

---

① 参见黎宏：《我国犯罪构成体系不必重构》，载《法学研究》2006 年第 1 期。

② 参见黎宏：《我国犯罪构成体系不必重构》，载《法学研究》2006 年第 1 期。

③ 参见蔡道通：《论“塔甘采夫”犯罪论体系的不可行——基于人权保障立场的分析》，载《法律科学（西北政法大学学报）》2009 年第 5 期。

④ 参见冯亚东：《对我国犯罪构成体系的完善性分析》，载《现代法学》2009 年第 4 期。

⑤ 参见聂昭伟：《论我国犯罪构成体系的缺陷与完善》，载《法律科学（西北政法学院学报）》2006 年第 5 期。

⑥ 参见邓正伟：《犯罪构成理论对刑事诉讼的制约及完善》，载《中国刑事法杂志》2008 年第 4 期。

观方面和主观方面要件；同时充实客体要件，使其成为包含正当行为的出罪要件。客体要件既承担出罪功能，便只能置于客观方面要件之后。所以根据从客观到主观的原则，各要件的排列顺序为：客观—客体—主观。[①]

有学者认为，传统理论将客体要件置于首位体现的是一种立法者的立场，只有立法者才会从行为对客体的侵害即社会危害性出发规制犯罪。然而，犯罪构成体系最终要用于认定犯罪的司法实践，应当体现司法者的立场。在司法者看来，行为的刑事违法性才是其处理案件的依据，社会危害性应当是在其他要件得到确认后才得出的结论。所以客体要件应当作为刑法评价的终点而非起点，犯罪构成要件应以客观—主体—主观—客体的顺序排列。[②]

2. 从主观到客观

针对传统理论客观优先的排列逻辑，有学者提出了不同看法，并主张将构成要件按照体现犯罪行为发生过程的“主体—主观—客观—客体”顺序排列。原因在于：第一，从逻辑性来说，人的实践活动都是对象性的，具有“主体—客体”的基本结构。犯罪行为也是人实践活动的一种，应当遵循上述结构。[③] 第二，从司法实践实用性来说，在认定主观方面内容之前先认定客观方面内容是不可能完成的。例如面对甲砍了乙一刀这个客观事实，若不能确定甲的主观心态是伤害、杀人还是危害公共安全，如何能确定甲的行为符合哪一犯罪的客观方面要件呢？[④] 第三，传统理论认为自己的排序反映了认定犯罪的过程，其实不然。认定犯罪应当是一个由因及果的过程而传统排序体现的是由果及因的过程。由果及因不是“认定”而恰恰是“查明”事实的顺序。然而只有在案件事实已经查明之后才有适用刑法认定行为是否构成犯罪的余地，尚待查明的事实不能进入刑法定性这一阶段。因此，犯罪

① 参见郭莉：《我国犯罪论体系重构之检讨》，载《黑龙江省政法管理干部学院学报》2009 年第 3 期。

② 参见刘远：《犯罪构成模式的反思与重构》，载《中国刑事法杂志》2006 年第 5 期。

③ 参见何秉松：《“回到塔甘采夫去”：中俄与德日犯罪论体系之战》，载《中国社会科学报》2009 年 7 月 2 日。

④ 参见陈忠林：《现行犯罪构成理论共性比较》，载《现代法学》2010 年第 1 期。

构成体系不应当也不需要体现事实的查明过程。刑法的任务是认定犯罪而不是查明犯罪，犯罪构成要件排序应当由因及果，以行为发动者即主体作为出发点。①

3. 不同诉讼阶段采用不同顺序

有学者认为构成要件排列顺序不能绝对化，应当根据各诉讼阶段的不同特点采用不同的顺序。从客观到主观的顺序反映了“查明”犯罪的过程，因此适用于侦查阶段。侦查机关查明案件事实后应将其还原成从主观到客观的行为发生顺序交由检察机关审查起诉，再由检察机关交由法院审判。②

4. 混合说

有学者认为，单纯以司法查明犯罪的逻辑或犯罪行为发生的逻辑为基础确定构成要件的排列顺序都是片面的，应当结合两种逻辑兼顾司法效率来解决这个问题。构成要件的排列顺序应当是：主体—客体—客观—主观。首先，“主体—客体”的排列交代了行为发生的机制。其次，将主体、客体前置还体现了司法出罪的高效性。最后，对客体的侵害总是表现为一定的行为过程，主体的心理状态也要通过客观行为来说明，因此“客体—客观—主观”的排列契合着认定犯罪的逻辑。③

我们认为，从逻辑性上看，从客观到主观和从主观到客观的构成要件排列顺序均有其合理性。前者体现的是查明案件事实的逻辑顺序，后者反映的是犯罪发生的逻辑顺序。从实用性上看，从客观到主观的犯罪构成排列顺序似乎更胜一筹。首先，从侦查阶段看，侦查机关总是基于已经发生的损害事实，反查是谁造成了这种损害事实，进而查明行为人是基于何种心态造成了这种损害事实，从而最终确定行为的性质。从客观到主观的排列顺序恰好反映了查明案件事实这种逻辑顺序。其次，从审查起诉和审判阶段看，检察机关和审判机关也总是根据行为人的危害行为以及其他外部事实特征来审查判断其主观心态。

---

① 参见陈忠林：《现行犯罪构成理论共性比较》，载《现代法学》2010 年第 1 期。

② 参见夏勇：《刑事诉讼对犯罪构成的要求》，载《法学》2005 年第 4 期。

③ 参见马荣春：《论四要件犯罪论体系的可取性与可改进性——兼与陈兴良教授商榷》，载赵秉志主编：《刑法论丛》2009 年第 4 期，法律出版社 2009 年版，第 31～32 页。

如果把主观要件置于客观要件之前，那么司法机关对行为人主观心态的判断就面临无米之炊的困境。从刑事诉讼的角度看，可能助长过度依赖犯罪嫌疑人或者被告人口供来判断其主观心态的不良做法。因此，从实用性的角度分析，从客观到主观的构成要件排列顺序似乎更为可取。刑法的任务是认定犯罪，犯罪构成体系的任务则是指导司法机关查明犯罪，从客观到主观的排列顺序恰好符合了犯罪构成体系这一任务的要求。那种认为犯罪构成体系不应当也不需要体现事实的查明过程的观点显然误解了犯罪构成体系的功能。

在从客观到主观的排列顺序中，又以传统的客体—客观—主体—主观顺序最为科学、合理。在四要件中，客体要件置于首位体现的并非仅仅是立法者的立场。司法人员在查处案件的时候，首先考虑的也是何种法益遭到侵犯，再查证是何种行为侵犯了该法益。因此，将客体置于犯罪构成体系的首位既是基于立法者的立场，也是基于司法机关的立场。虽然法益和危害行为性质的最终确定确实有待于整个诉讼程序的完结，但是，司法机关绝不会因为法益和危害行为性质在其所经手的阶段不能最终确定而停止其诉讼活动，而会按照其所掌握的证据来判断发生了什么行为和危害后果，根据行为和危害后果来推定行为人的主观心态。因此，认为在认定主观方面内容之前不可能先认定客观方面内容的观点并不符合司法实际情况。例如，公安机关根据被害人尸体上伤痕的情况，完全能够初步认定被害人遭到了何种危害行为的侵害，从而初步认定行为的性质以及其他客观要件，进而查找行为人。

第四节　中国犯罪构成论的体系选择

一、中国犯罪构成论体系完善的模式论争

在对传统犯罪构成论的完善标准、完善内容以及体系结构建设问题进行了探讨之后，学者们对中国传统犯罪构成论体系主要提出了以下完善模式。

（一）修正的传统四要件说

许多学者认为，传统四要件理论并无根本性的缺陷，值得坚持和发展完善，并在这种思路的指导下，对传统四要件进行了修改完善。

1. 坚持传统顺序模式，但对各要件进行补正

该模式仍然遵循传统的客体—客观—主体—主观顺序，并在此基础上对各构成要件做了补正。第一，以“法益”取代“社会关系”，将犯罪客体定义为刑法所保护的为犯罪行为所侵害的法益，并将对象要素归入客体要件的讨论范围中。第二，对客观方面要件严格坚持其“外在性”的特征，对危害行为和危害结果仅取外在视角观察，只讨论其有形的部分。第三，对主体要件仅讨论刑事责任能力和特殊身份的要素，无须再指出其“实施了危害行为”。第四，刑法分则的具体构成模型不需要严格按照四要件加以叙述，应当以简单实用为标准，仅对最关键处作出安排。①

2. 混合排序模式

该模式结合了司法认定犯罪与犯罪行为发生两过程，兼顾司法出罪效率，将四要件按照主体—客体—客观—主观的顺序进行排列，并且认为，每个构成要件都有否定判断的一面，因而都有出罪机能，所以正当行为可以纳入客体要件和主观方面要件进行讨论。②

（二）新四要件说

该模式从犯罪构成体系服务刑事诉讼实践的角度出发，主张，第一，取消客体要件，引入阻却犯罪成立的消极要件，消极要件包含法定的正当行为、超法规的排除犯罪事由以及情节轻微行为。第二，将主观方面要件中的意外事件与不可抗力归入消极要件中加以讨论，因为其纯粹是阻却犯罪成立的要素。第三，根据客观到主观、先肯定后否定的评价顺序，将四要件按客观—主体—主观—犯罪阻却事由进行排列。③

---

① 参见冯亚东：《对我国犯罪构成体系的完善性分析》，载《现代法学》2009年第4期。

② 参见马荣春：《论四要件犯罪论体系的可取性与可改进性——兼与陈兴良教授商榷》，载赵秉志主编：《刑法论丛》2009年第4期，法律出版社2009年版，第1～33页。

③ 参见邓正伟：《犯罪构成理论对刑事诉讼的制约及完善》，载《中国刑事法杂志》2008年第4期。

（三）三要件说

1. 客观—客体—主观模式

该模式主张，第一，取消主体要件，将主体身份要素纳入客观方面要件，将刑事责任能力要素纳入主观方面要件。第二，将正当行为纳入客体要件，充实客体要件的内容，将其改造为出罪要件。第三，改造后的客体要件承担出罪功能，所以应当排列在客观方面要件之后。因此三要件排列顺序为：客观—客体—主观。①

2. 主体—行为—客体模式

该模式遵循人类认识实践活动“主体—客体”的基本结构，以“行为”为中介，连接主体要件与客体要件。客观方面和主观方面都是隶属于行为要件的子系统。②

（四）五要件说

该模式认为应当将正当行为纳入犯罪构成体系以保证定罪标准的唯一性。正当行为作为第五个要件纳入犯罪构成体系，与其他四要件并列。③

（五）双层次说

1. 客观、主观模式

该模式认为应当尽量继承传统理论的核心理念，避免理论的伤筋动骨和断层，同时吸收阶层式体系的优点，在以主观和客观为主轴的基础上将传统犯罪构成体系作阶层式改造。第一，取消客体要件，同时将主体要件的身份和刑事责任能力要素分别纳入客观和主观方面要件讨论。第二，引入阻却犯罪的事由。第三，根据从客观到主观的顺序将犯罪构成体系确定为两层次。第一层次为犯罪客观要件（讨论危害行为、危害结果、因果关系、附随情状、正当防卫、紧急避险等），第二层次为犯罪主观要件（讨论罪过、刑事责任能力、期待可能性、

① 参见郭莉：《我国犯罪论体系重构之检讨》，载《黑龙江省政法管理干部学院学报》2009年第3期。

② 参见何秉松：《“回到塔甘采夫去”：中俄与德日犯罪论体系之战》，载《中国社会科学报》2009年7月2日。

③ 参见卢节来：《论一元性犯罪构成体系的构建》，载《安徽工业大学学报（社会科学版）》2010年第6期。

意外事件、不可抗力等)。[①]

2. 积极、消极模式

该模式第一层次为积极构成要件，其中讨论行为、结果、附随情状等客观要素和故意、过失等主观要素；第二层次为消极构成要件，讨论违法阻却事由以及责任阻却事由。[②] 积极、消极模式的优点在于能满足刑事诉讼的需要。第一，积极、消极要件分别为控方和辩方所利用，能增强诉讼的对抗性，尤其是扩大辩护权的施展空间，体现控辩审三方的互动。[③] 第二，消极要件的独立存在能恢复犯罪构成的推定机能（一般符合积极要件就推定犯罪成立，除非辩方能证明有消极事由的存在)，从而为刑事诉讼控辩双方证明责任的分配提供依据。[④]

二、中国犯罪构成论体系完善的模式选择

应当说，上述各种模式的探索方向和探索结果都有其可取之处，对于完善我国犯罪构成理论体系，更好地以理论指导实践具有重要意义。在建构犯罪构成模式的时候，有以下两点值得我们特别关注：

第一，犯罪构成模式应当有助于正确认识犯罪。如前所述，犯罪构成模式作为一种理论体系，应当具有严密的内在逻辑性，这种严密的内在逻辑的价值在于帮助我们正确认识犯罪，包括正确认识犯罪的性质，正确认识犯罪主客观具体表现，正确认识行为人是否符合承担刑事责任的条件。从正确认识犯罪的要求出发，犯罪客体应当置于首位，这样使我们首先能够对某种犯罪有一个总体认识。在此基础上，对于其他构成要件，我们既可以根据犯罪发生的过程，按犯罪主体—犯罪主观方面—犯罪客观方面进行排列，也可以根据查明犯罪的过程，按犯罪客观方面—犯罪主体—犯罪主观方面进行排列。此外，还有一个一直困

---

① 参见郑丽萍：《构建我国犯罪论体系之思考》，载《中国刑事法杂志》2007 年第 1 期。

② 参见于改之、郭献朝：《两大法系犯罪论体系的比较与借鉴》，载《法学论坛》2006 年第 1 期。

③ 参见于改之、温登平：《比较、反思与重塑：犯罪构成理论再探》，载《法学评论》2002 年第 3 期。

④ 参见聂昭伟：《论我国犯罪构成诉讼功能的复归——兼论我国犯罪构成体系的完善》，载《四川大学学报（哲学社会科学版)》2006 年第 6 期。

扰传统犯罪构成理论的问题需要解决，那就是违法阻却事由的地位和位置。我们认为，违法阻却事由的功能是将形式上已经具备犯罪构成主客观要件的行为排除在犯罪之外。传统犯罪构成理论阻碍违法阻却事由进入犯罪构成体系的原因是犯罪构成四要件已经自成一个封闭的体系，四者之间一有俱有、一无俱无的关系阻挡了违法阻却事由的融入。因此，我们认为，需要对传统犯罪构成论的四要件“一有具有、一无俱无”的模式进行变革，让每一个要件都发挥其独立的功能。为此，需要去除每一个要件前的“犯罪”二字，改为客体、客观方面、主体、主观方面。这样，每一个要件在定罪中都具有其独立并且不与其他要件重合的内容，且一个要件的具备都不意味着其他三个要件的具备，即便主客观四个要件都已经具备，也可能因为违法阻却事由的存在而不构成犯罪，这样，犯罪构成体系的缺陷就能得到弥补，长期困扰该体系的矛盾现象也得到了解决。

第二，犯罪构成模式应当有助于正确查明犯罪。犯罪构成模式的现实意义在于帮助司法机关查明犯罪，因此，其设计应当有助于实现该功能。如前所述，司法机关查明犯罪的思路是根据已经发生的损害事实，追查是谁造成了损害事实，进而查明行为人是在何种心态的作用下造成这种损害事实的发生。这样，四要件就应当按客体—客观方面—主体—主观方面的顺序排列。

基于上述两方面的要求，我们认为，应当选择五要件犯罪构成模式，具体而言应当选择客体—客观方面—主体—主观方面—违法阻却事由模式。